성경통독

Bibletongdok

성경통독 *Bibletongdok*

초판　　　　1쇄　발행 2004년 9월 10일
개정증보5판 1쇄　발행 2011년 10월 10일
개정증보6판 1쇄　발행 2016년 4월 25일
개정증보7판 1쇄　발행 2017년 9월 15일
　　　　　　10쇄 발행 2025년 5월 13일

지은이　·　조병호
펴낸곳　·　도서출판 **통독원**
디자인　·　전민영
주　소　·　서울시 강남구 선릉로 806
전　화　·　02)525-7794
팩　스　·　02)587-7794
홈페이지　·　www.tongbooks.com
등　록　·　제21-503호(1993.10.28)

ISBN 978-89-85738-88-0　03230

Printed Korea Copyright ⓒ 조병호 2004, 2017

통通 박사 조병호의 하나님 마음읽기

BIBLETONGDOK

성경통독

Bibletongdok

조병호 지음

통독원

"통"을 통한
종교개혁

The Tong Reformation

레너드 스윗 Leonard Sweet

베스트셀러 작가, 교수(조지폭스대학교, 탈봇대학교, 드루대학교),
프리치더스토리의 설립자이며 최고 기고자

best-selling author,
professor (George Fox University, Tabor College, Drew University),
and founder and chief-contributor of preachthestory.com

The question is not "How do we help the Scriptures come alive?" The Scriptures are alive. They are "The Living Word," or better yet, "The Living Story."

The real question is "How do we come alive to The Living Story?"

Part of the answer to the real question is one word: "Tong."

I first learned one feature of a "Tong" reading of the Bible when I was five years of age. That's when my parents enrolled me in a Bible Memorization program where each week on Friday afternoon our home would be visited by a "Hearer." We would stand before this "Hearer," and recite Bible passages that we would be required to memorize that week. The "Hearer" graded us not just on how well we had memorized the "Word," but how well we recited the words with meaning and feeling. The Bible had to be sounded out properly, not just read properly.

"Tong" is a Korean word for a sacred reading of Scripture that is a form of prayer and meditation, a holistic method of praying through the Bible where East meets West, where intuition meets intention, where orality meets graphicacy, where sound meets story. Most fully developed by Seoul pastor and biblical scholar Dr. Byoungho Zoh, a Tong reading of the Bible is an oral recitation of The Story that is both a rational and an imaginative contemplation of the Scriptures that issues in a lifestyle of holiness, justice, and peace.

The modern world of print technology largely dismissed intuition (or sequestered it in a gender--"women's intuition"). The very fact that Estee Lauder introduced a Men's Fragrance called "Intuition" signifies the sea change. Corporate literature is now awash in how to develop one's ability to "blink" with imagination and intuition.[1] The divorce of rational knowledge and intuitive knowing, reason and intuition, seeing and hearing, ends with Tong. The knowing that takes place under the radar of reason is what enables humans to navigate the opportunities and obstacles of life. It's time to learn to Tong.

Jean-Paul Sartre refused the Nobel Prize in 1964. Sartre gave two reasons for his refusal. We are familiar with his first reason: a writer has a duty not to allow himself or herself to be transformed into an institution or a celebrity. But his second reason for refusing the Nobel Prize was as important to him as the first, but seldom cited: the Prize belonged to the culture of the West, and shut out the Eastern world. Sartre did not want to endorse such a snub and division. Because the Nobel Prize refused to embrace the East and West together, or you might say refused Tong, Sartre refused the Nobel Prize.

Seventy-five percent of the Bible is narrative; fifteen percent is poetry (although almost one-third of all Bible verses are poetry); and ten percent is instructive and propositional. In other words, 90% of the Scriptures were composed to capture our imagination; 10% were written to capture our intellect. What captures both our intellect and our imagination is Tong.

The key to a Tong reading of the Bible is seeing the human body as a vibrational being that needs the "sounding out" of words if the heart of God is to become lodged and beating in the human heart. In other words, Tong is the musical modulation of the Scriptures from spirit to flesh. Tong is like a song: it gets you in your "insidest inside" (in composer Edgar Elgar's phrase). Tong moves us from chronos time to kairos time.

How symbolic that one of earliest fragments of Scripture should be a song: "Sing to the Lord for he has triumphed gloriously"(Exodus 15:21). Besides the hymnbook smack dab in the middle of the Bible called the "Psalms," there are song fragments throughout the Torah, in the prophets, the gospels, and the epistles. Basil of Caesarea (330-379) wrote that the

Holy Spirit "blended the delights of melody with doctrines in order that through the softness of the sound we might unawares receive what is useful in the word."[2] For John Calvin, psalm-singing was speaking to God using God's own words.

Hence the out-loud reading of the Bible. Hence Tong.

In the preface to The Book of Common Prayer (1549), which some have called "the second greatest religious book in the English language" (the Bible being the first, of course), there is this mandate for the out-loud reading of The Story in divine service:

"All the whole Bible (or the greatest part thereof) should be read over once in the year."

In the second edition of The Book of Common Prayer (1552), these are the instructions for the public reading of Scripture:

"Then shall be read two Lessons, distinctly with a loud voice, that the people may hear."

The Bible is written for oral hearing, not silent reading. The Bible is meant to be given a "close hearing" even more than a "close reading." The Bible is meant to be heard and sounded forth, the vibrations forming a "new creature" in Christ.

Monks aimed to so sing the Psalms that their lives became a living Psalms. The Scriptures are the soundtrack of life. In a culture where we are losing the ability to "say" much less "sing" the Scriptures, Tong is revolutionary in its power to help us come alive to The Living Story.

Certain parts of Jesus' teaching were so sacred that they were never written down, only committed to oral telling and passing on. As in the case with Samuel, Timothy knew the scriptures at a young age. St Paul marveled about Timothy "how from infancy [he had] known the holy scriptures"(2 Timothy 3:15). Timothy "heard" rather than "read" the holy scriptures from his grandmother Lois and his mother Eunice, who sounded out the words to him as an infant. How important it is today to "tell" God's story to our children so that these scriptures become the soundtrack for their daily living. There is a mysterious power to hearing the Scriptures. Their very sounding is a resounding in the soul, a voice recognition of the divine.

The private, solo, silent reading of the Scripture is a recent development in the history of Christianity. St. Augustine was startled in 380 to hear Bishop Ambrose read the Bible silently. It was the first time he had ever heard it read that way. To be sure, St. Ambrose was not the first silent reader. One historian argues that "Alexander the Great, not Julius Caesar, is the first silent reader to be unambiguously recorded in Greek history."[3]

Pulitzer Prize-winning poet Robert Frost (1874-1963) was beloved to the point of being selected as Poet Laureate of the United States because he privileged sound and the speaking voice in his poetry. He called it the doctrine of "sentence sounds" and "the sound of sense." Frost argued that "pure sound" trumps subject and object, and he was especially sensitive to the "oversound" of speech that revealed itself in his mastery of the colloquial patterns of the vast soundscapes of American speech.

It is not a matter of hearing vs. seeing. It is a matter of hearing into sight. The Bible privileges hearing over seeing, but it also brings the two together. Sound becomes sight; vibration becomes vision. That's what metaphors do: bring the oral and the aural together. That is also why metaphors do more than inform our spirituality; they form our spirituality. So choose your metaphors carefully. Tong teaches us to trust the sensory and musical metaphors of the Bible, not just the words of the Bible.

"Meditation" is a popular concept both in the East and West. We hear from a variety of sources that it is important to "pray and meditate." However, meditation is a lot more difficult than we think it is, because our concentration breaks so easily. The prime reason why our concentration breaks is because we don't know The Story. We only know pieces and fragments. So how can we meditate properly?

The key is 'sound' and 'ear'--reading The Bible out loud and using our ears to listen to The Bible. That's Tong. The human ear is a marvelous and most effective tool. When we read out loud, concentration levels go up, making it only natural that we learn and recollect The Story. We need to first read out loud in order to capture the whole story. Meditation requires a prior processing, a knowing and an understanding of The Story. The Story truly requires a slow, "read-out-loud" and "listen" receptivity. A slow, out-loud reading the Bible changes your soul in the same way exercise changes your body. We now know what David the psalmist knew first: the healing powers of sound. We now know what David didn't know: that soundscapes can change the cellular environment of a body.

Dr. Zoh is one of the most important scholars in the world today. Or maybe I should call him a conductor more than a scholar. He sees Jesus as the church fathers liked to describe him: as a singer with a great voice and perfect pitch who joins a discordant choir and completely transforms it from within. Jesus didn't so much give us new songs to sing as he showed us how to sing the old songs and the original repertoire in an entirely new way and new key. This is what Reformers like Martin Luther and John Calvin did 500 years ago as they launched a new Reformation. This is what this 21st century Reformer is doing today as he is launching a Tong Re-Formation.

1. Jack Welch called his leadership book "Straight from the Gut" (2003), which is a manly way of describing intuition. For Anne Lamott calling of intuition human "broccoli" see her Bird by Bird: Some Instructions on Writing and Life (1995), 110.
2. Quoted in Fred R. Anderson, "Three New Voices: Singing God's Song," Theology Today, XLVII (October 1990), 261.
3. W. B. Stanford, Enemies of Poetry (1980), in a note to chapter six. Also see Plutarch, "On the Fortune of Alexander," 304a.

우리가 물어야 할 질문은 "어떻게 하면 성경을 살아 있는 말씀으로 만들 수 있을까"가 아니다. 성경은 이미 살아 있다. 그것은 "살아 있는 말씀" 혹은 더 나아가 "살아 있는 이야기"이다.

본질적 질문은 "살아 있는 이야기에 우리가 어떻게 깨어 있을까?"이다.

이 본질적 질문에 대한 하나의 답이 바로 "통"이다.

나는 5살 때 처음으로 성경통독의 특징 중 하나를 배울 수 있었다. 부모님은 나를 성경 암송 프로그램에 등록시키셨고 매주 금요일 오후가 되면 집에는 "검사하는 분"(Hearer)이 방문하였다. 우리는 이 분 앞에서 매주 정해진 분량의 성경구절을 외운 뒤 암송하는 시간을 가졌다. "검사하는 분"은 단순히 우리가 말씀을 얼마나 실수 없이 암기했는가를 확인하는 것이 아니라 암송을 통해 말씀의 의미와 감정을 얼마나 잘 전달했는지를 평가하였다. 성경은 적절히 읽는 것이 아니라 적절히 소리 내어져야 한다.

"통"이란 기도와 묵상의 형태로 말씀을 읽는 신성한 성경읽기 방식을 지칭하는 한국어 단어이다. 이는 성경을 통한 통전적 기도의 방법으로 동서양이 만나고, 직감(intuition)과 의도(intention)가 만나며, 구술(orality)과 도식(graphicacy)의 만남이자, 소리가 이야기를 만나는 것이다. 목사이자 성서학자인 조병호 박사에 의하여 대부분 개발된 성경통독이란 성경 이야기를 소리 내어 낭독하는 것으로 경건하고 정의롭고 평화로운 생활양식을 통해 드러나는 성경의 합리적이고 상상력이 풍부한 명상이다.

근대의 인쇄 기술은 직감을 대부분 묵살해왔다(또는 "여성의 직감"
이라는 표현을 통해 성별로 격리시켰다). 에스티로더(Estee Lauder)에
서 "직감"(Intuition)이란 이름의 남성 향수를 선보였다는 사실은 엄
청난 변화가 생겼음을 뜻한다. 오늘날 기업의 글들은 개인의 상상
력과 직관력을 촉발시키는 능력을 발전시키는 데 심취해 있다.
"통"을 통해 그동안 존재해온 합리적인 지식과 직관적 앎 사이, 이
성과 직관 사이, 그리고 시각과 청각 사이에 존재하던 분립은 끝이
난다. 이성의 레이더를 통해 얻게 되는 지식이 우리로 하여금 삶의
기회와 장애물을 모두 탐색하게 해준다. 이제 "통"을 배워야 할 때
이다.

장 폴 사르트르는 1964년에 노벨문학상 수상을 거절하면서 두 가지
이유를 들었다. 우리에게 조금 더 잘 알려진 그 첫 번째 이유는 작
가는 제도나 명성을 좇아서는 안 되는 의무가 있다는 것이었다. 하
지만 비록 잘 거론되지는 않지만 그가 노벨상을 거절하는 데 있어
서 첫 번째 이유만큼 중요했던 두 번째 이유는 노벨상이 서양 문화
에 속한 것으로 동양을 배제하고 있었기 때문이었다. 사르트르는
그런 식의 무시와 분열을 옹호하고 싶지 않았다. 노벨상이 동·서
양을 함께 받아들이지 않았기 때문에 혹은 "통"을 거부하였기 때문
에 그는 노벨상을 거절하였던 것이다.

성경의 75%는 내러티브이고 15%는 시이며 (비록 전제 성경 구절의
1/3가량이 시이지만) 나머지 10%는 교훈이나 명제로 이루어져 있
다. 다시 말해 성경의 90%는 우리의 상상력을 그리고 나머지 10%
는 우리의 지적 능력을 사로잡을 목적으로 쓰였다는 것이다. 우리

의 상상력과 지적 능력을 모두 사로잡는 것이 바로 "통"이다.

성경통독의 핵심은 만일 하나님의 마음이 사람의 마음속에 자리 잡고 두근거린다면 인간의 몸을 말씀의 소리를 내야 하는 박동하는 존재로 보는 것이다. 다시 말해 "통"은 영에서 육체까지 이르는 성경의 음악적 변조인 셈이다. "통"은 마치 노래와 같아서 우리를 "가장 깊은 내면" (작곡가 에드가 엘가의 표현처럼)으로 이끈다. "통"은 우리를 크로노스(chronos: 인간의 시간)에서 카이로스(Kairos: 하나님의 시간)로 이동시킨다.

"너희는 여호와를 찬송하라 그는 높고 영화로우심이요"(출애굽기 15:21)처럼 가장 오래전에 쓰여진 성경 말씀 중 하나가 노래로 쓰였다는 사실이 매우 상징적이지 않은가. 성경 정중앙에 위치한 시편 이외에도 모세오경, 선지서, 복음서, 그리고 서신서 전체에 노래의 조각들이 존재한다. 카이사레아의 바실리우스(330-390)는 "부드러운 소리를 통해 은연중 성경으로부터 유익한 말씀을 취할 수 있게" 성령은 "멜로디의 기쁨과 교리를 연합했다."라고 말했다. 존 칼빈에게 시편을 노래하는 것은 하나님의 언어로 하나님과 대화하는 것이었다.

그렇기 때문에 소리 내어 성경을 읽는 것이고, 그래서 "통"이 필요한 것이다.

성경을 제외하고 가장 위대한 종교서적이라고도 불리는 공동기도서(The Book of Common Prayer, 1549) 서문에는 신성한 의무로서 성경 이야기를 소리 내어 읽어야 한다고 명시되어 있다.

"일년에 한 번 성경 전체를 읽을 수 있어야 한다."

공동기도문 2판(1552)에 나온 성경봉독에 관한 지침이다.

"그리고 사람들이 들을 수 있도록 두 개의 말씀을 또렷하게 소리 내어 읽어야 한다."

성경은 묵독이 아닌 구술을 통한 들음을 위해 쓰였다. 성경은 자세히 읽는 것 이상으로 자세히 듣는 것이 더욱 중요하다. 성경은 들음과 더불어 그리스도 안에 "새로운 피조물"을 생성하는 진동의 형태로 전달되어야 한다.

수도승들은 스스로의 삶을 시편으로 만들기 위해 시편을 노래했다. 성경은 삶의 사운드 트랙이다. 성경을 노래하기는커녕 말하는 능력조차 상실해가는 문화 속에서 "통"은 우리로 하여금 "살아 있는 이야기"에 깨어나게 하는 능력을 가졌다는 점에서 혁명적이다.

예수님의 가르침 중 어떤 부분들은 참으로 신성하였기 때문에 기록되지 못했고 단지 구술로만 전달되었다. 어린 나이에 성경 말씀을 알았던 사무엘처럼 디모데가 바로 이런 경우이다. 사도 바울은 디모데에 경탄하며 "또 어려서부터 성경을 알았나니"(디모데후서 3:15)라고 말했다. 디모데는 유아기에 성경을 읽었다기보다 그의 할머니 로이스와 어머니 유니게가 소리 내어 읽어주는 말씀을 들었던 것이다. 자녀들에게 하나님의 이야기를 들려줌으로 말씀이 매일 그들의 삶에 사운드 트랙이 되도록 하는 것은 매우 중요하다. 성경 말씀을 듣는 것에는 신비한 능력이 있다. 그 소리는 영혼 깊숙이 울리는 소리이며 하나님의 음성인식 작용인 셈이다.

사적으로 홀로 성경을 묵독하는 방식은 사실 기독교 역사에서 최근에 개발된 것이다. 380년 성 어거스틴은 암브로시우스 주교가 성경을 묵독한다는 소식을 듣고 깜짝 놀랐다. 한 번도 이러한 읽기 방식에 대하여 들어본 적이 없었기 때문이다. 물론 성 암브로시우스가 최초로 묵독을 시작한 것은 아니다. 한 역사학자의 주장에 따르면 "줄리어스 시저가 아닌 알렉산더 대왕이 최초의 묵독자(silent reader)였음이 헬라 역사에 분명하게 기록되어 있다."

퓰리처 상을 수상했던 시인 로버트 프로스트(1874-1963)는 시를 읽는 음성과 소리를 매우 중요시했는데 이러한 이유로 그는 미국의 계관 시인으로 선정될 정도로 많은 사랑을 받았다. 그는 이를 "문장의 소리" 그리고 "감각의 소리"의 교리라고 불렀다. 그는 "순수한 소리"(Pure sound)가 주제와 대상보다 중요하다고 주장하였고 특히 자신의 숙달된 미국식 연설의 무궁무진한 소리들 중에 구어체 유형의 정통함 속에 들어난 말이 아닌 소리에 민감했다.

이것은 듣기와 보기 사이의 대립의 문제가 아닌 들음으로 보는 것을 뜻한다. 성경은 시각보다 청각의 중요성을 더욱 강조하는 동시에 이 둘을 연결시킨다. 소리(sound)는 시각화(sight)되고 진동(vibration)이 비전(vision)이 된다. 메타포의 역할이 바로 이것이다. 구술(oral)과 청각(aural)을 서로 이어주는 것이다. 메타포는 우리의 영성에 정보를 제공할 뿐만 아니라 우리의 영성을 형성하는 역할을 한다. 때문에 우리는 메타포 선택에 있어서 신중해야 한다. "통"은 우리에게 성경에 기록된 글뿐만이 아니라 우리의 오감과 성경의 음악적 메타포들을 모두 신뢰할 것을 가르치고 있다.

"묵상"은 동양과 서양에서 대중적인 개념이다. 다양한 자료들을 통해 우리는 "기도와 묵상"의 중요성에 대해서 듣고 있다. 하지만 우리의 집중력은 쉽사리 흐트러지기 때문에 묵상은 우리 생각하는 것보다 훨씬 더 어렵다. 우리의 집중력이 이처럼 쉽게 흐트러지는 가장 큰 이유는 바로 우리가 성경 이야기(The Story)를 제대로 알지 못하기 때문이다. 우리가 아는 것은 단지 그 이야기의 파편과 조각들일 뿐이다. 그렇다면 올바른 묵상을 위해 우리는 어떻게 해야 하는가?

해답은 바로 "소리"(sound)와 "귀"(ear)에 있다. 성경 말씀을 소리 내어 읽고 우리의 귀를 통해 그것을 듣는 것이다. 이것이 바로 "통"이다. 사람의 귀는 가장 우수하고 효과적인 도구이다. 소리 내어 읽을 때 집중력은 향상되고 성경 이야기는 자연적으로 배워지고 또 기억된다. 성경 전체의 이야기를 이해하기 위해 우선 소리 내어 읽어야한다. 올바른 묵상을 위해 성경 전체 이야기에 대한 앎과 이해라는 선행과정이 요구된다. 성경 이야기는 정말 천천히 "소리 내어 읽기"와 수용적 "듣기"를 요구한다. 천천히 소리 내어 성경을 읽는 것은 마치 운동이 우리의 몸을 변화시키듯 우리의 영혼을 변화시킨다. 시편의 기자인 다윗이 먼저 깨달았던 사실을 이제는 우리도 알 수 있다. 바로 소리가 가진 치유 능력이다. 또한 다윗도 미처 몰랐던 사실에 관해서도 이제 우리는 알 수 있다. 음악적 파노라마가 세포로 이루어진 우리 몸의 환경을 변화시킬 수 있다는 사실이다.

조병호 박사는 오늘날 세계에서 가장 중요한 학자 중 한 명이다. 어쩌면 그를 학자가 아닌 지휘자라고 부르는 것이 더 맞을지 모르겠다. 그가 보는 예수님은 초대교부들이 예수님을 설명하던 것과 동일하다. 바로 아름다운 목소리와 절대음감의 소유자로서 불협화음을 내는 합창단에 들어가 내부로부터 온전한 변화를 이끌어내는 가

수(singer)이다. 예수님이 우리에게 보여주신 것은 우리가 부를 새 노래가 아니라 기존의 오래된 노래들과 원곡의 레퍼토리들을 어떻게 전혀 새로운 방법과 새 음정으로 부를 수 있는가였다. 이것이 바로 마틴 루터와 존 칼빈이 500년 전 종교개혁을 일으키며 했던 일이다. 그리고 바로 이것이 21세기의 종교개혁가인 조병호 박사가 "통"을 통한 종교개혁을 시작하면서 오늘 이루고자 하는 일이다.

번역: 김영래 교수(감리교신학대학교)

부끄러움에 관하여

나이 어려 이 세상을 모를 때엔
구멍 뚫린 양말을 신고, 무릎 꿰맨 바지를 입는 것이
부끄러움의 제목이었다.
몸 불편하신 어머니를 부축하고 사람들의 시선을 의식하며
시장통을 지나가는 것이 창피함의 이유였다.
검은 보리밥이 든 도시락을 친구들 앞에 펼쳐 놓는 일은
정말 피할 수만 있으면 피하고 싶은 일이었다.

그러나
나이를 먹고 세월을 통과하고,
이 세상을 주관하시는
하나님의 마음에 주목하는 시간들이 쌓여가면서
나의 부끄러움과 창피함에 대한 시각이 조금은 달라진 것 같다.
은혜를 돌이 아닌 물에 새기는 것이
부끄러운 일이라는 것을 알게 되었다.
하나님께서 내게 허락하신
나만의 몫과 나만의 장점을 망각하고
다른 이들과 함부로 비교하여 시기하는 것이
창피한 일이라는 것을 알게 되었다.
갑작스럽게 닥친 고난 앞에서 방황하는 모습은
정말 보이지 말아야 할 어리석은 모습이라는 것을 알게 되었다.

마음의 평정을 잃지 않고
타인에게 예의를 갖추며
가슴에 따뜻함과 열정을 잃지 않고 사는 일이란 것이,
그렇게 말만큼 간단치가 않다.

또한 보이지 않는 믿음과 소망과 사랑을
어떻게 보이는 이 삶 속에
투영해낼 수 있을까를 고민하는 것도
하루 이틀에 끝낼 숙제가 아닌 것 같다.
성경에서 하나님의 꿈을 발견하고
성경을 통해
하나님의 마음을 읽어내려고 애쓰고는 있지만
하루하루 실제 가깝고 먼 사람과의 관계 속에서
적어도 하나님 앞에 부끄럽지 않게 사는 것이
참으로 힘들다는 것을 절감하면서 산다.

한마디로 어떻게 살 것인가,
이 짧은 질문 앞에 한없이 부끄러워지는 것이다.
또다시 은혜로 주어지는 새로운 한 날에
덜 부끄러운 자로 서볼 수 있기를
두 손 모아본다.

이 책을 내어놓으며
또 하나의 부끄러움과 감사의 제목이 늘었습니다.
구약 부분을 읽어주신 강성열 교수님과
신약 부분을 읽어주신 소기천 교수님,
그리고 사랑하는 통독원·하이기쁨 동역자들에게 감사를 드립니다.

2004년 9월 1일

개정증보판에 부쳐

인생을 살아간다는 것은 경험을 쌓아간다는 말이기도 합니다. 하지만 우리 각자에게 필요한 모든 지혜를 자신의 경험만을 통해 획득할 수는 없기에 사람들은 독서를 합니다. 그런데 그 가운데 어떤 한 권의 책을 택해, 평생에 걸쳐 수십 번 수백 번 계속해서 읽는다면, 그것은 그 책의 가치가 다른 수많은 책을 읽는 것보다도 더욱 높기 때문일 것입니다. 모든 그리스도인들에게, 아니 모든 사람들에게 그처럼 무한하고 절대적인 가치를 가진 책은 바로 성경입니다. 성경뿐입니다.

성경 안에는 우리 삶을 보배롭고 풍요롭게 하는 생명과 진리가 들어 있습니다. 하나님의 한없는 사람 사랑, 그리고 하나님의 뜻대로 이 땅을 살아간 사람들의 삶이 기록되어 있습니다. 우리는 성경을 통해 예수 그리스도를 만남으로써, 이 땅의 그 무엇보다도 하나님과 사람이 더욱 소중하다는 것을 깨달을 수 있습니다. 그러므로 그리스도인의 정체성을 바로 세워가기 위해서는 성경을 제대로 통독할 필요가 있는 것입니다.

성경의 전체 흐름을 숲과 나무로 이해하며 하나님의 마음을 깊이 깨달아가고 싶다는 소망을 가진 그리스도인들에게 작은 보탬이 되고자, 성경을 역사순으로 재정리한 《성경통독 이렇게 하라》를 2004년 9월, 출간하였습니다. 1989년부터 쌓아온 성경통독 사역의 기반 위에 집필한 이 책은 결국 우리 모두의 관심이 성경으로 돌아갈 수 있도록 돕는 징검다리 역할을 목적으로 합니다. 초판을 낸 후 스스로 아쉬웠던 부분들을 찾아 이해의 깊이가 더해진 내용들을 추가하면서, 처음 책을 내던 그때처럼 '부끄러움과 감사의 제목이 또 하나 늘었음'을 고백하지 않을 수 없습니다.

이 자리를 빌려 성경에 대한 저의 다섯 가지 생각을 함께 나누고 싶습니다.

첫째, 성경은 얇은 책입니다.

성경은 하늘을 두루마리 삼고 바다를 먹물 삼아도 다 기록할 수 없는 그 무한한 사랑과 진리를 담은 책의 두께치고는 무척 얇습니다. 그래서 부분이 아닌 전체로 읽습니다.

둘째, 성경은 소리 내서 읽을 책입니다.

성경은 하나님의 음성을 문자로 담아낸 책입니다. 그래서 문자로 읽고 음성으로 들어야 합니다. 성경을 소리 내어 읽으면 말씀이 더욱 생생하게 느껴집니다.

셋째, 성경은 1년 10번 들을 책입니다.

성경을 들으면 들을수록 우리의 믿음이 자랍니다. 그래서 1년에 10번은 반복해서 들어야 합니다.

넷째, 성경은 하나님의 마음이 담긴 책입니다.

성경은 온 세상을 담고 있으며 각 시대마다 함께하신 하나님의 마음이 담겨 있습니다. 그래서 성경 전체를 그 흐름에 따라 통(通)으로 읽어야 합니다. 또한 통시적(通時, diachronic), 공시적(共時, synchronic) 성경 읽기를 통(通)으로, 서양의 분석적, 동양의 직관적 해석을 통(通)으로 살펴 성경을 정경적이며 동시에 심정적으로 해석해야 합니다.

다섯째, 성경은 개인, 가정, 나라 이야기를 담은 책입니다.

성경은 2,000여 년 시간, 1,500여 공간, 5,000여 인간을 통(通)으로 그리고 한 개인을 먹이시고, 고치시고, 가르치시고, 용서하시고, 기도해 주신 내용부터 가정, 그리고 제사장 나라, 5대 제국, 하나님 나라를 통해서 세계를 경영하신 이야기까지 통(通)으로 읽어야 합니다.

성경통독의 꿈을 담아

Contents

God expresses His Heart

창세기는 하나님을 제외한 모든 것들의 시작을 말해주고 있습니다. 천지창조, 인간의 타락, 민족의 기원, 하나님과 이스라엘이 맺은 언약 관계를 묘사함으로써 성경의 나머지 부분에 대한 무대를 설정합니다. 아브라함과 이삭과 야곱을 향한 하나님의 끝없는 사랑, 그리고 하나님을 향한 그들의 눈물 어린 순종이 이스라엘이 하나님과 언약을 맺는 토대가 되었습니다. 그들의 꿈은 다음 세대로 계승되며 그들의 유언은 후손들의 비전이 됩니다.

1
마당

하나님의 마음

숲이야기

하나님의 마음

창세기 1~11장

하나님의 마음 _ 무척 좋아하심

창 1~2장

    모든 만물과 그 가운데 하나인 '나'를 만드시고 보시기에 좋아하셨던 하나님의 마음이 창세기 1장에 나타나 있습니다. 그분의 눈길은 바로 '사랑'이며, 그분의 마음은 '무척 좋아하고 계심', 그 자체입니다.

    최초의 진정한 설계자이시며 디자이너이신 창조주 하나님, 그 하나님께서 창조의 설계도를 펴십니다. 하나님께서는 하루에 모든 것을 창조할 수도 있으셨지만, 날짜별로 6일 동안 창조하셨고, 그 안에서 종류별로 아름답게 창조하셨습니다. 하나님께서는 특별히 여섯째 날에 당신의 형상을 따라 사람을 만드셨습니다. 흙으로 빚으시고 그 속에 하나님의 생기를 불어넣어 주셨습니다. 하나님께서는 모든 피조물들이 질서를 통해 조화와 균형을 이루며 자연스럽게 어우러지고 사랑하도록 하셨습니다.

하나님의 설계

- 첫째 날: 빛을 만드시고 낮과 밤을 구별하심
- 둘째 날: 궁창, 즉 하늘을 만드심
- 셋째 날: 땅과 바다와 온갖 식물을 만드심
- 넷째 날: 해와 달과 별을 만드심
- 다섯째 날: 종류대로 새와 물고기들을 만드심
- 여섯째 날: 동물들과 사람을 만드심
- 일곱째 날: 일곱째 날을 복 주시고 거룩하게 하시고 안식하심

창조에는 목적이 있기 마련입니다. 창조주 하나님과 피조물 인간과의 인격적 교제, 이것이 창조의 소중한 목적 중 하나입니다. 모든 피조물은 서로 만나고 조화를 이루는 가운데 그 존재의 목적과 의미가 분명하게 드러납니다. 무엇보다 창조자이신 하나님을 만나고 그 안에서 아름다운 관계를 맺어가는 것이 창조된 모든 존재의 목적입니다. 존재의 시작은 또 다른 존재를 만난다는 것에 의미가 있습니다.

또한 인생들에게 창세기 1장을 선물하신 하나님의 마음 가운데에는 인생들과 동역하고자 하시는 뜻이 담겨 있습니다. 하나님께서 창조하신 만물을 인생들의 삶의 터전으로 베푸시고, "생육하고 번성하여 땅에 충만하라, 땅을 정복하라, 모든 생물을 다스리라."(창 1:28)라고 말씀하십니다. 또한 하나님께서는 하나님의 형상대로 창조하신 첫 사람 아담에게 에덴동산에 있는 모든 동물들의 이름을 짓도록 하셨습니다(창 2:19). 하나님의 놀라운 창조 사역에 동참하여 하나님과 함께 일하는 특권을 주신 것입니다. 또한 독처하는 아담을 위하여 하와를 만드시고, 서로 연합하고 사랑하는 동반자가 되게 하셨습니다.

온 세상 만물을 만드시고 그 만드신 만물을 그 누구보다 아끼시는 하나님의 마음, 우리를 만드시고 복까지 주시며 기뻐하시는 하나님의 마음이 창세기 1~2장에 풍성히 담겨 있습니다. 부족한 저도 하나님의 작품이라는 사실이 참 좋습니다.

God's plan

재창조의 시작, 안식일

창세기에서 하나님이 "그날을 복 주셨다"라는 말의 의미는 안식일을 통해 인간들에게 복을 주셨다는 것이다. 따라서 6일 동안 하던 일로부터 떠나 몸과 마음을 쉬는 것은 태만이나 향락과는 구별된 것이며, 인간을 향한 하나님의 본래 의도를 기억하고 그분 앞에 나아가는 시간이다. 이렇게 볼 때 안식은 창조 원칙 중의 하나이며 재창조의 시작으로서 하나님께서 인생들을 향해 베푸신 사랑의 배려라고 할 수 있다.

하나님의 마음을 아프게 하는 인간
창 3~5장

에덴동산, 이곳은 하나님께서 인간과 동역하시며 교제를 나누는 아름다운 곳이었습니다. 그런데 큰 복을 받은 인간이 작은 것에 흔들립니다.

하나님께서 인간에게 허락하신 에덴동산 가운데에는 '선악을 알게 하는 나무'가 있었는데, 하나님께서 결코 먹지 말라고 명하신 그 나무 실과를 아담과 하와가 먹고 만 것입니다. 다른 모든 나무의 실과는 마음껏 자유롭게 먹을 수 있지만, 그 나무 열매만큼은 금지 항목이었습니다. 인생들을 억압하시기 위함이 아니요, 그들이 피조물로서의 정체성을 인식하고 하나님 앞에서 참된 관계, 진정한 자유를 누릴 수 있게 하시고자 함이었습니다. 그런데 어리석은 인생들은 그 하나님의 사랑과 배려를 오해하고 불순종의 길을 선택한 것입니다.

지혜롭게 되어 하나님처럼 된다는 뱀의 유혹에 넘어가 선악과를 따먹은 인간들은 그 죄에 대한 대가로 에덴동산에서 쫓겨나게 되고, 인류 대대로 남자는 노동의 수고를, 여자는 해산의 고통을 경험하게 되며, 결국엔 흙으로 돌아가야 하는 존재가 됩니다. 또한 인간의 범죄로 인해 다른 피조물들까지 저주를 받게 됩니다(창 3:1~19).

죄 지은 아담과 하와는 하나님 뵙기를 두려워합니다. 자신들의 벌거벗었음을 깨닫고 부끄러워 숨는 그들을 보시며 우리 하나님의 마음은 무척 속상하셨을 것입니다. 그러나 하나님께서는 죄에 대한 그들의 책임 소재를 정확히 규명하시고 벌을 주심과 동시에, 죄 지은 인생들을 불쌍히 여기사 가죽옷을 지어 입혀주십니다(창 3:21). 하나님께서는 이렇게 책임 규명을 통해 죄 지은 자에 대한 용서를 시작하십니다.

에덴동산에서 쫓겨난 후 아담과 하와가 두 아들을 낳았습니다. 큰아들 가인은 농사짓는 사람이었고, 작은아들 아벨은 양치는 자였습니다. 그런데 각자의 제물을 가지고 하나님께 제사를 드린 후, 가인은 그 결과에 대해 불만을 품습니다. 얼마 후, 동생 아벨에 대한 시기와 미움을 참지 못한 그는 그만 동생을 죽이고 맙니다. 인류 최초의 살인 사건이었습니다. 하나님을 닮은 부분이 상실된 인간의 죄악 된 마음, 그로부터 시작된 인간들의 계획은 사람과 사람 사이의 관계와 질서를 파괴하는 상태에 이르고 만 것입니다.

천지창조 후 심히 좋아하셨던 하나님의 마음은 악한 인간의 마음 앞에서 한탄으로 바뀝니다. 나무나 돌, 하늘의 새나 바다의 물고기가 하나님을 속상하게 한 것이 아니라, 바로 인간이 하나님의 깊은 한숨과 탄식의 대상이 된 것입니다. 그러나 근심과 한탄의 깊은 뿌리는 사랑입니다. 아무런 애정도 관심도 없는 누군가에 대하여 한탄하지는 않습니다. 한탄은 그가 돌아서기를 기다리는 간절한 마음에서 나오는 것입니다.

이렇게 아담에 이어 가인이 죄를 범하고 하나님께서 주신 복을 상실해 가고 있을 때, 하나님께서는 구원의 역사를 위해 셋을 준비하십니다(창 4:25). 우리는 창세기 5장에 나오는 아담부터 노아까지의 족보를 통해 대를 이어 지속되는 하나님의 은혜를 만날 수 있습니다.

Power

에녹

성경은 에녹이 하나님과 동행한 사람이라고 기록한다(창 5:24). 동행자는 먼저 동지(同志), 즉 뜻이 같아야 한다. 에녹이 하나님과 동행했다는 말 속에는 하나님 쪽에서도 에녹 쪽에서도 같은 마음을 품고 동행하는 삶을 살았다는 것을 의미한다. 우리가 하나님과 동지가 되고, 나아가 동행, 동역할 수 있다는 것은 참으로 복된 일이다.

※

하나님의 가슴에 흐르는 눈물을 닦는 노아

창 6~9장

창세기 6장은 아담과 가인의 범죄로 시작된 인간의 죄악이 세상에 가득 차게 되었음을 보여주고 있습니다. 이 모습을 보신 하나님께서는 한탄하시고 근심하십니다. 세상을 창조하시고 좋아하셨던 하나님의 마음(창 1장)과 비교한다면, 여기서 살펴본 하나님의 마음은 짙은 먹구름이 끼어 있는 것처럼 어둡습니다.

친히 만드신 모든 것을 보시고 심히 기뻐하셨던 하나님. "생육하고 번성하여 땅에 충만하라"(창 1:28)라는 복을 주시며 당신의 형상을 닮은 사람들이 세상에 가득하기를 기대하셨던 하나님께서는 우리 인생들 때문에 지상의 모든 피조물들을 멸망시켜야만 했을 때, 큰 고통과 아픔으로 괴로우셨을 것입니다. 하지만 하나님께서는 한 사람 노아를 택하시고 그를 통해 생명 보존의 계획을 세워가십니다(창 6:13~21).

한 사람의 순종

한 사람의 순종, 그것이 바로 새로운 출발점의 중요한 포인트다.

노아	심판 후 하나님의 사람의 출발
아브라함	믿음의 조상으로서의 출발
모세	애굽에서 이스라엘 백성의 출발
예수님	복음으로 인한 구원 사역의 출발

식양(式樣)과 시공(施工)

하나님께서는 식양(설계도)을 주시고 사람들은 그 뜻을 같이 하여 땀과 눈물의 시공으로 동역했다.

노아는 하나님의 생명 보존 계획을 세 아들들에게 알리고, 함께 방주 건축 작업을 시작합니다. 하루 이틀도 아니고, 긴 세월 동안 무거운 고페르 나무를 어깨에 메고 산을 오르내립니다. 주변 사람들은 쾌청한 하늘 아래에서 땀을 뻘뻘 흘려가며 방주를 만드는 노아와 세 아들들을 조롱하며 비웃었을 것입니다. 더군다나 그때까지 세상에는 큰 비가 온 적이 한 번도 없었습니다. 그런데 노아는 하나님의 말씀에 따라 홍수를 대비한 방주를 짓는 것이었습니다. 그 세월들은 노아와 세 아들들에게 수고의 땀들이 범벅된 시간들이었을 것입니다.

하나님은 계획을 세우실 때, 중요한 원칙을 가지고 계십니다. 바로 땀 흘릴 사람입니다. "혈육 있는 모든 생물을 방주로 이끌어들여 그 종류대로 생명을 보존하게 하라"(창 6:19~20)라는 하나님의 말씀을 준행하기 위해서 노아는 엄청난 수고의 땀을 흘립니다. 하나님의 가슴에 흐르는 눈물을 노아는 땀으로 흘려낸 것입니다.

방주 짓는 기간이 차고, 결국 방주의 문이 닫힙니다. 큰 깊음의 샘들이 터지고 하늘의 창문들이 열려 온 땅이 물에 잠깁니다(창 7:11~12). 주변 사람들의 살려 달라는 비명소리가 온 세상을 가득 메울 때, 노아는 자신과 자신의 가족이 살았다는 안도감보다도 죽어가는 사람들을 보며 말할 수 없는 안타까움을 느꼈을 것입니다. 노아는 하나님의 마음을 헤아렸기 때문입니다.

방주는 복이요 구원, 하나님께서 내리신 홍수는 심판이요, 저주라는 이분법적 구분을 뛰어넘어 이 장면에서 더 넓게 하나님의 마음을 생각해보길 원합니다. 물론 하나님께서는 하나님의 뜻에 순종하여 살아남은 노아의 식구들을 보시며 기쁘셨을 것입니다. 하지만 하나님께서 과연 지구상의 인생들 가운데 방주에 탔던 자들만 살리기를 원하셨을까요? 만일 노아처럼 하나님의 뜻에 따라 순종하는 이가 많았다면 또 다른 방주를 준비해 더 많은 생명을 살리지 않으셨을까요? 아니, 많은 인생들이 하나님을 믿고 그 뜻을 따라주었다면 그들의 삶의 터전 자체가 생명을 보존하고 구원을 이루는 큰 방주였을 것입니다.

쉴 새 없이 쏟아져 세상을 뒤덮는 빗방울들은 하나님의 눈물입니다. 그래도 노아의 믿음과 순종의 땀 흘림이 하나님의

노아의 수고
방주 짓는 수고, 동물들을 방주에 넣는 수고, 방주 안에서 동물들을 잘 돌보아야 하는 수고 등등. 이처럼 의인의 실체는 하나님의 말씀에 순종해 땀을 흘리고 실행하는 것이다.

방주의 크기
길이 135m, 폭 22.5m
높이 13.5m, 3층
학자들은 이 정도 크기의 선박이라면 43,000톤 이상을 실었을 것이라고 추측한다.

하나님의 눈물
노아 홍수 사건을 통해, 근심하시고 한탄하시는 하나님의 속타는 마음을 느껴야, 후에 예레미야애가에서 예레미야 선지자가 이스라엘 백성들의 처참한 모습을 하나님의 마음으로 끌어안고 눈물로 밤을 지새웠던 그 마음 또한 느낄 수 있다.

뒷걸음쳐 들어가는 마음 (창 9:20~27)

노아의 둘째아들 함은 아버지가 인사불성 되어 누워 있는 곳에 들어가게 되었고, 보지 않았으면 좋았을 장면을 목격한다. 우리가 의도하지 않게 상대의 연약한 허물을 보게 되는 경우나 듣게 되는 경우가 있을 때처럼, 보게 되는 그 사실만은 불가항력적인 것이었다. 그런데 중요한 건, 그 다음 대처 방식이다. 함이 문제의 상황을 보고 밖으로 나갔다. 당장 옆방에서 옷가지나 이불이라도 챙겨서 남들이 보기 전에 덮어드리고, 다른 이들이 접근하지 못하게 막고 서 있어야 옳았다. 아버지가 '습관성 실수'에 젖어 있는 분이 아니기에 더욱 그리해야 했다. 그런데 함은 다른 형제들에게 아버지의 허물을 이야기하며 흉을 본다.

그런데 이 소식을 전해 들은 나머지 두 아들, 셈과 야벳은 좀 달랐다. 그토록 존경하며 자랑스러웠던 아버지, 하나님의 명령을 붙잡고 수많은 이들의 조소에도 아랑곳하지 않으며 묵묵히 옳은 길을 가던 의연한 아버지, 이 아버지의 허물을 전해 들은 두 아들은 고민 끝에 '옷을 가져다가' 인사불성이 되어버린 아버지의 수치를 덮기 위해 뒷걸음쳐 들어간다.

우리 개개인도 실수와 허물이 많다. 이 부끄러움을 끌어안고 있는 우리들에게 우리 주 예수 그리스도는 뒷걸음쳐 들어오셔서 그 보혈의 피로 우리를 덮어주셨다. 나의 흉, 허물을 보지 않으시고 허다한 죄를 사랑으로 덮으신 우리 주님을 찬양하지 않을 수 없다. 남의 허물을 덮기 위하여 뒷걸음쳐 들어가는 것, 이것이 능력이다.

홍수 후에 주신 말씀

• 생육하고 번성하여 땅에 충만하라.
• 육식을 할 수 있되, 피는 먹지 말라.
• 하나님의 형상대로 지은 사람을 살인하지 말라.

속상하신 마음을 쓸어내리고 새로운 출발의 씨앗이 됩니다. 방주를 만드는 데 큰 수고를 아끼지 않았던 노아와 그의 식구들은 또한 방주 안에서 온갖 동물들을 정성을 다해 돌보는 데에도 많은 땀을 흘렸을 것입니다.

드디어 홍수가 그치고 뭍이 드러났습니다. 노아는 방주에서 내린 후, 짐승들 중에서 정결한 것을 골라 하나님께 번제로 드립니다(창 8:20). 그 짐승들은 노아가 방주 안에서 천신만고 끝에 보존한 소중한 생명체입니다. 그러나 노아는 소중한 것을 하나님께 아낌없이 내어놓을 수 있는 사람이었습니다. 노아는 이제 땅에서 하나님을 위해 단을 쌓으며, 자신의 생명을 보전하신 하나님의 깊은 마음을 헤아리고, 앞으로의 여생은 무엇을 위해 살아야 할지, 깊은 생각과 다짐을 하였을 것입니다.

빨주노초파남보 무지개가 떠올랐습니다(창 9:13). 아름다운 이 무지개는 우여곡절 끝에 이 땅에 다시 발을 딛게 된 노아 식구들에게 하나님께서 보여주시는 약속의 증표입니다. 삶과 죽음의 기로에서 죽지 않고 살아난 것만도 은혜인데, 거기에다 번성과 충만의 복까지 받았으니 꿈만 같은 일이었습니다(창 9:1). 우리 인간도 자신의 손끝이 닿아 만들어진 것들이 오래 보존되기를 바랍니다. 이런 우리의 마음보다 하나님의 사랑과 바람은 더 크고 간절하셨을 것입니다.

새로운 시작 _ 족보 창 10장

창세기 10장의 내용은 성경 곳곳에서 가끔 볼 수 있는 족보입니다. 이 부분에서 요절이나 좋아하는 구절을 찾기는 어려울 것입니다. 왜 성경에 군이 이런 족보가 기록되어 있는지 이해하기도 힘들고, 읽을 때 지루할 수도 있습니다. 하지만 성경의 숲에서 보면, 이 부분은 정말 귀하고 소중한 장입니다.

성경의 숲에서 이 부분을 본다는 것은 바로 창세기 전체나 구약 전체에서 이 부분이 차지하는 위치를 가늠해보는 것이고, 좁게는 앞뒤 장을 함께 읽는 것입니다. 창세기 10장을 이해하기 위해, 창세기 9장 1절을 읽으면 "아하!" 하며 무릎을 치게 될 것입니다. 창세기 10장에 나오는 수많은 사람들의 이름은 "생육하고 번성하여 땅에 충만하라."라고 하신 하나님의 복이 역사 속에서 이루어져 감을 보여주는 증거이기 때문입니다.

이 노아 자손들의 이름을 보면서 우리는 창세기 9장 1절에 기록된 하나님의 약속이 허공에 흩어지지 않고 역사 속의 현실이 되었다는 것을 알 수 있습니다. 하나님께서는 여기 기록된 사람들의 이름 사이에서 약속을 지키시기 위해 쉬지 않고 일하셨을 것입니다. 손에 잡힐 듯 말 듯 아른거리기만 하던 약속의 결과를 현실로 보는 것만큼 감격스러운 일은 없습니다.

하나님의 신실하신 약속은 노아에게뿐만 아니라 오늘 우리에게도 이어지고 있습니다. 나 역시 많은 사람들 중에 하나님의 눈과 가슴이 향하는 관심의 대상입니다. 하나님의 눈길을 따라가 보십시오. 하나님의 눈길이 머무는 곳은 하늘의 별들보다도 터에 무늬를 놓는 인생들입니다.

새로운 시작
족보에 적힌 이름과 이름 사이에서 면면히 흐르고 있는 역사를 보게 된다. 태어나고 죽는 인간사의 과정을 통해 "생육하고 번성하여 땅에 충만하라"(창 1:28)라는 약속을 지켜가시는 하나님을 만날 수 있다.

바벨탑 사건 창 11장

'바벨' 의 의미

바벨론을 의미하는 '바벨' 에는
'헛소리' 라는 뜻이 있다.
* 헛소리 1 : "탑의 꼭대기를
　　　　　하늘에 닿게 하겠다."
* 헛소리 2 : "우리 이름을 내자."
* 헛소리 3 : "흩어짐을
　　　　　면할 수 있다."

사람이라는 존재가 개인으로 보면 선하기 이를 데 없는 것 같지만, 집단을 이루면 정반대의 현상이 일어나기도 합니다. 바벨탑 사건이 바로 그 한 예입니다.

인간들은 교만한 생각을 하며 흩어짐을 면하고자 하였고, 그 목적을 이루기 위해 바벨탑을 세웁니다. 하늘까지 닿는 탑을 세우겠다는 계획의 본질적인 문제는 바로 하나님의 말씀에 대한 불순종이요, 스스로 높아지고자 하는 교만입니다. 하나님께서는 하나님의 형상을 닮은 인간들이 온 지면 곳곳으로 퍼져서 하나님이 베푸신 복과 은혜를 널리 알리며 살기를 원하셨습니다. 그런데 사람들은 그런 하나님의 뜻과는 반대로, 흩어지지 않을 계획을 세운 것입니다. 하나님께서는 어쩔 수 없이 스스로 흩어지기를 거부한 그들의 언어를 혼잡케 하심으로써 사람들을 온 지면에 흩으십니다.

바벨탑 사건을 계기로 인생들을 흩으시는 하나님의 마음이 편하지만은 않으셨을 것입니다. 그러나 우리는 뒤이어 등장하는 셈의 족보(창 11:10~26)와 바벨탑 사건 속에서 준비되는 한 사람(창 11:27~32)을 통해서 하나님의 견고한 구원 계획을 볼 수 있습니다.

하나님의 친구

창세기 12장~25:11

약속을 성취하는 힘, 순종 창 12:1~9

하나님께서는 섭리 가운데 계획을 세우시고, 그 계획의 실행에는 하나님을 신뢰하는 인생들이 함께합니다. 하나님께서는 한 사람을 통하여 모든 것을 복되게 하시겠다는 놀라운 계획을 가지고 계십니다.

아브람은 갈대아 우르를 떠나 그의 아버지 데라와 함께 하란 땅에 이릅니다(창 11:31). 어느 날 하나님께서 아브람을 찾아오십니다. 그리고 그 땅을 떠나 "보여줄 땅"으로 가라고 명하십니다(창 12:1). 하나님께서는 왜 아브람에게 떠나라고 요구하시는 것입니까? 그것은 바로 아브람을 통해서 이루고자 하시는 꿈이 있으셨기 때문입니다.

하나님께서 아브람에게 "떠나라!"라고 말씀하시며, 약속하신 두 가지는 '자손과 땅'에 대한 것입니다(창 12:1~3; 15:4~5; 15:18~21). '자손과 땅'은 아브람의 가족과 이스라엘, 이후 궁극적으로 열방을 향하신 하나님의 꿈의 두 가지 기초입니다. 이

떠나고 싶지 않은 곳, 우르

아브람이 살았던 메소포타미아 하류에 있는 우르는 당시 문명이 가장 발달했던 곳 중 하나이며, 많은 사람들이 그 문명의 혜택을 누리고 편히 살기 위해 모여드는 곳이었으리라 짐작된다. 당시 문명은 강 중심으로 형성되었는데, 이는 강이 유용한 이동 통로로 사용될 뿐만 아니라, 농경사회에 꼭 필요한 물을 제공했기 때문이다. 즉, 아브람은 우르에서 당대의 문명이 주는 많은 혜택을 누리며 살고 있었던 것이다.

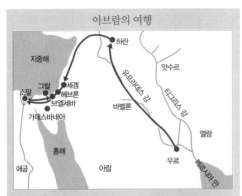

아브람의 여행

지중해
하란
앗수르
그랄
세겜
헤브론
브엘세바
소알
가데스바네아
유프라테스 강
티그리스 강
바벨론
엘람
홍해
우르
페르시아 만
애굽
아람

갈대아 우르에서 하란까지는 직선거리로 약 1,000km였다. 서울과 부산 사이의 거리(일반 열차)가 444.3km임을 생각할 때 굉장히 먼 거리이다. 또한 하란에서 가나안까지는 약 800km였다. 아브람은 총 약 1,800km의 직선거리(실제로는 구불구불 여행했을 것)를 여행한 것이다.

를 이루기 위해서는 아브람과 하나님의 사귐이 기반이 되어야 했습니다. 그래서 혈연(血緣), 지연(地緣) 등에 구애받지 않고 하나님 한 분과만 깊은 관계를 맺을 수 있는 곳으로 떠나라 하신 것입니다.

'자손과 땅'에 관한 약속의 말씀은 모세오경 및 여호수아서를 관통하여 하나님의 세계 경영과 역사 운행의 중요한 기초가 됩니다. '자손과 땅'에 관한 언약은 하나님께서 아담(창 1장) 및 노아(창 9장)와 맺은 약속에 그 뿌리를 두고 있습니다. 이후 아브람의 가정사와 이스라엘 역사는 이 약속의 성취를 위한 과정이라 하여도 지나치지 않습니다. 성경은 하나님의 약속의 말씀이 아브람과 같이 그 말씀을 믿는 자들의 순종을 통해서 이루어진다는 보배로운 진리를 우리에게 보여줍니다.

한편, 갈대아 우르에서 하란으로 삶의 근거지를 옮겼던 아브람이 하나님의 명령에 순종하여 나이 75세에 아내 사래와 조카 롯을 데리고 하란에서 또다시 약속의 땅으로 향했다(창 12:4~5)는 것은 매우 중요한 사실입니다. 아브람이 그와 같은 어려운 일에 순종하였다는 것은 그가 앞으로 두고두고 하나님의 그 어떠한 요구에도 순종할 수 있는 기본자세를 갖추었다는 것을 보여주기 때문입니다. 다시 말해, 아브람의 이 첫 번째 순종을 통하여 하나님과 아브람의 깊은 관계 맺기의 첫 단추가 잘 채워진 것입니다.

하나님의 말씀이 살아있고 능력이 있다는 것은 무엇입니까? 그것은 하나님의 말씀을 들은 자들이 이를 순종하며 실천

데라

데라가 70세에 아브람을 낳았고 205세에 죽었다는 점을 고려한다면 아브람이 하란을 떠난 후로도 데라는 하란에서 60여 년을 더 살았다.

한다는 것입니다. "보여줄 땅에서 너로 큰 민족을 이루겠다." 라는 하나님의 말씀은 아브람의 구체적인 실천을 통하여 살 아있는 역사가 되어 가는 것입니다. 순종과 그 순종에 의한 실 천이 사건을 일으킵니다.

아울러 "아브람이 여호와의 말씀을 따라갔고"(창 12:4)라는 구절 속에 등장하는 동사(動詞)에 주목해봅시다. "따라갔고"라 는 동사 안에는 앞으로 있을 크고 작은 어려움을 예상하며 고 민도 하고, 그러나 하나님의 말씀이기 때문에 순종하여 짐을 꾸리고 발걸음을 옮기는 아브람의 땀이 들어 있습니다. 성경 통독을 하면서 '땀 흘리는 동사'들을 놓치지 말아야 한다는 사실을 기억합시다. 믿는 자의 땀 흘림은 시대를 움직이는 동 력과 같습니다.

명사와 동사

우리는 성경을 보면서 은혜, 긍휼, 사랑, 섬김, 헌신, 소망 같은 명사들뿐만 아니라 '따라갔고', '일어났고' 등과 같은 동사에도 많은 관심을 기울여야 할 것이다. 왜냐하면 '섬김'과 '헌신' 같은 명사는 수많은 동사들의 결과로 이루어지는 땀의 결정체이기 때문이다.

기다림과 믿음 훈련 창 12:10~21장

아브람은 후손에 대한 약속의 기반 위에서 약 25년 정도의 세월을 기다리는 가운데 훈련됩니다. 그리고 그는 이 모든 과 정을 통해 삶의 중요한 원칙들을 세워갑니다.

하나님의 말씀대로 아브람은 하나님께서 주고자 하시는 '그 땅'에 도착하였습니다. 하지만 믿음의 사람 아브람에게도 기근은 큰 어려움이었습니다. 그래서 고민 끝에 기근을 피해 애굽으로 갑니다(창 12:10). 그런데 문제는, 어여쁜 아내로 인해 애굽인들의 위협이 있을 것을 예상한 아브람이 아내 사래를 자기 여동생이라고 소개한 것입니다. 자칫하면 '아브람의 후 손을 통한 하나님의 꿈'이 무산될 수도 있는 이 다급한 상황

아브라함의 삶의 원칙
1. 안전은 하나님께서 지키신다.
2. 양보하는 게 남는 것
3. 물질에 집착하지 않기
4. 약속의 범위를 임의가 아닌 믿음으로
5. 성급한 대안보다는 하나님을 기다림
6. 언약의 신뢰를 기반으로 택함의 이유 확인하기

에서 하나님께서는 직접 사래를 보호하십니다. 이와 동일한 일이 이후 20여 년 후에 그랄 왕 아비멜렉과의 사이에서도 다시 한 번 일어납니다. 아브람은 이 두 번의 경험을 통해 안전은 하나님께서 지키신다는 깨우침을 얻게 됩니다(창 12:10~20; 20장).

아브람과 조카 롯의 재산이 많아지자 그 소유의 풍부함 때문에 두 사람이 함께 거하기 어려운 상황에 처해지게 됩니다. 이 문제를 놓고 오래 고민한 아브람은 롯과 자신은 한 친족이고, 이는 깰 수 없는 원칙이라는 결론에 이릅니다(창 13:8). 그래서 친족과 다투지 않기 위해 롯과 나뉘어 살기로 결심합니다. 그리고 아브람은 좋은 것을 먼저 차지할 수 있는 선택권을 롯에게 양보합니다. 아브람은 선택권의 양보를 통하여 혈육 사이에 생길 수 있는 갈등을 오히려 넘어서게 되고, 양보하는 것이 남는 것이라는 사실을 깨닫습니다(창 13장).

얼마 후, 롯이 정착해 살고 있던 소돔이 전쟁의 소용돌이에 휘말리게 되고, 롯이 전쟁 포로가 되었다는 소식을 들은 아브람은 위기에 처한 조카를 구하기 위해 전쟁에 뛰어듭니다. 롯을 구하기 위해 목숨을 걸고 나간 전쟁에서 승리한 아브람은 집으로 돌아가는 길에 하나님의 제사장 살렘 왕 멜기세덱을 만나 축복을 받고, 전리품의 십분의 일을 하나님의 제사장에게 바칩니다(창 14:17~20). 역사상 처음 드려진 십일조입니다. 자신의 힘이 아닌 하나님의 돌보심으로 승리할 수 있었음을 믿었기에, 아브람은 기꺼이 소득의 십일조를 드릴 수 있었습니다.

아브람은 자손에 대한 하나님의 약속이 어떻게 이루어질 것인가에 대한 두려움과 함께, 이 중대한 문제를 놓고 고민을 더해가고 있었습니다. 아브람의 후사와 관련하여 하나님께서 분명하게 약속을 주셨음에도 불구하고, 실제 자손이 생길 가능성은 약해지고 있었으며 더구나 사래의 생산능력이 끝나갑니다. 그러자 아브람은 "네 자손"의 범위를 임의로 확대해서 다메섹 사람 엘리에셀을 양자로 삼을 계획을 세웁니다(창 15:2~3). 그때 하나님께서는 "네 몸에서 날 자"라는 후사의 범위를 다시 구체적으로 제시해주십니다. 아브람이 하나님을 믿고, 하나님께서는 이를 그의 의로 여기십니다(창 15:6).

또 시간이 흘러 약속을 받은 지 10년. 여전히 후손이 생기지 않자 사래가 불안해하며 아브람에게 하갈과 동침할 것을 제안합니다. 결국엔 그 성급한 대안이 믿음의 가정을 온통 흔들어버리는 결과를 낳게 됩니다(창 16장). 하나님께서는 아브람과 사래가 '하갈'이라는 선택보다는 '기다림'이라는 선택을 해주길 바라셨을 것입니다.

약속의 반복을 거쳐 이제 약속이 현실이 되기 바로 직전, 두 가지 중요한 변화가 선행됩니다. 첫째는 하나님께서 아브람의 이름을 아브라함으로 바꿔 부르신 것이요(창 17:5), 둘째는 아브라함이 하나님의 할례 명령에 순종함으로써 언약의 확실성을 받아들인 것입니다(창 17:23~27). 아울러 하나님께서는 아브라함을 택한 이유가 "여호와의 도를 지켜 의와 공도를 행하게 할 믿음의 씨앗을 이 땅에 있게 하기 위함"이라고 다시 한 번 확인해주십니다(창 18:19).

아브라함이 99세에 자신과 그 집의 모든 남자들에게 할례를 행한 이후, 아브라함에게 손님들이 찾아옵니다(창 18:1~2). 서둘러 송아지를 잡아 나그네를 대접하는 아브라함의 모습은 그의 인품을 잘 보여줍니다.

하나님의 천사들인 그들은 사래에게 아들이 태어날 것이

Message

수준 낮은 두려움 vs. 수준 높은 두려움

'과연 하나님의 약속은 어떻게 이루어질 것인가?' 아브람의 걱정은 자기 나이가 많이 들었는데, 대를 이을 자식이 아직 생기지 않았다는 것이었다. 무얼 먹을까, 무얼 마실까, 무얼 입을까, 염려되는가? 그리스도인들의 고민은 세상의 여타 사람들과는 조금 달라야 하지 않겠는가? 하나님의 약속을 붙들고, 이것이 나의 잘못으로 인해 이루어지지 않으면 어쩌나 하는 염려와 걱정, 아브람이 가졌던 것과 같은 두려움과 걱정들이 우리에게도 있었으면 좋겠다.

순종이란

순종은 길들여지는 것이 아니라, 하나님의 열심으로 훈련되고 훈련된 열심으로 하나님을 선택하며 사는 것이다.

사라의 웃음

고대 문헌 중에서 여인의 웃음을 기록하고 있는 최초의 기록은 성경 속에 나타나 있다. 창세기에는 사라의 웃음이 두 번 기록되어 있는데, 그 처음은 "기한이 이를 때 사라에게서 아들이 있을 것"이라는 천사의 말을 듣고 속으로 웃은 일이고 (창 18:12), 두 번째는 실제로 하나님의 역사하심 가운데 아들 이삭을 낳고 지은 기쁨의 웃음이다(창 21:6). 이삭의 이름 뜻 또한 '웃음'이다.

브엘세바

아비멜렉과 그 군대 장관 비골이 아브라함을 찾아와 "네가 무슨 일을 하든지 하나님이 너와 함께 계시도다"(창 21:22)라고 말하며 서로 우호적인 관계를 유지하기로 계약을 맺는다. 그리고 그 땅을 '맹세의 우물'이라는 뜻으로 '브엘세바'라고 이름 지었다. 이웃과 좋은 관계를 만들어가며, 그 관계 속에서 하나님의 살아계심을 드러내는 아브라함의 모습은 소돔과 고모라에서 하나님의 뜻을 드러내지 못하고 도리어 그들의 문화에 휘말리고 말았던 롯의 모습과 대비된다.

라고 말한 후 소돔 성을 향해 떠납니다. 중한 죄악 중에 빠진 소돔과 고모라를 멸망시키시겠다는 하나님의 계획을 들은 아브라함은 진심어린 중보의 기도를 드리기 시작합니다(창 18:22~32). "주께서 의인을 악인과 함께 멸하려 하시나이까?" "티끌과 같은 나라도 감히 주께 아뢰나이다 오십 의인 중에 오 명이 부족하다면 그 오 명이 부족함을 말미암아 온 성읍을 멸하시리이까?" 어떻게든 소돔과 고모라의 멸망을 막고, 거기 살고 있는 롯의 생명을 구하고 싶어 하는 아브라함의 마음을 볼 수 있습니다.

그러나 소돔과 고모라의 멸망을 아브라함보다 더 막고 싶었던 분은 바로 하나님이셨습니다. 성 중에서 의인을 찾으면 멸하지 않겠다고 한 번, 두 번, 세 번, 거듭 말씀하시는 하나님의 대답 속에서, 할 수만 있다면 심판을 유보하고 싶어 하시는 하나님의 마음을 짐작할 수 있습니다.

그러나 결국 소돔과 고모라는 의인 10명이 없음으로 말미암아 멸망하고 맙니다(창 19장). 다행히도, 하나님께서는 아브라함을 생각하사 롯과 그 가족을 구해주십니다. 비록 롯의 부인은 물질에 대한 미련으로 인해 소금 기둥이 되고 말았지만, 롯과 그의 두 딸은 목숨을 건졌고, 그들을 통해 이후 모압과 암몬 족속이 생겨납니다(창 19:30~38).

아브라함의 젊은 날부터 그와 오랫동안 동행해오신 하나님, 이렇게 하나님과 아브라함 사이가 오랜 시간을 지나 이제 기초가 튼튼해졌습니다. 그리고 그동안 순종을 통해 열심히 훈련되어진 아브라함, 어느덧 그의 나이가 100세가 되었을 때, 끝까지 하나님의 능력과 그분의 가능성을 믿었던 아브라함과 사라에게 하나님께서 아이를 주셨습니다. 긴 기다림의 끝에서 이제 이삭이라는 열매를 얻게 된 것입니다(창 21:1~7).

하나님의 친구 창 22장

　그런데 어느 날, '자손에 대한 약속'이 위기에 처하는 상황
이 벌어집니다. 이삭은 하나님께서 말씀하신 약속의 핵심 중
추인데, 그 아들을 번제로 드리라고 하십니다(창 22:1~2). 하란
을 떠남으로써 과거의 혈연과 지연을 포기한 아브라함에게,
그로 하여금 큰 민족을 이루고 복의 근원이 될 수 있게 하는
미래의 혈육 기반도 포기하라고 말씀하시는 것입니다. 인간적
인 이유로도 부모가 자식을 죽일 수는 없습니다. 더군다나 아
브라함에게는 '이삭이 없어지면, 하나님의 언약의 성취는 어
떻게 되는 것인가?'라는 신앙적인 갈등도 있었을 것입니다.
그러나 그는 하나님의 요구에 순종하기로 합니다.

　아브라함이 하나님께서 베푸신 시험을 통과할 수 있었던
비결은 무엇입니까? 아브라함은 요구 사항 그 자체에 집중한
것이 아니라 요구하시는 분이 누구신가에 집중한 것 같습니
다. 인간적인 입장에서는 수용하기 힘든 문제이지만, 아브라
함은 요구하시는 분, 즉 하나님께 관심을 집중하고 그분을 믿
었던 것입니다. 이삭이 이 땅에 태어난 것 자체도 인간적인 힘
이 아니라, 불가능한 상태에서 전적으로 역사하신 하나님의
능력으로 말미암은 것이었습니다. 주신 분, 즉 소유의 원 주인

시험의 조건

시험은 아무나 받는 것이 아니
다. 시험을 받을 만한 준비가
된 자들에게, 어느 정도 성숙한
사람들에게 하시는 것이다. 다
시 말해 시험받을 수준이 된
다음에야 문제를 내주시는 것
이다.

이 하나님이심을 아브라함은 명확하게 파악하고 있었던 것입니다. 모리아 산에서의 이 순종은 그동안 하나님과 아브라함이 쌓아왔던 신뢰 관계와 아브라함이 오랫동안 하나님의 인도하심에 대한 경험을 축적한 것의 열매입니다. 아브라함은 상식에 준해 살았지만 상식을 뛰어넘어서도 살았습니다.

하나님의 말씀에 대한 순종으로 아브라함이 이삭을 향해 칼을 잡는 그 순간, 하나님께서 아브라함을 친구로 삼으십니다. 하나님께서 아브라함을 "나의 벗"(사 41:8; 약 2:23)이라고 부르신 이유는 아브라함이 자신의 독자를 하나님을 위해 내어놓았기 때문입니다. 그리고 이천 년 후에 하나님께서는 아브라함의 후손들을 위해, 나아가 온 인류를 위해 당신의 독생자 예수 그리스도를 내어주십니다. 가장 아끼는 독자를 서로를 위해 내어놓는 경험의 공유를 통해 하나님과 아브라함은 친구가 되었습니다.

순종의 길

아브라함은 자기에게 가장 좋은 것, 즉 약속의 자식까지라도 하나님 앞에 아끼지 않았다. 모리아 산으로 가는 길은 아브라함에게 있어 예수님께서 갈보리로 향하시던 길처럼 '고통의 길'(Via Dolorosa)이었다. 그는 아무런 불평의 소리 없이 하나님의 말씀에 순종하였다.

아브라함의 친구들 창 23장~25:11

아브라함의 아내요 평생 친구인 사라가 생을 마감합니다. 사라를 장사지낼 곳을 찾던 아브라함이 헷 족속 에브론에게 땅을 사고 대가를 지불하는 장면을 통해 나그네로 살았던 아브라함의 모습을 볼 수 있습니다(창 23장). 아브라함이 막벨라 굴이 속한 밭 값을 주겠다고 하자 에브론은 그 값이 은 400세겔(약 4.5kg)인데 어찌 그것을 가지고 거래하겠느냐고 말합니다. 이에 아브라함은 헷 사람들이 보는 곳에서 에브론에게 은 400세겔을 달아 주고 그 밭을 삽니다. 이 막벨라 굴이 바로 아브라함 가족이 '보여줄 땅'에서 소유하게 된 최초의 땅입니다.

아브라함의 소유지가 된 땅 헤브론은 이스라엘 역사에서 대대로 매우 중요한 땅이 됩니다. 사라가 묻힌 이후로 아브라함도 이 막벨라 굴에 함께 장사되었으며(창 25:7~10), 그의 아들 부부인 이삭과 리브가도 이곳에 묻힙니다(창 35:27~29; 49:31). 애굽에서 죽음을 맞은 야곱도 자신의 시신을 반드시 막벨라 굴에 묻어달라는 유언을 하고 요셉에게 맹세시켰기에 야곱의 시신은 애굽에서 가나안 막벨라 굴까지 옮겨졌습니다. 이것이 출애굽의 기초이자 출애굽 예행연습이 됩니다(창 50:12~13). 그리고 요셉은 죽을 때, 그의 해골을 반드시 출애굽할 때 가지고 가서 가나안 땅에 장사 지내줄 것을 부탁합니다. 이 땅을 향한 요셉의 유언은 이후 출애굽의 비전이 되어 수백 년을 이어갑니다(창 50:24~25; 출 13:19). 후에 이스라엘이 가나안을 점령할 때, 유다 지파의 갈렙이 이 땅을 선택하여 삶의 근거지로 삼았으며(수 14장), 다윗이 유다 지파의 왕으로 옹립될 때 이 헤브론에서 기름 부음을 받습니다(삼하 5:1~5).

하나님과의 관계뿐 아니라 사람과의 관계도 아름답게 가꾸어가는 아브라함의 모습은, 이삭을 장가보내는 장면에서 다시 한 번 확인할 수 있습니다. 아브라함은 그의 종이자 오랜 친구인 다메섹 사람 엘리에셀에게 이삭 장가보내는 일을 맡깁니다(창 24장).

아브라함은 엘리에셀에게 이삭의 아내를 구해오라는 요구를 하면서 엘리에셀에게 "여호와를 가리켜 맹세하게" 합니다. 이삭의 아내를 구하는 일은 단순한 가정사가 아닌 '모든 민족'을 위한 하나님의 중차대한 계획이었기 때문입니다. 하늘

세상과 이웃

세상과 이웃을 향한 따뜻한 시선이 없다면 하나님을 사랑한다고 말할 자격이 없다. 왜냐하면 하나님께서 끊임없이 관심을 갖는 대상이 바로 사람이기 때문이다. 아브라함은 이웃과 아주 원만한 관계를 가졌다. 하나님과의 관계를 올바르게 정립한 자는 사람과의 관계도 귀히 여기기 마련이다.

Power

다메섹 엘리에셀

다메섹 엘리에셀은 그의 주인 아브라함의 삶의 독특성, 그가 어떤 꿈과 비전을 가지고 살아가는지에 대해 잘 이해하고 있는 사람이었다. 그래서 아브라함의 입장에서는 다메섹 엘리에셀이 산소 같은 사람이었다. 그를 만나면 숨통이 트이고 대화가 통했기 때문이다. 주인의 삶 전체를 통(通)으로 보고 관찰하며 그의 사정을 헤아릴 줄 아는 사람 엘리에셀은 아브라함에게 좋은 믿음의 동역자였다.

과 땅의 하나님 앞에 맹세한 엘리에셀이 아브라함의 요구대로 이삭의 아내 구하는 일을 기도하면서 혼신의 힘을 다해 완수합니다.

엘리에셀은 아브라함이 믿음의 순례 여행을 하는 동안 아브라함의 충성스러운 종이자 든든한 믿음의 친구로서 아브라함 곁에 있었던 사람입니다. 믿음의 거목인 아브라함처럼 이름이 높이 드러나 있진 않지만, 자신에게 주어진 역할, 곧 이삭의 결혼을 주선하여 하나님의 약속이 다음 대(代)로 이어지도록 돕는 일을 충성스럽게 담당한 멋진 사람이었습니다. 하나님의 친구로서 그 깊은 마음을 헤아릴 줄 아는 아브라함은 이웃의 마음도 헤아리며 많은 사람들의 친구가 되어줍니다.

민음의 계승

숲이야기

창세기 25:12~36장

신앙계승 창 25:12~34

아브라함, 그도 향년 175세에 하나님의 부름을 받고 아내 사라가 장사된 막벨라 굴에 묻힙니다(창 25:7~10). 그는 자신이 묻힐 만한 정도의 땅을 마련함으로써 가나안 땅에 대한 꿈의 토대를 놓고 떠난 것입니다. 또한 믿음의 씨앗 이삭을 남겨 후손에 대한 약속을 이어갑니다.

믿음의 씨앗 이삭은 아브라함의 순종을 멋지게 계승하여 하나님의 꿈을 가슴에 끌어안고 살아갑니다. 그런데 결혼한 지 20년이 지나도록 자식이 생기지 않습니다. 이 문제는 이삭과 리브가의 간절한 기도 제목이 됩니다(창 25:21). 이삭은 포기하지 않고 부지런히 기도했습니다. 그 이유는 이삭 자신이 25년의 기다림 끝에 100세의 아버지에게서 태어난 아들이었고, 자기도 후손에게 약속을 계승해야 할 책임이 있음을 잘 알고 있었기 때문입니다. 이삭 부부는 기다리는 동안 하나님의 응답 외의 다른 대안을 찾지 않습니다. 아마도 잘못 선택한 대

계승의 종류
* 선조의 유산 상속
  – 경제적 풍요 계승
* 세대를 거듭하며 하나님과 인간의 사랑 축적
  – 신앙적 풍요 계승

안으로 인해 아버지 아브라함과 어머니 사라가 겪었던 아픔을 이미 배워 알고 있었기 때문일 것입니다. 하나님께서는 사람에게 일을 맡기실 때 때때로 오랜 기다림의 시간을 보내게 하시는데, 사람은 결국 그 기다림의 기간을 통해 맡겨진 사명에 적합한 그릇으로 성숙해갑니다.

마침내 기도의 응답으로 이삭의 아내 리브가는 이삭이 60세가 되던 해에 쌍둥이 아들을 낳게 됩니다. 함께 태어난 쌍둥이였지만 먼저 태어난 에서와 그 발뒤꿈치를 잡고 태어난 야곱은 생김새부터 그 성격까지 매우 많이 달랐습니다. 아버지 이삭은 사냥꾼인 큰아들 에서를, 어머니 리브가는 조용한 야곱을 사랑했는데, 이러한 편애는 이후 그 가정에 큰 소용돌이가 일어나는 원인이 됩니다.

어느 날, 들에서 돌아와 피곤했던 에서는 야곱이 쑨 팥죽과 자신의 장자권을 바꾸는 약속을 합니다. 에서는 장자의 명분을 소홀히 여겼고, 야곱은 그것을 부당한 방법으로 취한 것입니다(창 25:27~34). 이것은 결국 형제간에 큰 불행을 낳는 단초가 되고 맙니다.

양보하는 삶 창 26장

창세기 전체에서 이삭에 관한 내용은 그리 많지 않지만 창세기 26장에는 이삭이 하나님의 약속을 이어갈 수 있는 사람임을 알 수 있는 중요한 장면이 들어 있습니다. 아브라함 때처럼 이삭 때에도 가나안 땅에 흉년이라는 위기가 발생했습니다. 그런데 하나님께서는 이삭에게 '자손과 땅'에 대한 약속을 주시며 애굽으로 내려가지 말라고 말씀하십니다. 이삭은

흉년
믿음의 사람들도 평생을 사는 동안 여러 번의 고난을 만난다. 아브라함 때에도 흉년이 들었는데, 이삭 때에 또 흉년이 든다. 믿음의 조상인 아브라함이 살 때에도, 순종의 사람 이삭이 살 때에도 흉년은 찾아온다.

극심한 흉년 가운데서도 하나님의 명령에 순종하여 그랄 땅에 그대로 머물렀습니다(창 26:1~6). 이와 같은 이삭의 순종으로 인하여 아브라함의 후손들을 통해 복의 약속이 계속 이어지기를 바라시는 하나님의 꿈이 순풍에 돛을 달게 됩니다.

가나안 땅에 머무는 이삭의 순종을 귀히 보신 하나님께서는 흉년 중에 지은 농사가 100배의 결실을 맺을 수 있도록 복을 베풀어주십니다. 그런데 하나님께서 주신 복으로 부자가 된 이삭을 시기한 그랄 백성들은 이삭이 파는 우물마다 흙으로 메워버립니다(창 26:12~15).

그에 대한 이삭의 대처 방식은 '떠나고, 다시 파고, 옮기고, 또 다시 파고…', 한마디로 '그들과 다투지 않는 것'이었습니다(창 26:19~22). 이삭은 그들이 아무리 시비를 걸어와도 온유함으로 참아냈습니다. 그 결과, 이삭의 선함과 하나님이 그와 함께하심을 인정한 그랄 사람들이 브엘세바에 있는 이삭을 찾아와 계약을 맺습니다(창 26:26~33). '하나님의 사람들이 이 세상에서 어떻게 살아야 할 것인가?' 라는 질문에, 우리는 이삭의 삶의 방식을 하나의 대답으로 삼을 수 있을 것입니다.

이 땅에 살면서 하나님으로부터 복 받았다는 사실을 스스로 깨닫는 것도 중요합니다. 그러나 더 중요한 것은 우리가 복 받은 자라는 사실을 이웃이 알 수 있도록 모범을 보이는 것입니다. 하나님의 든든함으로 꽉 차 있는 이삭은 순종할 수 있었고, 또 양보할 수 있었습니다. 우리가 양보할 때 하나님께서 우리를 격려하시며 더 큰 것으로 채우십니다.

Power

이삭

• 아버지에 대한 순종
 – 번제물로 묶일 때에
  (창 22장)
 – 신붓감에 대한 명령
  (창 24장)
• 하나님에 대한 순종
 – 흉년 때에도 그 땅을 떠나지 말라는 말씀에 대해
  (창 26장)

양보

양보는 내 안에 채워진 풍성함을 흘려보내는 과정이다. 그래서 양보는 더 큰 것을 품고 있는 사람, 여유 있는 사람, 속이 든든함으로 꽉 찬 사람만 할 수 있는 것이다.

기본 원칙 창27장

아브라함이 세상을 떠난 후, 이삭에게 맡겨진 책임은 가나안 땅에서 후손을 잇는 것이었습니다. 이삭과 리브가의 자손에 대한 기도가 응답될 때, 하나님께서는 "큰 자가 어린 자를 섬기리라."라고 말씀하셨습니다(창 25:23). 장자가 차자를 섬긴다는 것은 결코 간단한 문제가 아닙니다. 이삭과 리브가는 하나님의 마음을 헤아려 이 문제를 성숙하게 처리해야 했습니다.

그런데 이삭은 이 문제를 소홀히 여긴 채 큰아들 에서에게 축복하려 합니다. 이 사실을 알아차린 리브가는 에서가 사냥하러 나간 사이, 야곱을 불러 형이 받을 축복을 대신 받으라고 말합니다(창 27:5~10).

하나님께서 기본적으로 세우신 언약들, 예를 들어 "안식일을 지키라.", "부모를 공경하라." 등은 시대가 아무리 변해도 움직일 수 없는 중요한 원칙입니다. 부부 간의 신뢰, 부모와 자식 간의 신뢰는 바로 이 기본 원칙에 속하는 것입니다. 그런데 이삭의 가정에서, 아들이 아버지를 속이고 부인이 남편을 속이는 일, 다시 말해 관계의 기본이 깨지는 일이 벌어진 것입니다.

이 사건을 보며 그저 하나님께서 야곱을 선택하셨기 때문이라는 한마디로 지나쳐서는 안 될 것입니다. 어떤 이유로든, 우리 하나님은 속임의 사건을 조장하시는 분이 결코 아니기 때문입니다.

열정의 대상 창 28~35장

결국 야곱은 축복을 도둑맞았다고 생각하여 화가 머리끝까지 난 형 에서를 피해 도망칩니다. 그렇게 얻고자 했던 장자의 축복은 받았지만, 그로 인해 목숨이 위태로워져서, 한순간에 가족으로부터 떨어져 도망가야 하는 처지가 된 것입니다.

그런 야곱이 길을 가던 중 지쳐 쓰러져 잠든 밤에 하나님께서 찾아오십니다. 그와 그의 자손에게 가나안 땅을 주겠다고 약속하시며, 야곱이 고향으로 무사히 돌아올 수 있도록 하시겠다는 약속을 주십니다. 이 약속을 다 이루기까지 야곱을 떠나지 않으시겠다는 임마누엘의 약속까지 말씀하십니다.

잠에서 깬 야곱은 "이는 하나님의 집이요, 하늘의 문"이라고 말하고 그곳 이름을 '벧엘'로 부르며, 자신을 무사히 돌아오게 해주시면 하나님께 십일조를 드리겠다고 서원합니다(창 28:20~22).

야곱은 얼마 후 외삼촌 라반의 집이 있는 하란(밧단아람) 땅에 도착했습니다(창 28:5,10). 어떻게 해서든 삼촌 집에서 생계를 꾸려가야 하는 야곱은 라반의 집에서 일을 하기 시작합니다. 눈 붙일 겨를 없이 일한 결과로, 야곱은 많은 재물을 얻게 되었습니다. 또한 그는 사랑하는 라헬을 아내로 얻기를 소원했는데, 우여곡절 끝에 4명의 아내, 12명의 아들과 1명의 딸을 거느린 대가족의 가장이 되었습니다. 그러나 그 과정이 행복의 연속만은 아니었습니다. 자매지간이면서도 한 남편을 두고 서로 한없이 질투하는 레아와 라헬의 갈등은 야곱 가정의 큰 문제였습니다(창 30:1,15).

뿌린 대로 거둔다
아버지와 형을 속인 야곱은 외삼촌에게 속임을 당한다. "사람이 무엇으로 심든지 그대로 거두리라"(갈 6:7). 우리 인생에서 무엇을 심는가는 매우 중요한 문제이다.

야곱을 둘러싼 갈등은 가정 안에서 끝나지 않습니다. 야곱은 재산 문제로 라반과 갈등을 일으킵니다(창 31:1~2). 그 긴 세월 동안 야곱이 땀 흘려 일했던 것에 대해 라반이 정당한 대가를 주지 않았기 때문입니다. 이것을 계기로 야곱은 20년의 하란 생활을 뒤로 하고 라반 몰래 급히 가나안 땅을 향해 출발합니다. 야곱 가족 일행을 뒤쫓아오던 라반은 "야곱에게 선악간에 말하지 말라"(창 31:29)라는 하나님의 음성을 듣게 됩니다. 하나님께서 친히 징검다리가 되셔서 야곱과 라반의 갈등을 해결해주신 것입니다.

이제 문제는, 고향으로 돌아가라고 말씀하셨던 하나님의 말씀과 형 에서에 대한 두려움 사이에서 야곱이 어떻게 행동하는가입니다.

하나님께서는 이미 야곱과 함께하신다는 증거로 하나님의 군대를 보여주셨습니다(창 32:1~2). 그러나 형 에서에 대한 야곱의 두려움은 좀처럼 수그러들 줄 모릅니다. 결국 그는 하나님을 전적으로 의지하기보다는 형 에서에게 예물을 보낼 계획을 세우고, 또한 함께한 무리를 둘로 나누어, 형이 와서 하나를 치면 다른 하나는 피신시키겠다는 계획도 세웁니다. 그래도 안심이 되지 않았는지 야곱은 날이 새도록 천사와 씨름하며 축복을 갈구합니다. 그는 천사를 이길 만큼 집요했습니다(창 32:24~32).

야곱은 20여 년 전 루스 땅에서 만난 벧엘의 하나님(창 28:10~22)을 기억해야 했습니다. 하나님께서 외삼촌 라반과의 갈등을 해결해주셨듯이, 형과의 갈등도 풀어주실 것이라는 믿음이 필요했습니다. 그러나 야곱은 최후까지도 자기 방식을 선택합니다. 가장 사랑하는 라헬과 그녀가 낳은 아들 요셉은 안전한 뒤쪽으로 배치하고, 그 앞에는 레아와 그의 자식들, 그리고 에서로부터의 위험에 노출되어 있는 제일 앞쪽에는 두 여종과 그의 자식들을 세웁니다. 하나님께서는 이미 안전하게 에서의 마음을 붙들고 계셨는데, 야곱이 꼭 그렇게 자신의 편애적인 계산 방식을 드러냈어야 했는가 싶습니다. 하나님께서는 진심어린 화해의 식탁을 준비하고 계셨는데, 생각 짧은 야곱은 가정 내에 또 다른 갈등을 만들어내고 만 것입니다. 그럼에도 불구하고 하나님의 은혜로, 야곱은 에서를 만나 극적인 화해를 이룰 수 있었습니다(창 33장).

이렇게 가나안에 다다른 야곱은 세겜 성 앞에 있는 밭을 백 크시타에 사고, 그곳에 정착하여 머물기를 원했습니다. 그러나 야곱의 자식들은 이웃의 본이 되는 삶을 제대로 살지 못합니다. 세겜 성 추장 하몰의 아들 세겜에게 수치를 당한 여동생 디나의 복수를 한다며, 야곱의 아들들은 하나님의 약속의 증거인 할례를 이용해 세겜 사람들을 죽이고, 그들의 물건을 노략합니다. 이 일로 인해, 야곱은 세겜 땅을 떠날 수밖에 없었습니다(창 34장).

하나님께서는 그런 야곱에게 하나님의 집인 벧엘로 올라가라고 명하십니다(창 35:1). 어쩔 수 없이 세겜 땅을 떠나야 하는 야곱을 벧엘로 부르셔서 그의 가정을 새롭게 세워주고자 하십니다. 야곱의 귀향은 단순한 복귀가 아니라, 하나님의 집을 향해 다시금 출발

야곱의 아들들의 이름 뜻

1. 르우벤 – 보라, 아들이다. "여호와께서 나의 괴로움을 돌보셨으니 이제는 내 남편이 나를 사랑하리로다"
2. 시므온 – 듣다. "여호와께서 내가 사랑 받지 못함을 들으셨으므로 내게 이 아들도 주셨도다"
3. 레위 – 친함. "내가 그에게 세 아들을 낳았으니 내 남편이 지금부터 나와 연합하리로다"
4. 유다 – 찬송. "내가 이제는 여호와를 찬송하리로다"
5. 단 – 심판관. "하나님이 내 억울함을 푸시려고 내 호소를 들으사 내게 아들을 주셨다"
6. 납달리 – 씨름. "내가 언니와 크게 경쟁하여 이겼다"
7. 갓 – 행운. "복되도다"
8. 아셀 – 기쁨. "기쁘도다 모든 딸들이 나를 기쁜 자라 하리로다"
9. 잇사갈 – 값을 주심. "내가 내 시녀를 내 남편에게 주었으므로 하나님이 내게 그 값을 주셨다"
10. 스블론 – 후한 선물. "하나님이 내게 후한 선물을 주시도다"
11. 요셉 – 여호와가 더하시기를 바란다. "여호와는 다시 다른 아들을 내게 더하시기를 원하노라"
12. 베냐민 – 오른 손의 아들. 라헬이 지은 이름은 '베노니'로, 슬픔의 아들이라는 뜻
13. 므낫세 – 잊어버리게 하다. "하나님이 내게 내 모든 고난과 내 아버지의 온 집 일을 잊어버리게 하셨다"
14. 에브라임 – 풍성함. "하나님이 나를 내가 수고한 땅에서 번성하게 하셨다"
* 므낫세와 에브라임은 원래 요셉의 아들이었으나 야곱이 자신의 아들들로 삼았다.

하는 것이었습니다. 이에 야곱은 먼저 자기 집안 사람들에게 이방 신상을 버리고 몸을 정결하게 하라고 당부합니다. 하나님께서는 그곳에서 야곱의 이름을 '이스라엘'로 바꿔주시고, "생육하며 번성하라."라는 복을 주십니다(창 35:10~11). 이후 야곱의 이름인 이스라엘은 민족의 이름이 됩니다.

이후 야곱은 벧엘 근처에서 사랑하는 아내 라헬을 잃습니다. 그리고 아버지 이삭도 기한이 다 되어 헤브론 땅에서 숨을 거두고, 야곱은 형 에서와 함께 이삭을 장사합니다(창 35:29).

🔲

그럼에도 불구하고 창 36장

에서

에서는 명분보다도 실리를 챙기는 사람이었다. 장자 명분 같은 건 실속에 비해서 의미 없다 하여, 팥죽 한 그릇에 장자권을 팔아버렸던 사람이다.

"에서 곧 에돔의 족보는 이러하니라"(창 36:1)라는 구절 이후 많은 사람들의 이름이 나열되어 있습니다. 특히 '족장'이라는 말이 등장하였다는 것은 이제 한 개인, 한 가정을 넘어 족속을 이루었다는 뜻입니다(창 36:15~30). 리브가에게 하나님께서 응답하신 두 민족(창 25:23) 중 한 민족에 대한 말씀이 성취된 것입니다.

우리는 믿음의 계보를 중히 여겨야 합니다. 하지만 하나님께서는 믿음의 계보만을 소중하게 여기시는 분이 아닙니다. 하나님께서는 아브라함과 이삭과 야곱의 하나님이 되심으로써 궁극적으로는 천하 만민에게 복을 주시려 하십니다. 그러므로 믿음의 자손들 외에 그 주위 사람들의 이야기도 주의 깊게 보아야 할 것입니다. 이삭의 아들 에서의 이야기는 여기서 끝이 나지만, 성경 전체 숲에서 보면 에서 후손(에돔족)의 족보는 이후 예언서 오바댜 등의 배경이 되는 것을 알 수 있습니다.

차별 없는 사랑

하나님께서 차별 없이 사랑하신다는 사실을 다시 한번 증명하고 있다. 하나님은 아브라함에게 주셨던 약속을 에서가 아닌 야곱이 이을 수 있도록 하셨다. 그렇지만 에서에게 무관심하셨던 것은 아니다.

유언과 비전

4
숲이야기

창세기 37~50장

아픔 가운데 발아되는 꿈 창 37~38장

　라헬에 대한 집착에서부터 시작된, 요셉에 대한 야곱의 편애가 날이 갈수록 깊어가고, 다른 아들들의 마음은 그만큼 야곱에게서 멀어져 갑니다. 아버지에 대한 아들들의 섭섭한 마음은 아버지가 편애하는 요셉에 대한 미움으로 이어지고, 결국 열 명의 아들들이 동생 요셉을 애굽에 노예로 팔아버리는 결과를 만듭니다. 형제공동체에서 철저히 추방시킨 것입니다. 또한 아들들은 뜻을 합해서 아버지마저 속입니다. 야곱 가정의 갈등이 최고조에 이르게 되고, 그렇게 골이 깊어진 가정의 불화는 결국 야곱 가정의 최대 비극을 연출한 것입니다.

　큰 틀에서 볼 때, 요셉이 애굽으로 팔려간 사건은 하나님께서 아브라함에게 하셨던 말씀, 즉 "네 자손이 이방에서 객이 되어 4백 년을 지내리라."(창 15:13)라는 말씀이 성취되기 시작한 것입니다. 그러나 이 과정 속에는 야곱의 가슴 아픔과 요셉의 현실적 고통이 고스란히 담겨 있습니다. 하나님께서는 야곱과 이삭으로 거슬러 올라가는 가족 갈등의 가장 큰 피해자

유언

유언이라는 말과 가장 잘 이어지는 사람이 요셉이다. 아브라함과 이삭과 야곱의 하나님께서 요셉의 하나님이 되시는 것이다.

요셉의 꿈

형들의 곡식 단이 자신의 곡식 단에 절을 하고, 하늘의 해와 달과 열한 별이 자신에게 절하는 꿈을 꾼 요셉이 그 꿈을 아버지와 형들에게 이야기 했을 때, 아버지는 그 꿈을 가슴에 담아두었지만, 형들은 그 일로 요셉을 더욱 시기하고 미워했다.

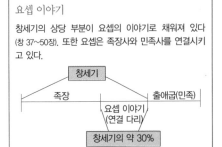
라고 할 수 있는 요셉의 고통 가운데 함께 하시며 당신의 경륜을 이루고 계십니다.

이제 요셉의 훈련이 시작됩니다. 요셉은 이 훈련을 잘 견디어내는데, 그 이유는 그가 하나님의 꿈을 품고 있었기 때문입니다. 요셉은 영문 모를 고난 속에서도 하나님의 꿈을 가슴에 간직하고 있었던 것입니다.

고난을 훈련으로 창 39~40장

아버지와 사랑하는 동생이 있는 고향집을 뒤로 한 채 애굽으로 팔려간 요셉은 곧 어느 큰 집 대문 앞에 놓입니다. 17세의 나이에, 사랑 받는 아들의 자리에서 한순간에 노예로 전락한 것입니다. 형들에 대한 원망, 아버지와 헤어진 것에 대한 절망감, 그리고 동생 베냐민에 대한 걱정 등 갖가지 생각들이 그의 마음을 온통 사로잡고 있습니다. 요셉 입장에서 보면, '언제까지' 라는 정확한 기간이 정해져 있는 것도 아니요, 이 고통의 시간대가 실은 총리가 되기 위한 훈련기간이라는 언질이 있는 것도 아닙니다. 그런 만큼 요셉에게는 이 모든 과정이 어쩔 수 없이 버티고 견디어야 하는 고통의 시간으로 느껴졌을 것입니다.

요셉은 급변한 환경 속에서 약 12년 동안 종의 훈련을 받습니다. 그의 훈련은 '서서 대기하는 삶' 인 '종' 으로서 누군가를 섬기는 일이었습니다. 요셉은 이 기간 동안 '사람을 어떻게 섬겨야 하는가?' 를 훈련받은 것입니다.

종으로서의 요셉은 하나님을 모르는 애굽의 친위대장 보

인사 훈련

요셉은 종이었으니 얼마나 인사를 많이 하며 숙이고 살았겠는가? 고개가 뻣뻣해 있을 시간이 없었을 것이다. 종의 고난을 알고 있는 그는 이후 총리가 됐을 때 아랫사람들에게 함부로 대하지 않았을 것이다. 밑에서 위를 쳐다보는 법을 배우지 않고는 꿈이 발아(發芽)되지 않는다.

디발이 보기에도 믿음직스러웠습니다. 결국 보디발은 요셉에게 그의 모든 소유물을 주관하는 가정 총무의 직책을 맡깁니다. 하나님을 믿지 않는 사람들 눈에 하나님이 그와 함께하심이 보였다면 그것은 그의 삶이 다른 사람들과는 무엇인가 달랐기 때문일 것입니다.

이제 요셉은 보디발의 음식 외에는 그 가정의 제반사를 자신의 결정대로 움직일 수 있는 단계가 되었습니다. 그러나 지켜야 할 선은 있었습니다. 용모가 수려한 요셉에게 보디발의 아내가 계속 눈짓을 보내자 요셉은 단호한 말로 거절하고, 아예 함께 있지도 않습니다(창 39:7~10).

요셉의 이런 대응에 앙심을 품은 보디발 아내의 거짓말로 요셉은 감옥에 갇히고 맙니다. 참으로 억울하고 기가 막힌 노릇이 아닐 수 없습니다. 보통 사람이 이런 상황에 처하게 된다면 다시 일어설 기운도 없이 자기 삶을 포기하고 말았을 것입니다. 그러나 바로 그때 타인에 의해 이리저리 찢겨진 요셉의 마음자리로 하나님께서 찾아오십니다. 그리고 그 차가운 감옥에서 그의 상처 난 마음을 임마누엘의 은혜로 덮으십니다.

이렇게 힘을 얻은 요셉은 다시 믿음으로 일어납니다. 그리고 주어진 일들을 예전처럼 정확하고 성실하게 처리하며 간수장을 도와 교도행정까지 맡아보게 됩니다. 그러던 어느 날, 바로의 술 맡은 관원장과 떡 굽는 관원장이 감옥에 들어오고, 이 애굽의 정치 관리 두 명을 수종드는 일이 요셉에게 맡겨집니다.

어느 날 아침, 요셉이 그들의 얼굴에 근심의 빛이 있음을 알아차립니다. 요셉이 먼저 그들에게 묻습니다. 그러자 그들이 지난 밤 꾸었던 꿈의 내용을 이야기합니다. 여기서 살펴볼

요셉스쿨
• 보디발 가정학교
  – 실물 경제 교육
• 감옥학교
  – 정치 행정 교육

요셉의 인생철학

"해석은 하나님께 있지 아니하
니이까"(창 40:8). 바로 이 말
이 요셉의 인생철학이다. 고통
과 괴로움이 있을 때 그 이유
가 해석되지 않으면 더욱 괴롭
다. 그러나 요셉이 괴로운 시간
을 보내지 않고, 자신을 다스리
며 다른 사람을 섬길 수 있었
던 것은 "해석은 하나님께 있
다."라는 인생철학이 확고했기
때문이다.

Power

요셉

요셉은 꿈의 해석과 함께 대안
을 말한다. 하나님의 사람은 비
판만 하는 것이 아니라 대안을
제시하는 사람이다. 요셉이 대
안을 내어놓았을 때 바로가 얼
마나 놀랐을까? 그렇다면 요셉
은 어떻게 대안을 금방 말할
수 있었을까? 보디발 집과 감
옥에서 정치, 경제, 행정을 배
웠기 때문에 가능했던 것이다.
요셉이 국가의 난제를 해결할
방법을 제시하는데, 참으로 명
쾌하고 탁월하다. 그만큼 준비
를 했다는 것이다. 어느 성에
얼만큼 양식을 비축해놓아야
그 주변의 백성들이 살 수 있
는지 요셉은 잘 알고 있었다.
요셉은 이 계획을 붙들고 14년
간 그대로 추진한다.

것은 섬기는 대상에 대한 요셉의 예민한 관심입니다. 자신의
마음도 어느 한구석 편할 날이 없는 옥살이 중임에도 불구하
고 요셉은 다른 사람의 얼굴빛을 살필 줄 아는 사람이었다는
것입니다. 만약 요셉이 먼저 묻지 않았다면, 두 관원장의 꿈을
해석하지도 않았을 것이고, 이후에 바로의 꿈을 해석할 기회
도 없었을 것입니다.

요셉은 보디발의 집과 감옥에서 이런 훈련 과정을 잘 거치
는 사이에 더 큰 일을 맡을 만한 자질을 갖추게 됩니다. 이 기
간 동안 하나님께서 요셉과 함께하셨음은 물론이요, 요셉 역
시 하나님과 함께하고 싶어서 몸부림쳤던 것 같습니다. 그의
어린 날 하나님께서 당신의 꿈을 그의 가슴 깊은 곳에 새겨놓
으셨기 때문입니다(창 37:5~11).

꿈에는 고난을 훈련으로 받아들일 수 있는 지혜가 담겨 있
습니다. 요셉에게 있어서 하나님의 꿈을 꾼다는 것은 아무리
힘들고 고통스러워도 그 꿈을 포기하지 않는다는 것입니다.
요셉은 오히려 자신의 고통을 통해 또 다른 내용의 고통과 아
픔을 이해하게 되고, 다른 이들의 서러움과 외로움을 헤아릴
줄 알게 된 것입니다.

총리 요셉 창 41장

어느 날 아침입니다. 바로가 간밤에 꾼 꿈의 풀이를 놓고
궁중이 떠들썩할 때, 2년 전 요셉의 부탁을 까마득하게 잊고
있던 술 맡은 관원장이 아직 감옥에 있는 요셉을 떠올립니다.
이에 요셉은 감옥에서 불려나와 바로 앞에 서게 되고, 꿈에 대
한 모든 이야기를 들은 후 한마디로 정의합니다. "그 꿈은 하

나라." 그리고 꿈을 일목요연하게 해석합니다. 바로가 깜짝 놀랍니다. 그런데 여기서 끝나지 않습니다. 요셉은 한 걸음 더 나아가 7년 풍년과 7년 흉년에 대한 대처 방안을 이야기합니다(창 41:33~36). 거기에는 많은 계산과 판단이 들어 있습니다. 바로의 눈에 요셉이 크게 보였습니다. 바로가 그 자리에서 일어나 그의 인장 반지를 주며 요셉을 총리로 세우고 풍년과 흉년에 대한 치리(治理)를 맡깁니다.

이 장면을 보면서 혹시 요셉이 꿈 해석 한 번 잘해서 그렇게 됐다고 생각한다면, 그것은 요셉의 훈련과 준비 과정을 이해하지 못한 것입니다. 요셉의 성공담을 부러워한다면, 그가 보디발의 집과 그 집의 감옥에서 혹독한 훈련의 기간을 보냈다는 사실을 먼저 기억해야 합니다.

숲에서 보면, 이제 요셉은 하나님의 꿈을 성취하기 위한 중간목표에 도달한 것이라 할 수 있습니다. 요셉이 애굽 총리 자리에 오름으로써 야곱 가족이 애굽에 정착할 수 있는 여건이 조성된 것입니다. 약 12년 동안 훈련받은 요셉이 모든 준비를 끝내고 드디어 일을 시작하게 됩니다.

만남과 화해 창 42~47장

요셉이 총리가 된 지 약 9년이 지났습니다. 흉년은 애굽뿐 아니라 가나안 땅에도 찾아왔고, 흉년이 2년째 접어들자, 부자 야곱의 곳간도 텅텅 비게 됩니다. 그래서 야곱 가정 또한 양식을 찾아 애굽으로 와야만 했습니다.

열 명의 형들이 요셉을 향해 엎드려 절합니다. 20여 년 전 요셉이 꾸었던 첫 번째 꿈이 현실이 된 것입니다. 형들은 요셉

요셉의 전 인생 110년을 놓고 본다면, 그의 나이 30세에 바로를 만나는 이 순간으로부터 이후 80년은 완전히 변화된 인생을 살게 된다. 요셉은 지루하기 이를 데 없는 삶의 시간들을 참아 견뎠다. 그러면서 변화를 이끄시는 하나님 앞에 기다림의 씨앗을 뿌렸다.

우리에게도 그런 시간이 준비되고 있다. 믿음의 씨앗으로 기다리는 것이 중요하다. 우리 삶의 변화를 주도하시는 창조주 하나님을 믿고 기다리면, 어느 순간 놀라운 만남이 예비 되어 있을 가능성이 있다. 하나님께서 우리의 삶의 주인이시라는 믿음을 지키고 사는 것이 지혜로운 인생이다.

LEADERSHIP

CEO 모범 모델

총리가 된 후 요셉의 첫 번째 중요한 임무는 7년의 풍년과 7년의 흉년을 관리하는 것이었다. 요셉은 직접 애굽 전역을 순찰하며 흔들림 없이 정책을 추진해 나갔다. 이 모든 일을 행하는 가운데 권력의 실권을 쥐고 있으면서도 요셉은 애굽 왕 바로와 좋은 관계를 유지한다. 실제 소유와 경영이 분리된 CEO 경영의 최초 모범 모델을 이 두 사람에게서 찾아볼 수 있다.

을 알아보지 못합니다. 그러나 형들을 알아본 요셉은 일행 중에 동생 베냐민이 보이지 않자, 형제 갈등의 더 근원적인 문제 해결을 위해서 형들을 시험합니다. "너희는 정탐꾼들이라 이 나라의 틈을 엿보려고 왔느니라"(창 42:9)라며 추궁하는 요셉 앞에서 형들은 자신들의 결백을 주장합니다. 요셉은 그들 중에서 시므온을 볼모로 잡아 가두고 "너희 막내 아우를 내게로 데리고 오라. 그같이 하여 너희 진실함을 증명하라."라고 명하고 나머지 아홉 명의 형들에게 곡식을 주어 돌려보냅니다.

야곱에게 돌아온 아들들이 베냐민을 데려오라 한 애굽 총리의 말을 전하자, 야곱이 노하여 아들들을 나무랍니다. "너희가 나에게 내 자식들을 잃게 하도다 요셉도 없어졌고 시므온도 없어졌거늘 베냐민을 또 빼앗아 가고자 하니 이는 다 나를 해롭게 함이로다"(창 42:36). 지금은 어린 손자 손녀들이 배고파 하고 있는 상황입니다. 그런데도 야곱은 베냐민을 쉽게 보내지 않습니다. 베냐민에 대한 집착 때문입니다. 숲에서 보면 그 집착을 빨리 버릴수록 요셉을 더 빨리 볼 수 있는데 말입니다.

처음에 장자 르우벤이 설득할 때는 듣지 않다가 유다가 설득하자 "내가 자식을 잃게 되면 잃으리로다."라고 하며 야곱이 집착을 내려놓습니다(창 43:14). 이 순간이 있기까지 참 오랜 시간이 걸렸습니다. 이 순간은 오래도록 아버지의 편애에 불만을 가졌던 자식들에게 야곱이 아버지다운 아버지로 받아들여지는 계기가 됩니다. 아버지가 자신의 욕심과 집착을 포기하였을 때, 그 가정의 기초가 다시 세워지게 된 것입니다. 자기가 집착하는 것을 하나님께 맡기고 내려놓을 때, 거기에 문제 해결의 시작이 있습니다.

다시 양식을 구하기 위해 애굽에 간 형들은 요셉이 시험으로 제공한 은잔 사건 앞에서 형제공동체의 큰 위기를 경험하

Message

야곱, 일생 동안의 집착

야곱의 생애 전반의 특징은 무엇인가를 붙잡는 것이었다. 야곱은 어떻게 하든 움켜잡고 놓지 않았다. 장자권 명분을 붙잡았다. 아버지를 속이면 아버지의 부가 자기 손에 쥐어질 줄 알았는데 남은 것은 지팡이 하나뿐이었고, 서슬 퍼런 형을 피해 도망자의 신세가 되었다.

사랑을 붙잡았다. 라헬을 붙잡고 14년 동안 어떻게 세월이 가는지 모르게 보냈는데, 얼마 지나지 않아 라헬은 베냐민을 낳다가 죽는다.

재산을 붙잡았다. 그런데 흉년이 드니 온갖 노력을 다해 모았던 그 재산이 다 날아가 버린다. 이제는 재산도 사랑도 아무것도 없다. 끝까지 붙잡았던 베냐민도 내어놓는다.

그리고 이제야 진정 하나님을 붙잡는다. 그리고 집착의 손을 하늘을 향해 들어 올린다. 우리는 남은 평생 동안 '무엇을 붙들고 살 것인가'를 깊게 고민해야 할 것이다.

게 됩니다. 애굽의 총리가 은잔을 훔친 혐의를 입은 막내 베냐민을 종으로 삼겠다고 위협하는 것입니다. 누구도 감히 어길 수 없는 이 명령 앞에서 넷째 유다가 나섭니다. "우리와 이 잔이 발견된 자가 다 내 주의 노예가 되겠나이다"(창 44:16). 연대 책임을 들고 나오는 것입니다. 하지만 요셉은 "내가 결코 그리하지 아니하리라 잔이 그 손에서 발견된 자만 내 종이 되고 너희는 평안히 너희 아버지께로 도로 올라갈 것이니라"(창 44:17)라고 하며, 베냐민만 남기고 나머지는 돌아가라고 말합니다. 이 어찌할 수 없는 상황에서 다시 한 번 유다가 용기를 내서 애굽 총리 앞에 나섭니다. 20여 년 전 요셉을 팔아버릴 때, 그 누구보다 앞장섰던 유다가 말입니다.

"주의 종에게 노하지 마소서."라는 말로 시작한 유다의 이야기는 정리하자면 아버지와 막내아우는 단순한 부자지간이 아니라 생명이 결탁된 관계이므로, 내가 막내아우 대신 종으로 남겠으니, 아버지를 위해서 동생은 돌려보내 달라는 것이었습니다.

참으로 놀라운 순간입니다. 유다의 이 말을 통해 요셉과 형들이 가지고 있던 '도단'에서의 기억 필름(창 37:12~28)이 갈아 끼워집니다. 유다와 베냐민의 이 깊은 사랑, 요셉은 바로 이것을 확인하고 싶었던 것입니다. 이 장면을 보기 위해 그동안 그토록 쏟아지려는 눈물을 꾹 참았던 것입니다(창 42:24; 43:30~31).

유다가 아버지와 동생을 위하는 이 모습을 보고서 드디어 요셉이 방성대곡을 합니다. "나는 요셉이라." 그동안 참았던 눈물을 다 쏟아놓습니다. 이 울음을 통해 요셉은 형들 앞에서 동생 요셉의 자리를 찾습니다. 또한 "나를 이곳에 보내신

유다의 성숙 (창 38장)

가나안 여자와 결혼을 한 유다는 세 아들을 낳았는데 그들 중 큰아들 엘은 하나님 보시기에 악해서 죽어야 할 정도로 못된 사람이었다. 그렇게 첫째의 죽음을 지켜봐야 했던 유다는 둘째아들마저 먼저 보낸다. 자식이 죽는 모습을 보며 가슴이 찢어질 듯 아팠을 것이다. 그 후 며느리 다말이 행음하였다는 말을 들은 유다는 불태워 죽이라고 한다. 그러나 그 원인 제공자가 바로 자신이었음을 안 유다는 철저히 깨진다. 이 일련의 사건들은 유다가 아버지 야곱의 마음을 이해하며 성숙해지는 계기가 되었을 것이다.

유다와 베냐민

유 다	베냐민
· 넷째 형 유다	· 막내 베냐민
· 유다 지파인 다윗	· 베냐민 지파인 요나단
· 남유다는 유다 지파 + 베냐민 지파	
· 멸망의 위기에 놓인 유대인들	· 베냐민 지파인 왕후 에스더
· 유다 지파인 예수님	· 베냐민 지파인 사도 바울

이는 하나님"(창 45:7~8)이라는 고백으로 형들이 가진 죄책감과 불안감을 덜어줍니다. 바로 이 장면을 위해 그는 그동안 복받치는 눈물을 참았던 것이고, 냉철한 생각으로 문제 해결의 단계들을 준비해왔던 것입니다.

요셉의 방성대곡은 바로의 궁중에까지 들렸습니다. 바로는 요셉의 형들이 왔다는 소식을 기뻐하며, 요셉의 온 가족이 애굽에 정착할 수 있도록 배려를 아끼지 않습니다. 흉년 기간 중에 애굽에서 총리 요셉의 위치가 얼마나 중요했는지를 알 수 있습니다.

한편, 죽은 줄 알았던 요셉이 살아있다는 소식, 뿐만 아니라 애굽의 총리가 되어 있다는 놀라운 사실을 전해 들은 야곱은 빨리 아들을 만나고 싶다는 기대를 안고 애굽을 향해 출발했습니다. 그러나 또 한편으로는 두려움이 있었습니다. 그것은 지금까지 자신이 살아온 가나안 땅은 하나님께서 아브라함 때부터 그의 후손에게 주시겠다고 약속하신 땅이었기 때문입니다. 비록 흉년의 상황이지만, 하나님의 꿈과 약속이 담긴 가나안을 떠나도 되는지에 대해 머뭇거리며 두려워하고 있었던 것입니다.

그때 하나님께서 야곱에게 찾아오셔서 말씀하십니다. "나는 하나님이라 네 아버지의 하나님이니 애굽으로 내려가기를 두려워하지 말라 내가 거기서 너로 큰 민족을 이루게 하리라"(창 46:3). 하나님은 아브라함에게 주셨던 또 다른 약속, 곧 그의 후손으로 하여금 큰 민족을 이루시겠다는 약속을 애굽 땅에서 이루실 계획을 가지고 계셨던 것입니다.

온 가족이 마침내 애굽으로 이주했습니다. 이렇게 되기까지는 많은 노력들이 있었습니다. 몇십 년 동안 붙잡고 있던 집착에 가까운 사랑을 놓으며 고통스러워했던 야곱, 한 가정의 가장이 되어 가정이 무너지는 경험(창 38장)을 하고 나서야 아버지 야곱을 이해할 수 있었던 넷째아들 유다의 눈물 겨운 중재, 무엇보다도 형들에게 버림받았다는 가슴의 응어리를 믿음으로 이겨내고 사랑으로 승화해낸 요셉의 노력이 없었다면 이와 같은 대화합의 역사는 없었을 것입니다.

Message

험악한 세월의 끝에서

애굽으로 내려왔을 때, 야곱은 자신의 130년 삶의 여정을 '험악한 세월'이었다고 말한다.

야곱이 험악한 세월을 산 이유는 '집착' 때문이었다. 재산과 사랑에 대한 과도한 집착은 자칫 인생을 험악한 길로 인도할 수 있다. 그나마 다행인 것은 야곱이 그 생애 마지막에는 전적으로 하나님을 붙들었다는 것이다. 죽음을 앞둔 야곱은 비록 아들에게 의지하며 사는 형편이 되었고, 자기가 이루었던 부를 자식들에게 상속할 수는 없었지만, 재산을 버리는 훈련, 집착을 버리는 훈련 등을 통해 끝내는 하나님의 약속을 붙잡는 모습을 보여준다.

야곱의 가정은 이렇게 긴 어둠의 터널을 통과하며 성숙해 졌습니다. 긴 시간 동안 이 가정과 동행하셨던 하나님께서는 결코 단념하지 않고 기다리시며 이 가정을 통해서 이루실 구원의 역사를 준비하고 계셨습니다. 하나님의 동행하심 가운데 애굽으로 들어오는 야곱 가족이 이후 출애굽의 씨앗이 되는 것은 하나님의 놀라운 경륜이라 아니할 수 없습니다.

요셉은 총리의 자리에서 가족공동체가 고센 땅에 정착하도록 하는 일과 국가적 재난인 7년의 흉년 문제를 풀어내는 일을 훌륭히 수행해갑니다. 자기 재물이나 권력, 명예를 위한 정책이 아니라 백성의 입장에서 정책을 펼쳐갑니다. 가진 재물과 짐승과 땅까지 곡식과 바꾸어 버린 백성들에게 소출의 1/5은 바로에게 바치고 4/5는 백성들이 취할 수 있도록 하는 토지법을 세웁니다. 애굽 백성들이 요셉에게 했던 "주께서 우리를 살리셨사오니 우리가 주께 은혜를 입었습니다."(창 47:25)라는 고백을 통해서 볼 때, 요셉의 정책은 나라에 큰 유익을 준 뛰어난 정치·행정이라 할 수 있습니다.

가는 세대, 오는 세대 창 48~50장

유다에 대한 축복

야곱의 열두 아들에 대한 축복을 살펴보면 그 가운데 넷째 유다와 열한 번째 요셉에 대한 축복이 가장 많은 내용을 차지하고 있다. 요셉에 대한 축복은 이후에 그의 아들 에브라임과 므낫세 둘에게 나눠진다. 그러므로 한 사람에 대한 것으로는 유다의 축복 예언이 가장 많다.

나이 많아 병든 야곱에게 요셉이 두 아들과 함께 찾아옵니다. 이때 야곱은 요셉의 두 아들 므낫세와 에브라임을 자신의 아들로 삼고 축복함으로써 이스라엘 12지파의 기초를 형성합니다. 이후 야곱의 셋째아들이었던 레위는 특별히 하나님의 소유로 지정될 것이므로, 12지파를 위해서는 요셉의 후손이 한 지파가 아니라 므낫세와 에브라임이라는 두 개의 지파로 형성되어야 하는 하나님의 계획을 이뤄가는 과정이었습니다.

인생 전체를 통해서 깊은 시련을 겪으며 믿음의 사람으로 성숙해진 야곱이 삶의 마지막을 앞두고 아들들을 축복합니다. 축복의 기준은 자신이 꾸준히 지켜보았던 아들들의 삶이었습니다. 마지막으로 야곱은 자신을 가나안 땅 막벨라 밭 굴에 장사지낼 것을 유언으로 남기고 맹세시킨 후 열조에게로 돌아갑니다(창 47:28~31; 50:1~14). 끊어질 듯 끊어질 듯 이어지던 하나님의 약속이 야곱의 열두 아들에게 전수되었습니다.

헤브론을 향하여

아브라함과 이삭과 야곱이 헤브론을 지향했다는 것은 그들이 그곳에 나타난 하나님의 약속을 바라봤다는 의미가 있다. 또한 헤브론은 찢어지고 갈라진 그들의 형제 관계에 화해의 식탁이 되었던 장소이다. 아브라함이 죽었을 때 이삭과 이스마엘이 그랬고, 이삭이 죽을 때 야곱과 에서가 그랬다. 그리고 이제 야곱이 헤브론에 묻히게 되니 열두 형제가 모두 화해의 식탁에 함께한다.
하나님의 약속의 땅, 그 언약의 상징이었던 헤브론은 하나님을 좇아 살았던 믿음의 선진들이 하나님께 돌아가며 육신을 뉘였던 곳이며, 남은 자손들에게는 얽힌 매듭을 풀고 화해하는 평화의 장소인 것이다.

야곱의 장례는 애굽의 국장(國葬)으로 치러집니다. 요셉이 그의 아버지 야곱의 장례를 이렇게 70일간의 국장급 장례로 치른 이유는 자신의 권세를 자랑하기 위해서가 아니었습니다. 야곱의 온 가족들은 물론, 모든 애굽의 만조백관들이 함께 가나안으로 야곱의 장례를 치르러 가는 일은 히브리인들에게나 애굽 사람들에게 한 가지 중요한 사실을 각인시키는 것이었습니다. 즉, 히브리인들은 애굽에서 영원히 머물러 살 사람들이 아니라, 언젠가는 가나안으로 돌아갈 사람들이라는 것입니다. 이는 곧 출애굽의 예행연습이었습니다.

아버지가 죽은 후 요셉을 두려워하는 형들에게 요셉은 자기가 그들의 자녀를 기르겠다고 함으로써 갈등의 잔재를 제거합니다(창 50:19~21). 지금까지 자신과 야곱의 가정에 일어난 모든 사건들을 "하나님께서 많은 백성의 생명을 구원하시기 위하여 하신 일"(창 50:20)이라고 해석한 것입니다. 이러한 요셉의 생각과 행동은 이후 이스라엘 민족 탄생의 기반이 됩니다.

세월이 흘러 요셉도 죽음을 맞이합니다. 한평생 하나님과 동행하며 하나님의 꿈과 비전을 실현하였던, 머리는 차갑고 가슴은 뜨거운 사람, 요셉. 그의 장례 역시 국장으로 진행되어 애굽에서의 그의 위상을 확인해줍니다. 자신의 유골을 고향 땅에 묻어달라는 요셉의 유언(창 50:24~25)은 하나님의 약속이 끝나지 않은 현재진행형임을 암시하는 것이었습니다.

자손에 대한 약속의 성취
'누가 하나님 나라의 후사인가?'는 창세기 12장에서 처음 등장했던 주제이다. 창세기가 끝나면서 야곱의 70식구로 귀결되었다. 창세기와 출애굽기 사이에서 하나님 나라의 후사들은 70명에서 250만 명 가량으로 늘어난다.

아브라함의 유언은 이삭의 비전이었으며, 이삭의 유언은 야곱의 비전이었습니다. 또 야곱의 유언은 요셉의 비전이었고 요셉의 유언은 그 후손들에게 출애굽의 비전이 됩니다. 야곱과 요셉, 이 두 사람의 죽음과 아울러 족장 시대가 마감되고, 출애굽기 이후 전개될 민족 시대가 시작됩니다.

A Dream for All Nations

창세기에서는 하나님의 계획이 한 개인에 대한 부르심으로 이루어져 갔다면, 출애굽기에서는 더 이상 한 개인에 머무르지 않고 공동체, 즉 이스라엘 민족에 대한 부르심으로 바뀌는 것을 볼 수 있습니다. 출애굽기에는 하나님의 통치를 지상에 드러낼 목적으로 이스라엘 민족이 새로운 시민으로 탄생하는 이야기가 담겨 있습니다. 이들은 레위기 안에 들어 있는 핵심 내용인 하나님 사랑과 이웃 사랑의 정신으로 살아갈 것을 요청받습니다.

2
마당

열방을 향한 꿈

설득과 기적

숲이야기 출애굽기 1~18장

고통을 넘어 새로운 시작을 출 1~2장

출애굽기 1장을 통하여, 우리는 일찍이 하나님께서 아브라함에게 하셨던 자손에 대한 약속(창 12:1~3; 15:5)이 성취된 것을 보게 됩니다. 야곱과 그의 가족이 하나님의 허락을 받고 애굽 땅으로 내려간 이후, 이스라엘 자손은 "생육하고 불어나 번성하고 매우 강하여 온 땅에 가득"하게 되었습니다(출 1:7).

그러나 이삭이 농사지어 100배의 수확물을 거두자, 그것이 주변 사람들의 시기를 불러일으키는 이유가 되었듯이, 아브라함 후손이 받은 놀라운 번성의 복은 도리어 그들에게 위기가 됩니다. 요셉을 모르는 새 왕이 이스라엘 백성의 이 같은 번성을 두려워하기 시작한 것입니다(출 1:8~10). 그들은 이스라엘 백성들에게서 거주 이전과 직업 선택의 자유를 박탈하고 이스라엘 백성들을 노예화합니다.

이 같은 애굽의 히브리 민족 탄압 정책은 드디어 극에 달해 급기야는 히브리 여인이 아이를 낳았을 때, 남자일 경우 산파들로 하여금 죽이게 하는 비인륜적 상황에 이르게 됩니다.

God's plan

언약과 성취

하나님께서 아브라함에게 하신 약속 중 자손에 대한 약속은 출애굽기 1장에서 5백여 년 만에 성취되고, 땅에 대한 약속은 여호수아 10장 이후에서 실현되는 것을 알 수 있다. 이처럼 하나님의 약속과 계획은 길고 원대하다.

하늘의 별처럼, 바닷가의 모래처럼 아브라함의 자손을 많게 하시겠다는 하나님의 약속은 저만큼 멀어지는 것처럼 보입니다.

그러나 하나님께서는 이들의 고통을 돌아보십니다. 아브라함에서 시작되어 이삭, 야곱, 그의 열두 아들, 그리고 70명의 가족을 거쳐 민족을 이룬 이스라엘이 말살될 위기에 놓이자, 하나님께서는 그들의 고통을 보시고 출애굽을 준비하십니다.

이즈음에 드라마틱한 출생과 성장을 거쳐 한 사람이 준비되고 있습니다. 태어나면서부터 죽을 운명에 처했던 출생 과정, 히브리인이면서도 애굽 궁정에서 학문과 교양을 닦은 성장 과정, 외롭고 고된 미디안 광야 생활을 하며 하나님의 때를 40년 간 기다려야 했던 훈련 과정을 통과하는 모세가 바로 그 사람입니다. 하나님께서는 그를 통해 출애굽이라는 놀라운 사건을 준비하십니다.

부르심과 설득
출 3~4장

한 나라의 왕이 될 신분에서 일개 목동으로 전락한 모세는 무려 40년의 세월을 광야에서 보내고 있었습니다. 그러던 어느 날, 여느 때처럼 늘 다니는 호렙 산에 이르러

애굽일보   1면

주목받던 히브리 출신 정치 신인 모세, 애굽인 살해 및 사체유기 혐의 입고 야반도주!

"그의 정치적 생명은 이제 끝난 듯,
믿을 만한 소식통에 의하면 미디안 광야로 몸을 피했다고……."

화려한 궁정 생활을 등지고 모세는 지팡이 하나만을 겨우 챙겨 모래바람 사나운 광야로 황급히 도망합니다.
그날 애굽일보 제면 톱기사로 모세의 이야기가 대서특필이 되었겠지요?

모세에게는 그야말로 바닥을 알 수 없는 추락, 그 자체였습니다.
과연 하나님께서 광야 생활을 통해 모세에게 가르치고 싶으셨던 과목은 무엇이었을까요?

양 떼를 돌보고 있던 그에게 놀랄 만한 일이 일어납니다. 하나님께서 그를 찾아오신 것입니다. 하나님께서는 모세에게 출애굽의 청사진을 밝히시며 앞으로 있을 이스라엘 역사의 큰 골격을 말씀하십니다. 그리고 이 일을 모세에게 맡기겠다고 하십니다(출 3장).

이제껏 하나님께서는 종의 자리로 낮아져 엎드릴 수 있는 사람을 기다리셨습니다. 광야 생활 40년을 정리하는 시점에 대해 사도행전은 "사십 년이 차매"(행 7:30)라고 표현하고 있습니다. 40년이 '찼다'는 것은 어찌어찌하다 보니 40년이 훌쩍 가버린 것이 아니라, 모세가 엎드릴 수 있는 겸손한 자가 되길 기대하셨던 하나님의 계획된 기간이 경과하였음을 의미합니다. 만일 모세가 엎드리는 훈련이 안 된 사람이었다면, 엄위하신 하나님 앞에서 그 당시 패역한 이스라엘 백성들은 살아남지 못했을 것이며(출 32:11~14), 노예근성을 벗어나지 못하고 불평불만으로 가득했던 이스라엘 백성들이 모세를 살려두지도 않았을 것입니다(민 14:1~5).

이제 하나님께서 광야 생활 40년을 통해 결이 다 썩은 모세를 설득하십니다. 하지만 처음에 모세는 소극적인 반응을 보입니다. 이에 하나님께서는 기적을 보이며 말씀하시고 노를 발하기까지 하시며 끝내 설득하십니다(출 4:1~17). 여기서 설득되어 마음을 굳힌 모세는 평생 동안 다른 사람들, 즉 장인, 아내, 아론, 장로들, 이스라엘 백성들 그리고 바로까지 설득해야 했습니다. 모세의 사역은 평생 다른 사람을 설득하고 교육하는 일이었습니다.

모세의 협상 출 5~10장

40년 만에 지팡이 하나 들고 애굽의 정치무대에 재등장한 모세의 겉모습은 정말 초라하기 이를 데 없었습니다. 아마도 당시 '애굽일보'에서는 모세의 이런 모습을 사회면에 작게 다루었을 것입니다.

이제 모세가 바로에게 찾아가 이스라엘 백성을 광야로 내보내줄 것을 요구하기 시작합니다(출 5장). 사흘 길쯤 광야로 나가서 하나님께 제사 드릴 수 있도록 해달라고 말합니다(출 5:1; 8:27). 바로에게는 이스라엘 백성들의 노동을 쉽게 할 마음도, 그들을 놓아줄 마음도 전혀 없습니다. 바로는 모세와 이스라엘 백성 사이를 이간질시키고자 오히려 이스라엘 백성들의 역사를 더 엄하게 하는 궤계를 씁니다. 바로의 이러한 술수에 속아 넘어간 이스라엘 패장들은 모세를 원망합니다(출 5:19~21). 바로와 이스라엘 백성 모두에게 거절당한 모세가 하소연하는 상황에서 하나님께서는 "너희로 내 백성을 삼고 나는 너희 하나님이 되리니"(출 6:7)라는 중요한 말씀을 하십니다. 이후로 이 말씀은 이스라엘 역사의 움직일 수 없는 기초가 됩니다.

이제 하나님과 모세의 동역이 시작됩니다. 하나님께서 본격적으로 '나는 여호와'임을 알리기 시작하십니다. 그러나 모세가 바로에게 처음 갔을 때, 완악하고 강팍한 바로의 반응은 "나는 여호와를 모른다."(출 5:2)였습니다. 이제 하나님께서 당신이 어떤 분인지 알리기 시작하십니다.

Power

모세

출애굽의 리더가 굳이 모세였어야 하는 이유 중 하나는 그가 바로 전직 왕자였기 때문이다. 모세가 아니었으면, 아론을 비롯한 이스라엘 백성들은 바로에게 말 한 마디 걸기조차 어려웠을 것이기 때문이다. 이런 모세의 앞길에는 다른 사람들을 부지런히 설득하는 일이 놓여 있다. 참고로 이탈리아 국정 역사 교과서는 지성, 설득력, 지구력, 자제력, 지속적 의지를 리더의 다섯 가지 덕목으로 꼽는다.

애굽의 불순종과 하나님의 징계

내 용	바로의 반응	기타사항
1. 피	말을 듣지 않음	애굽 요술사들도 행함
2. 개구리	말을 듣지 않음	애굽 요술사들도 행함
3. 이	말을 듣지 않음	애굽 요술사들도 행하지 못함
4. 파리	출애굽 허락, 다시 거절	고센 지역은 제외
5. 가축의 죽음	마음이 완강	이스라엘 가축은 제외
6. 악성 종기	마음이 완강	
7. 우박	"여호와는 의로우시고 나와 나의 백성은 악하도다."라고 고백	고센 지역은 제외
8. 메뚜기	장정만 출애굽 허락	
9. 흑암	가축을 제외한 출애굽 허락	고센 지역은 제외
10. 장자의 죽음	이스라엘 전체 출애굽	애굽 전 지역

물이 피가 되는 첫 번째 재앙, 그것은 시작일 뿐이었습니다. 이때부터 모세와 아론은 약 6개월간, 말 그대로 피 말리는 긴장의 시간들을 보내게 됩니다. 하지만 동시에 이때를 시작으로 하나님께서는 이스라엘 백성들을 위해 놀라운 기적들을 베푸십니다.

두 번째, 세 번째, 네 번째 재앙으로 인해 개구리, 이, 파리들이 애굽을 뒤덮습니다. 바로는 눈앞에 직면한 재앙을 피하기 위해서 모세와의 대화를 시도할 뿐, 근본적인 마음의 변화는 일으키지 않습니다. 하나님께서는 네 번째 재앙부터 고센 땅을 구별하시는데, 이는 하나님의 구원의 계획이 어디에 있는지 알 수 있게 합니다. 이스라엘 백성들 또한, 지금 그들에게 일어나고 있는 일들이 무엇을 의미하는지 확실하게 느끼고 깨달았을 것입니다. 이로써 모세에 대한 신뢰가 더욱 확고해지고, 그가 명하는 것을 조금도 빠뜨림 없이 따르게 됩니다.

이스라엘 백성들이 출애굽을 감행해야 하는 중요한 이유는 "그들이 나를 섬길 것이니라"(출 8:1)라는 하나님의 말씀에 잘 나타나 있습니다. 물론 애굽에서 노예로 살아가면서 정치적·경제적으로 핍박받고 억압받는 이스라엘 민족을 해방해 주시려는 이유도 있었습니다. 하지만 출애굽의 진정한 이유는 그들을 신앙공동체로 세우시기 위함입니다. 즉, 하나님께서는 이스라엘을 '제사장 나라 거룩한 백성'으로 삼으시겠다는 놀라운 계획을 본격적으로 이루어가시는 것입니다.

오래전, 하나님께서는 아브라함 한 사람을 통해 모든 사람에게 복을 주시길 원하셨습니다. 이제 그 꿈이 민족 단위로 확대됩니다. 이스라엘 민족을 부르시는 계획 가운데 담긴 깊은 뜻은, 세계 모든 민족을 구원하고자 하시는 하나님의 사랑에 있습니다. 이스라엘이 하나님 중심으로 멋지게 세워지고, 그들을 통해 모든 민족이 하나님을 알게 되어 하나님께로 돌아오게 되는 놀라운 꿈이 출애굽의 진정한 이유인 것입니다.

모세는 시간이 흐를수록 이스라엘과 애굽에서 큰 지도자로 인식되어갔으며 그의 위엄과 지도력은 점점 빛을 발하였습니다(출 11:3). 하나님께서는 모세를 믿음직하게 여기셨고, 모세는 하나님의 말씀이라면 무엇이든지 듣고 순종하는 환상적인 파트너가 되었습니다.

하지만 6개월에 걸친 모세와 바로의 첨예한 협상은 끝내 바로의 거절로 결렬되고 맙니다. 결국 하나님께서는 열 번째 재앙이라는 극약 처방을 내리시게 됩니다. 이제 남은 일은 창세기 15장 13~14절과 출애굽기 3장 21~22절에서 주신 약속을 구체적으로 실현하는 것입니다. 바로는 노예들을 통해 얻는 재물에 대한 지나친 욕심으로 말미암아, 그 자신뿐 아니라 나라 전체를 돌이킬 수 없는 지경으로 이끌고 말았던 것입니다.

첫 번째 재앙부터 마지막인 열 번째 재앙을 내리시기까지, 하나님께서는 여러 차례의 설득을 통해 바로가 마음을 꺾고 순종하는지, 아니면 끝까지 완악한 마음으로 불순종하는지를 지켜보셨습니다. 선택할 수 있는 기회를 바로에게 주셨습니다. '무조건 멸망'이라는 결론을 내려놓고 시작하셨다면, 아홉 번이나 되는 설득 과정은 존재하지 않았을 것입니다. 바로와 애굽 백성이 겪은 재앙은 바로의 불순종에 따른 결과물입니다.

Power

모세와 요게벳

모세는 생후 3개월 만에 바로의 딸 하셉수트의 양자가 되지만, 친어머니 요게벳이 젖을 먹여 키웠다. 모세는 바로의 궁전에서 애굽 최고의 족집게 과외를 받았을 것이며, 권력, 지식, 재물을 다루는 탁월한 방법을 전수받았을 것이다. 그러나 애굽에서 그가 누렸던 모든 것들이 그가 애굽을 나온 40세 이후에는 아무것도 아니었다. 40세 이후에 그를 지탱시켰던 것은 바로 어머니 요게벳으로부터 받은 신앙 교육이었다. 시내산 떨기나무 아래에서 "아브라함과 이삭과 야곱의 하나님"이라고 자신을 소개하시는 하나님을 만났을 때 최소한 '아브라함과 이삭과 야곱'이 누구인지를 알아들을 수 있는 코드는 애굽 공주가 아니라, 요게벳이 가르쳐준 것이었다.

이날을 기념하라 출 11~13장

실천적 순종

마지막 재앙이 비단 애굽인들에게만 해당되는 것이 아니었다. 이스라엘 민족이라 할지라도, 어린양의 피를 집 문설주에 뿌리고 아침까지 자신의 집 문 밖으로 나가지 말라는 하나님의 말씀을 믿지 않고 순종하지 않는다면, 그 죽음의 사자를 피할 수 없었다.

하나님께서 6개월 동안 모세를 통해 바로와 아홉 번의 협상을 시도했으나 모두 결렬되었습니다. 마지막 징계는 장자 죽음의 재앙으로, 이는 바로에게는 협상 결렬의 책임을 묻는 것이었고 이스라엘 백성에게는 최소한의 실천적 순종을 요구하는 것이었습니다. 최소한의 순종이란 모세가 전하는 하나님의 말씀을 믿고 어린 양을 잡아 그 피를 문 인방과 좌우 설주에 뿌리는 일입니다. 이것은 이 세상 모든 사람들이 예수님께서 이 세상을 구원하시는 하나님의 아들이라는 사실을 믿는 최소한의 믿음을 통해 구원을 얻는 원리와도 통하는 것입니다.

장자 죽음의 재앙이 임했던 이날은 하나님께 불순종한 자들에게는 죽음의 날이었고, 순종한 자들에게는 구원의 날이었습니다. '유월절'(Passover)로 불리게 되는 이날은 이스라엘 백성들이 수백 년 만에 가장 기뻐한 날이었습니다. 이날은 이스라엘 백성뿐만 아니라 애굽 백성, 나아가 하나님께도 매우 중요한 의미를 가지고 있습니다. 이스라엘 백성들의 입장에서는 오랜 종살이의 사슬을 끊고 새로운 출발의 발걸음을 내딛는 날로, 오래도록 기억하고 기념해야 할 날입니다.

유월절

• 유월절은 칠칠절, 초막절과 함께 유대인의 3대 절기 중 하나. 히브리어 '페사흐', 영어 'Passover'로, '넘어간다, 지나쳐간다' 라는 뜻.
• 아빕월(태양력 3~4월) 10일에 흠 없고 1년 된 수컷 중 양이나 염소를 취하여 14일까지 간직하고, 14일째 되는 저녁 해질 때에 그 피를 문 인방과 좌우 설주에 바름. 고기는 구워서 무교병, 쓴 나물과 함께 먹는데, 이때 허리에 띠를 띠고 발에 신을 신고 손에 지팡이를 잡고 급히 먹음. 먹고 남은 것은 태움.
• 매년마다 1회 7일간 행하며 첫날과 마지막 날에는 예배를 드림.

하나님께서도 이날을 중요하게 여기셔서 이스라엘 역사의 원년으로 삼으십니다(출 12:2). 또한 하나님께서는 '출애굽의 하나님'으로 당신의 존재를 드러내시며 이스라엘을 '내 것'으

로 삼으시는 기원으로서의 의미를 '이날'에 부여하십니다. 이
스라엘은 '이날', 불순종한 자들이 아비규환(阿鼻叫喚) 속에서
죽은 것과 순종한 자들이 구원 얻었던 사실을 기억하고, 오고
가는 시대를 살면서 늘 그 의미를 되새겨야 했습니다.

마침내 하나님의 신호가 떨어지고 이스라엘 민족은 신속
하게 출애굽합니다. 요셉에 의해 시작된 이스라엘 민족의 애
굽 생활이, 요셉의 유언대로 그의 유골을 가지고 나옴으로써
막을 내리고 있습니다(출 13:19). 앞으로 광야와 홍해를 만나게
될 이들의 향로가 순탄하지만은 않겠지만, 그들이 하나님의
명령을 지켜 생명을 보전한 그날을 기억하며 하나님과 모세
를 믿고 따른다면, 약속의 땅으로 가는 길은 안전하게 준비되
어 있습니다.

인간의 한계와 하나님의 공급 출 14~18장

이제 이스라엘 백성들은 다 일어나서 애굽을 나왔습니다.
그런데 출애굽한 이스라엘 백성들을 보고 마음이 변한 바로
와 그 신하들이 대규모의 애굽 군대를 이끌고 이스라엘 민족
을 치기 위해 뒤쫓아옵니다. 각 가정에 장례가 있었음에도 불
구하고, 다시 생각해봐도 이스라엘 노예들의 노동력이 너무나
도 아깝고 아쉬웠기 때문입니다. 그러나 하나님께서는 이미
이스라엘을 하나님의 군대로 부르시고, 낮에는 구름 기둥, 밤
에는 불 기둥으로 그들을 보호하고 계십니다(출 12:41; 13:22). 그
럼에도 불구하고 이스라엘 백성들은 두렵기 이를 데 없었습
니다. 넘실대는 홍해 앞에 다다른 이스라엘 백성들은 '아! 이

제는 죽었다' 싶어서 원망과 불평을 쏟아놓기 시작합니다.

이때 모세가 하나님의 계획이 있을 것이라고 그들을 진정시킵니다. 그리고 "여호와께서 너희를 위하여 싸우시리니 너희는 가만히 있을지니라"(출 14:14)라는 말과 함께 모세가 지팡이를 들어 바다 위로 손을 내미는 순간, 하나님께서는 바로와 그의 군대를 직접 대면하셔서 그들을 홍해 한가운데에서 멸하십니다. 이스라엘 사람들은 눈앞에서 애굽인들의 죽음을 보면서 "오늘 본 애굽 사람을 영원히 다시 보지 아니하리라"(출 14:13)라는 말씀이 그대로 이루어진 것을 확인하게 됩니다. 이스라엘 백성들은 이 모든 것을 지켜보면서 하나님께서 행하신 구원에 대한 감사와 감격의 노래를 부릅니다(출 15장).

출애굽한 이스라엘 백성들은 한 달 만에 신 광야에 도착합니다(출 16:1). 그런데 여기서 준비한 식량이 다 떨어지게 되자, 그들은 모세를 원망합니다. 그러나 인간의 능력이 끝나는 시점에서 하나님의 공급이 시작됩니다. 곡식은 땅에서 공급됩니다. 그러나 그곳은 광야입니다. 땅에서는 풀 한 포기조차 기대하기 어려운 곳입니다. 그런데 하나님께서는 땅이 아니라 하늘로부터 내리는 만나를 이미 준비해놓으셨습니다. 인간의 힘으로는 견디기 힘든 광야인 것을 하나님께서 더 잘 아십니다. 식량이 다 떨어지기까지 기다리셨던 것은 이스라엘 백성을 훈련시키시고자 작은 시험을 베푸셨던 것입니다.

이제부터 이스라엘 백성들은 하나님이 주신 만나를 먹으며, 노동의 결과가 아닌, 하나님의 능력을 목도하며 하루하루를 삽니다. 이제는 애굽에서처럼 혹독하게 일을 하지 않아도 살 수 있습니다. 하나님이 하늘 문을 여시고 만나를 수북하게 내려주시면, 아침에 가서 그것을 거두는 수고만 하면 됩니다. 그러면 이제 이스라엘 백성들은 무엇을 합니까? 그들은 귀를

여호와 닛시

출애굽한 이스라엘이 홍해를 건넌 후 아말렉과 첫 번째 전쟁을 치른다(출 17:8~16). 애굽 군대와 싸울 때는 하나님 홀로 싸우셨다. 그러나 두 번째인 아말렉과의 싸움에서는 하나님께서 이스라엘 백성들의 협력을 요구하신다.
'여호와 닛시'는 아말렉과의 싸움에서 승리한 후 모세가 팔을 들어 기도한 곳에 단을 쌓고 붙인 이름이다. 그 뜻은 '여호와는 나의 깃발'(The Lord is my banner)이다.

열고 듣습니다. 하나님이 누구신지, 사람은 누구인지, 이웃과의 관계가 어떠해야 하는지, 공동체의 의미는 무엇인지, 그리고 그들 조상 대대로 꿈꿨던 그 꿈의 내용이 어떻게 전개되어야 되는지에 대해서 듣고 또 듣습니다. 하나님의 율례와 계명과 법도의 말씀을 듣고 또 들으며 놀라운 꿈들을 꾸게 되는 것입니다. 참으로 감사한 일이었습니다.

그런데 신 광야를 떠난 이스라엘은 르비딤에 이르렀을 때 마실 물이 떨어지자 또 모세를 원망합니다(출 17:1). 하나님께서 모세에게 "지팡이로 반석을 치라"라고 명하십니다. 상식적으로는 쉽게 순종하기 어려운 명령입니다. 그러나 모세는 바위를 치라는 명령에 순종하면 물이 나올 것을 믿고 바위를 칩니다. 하나님을 전적으로 믿는 사람, 그가 모세입니다. 이런 모세와의 동역을 통해서 하나님께서는 이스라엘 백성들을 교육하십니다. 이제 이스라엘 백성들이 하나님의 말씀을 조금씩 듣고 믿는 훈련을 합니다.

기적에는 순종이 필요하다

순종의 종류	결과
산파들의 순종	이스라엘 남자 아이들의 생존
모세의 순종	출애굽 가능
유월절 피의 순종	장자의 죽음을 면함
홍해를 건너는 순종	애굽 군대로부터 죽음을 면함
바위를 치는 순종	갈증을 해소함

이스라엘의 출애굽을 지휘하고 광야 길에 앞장선 모세는 모든 일의 결정에 있어서 자신의 생각이 아닌 하나님의 뜻을 좇습니다. 한편 이스라엘 사회의 하부구조를 갖추는 일에 있어서는 장인 이드로의 제안을 들은 뒤 자신이 수용 여부를 결정합니다(출 18:13~26). 모세가 백성을 재판하느라 앉아 있고 백성은 아침부터 저녁까지 줄을 지어 서 있는 것은 서로에게 힘든 일이었습니다. 그래서 이드로는 자격을 갖춘 사람을 세워 일을 분담할 것을 제안합니다. 이를 겸손히 수용하는 모세에게서, 맡겨진 일을 옳게 해내려는 겸손한 리더십의 면모를 보게 됩니다. 하나님께서는 모세에게 이스라엘 백성을 맡기시면

모세의 간증

모세가 이드로에게 하나님께서
하신 일에 대해서 간증한다(출
18:8~12). 그 일을 자기의 능
력으로 여기지 않고 하나님의
일이라고 고백한다. 이드로가
모세의 고백에서 하나님을 발
견한다. 이드로는 눈으로 보지
못했다. 단지 모세의 고백을 듣
고 하나님을 알게 된 것이다.
믿음은 들음에서 난다(롬
10:17).

서 직접 명령을 내리기도 하셨지만, 다른 한편으로는 모세가
주변 인물들의 조언을 듣고 판단하여 일을 실질적으로 추진
하는 책임도 일정 부분 맡기셨음을 알 수 있습니다.

우리는 이쯤에서 모세가 그의 일생 내내 지니고 있는 두
가지 삶의 자세를 엿볼 수 있습니다. 첫째는 '하나님을 향한
절대적인 신뢰와 순종' 이요, 둘째는 '이스라엘 백성들에 대한
따뜻한 시선' 입니다.

세계 선교의 꿈-제사장 나라

출애굽기 19~34장

축복은 사명이 되고 출 19장

출애굽한 이스라엘은 제3월에 시내 산에 도착합니다. 이제 하나님께서는 이스라엘 백성들과 함께 아주 중요한 일을 진행하시고자 준비하십니다.

먼저 하나님께서 제안하십니다. 이스라엘 백성이 하나님의 '제사장 나라 거룩한 백성'이 되면 어떻겠느냐는 것입니다. '거룩한 백성과 제사장 나라'는 세계 선교의 초석입니다. 이스라엘 백성이 '거룩한 백성' 되는 것은 특권입니다. 그리고 그 특권은 모든 민족을 위한 '제사장 나라'로서의 사명을 위한 것입니다. 하나님께서는 거룩한 백성 '됨'의 특권을 주셔서 열방으로 향하는 제사장 나라가 '되는' 사명을 감당케 하시는 것입니다. 즉, 하나님께서는 이스라엘 백성들에게 세계 선교를 향한 꿈의 시작이 담긴 제안을 건네시는 것입니다.

이 제안에는 조건이 있었습니다. 이스라엘 백성들이 하나님의 말씀, 즉 언약을 지켜야 한다는 것입니다. 만일 이스라엘 백성들이 이 제안을 받아들이면 그들은 하나님의 계획 속에

God's plan
열방을 향한 꿈
"모든 민족" (창 12:1~3)
"세계가 다 내게 속했다" (출 19:5)
"예루살렘과 온 유대와 사마리아와 땅 끝까지" (행 1:8)

의와 공도를 위한 선택
하나님께서는 아브라함의 후손
들로 하여금 의와 공도를 행하
게 하려고(창 18:19) 아브라함
을 택하셨다. 그로부터 4백여
년이 흐른 후, 이스라엘 백성은
하나님께서 말씀하신 의와 공
도를 행하기로 받아들이는 역
사적인 날을 맞이하게 된다.
"우리가 다 행하리이다"(출
19:8)라는 백성들의 응답이 참
감격스럽다.

서 중요한 파트너가 되는 것입니다.

감사하게도 이스라엘 백성이 이러한 하나님의 제안에 아멘으로 화답합니다. 이것은 일방적인 명령에 대한 순응이 아니라 상호 합의에 따른 계약입니다. 하나님과 이스라엘 백성이 이룬 이 화합은 앞으로 하나님께서 온 세계에 구원의 역사를 펼쳐가시는 데 큰 힘이 됩니다. 이제 이 화합을 기반으로 이스라엘이 하나님의 백성으로서 어떤 삶을 살아야 할지 말씀하시는 내용이 출애굽기 19장부터 레위기, 민수기 1~10장에 걸쳐 나옵니다.

"모세가 백성의 말을 여호와께 전하매"(출 19:8). 이렇게 하나님의 말씀을 듣고 나서 백성에게 전달해주고, 백성의 뜻을 하나님께 전하는 것이 지금까지 계속된 모세의 역할이었습니다. 그런데 하나님께서 이제는 백성들에게 직접 말씀하겠다고 하시며 백성들의 준비를 요구하십니다(출 19:10~11). 하나님께서 강림하실 때를 준비하고 기다리라는 것입니다. 이 요구에는 백성들에게 더 좋은 것을 주시려는 하나님의 마음이 담겨 있습니다. 하나님께서는 그동안 이스라엘 백성들에게 베푸셨던 은혜를 상기시키시면서 앞으로 있을 복과 사명의 자리로 그들을 초대하십니다.

※

그리스도인의 대헌장 출 20장

이제 하나님께서는 율법을 말씀하십니다. 대표적인 것이 바로 십계명입니다. 율법에는 이스라엘 백성을 향한 하나님의 기대가 담겨 있습니다. 하나님께서 십계명을 통하여 택한 백성 이스라엘에게 요구하시는 것은 바로 '하나님 사랑과 이웃

복과 사명
사명은 복의 전제이며
복은 사명을 전제한다.

사랑'입니다. 이는 거룩한 백성이 되기 위한 것이며 더 나아가 인간의 인간됨을 위한 가장 본질적인 것이라고 할 수 있습니다. 이후 예수님께서도 이 '하나님 사랑과 이웃 사랑'을 강조하십니다(마 22:37~40; 막 12:28~31). 십계명은 딱딱한 법전이 아니라 인간이 가장 인간답다고 여겨질 때의 모형을 보여 주는 도구입니다. '하나님 사랑과 이웃 사랑', 우리 모두가 살아가며 추구해야 할 최대의 가치입니다.

그런데 시내 산에 강림하신 하나님께서 말씀을 시작하시자 백성들은 하나님 만나기를 두려워합니다(출 20:18~19). 재앙을 내리시는 것도, 호령을 하시는 것도 아니고, 이스라엘 백성의 귓전에 한 구절 한 구절 친히 율법을 들려주시려는 것인데도 하나님의 음성이 무서워서 직접 듣지 못하겠다는 것입니다. 백성들을 직접 만나고 싶어 하시는 하나님의 사랑을 이스라엘 백성들은 깨닫지 못했던 것입니다. 그러자 하나님께서는 또다시 모세를 불러 하나님의 계획을 전하십니다. 이제 백성은 멀리 서 있고 모세는 하나님이 계신 흑암으로 가까이 갑니다(출 20:21). 율법을 듣고 전달하기 위해서입니다.

공동체를 위한 삶의 기초 출 21~23장

하나님께서는 '하나님 사랑과 이웃 사랑'이라는 두 줄기로 축약되는 십계명을 통해 인간이 인간답게 되기 위한 큰 틀을 보여주셨습니다. 이제 십계명을 중심으로 한 구체적인 시행세칙을 보여주시는데 이것은 이웃 사랑의 측면에서 '생명 존중'과 '약자 보호'라는 구체적인 내용을 담고 있습니다. 하나님

율법의 두 줄기

1. 하나님에 대한 태도에 관한 법률
2. 이웃에 대한 태도에 관한 법률

율법
(하나님 사랑)

율법
(이웃 사랑)

약한 이웃

출애굽기 21장과 22장은 십계명 중에서 이웃과 관련된 말씀을 풀어서 설명하고 있다. 특히 고아와 과부, 이방 나그네로 지칭되는 약한 자들을 감싸시는 하나님의 사랑을 볼 수 있다.

께서 생각하시는 아름다운 사회란, 생명을 존중하고, 힘 있고 능력 있는 사람들이 약한 사람들을 보호하고 책임지는 사회입니다. 이웃에게 피해를 주지 않는 것은 물론이요, 자신보다 약한 이웃이 있다면 그를 보호하는 것까지 자신의 책임으로 생각하라는 것입니다. 약한 이웃을 향한 하나님의 말씀에는 이스라엘 전체를 아름다운 신앙공동체로 세우시려는 하나님의 의지가 담겨 있습니다.

하나님께서는 인간들의 삶에서 일어나는 다양한 상황과 갖가지 사건들이 일어날 경우에 어떻게 해야 할지에 대해 구체적으로 알려주십니다. 한 예로, 하나님께서는 만약에 한 사람의 소가 다른 이의 소를 받아 죽인다면, 살아 있는 소를 팔아 값을 반으로 나누고 죽은 것도 반으로 나누어 가짐으로써 서로에게 책임을 지게 하셨습니다. 하지만 소가 본래 받는 버릇이 있는 소일 경우에는 그것을 소 임자의 잘못으로 간주하여, 죽은 소는 받은 소의 임자가 갖고, 받은 소는 죽은 소의 임자가 갖도록 하십니다(출 21:35~36).

소의 받는 속성까지도 그 주인의 책임으로 여기고, 관리를 철저히 하라는 말씀입니다. 단순히 현상만을 가지고 일의 시비를 판단하는 것이 아니라, 그 일이 일어나게 된 배경과 상황을 모두 고려하여 구체적으로 책임을 지게 하는 것, 이것이 하나님께서 말씀하시는 제사장 나라 거룩한 백성의 모습입니다. 즉 하나님께서 요구하시는 건강한 공동체는 이웃에게 피해를 주지 않는 정도의 소극적 차원을 넘어서서, 서로를 존중하고 배려하는 적극적 차원의 정의를 이루는 공동체입니다.

또한 출애굽기 23장에는 일 년 동안 지켜야 할 세 차례의 절기(節氣)인 무교절, 맥추절, 수장절에 관한 여러 가지 지침들

자비

자비는 자기 것을 주되, 받을 자격이 없는 사람에게 주는 것을 말한다. 이것이 하나님께서 원하시는 자비이다.

Message

거룩의 내용

소 주인이 소의 성질을 알면서도 친구의 무 밭 옆에 소를 그냥 두어서 소가 무를 뽑아먹게 하거나, 또 소가 들이받는 버릇이 있는 줄 알면서도 어린아이가 놀고 있는데 소 말뚝을 튼튼히 박아 놓지 않는 것은 거룩하지 못한 행동이라고 말씀하신다. 이웃과의 관계 속에서 사소한 것부터 배려하는 것을 '거룩'이라고 하셨다는 점에 주목하자.

이 나옵니다. 이를 통해 이스라엘 전체를 신앙공동체로 보존하시려는 하나님의 의지를 엿볼 수 있습니다(출 23:14~17).

❋

너희 가운데 거하기 위해 출 24~27장

이스라엘 백성들에게 기다릴 것을 당부하고 시내 산에 오른 모세는 하나님과 만납니다(출 24:12~18). 하나님께서는 이제부터 이스라엘 백성을 만날 장소인 성막의 설계도를 설명해 주십니다. 하나님께서는 성막을 통하여 이스라엘 백성과 계속적인 만남을 가지려는 계획이 있으셨던 것입니다. 그런데 이스라엘 백성들이 각자 가지고 있는 귀중품들을 성막을 지을 재료로 드리기 위해서는 즐거운 마음으로 드려야 했습니다. 하나님과 이스라엘 백성이 언약을 맺는 과정에서(출 19장) 이스라엘 백성들 스스로의 선택이 있어야 했듯이, 성막 건축에도 백성들의 자원하는 마음이 있어야 했습니다.

하나님께서 시내 산 위에서 모세에게 전해 주신 명령은 크게 '성막 짓기'와 '제사장의 위임과 사명'으로 구분할 수 있습니다. 출애굽기 25장부터 27장까지에서 성막의 설계도, 성막 기구와 관련된 내용, 번제단과 성막 뜰의 식양 등에 대해 말씀하시고, 그곳에서 제사를 주도할 사람들로 아론과 그의 아들들을 지명하십니다(출 28~29장). 당대의 지도자는 모세입니다. 하지만 이후 대대로 이스라엘 자손의 제사를 주도할 사람은 아론과 그 후손들이 됩니다. 이것이 모세와 아론이 맡은 각자의 역할이었습니다.

God's plan
만남의 계획

하나님께서는 이스라엘 백성을 만날 장소인 성막의 설계도를 들려주시며 구체적인 모형을 제시하신다. "거기서 내가 너와 만나고"(출 25:22). 이스라엘 백성에 대한 하나님의 진한 사랑이 느껴진다.

동사(動詞)

성막 식양에는 숫자와 재료만 있는 것이 아니다. '수놓다', '연하다', '꼬다', '접어 드리우다', '덮어 드리우다', '금으로 싸다', '부어 만들다', '대하게 하다' 등 동사로 표현되어지는 정성과 땀이 들어 있다. 성소를 통해 이스라엘 백성과 깊은 사귐과 만남을 갖고자 하시는 하나님께서는 이스라엘 백성들을 향해 바로 이 정성과 땀을 원하시는 것이다.

위임은 부탁이요 동역입니다 출 28~31장

LEADERSHIP

화려한 작업복

하나님께서 아론에게 거룩한 옷을 주시고, 제사장으로서의 직무를 감당하도록 하신다. 아론의 화려한 제사장 복장은 제사장 직분을 감당하면서 입어야 할 예복이다. 아론의 옷은 화려하지만 사실 많은 일을 해야 하는 작업복이나 마찬가지다.

보석과 사명

"첫 줄은 홍보석 황옥 녹주옥이요, 둘째 줄은 석류석 남보석 홍마노요…." 이렇게 보석들에 열두 지파의 이름이 새겨진다(출 28:17~21). 나아가 생명책에 우리의 이름이 새겨진다는 것, 이 특권을 어떻게 소홀히 여길 수 있을까? 하나님께서는 이스라엘 백성들에게 그러하셨던 것처럼 우리에게도 '거룩한 백성과 제사장'으로서의 특권과 사명을 맡기고 싶어 하신다.

하나님께서는 아론과 그의 자손들에게 거룩한 옷을 만들어 입힐 것(출 28장)을 말씀하시고, 이어 제사장 위임식의 순서도 알려주십니다(출 29:1~37). 하나님께서 제사장의 직분을 아론과 그의 자손들에게 위임한다는 것은 하나님의 권한과 하나님의 일 가운데 일부를 제사장에게 맡긴다는 의미입니다.

하나님께서는 이 제사장 위임식을 통해 아론과 그의 아들들을 거룩하게 하시고, 거룩해진 그들이 집례하는 제사를 통해 이스라엘 백성과 만나고자 하십니다. 하나님께서는 이스라엘 백성 중에 거하시려고 그들을 애굽 땅에서 인도하여 내셨습니다(출 29:46).

제사장이 해야 할 일은 생각보다 많습니다. 양과 소를 잡아 제사를 드리는 험한 일에서부터 정성스럽게 향을 피우는 세심한 일까지 다양합니다. 제사장으로 위임받은 아론과 그의 자손들은 하나님께서 지정하신 복장을 갖춘 다음 이스라엘 백성을 대표하여 하나님 앞에 나아가고 하나님께서 정하신 향을 드려야 할 책임이 있습니다. 하나님께서는 아론과 그 아들들에게 사명을 주시고자 그들을 구별시키신 것입니다.

생명을 내어놓고 드리는 기도 출 32~34장

하나님께서 어떤 분이신지를 아는 우리들은 그분이 우리 인생들을 향해 선한 계획을 세우시고 실행하실 것을 기대하며 삽니다. 그러나 누구에게든 기다리는 일이 쉽지만은 않은 것 같습니다. 모세가 하나님의 부르심을 받고 시내 산에 올라간 지 40일 정도가 되었을 때, 이스라엘 백성들은 모세를 더이상 기다리지 못하고 큰 죄를 짓고 맙니다(출 32장). 시내 산 정상에서는 하나님께서 모세와 함께 이스라엘 백성을 향한 놀라운 계획을 준비하고 계셨는데 산 아래의 백성들은 금송아지를 만드는 죄를 저지릅니다. 하나님의 음성으로 직접 십계명을 받은 지 얼마 되지도 않았는데, 하나님께서 명하신 "나 외에 다른 신을 섬기지 말라."라는 첫 번째 계명과 "우상을 만들지 말라."라는 두 번째 계명을 범한 것입니다.

산 아래에서 벌어지는 참담한 광경을 보신 하나님께서 모세에게 "너의 백성"이 부패하였다고 진노하시며 그들을 진멸하겠다고 하십니다. 모세는 "주의 백성"이니 긍휼을 베풀어 용서해달라고 간절히 매달립니다(출 32:7~13). 모세는 하나님의 계획에 차질이 생길 만큼 큰 잘못을 저지른 이스라엘 백성들이라 할지라도 그들을 하나님 앞에 용서받을 자로 보고 있는 것입니다.

모세는 한 걸음 더 나아가 하나님의 체면을 걱정합니다. 애굽 사람들은 이스라엘을 원수로 생각하고 이스라엘 백성들이 무너지기만을 바라고 있을 텐데 이 일로 인해 애굽 사람들이 "저들의 신 여호와가 이스라엘 백성들을 데려 가더니 죽이고 말았구나."라며 하나님을 조롱할까 걱정이 된다는 것입니다(출 32:12). 단지 하나님의 진노가 두려워 그 진노를 피해 보려고 올리는 기도가 아닌 것입니다.

이렇게 하나님께 간절한 부탁을 드려놓고, 모세가 산 아래로 내려와 보니, 실로 눈뜨고 볼 수 없는 광경이 펼쳐져 있었습니다. 이에 대노(大怒)한 모세가 두 돌판을 던져 깨뜨리고, 금송아지를 불살라 부수어 가루로 만들게 합니다. 그리고 그 것을 물에 타서 온 백성에게 그 '금가루차'를 마시게 합니다. 또한 그 죄에 대한 벌로 3천 명가량이 죽임을 당합니다(출 32:28).

3천 명이 죽은 것 자체는 비극적 사건이었지만 그 일이 백 성 전체를 깨우치는 계기가 되어 이제 이스라엘 백성들은 스스로 장신구를 제거합니다. 몸을 단장한 장신구들은 애굽 사람들의 문화를 따른 복장 양식입니다. 이스라엘 백성들에게 아직도 애굽에서의 습성이 남아 있었다는 것입니다.

이튿날 모세는 다시 하나님께 백성들의 죄를 중보합니다. 자신의 이름을 주의 책에서 지워도 좋으니 백성들의 죄를 사하여 주시라는 간구였습니다(출 32:32). 모세가 하나님의 속상하신 마음을 헤아리며 조심조심 긍휼을 구하는 모습을 보시고 하나님께서는 이스라엘과의 '동행 거부'에서 '동행 결정'으로 마음을 바꾸십니다.

모세는 하나님께서 이스라엘 백성을 얼마나 '내 백성'으로 여기며 아끼고 계시는지 알고 있었기에 용서해주시기를 간청하였던 것입니다. 하나님과 모세는 보통 사이가 아닌 것 같습니다.

회복 가능성이 거의 없어 보이던 하나님과 이스라엘 백성의 관계가 출애굽기 33장에서 조금씩 호전될 기미를 보이더니 34장에서는 완전히 회복됩니다. 하나님께서는 자신의 계획을 다시 한 번 모세와 이스라엘 백성들에게 말씀하여 주시기 위해 모세를 시내 산으로 부르십니다. 이때 모세는 처음 것과 같은 두 돌판을 준비하여 올라가서 다시 십계명을 받습니다.

Message

좋은 생각

모세의 간절한 기도를 들으신 하나님께서 백성들을 용서하심은 물론, 모세와 친구처럼 대화하신다. 한차례 큰 태풍이 지나가고 난 후, 하나님의 진정한 성품이 드러난다. 모세의 친구, 나아가 이스라엘의 친구가 되고 싶으신 하나님, 진멸할 죄를 지은 백성들이지만 살려주고 싶으신 하나님, 우리 하나님의 성품은 끝내 '좋은 생각'(good thinking)이다.

나아가 이처럼 다시 세워진 관계의 기반 위에서 하나님께서는 아브라함 때부터 시작된 하나님의 비전을 다시 확인하십니다(출 34:10~27). 더불어 관계 회복의 기반이 되는 또 하나의 사건은 이스라엘 백성이 40일 동안 다시 시내 산에 오른 모세를 기다려준 것입니다. 이 기다림은 하나님과 이스라엘 백성이 다시 가까워질 수 있는 계기가 되었고 이를 통해 하나님의 비전이 지속될 수 있었습니다.

설계와 시공

출애굽기 35~40장 레위기 1~10장

3
숲이야기

풍성하게 자원하여 출 35장~39:31

하나님과 이스라엘의 동역이 시작됩니다. 드디어 이스라엘 백성들이 하나님의 명령대로 성막을 짓기 시작한 것입니다. 식양은 하나님께서 주셨지만 사람들의 순종과 참여, 그리고 실천에 의해 성막이 그 실제 모습을 드러내게 됩니다.

광야 생활로 모든 살림이 아쉽기만 한 이스라엘 백성들에게 금, 은, 놋, 조각목 등은 정말 소중한 것들이었지만 그들은 성막을 만들기 위해 자신의 소유물들을 즐거운 마음으로 드립니다. 한 예로 물두멍은 여인들이 아끼는 거울로 만들어집니다(출 38:8).

이스라엘 백성들은 출애굽 당시 가지고 나온 귀중품들을 한 번은 악한 일에, 또 한 번은 선한 일에 사용하는데, 전자는 금송아지를 만든 일이었고, 후자는 성막을 위한 예물로 드린 일입니다. 은금패물을 악하게 사용함으로써 겪었던 뼈아픈 지난날의 사건을 뉘우친 이스라엘 백성들은 이제 그 귀중품들을 하나님께서 기뻐하시는 일에 넘치도록 자원하여 내어놓습

LEADERSHIP
비전과 땀

성막 짓는 일, 이 중요한 일을 하나님께서는 설계도만 보여주시고 이대로 만들라고 하신다. 하나님의 일을 함에 있어서 하나님께서는 비전을 주신다. 그런데 그 비전을 이루기 위한 구체적인 실천과 땀방울은 사람의 몫이다. 비전에만 초점을 맞추면 실력력 없는 몽상가가 되고, 땀에만 집착하면 하나님 없이 자기 노력으로도 살 수 있다고 생각하는 자기 의에 빠진다. 비전과 땀, 양자의 조화에 대해 곰곰이 생각해보아야 할 것이다.

니다. 심지어는 성소의 물품들을 만들던 이들이 모세에게 찾아와 "백성이 너무 많이 가져오므로 여호와의 명령하신 일에 쓰기에 남음이 있나이다"(출 36:5)라고 말하여 더 이상 가져오지 말라는 명을 내려야 했을 정도입니다. 이렇게 자원하는 사람들에 의해서 거대한 역사가 이루어지고 있습니다.

모세는 하나님께서 말씀하신 대로 성막 짓는 일의 구체적인 책임자이자 실행자로 브살렐과 오홀리압을 세웁니다(출 35:30~35). 이들은 성소에 쓰일 물품들이 식양대로 만들어지고 있는지 정확히 확인하기 위해 설계도가 다 낡아질 정도로 들여다보고 점검했을 것입니다. 성막의 기구와 물품들은 이방 문화와 종교의 영향을 받은 것이 아니라, 하나님의 계시에 기초하여 독창적이고 거룩한 식양대로 만들어진 것이기 때문입니다.

모세와 이스라엘 백성들의 헌신을 통해 성막 짓기가 끝나고 이제 백성들은 아론과 그 아들들을 위한 옷을 만듭니다(출 39:1~31). 특별하게 만들어진 이 옷을 입을 아론과 그 아들들은 이스라엘 중에서 구별되어 하나님을 섬길 자로 부름 받았으며, 이제 이스라엘과 하나님 사이에서 중보자 역할을 감당해야 합니다.

제사장으로 세워진 아론은 이스라엘 공동체가 하나님의 율례와 법도와 규례들을 지키고 행하는 데에 지도력을 발휘하게 됩니다. 이 지도력은 약자와 강자 간의 권력 관계에 의한 지도력이 아니라 온 백성이 같이 협력하고 거룩한 백성의 사명을 잘 감당하기 위해 필요한 지도력입니다.

Power

브살렐과 오홀리압

브살렐은 특별히 하나님께 지명을 받았다(출 31:2~5). 그의 동역자 오홀리압도 마찬가지다. 그는 지혜로웠고 총명했으며, 재능이 뛰어났다. 하나님을 향한 믿음도 굳건했다.
성막을 짓는 일대 사건을 위해 선정된 브살렐과 오홀리압은 이미 준비된 사람이었다. 다메섹 사람 엘리에셀이 이삭의 배필감을 찾는 일을 성실히 감당함으로써 아브라함에 대한 하나님의 약속 이행의 소중한 연결고리가 되었던 것처럼, 브살렐과 오홀리압도 이스라엘이 신앙 공동체로 보전되기 위한 중대한 준비를 갖추는 일을 성실히 감당한 사람이었다.

얼마나 기다리던 순간입니까? 출 39:32~40장

더 깊은 만남을 위한
설계와 시공

설계 : 하나님의 섭리, 경영
시공 : 인간의 노력, 땀, 헌신,
　　　충성, 봉사

설계자	시공자	창조물
하나님	하나님	에덴동산
	인간	방주
	인간	법궤
	인간	성전
	하나님	새 하늘과 새 땅

성막과 제사장의 옷 만들기가 모두 끝난 후, 모세는 하나님께서 지시하신 대로 이 모든 기구들이 잘 만들어졌는지 확인 점검하는 시간을 갖습니다. 그 시간은 실로 긴장과 기대가 교차하는 순간이었을 것입니다.

"모세가 그 마친 모든 것을 본즉 여호와께서 명령하신 대로 되었으므로 모세가 그들에게 축복하였더라"(출 39:43). 모세가 마지막 점검을 마치고 "모두 잘 됐다!"라는 한 마디를 함과 동시에 온 백성들은 서로 얼싸안고 기쁨의 함성을 질렀을 것입니다. 그 감격의 함성이 들리는 것 같습니다. 이렇게 해서 6개월의 대장정이 완성되었습니다. 순종을 위한 진한 땀방울의 결과입니다.

하나님께서는 아브라함을 부르실 때부터 아브라함과 그의 후손들, 나아가 당신께서 만드신 모든 인생들과 함께하기를 원하셨습니다. 이스라엘이 애굽에서 고통의 세월을 보낼 때에도, 그들이 애굽에서 나와 홍해를 건널 때에도, 금송아지를 만들어 하나님을 반역할 때에도 하나님께서는 그들과 함께하고 싶으셨습니다. 하나님께서는 이 준비된 만남을 오래도록 기다리셨습니다. 그들의 순종을 보셨고, 그들의 땀 흘림을 보셨습니다. 이 모든 과정 속에는 인간들과 만나고 싶어 하시는 하나님의 마음이 담겨 있습니다.

지난 6개월 동안 이스라엘 백성에게 하나님의 말씀이 전달되는 통로는 오직 모세 한 사람뿐이었습니다. 그런데 이제 하나님을 만날 장소인 성막이 완성되었고, 하나님과 사람 사이를 중재할 제사장이 준비되었습니다. 하나님께서 이스라엘 백

LEADERSHIP

최종 점검

성막을 다 만든 후, 모세는 40여 개의 기명을 일일이 검사한다. 실제 주어진 식양대로 만드는 것은 오홀리압과 브살렐이 했지만, 그 최종 점검은 모세가 한다. 모세는 그의 온 정성을 다하여 꼼꼼하게 확인했을 것이다.

성과 만날 수 있는 공식적 통로가 열리는 것입니다. 이스라엘
진 중의 성막을 통하여 하나님께서 이스라엘 백성들의 삶의
한복판으로 오시는 것입니다.

시내 산에서 회막으로, 회막에
서 예수 그리스도로, 예수 그리스
도에서 우리의 마음으로, 우리의
삶 속으로….

> **성소 : 하나님과 이스라엘의 합작품**
>
> 하나님께서는 성소를 만듦에 있어서 이스라엘 백성들에게 식양을 주시
> 고, 여기에 필요한 모든 것들, 즉 재료, 만들 사람 등 준비하는 것은 사람
> 이 할 수 있도록 하신다. 성소는 하나님과 이스라엘 쌍방의 합작품이라
> 고 할 수 있다. 성막 만들기는 혼자가 아닌 여럿이 함께 함으로 가능한
> 일이었다. 아론의 아들 이다말은 계산하는 일, 브살렐은 만드는 일, 오홀
> 리압은 조각하며 수놓는 일을 했다.

더 깊은 만남을 위해 레 1~7장

깊은 만남은 가장 소중한 것을 나눌 때 얻어집니다. 성막
건축을 통해서 하나님과 이스라엘의 만남을 위한 외적 조건
이 모두 갖추어졌습니다. 그러나 이것은 시작일 뿐입니다. 레
위기는 더 깊은 만남을 위한 여러 가지 제안을 담고 있습니다.
그 제안의 밑바닥에는 생명의 희생이 들어 있습니다. 생명을
소중히 여기시는 하나님께서 그 소중함을 중심으로 관계를
만들어가길 원하시는 것입니다. 하나님께서는 이 깊은 만남을
통해 이스라엘을 당신의 소유, 거룩한 백성으로 삼고자 하십
니다.

하나님께서는 이 만남의 절차로 다섯 가지 제사를 말씀하
십니다.

먼저, 번제(燔祭)에는 하나님께 생명을 드린다는 의미가 있
습니다. 자신의 생명을 드리는 마음으로 하나님께 소, 양, 염
소, 비둘기를 드리는 것입니다. 소중한 것을 희생하는 만남은
그 희생만큼 깊고 진지해지는 것 같습니다. 소중한 생명을 희

Message

선물

누군가와 깊은 만남을 하고 싶
다면, 자신의 가장 소중한 것을
나눌 수 있어야 한다. 선물을
싫어하는 사람은 이 세상에 아
무도 없을 것이다. 그런데 받는
기쁨이 있으려면, 누군가는 반
드시 주는 기쁨을 가져야 한다.
누군가를 위해 나의 소중한 것
을 줄 수 있다면 그것만큼 서
로의 관계를 깊게 하는 것도
없다. 하나님께서는 이미 가장
소중히 아끼는 독생자를 주셨
다. 이젠 우리가 우리의 가장
소중한 것으로 드릴 수 있어야
할 것이다.

생하면서까지 하나님께서 유지하기 원하시는 관계, 그것이 바로 하나님과 인간과의 관계입니다.

곡식을 드리는 소제(素祭)에는 재산을 바친다는 의미가 있습니다. 성실하게 노력한 결과로 얻은 곡식을 감사하는 마음으로 하나님께 드리라는 것입니다. 이스라엘 백성들은 노동의 아름다운 결실을 기쁨으로 하나님께 바칠 수 있습니다. 번제와 소제를 통해서 볼 때, 하나님께서는 생명과 재산을 포함한 모든 면에서 이스라엘과 거룩한 관계를 맺고자 하심을 알 수 있습니다.

그런가 하면, 감사한 일이 있을 때 드리는 화목제(和睦祭)는 특별히 이웃과의 나눔을 요구하시는 제사입니다. 번제는 그 몸통 전체를 하나님께 드리는 것이지만, 화목제는 내장은 불살라 하나님께 드리고, 남은 고기는 이웃과 함께 나누어 먹게 하셨습니다. 또한 암컷과 수컷을 구별하지 않고 드리도록 규정하여 그만큼 드릴 제물의 폭을 넓혀 놓았습니다. 그래야 이웃과 더 많이 나눌 수 있기 때문입니다. 좋은 이웃 관계, 이것이 우리 하나님의 큰 관심사 중 하나입니다.

속죄제(贖罪祭)는 이스라엘 백성이 죄를 범하여 하나님과의 관계에서 문제가 생겼을 때, 이를 바로잡기 위한 제사입니다. 이는 레위기를 통하여 전하시는 하나님의 복된 소식, 즉 복음(福音)입니다. 레위기에서 죄를 용서받는 절차가 얼마나 어렵고 복잡했는지를 안다면 예수 그리스도의 십자가의 소중함을 더 깊이 깨달을 수 있습니다.

속건제(贖愆祭)는 부지중에 하나님의 명을 어기거나 이웃에게 해를 가하는 등, 의도하지 않고 실수한 부분까지도 보상하고 책임질 것을 요구하시는 제사입니다. 죄에 대해서는 용서가 은혜로 주어지지만, 반드시 보상이 따라야 했습니다. 자신이 속한 이스라엘 공동체에 나의 실수로 인해 해가 가지 않도록 끊임없이 관심을 가지라는 것입니다. 부지중에 범한 잘못으로 인해 이웃과의 관계에 틈이 생겼을 때, 책임감 있게 공동체를 회복하길 원하시는 하나님의 마음을 엿볼 수 있습니다.

인간과 온전히 거룩한 관계를 맺고 싶어 하시는 하나님, 약한 자에 대한 강한 자의 사회적 책임을 강조하시는 하나님, 나눔과 섬김을 향기로 받으시는 하나님, 인간의 건강을 배려하시는 하나님. 우리는 레위기를 통해서 이처럼 인생들을 사랑하시는 하나님의 마음을 읽을 수 있습니다.

새로운 리더십 레 8~9장

제사를 책임질 제사장이 세워집니다. 그 주인공은 아론과 그의 아들들입니다. 약속의 땅에서 이스라엘이 지속적으로 하나님 중심의 삶을 살아갈 수 있도록 하는 데 꼭 필요한 리더십입니다. 그들이 새로운 지도자로 세워지고, 온 이스라엘이 그 지도력에 동의하고 있습니다. 하나님의 임명과 백성들의 지지, 그리고 모세의 진행을 통해 하나님과 이스라엘 전체에 기쁨의 장면이 연출되고 있습니다. 드디어 하나님과 백성 사이의 중재자인 제사장이 공식적으로 세워짐으로써 하나님께서 출애굽 전부터 하셨던 말씀, "그들이 나를 섬길 것"(출 8:1)이라는 말씀이 이루어질 준비가 완료됩니다.

이제 아론이 제사장으로서 첫 제사를 드립니다. 아론은 아마도 긴장된 마음과 떨리는 손으로 제사에 임했을 것입니다. 긴장한 사람은 아론만이 아닙니다. 모세를 비롯한 모든 이스라엘 백성이 손에 땀을 쥐며 아론을 지켜보았을 것입니다. 아론이 드리는 제사가 하나님께 열납되지 않는다면 지금까지의

사람과 사람 사이

당시 소와 양은 아무나 소유하는 것이 아니었다. 그러므로 화목제는 주로 재력이 있는 자들에 의해서 드려졌을 것이다. 성경에는 화목제의 희생을 그날에 다 먹으라는 말씀도 나오는데, 황소 한 마리는 절대 혼자다 먹을 수 없다. 결국 반드시나눠 먹으라는 뜻임을 알 수있다. 가진 자의 헌신을 통해덜 가진 자들의 필요를 채웠다는 것을 알 수 있다. 하나님께서는 화목제를 매개로 하여 사람과 사람 사이를 평균케 하시는 배려를 베푸신 것이다.

God's plan

힘의 분량대로

하나님께서는 "만일 힘이 거기에 미치지 못하면"이라는 말씀으로 어려운 경제 형편의 사람들에게도 용서의 길을 여신다(레 5:7,11). 잘못은 황소 한 마리 분량일지라도 집에 황소가없을 수 있기 때문이다. 인생들을 용서하시기 위해 무던히도애쓰시는 하나님의 마음이 느껴진다.

모든 수고가 물거품으로 변하기 때문입니다. 하나님께서는 아론이 집례하는 첫 제사를 받으심으로써 이스라엘 백성들의 염려를 기쁨으로 바꾸십니다(레 9:22~24).

한편, 아론에게 시선이 집중되고 있는 이 대목에서 우리는 모세의 포용력 또한 볼 수 있습니다. 모세는 하나님의 깊은 경륜에서 나오는 뜻과 계획을 인정하고 아론이 세워지는 이 장면 앞에 순종함으로써 이제껏 자신에게만 향해 있던 백성의 의존도를 점차 줄여가는 모습을 보여주고 있습니다. 과연 모세는 훌륭한 지도자입니다.

Message

전임자와 후임자

소위 감투를 썼다가 임기가 다 되어 그 자리를 내려놓은 사람들의 대부분이 자신의 후임자가 자기보다 일을 잘하는 모습을 못 봐준다. 사실 도와주려고 마음만 먹으면 가장 잘 도와줄 수 있는 사람이 전임자인데 말이다. 자신보다 더 훌륭한 후임자를 향해 박수를 치고 응원할 수 있는 사람, 후임자가 자신보다 더 일을 잘 해내어 궁극적으로 공동체의 발전을 도모할 수 있도록 보이지 않게 도울 마음이 있는 전임자, 그런 모세 같은 사람들이 정말 필요하다.

생명을 담보하는 직무 레 10장

제사장 위임식과 첫 제사 후, 아론 집안은 물론 이스라엘 전체가 크게 놀랄 만한 사건이 일어납니다. 아론의 큰아들 나답과 둘째아들 아비후가 죽었기 때문입니다. 하나님의 불이 내려와서 이들을 태워버린 것입니다. 첫 집례 때 이들의 제사를 받으시고 제물을 살랐던 불이 이번엔 이들을 죽이는 불이 된 것입니다.

나답과 아비후의 죽음은 그들이 분별없이 제사를 드린 것에 원인이 있었습니다. 정확하게 이유가 명시되어 있지는 않지만, 곧이어 나오는 말씀(레 10:9~11)을 통해 추측해볼 수 있습니다. 나답과 아비후가 포도주를 지나치게 마신 나머지, 지정한 불을 가져가야 하는데 다른 불을 들고 성소에 나아간 것으로 보입니다. 술에 취해서 분별력을 잃고 자신의 책임을 소홀히 한 결과, 그 죄에 상응하는 벌을 받은 것입니다.

나답과 아비후가 비록 자신들의 잘못으로 죽음을 맞이하긴 했으나 이를 지켜본 아버지 아론이나 동생들의 심정은 참담했을 것입니다. 그러나 모세는 가족들에게 울지 말라고 강력히 말합니다. 잘못해서 죽은 사람들 편에 서서 운다는 것은 하나님께서 내리신 처벌의 정당성을 인정하지 않는 것이기 때문입니다. 그들이 죽은 일로 슬퍼할 것이 아니라, 하나님의 말씀에 대한 불순종에 대해 회개하고 그들의 죄로 인해 가슴을 쳐야 한다는 것입니다. 지금 모세가 인간적인 감정을 앞세운 눈물조차 허락하지 않는 것은 자신과 아론 자손에게 맡겨진 무거운 책임을 인식했기 때문입니다.

하나님께서는 제사장에게 특권과 함께 사명을 주셨습니다. 그들에게 주어진 사명이 얼마나 큰 책임을 동반하고 있는지 볼 수 있습니다. 아마도 이 사건 이후, 백성들은 제사장의 특권에 대한 질투의 마음을 품기보다는 사명의 중함을 알게 되었을 것입니다. 특권은 사명을 꼭 동반한다는 사실, 이것은 성경 전체가 우리에게 가르치고 있는 매우 중요한 교훈입니다.

사명과 책임

제사를 드리는 사람이 제물을 아무리 잘 준비해도 집례하는 제사장이 정성이 없고, 제사의 절차를 모른다면 그 제사는 하나님께 온전히 드려지지 못할 것이다. 복잡한 제사의 규례는 구별된 제사장들의 사명과 책임이 그만큼 무겁다는 것을 보여 준다.

Message

누구 편에 설 것인가

누구 편에 설 것인가의 문제는 중요한 문제이다. 근본적으로 하나님의 편에 설 것인가, 다른 편에 설 것인가의 문제 외에도, 약자의 편에 설 것인가, 강자의 편에 설 것인가, 주는 편에 설 것인가, 받는 편에 설 것인가 등 우리는 수많은 편 가르기의 문제에 부딪히게 된다.
대부분 옳은 편에 서는 것은 더 어렵고 갈등과 긴장도 더 많기 마련이다. 하지만 갈등이 싫거나 긴장을 피하고 싶어서 하나님께서 원치 않으시는 길을 택해서는 안 될 것이다.

4 숲이야기

시민학교

레위기 11~27장 민수기 1장~10:10

생명을 위한 배려 레 11~15장

하나님의 최대 관심 사항은 생명입니다. 하나님께서 인간에게 주신 최초의 그리고 최대의 복은 생명의 복이었습니다 (창 1:28). 그런데 사람들에게 생명의 문제는 먹을거리와 밀접한 관련이 있습니다. 그래서 하나님께서는 애굽의 식생활에 익숙해져 있는 이스라엘 백성들에게 하나님의 백성다운 식생활을 가르쳐 주십니다(레 11장). 언뜻 보면 하나님께서 그들의 자유와 권리를 제한하는 것 같기도 합니다. 그러나 지금 이 순간에도 하나님께선 이스라엘 백성들에게 아침저녁으로 풍성한 만나를 내려주고 계십니다. 하나님께서는 이렇게 풍성함을 베푸시는 가운데 온 이스라엘이 식생활과 같은 세밀한 부분부터 하나님 앞에서 거룩하여 건강한 생명을 보전하길 원하시는 것입니다.

또한 하나님께서는 천하보다 귀한 한 생명을 탄생시킨 여인의 산후조리 기간에 관해서도 말씀하십니다(레 12장). 거친

God's plan

산후조리 (레 12장)

출산 후에는 산모에게 꼭 출산 휴가를 주는 것이 바로 하나님께서 말씀하시는 '거룩' 이다.

광야 생활이기에 산모와 아이에게는 돌봄의 시간이 더욱 절실히 필요합니다. 아이를 잉태한 여인은 이 기간 동안 자신과 아이의 건강을 돌보며 하나님께서 허락하신 생명 탄생의 신비를 묵상할 수 있었을 것입니다.

나병(악성 피부병)의 경우, 한 가지 병의 수많은 증상에 대해 116절이나 되는 긴 내용으로 꼼꼼하게 말씀하고 계시는 것은 이미 하나님께서 그들의 입장에 서서 그들을 위하신다는 것을 의미합니다(레 13~14장). 한 개인에게는 고통과 좌절이요, 그 가족의 삶에까지 영향을 주게 되는 이 병의 발병 여부를 경솔히 판단해서는 안 됩니다. 그래서 하나님께서는 제사장에게 그 분별의 권한과 의무를 부여하시고 분별 방법을 세밀하게 규정하십니다. 레위기 13장은 제사장들이 밑줄 쳐가며 외워야 하는 필수 암기 사항이었을 것입니다.

나병(악성 피부병)에 걸린 환자들에게 있어 병이 회복되어 다시 이스라엘 공동체로 복귀할 수 있는 절차가 적힌 레위기 14장은 두말할 나위 없이 귀중한 '복음'입니다. 다시 말해 레위기 13~14장의 주인공들은 영원한 격리의 대상이 아니라, 언제든 깨끗이 회복되는 날, 다시금 끌어안아야 할 대상인 것입니다.

성(性)은 하나님께서 생명을 위해 인간에게 주신 아름다운 선물입니다. 하나님께서 약속하신 생육과 번성의 복, 그리고 가정의 평화와 안정은 건전한 성생활을 통해서 이루어질 수 있습니다. 하나님께서는 성과 관련하여 발생하는 여러 가지 부정(不淨)들과 정결법들에 대해 자세하게 알려주십니다(레 15장). 복으로 주신 성이 쾌락 도모의 수단으로 무분별하게 사용되는 것을 미리 방지하시려는 것입니다. 공동체 안에서 남

약자를 위한 구조
현재 전 세계 대부분의 사회가 치열한 경쟁 사회이다. 그러나 경쟁이라는 것은 출발선이 같을 때 의미가 있는 것이다. 출발선에 서 있을 수조차 없는 약한 이들은 구조적으로 도와야 하는 것이다.

LEADERSHIP
약자의 편에 서서
이스라엘의 최고위층인 제사장이 살이 썩어감으로 고통스러워하는 한 사람의 상처 부위를 주의 깊게 살펴야 하는 이 장면에 주목하자. 하나님의 마음은 소외된 자, 가난한 자, 약한 자에게 쏠려 있다. 레위기에서만 아니라 성경 전체를 볼 때 하나님께서는 약자에게 관심이 많은 분이라는 결론에 도달하게 된다.

제사장 필수 암기 사항
제사장의 여러 가지 역할 중 중요한 역할이 다른 사람이 대하기 꺼려 하는 나병(악성 피부병) 환자를 만나 진찰하는 일이었다. 진찰하는 데 있어서 한 치의 실수도 있어서는 안 된다. 그 환자의 일생이 달려 있는 순간이기 때문이다. 아마도 레위기 13장은 제사장들이 밑줄 쳐가며 외워야 하는 필수 암기 사항이었을 것이다.

녀가 서로 조심하고 깨끗함을 잘 지켜야 공동체가 건강하게 유지될 수 있습니다. 하나님께서는 우리의 삶에 무엇이 필요한지 너무나 잘 아시는 분입니다.

※

하나님과 이스라엘 백성 사이에서
레 16장

하나님과 이스라엘 백성들 사이의 존재인 제사장이 얼마나 자신의 직분을 잘 인식하고 책임감 있게 감당하느냐에 따라 이스라엘 공동체의 생명력이 결정됩니다.

아론의 두 아들 나답과 아비후는 하나님께서 명하시지 않은 다른 불을 드린 죄로 죽임을 당하고(레 10장), 아론의 네 아들 중, 이제 엘르아살과 이다말이 남았습니다. 제사장이 하나님께 제사를 드리다가 나답과 아비후와 같이 죽게 되는 일이 또 발생해서는 안 될 것입니다. 그래서 하나님께서는 제사장이 성소에 들어오기 전, 자신을 위한 속죄제를 먼저 드리도록 하십니다. 이는 책임을 맡고 있는 제사장이 먼저 자기반성을 하라는 뜻입니다. 또한 지성소에 들어오는 날도 1년에 하루로 정하셔서 제사장의 죽음을 미연에 방지하십니다(레 16:34).

제사장이 1년에 한 번 지성소에 들어가는 날, 즉 하나님께서 명하신 매년 7월 10일 속죄일은 이스라엘 백성들이 스스로를 돌아볼 수 있는 날입니다(레 16:29). 이날은 안식일 중의 안식일이며 백성 전체가 참회하여 정결하게 되는 기쁨과 감사의 날입니다.

속죄일

속죄일은 히브리인들의 연중행사 중 가장 중요한 하루였다. 그 이유는 "이날에 너희를 위하여 속죄하여 너희로 정결하게 하리니 너희의 모든 죄에서 너희가 여호와 앞에 정결하리라"(레 16:30)라는 말씀을 이행하기 위하여 대제사장이 1년에 한 번 지성소에 들어가는 날이었기 때문이다.

잘못된 전통과 풍속을 좇지 말라

레 17~18, 20, 24장

하나님께서 이스라엘을 가나안으로 이끄실 때 가장 염려하신 부분은 첫째, 그들이 애굽의 문화를 끊어내지 못하는 것이었고, 둘째, 앞으로 들어갈 가나안 땅의 문화에 물들게 되는 것이었습니다. 이 두 가지를 해결하기 위해 하나님께서는 모세와 함께 최선을 다해 이스라엘 백성들을 교육하십니다.

특별히 하나님께서는 애굽과 가나안 사람들의 패역하고 음란한 문화와 풍속을 예로 드시며 이스라엘에게 강력히 경고하십니다. "너희는 이 모든 일로 스스로 더럽히지 말라 내가 너희 앞에서 쫓아내는 족속들이 이 모든 일로 말미암아 더러워졌고 그 땅도 더러워졌으므로 내가 그 악으로 말미암아 벌하고 그 땅도 스스로 그 주민을 토하여 내느니라"(레 18:24~25). 가나안은 이스라엘을 위해 희생된 것이 아니라 자신들의 범죄로 인하여 땅으로부터 토해냄을 당한 것입니다. 이것은 단지 저들에게만 해당되는 이야기가 아닙니다. 먼 훗날 이스라엘도 절대 본받지 말아야 할 이방 풍속을 좇음으로 말미암아 그 땅으로부터 토해냄을 당합니다.

레위기 20장은 '반드시 죽여야 할 죄'의 목록을 보여줍니다. 하나님께서는 이스라엘 공동체가 결코 용납할 수 없는 악에 대해서는 과일 상자 속의 썩은 과일을 제거하듯 단호히 잘라내라고 하십니다. 만일 그렇지 않으면, 썩은 과일 하나 때문에 상자 안에 있는 모든 과일이 썩게 되는 것처럼, 이스라엘 공동체 안에 죄악이 만연해지기 때문입니다. 하나님께서 말씀

Message

청지기 정신

"이스라엘 자손은 나의 종들이 됨이라"(레 25:55). 이스라엘 백성들이 하나님의 종이라면 그 모든 소유는 하나님께 있는 것이라 할 수 있다.
모든 만물의 주인은 하나님이시고 인간들은 잠시 맡아 관리하는 청지기인 것이다. 영원히 내 것인 것은 없다는 것, 내가 지금 가지고 있는 것은 하나님으로부터 특별히 받은 선물이라는 것, 그래서 언제라도 하나님께 돌려드릴 수 있고 그때까지 잘 관리해야 한다는 것, 이것이 바로 종의 정신, 청지기 정신이다. 건강한 성도, 건강한 교회는 바로 이런 청지기 정신으로부터 출발한다.

하십니다. "너희는 내게 거룩할지어다 이는 나 여호와가 거룩하고 내가 또 너희를 나의 소유로 삼으려고 너희를 만민 중에서 구별하였음이니라"(레 20:26).

거룩은 사랑입니다 레 19장

거룩이란

하나님께서는 이웃들과 바른 관계를 맺고 살아가는 것이 하나님의 백성다운 삶이며, 이렇게 맺은 관계를 바르게 유지하고 지켜나가는 것이 거룩이라고 말씀하고 계신다.

하나님께서는 모세를 통해 "너희는 거룩하라 이는 나 여호와 너희 하나님이 거룩함이니라"(레 19:2)라고 말씀하십니다. 거룩은 하나님과의 관계에서는 말할 것도 없고 가족과의 관계 속에서도 드러나야 합니다. 나아가 제사를 드리고 난 후 제물의 처리에서도 거룩이 드러나야 합니다. 농사를 짓고 난 후 수확물의 처리, 품꾼의 삯 처리, 장애인에 대한 자세, 노인에 대한 자세, 외국인에 대한 자세 등 거룩은 생활의 모든 부분에서 드러나야 합니다. 거룩이란 말로만 외치는 것이 아니라, '이웃 사랑'을 통해 행동으로 나타나는 구체적인 실천입니다.

하나님께서 당신과의 아름다운 관계를 지속적으로 맺고자 하는 자에게 요구하시는 것이 이웃 사랑이고, 그 구체적인 내용을 지켜 행하는 것이 거룩입니다. 결국, 레위기 19장 18절 말씀 "이웃 사랑하기를 네 자신과 같이 사랑하라", 그리고 신약에 기록된 예수님의 말씀 "네 이웃을 네 자신과 같이 사랑하라"는 말씀의 또 다른 표현이 바로 '거룩'인 것입니다. 우리가 내 이웃을 내 몸처럼 귀히 여기지 않으니, 하나님께서 "제발 남을 너 자신만큼 소중히 여기고 사랑하며 살라"라고 말씀하시는 것입니다.

우리 인간은 자기 몸 귀한 줄 아는 것이 본능인 존재들입니다. 그러나 하나님께서는 그 본능에서 한걸음 더 나아간 사

행동과 실천이 필요한 거룩

행하지 않으면 사랑도 아니고, 거룩도 아니다. 레위기 19장에 적혀 있는 내용들은 모두 행동으로 옮겨졌을 때에만 비로소 의미 있는 것이다. 인간을 향한 하나님의 끊임없는 관심은 인간이 거룩해지기를 원하시는 하나님의 사랑이다.

랑, 그것이 거룩이라고 하십니다. 내 밭의 곡식은 한 톨도 흘림 없이 모두 거두어들이고 싶은 것이 인지상정(人之常情)인데 그런 인간적인 본능을 누르고 이삭과 포도를 땅에 떨어진 채로 남겨두라 하십니다. 혹 떨어지지 않았더라도 가난한 이를 위해 마지막 한 알까지 모두 따지 말고 추수를 끝내라 하십니다. 한마디로 거룩은 사랑이고, 그 사랑에는 행함이 따라야 하는 것입니다.

LEADERSHIP
최고의 시민운동 교재
약자를 사랑하는 하나님이시지만, 무조건 약자의 편을 들라는 것은 아니다. 사랑과 함께 공의의 성품을 가지신 하나님께서는 재판할 때 한 쪽으로 치우치지 말고 정도(正道)를 걸으라고 하신다(레 19:15). 그런 의미에서 레위기는 이 시대에 꼭 필요한 최고의 시민운동 교재이다.

공동체를 돌보는 사람 레 21~22, 27장

제사장이 된다는 것은 백성의 어른으로서 누군가를 돌볼 책임 있는 존재가 되었다는 것입니다. 그러므로 제사장은 자신의 책임을 제대로 수행하기 위해 스스로를 더럽히지 말아야 합니다. 책임이 중대할수록 더욱 거룩해야 합니다(레 21장).

그래서 하나님께서는 백성이 드린 예물의 일부분을 제사장이 먹을 수 있게 하시되, 성물을 먹는 규례에 따라 먹도록 하십니다(레 22장). 백성의 정성어린 예물을 식물로 받는 제사장들은 자신의 모습을 돌아보며 하나님을 경외하는 마음으로 먹어야 합니다. 성물은 그들이 제사장으로서의 사명에 집중할 수 있도록 그들의 생계 문제를 해결해주시는 하나님의 은혜이기 때문입니다.

예물은 예물을 드리는 사람과 예물을 받는 하나님과의 관계성을 나타냅니다. 드리는 자가 가져온 예물에 따라 하나님과의 관계가 가까워질 수도 있고 어그러질 수도 있습니다. 그래서 하나님께서는 예물을 드릴 때 그것이 열납되도록 흠 없

과부의 두 렙돈
예수님께서는 과부의 보잘것없는 두 렙돈이 다른 어떤 이들의 헌금보다도 더 많다고 여기셨다. 왜냐하면 그 과부는 가난한 형편 가운데에서 최대한의 것을 드렸기 때문이다. 우리 예수님의 이 공평한 기준과 잣대는 바로 레위기 27장의 말씀과 맥을 같이하는 것이라 볼 수 있다.

Message
서원의 기본정신

서원의 기본정신은 인생의 가장
중요한 시기를 특별히 구별하여
하나님 사랑과 이웃 사랑을 위
해 쓰는 것이다. 시간과 돈, 즉
내 삶에서 가장 중요한 것들을
하나님과 이웃 앞에 전적으로
내어놓는 구별된 시간이 있을
때 하나님께서 우리를 들어서
필요한 일에 쓰실 것이다.

는 것으로 드리라고 명하십니다(레 22:17~25).

또 하나님께서는 나이별로 구분해 서원의 값을 정하시는
데, 여기에는 인생에서 중요한 두 요소, 즉 '시간'과 '재물'을
하나로 묶어서 하나님께 바치라는 의미가 담겨 있습니다(레
27:1~25).

끝으로 하나님께서는 공식적으로 십일조의 원칙을 정하십
니다. 하나님의 것이니 사람이 함부로 도용하지 말고 의무적
으로 바치라는 것입니다(레 27:30). 하나님께서는 이러한 십일
조로 제사장의 살 길을 열어주십니다. 제사장이 흔들리지 않
고 든든히 서 있는 것이 하나님의 거룩한 시민 공동체가 바르
게 세워지는 첩경이기 때문입니다.

※

아름다운 절기 문화 레 23, 25장

God's plan
절기에 담긴 정신

이스라엘의 절기에는 중요한
두 가지 정신이 담겨 있다.
그것은 바로 '하나님 중심'과
'공동체성'이다.

레위기 23장에서 하나님께서는 이스라엘 백성들이 지켜야
할 여러 절기(節氣)를 말씀하십니다. 안식일, 유월절, 무교절,
7월 1일 안식일, 7월 10일 속죄일, 초막절 등의 절기입니다.
이 절기들은 이스라엘을 하나님 중심, 약자 중심, 인간 중심의
공동체로 이끄는 문화의 기반이 됩니다.

하나님께서 제안하시는 절기 문화는 우선 '쉬는 문화'이고,
그리고 '약자를 위한 문화'입니다. 하나님께서는 절기 기간에
는 아무 일도 하지 말라고 명하십니다. 이로써 사회의 약자들
까지 충분히 쉴 수 있게 하시고, 또한 모든 이스라엘 백성들이
하나님을 깊이 생각해볼 수 있는 시간을 갖도록 하십니다. 하
나님과의 관계를 다시 정비하는 기회로 삼으라는 뜻입니다.

하나님께서 아담과 하와에게 "땅을 정복하라"(창 1:28)라고

말씀하신 데에 이어, 레위기 25장에는 땅을 잘 다스리는 구체적인 방법이 제시되어 있습니다. 그 기본 전제는 이스라엘 백성들이 '하나님의 종'이라는 것입니다(레 25:55). 모든 만물의 주인은 하나님이시고, 인간들은 그것을 잠시 맡아 관리하는 청지기임을 인정하는 것입니다.

<table>
<tr><th colspan="5">이스라엘의 절기</th></tr>
<tr><th>절기 이름</th><th>날짜(유대력)</th><th>관련 구절</th><th>의미</th><th>절기 예식</th></tr>
<tr><td>유월절
(무교절)</td><td>1월 14일</td><td>출애굽기
12~13장</td><td>애굽으로부터의
해방을 기념</td><td>문설주에 양의 피를
바르고 무교병을 먹는다.</td></tr>
<tr><td>칠칠절
(맥추절)</td><td>3월 6일</td><td>민수기
28:26</td><td>매년의 밀(보리)
수확을 경축</td><td>시내 산에서 율법 받은
날을 기념하여
출애굽기를 통독한다.</td></tr>
<tr><td>나팔절</td><td>7월 1일</td><td>레위기
23:23~25</td><td>나팔을 불어
기념하는 날</td><td>양의 뿔나팔을 불며
꿀빵을 먹는다.</td></tr>
<tr><td>속죄일</td><td>7월 10일</td><td>레위기
23:26~32</td><td>민족의 죄를
속하기 위한 날</td><td>하루 종일 금식하며
죄를 고백한다.</td></tr>
<tr><td>초막절
(장막절)</td><td>7월 15일</td><td>민수기
29:12~40</td><td>광야에서의
나그네 생활을
기념</td><td>종려나무나 버드나무로
장막을 짓고 그 안에
거한다.</td></tr>
<tr><td>부림절</td><td>12월 14일</td><td>에스더
9:21</td><td>유대인이 하만의
학살 음모로부터
구원 받음을 기념</td><td>에스더서를 읽는다.
선물을 주고 받으며
가난한 사람들을 구제한다.</td></tr>
</table>

하나님께서는 이스라엘을 위해 약속의 땅을 준비하고 계십니다. 이제 머지않아 이스라엘 백성들은 그것을 관리하는 청지기로서의 역할을 감당해야 하며, 그때 지켜야 할 중요한 원칙이 안식년과 희년입니다. 7년마다 돌아오는 안식년의 소출은 그 땅의 주인에게 돌아가지 않고, 땅을 소유하지 못한 품꾼, 그리고 함께 거하는 나그네들과 가축과 들짐승에게 돌아갑니다. 그런가 하면 희년은 시간이 지남에 따라 커져만 가는 경제적 불평등을 50년 주기로 다시 회복시키는 제도입니다. 모든 이스라엘 백성들은 구조적으로 희년을 통해서 땅을 균등하게 재분배받을 수 있습니다. 하나님께서는 이를 통해 사회의 약자들이 절망하거나 공동체로부터 이탈하지 않도록 하십니다.

레위기의 7

- 매 7일은 안식일
- 매 7년은 안식년
- 일곱에 7을 곱한 다음해는 희년
- 칠칠절은 유월절로부터 7주 후이다.
- 칠칠절, 유월절은 7간 계속되었다.
- 나팔절은 7째 달에 있다.
- 초막절은 7째 달에 있다.
- 속죄일은 7째 달에 있다.

God's plan

희년

인간을 위하여 끊임없이 소출을 내야 하는 땅이 원래 상태의 쉼을 누리고, 가난을 이유로 다른 이에게 양도할 수밖에 없었던 가옥과 토지나 자신의 몸이 원래의 상태로 되돌아가는 것이다. 부의 편재, 특정집단에의 진입장벽, 계층의 구분과 양극화 등, 인간 사회에서 어쩔 수 없이 생겨나는 이러한 현상들을 하나님께서는 희년을 통해서 어느 시점에는 완전히 해체하여 원래대로 복귀시키겠다는 의지를 보이시는 것이다.

두 가지 길, 두 가지 결과 레 26장

하나님께서는 끝으로 이스라엘에게 주신 규례와 율례를 다시 한 번 이를 상기시키십니다. 이스라엘이 하나님의 말씀대로 준행하며 살 때와 그렇지 않을 때 어떤 일들이 있을 것인지, 즉 이스라엘 백성들의 행동 여하에 따라 벌어질 수 있는 두 가지 미래가 어떤 것인지에 대해 말씀하십니다. 안타깝게도 불순종에 대한 경고 내용은 단순한 경고로 끝나지 않고 이후 현실이 되고 맙니다. 하나님은 인간을 사랑하고 복 주시는 분이지만, 말씀에 순종하지 않고 죄를 지을 땐, 그 죄악을 묵과하지 않으시는 공의로운 분임을 기억해야 합니다.

그런데 하나님께서는 그 모든 말씀의 마지막에 이렇게 말씀하십니다. "그들이 … 자기의 죄악과 그들의 조상의 죄악을 자복하고 … 그 할례 받지 아니한 그들의 마음이 낮아져서 그들의 죄악의 형벌을 기쁘게 받으면 내가 야곱과 맺은 내 언약과 이삭과 맺은 내 언약을 기억하며 아브라함과 맺은 내 언약을 기억하고 그 땅을 기억하리라 … 그들과 맺은 내 언약을 폐하지 아니하리니 나는 여호와 그들의 하나님이 됨이라"(레 26:40~44).

비록 당신의 말씀을 거듭 청종하지 않는 이스라엘 백성들일지라도, 언약을 폐하지 않으시고 그들의 하나님이 되어주시겠다는 놀라운 선언입니다. 공의의 하나님께서 인간들을 품어 안으시는 그 사랑으로 말미암아, 결국 예수 그리스도를 십자가에 내어놓으실 것임을 연한 밑그림으로 보여주시는 부분입니다.

숫자로 헤아려보는 약속의 내용 민 1~4장

하나님께서 모세를 통해 이스라엘 남자 중에서 전쟁에 나갈 수 있는 사람의 숫자를 세라고 명령하십니다. 하나님께서는 아브라함에게 그의 후손으로 말미암아 큰 민족을 이루겠다고 약속하셨습니다(창 12장). 그 약속은 출애굽기 1장에서 일차로 실현되었습니다(출

이스라엘의 진 배치 (사람수)

	단 (62,700)	아셀 (41,500)	납달리 (53,400)	
베냐민 (35,400)		므라리		유다 (74,600)
므낫세 (32,200)	게르손	회 막	모세 아론	잇사갈 (54,400)
에브라임 (40,500)		고핫		스불론 (57,400)
	갓 (45,650)	시므온 (59,300)	르우벤 (46,500)	

1:7). 그런데 민수기 1장에서는 하나님의 약속이 어떻게 실현되었는지 구체적인 숫자로 보게 됩니다. 20세 이상으로서 전쟁에 나갈 수 있는 남자만 60만 3,550명이 되었습니다(민 1:46).

이제 계수된 숫자를 기반으로 각 지파별 진영을 갖춥니다(민 2장). 유다, 잇사갈, 스불론 지파가 제 1대로 동편에 섭니다. 그리고 르우벤, 시므온, 갓 지파가 제 2대가 되어 남편에 섭니다. 제 3대인 에브라임, 므낫세, 베냐민 지파는 서편에, 그리고 후대인 단, 아셀, 납달리 지파는 북편에 위치하게 됩니다. 이로써 이스라엘은 조직화된 군대를 가지게 된 것입니다.

그런데 중요한 것은 이렇게 동서남북으로 둘러선 지파들 중앙에 레위 지파와 함께 회막이 놓인다는 것입니다. 이것이 이스라엘 진영이 다른 여타 민족의 진영과 확연히 구별되는 차이점입니다. 이스라엘 진영은 그 중심에 하나님을 모시고 있는 것입니다.

한편, 이스라엘 남자들 중에서 1개월 이상 된 장자(長子)의 수는 22,273명입니다(민 3:43). 그런데 1개월 이상 된 레위 지파

LEADERSHIP

진영구축

진영을 짠다는 것은 각개전투가 아니라, 팀워크를 이룬다는 것이다.

God's Plan

책임 있는 자들의 숫자

창세기 12장 1~3절, 출애굽기 1장 7절, 민수기 1장, 이 세 부분은 같은 의미라고 볼 수 있다. 아브라함, 한 사람이었는데, 그 수가 늘어나고 있다. 창세기까지는 개인이었으나, 출애굽기에서 집단이 되고 민족이 되었다. 책임을 질 만한 사람들의 수가 이렇게 많아진 것이다.

남자들의 수는 22,000명입니다(민 3:39). 조사해놓고 보니 숫자
가 비슷합니다. 우연이 아니라, 조사 이전에 하나님의 경영하
심이 있었던 것입니다.

출애굽 사건을 기억해보면, 마지막 재앙 때 죽음의 사자가
애굽뿐 아니라 고센까지 휩쓸고 지나갔습니다(출 12장). 그때
하나님의 말씀에 따라 양의 피를 문설주에 발랐던 모든 이스
라엘 가정의 장자는 생명을 건질 수 있었습니다. 그때 하나님
께서 "이스라엘 자손 중에 사람이나 짐승이나 막론하고 처음
난 모든 것은 다 거룩히 구별하여 내게 돌리라 이는 내 것이
니라"(출 13:2)라고 하셨습니다. 그리고 하나님께 마땅히 드려
져야 할 그 장자들을 대신해서 하나님을 섬길 사람들로 레위
인을 선택하신 것입니다(민 3:12~13).

다시 말해, 레위 지파는 12지파의 장자들을 대신한 그룹입
니다. 장자가 동생들에게 선한 영향력을 끼치듯, 레위 지파는
다른 지파 사람들에게 하나님의 율례와 규례와 법도를 열심
히 가르치는 책임을 맡습니다. 그래서 자기 집안의 장자들을
성심껏 돌보듯이, 다른 지파들이 레위 지파의 생계를 책임지
도록 하신 것입니다.

※

구별과 헌신 민 5~8장

이스라엘의 군대 숫자와 레위인들의 숫자를 계수하고 회
막 중심의 진영을 갖춘 후, 하나님께서는 이스라엘 공동체 안
에 있는 거룩하지 못한 모습을 정결하게 하는 작업을 시작하
십니다(민 5장). 이스라엘은 여타 민족의 군대와는 다른 하나님
의 군대이기에, 공동체 내의 거룩이 지켜지지 않는다면, 약속

의 땅을 향하여 한 걸음도 나아갈 수 없습니다.

정결 작업을 마치고, 각 지파의 진영과 그 가운데 성막이 세워집니다(민 7:1). 모든 진영이 갖추어진 후 거룩히 구별한 날이 이르자, 12지파의 각 족장들이 하나님께 예물을 드리러 나옵니다. 이때엔 12지파가 똑같은 예물을 드리게 하십니다. 각 지파의 대표들이 드리는 이 예물은 이스라엘 백성들이 자신의 예물을 드리는 첫 시작점이 되기 때문입니다.

민수기 8장에서는 하나님의 소유인 물질뿐 아니라, 레위인이 여호와 하나님께 요제로 드려집니다. 레위인들은 성막에서 제사장들을 돕는 일을 맡게 됩니다.

Message
형편을 아시는 하나님
하나님께서는 형편이 안 되는 사람에게도 서원을 할 수 있는 길을 열어주신다. 혹 서원자가 가난하여 그 정해준 값을 다 감당하기 어려운 경우, 제사장이 그 사람의 형편을 살펴서 적절한 값을 다시 정해주도록 하셨다. 그러므로 가난한 자들도 형편에 맞게 하나님 앞에 나아올 수 있다. 참 좋으신 하나님이시다.

출발을 위한 최종 준비 민 9장~10:10

출애굽한 지 1년이 지났습니다(민 9:1). 이스라엘 백성이 지난 세월을 추억하며 두 번째 유월절을 지키고 있습니다. 지난 1년 동안 그들에게는 놀라운 일들이 있었습니다. 성막이 지어졌고, 그 위에 하나님의 영광이 임하는 것을 체험하였습니다. 하나님의 거룩한 백성으로 살아가는 데 꼭 필요한 규례도 제정받았습니다. 그들은 이 유월절을 지키면서 하나님께서 그들을 얼마나 사랑하고 계시는지 깨닫게 되었을 것입니다.

드디어 제 이년 이월 이십일(민 10:11), 시내 산을 떠날 시간이 되었습니다. 이스라엘 진영에 행진의 나팔 소리가 들립니다. 한 걸음 한 걸음을 내딛는 그들의 발자국에 1년 전 시내 산에 처음 도착할 때와는 다른 모습을 바라시는 하나님의 기대에 찬 시선이 느껴집니다.

The Manna Generation

민수기에는 이스라엘 민족이 시내 산에서 모세를 통해 받은 주의 율례와 규례와 법도를 구체적인 생활에 적용하여 살아가는 이야기가 담겨 있습니다. 하나님이 주시는 만나를 먹으며 40년간 광야에서 자라난 만나세대들은 모세를 통해 하나님의 율법을 꼼꼼히 교육받습니다. 출애굽세대에서 만나세대로 세대교체가 이루어지고, 모세는 만나세대들이 가나안 입성을 성공적으로 마치길 바라며, 유언과도 같은 신명기의 말씀을 선포합니다.

3
마당

만나세대

가데스 바네아에서의 선택

민수기 10:11~21장

준비된 출발, 그러나 부족한 2%

민 10:11~12장

하나님께서는 출애굽한 이스라엘 백성들을 1년 동안 시내 산에 머물게 하시면서 하나님의 백성으로 준비시키셨습니다. 그 준비의 내용은 이스라엘 백성이 하나님을 섬기는 공동체로서 거룩한 백성 제사장 나라가 되는 것, 약한 이웃을 서로 돌보며 살아가는 백성으로 훈련되는 것이었습니다. 하나님께서는 이스라엘 백성들에게 필요한 모든 말씀을 전하신 후, 드디어 가나안을 향해 출발하게 하십니다(민 10:11~12).

그러나 이스라엘은 아직 완전히 준비되지 않은 것 같습니다. 그들은 하나님의 마음을 이해하지 못하고, 조금 더 편한 것, 조금 더 좋은 것 등 사소한 것에 집착하여 원망과 불평을 쏟아놓습니다. 모세가 백성들로 인해 힘든 속마음을 드러내자, 하나님께서는 장로 70명을 세워 하나님의 영을 부어주시고 예언하게 하십니다(민 11:10~17, 24~25). 또한 고기가 없다고 불평하는 이스라엘 백성들에게 메추라기를 풍족히 주시어 먹

LEADERSHIP

함께

"그들이 너와 함께 백성의 짐을 담당하고 너 혼자 담당하지 아니하리라." "백성의 짐을 담당할 지도자들을 세우라." "이스라엘 노인 중에 네가 알기로 백성의 장로와 지도자가 될 만한 자 칠십 명을 모아 내게 데리고 와 회막에 이르러"(민 11:16~17). 사실 한두 명을 이끄는 것이 아니고 적어도 수천 수만 명을 이끌어야 된다면 한 사람의 지도력이나 혼자만의 지혜보다는 함께 가는 것이 더욱 좋다.

게 하십니다(민 11:31).

그러나 하나님께서 세우신 모세의 권위에 대해 이스라엘 백성들은 계속 불만을 갖습니다. 백성들이 먹을 것을 이유로 모세를 원망한 것에 이어, 모세와 가장 가까운 사람들이 모세를 비방합니다. 모세가 구스 여인을 취하자 미리암과 아론이 모세의 잘못을 들추어내면서 모세의 지도력을 깎아 내린 것입니다(민 12:1).

모세의 권위가 무너지는 이 순간, 하나님께서 직접 나타나십니다. 하나님께는 모세의 권위가 세워지는 것이 중요한 문제였습니다. 이스라엘을 가나안 땅까지 인도하기 위해서는 지도자 모세의 리더십이 꼭 필요하기 때문입니다. 이 일로 미리암은 나병에 걸려 7일간 진영 밖에 머무르게 됩니다(민 12:10~16). 미리암 때문에 백성들 전체가 앞으로 나아가지 못했으니, 아마 백성 모두가 이 사건의 전말을 알게 되었을 것입니다. 모세는 자신에 대한 원망과 비방을 온유함으로 참았고, 하나님께서는 그런 그의 권위를 세워주셨습니다. 이 모든 일들을 통해 우리는 모세가 온유하고 충성된 사람이었다는 사실을 다시 한 번 확인할 수 있습니다(민 12:3,7).

사적 관계 공적 관계

모세, 아론, 미리암 삼 남매. 말 잘하는 아론이 동생 모세와 손을 잡고 아주 훌륭하게 사명을 감당해주었다. 그리고 출애굽해서 홍해를 건넜을 때 하나님의 그 놀라우신 역사를 찬양하는 데 미리암이 소고 치면서 앞장섰다. 이들의 남매 관계는 참 소중한 관계이다. 하지만 비록 그들이 사적으로는 남매이지만 공적으로는 지도자 그룹의 관계를 가지고 있었다.

※

출애굽세대의 선택, 하나님의 선택
민 13~14장

드디어 이스라엘이 약속의 땅 가나안 근처에 도착하였습니다. 하나님께서 모세에게 가나안 땅을 탐지할 사람들을 각 지파 중에서 한 명씩 선발하라 하십니다(민 13:1~2). 그런데 사실, 정탐을 보내는 것은 이스라엘 백성들 쪽에서 먼저 제안한 것이었습니다(신 1:20~23). 가나안을 눈앞에 두고 모세가 "너희에게 이르신 대로 올라가서 차지하라, 주저하지 말라." 하였으나, 백성들은 "먼저 가서 보고, 어떻게 할지 방법을 찾아봅시다."라고 했던 것입니다. 모세가 이 주장을 받아들이고, 또 하나님께서 이 일을 허락해주십니다. 그래서 당시 각 지파에서 추천받은 젊은 지도자 12명을 가나안을 정탐할 사람들로 뽑았습니다. 그들은 모두 여호수아와 갈렙 정도의 수준을 갖춘 차세대 지도자들이었습니다.

그들은 40일 동안 가나안 땅을 두루 정탐합니다. 자신과 자신의 공동체에게 하나님께서 주신 그 땅을 샅샅이 답사했습니다. 그리고 돌아와 보고를 하는데, 어찌된 일인지 정탐을 마치고 돌아온 12명 중 10명과 2명의 이야기가 판이하게 다릅니다. 12명의 정탐꾼들 중 여호수아와 갈렙 두 사람은 "우리가 올라가서 그 땅을 취합시다. 하나님이 함께하시면 능히 이길 수 있습니다."라고 보고했습니다. 믿음의 눈으로 보면, 가나안으로 가는 길은 한 걸음 차이일 뿐이라는 것입니다. 그런데 안타깝게도 나머지 10명의 정탐꾼들은 가나안으로 가는 길이 만 걸음 차이라고 주장합니다. 견고한 성읍과 발전된 무기를 가진 저들, 기골이 장대한 가나안 거민들과 싸우는 것은 도무지 실현 불가능한 꿈이라는 것입니다. 두려움에 사로잡힌 10명의 지도자들은 옛적부터 그 땅을 이스라엘에게 주겠다고 약속하신 하나님의 말씀을 잊어버렸습니다. 한 걸음 차이를 건너가면 되는데 그것을 천 걸음, 만 걸음 차이로 벌려 놓고, '불가능하다. 꿈을 포기하자.' 라고 하며 백성들 전체를 기운 빠지게 합니다(민 13:27~33).

이 보고를 들은 모든 백성들이 요동합니다. 홍해가 갈라지는 모습, 하늘 문이 열리고 만나가 내리는 모습, 바위에서 물이 터져 나오는 모습을 그들의 눈으로 직접 보았음에도 불구하고, 이스라엘 백성들은 가데스 바네아 바란 광야에서 결정적으로 잘못된 선택을 합니다. 하나님의 약속을 잊어버린 자들이 내어놓은 대안은 애굽으로 돌아가는 것이었습니다. 하나님의 백성으로 사는 것보다 애굽의 노예로 사는 것이 낫겠다면서 말입니다. 하나님께서 5백여 년 가까이 꿈꾸어오신 일을 정면으로 거부한 것입니다.

모세와 아론은 사람들 앞에 엎드렸습니다. 이때 여호수아와 갈렙이 옷을 찢고 나아가 말합니다. "오직 여호와를 거역하지 말라 그들은 우리의 먹이라 하나님께서 우리를 기뻐하시면 우리를 그 땅으로 인도하여 들이시리라." 그러나 사람들은 그런 여호수아와 갈렙까지도 돌로 치려 합니다. 그때 하나님께서 직접 나타나셔서 그 사태를 해결하십니다.

진노하신 하나님께서는 이스라엘 백성들을 모두 멸하고 모세를 통해 새로운 민족을 일으키겠다고 말씀하십니다(민 14:11~12). 그러나 모세는 하나님의 진심을 헤아리며 이스라엘 백성들을 위해 중보합니다. 애굽에서부터 지금까지 사하신 것처럼 사하여 달라고, 그리고 지금 이 광야에서 이들을 죽이시면 여러 나라 백성들이 하나님의 능력에 대해 오해하게 될 것이라며 하나님의 체면을 걱정합니다.

이로 인해 하나님께서는 용서를 말씀하셨지만, 대신 가나안 정복 계획을 40년 동안 연기하실 것임을 밝히십니다(민 14:34~35). 불신앙의 만 걸음 차이가 믿음의 한 걸음 차이로 좁혀질 때까지 더 교육 받아야 한다는 것이 하나님의 결정이셨습니다. 지금 하나님을 거역한 세대들은 모두 광야에서 죽겠고, 그들의 자녀 세대가 가나안에 들어갈 것이라고 하십니다. 그래도 하나님께서는 이스라엘 백성을 완전히 포기하지는 않

원망의 여정

1. 다베라
악한 말로 하나님을 원망함 → 여호와의 불이 진 끝을 불사름 (민 11:1~3)

2. 기브롯 핫다아와
고기가 먹고 싶다 원망함 → 고기를 씹기 전에 큰 재앙으로 죽음 (민 11:4~35)

3. 하세롯
모세가 구스 여자를 취한 것에 대해 미리암이 비방함 → 미리암이 7일간 나병에 걸림 (민 12장)

4. 가데스 바네아
약속의 땅의 정탐 보고를 듣고 애굽으로 돌아가자며 모세를 죽이려 함 → 광야에서 40년간 방황하게 됨 (민 13~14장)

5. 호르마
고라, 다단, 아비람, 온이 당을 짓고 모세와 아론을 대항함 → 반역의 주동자와 가족들이 산 채로 매장됨 (민 16:1~35)

6. 신 광야 가데스
물이 없다고 모세에게 원망함 → 모세가 급한 나머지, 반석에서 '명하여' 물을 내지 않고 반석을 '쳐서' 물을 냄. 모세와 아론은 가나안에 못 들어가게 됨 (민 20:2~13)

7. 에돔 땅
험한 길로 인하여 원망함 → 불뱀에 물려 많은 사람이 죽음 (민 21:4~9)

으시고, 새로운 기대를 품으시는 것입니다. 하나님께서는 입(入)애굽을 선택한 그들에게조차도 은혜를 주시며 이 사건 이후에도 40년간 변함없이 만나를 내려주십니다. 또한 광야학교에 출애굽세대의 자녀세대들을 입학시키셔서 하나님의 거룩한 백성 됨의 교육을 다시 시작하십니다.

※

광야학교에서의 불순종과 은혜 민 15~17장

철저한 자기반성이 없으면 다시 불만이 싹틉니다. 이스라엘 백성들은 원인 제공자인 자신들의 잘못을 깊이 반성하기보다는 가나안에 들어가지 못하게 된 결과만을 놓고 지도자 모세에게 불만을 드러냅니다. 제사장의 직분을 탐내고 있던 몇몇 레위인들이 일부 백성들을 선동하여 모세에 대항하는 당을 만들고 반역합니다. 그로 인해 이스라엘은 또다시 일대 위기를 맞이하게 됩니다(민 16장).

결국 이 위기는 하나님의 직접적인 개입으로 해결됩니다. 무리를 선동했던 고라, 다단, 아비람 가족은 땅이 입을 벌려 그들을 삼키는 무서운 벌을 받습니다. 그들과 같은 편에 섰던 250명도 하나님의 불에 죽고, 이튿날 돌을 들어 모세와 아론을 치려하는 백성들에게 진노하신 하나님의 벌로 14,700명이 염병에 걸려 죽습니다. 하나님께 대항했던 이들로 인한 비극적 사건이었습니다.

이 사건 후, 제사장 아론의 권위를 다시 세울 필요가 있었습니다. 그래서 하나님께서는 모든 백성이 볼 수 있도록 아론의 지팡이에 꽃이 피고 열매가 맺히는 기적을 베풀어주십니다(민 17:8).

제사장과 레위인의 사명 민 18~19장

제사장 아론의 권위를 확고히 하신 하나님(민 17장)께서는 제사장을 도와줄 사람들로 레위인을 택하십니다. 그들에게 부여된 역할은 제사장을 도와 성막에서 봉사하는 것입니다. 하나님과 이스라엘 백성 사이에서 중재자의 역할을 감당해야 했던 제사장과 레위인에게 하나님께서는 영원한 기업이 되어 주시겠다고 말씀하십니다. 하나님께서는 이것을 제사장과 레위인에게 변하지 않는 "소금 언약"(민 18:19)이라고 하십니다. 레위 지파는 이렇게 다른 지파들을 대신해서 구별되고 그 직분에 따른 사명을 부여받습니다.

직분은 계급이 아닙니다. 제사장과 레위인, 이들은 이스라엘이 하나님의 백성 되는 데에 중심적으로 역할을 감당해야 할 사람들입니다. 그런데 고라를 비롯한 반역의 무리들은 제사장의 직분을 일종의 특권이라는 차원으로만 생각했습니다. 그래서 그들은 레위인보다 더 지위가 높고, 특권이 많은 제사장의 위치에 올라가고 싶었던 것입니다. 그러나 제사장 직분은 특권만 누리는 자리가 결코 아닙니다. 그들은 하나님께 제사를 드릴 때 생명을 걸만큼 신중해야 합니다. 레위기 10장의 나답과 아비후 사건이 이미 보여주었듯 말입니다. 특권이 있는 만큼 사명도 무겁습니다. 그러므로 하나님께서는 제사장과 레위인의 관계를 다시 한 번 설명하시면서, 그들에게 주어지는 특권은 반드시 막중한 책임과 연결되어 있다는 사실을 재확인시켜 주십니다.

붉은 암송아지의 재

사람의 시체로 인해 이스라엘 회중이 부정해졌을 때, 그 부정을 씻을 물을 만드는 데에는 붉은 암송아지의 재가 필요했대(민 19장). 그 재는 한 번도 멍에를 메지 않은 붉은 암송아지를 가죽과 고기, 피와 배설물까지 사르고 그 가운데 백향목과 우슬초와 홍색 실까지 함께 태워 만들었다.

엄격한 기준과 능동적 순종 민 20~21장

모세의 누나 미리암이 죽어 신 광야 가데스에 장사됩니다
(민 20:1). 미리암은 어린 모세가 누운 갈대 상자를 건진 애굽
공주에게 가서 "유모를 구해올까요?"라고 물을 만큼 용기 있
는 사람이었고, 또 출애굽 후 홍해를 건넜을 때 손에 소고를
잡고 하나님을 찬양했던 사람입니다. 그녀는 모세에게 생명의
은인이며 소중한 동지였습니다.

그런 미리암을 잃은 슬픔이 가시기도 전, 미리암이 죽은 바
로 그곳에서 백성들이 또다시 모세와 아론을 원망하기 시작
합니다. "어찌하여 애굽에서 나오게 하여 이리 고생을 하게
하는가? 무화과도 없고, 포도도 없고, 이것도 없고, 저것도 없
고…" 저들의 말이 맞습니다. 하지만 크고 위대하신 하나님
께서 계십니다. 하늘에서는 매일 만나도 내립니다. 그런데 이
들은 없는 것만 세고 있습니다. 그러자 모세와 아론이 회막문
앞에 엎드립니다(민 20:6). 그리고 보니, 모세는 사람 앞에, 하나
님 앞에 엎드리는 일을 참 잘 합니다. 모세는 자주 엎드렸습니
다. 가데스 바네아에서도 엎드렸고(민 14:5), 고라 무리가 반역
할 때도 엎드리고(민 16:4), 지금도 엎드립니다.

하나님께서 반석에게 '명령하여' 물을 내라고 하셨습니다
(민 20:8). 그런데 모세는 손을 들어 지팡이로 반석을 '쳐서' 물
이 나오게 합니다. 이것으로 백성들의 원성은 잠재울 수 있었
지만, 하나님께선 모세에게 중대한 선언을 하십니다. 하나님
의 거룩함을 드러내지 않았으니, 모세와 아론은 가나안 땅에
들어갈 수 없다는 것입니다. 이후에 모세가 요단을 건너가 아
름다운 땅을 보게 해달라고 하나님께 몇 차례 간구하지만 하

나님께서는 그저 가나안 땅을 멀리서 바라보는 것으로 만족케 하십니다(신 3:23~29).

하지만 모세는 자신이 가나안에 못 들어간다는 사실에도 불구하고, 그의 남은 삶을 소홀히 하지 않습니다. 성실하게 이스라엘의 가나안 입성을 준비합니다. 가나안에 가까워질수록 이스라엘은 여러 이방 족속들과 전쟁을 치러야 했는데, 요단 동편을 점령할 때에 모세가 그 전쟁을 이끕니다(민 21장). 또한 만나세대들에게 전해야 할 사항들을 혼신을 다해서 설교하는데, 그것이 바로 신명기의 내용입니다.

민수기 21장에 나타난 세 차례의 전쟁 승리로, 이스라엘이 요단 동편의 땅, 즉 호르마, 아모리 왕 시혼의 땅, 바산 왕 옥의 땅을 얻은 일은 땅에 대한 하나님의 약속의 성취가 가까워졌음을 암시해주고 있습니다. 한편 생활환경에 대한 백성들의 불평은 여전히 계속되고 있습니다(민 21:4~5). 그에 대하여 하나님께서는 불뱀을 보내어 징계하시지만 다시 놋뱀을 만들고 그것을 바라보는 자로 하여금 살게 하셔서 궁극적으로는 이스라엘을 아끼고 계심을 보여주십니다. 공의로우신 하나님께서 불순종에 대해 징계하기도 하시지만 또한 용서의 길을 내시는 모습을 다시 한 번 확인할 수 있습니다.

성공적 계승

숲이야기 2

민수기 22~36장

하나님 군대의 명성 민 22~24장

하나님께서는 이스라엘을 애굽에서 부르실 때 하나님의 군대로 부르셨습니다(출 12:41). 그러나 당시 이스라엘은 아직 군대로서의 면모를 갖추지 못했음은 물론, 주변 민족들이 무시하는 민족이었습니다. 그 후 40년간, 하나님께서는 이스라엘을 훈련시키시고 조직을 정비하게 하셨습니다. 이로써 이스라엘이 가나안 근처에 이르렀을 즈음에는 주변국들에게 명성을 떨칠 만한 하나님의 군대로 변모되어 있었습니다.

그러자 모압 왕 발락이 이스라엘에 대한 소문을 듣고 두려워 떱니다(민 22:2~4). 고민 끝에 그가 찾은 대책은 선지자 발람을 시켜 이스라엘을 저주하도록 하는 것입니다. 그러나 발람은 하나님의 뜻에 따라 도리어 이스라엘을 축복합니다. 발람으로부터 하나님의 말씀을 전해 들었음에도 불구하고 어리석은 발락은 이스라엘을 저주하려는 시도를 포기하지 않습니다.

발람

모압 왕 발락으로부터 이스라엘 사람들에게 저주를 내려달라는 끈질긴 간청을 받은 발람은 하나님께서 그 일을 기뻐하지 않으시는 줄 알면서도, 재물에 대한 욕심에 끌려 모압의 전령들을 따라 나선다. 가는 도중, 칼을 든 천사를 피하기 위해 애쓰는 나귀를 발람이 때리자, 나귀가 입을 열어 발람을 원망했다. 그때서야 눈이 열려 천사를 본 발람에게 천사는 이스라엘에게 저주 대신 축복을 빌라고 명령했다. 발람은 이에 순종하여 이스라엘을 축복하였다. 하지만 하나님보다 재물을 사랑하고 거짓을 행했던 이중적인 사람 발람은 이후 이스라엘이 가나안을 점령할 때 죽임을 당했다.

성공적 계승을 위한 결단 민 25~30장

모압 왕 발락은 이스라엘에 재앙을 내리기 위해 갖은 노력을 다했지만, 하나님께서는 이러한 외부의 위기를 발람을 통해 막아주셨습니다. 그런데 이제 이스라엘 내부에서 위기가 발생합니다. 이스라엘 백성들 중 일부가 모압 여자들과 음행을 저지른 것입니다. 그들의 음행은 모압의 신을 섬기는 데까지 나아갔고, 하나님께서 이스라엘에게 진노하시는 일대 위기를 초래하게 됩니다. 위기의 순간, 아론의 손자 비느하스의 용기 있는 행동으로 다행히 민족의 멸망은 막을 수 있었지만, 이 일로 이스라엘 백성 2만 4천 명이 염병으로 죽어야 했습니다 (민 25:1~9).

이 사건이 있은 후, 하나님께서는 약속의 땅에 들어가기 위한 군대조직 편성과 땅 분배를 위해, 출애굽 이후 두 번째 인구조사를 시행하도록 하십니다(민 26:1~4). 일곱 지파의 인구는 증가하고 다섯 지파의 인구는 감소했지만, 전체 인구수는 601,730명으로(민 26:51), 1차 조사 때의 숫자 603,550명과 비교해볼 때 큰 변동이 없었습니다. 여러 가지 열악한 조건의 광야 생활 중에서도 하나님께서 함께하시고 지키신 결과였습니다.

지파별 인구 변동 (사람수)

지파	1차센서스	2차센서스	인구 변동
르우벤	46,500	43,730	-2,770
시므온	59,300	22,200	-37,100
갓	45,650	40,500	-5,150
유다	74,600	76,500	+1,900
잇사갈	54,400	64,300	+9,900
스불론	57,400	60,500	+3,100
에브라임	40,500	32,500	-8,000
므낫세	32,200	52,700	+20,500
베냐민	35,400	45,600	+10,200
단	62,700	64,400	+1,700
아셀	41,500	53,400	+11,900
납달리	53,400	45,400	-8,000
총계	603,550	601,730	-1,820

모세가 지금까지 보여준 삶의 여정은 한 편의 드라마와도 같습니다. 40년의 궁중 생활과 40년의 광야 생활, 총 80년의 준비 과정을 거쳐 그 후 40년 동안 이스라엘 백성을 인도해온 지도자로서 그는

오로지 이스라엘을 하나님께서 약속하신 땅으로 인도하겠다는 한 가지 소망을 붙잡고 지금껏 달려왔습니다. 이스라엘의 지도자로서 그가 흘린 땀과 눈물, 그의 헌신을 통해 패역한 이스라엘이 여기까지 보존될 수 있었습니다.

그런 그에게 하나님께서 죽음을 통보하십니다. 그는 약속의 땅을 눈앞에 두고 삶을 마감해야 했습니다(민 27:12~14). 하지만 모세는 자신의 죽음을 놓고 슬퍼하거나 연연해하지 않습니다. 오히려 그는 이스라엘 백성을 염려하며 자신의 뒤를 이어 민족을 이끌어갈 새로운 지도자를 구합니다. 마음 한편에 자리 잡은 아쉬움을 뒤로 한 채, 모세는 하나님의 명령대로 여호수아를 새 지도자로 세우고, 모든 존귀를 여호수아에게 돌림으로써 여호수아 체제를 견고히 합니다(민 27:15~23). 자신이 직접 그 땅을 밟을 수는 없지만 마지막 순간까지도 민족을 약속의 땅으로 인도하는 사명을 감당하고 있습니다.

가나안 땅을 향해 달려가는 이스라엘에게 하나님께서는 변화된 환경 속에서도 그들의 중심은 언제나 하나님이어야 한다는 사실을 알려주시며 절기와 제사 규례를 말씀하십니다(민 28~29장). 인간의 나약함을 잘 아시는 하나님께서는 안식일, 매월 초하루, 유월절 같은 절기와 기념일들을 정하셔서 하나님에 대해, 하나님께서 하신 일에 대해 항상 기억할 수 있도록 배려하시는 것입니다. 또한 예물을 드리는 것은 하나님이 어떤 분인지를 되새기며 그분을 인정하는 행위입니다.

특히 이스라엘은 출애굽 사건을 한시라도 잊어서는 안 됩니다. 출애굽, 이것이 이스라엘 역사의 시작이기 때문입니다. 그리고 하나님께서 출애굽을 허락하신 이유와 목적대로, 즉 하나님을 섬기는 민족으로 멋지게 살아가는 것이 가나안 땅에서 살아갈 이스라엘 민족의 지향점입니다.

절기와 제물에 대한 규례

하나님께서는 레위기 23장에서 절기들을, 24장에서 제사장이 매 안식일과 절기에 할 일에 대해 말씀하시고, 민수기 28장과 29장에서는 매일, 매 안식일, 매 절기에 할 일을 제물 중심으로 말씀하신다.

여자의 서원에 관한 규례들 (민 30장)

서원은 인간이 하나님께 한 맹세요, 약속이기에 반드시 지키는 것이 원칙이지만 당시 가부장적 사회에서 여성들의 경우에는 서원을 지키는 데 많은 장애 요인들이 있었다. 그래서 민수기 30장은 미혼 여성과 기혼 여성, 결혼 후 혼자된 여인 등의 경우에 적용될 수 있는 서원의 예외 규정들을 설명하고 있다.

모세와 요단 동편 땅들 민 31~36장

불세출의 지도자 모세가 그에게 있어 마지막 사명이라 할 수 있는 미디안과의 전쟁을 수행합니다(민 31:1~12). 미디안 족속은 이스라엘 백성들을 유혹하여 우상숭배와 음행에 빠지게 했던 족속입니다(민 25:6~18). 이스라엘은 큰 승리를 거두었고 가나안 땅을 점령할 수 있다는 강한 자신감을 갖게 되었습니다.

40년 광야 기간 중 있었던 싸움

성경 구절	대적자	싸움 장소
출 17:8~16	아말렉	르비딤
민 14:45	아멜렉과 가나안인	호르마
민 21:1~3	아랏	호르마
민 21:21~25	아모리	야하스
민 21:33~35	바산	에드레이
민 31:1~12	미디안	?

이스라엘이 거주할 땅은 요단 강을 중심으로 동쪽과 서쪽으로 나누어집니다. 요단 강 동쪽은 이미 점령했고 이제 서쪽이 남아 있습니다. 그런데 요단 서쪽 지역을 점령하기 전에 동쪽 지역에 머물겠다고 하는 사람들이 생겼습니다(민 32장). 그들은 르우벤, 갓, 므낫세 반 지파입니다. 그러나 아직은 땅을 점령할 때이지, 땅을 나눌 때가 아닙니다. 요단 동편에 머물겠다는 이들의 제안은 자칫 백성들의 사기를 떨어뜨릴 수도 있었기 때문에 그들의 제안을 들은 모세가 처음엔 화를 냅니다. 그런데 그들이 모세에게 말합니다. "우리 주의 말씀대로 무장하고 여호와 앞에서 다 건너가서 싸우리이다"(민 32:27). 다른 지파들보다 먼저 요단 동편을 차지한 자신들이 요단 서편의 점령이 다 끝날 때까지 전쟁의 선봉대로 서겠다는 것입니다. 이들의 제안은 받아들여졌고, 이로써 이스라엘은 다시 큰 힘을 얻게 됩니다.

민수기 33장에 등장하는 장소 하나 하나는 지금까지 이스라엘 백성들이 걸어온 지명들입니다. 그들에게는 잊을 수 없

God's plan

사명을 위해 흩어지는 사람들

레위인에게는 땅이 주어지지 않는다. 그 대신 48개의 성읍과 그 사면 초장이 주어진다(민 35장). 그런데 그 48개의 성읍은 어느 한 지역이 아니라, 이스라엘 백성이 살고 있는 지역에 넓게 흩어져 있다. 각 지역에서 백성들을 가르치며 각 지파가 하나님 중심으로 움직일 수 있도록 돕는 역할을 하는 것이다. 이것은 야곱이 예언한 내용이 성취된 것이었다(창 49:5~7).

특별법

약속의 땅 가나안에서 지키고 행해야 할 큰 원칙은 이미 확정되고 공포되었다. 하지만 정해진 원칙과 제도에서 벗어나는 사건이 일어날 수 있는데 그런 때를 위해 특별법을 제정하신 경우가 민수기 36장에 나온 땅 분배와 상속에 관한 법이다. 기업을 상속받은 여자가 다른 지파의 남자에게 시집을 가서 기업의 소속이 달라질 경우를 방지하기 위한 원칙을 제시하신 것이다.

는 장소들입니다. 하나님께서 그들을 어떻게 인도하셨는지, 어떻게 위기의 순간들을 극복했는지 생생한 기억들이 남아 있는 장소들입니다.

이어지는 민수기 34장에는 이제 그들이 들어가 정착할 가나안 땅의 구체적인 규모와 지역이 나타나 있습니다. 동에서 서로, 북에서 남으로 이어지는 이 땅은 아브라함 이후 5백여 년 이상 하나님의 마음에 고이 간직되어왔던 바로 그 땅이며, 흔들림 없는 신앙을 가지고 순종의 삶을 살았던 믿음의 선조들이 지향하던 땅입니다. 이제 이 약속의 성취를 구체화시킬 인물로 제사장 엘르아살과 지도자 여호수아가 세워집니다. 또한 하나님께서는 전쟁이 이미 끝났을 때를 상정해서, 각 지파의 기업 분할 책임자까지도 정해주십니다(민 34:16~29).

일반적인 경우 자신의 임기가 끝나갈 때에는 일을 무성의하게 처리하기 마련인데, 모세는 그리하지 않습니다. 이제 곧 이어지는 신명기는 가나안을 향해 가는 만나세대들을 위해 모세가 마지막 혼신을 다하여 준비한 유언과 같은 설교입니다.

눈이 아닌 믿음으로

이스라엘 백성들이 가서 취해야 할 가나안 땅은, 그들의 조상들이 눈으로가 아닌 믿음으로 보아온 땅이었다. 아브라함은 정확히 보이지 않는 이 땅을 하나님의 말씀만 듣고 찾아왔다. 이삭과 야곱, 그들의 신앙은 바로 하나님의 이 약속에 대한 것이었다. 믿음이 현실로 드러나는 순간, 하나님의 약속이 실현되는 순간, 이때를 위해 하나님께서는 기다리셨고, 백성들은 인내했다. 이제부터가 시작이다. 땅을 점령하는 일, 공정하게 분배하는 일, 그리고 그 땅에서 정의롭게 살아가는 일이 남아 있다.

3 숲이야기

만나세대를 위한 역사 특강

신명기 1~34장 시편 90편

역사에 대한 기억과 반성 신 1~4장

이스라엘 백성이 가나안 땅에 들어가게 되는 것은 단순히 그들의 조상들이 그곳에 살았기 때문도, 그들이 하나님 앞에서 의롭기 때문도 아닙니다. 하나님께서 아브라함과의 약속을 기억하시고 그 땅을 그들에게 주셨기 때문입니다. 모세는 요단 동편을 점령하던 당시를 회상하면서 이 사실을 말하고 있습니다.

이스라엘 백성과 40년 동안 동고동락(同苦同樂)했던 모세의 자전적 회상이 계속 이어집니다. 요단 동편의 땅을 분배한 후에 가나안 정복의 지도자로 여호수아를 세웠습니다(신 3:21, 28). 약속의 땅에 발을 디딜 날이 현실로 다가오는 것입니다. 그럴수록 가나안에 들어갈 수 없는 모세의 아쉬움은 커질 수밖에 없었을 것입니다. 아쉬움으로 가슴을 끓이는 모세가 더욱 간절한 마음으로 신명기의 말씀을 전하는 모습을 보게 됩니다.

모세는 지난 시절 백성 전체가 치명적인 위기 가운데 처했

만나세대

약 40년 전 시내 산에서 하나님의 말씀을 전했던 모세가 이제 아라바 광야에서 말씀을 전하고 있다. 이스라엘이 이렇게 새로운 시작을 눈앞에 두기까지 그동안 오랜 준비가 있었다. 그들의 삶을 근본적으로 바꾸었던 출애굽, 결코 쉽지 않았던 40년의 광야 생활…. 시간이 흘러 출애굽세대는 세상을 뜨고, 이제는 출애굽 2세대, 즉 만나세대가 이스라엘 공동체를 이끌어간다. 신명기의 말씀을 기반으로 만나세대들이 가나안 정복의 1세대가 되는 것이다.

던 가데스 바네아 사건을 상기하며 다시 한 번 마음을 잡고 흔들리지 말 것을 부탁합니다(신 1장). 또한 우상을 만들지 말고 지금까지 그들을 인도해오신 하나님만 섬기라고 강조합니다(신 4장).

❈

역사와 사랑 신 5~11장

이제까지는 모세의 역사특강의 서론이었습니다. 이스라엘 백성들이 지금까지 걸어온 길을 상기시켜준 것입니다. 이제 본론이 시작됩니다. 드디어 모세가 이스라엘 백성들에게 진심으로 당부하고 싶은 이야기들을 꺼냅니다.

오래 전, 시내 산에서 하나님이 친히 십계명을 주실 때 하나님의 음성을 직접 들었던 출애굽세대들은 모세와 여호수아, 갈렙을 제외하고는 모두 세상을 떠났습니다. 그로부터 40여 년이 지난 지금, 모세는 하나님께서 친히 돌판에 새겨주셨던 그 하나님 사랑과 이웃 사랑의 열 가지 계명들을 만나세대들에게도 꼼꼼히 가르쳐줍니다(신 5:5~21).

특히 "이스라엘아 들으라"라는 말로 시작되는 '쉐마'의 말씀(신 6:4~9)은 단지 율법의 되풀이가 아니라, 지난 세월 동안 하나님을 사랑해온 모세가 만나세대에게 하나님 사랑하기를 간절히 당부하는 말씀입니다. "너는 마음을 다하고 뜻을 다하고 힘을 다하여 네 하나님 여호와를 사랑하라"(신 6:5).

모세가 전하는 율법의 핵심, 그것은 바로 '하나님 사랑'입니다. 하나님을 향해서 "하나님 사랑합니다."라고 고백할 수 있는 사람, 그가 바로 모세였습니다. 이스라엘 백성 가운데 모세만큼 하나님을 사랑한 사람은 없었을 것입니다. 그는 120년을 살면서, 특히 마지막 40여 년 동안에는 이스라엘을 이끄는 지도자로 활동하며, 참으로 깊이 하나님을 사랑했습니다. 그의 삶 전체를 통해 하나님을 깊이 사랑했던 모세가 지금 이스라엘에게 하나님을 사랑하라고 권고합니다.

이후 예수님께서도 구약의 첫째 되는 계명이 바로 이 말씀이라고 하십니다(막 12:29~31). 우리 삶의 바탕과 근본도 '하나님 사랑'입니다. 우리의 생명이 다하는 그 순간, 이처럼 아름다운 고백이 우리에게도 있기를 원합니다. "하나님 사랑합니다."

역사와 율법 신 12~26장

이제 모세는 40여 년 동안 실제 율법을 시행해본 경험에 근거하여 만나세대들에게 다시금 율법을 교육합니다. 그래서 신명기 12장부터의 내용은 만나세대가 가나안 땅에서 구체적으로 어떻게 살 것인가에 관한 가르침이라고 할 수 있습니다. 이미 가나안 땅의 문화를 알고 계신 하나님께서는 이스라엘이 가나안의 문화

> **LEADERSHIP**
>
> *과거와 미래*
>
> 역사는 단순히 먼지 나는 과거에 머무르지 않는다. 역사를 통해 현재의 모습과 내일의 방향을 잡아갈 수 있다. 이스라엘이 암몬, 모압, 에돔 그리고 애굽과 어떠한 국제 관계를 맺어야 할 것인지는 그들의 과거 역사 속에서 근거를 찾아야 한다. 예를 들어 모세는 암몬과 모압에 대해서 "네 평생에 그들의 평안함과 형통함을 영원히 구하지 말지니라."라고 말한다(신 23:3~6). 그 이유는 그들에게는 지난날, 이스라엘의 출애굽 행로를 방해하고, 이스라엘을 유혹하여 우상을 섬기게 했던 전력이 있기 때문이다(민 25장).

대신 하나님의 문화를 세워가길 바라십니다. 하나님의 문화라고 해서 특별히 거창한 것이 아닙니다. 먹을거리, 십일조 등 매우 구체적이며 생활과 밀접한 관련을 맺고 있는 것들입니다. 그 중 몇 가지 내용을 통해 그 정신과 의미를 살펴봅시다.

첫째는 지정하신 예배 장소(신 12장)에 관한 내용입니다. 이

스라엘이 하나님의 백성으로서 지켜야 할 말씀이 많이 있지만 그 중에서 가장 우선되는 것은 하나님을 예배하는 것이었습니다. 그리고 그 예배는 하나님이 택하신 곳, 즉 하나님께서 지정하신 바로 그 약속 장소에서 드려야 합니다.

둘째는 면제년(신 15장)에 관한 내용입니다. 하나님께서는 이스라엘을 그 종 되었던 집에서 속량하셨습니다. 그런 그들에게 면제년을 명령하십니다. 해방의 기쁨을 이미 맛본 이스라엘에게, 아직 종으로 남아 있는 이들을 자유하게 하는 기쁨을 함께 누리자고 말씀하시는 것입니다.

절기를 통한 부의 분배(신 16장)에 관한 내용도 있습니다. 이스라엘에게 명하신 절기들은 약한 이웃과 함께 하나님 앞에서 즐거워하는 잔칫날입니다. 하나님께서는 누군가의 자원하는 물질을 통해, 종과 나그네, 레위인 및 약한 이웃들이 함께 기뻐하는 잔치가 일어나길 바라십니다.

그리고 신명기 19장에서는 어떤 사람이든 억울한 일을 당하지 않도록 재판할 때엔 두세 명의 증인을 세우라 하시고, 부지불식간에 사람을 죽였을 때 몸을 피할 수 있는 도피성에 관해서도 말씀해주십니다. 이 법을 통해 우리는 율법의 외형적인 준수보다는 내면적인 의미가 더 중요함을 볼 수 있습니다.

또한 토지 소산과 십일조의 올바른 사용(신 26장)에 관한 내용도 있습니다. 하나님께서는 가나안 땅에 거하게 되었을 때 농사를 지어 소산물을 얻게 되면, 그 소산물을 하나님 앞으로 가져오라 명하십니다. 그리고 십일조 규례를 통해 받을 복과 십일조의 사용법을 가르쳐주십니다. 이는 다름 아니라 고아, 과부, 객, 레위인과 함께 나누어 먹어 그들을 배부르게 하는 것입니다(신 26:12).

위와 같은 율법 규례들과 약자들에 대한 보호 규정은 공동체를 튼튼히 세우고자 하시는 데 그 목적이 있습니다. 특히 이스라엘은 애굽 땅에서 자신들이 종 되었던 것과 하나님께서 언약한 자신들을 은혜로 구원하신 일을 기억하며 형식이 아닌 진심으로 약자들을 보호해야 합니다. 하나님께서는 이스라엘이 약자를 보호하는 사회, 그리하여 그들이 마음 깊은 곳에서 서로 축복의 말을 할 수 있는 사회가 되기를 바라고 계십니다.

더 큰 아픔이 생기지 않도록

하나님께서는 한 맺힌 사람들에 대하여 깊은 관심을 가지고 계신다. 누가 죽였는지도 알지 못하고 죽임을 당한 사람, 여자로서 다른 민족의 포로가 된 사람, 장자이면서도 아버지의 사랑을 받지 못한 사람과 그의 어머니, 그리고 마지막으로 패역한 아들을 둔 부모. 이들은 한결같이 가슴 한 구석에 응어리를 가진 사람들이다. 그들의 깊은 한숨과 눈물을 어느 누가 이해하고 위로할 수 있을까? 약자를 돌보시는 하나님께서는 그들의 마음에 더 큰 아픔이 생기지 않도록 여러 가지 제도를 세워주신다(신 21장).

역사와 언약 신 27~30장

모세는 만나세대가 가나안 땅에 들어가자마자 가장 먼저 해야 할 일을 이야기합니다. 그것은 큰 돌들을 세워 거기에 율법을 기록하고, 단을 쌓아 하나님께 번제와 화목제를 드리는 일입니다(신 27:1~8). 돌을 세우고, 칠하고, 기록하는 일, 그리심 산에서는 축복의 말에 화답하고 에발 산에서는 저주의 말에 화답하는 일들(신 27:2~3, 11~26)은 결코 지루한 반복이 아닙니다. 이러한 일들은 하나님의 말씀을 더 깊이 새기기 위한 작업으로 받아들여야 합니다.

부모의 죄를 자식에게도?

하나님께서 부모의 죄를 3,4대 후손에게까지 묻겠다고 하는 부분(신 5:9; 출 34:7)은 대를 물리는 징벌로 이해되어 왔다. 하지만 히브리 성서에 보면 장수하는 사람은 증손(4대)이 태어날 때까지도 생존한다. 따라서 이 경고는 죄를 저지른 자가 살아 있는 동안 그와 함께 살아가는 그의 자손도 그 징벌의 영향력이 미치는 범위 안에 있다는 뜻으로 해석되어야 한다(신 24:16 참고).

이스라엘에게 가장 중요한 것은 하나님과의 관계입니다. 하나님께서는 이스라엘 백성과 특별한 언약, 곧 하나님께서는 이스라엘의 하나님이 되시고, 이스라엘은 하나님의 백성이 되는 언약을 맺으셨습니다. 모세의 당부 속에는 이스라엘이 하나님의 언약에 참여하여 하나님의 백성으로 남기를 바라는 간절한 바람이 들어 있습니다.

"오늘 우리 하나님 여호와 앞에서 우리와 함께 여기 서 있는 자와 오늘 우리와 함께 여기 있지 아니한 자에게까지이니" (신 29:15). 하나님과 이스라엘의 특별한 관계는 시대가 흘러도 변함없는 관계였고, 오늘날 하나님의 사람들인 이 땅의 그리스도인들과 하나님과의 관계에서도 그 끊을 수 없는 영원한 언약은 계속 이어지고 있습니다.

역사와 미래 신 31~34장/ 시 90편

모세의 설교가 막바지에 다다랐습니다. 더불어 이스라엘 백성들과 함께했던 모세의 직무도 끝이 나고 있습니다. 하나님과 이스라엘 백성 사이를 오가며 하나님을 위한 존재로, 이스라엘 백성을 위한 존재로 살기를 40여 년! 하나님과 이스라엘 백성 사이의 화해를 끊임없이 시도했던 그는 40여 년의 사역을 정리하는 시점에서 이제 자신의 후계자로 세워진 여호수아를 격려하고 이스라엘이 행할 율법을 다시금 강조합니다 (신 31:7~13).

이어지는 모세의 노래(신 32장)는 지금까지의 이스라엘 역사를 요약한 것으로 볼 수 있습니다. 광야 40년 동안 변함없이 이스라엘을 보호하셨던 하나님, 그분은 이스라엘이 가나안 땅

LEADERSHIP

은혜를 깊이 새겨야 교만하지 않는다

사람이 자신의 노력으로 무엇인가를 이루었다고 생각하면 교만해지기 쉽다. 모세는 이스라엘이 가나안 땅에 들어갔을 때 교만하지 말아야 한다고 계속해서 경고하고 있다. 그들이 차지하게 될 땅은 하나님께서 그들에게 은혜로 주신 것이지, 그들의 능력으로 얻은 것이 아니기 때문이다.

에 들어간 후에도 그들의 보호자와 생명이 되어주실 것입니다. 지금 모세가 부르는 노래는 이스라엘 백성들이 영원히 기억해야 할 국민가요입니다.

그리고 야곱이 그의 열두 아들에게 축복했던 것처럼(창 49장), 모세도 각 지파들을 축복합니다(신 33장). 야곱의 유언이 이후 이스라엘 백성들에게 출애굽의 비전이 되었다면, 각 지파를 향한 모세의 축복은 가나안에 거할 각 지파들의 지침과 비전이 됩니다.

불세출의 지도자 모세의 생이 마감되면서 이스라엘 역사에 전무후무했던 광야 시대가 대단원의 막을 내리게 됩니다. 동시에 그의 죽음은 여호수아 시대의 개막을 의미합니다. 구약이라는 숲에서 본다면, 모세오경을 관통하는 가나안 땅에 대한 비전이 모세의 죽음을 계기로 여호수아와 만나세대에게 넘어가며, 이후 가나안 땅에 거하는 이스라엘 백성의 삶의 근간이 됩니다.

Message

모세의 기도 (시 90편)

모세의 직업 중 하나가 장례위원장이었다. 그는 주의 진노하심, 그리고 수많은 사람이 광야에서 죽어 묻히는 것을 보았다. 그 열매가 바로 시편 90편의 기도이다. "누가 하나님의 진노를 알랴?"(11절). "인생이 아침에 돋았다 저녁 때 시드는 풀과 같다"(5~6절). 그는 광야 40년 동안 하나님께서 이스라엘을 어떻게 인도하시는지를 경험하며, 하나님 앞에 선 인간들의 연약함을 철저히 깨달았다.

Succession of Faith

여호수아서에는 만나세대들이 땅에 대한 약속을 믿음으로 성취해내는 멋진 모습이 그려집니다. 하나님의 말씀으로 교육받고 신앙을 계승한 결과였습니다. 그런데 당당히 가나안에 입성하여 정착한 그들의 후손들은 곧 가나안 족속들이 섬기던 우상에게로 눈을 돌리고 맙니다. 신앙교육에 실패한 결과였습니다. 사사기에는 그들을 향한 하나님의 기대와 구원, 그 사랑을 저버리는 이스라엘의 안타깝고 답답한 이야기가 반복되고 있습니다.

4
마당

신앙계승

약속의 땅에서의
계승과 도전

여호수아 1~12장

성공적인 교육의 결과, 만나세대 수 1장

40년 광야학교에서의 교육이 끝나고 이제 이스라엘이 실전에 투입되기 직전입니다. 눈에 보이는 가장 큰 변화는 이스라엘의 지도자가 모세에서 여호수아로 바뀌었다는 것입니다.

그런데 우리는 여호수아 1장을 읽어가면서, 가나안 점령을 앞둔 여호수아가 상당히 떨고 있음을 짐작할 수 있습니다. 여호수아가 전혀 두려워하지도 않는데 하나님께서 여호수아에게 "두려워하지 말며 놀라지 말라."라고 하실 리는 없기 때문입니다(수 1:9). 하나님께서는 두려워하는 여호수아에게 "마음을 강하게 하고 담대하라."라고 말씀하시며 힘을 주십니다. 여호수아가 어디로 가든지 함께하시겠다는 약속을 주시며 격려하십니다.

하나님께로부터 위로와 용기를 얻은 여호수아는 전쟁의 선발대를 세웁니다. 다름 아닌, 르우벤, 갓, 므낫세 반 지파입니다. 이들은 얼마 전에 아모리 왕 시혼과 바산 왕 옥과의 싸움을 통해 얻은 요단 동편의 목초지를 이미 자신들의 기업으로 받았습니다. 그때 모세와 약속하기를, 다른 지파들이 요단 서편을 점령하러 갈 때에 자신들이 선봉에 서기로 했던 것입니다(민 32:16~27). 여호수아가 그 약속을 상기시키며 전쟁에 앞장설 것을 요구합니다.

그러자 그들은 "당신이 우리에게 명령하신 것은 우리가 다 행할 것이요 당신이 우리를 보내시는 곳에는 우리가 가리이다"(수 1:16)라고 대답합니다. 그리고 모든 일에 지도자 모세를 청종하였던 것과 같이 여호수아를 따르겠다고 말합니다.

참으로 멋진 장면입니다. 출애굽했던 이들의 자녀세대, 즉 광야에서 만나를 먹으며 자라난 '만나세대'가 얼마나 멋지게 훈련되었는지를 볼 수 있는 장면입니다. 어느 누가 전쟁에서 가장 위험한 선봉에 서려고 하겠습니까? 그런데도 이들은 몸을 사리지 않고 전쟁의 선봉에 서겠다고 합니다. 그리고 "당신이 무엇을 명령하든 다 순종할 테니 오직 지도자께서는 마음을 강하고 담대히 하라."라고 하면서 오히려 여호수아를 격려합니다. 이들의 부모세대인 출애굽세대와는 사뭇 다른 모습이 아닐 수 없습니다.

이 놀라운 변화는 40년 율법 교육의 결과입니다. 만나세대들은 광야에서 만나만 먹은 것이 아니라 말씀의 양식을 섭취했던 것입니다. 레위기, 민수기, 신명기에 걸친 긴 교육의 과정이 여호수아서의 승전보들을 만들어내는 것입니다.

드디어 하나님의 위로와 백성들의 격려를 함께 받은 여호수아는 자신에게 맡겨진 사명을 당당히 수행하게 됩니다. 이 광경을 보시는 하나님의 마음이 얼마나 흡족하셨을까 짐작해 봅니다. 모세의 40년 고생이 헛되지 않았구나, 하나님의 기다리심이 허사가 아니었구나 하는 사실을 다시 확인하게 됩니다.

실패를 딛고 수 2장

여호수아는 과거의 아픈 경험 한 가지를 가지고 있습니다. 40여 년 전, 가데스 바네아에서 가나안 땅을 눈앞에 두고 여호수아와 갈렙을 포함한 열두 명이 정탐을 다녀왔는데, 그 중 열 명이 그만 백성들 앞에서 믿음 없는 보고를 한 탓에, 처절한 결과가 발생했던 일입니다. 당시 온 백성들은 애굽으로 돌아가자며 폭동을 일으키려 했고, 모세와 아론은 바닥에 엎드렸습니다. 자신과 갈렙은 옷을 찢으면서까지 백성들을 설득하려 했지만 오히려 돌에 맞아 죽을 위기에까지 처했던 그 40년 전 현장을 여호수아는 너무나 생생하게 기억하고 있습니다(민 13~14장).

40년 동안 120만 명을 광야에서 죽게 했던 그 실패. 이제 다시는 그 실패를 반복해서는 안 될 책임이 자신에게 주어진 것입니다. 그러니 어찌 두렵지 않을 수 있었겠습니까? 40년 전 정탐꾼들의 믿음 없는 보고가 백성들에게 어떠한 결과를 가져왔는지 너무도 잘 알고 있는 여호수아는 그래서 더더욱 신중하게 두 사람을 택하여 여리고 정탐을 보냅니다.

그런데 이 두 정탐꾼들이 여리고에 진입한 지 얼마 되지 않아 곧 들통이 나고 맙니다. 하지만 이들은 여리고 여인 라합의 도움으로 위기를 넘기게 되고, 이때 라합은 두 정탐꾼들 앞에서 아주 놀라운 고백을 합니다. 하나님께서 이스라엘 백성들을 출애굽시키시면서 홍해를 마르게 하신 것과 요단 동편의 두 왕 시혼과 옥을 전멸시키신 것을 이미 들어 알고 있으며, 그래서 그 하나님이 '상천하지(上天下地)의 하나님'이라는 사실을 믿고 있다는 것입니다. 자기뿐 아니라 그 땅 백성들이다 그 사실을 듣고 간담(肝膽)이 녹았다는 고백도 들려줍니다 (수 2:9~11). 그러면서 도리어 정탐꾼들에게 자신과 가족을 살려달라고 간청합니다. 정탐꾼들은 라합의 부탁을 받아들이고 약조를 맺습니다.

이렇게 라합의 도움으로 성공적으로 정탐을 마친 그들은 여호수아에게 돌아와 믿음의 보고를 합니다. 이 보고는 향후 정복 전쟁을 앞둔 이스라엘에게 큰 힘이 되었습니다.

가나안 족속을
멸해야 하는 이유

하나님은 가나안 땅에 거하는 족속들을 진멸하되 그들과 어떤 언약도 하지 말고 그들을 불쌍히 여기지도 말라고 명령하셨다(신 7장). 하나님은 "가나안 땅에 거하는 민족들이 행한 가증한 일과 악행 때문"(신 18:9~14)이라고 그 이유를 분명히 밝히셨다.

✳

믿음으로 내딛는 약속의 땅 수 3~5장

땅에 대한 하나님의 약속을 성취하는 것, 이것은 단지 삶의 공간을 확보하기 위한 것만이 아니라, 5백여 년간이나 계속된 하나님과 이스라엘 백성들의 소망을 현실화하는 것입니다.

40여 년 전 출애굽한 이스라엘은 첫 장애물이었던 홍해를 마른 땅으로 밟고 건너는 기적을 경험했습니다. 40년이 지난 지금, 만나세대는 하나님께서 약속하신 가나안 땅에 들어가는 첫 관문 요단 강을 역시 마른 땅으로 건너게 됩니다. 이번에는 여호수아가 하나님의 명령을 받았고, 언약궤를 멘 제사장들이 앞장섰습니다. 아브라함이 받았고 이삭, 야곱, 요셉이 붙들었던 그 약속의 땅을 광야에서 훈련받은 만나세대가 자신들의 발로 밟고 있는 것입니다. 여호수아와 백성들은 하나님의 약속을 받고 붙들었던 그들의 조상들과 그 땅에서 뿌리를 내리고 살게 될 후손들 사이에서 하나님의 약속을 구체화시키는 사명을 감당하고 있습니다.

요단 강을 다 건넌 후, 여호수아는 각 지파에서 한 사람씩

LEADERSHIP
역사교육

홍해의 기적을 통해 출애굽세대들에게 하나님께서 그들과 함께하심을 보여 주셨다면, 요단 강의 기적을 통해서는 가나안 입성의 만나세대들에게 하나님께서 그들과 함께하심을 보여주신다. 유월절을 지키며 출애굽의 역사를 기억하듯 이스라엘 백성은 길갈에 세운 열두 돌을 통하여 입(入)가나안의 사건을 기억하고 하나님께서 영원히 그들과 함께하심을 다음 세대에게 가르쳐주어야 한다.

길갈과 실로

〈길갈〉
- '굴러간다.' 라는 뜻 (수 5:9)
- 요단 강 도하 후 처음으로
  진을 친 장소 (수 4:19)
- 할례를 행함 (수 5:2)
- 초창기 가나안 정복의 아지트

〈실로〉
- 여호수아 후기의 중심지
  (수 18:1)
- 에브라임 지파가 분배받은
  땅 (수 16:6)
- 회막을 세워 제사 장소로 사
  용하였음 (수 18:1)
- 가나안 땅 분배가 이루어진
  곳 (수 18:10)

12명을 선택해 요단 강에서 돌 하나씩을 취하게 하고, 그 돌을 길갈 땅에 세우게 합니다(수 4장). 하나님께서 요단 강을 마른 땅으로 건너게 하셨던 일을 기념하고, 이후 후손들에게도 알려주고자 함입니다.

요단 강을 건너자 광야 시대가 끝나고 가나안 시대가 펼쳐집니다. 바로 이때 이스라엘 백성들은 40년간 행하지 못했던 할례를 다시 행하였고, 약속의 땅에서의 첫 유월절도 지킵니다(수 5:2~12). 이스라엘은 아브라함이 하나님과 맺은 언약의 표징인 할례를 이어받고, 출애굽의 사건을 기념하는 유월절을 행함으로써 다른 어느 민족과도 구별되는 여호와 하나님의 백성으로서의 정체성을 확고히 하였습니다.

만나세대의 믿음과 승리 수 6~12장

이제부터는 전쟁의 연속입니다. 5년간 전면전을 치르게 됩니다. 사사 시대, 다윗 시대와 그 이후에도 전쟁이 많이 있었지만, 가나안 입성을 위한 이 전쟁이야말로 손에 꼽히는 큰 전쟁 기록일 것입니다.

전쟁은 인간을 피폐하게 하고 파괴적으로 만듭니다. 그런데 이스라엘 백성들은 이 전쟁의 현실 가운데에서 믿음을 지킵니다. 이 기간 동안 '전쟁의 승패는 사람에게 달린 것이 아니요, 하나님께 속한다.' 라는 믿음의 원칙이 세워집니다. 이스라엘 백성들은 전쟁터에서 '믿음' 을 키워가는 것입니다.

이스라엘은 가나안 정복 전쟁의 첫 번째 점령지인 여리고 성 앞에 서 있습니다. 그런데 여호와의 군대 장관이 찾아와서

Message

약속의 스케일

하나님께서 아브라함에게 자손과 땅에 대한 약속을 주셨다. "내가 너로 큰 민족을 이루겠다."라는 그 약속은 출애굽기 1장에서 성취되었다. 그리고 땅에 대한 약속의 성취는 실질적으로 여호수아서에서 확인할 수 있다.
우리는 하루 계획도 제대로 못 지키기가 다반사이고, 일주일, 한 달, 일 년 후의 약속을 지키는 것은 참으로 힘든 일이다. 그러나 하나님께서는 5백여 년 전의 약속도, 1천여 년 앞의 계획도 꼭 이루어가시는 분이시다.

그 성을 빼앗는 방법을 알려주는데, 그 내용은 6일 동안 하루에 한 바퀴씩 여리고 성 주위를 돌고, 마지막 7일 째 되는 날에는 일곱 바퀴를 돈 후 소리를 높여 함성을 지르면, 그 성이 무너질 것이라는 것입니다.

놀랍게도 만나세대들이 그 말씀을 받아들이고 실천합니다. 첫 날은 여리고 성 주위를 천천히 걷고 돌아옵니다. 둘째 날에도 한 바퀴 돌고 옵니다. 셋째 날도 그리합니다. 이것은 쉬운 일이 아닙니다. 그런데 이스라엘 백성들은 여리고 성 사람들이 한 치의 빈틈도 내어주지 않고, 자신들을 향해 창칼을 겨누고 있는데도 그 앞을 지나가면서 두려워하거나 흔들리지 않습니다. 지난 광야 생활 40년 동안 하나님의 말씀을 통해 믿음의 백성으로 훈련받은 결과였습니다. 전쟁 중 다른 사람이 살고 있는 성을 빼앗는 공성전(攻城戰)이 가장 힘든 전쟁입니다. 성 안에서 방어하는 쪽이 훨씬 수월하기 때문입니다. 그러나 여리고 성 함락을 목표로 하는 첫 번째 전쟁에서 이스라엘 백성들은 칼과 창을 사용하지 않고 하나님께서 지시하신 방법으로 마침내 여리고 성을 함락시킵니다. 하나님께서는 가나안 정복 전쟁의 승패는 인간의 힘이나 능력이 아닌, 하나님의 뜻에 따라 결정된다는 사실을 여리고 성 전쟁을 통해 확실히 알려주신 것입니다.

그런데 여리고 성을 함락한 후 문제가 생깁니다. 그 성에서 얻은 모든 것은 하나님의 명령대로 하나님께 바쳐야 했는데(수 6:18~19), 몇 가지 물건을 숨겨둔 아간으로 인해 이스라엘이 아이 성 전투에서 패하고 만 것입니다. 한 사람이 하나님의 말씀을 어김으로 말미암아 공동체 전체가 전쟁 패배라는 결과를

여리고 건축자에 대한 저주

여호수아가 여리고 성을 무너뜨리고 맹세하였다. "누구든지 일어나서 이 여리고 성을 건축하는 자는 여호와 앞에서 저주를 받을 것이라 그 기초를 쌓을 때에 그의 맏아들을 잃을 것이요 그 문을 세울 때에 그의 막내아들을 잃으리라"(수 6:26). 이후 이스라엘 왕 아합 시대에 실제로 한 벧엘 사람이 여리고를 건축하다가 맏아들과 막내 아들을 잃는 일이 생겼다(왕상 16:34).

당시 가나안에 살던 족속들

족속	위치
헷	광야와 레바논에서부터 유브라데에 이르는 지역
가나안	베니게 지역의 해변가와 요단강 계곡
블레셋	팔레스타인 해안 지대
히위	팔레스타인 북부 산간 지대와 기브온
여부스	예루살렘과 그 주변의 산간 지대
브리스	주로 변두리나 산간 지역
기르가스	요단 서편 지역

감수해야 했습니다. 결국 아간은 그 벌로 돌에 맞아 죽습니다 (수 7:25~26). 또한 동족을 돌로 치는 경험을 통해 이스라엘 백성들은 가나안에서 토지를 비롯한 재산을 소유하기에 앞서 물질에 대한 엄중한 교훈을 얻었습니다.

이러한 아픔의 경험을 통해, 이 전쟁의 주인이 하나님이심을 더욱 명확히 가슴에 새긴 이스라엘 백성들은 하나님의 말씀에 따라 다시 아이 성으로 나아가 그 성을 점령합니다. 이번엔 복병, 매복, 유인 등 다양한 전쟁의 방식들이 활용됩니다.

그리고 여호수아는 에발 산에 단을 쌓고 그곳에서 하나님께 제사 드리며, 모세가 명한 대로 백성의 절반은 그리심 산 앞에, 백성의 절반은 에발 산 앞에 서서 모세의 율법책에 기록된 복과 저주의 말을 남김없이 낭독하였습니다(수 8:30~35).

그런데 이렇게 하나님의 말씀에 잘 순종하던 이스라엘 백성들이 한 가지 실수를 합니다. 가나안 민족들과 절대 언약을 맺지 말라고 하신 하나님의 명령을 어기고, 가나안 족속 중 하나인 기브온 거민들과 약조를 맺은 것입니다(수 9장). 물론, 기브온 주민이 변장하고 거짓말을 하여 여호수아와 백성의 족장들을 속인 때문이기도 하지만, 기브온 거민이 찾아왔을 때, 하나님께 뜻을 묻는 절차를 생략한 채, 스스로의 판단으로 중요한 사안을 결정한 여호수아와 족장들의 잘못도 컸습니다. 모세가 염려하였던 것과 같이 이러한 실수는 훗날 이스라엘 백성들을 괴롭히는 올무로 작용합니다(삿 2:1~3).

아모리 족속 동맹국의 왕

· 예루살렘 왕
· 헤브론 왕
· 야르뭇 왕
· 라기스 왕
· 에글론 왕

얼마 후, 산지에 자리 잡고 있던 아모리 족속 동맹국의 왕들이 이스라엘과 화친한 기브온을 치러 올라옵니다(수 10:5). 기브온이 여호수아에게 도움을 청합니다. 그래서 시작된 전투가 바로 태양과 달을 멈추게 했던 그 유명한 전투입니다(수

10:12~14). 이 전투로 이스라엘은 남방 지역의 성읍들을 얻습니다. 이밖에도 '산지와 네겝과 평지와 경사지'의 모든 왕들을 쳐서 성읍들을 빼앗고 길갈 진으로 돌아옵니다. 이어서 여호수아 11장에는 북방 연합군과의 전쟁 이야기가 계속됩니다. 이스라엘은 자신들과 싸우려고 메롬 물가에 집결하였던 북방 연합군을 물리치고 갈릴리 북부 지역을 얻게 됩니다.

모세가 정복한 요단 동편의 왕들 2명과 여호수아가 정복한 요단 서편의 왕들 31명의 명단이 여호수아 12장에 열거되어 있습니다. 하나님의 말씀에 대한 믿음과 순종, 그리고 이스라엘 백성들의 땀과 수고가 어우러져 33번의 승전 기록이 남겨지게 되었습니다. 아이 성에서의 단 한 번의 패배를 제외하고 모든 전쟁에서 승리케 하신 하나님의 도우심이 그들의 충성과 헌신에 함께하셨던 것입니다.

만나세대의 부모들은 아낙 자손을 보고 두려움에 떨었습니다. 그들은 자신들의 어린 자녀들이 사로잡힐 것이라고 걱정하였습니다. 그때 지도자는 모세였고, 그들은 만나를 공급받고 있었습니다. 그들의 자녀세대인 만나세대도 똑같은 상황 앞에 놓여 있었습니다. 즉, 여전히 아낙 자손이 가나안에 버티고 있었고, 만나세대에게도 어린 자녀들이 있었습니다. 그리고 가나안에서 유월절 제사를 드린 이후 만나도 그친 상태였습니다. 만나세대들의 입장에서는 군량미가 끝이 난 것입니다. 지도자는 모세의 시종 여호수아이고, 아마 가나안 족속들은 40여 년 전보다 더 견고한 대비를 했을 것입니다. 객관적인 전력(戰力)을 따진다면, 부모세대가 더 나은 조건을 가지고 있었던 것입니다. 그러나 그들은 하나님에 대한 불신과 불순종으로, 결국 가나안을 보지 못하고 죽었습니다. 그에 비해 만

앎과 사랑
사랑은 앎을 전제한다. 만나세대들은 말씀을 통해서 하나님을 알아갔다.

나세대들은 전쟁이 하나님께 속한 것이라는 믿음과 순종으로 끝내 그 땅을 차지할 수 있었습니다. 믿음을 기반으로 한 새로운 도전을 통해서 오랜 약속의 성취를 이뤄낸 것입니다.

이렇게 진행된 가나안 정복은 단순한 정복 전쟁이 아니라 하나님께 순종함으로써 승리한 전쟁입니다. 이제부터 이루어지는 땅의 분배는 창세기 12장에서 아브라함에게 주신 이후 계속 되풀이되던 하나님의 약속이 드디어 온전히 성취되는 감격스러운 장면입니다.

순종의 땅, 행복의 단비

여호수아 13~24장 사사기 1장~2:10

2 숲이야기

합당한 분배와 특권 수 13~14장

가나안 땅 정복을 어느 정도 마친 후, 각 지파는 자신들이 거주할 땅을 정합니다. 이때 하나님께서 허락하신 분배 방법은 힘겨루기가 아니라, 제비뽑기였습니다. 제비뽑기를 통한 분배가 끝나면 삶의 영역을 확실하게 선언한 것이므로 더 이상 바꿀 수 없습니다(수 14:2; 민 26:52~56; 33:54).

이때, 갈렙이 자신의 가족들을 데리고 한창 예민하게 땅 분배를 진행 중인 여호수아 앞에 나타납니다. 그리고 여호수아에게 말을 건넵니다.

"당신도 45년 전 그때의 그 광경을 기억할 것입니다. 45년 전 가데스 바네아에서 다른 열 명의 사람들과 달리 내가 여호와 하나님을 성실하게 좇았기 때문에, 그때 모세가 나에게 내 발로 밟는 땅은 영원히 나와 내 자손이 소유하게 될 것이라고 약조하지 않았습니까. 당신도 두 눈으로 보셨고 귀로 들으셨습니다."

God's plan

분배

여호수아서 12장에서는 모세와 여호수아를 통해 정복한 땅들이 열거되지만, 여호수아서 13장에서는 정복하지 못한 땅들이 나열되고 있다(수 13:2~6). 이렇게 가나안 정복이 완전히 끝나지 않은 상황이지만 각 지파에 대한 땅 분배 작업이 이루어진다(수 13:8~21장). 이는 하나님께서 아브라함에게 약속하셨던 "애굽 강가에서부터 그 큰 강 유브라데까지 네 자손에게 주노니"(창 15:18)라는 내용이 구체화된 것이다.

갈렙의 말에 여호수아가 동의하고, 갈렙의 의사를 묻습니다. 그러자 갈렙이 이렇게 말합니다.

"그때로부터 45년이 흘러 지금 내 나이 85세이지만, 하나님께서 나를 생존케 하셨고, 나는 지금도 그때처럼 여전히 건강합니다. 그때와 마찬가지로 지금도 힘이 넘쳐서, 전쟁하러 나가는 데나 출입하는 데에 아무런 불편이 없습니다. 그러니 이제 주께서 그날 약속하신 이 산지를 나에게 주십시오. 과연 거기에는 아낙 사람이 있고, 그 성읍은 크고 견고합니다. 그러나 주께서 나와 함께하신다면, 주께서 말씀하신 대로 나는 그들을 쫓아낼 수 있습니다"(수 14:6~12).

45년 전이나 지금이나 갈렙의 믿음은 변함이 없습니다. 갈렙은 자신이 자신의 건강이나 지식, 스스로의 능력으로 사는 것이 아니라 하나님의 능력에 붙들려서 산다는 것을 일찍이 깨달았던 사람입니다. 물론 몸은 어느 만큼 노쇠했을 것입니다. 그럼에도 불구하고 갈렙은 아직도 하나님을 향한 믿음을 견고히 지키고 있는 가운데, 아낙 자손이 살고 있는 헤브론 땅을 하나님이 주신 현실로 만드는 데 앞장서겠다는 것입니다. 이 놀라운 소망과 꿈을 자신의 가족들과 온 공동체가 지켜보는 가운데 밝히고 있는 것입니다.

누구나 가장 좋은 땅을 갖고 싶은 것이 인지상정인데 정복한 땅은 한정되어 있으니, 여호수아에게 있어서 땅 나누기는 정말 쉽지 않은 임무였습니다. 모두에게 불만이 없게끔 땅 분배를 해야 할 책무를 맡고 있는 여호수아로서는 갈렙이 어떤 땅을 선택하느냐가 매우 긴장되는 사안이었습니다. 그런데 갈렙이 아직 정복하지 못한 헤브론 땅을 두고 "이 산지를 내게 주소서!"라고 말하자, 여호수아는 오랜 친구 갈렙이 참으로 고맙고 든든했을 것입니다.

헤브론
갈렙이 선택한 헤브론 땅은 이스라엘 역사상 참 중요한 곳이었다. 바로 5백여 년 전에 믿음의 조상 아브라함과 그 아내 사라가 묻혔던 곳이다. 또 아브라함의 아들 이삭과 이삭의 아내 리브가가 묻혔고, 야곱과 레아가 묻힌 땅이다. 바로 그 땅을 회복한 것이다.

갈렙의 이 선택은 가나안 땅 분배의 기본 정신이 되어 평화롭고 합리적으로 땅을 분배할 수 있는 분위기를 형성하는 데에 크게 기여합니다. 그의 요청대로 갈렙에게는 아직 정복하지 못한 산지인 헤브론이 기업으로 주어졌고, 그가 정복한 헤브론은 이후 다윗이 유다 지파로부터 왕으로 세움 받는 중요한 장소가 됩니다.

※

삶의 터전, 하나님의 복 수 15~24장

삶의 터전 확보, 이것은 하나님의 크신 은혜요, 만나세대들의 순종이 만든 결과입니다. 하나님의 은혜와 만나세대들의 순종이 묶여졌을 때 놀라운 복이 뒤를 잇습니다.

아브라함이 땅에 대한 약속을 받은 이래로, 그 약속의 땅을 향한 긴 여행이 있었습니다. 드디어 그 긴 여행 끝에 약속의 땅이 모든 지파에게 돌아가게 됩니다. 땅의 분배는 2차 인구조사(민 26장)를 근거로 합니다. 만약 광야 생활 중에 인구조사를 미리 해놓는 준비가 없었다면 땅을 공정하게 나누는 데에 많은 어려움이 생겼을 것입니다.

이스라엘 자손 모두가 땅 분배를 마친 후에 지도자 여호수아가 마지막으로 땅을 분배받습니다(수 19:49~50). 공동체의 지도자가 맨 처음이 아닌 맨 마지막에 땅을 분배받았다는 사실은 눈여겨봐야 할 부분입니다.

이스라엘 12지파에게 땅을 다 분배한 후 레위 지파에게도 땅을 분배합니다(수 21장). 이스라엘 전역 중 48개의 성읍이 주어집니다. 이는 하나님께서 당신께 바쳐진 레위 자손들을 책

제비뽑기

제비를 뽑아서 나눈다는 것은 힘센 사람이 좋은 곳을 먼저 소유한다는 것이 아니다. 제비뽑기라는 말 속에는 하나님의 소유권을 인정한다는 의미가 담겨 있으며 토지공개념도 담겨 있다.

레위 지파 성읍 (민 35장; 신 4, 19장; 수 20~21장)

6개의 도피성 + 42개 성읍 = 총 48개
제사장 아론 자손의 성읍은 13개 성읍과 성읍 사면의 들

요단 동편		요단 서편	
도피성	지파	도피성	지파
베셀	르우벤	갈릴리 게데스	납달리
길르앗 라못	갓	세겜	에브라임
바산 골란	므낫세	기럇 아르바 (헤브론)	유다

임지시는 모습을 보여주는 것입니다. 땅을 분배받은 레위 자손들은 야곱의 유언(창 49장)과 하나님의 명령대로(민 35장) 이스라엘 각 지파 중에 흩어져 살게 됩니다. 이들이 흩어지는 이유는 사명 때문입니다. 이스라엘 백성을 대표하여 하나님을 섬기는 일을 맡은 레위인들은 여러 지역에 흩어져 하나님의 말씀을 가르쳐야 했기 때문입니다. 제사장 나라로서의 사명을 위해 이스라엘은 가나안에 정착했고, 그 중심에 하나님께 헌신된 레위인이 있었습니다.

한편, 이제까지 모세와의 약속대로 가나안 전쟁의 선봉에 섰던 르우벤, 갓, 므낫세 반 지파는 이미 그들에게 주어진 터전인 요단 동편으로 귀환합니다(수 22장).

모세의 뒤를 이어 이스라엘의 지도자로서 땅에 대한 약속을 성취해 낸 여호수아의 인생도 저물어가고 있습니다. 자신의 생명이 다 되어가는 시점에 여호수아 역시 모세처럼 안타까운 마음을 담아 백성들에게 당부합니다. "그러므로 스스로 조심하여 너희의 하나님 여호와를 사랑하라"(수 23:11). 어디선가 들은 적이 있는 말씀입니다. 바로 이스라엘을 위해 한평생을 헌신했던 모세가 그의 삶을 마감하며 진심어린 마음으로 이스라엘 백성에게 남겼던 말입니다(신 6:5). 모세의 말을 다 들었던 여호수아가 이제는 모세의 그 마음을 품고 또다시 간절한 당부의 말을 전하고 있습니다. 스승 모세를 본받아 하나님을 깊이 사랑했던 여호수아도 이 말씀 외에 더 중요한 말을 찾지 못한 것입니다. "하나님을 사랑하라."라는 두 지도자의 공통된 당부는 이후 이스라엘이 나아갈 삶의 방향이 됩니다.

남겨진 과제 삿 1장~2:10

이스라엘 백성들에게 전해진 하나님의 비전은 이제 그들이 정착한 가나안 땅에서 하나님의 백성으로 살아가는 것입니다. 그러나 아직 이스라엘 공동체는 가나안 땅에 완전히 정착하지 못하였고, 개척해야 할 땅도 많이 남아 있었습니다. 이스라엘 백성들은 각 지파별로 정복 및 개척 사업을 계속하여 추진합니다.

특히 사사기 1장은 유다 지파가 시므온 지파와 협력하여 함께 싸웠던 일을 기록합니다. 즉 유다의 개척 사역에 시므온이 동역하고, 다시 시므온의 사역에 유다가 동역하기로 한 것입니다. 그 결과, 전쟁의 효과는 극대화되었고, 어려운 개척 사역도 제대로 감당할 수 있었습니다.

이처럼 이스라엘은 가나안 땅 곳곳에 정착해 가기 시작합니다. 그들은 하나님의 말씀에 대한 순종 그리고 치열한 전투에서 용기와 힘을 다한 결과로 이 새로운 땅에서 행복의 단비를 맛보게 됩니다. 더 이상 천막을 치고 거두며 옮겨 다니는 유랑 생활을 하지 않아도 됩니다. 안전하고 튼튼한 집을 짓고, 논밭을 일구어 수확물을 거두면서, 그들은 말할 수 없을 만큼 큰 감격과 기쁨을 누렸을 것입니다.

또한 만나세대들은 이전에 가나안 땅에 팽배하던 패역하고 못된 습관들을 물리치고, 하나님을 잘 섬기는 믿음의 공동체를 든든히 이루어갑니다. 광야학교 40년 동안 모세를 통해 교육받은 결과라 할 수 있습니다. 이러한 모습, 즉 하나님께서 그들에게 주신 율법대로 거룩한 공동체를 이루어 열방 모든 족속 가운데 제사장 나라가 되는 것이 바로 하나님께서 그들을 출애굽시켜 가나안 땅으로 이끄신 근본 목적입니다. 만나세대들은 바로 이러한 하나님의 꿈과 의도를 만족시켜 드리는 삶을 살고자 노력하는 모습을 보여줍니다.

그러나 사사기 1장 27~36절에는 이스라엘 백성들이 아직 다 쫓아내지 못하여 가나안 땅에 그대로 머물러 사는 여러 거민들의 이름이 등장합니다. 아직 정복하지 못한 가나안 족속들이 있는 것입니다. 이것은 만나세대들에게 남겨져 있는 중요한 과제였습니다. 가나안 땅의 완전한 정복은, 약속의 땅에서 거룩한 백성 제사장 나라로 살아가기 위해서 반드시 정리해야 할 기초 사항이었습니다.

하나님의 사자가 이 일로 보김이라는 곳에서 백성들을 꾸짖습니다(삿 2:1~5). 그 말을 듣고 이스라엘 백성들은 소리를 높여 울고, 눈물을 흘리며 하나님께 제사를 드립니다. 그러나 진정한 반성이 따르는 회개가 아니었습니다. 그들 가운데 남아 있는 가나안 거민들의 문화를 따라 이스라엘 백성들은 점차 우상숭배의 길로 빠져들어 갑니다. 이런 이스라엘을 보시는 하나님의 안타까움은 점점 더 커져 갑니다.

잇혀진 부탁

사사기 2:11~21장

계속되는 어두운 터널 삿 2:11~5장

이스라엘 백성들이 완전히 정복하지 못한 가나안 족속들은 그들에게 가시와 올무가 되고, 이스라엘을 급속하게 가나안 문화와 우상숭배에 빠지게 하는 요인이 됩니다(삿 2:2~3).

안타깝습니다. 이제 시대는 어두운 터널로 들어갑니다. "주의 말씀은 내 발에 등이요 내 길에 빛"(시 119:105)이라고 하였는데, 등과 빛의 인도를 받지 못하는 시대이기 때문입니다.

사사 시대의 암흑기는 우상숭배와 불순종으로 가득합니다. 하나님의 기대와는 반대로, 이스라엘 백성들은 그 땅에서 하나님의 백성다운 삶을 살지 못합니다.

여호와 하나님을 알지 못하면 결국 불행해집니다. 창세기부터 여호수아서까지 통독하며 만났던 하나님, 한없이 자비하시며, 사람과 사람 사이의 깊고 넓은 배려를 원하시는 하나님. 그 하나님을 섬기는 것이 사는 길이고 행복한 길인데, 사사 시대 백성들은 그 하나님을 섬기지 않습니다.

모세는 "하나님을 사랑하라"(신 6:5)라는 말씀과 함께 자녀들에 대한 교육도 강조하여 당부했다. "네 자녀에게 부지런히 가르치며 집에 앉았을 때에든지 길을 갈 때에든지 누워 있을 때에든지 일어날 때에든지 이 말씀을 강론할 것이며"(신 6:7). 그런데 이스라엘을 가나안으로 인도하신 하나님의 큰 역사를 목도한 세대들이 그 후손들에게 하나님을 바르게 가르치지 않은 것이다. 그 결과는 다음 세대들의 타락과 이탈이었다.

"백성이 여호수아가 사는 날 동안과 여호수아 뒤에 생존한 장로들 곧 여호와께서 이스라엘을 위하여 행하신 모든 큰 일을 본 자의 사는 날 동안에 여호와를 섬겼더라 … 그 세대 사람도 다 그 조상들에게로 돌아갔고 그 후에 일어난 다른 세대는 여호와를 알지 못하며 여호와께서 이스라엘을 위하여 행하신 일도 알지 못하였더라"(삿 2:7~10).

"그 후에 일어난 다른 세대", 즉 여호와께서 행하신 큰일을 보지 못한 세대는 여호와를 알지 못했다는 것입니다. 바로 이것이 이스라엘이 하나님을 멀리하며, 암흑의 시대를 초래하는 원인입니다. 모세가 그토록 자녀 교육을 강조하였음에도 불구하고, 가나안에 들어간 이스라엘 백성들은 이런 사태가 오도록 만들고 만 것입니다. 하나님 교육, 율법 교육! 신명기에서 모세가 신신당부했고(신 6:4~9; 11:18~21; 31:10~13), 여호수아도 죽기 전에 이스라엘 백성들을 모아 놓고 다시 한 번 강조하였습니다(수 23:6). 가나안 땅에 자리를 잡은 이스라엘 백성들이 아마도 농사짓는 법, 집을 건축하는 법, 맛있는 음식을 만드는 법에 대해서는 열심히 교육했을 것입니다. 그런데 문제는 신앙 교육을 소홀히 여겼다는 것입니다. 신앙 교육의 부재는 다음 세대들이 하나님을 떠나는 불행한 결과를 가져오고 말았습니다. 만나세대들의 자녀 교육 실패는 결국 사사 시대의 어두운 그림자가 되어 후손들의 불행을 초래합니다.

이스라엘 백성의 죄악상을 보시며 안타까워하시는 하나님께서는 이들을 깨우치고 바로 세우기 위하여 끊임없는 징계와 용서를

이스라엘의 사사들

사사이름	출신지파	재임기간	물리친 이민족(왕)
옷니엘	유다	40년	메소포다미아 (구산리사다임)
에훗	베냐민	80년	모압 (에글론)
삼갈	?	?	블레셋
드보라	에브라임	40년	가나안 (야빈)
기드온	므낫세	40년	미디안 (아비멜렉의 반란)
돌라	잇사갈	23년	
야일	길르앗 사람	22년	
입다	길르앗 사람	6년	암몬
입산	유다	7년	
엘론	스불론	10년	
압돈	에브라임	8년	
삼손	단	20년	블레셋

되풀이하십니다. 그러나 이방 족속의 학대와 억압을 받을 때만 잠시 하나님을 찾고, 위기에서 놓임을 받으면 다시 죄악의 길로 들어서는 이스라엘의 모습은 답답하고 한탄스럽기만 합니다.

하나님께서는 새로운 희망을 찾기 위해 이스라엘 백성 중에서 당신의 일을 감당할 사람들을 택하십니다. 옷니엘, 에훗, 삼갈…. 계속되는 사사들의 등장은 이스라엘을 끝까지 포기하지 않으시는 하나님의 마음을 보여줍니다.

이어지는 사사기 4장과 5장에는 여사사 드보라와 그를 도와 하솔 왕 야빈을 물리친 바락의 이야기가 등장합니다. 철병거를 가진 힘으로 십 년 동안 이스라엘을 학대하던 야빈 왕과 그 군대 장관 시스라를 믿음으로 물리쳤습니다. 그리고 드보라와 바락은 승리를 주신 하나님을 찬양합니다(삿 5장). 하지만 이 찬양이 온 이스라엘 백성들의 노래가 되지 못했던 것은 큰 안타까움으로 남습니다.

그들만의 찬양
홍해를 건넌 후 이스라엘 전체가 하나님을 찬양했던 것(출 15장)과는 달리 드보라와 바락의 찬양(삿 5장)은 온 이스라엘의 찬양이 되지 못했다. "이스라엘 자손이 또 여호와의 목전에 악을 행하였으므로…." 드보라와 바락의 찬양이 어두운 사사 시대를 광명의 시대로 인도하는 계기가 되지는 못했다.

3백 용사를 부르심 삿 6~9장

이스라엘 자손이 또 여호와의 목전에 악을 행하여 7년 동안 미디안으로부터 압제를 받게 됩니다. 이방신들을 두려워하며 섬기고 있는 이스라엘 백성들에게 내려진 하나님의 징계였습니다. 모든 농가는 수탈을 당하고, 이스라엘 백성들은 산에 굴을 뚫어 피신하며 살고 있었습니다. 이러한 모습을 보신 하나님께서 다시 이스라엘을 구원하시기로 결심하십니다.

하나님께서는 기드온에게 우상을 제하라고 명하십니다. 그러나 기드온은 하나님의 명령임에도 불구하고 다른 사람들의 시선을 두려워하여 아무도 보지 않는 밤에 우상을 파괴합니다. 그런가 하면 이스라엘 백성들은 기드온이 파괴한 우상을 보고 화를 내며 싸우려 합니다. 이스라엘에 깊숙이 파고들어 있는 죄악의 모습을 발견할 수 있는 장면입니다.

그럼에도 불구하고, 미디안의 손에서 이스라엘을 구원할 사사로 기드온을 부르신 하나님께서는 "내가 반드시 너와 함께하리니 네가 미디안 사람 치기를 한 사람을 치듯 하리라"(삿 6:16)라고 말씀하시며 용기를 주십니다.

기드온을 비롯한 이스라엘 백성들의 두려움은 메뚜기처럼 많은 미디안 군대에 대한 것이었습니다. 그러나 이스라엘은 두려워할 것이 없습니다. 왜냐하면 하나님께서 그들과 함께하시기 때문입니다. 더 이상 군대의 숫자는 중요치 않습니다. 미디안과의 전투에 동참하기 위해 모여든 자 3만 2천 명 가운데, 하나님께서는 오직 3백 명만을 남겨두고 모두 돌려보내게 하십니다(삿 7:2~8).

하나님께서 보여주신 확실한 증거를 믿고, 기드온과 3백 용사는 횃불과 나팔로 싸우라는 하나님의 말씀에 순종합니다. 이들이 횃불을 들고 나팔을 불 때, 하나님께서 미디안 군대로 하여금 아군끼리 칼로 서로를 치게 하십니다. 하나님께서는 미디안과의 이 전투를 통해, 이방 민족의 우상을 무서워하고 미디안 군대의 거대한 숫자를 두려워하는 이스라엘 백성들에게 하나님께서 함께하신다면 그 어떠한 것도 두려워할 필요가 없다는 사실을 알려 주십니다.

그런데 미디안 군대를 크게 무찌른 기드온에게 에브라임 사람들이 수준 낮은 싸움을 걸어옵니다. 전쟁을 이기기 전까지는 아무 이야기 없다가, 이제 와서 그 전쟁에 왜 자기들을

기드온의 야습

야습은 고대전쟁사에서 매우 드물게 나타나는 전쟁 형태이다. 밤에 전쟁을 치른다는 것은 고도로 훈련된 병사들을 통해서만 가능했기 때문이다. 보편적으로 야습은 기원전 5세기경부터 나타나기 시작했다. 그러나 아브라함이 조카 롯을 구하기 위해 기원전 2000년 경에 야습을 행하고, 기드온이 사사 시대에 300명의 용사와 함께 야습을 감행했던 기록이 성경에 나타나 있다.

참가시키지 않았느냐며 시비를 걸어온 것입니다. 이 일이 계기가 되어 큰 다툼이 일어날 수도 있었지만, 다행히도 기드온의 지혜롭고 겸손한 대응으로 큰 비극을 피해 갈 수 있었습니다(삿 8:1~3).

이후 하나님을 왕으로 모실 마음이 없는 백성들은 기드온이 살아 있을 때엔 기드온을 왕으로 삼고자 하고(삿 8:22~23), 기드온이 죽자 하나님 대신 또다시 바알을 섬깁니다. 또한 사사기 9장에서는 스스로 왕이 되려 하는 기드온의 아들 아비멜렉의 어리석음이 드러나고 있습니다. 하나님의 허락과 백성의 동의 없이 자신의 욕심으로 스스로 왕이 된 아비멜렉의 악행으로 사사 시대 불행의 골은 더욱 깊어져 갑니다.

진정한 지도자가 없다 삿 10~12장

야일이라는 사사가 있었는데, 그의 이력서는 다음과 같습니다. "그에게 아들 삼십 명이 있어 어린 나귀 삼십을 탔고 성읍 삼십을 가졌는데"(삿 10:4). 전쟁 승리의 기록이 아닙니다. 첩을 많이 두어 자식이 삼십 명이나 된다는 것, 또 자기 가족들을 위해 많은 재산을 취했다는 것이 그의 이력서 내용의 전부입니다. 하나님의 말씀을 따라 백성을 이끌어야 할 지도자의 이력으로는 참으로 실망스럽다 하지 않을 수 없습니다.

그런가 하면, 또 다른 사사 입다는 "큰 용사"(삿 11:1)로 인정받는 사람이었습니다. 그는 다른 사사들과 달리 그들을 침범한 암몬 족속과 싸우기 전에 사자를 보내 일전을 벌입니다. 그는 이스라엘 민족이 광야 생활을 끝내고 가나안으로 들어오

각종 우상들
사사 시대에 이스라엘이 섬겼던 우상의 이름들이 나열되어 있다(삿 10:6). 바알, 아스다롯, 아람의 신들, 시돈의 신들, 모압의 신들, 암몬의 신들, 블레셋의 신들…. 정작 그들을 구원하신 하나님은 섬기지 아니하고, 눈에 보이는 온갖 우상들은 손에 잡히는 대로 섬기고 있는 이스라엘 백성들이 참으로 답답하기만 하다.

면서 있었던 역사적 사실들을 구체적으로 거론하며 암몬 왕의 잘못을 지적할 만큼 역사적인 통찰력을 갖추고 있었습니다. 하나님의 능력을 힘입었던 입다는 이스라엘을 암몬 자손의 손에서 구해낼 수 있었습니다.

하지만 전쟁을 잘 치르는 능력만으로는 죄악에 빠진 이스라엘을 하나님 앞으로 인도해낼 수 없습니다. 입다는 전쟁에서의 승리를 위해 경솔한 서원을 하였고, 그 결과 하나밖에 없는 딸을 바쳐야만 하는 상황에 처하게 됩니다. 사람을 제물로 바치는 것은 모세의 율법을 통해 하나님께서 금하신 일이었는데 말입니다(레 20:2~3; 신 12:31).

또한 입다는 암몬과의 전쟁이 끝난 후, 에브라임 사람들이 시비를 걸어오자, 암몬을 향했던 칼끝을 곧바로 에브라임에게로 돌려 에브라임 사람 4만 2천 명을 죽입니다. 비슷한 상황에서 기드온은 지혜롭게 위기를 모면했는데, 입다는 그만한 수준이 되지 못했던 것입니다. 그는 길르앗 장로들이 찾을 만한 인물(삿 11:5~6)이긴 하였으나, 하나님께서 진정 바라시는 모습의 지도자는 아니었습니다.

이스라엘 백성의 지도자라면 무엇보다 하나님을 사랑하고 섬기는 삶의 내용으로 백성들을 이끌어야 합니다. 하나님과 이스라엘 백성 사이에서 중간 역할을 하는 지도자의 삶의 내용에 따라 그 시대가 하나님의 기쁨이 될 수도 있고, 하나님의 슬픔이 될 수도 있다는 것을 알 수 있습니다. 입산, 엘론, 압돈으로 이어지는 사사들의 삶의 내용은 참 안타깝습니다(삿 12:8~15).

나실인 삼손 삿 13~16장

계속해서 진정한 지도자를 찾으시는 하나님 앞에 삼손이 준비됩니다. 삼손은 복 받은 사람이었고 여호와의 영이 함께한 사람이었습니다. 이런 삼손에게 맡겨진 두 가지 과제는 첫째, 이스라엘을 블레셋으로부터 해방시키는 것이요, 둘째, 여전히 이스라엘 전역에 만연해 있는 우상숭배를 근절하고 이스라엘을 하나님만 섬기는 민족으로 개혁하는 일입니다. 그런데 삼손은 블레셋과의 싸움에서 승리를 거두기는 하지만, 20년을 사사로 있으면서도 하나님의 기대에는 미치지 못하였습니다.

삼손은 블레셋 사람들을 치는 일로 사사로서의 역할을 수행하였습니다. 그런데 이 일의 발단은 그가 사사로서의 공적 임무에 충실하기 위해 행한 일이라기보다는, 오히려 그 반대로 사사의 임무를 망각하고 이방 여인을 취하는 가운데 자신의 감정을 표출하면서 일어난 사건이었습니다. 블레셋 사람들을 치는 그의 행동은 사명이나 믿음에서 나온 것이 아니라, 눈앞에 있는 목적만을 달성하기 위함이었던 것입니다. 특히 하나님과 이방 여인 사이에서 갈등하며 마음을 정하지 못해 실패하는 삼손의 모습은 하나님과 이방신 사이에서 마음을 정하지 못하던 당시 이스라엘 백성들의 모습과도 흡사합니다.

나실인 비교

성경에서 대표적인 나실인은 삼손과 사무엘이다. 삼손은 이스라엘을 괴롭히는 블레셋을 징벌하기 위한 하나님의 도구였지만, 자기 욕심에 이끌려 하나님의 기대에 부응하지 못했다. 그에 반하여 같은 나실인인 사무엘은 온전히 하나님의 기대를 만족시키기 위해 백성을 교육하고 왕을 지도하는 등, 부단히 노력한 사람이다.

기초가 무너진 사회 삿 17~21장

사사기 후반부에는 사사 시대의 사회상을 알려주는 이야

기초제도의 붕괴

모세의 율법에 의하면 제사장과 레위인은 하나님과 이스라엘 백성을 중보하면서 백성들이 가져오는 제물의 일부분을 취하여 살아가도록 되어 있다. 그러나 사사 시대에는 그렇지 못했다. 이것은 제사장과 레위인이 하나님을 섬기는 데 집중할 수 없었던 중요 이유 중 하나이다.

오해

이스라엘이 이방의 우상을 섬기는 데 익숙하다 보니, 이제는 하나님을 섬기는 것도 우상을 섬기는 것처럼 생각하고 있다. 레위인은 마땅히 하나님의 말씀에 따라 백성을 지도해야 할 터인데, 미가의 집에 있던 레위인은 힘 있는 단 지파의 결정에 그저 따라갈 뿐이다. 그리고 미가의 집이나 단 지파의 사람들은 무조건 레위인을 시켜 제사만 드리게 하면 그들에게 복이 올 줄로 생각한다. 그 어디에도 모세를 통해 주신 율법의 바른 실천은 보이지 않는다.

기들이 기록되어 있습니다. 사사기 17~18장에 나오는 미가라는 사람의 이야기는 당시 사회가 얼마나 그 중심부터 무너져 있었는지를 말해줍니다.

무엇보다 사사 시대에는 레위인들이 생계를 꾸려갈 수 있도록 제물을 내어놓는 사람들이 없었습니다. 하나님께 진실한 제사를 드리는 사람이 없었기 때문에 레위인은 스스로의 생계를 책임져야 했습니다. 그래서 제사장과 레위인은 하나님을 섬기는 데에 집중할 수 없었고, 시대는 더욱 하나님을 떠나갔습니다.

그런가하면 백성을 대표하여 하나님을 섬겨야 할 제사장이 스스럼없이 우상을 가지고 다닙니다(삿 18:20). 뿐만 아니라 단 지파에서는 제사장직을 무슨 권세 있는 자리인양 제멋대로 부여하기도 했습니다(삿 18:30). 하나님의 말씀이 무색해져 버린 시대에 하나님께서 거하실 성소나 그 성소를 지키는 제사장의 의미 또한 퇴색된 것입니다. 그러면서도 자신들의 행위가 무엇을 의미하는지조차 모르는 것은 하나님의 말씀을 잃어버린 그들의 낮은 수준 때문이었습니다.

이어지는 사사기 19~21장의 사건은 거룩한 사회를 세우기 위한 기초 제도가 무너지고 이스라엘의 죄악이 갈수록 커져감을 보여줍니다. 하나님 섬기는 일을 도와야 할 레위인이 첩과 허송세월하며 시간을 보냅니다. 또한 기브아 사람들은 해가 저물어도 지나가는 나그네를 영접하지 않습니다. 그나마 한 노인이 유숙할 곳을 찾고 있는 레위인과 그 첩을 자신의 집으로 영접해 들입니다. 그런데 그 마을 불량배들이 노인을 향해 나그네를 내어놓으라고 협박합니다. 소돔과 고모라의 죄악(창 19:1~11)을 몇백 년이 지난 지금 반복하고 있는 것입니다. 레위인은 자신의 손으로 직접 자신의 첩을 불량배들에게 내어줍니다. 다음 날 아침, 문에 엎드러져 죽어 있는 첩의 시체를 보고 레위인은 복수를 계획합니다. 시체를 나귀에 싣고 집에 돌아온 레위인은 자기 첩의 시체를 열두 덩이로 나누어 이스라엘 사방에 보냅니다.

삶의 방식이 저급했던 기브아의 불량배들, 복수심에 불타 사명을 잊어버린 레위인, 율법의 내용(신 19:11~13)을 무시하고 불량배들을 내놓지 않은 베냐민 지파의 장로들로 인해 이스라엘 사회가 큰 혼란에 빠져 버리고 맙니다. 민족 공동체인 이스라엘이 그만 동족끼리 살육하는 참상을 빚어낸 것입니다. "우리는 한 친족"(창 13장)이라며 조카 롯과의 갈등을 해결했던 그들의 조상 아브라함과는 달리 그들은 문제 해결을 위해 바른 원칙을 세울 만한 수준이 되지 못했습니다. 이 일로 베냐민 지파의 장정 2만 5천여 명이 죽어, 베냐민 지파는 존폐 위기에 처하게 됩니다. 전투가 벌어지는 동안에는 앞뒤 가릴 것 없이 서로 죽이는 데에 열중했지만, 그 폭풍 같던 시간이 흐른 뒤 돌이켜보니 말할 수 없는 참담함만 남았습니다.

사사기의 마지막 장에 나오는 전쟁 사후 처리는 더 당황스럽습니다. 베냐민 지파가 사라질 위기에 처한 것을 알게 된 이스라엘 백성들은 어떻게든 12지파의 명맥을 유지하고자 옳지 못한 방법으로 베냐민 지파의 신부가 될 사람들을 구합니다.

사사기에 소개된 사건들과 인물들은 많은 백성들이 자기의 소견을 따라 행했던 당시의 시대상을 보여줍니다. 입다의 경솔한 서원(삿 11:30~31), 입다와 에브라임의 전쟁(삿 12장), 나실인의 삶을 소홀히 여겼던 삼손(삿 13~16장), 한 레위인의 첩의 죽음에서 빚어진 이스라엘 지파 간의 살육(삿 20장), 총회에 불참한 야베스 길르앗 주민에 대한 처리 방식(삿 21:8~12), 그리고 베냐민의 기업을 잇기 위해 그들이 꾸민 계책(삿 21:16~24)까지,

이 모든 일 가운데 하나님의 마음을 온전히 흡족하게 할 만한 인물이나 사건은 없었습니다. 하나님 백성으로서의 기본이 지켜지지 않았고, 하나님 앞에 중심을 잡지 못한 이 시대의 이스라엘은 하나님의 큰 근심이 되었습니다.

교육의 성공 사례

4 숲이야기

롯기 1~4장

아픔 가운데 성숙 롯 1장

우리는 이미 사사기 통독을 통해 사사들이 치리하던 때가 캄캄한 암흑기요, 하나님을 떠난 시대라는 것을 알게 되었습니다. 그런데 롯기는 그런 시대 속에서도 향기롭게 피어난 작은 들꽃 같은 이야기입니다.

사사 시대에 흉년이 듭니다(롯 1:1). 이 흉년은 이스라엘을 징계하시는 하나님의 방법이었습니다. 그런데 베들레헴 땅에 살던 한 가족, 즉 엘리멜렉과 나오미, 그들의 두 아들은 그 하나님의 징계를 피해 모압 땅으로 이주하였고, 아들들은 이방인인 모압 여인과 결혼까지 하였습니다. 하지만 당장의 기근을 피해 물질적 풍요를 누리고자 했던 그 가족의 행복은 그리 오래가지 못합니다.

얼마 못 가 나오미는 남편도 잃고 두 아들도 잃습니다. 지난 10여 년 동안 가정, 물질, 자식 등 이타적이기보다는 이기적인 중요성에 빠져 살았는데, 이제 자신에게 가장 소중한 모든 것을 잃는 경험을 한 것입니다. 이것이 나오미라는 여인의 현재 형편입니다. 결국 그녀는 하나님을 찾습니다. 그래서 모압에서의 생활을 정리하고 자기 고향으로 돌아가기로 결심하고, 그 결심을 며느리들에게 밝힙니다. "나는 고국으로 돌아가겠으니, 너희는 친정으로 돌아가거라."(룻 1:8).

나오미는 며느리들에게 재혼의 길을 터 주고자 했던 것입니다. 이때 나오미는 자신의 이런 모든 처지는 하나님의 말씀을 소홀히 여겼기 때문임을 며느리들에게 고백합니다. 그런 자신 때문에 며느리들까지 같이 고생하는 것을 보니 더욱 마음이 아프다고 말합니다(룻 1:13). 이별을 앞두고 함께 한참을 울던 며느리 오르바는 결국 친정으로 돌아갑니다. 그런데 룻은 돌아가지 않습니다. 룻이 말합니다.

"내게 어머니를 떠나며 어머니를 따르지 말고 돌아가라 강권하지 마옵소서 어머니께서 가시는 곳에 나도 가고 어머니께서 머무시는 곳에서 나도 머물겠나이다 어머니의 백성이 나의 백성이 되고 어머니의 하나님이 나의 하나님이 되시리니 어머니께서 죽으시는 곳에서 나도 죽어 거기 묻힐 것이라 만일 내가 죽는 일 외에 어머니를 떠나면 여호와께서 내게 벌을 내리시고 더 내리시기를 원하나이다"(룻 1:16~17).

늙은 시어머니를 따라가면 좋은 일이 생긴다는 보장도 없는데, 룻은 무엇 때문에 이토록 시어머니를 따르려고 하는 것입니까? 이것은, 첫째는 하나님 때문이고, 둘째는 시어머니 때문입니다. 사실 나오미의 가정은 하나님을 그렇게 신실하게 잘 믿지도 않았습니다. 나오미의 가정이 신앙생활을 열심히 하는 가정이었다면 처음부터 모압 땅으로 이민 오지도 않았을 테니 말입니다. 그런데 이방 여인 룻은 시집 식구들이 믿는 그 하나님이 참된 하나님이심을 알고 믿게 된 것입니다. 그리고 그 하나님을 평생 섬기기로 결심한 것입니다. 또한 재산도 없고 가족도 없는 시어머니를 자신이 책임져야겠다고 생각한 것이 룻이 나오미를 따른 두 번째 이유였습니다.

나오미와 룻, 두 여인이 한참을 걸어 베들레헴 땅에 도착합니다. 10여 년이라는 오랜 세월이 흘렀지만 온 성읍 사람들이 나오미를 알아보며, "당신이 나오미냐?"라고 묻습니다. 그런데 나오미는 이렇게 대답합니다. "나를 나오미라 부르지 말고 나를 마라라 부르라 이는 전능자가 나를 심히 괴롭게 하셨음이니라"(룻 1:20). '기쁨'이라는 의미의 '나오미'가 아니라 '쓰다'라는 의미의 '마라'로 부르라고 합니다. 다시 말해 하나님의 뜻에 불순종했던 자신이 하나님과 이웃을 '괴롭게 하는' 존재라고 고백하는 것입니다.

진흙 속에서 빛나는 진주 룻 2장

고향에 돌아오긴 했으나, 하루 먹을 양식거리가 없습니다. 그래서 며느리 룻이 자신과 시어머니의 먹을거리를 찾아 다른 사람들의 밭으로 나서게 됩니다. 추수는 땀 흘린 농부들이 누리는 기쁨 중의 기쁨입니다. 그 과정에 함께 수고하지 않았던 자가 흘려진 이삭을 줍는 일은 부끄러운 일입니다. 그러나 자신이 배고픔은 물론이요, 시어머니를 봉양해야겠다는 결심이 선 룻으로서는 주저할 수 없었습니다. 하나님과 늙은 시어머니를 선택한 이 여인에게 주어진 삶은 그처럼 절박한 것이었습니다.

그렇게 발걸음을 옮긴 룻이 우연히 다다른 곳은 바로 보아

내용	룻기	율법서
인사에 관한 것	룻 2:4	민 6:24~26
이방인과 가난한 사람에 관한 것	룻 2:15~16	레 19:9~10

스의 밭이었습니다(룻 2:2~3). 하나님의 인도하심이고 은혜였습니다. 보아스는 자기 밭의 추수꾼들에게 "여호와께서 너희와 함께하시기를 원하노라."(룻 2:4)라고 인사합니다. 그 축복의 인사를 들은 추수꾼들 또한 "하나님께서 당신에게 복 주시기를 원하나이다."라고 대답합니다. 하나님의 이름으로 인사를 주고받는 이 모습은 그 당시가 사사 시대임을 감안하면 범상치 않은 일입니다.

뿐만 아니라, 보아스는 이방 여인인 룻을 배려해줍니다. 남편이 죽고 난 뒤 시어머니에게 효도한 것을 소문으로 들어 알고 있다면서 룻에게 격려의 말을 건넵니다. "여호와께서 네가 행한 일에 보답하시기를 원하며 이스라엘의 하나님 여호와께서 그의 날개 아래에 보호를 받으러 온 네게 온전한 상 주시기를 원하노라"(룻 2:12). 이 말은 룻을 매우 기쁘게 했습니다. 보아스는 정말 '말할 줄 아는 사람'이었습니다.

또한 보아스는 룻에게 떡도 건네고, 볶은 곡식도 줍니다. 뿐만 아니라 추수하는 소년들에게 곡식을 일부러 뽑아서 버려두라고 말합니다(룻 2:15~16). 이는 "너희의 땅에서 곡식을 거둘 때에 너는 밭 모퉁이까지 다 거두지 말고 네 떨어진 이삭도 줍지 말며 … 가난한 사람과 거류민을 위하여 버려두라"(레 19:9~10)라는 율법을 기억하고 지키는 모습입니다. 하나님께서 모세를 통하여 주신 말씀이 머리의 지식에서 끝나는 것이 아니라 삶의 실천으로 나타나는 장면인 것입니다.

하나님을 마음에 두고, 그분의 말씀을 삶의 기준으로 받아들인 사람을 찾기 어려운 사사 시대에 하나님을 마음에 모신 두 사람 룻과 보아스의 만남이 참으로 아름답습니다. 이들의 진실한 삶의 자세는 하나님께서 역사하시는 통로가 될 뿐 아니라, 암울한 사사 시대를 미력하게나마 밝혀주는 아름다운 사건이 되고 있습니다.

※

축복 받는 가정의 탄생 룻 3장~4:17

보통 2주 정도가 걸리는 추수 기간이 끝나갈 무렵, 시어머니 나오미가 룻을 불러, 보아스가 자기 집안의 기업을 무를 사람이라고 말합니다. 룻은 시어머니의 명대로 목욕하고 기름을 바르고 의복을 입은 후, 보아스의 밭으로 갑니다.

일반적으로 전답이 많은 부자들의 추수 풍습은 곡식단들을 집으로 옮겨 와서 탈곡하기보다는 현장에서 탈곡해서 알곡만을 가져오는 것이었습니다. 그래서 추수 때에는 일시적으로 거처할 천막을 쳤는데 보아스가 거기서 며칠 지내고 있었던 것으로 보입니다. 바로 그때 나오미가 조마조마한 마음으로 며느리 재혼 계획을 세운 것입니다.

보아스가 풍성한 추수를 하고서 기쁜 마음으로 천막에 들어가 발을 뻗고 눕는데 뭔가 발에 닿습니다. 깜짝 놀라 일어난 보아스에게 룻이 가냘픈 목소리로 "나는 당신의 여종 룻이오니 당신의 옷자락을 펴 당신의 여종을 덮으소서 이는 당신이 우리의 기업을 무를 자가 됨이니이다"(룻 3:9)라고 말합니다.

이때 보아스는 밤중에 자기 침실로 찾아온 룻에게 이렇게 말합니다. "내 딸아 여호와께서 네게 복 주시기를 원하노라"(룻 3:10). 보아스는 환한 낮에나 어두운 밤에나 잊지 않고 하나님을 찾고 있습니다. 또한 두려워하고 있는 룻에게 "네가 현숙한 여자인 줄을 나의 성읍 백성이 다 아느니라"(룻 3:11)라고 하며 위로합니다. 그리고 나오미 가족의 기업 무를 자로 자기보다 더 가까운 친족이 있다는 사실을 알려줍니다. 더 가까운 기업 무를 자가 있기에 하나님의 법을 지키고자 했던 것입니다.

룻과 나오미 입장에서는 부끄러움을 무릅쓰고 실천한 계획이었습니다. 그런데 현재로서는 그 계획이 무위로 돌아간 듯 보입니다. 그러므로 두 여인의 입장에서만 생각하면 민망하다는 생각이 들 수 있습니다. 거기까지 생각이 미친 보아스는 새벽에 돌아가는 룻에게 보리를 여섯 번 되어 줍니다. 나오미가 이 뜻을 알아채고, 가만히 기다려보자고 말합니다(룻 3:16~18).

다음 날, 보아스는 성읍 장로들을 부르고, 자신보다 엘리멜렉과 더 가까운 친족을 불러서 나오미의 기업을 물러주라고 이야기합니다. 하나님께서 모세를 통해 주신 법에 따르면 잃어버린 경작권을 가장 가까운 친족이 다시 사주어야 했습니다. 가장 가까운 친족이 처음에는 하겠다고 합니다. 왜냐하면 나이 든 나오미는 이미 자녀 생산 능력이 없는 고로, 나오미만 자기 식구로 받아들이면 나오미 대신 물러준 땅은 결국 모두 자기의 것이 될 거라고 생각했기 때문입니다. 그러나 젊은 여인 룻과 결혼해서 자식을 낳아 그 자식을 나오미에게 양자로 주고 나오미의 과거 재산을 전부 그 자녀와 함께 돌려줘야 한다고 하자(룻 4:5,10), 자신의 이전 결정을 번복합니다. 그래서 그 책임 순위가 보아스에게로 넘어옵니다. 보아스는 그 책임을 받아들여, 룻을 자기 아내로 삼습니다. 보아스는 재산상으로 상당히 큰 손해를 감수한 것입니다.

이제 나오미는 며느리 룻 덕분에 더 이상 생계를 걱정하지 않아도 됩니다. 시어머니를 돌보고자 낯선 나라로 옮겨온 것, 또한 그런 어머니의 생계 대책을 위해 '가난하건 부하건 젊은 자를 따르지 아니한 태도'(룻 3:10)가 바로 룻의 효성이 드러난 부분입니다. 하나님의 기쁨과 이웃의 기쁨을 위해 살았던 보아스와 룻, 이들의 인생이 참으로 아름답습니다.

✳

어머니의 무릎 위에 앉아서 룻 4:18~22

보아스가 살던 사사 시대는 대부분의 사람들이 자기 소견에 옳은 대로 살았던 시대입니다(삿 21:25). 그런데 보아스는 다른 사람들과는 달리 하나님의 말씀을 붙들며 살고 있습니다. 첫째는 물론 하나님의 은혜요, 둘째로는 그의 족보를 통해 그 이유를 짐작해 볼 수 있습니다.

룻기의 맨 마지막 부분(룻 4:18~22)에 보아스의 족보가 나옵니다. 보아스의 아버지가 살몬이었습니다. "살몬은 보아스를 낳았고 보아스는 오벳을 낳았고"(룻 4:21). 그런데 여기서 잠깐 마태복음 1장 5절을 찾아봅시다. "살몬은 라합에게서 보아스를 낳고 보아스는 룻에게서 오벳을 낳고 오벳은 이새를 낳고 이새는 다윗 왕을 낳으니라." 살몬의 아내가 누구입니까? 바로 라합입니다. 여리고 성에서 유일하게 살아남은 믿음의 여인 라합, 그녀에게서 보아스가 태어났습니다.

라합, 그녀는 시대와 역사를 보는 안목을 가지고 있던 여인입니다. 그녀는 홍해를 건넌 이스라엘 백성의 소식을 듣고 하나님에 대해 관심을 가졌습니다. 직접 보진 않았지만, 듣고 믿

God's plan

징검다리

룻의 순종과 보아스의 성숙한 신앙, 그리고 나오미의 열심이 하나님의 역사를 이루는 소중한 징검다리가 되고 있다.

은 것입니다. 그래서 재물, 창칼, 전술을 의지했던 여리고 사람들이 다 죽어갈 때, 라합은 하나님의 능력을 두 눈으로 목도하고 생명을 얻었습니다.

그런 라합이 보아스에게 무엇을 가장 열심히 가르쳤겠습니까? 무엇보다 자기 일생 최대의 경험, 즉 여리고 성이 순식간에 무너지는 틈바구니 속에서 자기가 생명을 건질 수 있었던 이유를 들려주며, '살아계신 하나님'을 가르쳤을 것입니다. 그래서 남들이 다 각자 자기의 소견에 옳은 대로 살아가는 시대에 보아스는 하나님의 말씀을 열심히 외우고 실천하며 살아갔던 것입니다. 하나님의 말씀대로 실천했던 보아스의 삶은 인간이 하나님의 율법을 준행하며 사는 것이 얼마나 복되고 아름다운지를 보여주는 샘플입니다. 그의 인생은 하나님의 율법이 실현될 수 없는 이상(理想)에 머물러 있는 것이 아니라 인생들이 삶으로 구현할 수 있는 최고의 법도임을 증거한 삶이었습니다.

이후 다윗이 "전쟁은 하나님께 속했다."(삼상 17:47)라고 골리앗 앞에서 고백하는데, 그 고백의 뿌리는 라합에게서 계승된 것이라고 볼 수도 있겠습니다(수 2:9~11). '보아스! 그 뒤에 믿음의 라합이 있었구나.'라는 생각이 듭니다.

이렇게 시대를 역류하며 하나님의 말씀대로 책임을 다한 보아스의 순종과 믿음, 아픈 세월을 통해 성숙한 신앙인으로 거듭난 나오미, 그리고 생명을 다해 하나님과 시어머니를 믿고 따른 룻의 삶이 모두 합해져서 하나님의 비전이 계승되고 예수 그리스도의 오실 길이 준비됩니다.

LEADERSHIP

신앙계승

보아스는 사사 시대에 찾아보기 힘든 믿음의 사람이었다. 그것은 일찍이 '여호와를 들음'(수 2장)으로 믿었던 라합의 믿음(마 1:5)을 이어받았기 때문이었다.

진한 고백

여호수아는 정말 보잘것없는 이스라엘 민족이

광야에서 40년 동안 하나님의 도움으로 살아남는

기적을 직접 체험한 사람입니다.

가나안을 점령하여 그 땅에서

이스라엘 백성들이 삶을 시작하게 되는

직접적 계기를 만든 사람이기도 합니다.

그런 그가 110년의 인생을 다 살고 마무리할 즈음에,

자신과 더불어 그 긴 인생길을 걸어왔던 자신의 동료들,

그리고 자신의 뒤를 이어 국가를 경영할

후배 지도자들을 모아놓고 말합니다.

모세에게 물려받은 신앙과 그 사랑의 고백을

자신의 온 인생으로 살아낸 그가

자신의 신앙과 사랑을 담아 진한 고백을 합니다.

"너희 하나님 여호와를 사랑하고 그 모든 길로 행하며

그 계명을 지켜 그에게 친근히 하고

너희의 마음을 다하며 성품을 다하여 그를 섬길지니라."

A Model for a Thousand Years

사무엘은 사사 시대라는 암흑기의 이스라엘을 하나님께로 돌려놓습니다. 그러나 사무엘이 늙자, 백성들은 왕정을 요구했고, 하나님께서는 사무엘을 통해 이스라엘의 초대 왕으로 사울을 준비하십니다. 하지만 백성들을 자기 권력의 소유물로 여긴 사울로 인해 하나님의 근심은 깊어져 갑니다. 마음의 중심을 살피시는 하나님께서 예선하신 다윗, 그는 오랜 훈련 끝에 온 백성의 지지를 얻어 왕위에 오르고, 정의와 공의로 나라를 다스리며 천년 역사의 모범을 이뤄갑니다.

5
마당

천년모범

미스바세대 삼상 1~8장

임명권자
삼상 9~31장 대상 1~10장 시 34, 52, 54, 56, 57, 59, 142편

세 번의 기름 부음
삼하 1~10장 대상 11~19장 시 60편

우슬초 정결
삼하 11~24장 왕상 1~2장 대상 20~29장
시 3, 7, 18, 51, 63편 그 외 시편

미스바세대
사무엘상 1~8장

하나님의 대안, 사람과 교육 삼상 1~3장

신앙 교육에 실패한 결과로 시대 전체가 350여 년 이상, 긴 어둠의 터널을 지나야 했습니다. 그 긴 세월 동안, 그들에게는 이웃에 대한 배려, 하나님을 향한 깊은 생각과 이해가 없었습니다. 저마다 자기의 욕심이 주장하는 대로 살았기 때문입니다. 여기서 우리가 생각해봐야 할 것은 그 시대를 사는 사람들도 답답하고 힘들었겠지만, 하나님 또한 답답한 마음을 가눌 길이 없으셨다는 점입니다. 하지만 비록 이스라엘이 하나님의 뜻을 거역하며 하나님을 멀리 하였어도, 하나님께서는 그들과 함께 계셨습니다. 그리고 오랜 준비 끝에 하나님의 사람을 역사의 현장 속으로 보내십니다.

어두운 사사 시대의 역사를 광명의 시대로 인도할 한 사람이 준비되고 있습니다. 하나님께서 아이 낳기를 간절히 사모하는 한 여인을 주목하십니다. 한나라는 여인이 성전에 와서 눈물로 기도하는데, 그 기도의 내용은 아들을 달라는 것이었

God's plan

어둠을 걷어내는 준비

사사 시대의 어두운 역사를 단절시킬 한 사람, 사무엘이 준비되고 있다. 아울러 작은 마을 베들레헴에서 있었던 룻과 보아스의 결혼은 이후 어두운 사울 시대를 단절시킬 다윗을 준비하시는 하나님의 크신 섭리였다.

습니다. 사람들이 많은 곳에서 차마 큰 소리로 기도할 수 없었던 그녀는 작게 중얼중얼 기도할 수밖에 없었습니다. 너무 간절하게 기도한 나머지, 그녀의 얼굴이 붉게 변했고 그것을 지켜본 엘리 제사장은 그녀에게 다가와 포도주를 끊으라고 충고합니다. 한나는 그런 엘리에게 자신의 답답한 심경을 털어놓습니다. 사정 이야기를 다 들은 엘리는 한나에게 하나님께서 그녀의 기도를 들으셨다고 말합니다. 한나는 엘리의 말을 믿고 집으로 돌아갑니다.

한나는 과연 믿고 구한 대로 아들을 낳았으며, 약속대로 그 아들을 하나님께 바칩니다(삼상 1:25~28). 한나가 엘리의 아들들에 관한 나쁜 소문을 몰랐을 리 없습니다(삼상 2:12~17,22~24). 그럼에도 불구하고 한나는 하나님을 향한 믿음을 가지고 기도하며 엘리에게 아들 사무엘을 맡깁니다. 사무엘상 2장 1~10절에 기록된 한나의 기도는 그녀의 아름답고 깊은 믿음을 잘 보여줍니다.

이렇게 사무엘은 젖을 떼자마자 부모를 떠나 하나님의 사람으로 준비되기 시작합니다. 그 준비의 내용은 첫째, 엘리를 통한 지식 교육, 둘째, 홉니와 비느하스를 반면교사(反面敎師)로 삼아 시행착오를 줄이는 것이었습니다. 그리고 그 준비 뒤에는 어머니 한나의 간절한 기도가 뒷받침되었습니다.

사무엘이 어릴 때에 하나님께서 사무엘에게 나타나십니다(삼상 3장). 하나님의 궤가 있는 여호와의 전 안에 누워 있던 사무엘은 엘리의 집이 받을 심판에 대해 미리 듣게 됩니다.

사무엘은 점점 자랄수록 그의 말이 하나도 땅에 떨어지지 않게 되고, 그가 하나님의 선지자로 세우심을 입은 줄을 온 이스라엘이 알게 됩니다(삼상 3:19~20). 이제 사무엘은 350여 년의 어두운 역사를 끊는 역할을 하게 됩니다.

미스바세대 삼상 4~7장

"홉니와 비느하스가 한 날에 죽으리니"(삼상 2:34)라는 하나
님의 말씀대로 홉니와 비느하스가 블레셋과의 전투에서 죽고,
그 소식을 전해 들은 엘리도 죽게 됩니다(삼상 4:17~18).

이스라엘 백성들의 어리석음으로 인하여 이 블레셋과의
싸움에서 하나님의 법궤를 블레셋에게 빼앗기고 맙니다. 그러
나 블레셋이 하나님의 궤를 감당할 수 없었기 때문에 다행히
법궤는 일곱 달 만에 돌아옵니다. 그러나 그 법궤는 이후 다윗
이 예루살렘으로 옮겨오기까지(삼하 6장) 오랫동안 기럇여아림
에 머물게 됩니다(삼상 7:2).

미스바세대 탄생의
3대 요소
1. 기도하는 어머니 한나
2. 충실하게 교육받은 지도자
　 사무엘
3. 자기의 모습을 깨닫는 백성

이제 준비된 지도자 사무엘은 혼신의 힘을 다하여 지속적
으로 시대부흥운동을 펼치기 시작합니다. 사무엘은 지난 과거
의 어두운 역사를 씻어내고, 이스라엘을 다시 하나님을 섬기
는 민족으로 바꾸는 일에 온 일생을 바칩니다. 그는 오랜 시간
동안 하나님의 말씀을 들어본 일이 없는 백성들에게 하나님의
말씀을 들려주고자 전국을 순회하며 직접 말씀을 선포하고,
바알과 아스다롯 같은 우상을 제하게 하며, 오직 여호와 하나
님만을 섬기도록 백성들을 가르칩니다. 그 결과 "이스라엘 온

족속이 여호와를 사모"(삼상 7:2)하는 역사가 일어납니다.

　사무엘의 간절한 사역을 통해 모든 이스라엘 백성들이 미스바에서 진심으로 회개합니다(삼상 7:5~6). 이스라엘 백성들이 미스바에 모두 모였다는 소식을 들은 블레셋이 쳐들어왔지만, 이스라엘 백성들은 합심으로 기도함으로써 그들을 물리칩니다(삼상 7:10). 하나님의 말씀으로 새로워지고 하나님을 체험한 미스바세대가 탄생하는 장면입니다. 하나님의 역사를 듣고 믿고 체험한 이들이 결국 사사 시대 350년의 묵은 찌꺼기를 깨끗이 씻어냅니다.

　이후에도 사무엘은 해마다 벧엘, 길갈, 미스바로 순회하며 지속적으로 하나님의 말씀을 가르칩니다(삼상 7:15~17). 이처럼 사무엘이 시대부흥운동을 펼친 결과, 인간이 인간답게 살 수 있게 되었고 이스라엘이 광명을 얻게 되었습니다. 참 좋으신 하나님, 그분을 바로 알면 그분을 사모하지 않을 자가 없습니다.

에벤에셀
사무엘이 블레셋을 물리치고 미스바와 센 사이에 돌을 세워 지은 이름. '여호와께서 여기까지 우리를 도우셨다.' 라는 뜻 (삼상 7:12).

사무엘이 순회하며 가르침

제사장 제도와 왕정 제도 삼상 8장

　어느덧 하나님의 사람 사무엘도 늙어 지도자의 사명을 감당하기 어려워집니다. 혼탁했던 사사 시대를 종결시키고 하나님이 중심이 되는 새 시대를 열었던 지도자 사무엘. 그런데 어찌된 일인지 그 아들들은 아버지의 모습을 따르지 못합니다. "그의 아들들이 자기 아버지의 행위를 따르지 아니하고 이익을 따라 뇌물을 받고 판결을 굽게 하나라"(삼상 8:3).

　그러자 이스라엘 백성들이 사무엘 이후의 나라를 걱정하기 시작합니다. 그래서 백성들이 한 가지 대안을 생각해냅니

왕정 제도와 제사장 제도의 차이	
왕정 제도	제사장 제도
왕의 다스림	하나님의 다스림
왕권 중심	백성 중심
계급 체제	어우러지는 공동체
강자 중심의 명령 체제	사회적 약자 배려가 우선

다. 그것은 다른 나라들처럼 이스라엘도 왕의 제도를 세우자는 것이었습니다. 이미 선조들이 노예 생활을 했던 애굽도 그렇고, 가나안의 족속들도 그렇고, 대부분의 이웃 나라가 왕정 제도를 가지고 있었습니다. 그러나 이는 하나님의 뜻이 아니었습니다. 하나님께서는 이미 이스라엘 백성들에게 '왕'이 중심이 되는 왕정 제도가 아닌, '하나님의 말씀'을 중심으로 국가경영이 이루어지는 제사장 제도를 주셨습니다. 하나님의 다스림이 살아 있는 아름다운 사회를 위한 가장 좋은 제도입니다. 그런데 이스라엘 백성들이 그 제도를 뒤로한 채, 좋지 않은 쪽을 선택하고 나온 것입니다.

사무엘은 백성들의 이러한 요구를 기뻐하지 않습니다. 우리 하나님께서도 이들의 결정에 매우 실망하십니다. 하나님께서 사무엘에게 "그들이 너를 버림이 아니요 나를 버려 자기들의 왕이 되지 못하게 함이니라"(삼상 8:7)라고 말씀하시며 섭섭함을 표현하십니다.

하나님께서는 사무엘로 하여금 왕정 제도가 결코 이스라엘 백성들에게 유익한 것이 아니라는 것을 설명하게 하십니다. 구체적인 예를 열거하며 설명한 왕정의 실체는 '백성들이 왕의 종이 된다는 것'입니다(삼상 8:11~18). 이 정도 설명을 했으면 알아들을 만도 한데, 그래도 이스라엘 백성들은 왕정을 허락해달라고 더욱 강력하게 요구합니다(삼상 8:19~20).

하나님께서 많이 속상하셨을 것입니다. 그런데 우리 하나님께서는 그 어리석고 고집스런 백성들의 말을 들어주기로 하십니다. 그들의 선택이 옳아서가 아닙니다. 하나님께서 그들에게 져 주신 것입니다. 힘이 없어서가 아니라, 사랑이 많으셔서입니다.

사랑을 해보신 분은 아실 것입니다. 사랑이 많은 쪽과 사랑이 적은 쪽이 다투면 사랑이 적은 쪽이 이깁니다. 부모와 자식 간에는 자식이 이기고, 스승과 제자 간에는 제자가 이깁니다. 그래서 자식 이기는 부모 없다고 합니다. 이스라엘 백성과 하나님의 관계에서도 마찬가지였습니다. 사랑이 많으신 하나님께서 이스라엘 백성들의 요구에 어쩔 수 없이 손을 들어주신 것입니다. 그리고 이제 왕의 제도를 이스라엘 백성들에게 허락하신 하나님께서는 최선을 다해 이스라엘 백성들을 위해 합당한 사람을 선택하십니다. 하나님의 깊고 크신 사랑은 이 때에도 끊임없으십니다.

임명권자

사무엘상 9~31장 역대상 1~10장 시편 34, 52, 54, 56, 57, 59, 142편

시대를 향한 근심 삼상 9~16장

이스라엘 백성들은 왕을 세우는 일이, 그들이 주변 나라들처럼 강한 나라가 되기 위한 체제의 정립이라고 생각했지만, 출애굽 이후 지금까지 이스라엘을 당신의 백성으로 칭하시며 보살펴오신 하나님 입장에서는 하나님의 백성들을 다스리게 될 지도자를 선택하시는 일이었습니다.

이스라엘의 첫 번째 왕이 된 사울은 사무엘로부터 기름 부음을 받고, 공식적으로 미스바에 모인 모든 백성들 앞에서 12,000대 1의 경쟁률을 뚫고 왕위에 오릅니다. 앞으로 사울에게는 하나님의 마음을 잘 헤아려 자신의 위치를 정확하게 인식하고 하나님의 뜻에 합당하게 이스라엘을 다스려 나가야 할 책무가 주어집니다(삼상 10:17~24).

하나님께서 처음 사울을 이스라엘의 초대 왕으로 세우실 때는 그만한 자질이 있었기 때문입니다. 그는 키가 크고 외모가 준수했으며, 효자였습니다. 또한 하나님의 사람에 대한 예의를 갖출 줄도 알았고, 자신을 돌아볼 줄 아는 겸허함도 가지고 있었습니다. 당신의 백성을 맡아 다스릴 자로 하나님께서는 여러 면에서 준비를 갖춘 사울을 선별하셨던 것입니다.

역시나 사울은 왕이 된 직후, 뛰어난 정치적 감각을 가지고 현명하게 처신합니다. 이스라엘이 지난 350여 년 동안 지파 중심의 제사장 제도로 유지되어 왔음을 잘 알고 있던 사울은 공식적으로 왕이 되었음에도 불구하고 급히 왕궁을 짓고 세력을 모으기보다는 고향으로 돌아가 예전처럼 농사를 지으며 적절한 기회를 기다립니다(삼상 10:26; 11:5).

오래지 않아 그 기회는 외부로부터 옵니다. 암몬 사람들이 길르앗 야베스를 침략하러 온 것입니다. 길르앗 야베스 사람들이 강화를 맺자고 요청했지만, 암몬 사람들은 "너희 오른 눈을 다 빼야 너희와 언약하겠다."(삼상 11:2)라고 하며 야베스 사람들을 위협합니다. 다급해진 야베스의 장로들이 이스라엘 온 지역에 전령을 보내 도움을 요청합니다. 고향 기브아에서 그 소식을 들은 사울은 곧바로 몰고 오던 소를 잡아 각을 떠 각 지파에 보내면서 이 싸움에 동참할 것을 요구합니다(삼상 11:6~7). 뛰어난 리더십을 발휘하여 모든 지파들을 한마음으로 묶어낸 사울은 암몬 족속과의 전쟁에서 크게 승리합니다. 이 일로 사울은 온 나라의 신망을 얻게 됩니다.

전쟁에서 승리하고 난 후 누군가가 사울이 제비뽑기 방식을 통해 왕으로 세워질 때 사울을 비꼬았던 세력을 죽이자고 말합니다. 그러나 사울은 "이 날에는 사람을 죽이지 못하리니 여호와께서 오늘 이스라엘 중에 구원을 베푸셨음이니라" (삼상 11:13)라고 말하며 민족의 화합을 도모합니다. 초기의 사

처음 사울이 왕이 될 당시

처음 사울이 왕이 될 당시 그는 겸손한 사람이었다. 사무엘이 그가 왕이 될 거라 말했을 때, 그는 자신이 가장 작은 베냐민 지파 중에서도 가장 미약한 집안의 출신이라고 말했다(삼상 9:21). 하나님께서는 왕의 자리에서도 겸손히 하나님만을 섬길 사람을 택하셨던 것이다. 또한 사울은 외모도 준수했을 뿐만 아니라, 아버지의 마음을 헤아릴 줄 아는 효자이기도 했다. 아버지의 암나귀가 집을 나가자 아버지를 위해 그 암나귀를 찾으려고 나이 40세에 3일 동안 여러 지방을 돌아다니다가, 결국 암나귀를 못 찾자, 자기를 걱정할 아버지의 마음을 헤아리고 집으로 가는 발걸음을 재촉하는 사람이었다. 또한 그 길에 사무엘을 만나 자신이 이스라엘의 초대 왕이 될 것이라는 놀라운 이야기를 듣고서도, 국가의 일을 함부로 남에게 발설하지 않는 신중하고 사려 깊은 사람이었다.

울은 이렇게 하나님을 섬기며 백성을 돌볼 줄 아는 사람이었습니다.

사무엘상 12장을 기점으로 사사 시대가 막을 내리고, 본격적인 왕정 시대가 열립니다. 이미 사울 중심의 왕정이 확고해진 이때, 사무엘의 고별사가 온 이스라엘을 대상으로 시작됩니다(삼상 12장). 평생을 이스라엘의 지도자로 하나님께 충성하였던 사무엘의 유언과도 같은 말의 핵심은 "더 이상 죄를 짓지 말라."라는 것입니다. 원망과 우상숭배로 하나님을 거역했던 이스라엘, 그 위에 왕정을 도입하는 잘못을 더한 이스라엘에게 사무엘은 다시금 하나님만 섬길 것을 당부합니다.

그러나 사무엘이 남긴 이 마지막 부탁에도 불구하고, 사울은 점점 처음의 태도를 잃어버리고 하나님의 뜻에서 멀어지는 정치를 하게 됩니다. 사울이 이스라엘을 다스린 지 2년이 되던 해에 이스라엘은 블레셋과 전쟁을 치르게 됩니다. 해변의 모래 같이 많아 보이는 블레셋 군대를 보고 백성들이 두려움에 떨자, 초조해진 사울은 사무엘 없이 스스로 번제를 드리는 죄를 범합니다. 그는 하나님께 온전한 제사를 드리는 것보다는, 단지 하나님의 도움을 받아 전쟁에서 승리하는 것에만 관심이 있었던 것입니다. 이런 사울에게 사무엘은 "왕의 나라가 길지 못할 것이라 여호와께서 왕에게 명령하신 바를 왕이 지키지 아니하였으므로 여호와께서 그의 마음에 맞는 사람을 구하여 여호와께서 그를 그의 백성의 지도자로 삼으셨느니라"(삼상 13:14)라고 하나님의 뜻을 전합니다.

어느덧, 사울이 즉위한 지 20여 년이 지나고, 나라가 강성해졌습니다. 강국의 왕 사울에게 사명이 주어집니다. 아말렉을 쳐서 모든 소유를 남김없이 진멸하라는 것입니다. 아말렉은 약 450년 전 이스라엘이 애굽에서 나올 때, 대열에서 뒤처질 수밖에 없는 약자들을 쫓아와 약탈하며 괴롭혔던 족속입니다(신 25:17~19). 그런데 세월이 많이 흐른 지금까지도 그들이 그 못된 삶의 방식을 여전히 이어가고 있었던 것입니다. 공의의 하나님께서 아말렉이 행한 일에 대해서 보응하라고 명하십니다. 하나님께서는 오랫동안 이스라엘이 강성해지길 기다리셨고, 이스라엘을 강성케 한 목적이 있으셨던 것입니다.

이때 사울이 귀를 크게 열고 들어야 하는 말 중 하나가 '진멸'입니다. 아말렉의 소유는 정당하게 모은 것이 아니라 약한 자들로부터 빼앗은 불의한 것이므로 이를 모두 없애라는 것입니다. 그러나 사울은 이 말씀에 순종하지 않습니다. 사울은 아말렉 왕 아각도 살려주고, 빼앗은 소유물 중에서 가장 좋은 것들은 따로 골라 남겨둡니다.

이를 보신 하나님께서는 사울을 왕으로 삼으신 것을 크게 후회하십니다. 사울에게 직접 기름을 부었던 사무엘도 무척 마음이 아팠습니다. 사무엘은 밤새워 하나님께 부르짖고, 아침 일찍 사울에게 찾아갑니다. 그런데 자신을 찾아온 사무엘에게 사울은 이렇게 말합니다. "내가 여호와의 명령을 행하였나이다." 참 뻔뻔한 태도가 아닐 수 없습니다. 그러자 사무엘이 사울에게 말합니다. "순종이 제사보다 낫고 하나님의 말씀을 듣는 것이 숫양의 기름보다 나음을 진정 모른단 말입니까? 왕이 여호와의 말씀을 버렸으니, 여호와께서도 왕을 버려 왕이 되지 못하게 하셨나이다"(삼상 15:22~23).

이 이야기를 듣고도 사울은 진실한 회개의 모습을 보이지 않습니다. 결국 사무엘은 "이스라엘이 왕의 이웃에게 넘어갈 것", 즉 정권이 교체될 것이라는 선언을 합니다. 그런데 이런 상황에서도 사울은 하나님의 말씀보다 백성들의 평판에 더 관심을 두고, 하나님보다 백성들의 눈을 더 두려워합니다(삼상

Power

요나단과 그의 무기 든 자

블레셋과의 전투에서 왕자 요나단은 "여호와의 구원은 사람이 많고 적음에 달리지 않았다."(삼상 14:6)라고 말하며, 자신의 무기 든 자와 함께 용감하게 적진으로 달려갔다. 하나님을 도구로 사용하려는 아버지 사울과 달리, 요나단은 자신을 하나님의 도구로 드렸던 것이다. 차후 다윗에 대해서도, 자신을 중심에 놓는 사울의 태도와 하나님을 중심에 놓는 요나단의 태도는 극명한 차이를 보인다.

15:30). 사울은 이스라엘을 '내 백성'이라고 말합니다. 왕이 된 지 20여 년 만에 하나님의 백성을 자신의 백성으로 만든 것입니다. 이 대목에서 우리는 하나님께서 왜 사울을 왕으로 세운 것을 후회하셨는지 짐작해볼 수 있습니다.

사무엘은 아말렉 왕 아각을 '찍어 쪼개' 버립니다. 군인도 아니고 평소 칼을 사용하지도 않는 사무엘이 그렇게 합니다. 하나님의 명령대로 당연히 사울이 아각 왕을 죽였어야 했는데, 살려두었기 때문입니다.

라마로 돌아온 사무엘은 큰 슬픔에 빠집니다. 말 한 마디 소홀히 하지 않았던 한 시대의 노(老) 지도자가 깊은 근심 속에 빠져 있습니다. 시대를 향한 근심이요, 사울을 향한 슬픔입니다(삼상 15:34~35). 바로 이때 하나님께서 사무엘에게 "언제까지 슬퍼하려느냐?"라고 하시며 다음 왕을 예선하였으니 뿔에 기름을 채워서 베들레헴 사람 이새에게로 가라고 하십니다. 그런데 사무엘이 "내가 어찌 갈 수 있으리이까?"라고 대답합니다. 자신의 왕권 유지에 걸림돌이 될만한 일들이 생기면 사울이 사무엘을 절대 가만두지 않을 것이기 때문입니다. 사무엘의 일거수일투족이 사울의 감시 대상인 것입니다.

그러자 하나님께서 사울의 눈을 피할 수 있는 방법을 일러 주십니다. "너는 암송아지를 끌고 가서 말하기를 내가 여호와께 제사를 드리러 왔다 하고 이새를 제사에 청하라"(삼상 16:2~3). 사무엘은 목숨을 걸고 베들레헴으로 갑니다. 시대의 스승 사무엘이 작은 시골 마을을 방문하였으니 이는 당연히 마을의 큰 경사여야 할 것입니다. 그러나 베들레헴 성읍 장로들은 사무엘을 보자 떨면서 "평강을 위하여 오시나이까?"(삼상 16:4)라고 묻습니다. 이 장면

사울의 실패과정

실패과정	내용	본문
하나님의 명령 불순종	블레셋과의 싸움에서 사무엘 없이 번제를 드림	삼상 13장
재물을 탐내는 탐욕	아말렉 족속을 진멸하지 않고 재물 탈취	삼상 15장
미신숭배	엔돌의 신접한 여인을 찾아감	삼상 28장

에서도 서울의 살벌한 공안 정치를 느낄 수 있습니다.

이제 그곳에서 사무엘이 다윗에게 기름을 붓습니다. 하나님께서 다윗을 예선(豫選)하신 것입니다. 하나님의 선택, 다윗. 그 선택의 기준을 들여다보면, 외모보다는 마음 중심을 보시는 하나님께서 심지가 굳은 사람을 선택하신 것을 알 수 있습니다.

목숨보다 더한 사랑 삼상 17~18장

그의 아버지도, 형들도, 심지어는 사무엘까지도 눈여겨보지 않았던 다윗. 그러나 하나님께서는 그의 마음 중심을 보시고 그를 주목하십니다.

10대 때부터 아버지의 양을 돌보며 부모의 일을 성실히 돕고 있던 다윗이 아직 베들레헴의 무명 목동으로 있을 때, 나라가 큰 위기에 빠집니다. 엘라 골짜기에서 이스라엘 군대와 블레셋 군대가 벌써 40일째 대치 상태에 있었던 것입니다. 전쟁에서 나라의 대표 장수가 누구인가는 매우 중요합니다. 블레셋의 장수 골리앗은 용사된 자로, 기골이 장대하고 엄청난 위력을 가진 자였습니다. 온 나라 안에는 이 위기일발의 소문이 무서운 속도로 퍼지고 있었습니다.

바로 이때, 아버지의 심부름으로 형들을 만나러 엘라 골짜기에 온 다윗이 그 상황을 보고 골리앗과 맞서기로 결심합니다. 그에게는 하나님의 이름이 모욕을 당해서는 안 된다는 생각, 자기 목숨보다도 하나님의 이름을 더 존귀히 여기는 마음이 있었던 것입니다. 블레셋의 거대한 장수 골리앗을 향해 나아가며 다윗이 외친 믿음의 고백을 들어보십시오.

하나님의 것 지키기
아버지의 양을 지키는 다윗. 아버지의 것을 소중히 지키기 위해 수차례의 반복을 통해 물매 돌리는 기술을 익히고 사자나 곰과도 싸웠던 다윗을 하나님께서 주목하셨다. 아버지의 것을 열성을 다해 지켰듯이, 하나님의 것을 충성스럽게 지켜줄 것이라는 기대를 하셨던 것 같다. 실제로 다윗이 골리앗과의 싸움에 나섰을 때 했던 믿음의 고백(삼상 17:45~47)을 살펴보면, 다윗에게는 하나님의 것을 목숨을 다해 지키겠다는 생각이 벌써 싹터 있었음을 알 수 있다.

"너는 칼과 창과 단창으로 내게 나아 오거니와 나는 만군의 여호와의 이름 곧 네가 모욕하는 이스라엘 군대의 하나님의 이름으로 네게 나아가노라 오늘 여호와께서 너를 내 손에 넘기시리니 내가 너를 쳐서 네 목을 베고 블레셋 군대의 시체를 오늘 공중의 새와 땅의 들짐승에게 주어 온 땅으로 이스라엘에 하나님이 계신 줄 알게 하겠고 또 여호와의 구원하심이 칼과 창에 있지 아니함을 이 무리에게 알게 하리라 전쟁은 여호와께 속한 것인즉 그가 너희를 우리 손에 넘기시리라"(삼상 17:45~47).

이스라엘을 조롱하고 하나님을 모욕하는 골리앗에게 40일 동안 아무런 대항도 하지 못했던 이스라엘 백성들은 이미 하나님을 향한 믿음도, 하나님의 군대로서의 자부심도 상실한 상태였습니다. 이스라엘 왕인 사울도 마찬가지였습니다. 하지만 비록 소년이지만 살아계신 하나님을 향한 믿음을 가진 다윗의 용기를 통해 하나님은 놀라운 구원의 역사를 펼치셨습니다.

다윗이 가진 무기는 믿음과 용기 그리고 물매, 이렇게 세 가지였습니다. 싸움 상대를 보니 승산도 있어 보였습니다. 평소 사자나 곰으로부터 아버지의 양들을 지키기 위해 물매 돌리는 연습을 부지런히 해왔던 다윗에게 거인 골리앗의 넓은 이마는 오히려 더 맞추기 쉬운 표적이었을 것입니다. 다윗은 평소 작은 것을 반복해서 연습해 두었다가 큰일에 사용한 것입니다.

이 엘라 골짜기에서의 승리는 다윗에게 아주 중대한 변화를 가져다주었습니다. 순식간에 그는 이스라엘의

Power

다윗 – 방향과 각도

이스라엘에 정말 급한 위기가 닥쳤다. 그러나 아무도 그 상황을 해결할 방도를 내지 못한다. 거인 골리앗과 싸웠을 때 백전백패할 것이 뻔해 보였기 때문이다. 그런데 소년 다윗이 나선다. 그가 이 문제를 보는 방향과 각도는 다른 사람들이 보는 방향, 각도와 달랐던 것이다.

다시 말해, 사울 왕과 온 이스라엘 군대는 동에서 서를 보듯, 평면적으로 눈에 보이는 것만 바라보았다. 그들은 전쟁의 승패가 장수의 실력이나 군인의 많고 적음, 혹은 뛰어난 전략과 전술의 유무에 달려 있다고 생각했다. 그러나 다윗은 위에서 아래를 보았다. 전쟁은 하나님께 속한 것이라는 믿음이 있었다. 문제를 보는 큰 방향이 달랐던 것이다. 또한 그는 각도를 정확하게 계산했다. 칼이나 창, 씨름이 아닌, 물매로 승부를 걸겠다는 치밀한 계산이 있었다. 그의 방향과 각도는 옳았고 그는 승리를 얻었다.

구국 영웅이 되었습니다. 사울 왕의 딸 미갈과 결혼도 하고, 나라의 군대 장관도 되었습니다. 골리앗을 죽인 다윗에 대한 이스라엘 백성들의 평가는 노래가 되어 온 나라를 뒤흔듭니다. 그를 칭송하는 노래 "사울의 죽인 자는 천천이요 다윗은 만만이로다"(삼상 18:7)로 다윗은 국내외적으로 유명 인사가 되었습니다. 이때부터 사울은 다윗을 시기하여 경계하지만, 다윗은 백성들의 사랑을 한 몸에 받게 됩니다.

이 무렵 다윗은 소중한 친구 요나단을 얻습니다. 요나단은 엘라 골짜기에서 '다윗의 하나님 사랑'과 '하나님의 다윗 사랑'을 알아본 것입니다. 비록 신분이 낮고 자신보다 나이도 어리지만 죽음도 두려워하지 않는 다윗의 믿음과 용기에 요나단이 반한 것입니다. 이후 요나단은 다윗을 "자기 생명같이" 사랑하게 됩니다(삼상 18:1). 비록 다윗은 요나단의 아버지 사울로부터 죽음의 위협을 당하게 되며, 요나단 또한 자신의 권리를 포기해야 하는 상황에 직면하지만, 하나님을 믿는 믿음 위에 세워진 다윗과 요나단의 우정은 이 모든 것을 뛰어넘습니다.

친구, 다윗과 요나단

다윗과 요나단은 처음 만났을 때부터 신분의 차이, 나이의 차이 등 사회적 조건을 뛰어넘었다. 요나단은 끝까지 아버지 사울의 곁을 지키면서도 다윗에 대한 신의를 버리지 않았다. 이러한 우정은 그들이 하나님의 뜻을 인정하고 이를 위해 협력하는 가운데 세워진 것으로서, 지금까지도 사람들의 입에 오르내리는 귀한 우정의 본이 되고 있다.

임명권자 삼상 19~26장

다윗은 골리앗을 무너뜨린 국가 영웅으로서 놀라운 신분 상승을 경험합니다. 시골 마을 목동 출신인 그가 군대 장관으로 임명되고 왕의 사위도 되었습니다. 그러나 이스라엘 가운데서 다윗의 이름이 귀하게 되는 것과 비례하여 다윗에 대한 사울 왕의 경계심도 깊어져, 급기야 다윗은 도피 길에 오르게 됩니다. 신혼의 단꿈에서 깨어나기도 전에 암살당할 위기를 피해 도망쳐야 할 처지가 된 것입니다.

다윗은 자신이 왜 도망 다녀야 하는지 따져볼 겨를도 없이 목숨을 건지기 위해 도망해야 했습니다. 얼마나 위급했으면 다윗의 아내 미갈이 "당신이 이 밤에 당신의 생명을 구하지 아니하면 내일에는 죽임을 당하리라"(삼상 19:11)라고 하며 어서 피하라고 했겠습니까. 왕자인 요나단도 다윗의 생명을 지켜줄 수 없었습니다. 이미 다윗을 죽이려 하는 사울을 그 누구도 막을 수 없는 상황이었습니다. 그러나 다윗을 향한 요나단의 사랑은 깊어만 갑니다. 자신이 아니라 다윗을 통해서 이스라엘의 왕위가 이어지는 것이 하나님의 뜻임을 인정하고 그 뜻을 받아들인 요나단은 피난길에 오르는 다윗과 하나님의 이름으로 언약을 맺습니다(삼상 20:12~16).

요나단과의 작별 후, 다윗은 사울을 피하여 제사장들의 성읍인 놉 땅으로 피신합니다. 놉에 도착한 다윗을 제사장 가운데 하나인 아히멜렉이 떨면서 맞이합니다. 급한 도망 길에 무기는 물론 변변한 먹을거리도 챙기지 못한 다윗은 아히멜렉으로부터 골리앗의 칼과 떡 조금을 얻습니다. 그리고 몸을 피하기 위해서 서쪽 블레셋 가드 왕에게로 갔지만 다윗이 골리앗을 죽인 사람인 것을 블레셋 신하들이 알아봅니다. 그들은 아기스에게 "이 사람은 다윗이 아닙니까? 사람들이 '사울의 죽인 자는 천천이요 다윗은 만만이로다.' 하지 않았습니까?"(삼상 21:11)라고 이야기합니다. 이 위기에서 벗어나기 위해 다윗이 택한 방법은 미친 척하는 것이었습니다. 다윗은 "그들의 앞에서 그

다윗과 시편

시편	다윗의 상황	사무엘서
59편	사울이 사람을 보내어 다윗을 죽이려고 그 집을 지킬 때	삼상 19장
34편	다윗이 아비멜렉 앞에서 미친 체하다가 쫓겨났을 때	삼상 21장
56편	다윗이 가드에서 블레셋인에게 잡힌 때	
52편	에돔인 도엑이 사울에게 이르러 다윗이 아히멜렉의 집에 왔더라 말하던 때	삼상 22장
57편	다윗이 사울을 피하여 굴에 있던 때	삼상 24장
142편	다윗이 굴에 있을 때	삼상 24장
54편	십 사람이 사울에게 다윗의 거처를 고자질할 때	삼상 23, 26장

의 행동을 변하여 미친 체하고 대문짝에 그적거리며 침을 수
염에 흘리"(삼상 21:13~14)면서 살기 위한 연기를 했습니다. 왕
으로 예선된 다윗의 자존심이 송두리째 무너지는 순간입니다.

이렇게 겨우 목숨을 건져 빠져나온 다윗은 이 비참한 상황
중에서도 하나님을 노래합니다. "젊은 사자는 궁핍하여 주릴
지라도 여호와를 찾는 자는 모든 좋은 것에 부족함이 없도다"
(시 34:10). "여호와는 마음이 상한 자에게 가까이 하시고 충심
으로 통회하는 자를 구원하시는도다 의인은 고난이 많으나
여호와께서 그의 모든 고난에서 건지시는도다"(시 34:18~19). 다
윗은 앞뒤 상황이 꽉 막힐 때마다 이렇게 '기도'로 하늘 문을
엽니다.

이렇게 자존심을 회복한 다윗은 아둘람 굴에서 자기와 엇
비슷한 처지에 놓인 사람들과 더불어 신진정치세력을 규합합
니다(삼상 22:1~2). 정치란 환난 당한 자, 빚진 자, 마음이 원통한
자들을 위로하고 그들의 문제를 풀어주는 것이어야 하는데,
사울의 정치 아래에서는 도리어 그런 사람들의 수가 늘어나
고 있었던 것입니다. 4백여 명이 다윗 주변으로 모여듭니다.
다윗은 자기 한 몸 돌보기도 어려운 상황이지만, 이 많은 사람
들을 끌어안고 함께 가기로 합니다.

이제 다윗은 중요한 결정을 내립니다. 동쪽 모압에 공식 망
명을 요청하기로 한 것입니다. 다행히 망명이 받아들여져서
모압으로 피신한 다윗은 어느 정도 안정을 취하게 되고 가족
들까지도 안식처를 얻었습니다. 그런데 하나님께서는 다윗에
게 선지자 갓을 보내서 거기 머물지 말고 유다로 돌아오라
고 명하십니다. 고난의 현실에서 멀리 떨어져 안연한 시간을
보내지 말고, 백성들이 잘못된 정치 아래에서 얼마나 힘겹게
살아가는지 직접 와서 보고 느끼라는 것입니다. 이후 다윗이

타국에서 (시 56편)
사랑하는 조국을 떠나 망명길
에 오른 다윗이 가드에 이르렀
다. 적진에 투항한 꼴이 된 것
이다. 여기에서도 그는 생명의
위협을 받게 된다. 망명객 신세
가 된 다윗은 그의 처지를 하
나님께 아뢰는 일 외에 다른
길이 없었다.

세계 비전 (시 57편)
"내 영광아 깰지어다 비파야,
수금아, 깰지어다 내가 새벽을
깨우리로다 주여 내가 만민 중
에서 주께 감사하오며 뭇 나라
중에서 주를 찬송하리이다"
(8~9절). 이것이 다윗의 꿈이
다. 사울의 칼날을 피하는 것,
그리하여 이후 이스라엘의 왕
이 되는 것, 지금의 고생을 딛
고 왕으로서 천하를 호령하는
것, 다윗의 꿈은 이런 것이 아
니었다. 다윗의 꿈, 그것은 하
나님의 이름이 온 땅 위에 높
아지는 것이다.
다윗은 절망할 수 있는 바로
그 자리에서 하나님을 찬양한
다. 자신의 마음을 하나님께 고
정하고 있다. 그리고 옹골진 꿈
을 가슴속에 품는다. 곧 하나님
의 영광이 온 세계 위에 높아
지는 꿈이다. 어두운 역사의 새
벽을 깨우려는 그 꿈을 위해
다윗은 일어날 수 있었다.

담당해 이끌어가야 할 국가의 경영 방식을 제대로 배우라는 하나님의 뜻이었습니다. 다윗은 그 말씀에 순종하여 유다로 돌아옵니다. 그리고 피폐한 국가 상황을 온몸으로 경험하게 됩니다.

한편, 다윗과 그의 세력들이 유다로 돌아왔다는 말을 들은 사울은 기브아 높은 곳에서 베냐민 지파 출신인 자신의 신하들을 모아놓고 이렇게 말합니다. "너희 베냐민 사람들아 들으라 이새의 아들이 너희에게 각기 밭과 포도원을 주며 너희로 천부장, 백부장을 삼겠느냐"(삼상 22:7). 이미 자기 지파 사람들로 두루 관직을 포진시킨 사울이 또다시 지파 간 감정을 유발시키는 발언을 하고 있는 것입니다. 이때 놉 지방에 다윗이 찾아왔을 때 그 모습을 지켜보았던 에돔 사람 도엑이 아히멜렉이 다윗을 도와준 일을 밀고합니다. 그 결과, 권력욕에 눈이 멀어버린 사울의 칼날에 의해, 놉 땅의 제사장 85명을 비롯하여 남녀노유 및 가축들이 목숨을 잃고 맙니다. 이것은 누구든 다윗을 돕지 못하도록 하겠다는 사울의 의지 표현이었습니다. 앞으로는 다윗이 있는 곳을 알고도 이를 알리지 않으면 무사할 수 없습니다. 사울의 공안 정치는 백성들이 계속 다윗을 밀고하는 상황으로 이어집니다. 다윗이 미워서가 아니라 사울의 칼끝이 무서워서입니다.

그리고 사울은 골리앗과 맞붙어서 이길 정도로 다윗의 용기와 실력이 남다른 것을 잘 알고 있는지라, 빼어난 군사 3천 명을 모집하여 다윗 한 사람을 잡기 위한 특수부대를 조직하기까지 합니다(삼상 24:1~2). 쫓고 쫓기는 추격전이 계속됩니다. 다윗은 사울의 칼끝을 피하여 라마로, 놉으로, 아둘람 굴로,

LEADERSHIP
기도와 사면초가(四面楚歌) (시 54편)

하나님의 사람 다윗의 지금 형편은 도망자다. 그는 큰 잘못을 저질러 도망자가 된 것도 아니요, 누군가에게 큰 손해를 끼쳐서 도망자가 된 것도 아니다. 그저 왕의 미움을 샀다는 이유로 그는 지금 도망자다. 그의 주변에는 그를 보호해주는 사람들이 거의 없다. 오히려 그가 가는 곳마다 주변 사람들은 사울의 편이 되어 그의 위치를 사울에게 보고한다. 사면이 막혀 어느 곳 하나 출구가 보이지 않는다.

바로 이때 다윗은 위로 하나님을 바라본다. 그리고 하나님께 기도한다. 사면이 막혀 있지만 위로 하나님을 통해 출구를 찾는 것이다. "하나님은 나를 돕는 이시며 주께서는 내 생명을 붙들어 주시는 이시니이다"(4절). 이렇게 하나님을 신뢰하며 호소하는 다윗의 기도를 들으신 하나님께서는 또다시 그를 피할 길로 인도하셨다.

생명의 위협 (시편 52편)

사울을 피해 궁을 빠져나온 다윗이 처음 찾아간 사람은 아히멜렉 제사장이었다(삼상 21장). 그런데 이 장면을 에돔 사람 도엑이 목격한다. 그는 사울에게 이 사실을 알린다. 그리고 사울의 명령을 받아 하나님의 제사장들을 죽이는 엄청난 일을 자행한다(삼상 22:18). 다윗은 더욱 생명의 위협을 느끼게 된다. 그러나 다윗은 하나님께서 사울의 그 계획을 결코 용납하지 않으시리라는 믿음을 가지고 있었다.

헤렛 수풀로 계속 옮겨 다닙니다.

사울이 밀고자들의 제보를 받고 다윗을 잡으러 엔게디 황무지까지 옵니다. 다윗이 숨어 있는 굴로 사울이 들어옵니다. 다윗은 독 안에 든 쥐나 다를 바 없습니다. 그런데 다행히도 사울은 다윗이 굴 속에 있는지는 모르고 "뒤를 보러" 들어왔던 것이었습니다. 안도의 숨을 내쉬고 있는 다윗에게 측근들이 "하나님께서 주신 기회이니 사울을 지금 죽이자."라고 제안합니다. 그러나 다윗은 "내가 손을 들어 여호와의 기름 부음을 받은 내 주를 치는 것은 여호와께서 금하시는 것이니 그는 여호와의 기름 부음을 받은 자가 됨이니라"(삼상 24:6)라고 하며 사울을 살려줍니다.

다윗이 마음만 먹었더라면 엔게디 광야의 굴에서 사울 왕을 죽이기란 어렵지 않은 일이었습니다. 그러나 다윗은 사울의 옷자락만 벤 것을 가지고도, 여호와의 기름 부음 받은 자를 건드렸다는 자책으로 마음에 찔림을 느낍니다. 끊임없는 생명의 위협 속에서도 하나님의 주권을 인정하는 삶의 원칙을 지켰던 다윗. 그의 평생에 하나님이 함께하신 이유를 그의 이런 마음과 행동에서 찾아볼 수 있습니다.

하나님께서는 엔게디 황무지 사건에 이어 또다시 십 황무지에서 다윗이 사울을 죽일 수도 있는 결정적인 기회를 주십니다. "다윗과 아비새가 밤에 그 백성에게 나아가 본즉 사울이 진영 가운데 누워 자고 창은 머리 곁 땅에 꽂혀 있고 아브넬과 백성들은 그를 둘러"(삼상 26:7) 누워 있었습니다. 다윗이 사울의 곁에서 창과 물병을 들고 나올 때까지 아무도 깨어나지 않았던 것은 하나님께서 그들로 깊이 잠들게 하셨기 때문입니다(삼상 26:12). 이것은 과연 다윗이 임명권자인 하나님을

기도, 유일한 피난처
(시 142편)

피하고 피하여, 이제는 굴 속에 들어갔다. 어둠 속에서 어미의 도움을 기다리는 어린 새끼 새의 모습이 바로 지금의 다윗이다. 둥우리 안에 들어오는 억압의 손길을 보며 어린 새끼 새가 할 수 있는 일은 고작 소리를 지르는 일이다. 다윗은 굴 속에서 하나님께 기도한다. 다윗에게는 하나님만이 그의 유일한 희망이었다.

Message
보복의 기회? No,
순종의 기회? Yes

사울을 죽일 수 있는 기회가 찾아왔다. 사울을 죽이면 다윗은 자신을 휘감고 있는 생명의 위협으로부터 자유로울 수 있다. 이미 사울의 정권은 백성을 칼과 창으로 다스리고 있기에 사울의 죽음과 함께 민심은 다윗을 향할 것이었다. 그러나 다윗은 사울을 죽이지 않는다. 사울을 왕으로 세우신 하나님을 위해서였다.

정말 존중하는가를 보기 위한 하나님의 테스트였습니다. 그런
데 다윗은 이번에도 사울을 살려줍니다. 하나님에 의해 임명
된 왕이기에 자신이 죽이지 않겠다는 것입니다. 이것이 바로
제사장 85명을 함부로 죽였던 사울과의 차이점입니다.

다윗은 하나님께서 사울을 임명하셨다는 사실을 끝까지
존중합니다. 이렇게 다윗은 하나님 이름의 존귀함과 체면에
목숨을 걸었기에 골리앗과 맞설 수 있었고, 하나님의 사람 갓
선지자의 명령에 순종했으며, 하나님께서 세우신 사울 왕을
끝끝내 존중했던 것입니다.

너와 나 사이에 …

요나단이 다윗에게 '너에게 먼저 권력이 건너갈 수 있게
하겠다.' 라는 중요한 이야기를 한다(삼상 20:14~16;
23:17). 요나단은 사울의 뒤를 이어서 국가를 경영하기에
아주 중요한 현실적인 정치 재목이었다. 그럼에도 불구하
고, 이 중요한 국가 경영권을 다윗에게 넘겨주겠다는 것이
다. 그것은 하나님을 향한 요나단의 믿음 때문이었다. 요
나단과 다윗은 하나님 안에서 친구 관계를 시작해서 생명

이 다하는 날까지 그 믿음 안에서 친구 관계를 유지했다.
"요나단이 다윗에게 이르되 평안히 가라 우리 두 사람이
여호와의 이름으로 맹세하여 이르기를 여호와께서 영원히
나와 너 사이에 계시고"(삼상 20:42). 요나단이 다윗과 끝
내 아름다운 관계를 유지할 수 있었던 깊은 이유는 '너와
나 사이에 하나님이 계신다.' 라는 바로 이 생각, 이 믿음
때문이었다.

망명지에 들려온 조국의 슬픈 소식
삼상 27~31장/ 대상 1~10장

사울의 추적을 견디다 못한 다윗이 또다시 망명을 시도합
니다. 이번에 다윗은 처음과 같이 블레셋 땅의 가드로 망명하
는데, 이번에는 하나님께서 다윗의 망명을 허락하십니다. 그
는 이곳에 1년 4개월 정도 머물며, 이 기간 동안 블레셋 주변
의 소수 민족들을 정벌합니다(삼상 27:8). 다윗의 이런 활동은
가까이는 가드 왕 아기스의 신임을 얻는 것이었고, 멀리는 이
스라엘 동포들의 민심을 얻는 일이었습니다.

그러나 다윗의 이전 행적을 기억하는 블레셋의 장관들에게까지 신뢰를 얻는 것은 어려운 일이었습니다. 그러나 오히려 이 일은 이스라엘과의 일전을 앞둔 블레셋의 전쟁에서 다윗이 빠져나올 수 있도록 해준 징검다리가 됩니다. 이 모든 과정은 결국 사울의 때를 마감하시고 다윗의 때를 준비하시는 하나님의 계획 안에 있는 일이었습니다.

이스라엘이 블레셋과 전투를 벌이고 있는 사이, 다윗은 그들의 가족이 있는 시글락을 침공한 아말렉과 전투를 벌입니다(삼상 30장). 왜냐하면 아말렉은 어린아이와 약한 이들과 부녀자들만 남아 있던 성을 침공하여 재물을 약탈하고 인질들을 끌어갔기 때문입니다. 다윗은 아말렉을 뒤따라가 그들이 빼앗았던 것들을 모두 되찾아옵니다. 전쟁에서 승리한 다윗은 아말렉과의 전투에 참여하지 못하고 남아 있던 사람들과도 전리품을 동일하게 나누고, 유다 성읍 곳곳에도 전리품을 보내어 승리의 기쁨을 함께 나눕니다(삼상 30:21~30). 다윗의 지도력은 전쟁을 승리로 이끄는 데에만 있는 것이 아니라 나눔을 통해 공동체를 품어 안는 것에서도 나타나고 있습니다. 다윗의 이러한 자세는 이후 그가 왕이 된 이후에도 계속되어 하나님의 공의와 정의로 나라를 통치하게 됩니다. 이처럼 다윗의 도피 생활은 아무 의미 없는 시간이 아니라 이후 이스라엘의 왕으로서 선정(善政)을 펴기 위한 능력을 키우는 하나님의 훈련학교 생활이었습니다. 마치 요셉이 감옥학교에서 훈련받았던 것처럼 말입니다(창 39장).

사울 정권의 말기입니다. 다윗이 블레셋에 망명해 있던 기간에 이미 이스라엘과 블레셋의 전쟁은 시작되었고, 그 승패도 이미 결정되었습니다. 사울이 마지막 순간까지 바라는 것은 그의 왕위를 아들 요나단에게 물려주어 대대손손 이어지

길르앗 야베스 사람들, 이들은 40년 전에 사울로부터 은혜를 입었던 사람들이다(삼상 11장). 사울이 왕으로 세움을 받던 그 해에, 사울이 주도한 구원군의 도움으로 위기를 모면할 수 있었다는 사실을 후손들에게 교육시킨 모양이다. 40년 동안 사울이 해괴망측한 정치를 폈다는 사실을 이들도 안다. 하지만 이들은 오래전에 입었던 은혜를 심중 깊은 곳에 기억하고 있다. 그래서 은혜를 갚고자 목이 잘려 나간 사울의 시체를 장사지내기 위해서 산을 넘고 물을 건너 밤새워 길보아 산 근처 벧산 성벽으로 찾아온 것이다.
받은 복을 세어보면 우리의 남은 여생은 은혜 갚을 계획을 세우기에도 부족하다. 은혜 갚을 계획을 세워야 한다.

게 하는 것이었고, 그런 사울에게 있어서 하나님의 뜻과 계획은 관심 밖이었습니다. 하나님께서는 그를 버리셨고, 사울은 나이 80세에 전쟁터에서 중상을 입고 자살로 생을 마감합니다(삼상 31:2~4; 대상 10:1~6). 그의 세 아들 요나단, 아비나답 그리고 말기수아도 죽었습니다. 블레셋 군인들은 죽은 사울을 발견하고 그의 목을 베어 블레셋으로 가지고 갑니다. 네 구의 시체는 길보아 산 근처 벧산 성벽에 못 박아 걸어놓습니다(삼상 31:9~10; 대상 10:8~10). 얼마나 비참한 모습입니까? 어떻게든 왕위를 움켜쥐고 놓지 않으려 한 사울의 노력은 결국 이렇게 끝나버리고 말았습니다.

역대상 1~9장의 족보에서, 사울을 중심으로 한 베냐민 지파의 계보와 다윗을 중심으로 한 유다 지파 계보의 명암이 엇갈립니다. 초대 왕으로 임명된 사울은 임명받은 자로서의 사명을 망각하고 자신의 욕망에 이끌리는 통치를 자행함으로써 결국 비극적인 최후를 맞이합니다(대상 10장). 그러나 이것으로 모든 것이 끝난 것은 아닙니다. 하나님께서 이미 오래전부터 사울을 대신할 이스라엘 왕으로 다윗을 준비하셨기 때문입니다. 다윗은 이제부터 그에게 주어진 시대적 사명을 수행해 나가게 됩니다.

세 번의 기름 부음

사무엘하 1~10장 역대상 11~19장 시편 60편

남북통일 삼하 1장~5:5/ 대상 11:1~3

　이스라엘은 블레셋과의 전투에서 패배함으로써 한치 앞을
내다볼 수 없는 정치적 소용돌이에 휘말리게 됩니다. 자신의
권력을 위해 다윗을 죽이려 했던 사울은 전쟁터에서 목숨을
잃었습니다. 만일 다윗이 왕위만을 탐내는 사람이었다면 이
같은 상황에서 사울의 죽음을 기뻐했을지도 모릅니다. 그러나
다윗은 사울과 요나단을 위하여 슬피 울며 금식합니다(삼하
1:11~12). 그리고 사울과 요나단을 위한 슬픈 노래를 지어 유다
지파 사람들에게 따라 부르게 하고(삼하 1:17~27), 사울의 명예
를 회복시켜줍니다. 이것은 사울의 출신 지파였던 베냐민 지
파를 포함하여 이스라엘 민족 전체를 끌어안으려는 그의 노
력이기도 하였습니다.

　이런 혼란 속에서 정치적 실세(實勢) 중 한 사람이었던 아브
넬이 사울의 아들 이스보셋을 허수아비 왕으로 내세워 11지
파의 정권을 마하나임에서 세웁니다. 그리고 다윗은 헤브론에

다윗을 예선하신 하나님께서
보내신 사무엘에게 첫 번째 기
름 부음을 받았다. 그리고 이제
사울이 죽은 지금, 유다 지파의
왕으로 두 번째 기름 부음을
받는다.

서 유다 지파만의 왕이 됩니다(삼하 2:8~11). 바로 이 시기부터
소위 남북 대립이 7년 6개월 동안 지속됩니다. 하지만 남쪽
유다 지파만의 왕이 된 다윗은 무력통일을 꿈꾸기보다는 평
화통일을 바라며 국가의 기틀을 놓는 데에 주력합니다.

유다 지파의 왕이 된 다윗은 사울과 요나단의 장례를 치러
주었던 길르앗 야베스 사람들에게 상을 줍니다(삼하 2:4~7). 다
윗의 입장에서 좁게만 보면, 길르앗 야베스 사람들은 자신의
정적(政敵) 사울을 도와준 사람들인데도 말입니다.

남북으로 나뉜 이스라엘은 7년 반 동안 대치하였지만, 대
세는 점점 다윗에게로 향하고 있었습니다. 아브넬이 요압 앞
에서 패함 같이(삼하 2:12~32), 이스보셋의 세력은 점차 무너지
기 시작합니다.

7년 정도의 세월이 흐른 어느 날, 북쪽 왕국의 실권자인
아브넬이 다윗에게 모든 북쪽 지파의 실권을 넘겨주고자 다
윗을 찾아옵니다(삼하 3:20~21). 다윗 입장에서 얼마나 기다렸
던 날입니까? 아무도 피 흘리지 않고 평화롭게 남북통일을 이
룰 수 있게 된 것입니다.

그런데 7년을 기다려 이루어낸 이 협상에 요압이 재를 뿌
립니다. 이전에 한 전투에서 아브넬이 자기 동생 아사헬을 죽
였던 일 때문에 그 원수를 갚아야 한다는 이유도 있었고, 또
다윗과 아브넬이 손을 잡으면, 현재 제2인자인 자신의 자리가
위협받게 될 것이라는 생각도 있었겠습니다. 요압은 다윗과의
협상을 마치고 돌아가던 아브넬을 시라 우물가에서 헤브론으
로 데리고 돌아와 암살하고 맙니다(삼하 3:26~27). 위기입니다.
자칫 하다가는 북쪽 11개 지파와 유다 지파가 유혈 전쟁으로
나아갈 수도 있는 형국입니다.

다윗은 가슴이 답답합니다. 잘 도와줘야 할 측근인 요압이

오히려 상황을 어렵게 만들었으니 말입니다. 이 상황에서 다윗은 웁니다. 숨죽여 흐느끼는 것이 아니라 소리를 내어 크게 웁니다. 애가도 지어 부르고, 음식도 먹지 않습니다. 온 백성으로 하여금 같이 슬퍼하게 합니다(삼하 3:31~35). 다윗은 자신의 슬픔을 울음으로 보여준 것입니다. 그제야 남쪽과 북쪽의 온 백성들은 다윗이 아브넬을 죽인 것이 아니고, 요압이 단독 범행을 저지른 것임을 알게 됩니다(삼하 3:36~37). 이렇게 해서 다윗은 아슬아슬하게 동족상잔의 위기를 극복합니다. 우리는 다윗에게서 정치의 진수를 봅니다. 정치는 권모술수가 아닙니다. 진실을 드러내는 것, 그것이 곧 바른 정치입니다.

헤브론에서 이런 일이 일어나고 있는 사이, 북쪽에서는 왕 이스보셋이 그의 신하인 레갑과 바아나에 의해 살해되는 사건이 발생합니다. 이스보셋을 죽이고 다윗에게 충성을 맹세하겠다며 헤브론으로 찾아온 이 두 사람을 다윗은 처형합니다. 사울 왕의 죽음에 대해서는 활 노래로(삼하 2장), 아브넬의 죽음에 대해서는 애가로(삼하 3장), 이스보셋의 죽음에 대해서는 살해자의 처벌을 통해서, 다윗은 온 국민의 마음을 얻으며 진정한 통일왕국 이스라엘을 준비합니다. 이러한 일련의 사건들로 말미암아 다윗은 백성들의 확고한 지지를 얻어낼 수 있었습니다. 위기가 좋은 기회가 되었던 것입니다. 이 일로 유다 백성들에게, 또 북쪽 지파 사람들에게 그의 진심이 통하게 되었고, 다윗은 무력통일이 아닌 평화통일을 이루게 됩니다. 이스라엘의 모든 지파가 헤브론에 이르러 다윗을 왕으로 추대합니다(삼하 5:1~3; 대상 11:1~3).

드디어 다윗이 세 번째 기름 부음을 받고 본선에 진출하는 것입니다. 사실 다윗은 20여 년 전쯤에 12지파의 왕이 될 것으로 기름 부음을 받았습니다(삼상 16:13). 그러나 그는 37세가

Power

다윗

민족의 통일을 이루기 위해 다윗이 선택할 수 있는 방법은 여러 가지가 있었다. 먼저는 군대를 일으켜 북쪽 지역을 점령하는 것이다. 그러나 그것으로는 국가 통합은 가능해도, 민족의 화합은 불가능하다. 그래서 다윗은 기다린다. 12지파의 민심을 얻어 민족 통일의 문을 열고자 했다.

기다림은 목적이 있다는 것을 의미한다. 다윗이 기다린 이유는 사명 때문이었다. 다윗은 헤브론의 왕을 넘어 더 큰 왕이 되어야겠다는 결심이 아니라, 이스라엘 백성들을 율법대로 살게 해야 한다는 막중한 사명을 안고 기다렸던 것이다.

세 번 기름 부음 받은 다윗
첫 번째 : 사무엘에게 받음
두 번째 : 유다 지파로부터
　　　　받음
세 번째 : 온 이스라엘의 왕으
　　　　로서 받음

될 때까지 약 20년 정도 엄격한 기준이 적용되는 예선을 통과
해야 했습니다. 본선을 위한 준비 기간을 거친 것이라 할 수
있습니다.

　이 기간 다윗의 준비 내용을 두 가지로 생각해볼 수 있는
데, 바로 '하나님 앞에서' 와 '사람 앞에서' 의 준비입니다. 하
나님 앞에서는, 하나님께서 기름 부으신 사울을 자신이 죽이
지 않음으로 말미암아 하나님의 임명권을 존중하는 그의 신
앙을 드러냈으며, 사람들 앞에서는 자신을 괴롭히는 행악자들
로 인해 불평하지 않고 참아 기다리는 자세를 보여주었습니
다. 다윗이 만일 행악자로 인해 불평했다면, 예를 들어 자신이
숨은 곳을 밀고한 자들에 대해서 보복을 결심했다면, 그는 백
성들을 위한 정치가로서의 준비가 덜 된 것입니다. 사울이 만
들어놓은 정치 상황에서 살기 위해 밀고했던 사람들이 사실
은 그 시대의 또 다른 피해자임을 다윗은 이해했던 것입니다.
다윗은 그들 모두를 끌어안을 준비를 해온 것입니다.

　하나님께서 20여 년 전 어린 다윗을 왕의 재목(材木)으로
인정하셨다면, 이제 드디어 온 백성이 다윗을 왕으로 인정하
게 됩니다. 이렇게 해서 다윗은 37세에 통일 이스라엘의 왕으
로 세워집니다. 앞으로 그는 간혹 실점(失點)을 하기도 하지만,
본선에서 훌륭한 플레이를 펼쳐 나갑니다.

예루살렘 삼하 5:6~25/ 대상 11:4~12장; 14장

　남북분단의 역사를 극복하고 세워진 새로운 통일의 현장
에서 다윗은 수도를 옮기려는 계획을 추진합니다. 남쪽의 헤
브론도 아니요, 북쪽의 마하나임도 아닌, 남과 북을 통합할 수

있는 지역을 선정하는데, 그곳이 바로 일명 '다윗 성'이라고
도 불리게 될 예루살렘입니다. 예루살렘은 지리적으로 남북의
중간 지점에 위치하고 있어 신진 세력을 유입하여 국가를 경
영하기에도 적합한 곳이었습니다. 다윗은 현재 예루살렘 성을
차지하고 있는 여부스족을 공격할 태세를 갖춥니다.

예루살렘

예루살렘에는 오래전부터 가나
안 7족속 중 여부스 족속이 거
주하고 있었다. 예루살렘은 해
발 640~770m의 성으로서 여
호수아를 앞세우고 가나안을
점령했던 만나세대들도 정복하
지 못했던 곳이었다.

　그런데 다윗이 예루살렘 성을 공격해온다는 소식을 들은
여부스족 사람들은 보초 능력과 방어 능력이 없는 자들을 군
사로 내세운다고 해도 외부인은 결코 이 성에 들어올 수 없다
며 다윗을 조롱합니다. 예루살렘 성이 워낙 난공불락(難攻不落)
의 지형, 즉 지키기엔 쉽고 공격하기엔 어려운 조건을 갖추고
있기 때문입니다. 그런데 다윗은 빼어난 측근 수하들만 데리
고 가서는 기혼 샘에서 예루살렘으로 들어가는 수구(水口)를
이용하여 단숨에 예루살렘 성을 점령합니다(삼하 5:6~10; 대상
11:4~9). 다윗은 아무리 철벽 요새라 해도 물이 들어가는 길이
있다는 사실을 간파한 것입니다. 일찍이 양을 보호하기 위해
연마한 기술로 나라를 구했던 것처럼, 그는 사울을 피해 다닐
때 얻은 지리적 요건에 대한 노하우로 예루살렘을 얻은 것입
니다.

　이 일은 성경 전체의 숲에서 볼 때, '천 년 동안 이어져 온
언약의 성취'라고 볼 수 있습니다. 왜냐하면 하나님께서 아브
라함에게 "보여줄 땅"(창 12장)을 말씀하신 이후, 모세에게 그
땅의 동서남북 경계를 말씀해주셨는데(민 34장), 이 경계가 확
실하게 실현된 때가 바로 다윗 때이기 때문입니다. 결론적으
로 다윗 시대에 와서야 땅에 대한 언약이 완전히 이루어진 것
입니다.

　이렇게 해서 다윗이 예루살렘을 새 수도로 정하자, 이웃 나
라 두로 왕 히람이 사절, 백향목, 목수, 석수들을 보내어 다윗

다윗에게는 충성된 신하들이 많았다. 그들의 충성됨의 한 예가 기록되어 있다. 베들레헴을 블레셋 군대들이 차지하고 있을 때, 다윗이 베들레헴 성문 곁에 있는 우물물을 마시고 싶다고 말하자, 세 용사가 블레셋 군대를 뚫고 가서 그 우물물을 길어온 것이다. 다윗은 그 물을 보고, 다시는 그런 일을 하지 않겠다고 반성하면서 그 물을 마시지 않고 하나님께 부어드렸다. 그 우물물은 세 용사들의 생명을 담보한 것이었기 때문이다(삼하 23:13~17; 대상 11:15~19).

의 궁궐을 지어줍니다(삼하 5:11). 세상 참 많이 변했습니다. 과거 350여 년이라는 기나긴 세월 동안 이방 민족의 끊임없는 침입으로 마음 편한 날 없었던 사사 시대를 생각해본다면, 이웃 나라의 왕이 이스라엘의 궁궐을 지을 수 있도록 도와준다는 것은 놀라운 사실이 아닐 수 없습니다. 산과 들로 쫓겨 다니던 시절의 다윗을 생각한다면 더욱 그러합니다. 더 놀라운 것은 히람이 보내오는 레바논의 백향목들을 보며 다윗이 가진 생각입니다. "두로 왕 히람이 다윗에게 사절들과 백향목과 목수와 석수를 보내매 그들이 다윗을 위하여 집을 지으니 다윗이 여호와께서 자기를 세우사 이스라엘 왕으로 삼으신 것과 그의 백성 이스라엘을 위하여 그 나라를 높이신 것을 알았더라"(삼하 5:11-12). 다윗은 자기 스스로의 힘으로 이 모든 것을 이루었다고 자만하지 않고, 하나님께서 자신을 높여주신 것을 인정하며 감사드리고 있습니다.

법궤 옮기기 삼하 6장/ 대상 13, 15, 16장

예루살렘으로 수도를 옮기는 것이 다윗의 첫 번째 프로젝트였다면, 이제 우리가 살펴볼 것은 다윗의 두 번째 프로젝트, 즉 하나님의 법궤를 예루살렘 성으로 옮기는 일입니다. 이스라엘의 수도를 예루살렘으로 옮긴 후 어느 정도 국가가 안정되자, 다윗은 하나님의 궤를 수도로 옮기려는 중요한 일을 계획한 것입니다.

하나님께서 제사장을 사이에 두고 백성들과 만나시기 위하여 이미 450여 년 전에 법궤를 만들게 하셨습니다. 그런데 이 법궤가 본래의 목적대로 사용되지 못하는 경우가 많았습니다. 특히나 엘리 제사장의 두 아들 홉니와 비느하스는 그 대표적인 예로, 블레셋이 이스라엘을 침공하자 그들은 법궤를 전쟁터로 가져갔습니다(삼상 4:4). 법궤를 가져가기만 하면 하나님께서 도우셔서 전쟁에서 이길 것이라는 잘못된 생각, 즉 법궤에 어떤 주술적인 힘이 있다고 오해한 것입니다. 그러나 전쟁에서는 패배했고, 법궤는 블레셋에게 빼앗겼습니다. 하지만 법궤를 감당할 수 없었던 블레셋 사람들은 급하게 멍에를 메어보지 않은 소가 끄는 수레에 법궤를 실어 돌려보내게 되고, 하나님의 궤는 아비나답의 집에 놓여진 채 오랜 세월을 보냈습니다(삼상 6:1~7:2).

이 사실에 주목한 다윗은 온 백성의 뜻을 하나로 묶어 법궤를 예루살렘으로 옮기기로 계획을 세웁니다. 이 국가적 행사를 위해 전국에서 빼어난 군사 3만 명이 동원되었고, 좋은 수레도 만들었습니다(삼하 6:1~3). 기럇여아림에 도착한 다윗은 법궤를 수레에 싣고 옮기기 시작합니다. 그런데 나곤의 타작마당에서 사건이 일어납니다. 수레를 끌고 가던 소가 뛰어 법궤가 흔들리자, 그것을 보고 법궤를 붙든 웃사가 그만 죽고만 것입니다(삼하 6:6~7; 대상 13:9~10).

3만 명의 군사를 동원해 치르고 있는 큰 행사인데다, 온 백성들이 지켜보고 있는 상황인지라, 다윗이 자신의 체면만 생각했다면, 이 상황을 가벼운 해프닝쯤으로 여기고 대충 무마할 수도 있었습니다. 웃사의 죽음에 대한 책임을 당사자인 웃사와 타작마당 주인 나곤에게 돌리는 것으로 말입니다. 그러나 여기에서 다윗은 "멈추라"라는 쉽지 않은 명령을 내립니다. 거대한 규모의 행사를 중간에 멈추는 일은 쉬운 일이 아닙니다. 또한 많은 사람들이 이 사건을 보고 "혹시 하나님께서 다윗을 기뻐하시지 않는 것 아닌가?"라고 오해할 가능성이 얼마든지 있습니다. 그 모든 상황을 다 알고 있음에도 불구하고 정지를 외치는 다윗. 사울이 멈출 줄 모르고 죄악의 길로 치닫던 모습과는 많이 다른 모습입니다.

행사를 중단하고 궁으로 돌아온 다윗은 3개월 동안 '왜 그런 일이 생겼을까'를 곰곰이 생각해봅니다. 그는 고민과 연구 끝에 자신의 열심은 좋았으나 그 방식이 하나님의 방식이 아니었다는 사실을 깨닫게 됩니다. 법궤를 수레에 싣고 옮기는 방식은 하나님의 율법을 모르는 블레셋이 사용했던 임시방편이었을 뿐, 하나님께서 원래 정하신 방법이 아니었던 것입니다. 일찍이 하나님께서는 법궤는 "레위 자손 중에 고핫 자손이 어깨에 메고 옮기라."라고 정해 놓으셨습니다(민 4:15). 그런데 율법 지식을 정확히 몰랐던 다윗이 이 중대사를 이방 족속 블레셋이 법궤를 되돌려보냈던 바로 그 방식으로 치르려 했던 것입니다.

석 달 후쯤 법궤가 머물러 있는 오벧에돔의 집에 복이 임했다는 소식이 들려옵니다. 다윗은 이것이 법궤를 옮겨도 된다는 하나님의 신호임을 알았습니다(삼하 6:11~12). 이번에는 군사를 동원하지 않고, 율법에서 정한 방법대로 레위 지파 고핫 자손들을 모아 법궤를 옮깁니다(대상 15:1~15). 얼마나 조심스러웠겠습니까? 고핫 자손들로 하여금 법궤를 메게 하고 조심조심 여섯 걸음을 걸어본 다윗은 하나님이 법궤 운반을 허락해 주셨음을 확인한 후, 일단 법궤를 가만히 내려놓게 합니다. 다윗은 너무도 좋았습니다. 그래서 레위기의 방식을 따라 황소를 잡아 하나님께 화목제와 번제로 드립니다. 그리고 하나님 앞에서 춤을 추며 기뻐합니다(삼하 6:13~15).

마침내 하나님의 궤가 이스라엘의 중심으로 돌아오고 있습니다. 한 번의 시행착오가 있었지만, 법궤가 새 수도 예루살

Message

'메고'와 '싣고'의 차이

'메라'는 규정을 소홀히 한 채 '싣고' 온 것이다. 블레셋 사람이 법궤를 수레에 실어서 보낸 것을 그대로 따라 한 것이다. 법궤는 고핫 자손이 메어야 하는 것이었다. '싣고'와 '메고'의 차이이다. 모세에게 있어 바위를 '치라'는 것과 '명하라'는 것의 차이와 같다. 다윗이 큰일을 하려고 했으면 그는 그 부분에 대한 연구가 있어야 했다. 그는 500여 년 전의 사건을 연구하는 것이 아니라 450여 년 전의 하나님의 말씀을 연구해야 했다. 하나님 앞에 복된 일을 하겠다고 꿈을 가진 사람은 말씀에 대한 연구를 해야 한다.

렘으로 들어오는 큰 기쁨의 순간입니다. 온 이스라엘 백성들이 함께 즐거워합니다. 혼란의 시대인 사사 시대, 그리고 어둠의 시대였던 사울의 정권을 겪고 난 후 얻은 하나님과의 관계 회복이었으니 참으로 기쁘지 않을 수 없습니다.

다윗은 모세의 율법 안에 들어 있는 하나님의 마음을 가장 잘 이해하고 계승한 사람입니다. 그는 언약궤를 옮겨온 후 찬양 담당자들과 성막에서 봉사할 사람들을 임명하고, 언약궤를 중심으로 예배와 제사 제도를 확립합니다(대상 15~16장). 이로써 예루살렘은 명실공히 정치 · 경제 · 종교의 중심지요 시온의 산성이 됩니다. 하나님을 섬기는 중심지로서의 자리매김을 한 것입니다. 다시 말해 예루살렘은 "하나님 여호와께서 자기 이름을 두시려고 택하실 그 곳"(신 12:11)이 되며, 이스라엘 성인 남자들이 1년에 세 차례씩 모이는 곳이 됩니다. 이후 예루살렘은 성경 속에서 가장 많이 등장하는, 가장 유명한 지명이 됩니다.

LEADERSHIP

실패의 원인을 찾아라!

다윗은 하나님 앞에 잘하려고 애쓰다가 저지른 실수 앞에 좌절하거나 낙망하지 않았다. 오히려 그 실패의 원인을 찾아 회개하고 다시 하나님께서 지시하신 규례대로 다시 순종하기를 시도한다. 바로 이런 모습이 다윗을 하나님의 마음에 합한 자로 만든 것이다.

종이 된 왕 삼하 7~10장/ 대상 17~19장/ 시 60편

이렇게 법궤를 옮겨온 후 다윗은 백향목과 대리석으로 지은 예루살렘 궁에서 법궤에 대한 깊은 생각을 합니다. 다윗의 마음 깊은 곳에 소중한 소원이 생기게 된 것입니다. 성전을 짓고 싶은 마음이 든 것입니다(삼하 7:1~2; 대상 17:1~2). 사람이 고난의 세월을 보내고 지낼 만하게 되었을 때, 지나온 삶을 돌아보고 그 가운데 함께한 도움의 손길을 기억하며 감사하기란 쉽지 않습니다. 그런데 다윗은 예루살렘 성에 살게 되면서 이 모든 것이 하나님의 은혜임을 알고 하나님을 위해 무엇을 할까 고민하고 있었던 것입니다.

다윗은 선지자 나단에게 이 계획을 밝힙니다. 그러자 하나님께서 다윗의 그 마음을 받으시고 무척 기뻐하십니다. 그날 밤에 하나님께서는 나단 선지자에게 나타나셔서 다윗에게 중요한 말씀을 전하라 하십니다. "내가 너의 집을 영원히 보전하여 주겠다."라는 약속입니다. 우리 하나님께서 다윗에게 주시는 놀라운 복을 보게 됩니다(삼하 7:8~16; 대상 17:7~14).

우리는 "영원히"(삼하 7:13, 16)라는 말에 주목할 필요가 있습니다. 다윗의 후손들이 영원히 왕위를 이을 것이라는 놀라운 사실입니다. 사울에게 있어서 가장 큰 고민이었던 권력 계승 문제를 다윗에게는 근본적으로 해결해주신 것입니다.

일찍이 하나님께서는 아브라함에게 "너는 복이 될지라."라고 말씀하셨습니다. 이제 다윗에게 주시는 "네 자손에게"라는 약속대로 그 자손이 계속해서 왕위에 앉게 되었고, 이후 예수님이 다윗의 후손으로 오십니다. 이것은 또한 요한계시록에서 "다윗의 뿌리가 이겼으니"(계 5:5)라는 말씀이 나오는 바탕이 됩니다. 이를 성경 전체의 숲에서 본다면 아브라함과 이삭과 야곱에게 주신 은혜의 약속을 다윗에게 다시 한 번 주신 것입니다.

이 약속의 말씀을 듣게 된 다윗은 참으로 기쁘고 감격해합니다. 다윗은 기도하는 가운데 그 자신을 11번이나 종이라고 고백합니다. 그는 하나님의 '종이 된 왕'이었습니다. 그는 당시 백성들이 인정하는 당당한 왕이었으나 스스로 하나님의 종이 된 것입니다.

사무엘하 8장은 당시가 이스라엘 역사 가운데 가장 강력한 시대임을 웅변이라도 하듯 다윗의 계속되는 승전 기사를 기

하나님의 뜻대로

다윗은 한 개인으로서 하나님께 간절한 기도를 드리는 사람이었다. 아울러 이스라엘의 왕으로서 국가의 장래와 승리를 위해 절실한 마음으로 기도하는 사람이었다. 하나님께서는 국가를 위해 기도하며, 하나님의 공의와 정의로 이스라엘을 다스리는 다윗에게 이방 민족과의 전쟁에서 큰 승리를 안겨주신다(삼하 8장).

록하고 있습니다. 성경은 다윗 왕이 어디로 가든지 하나님이 이기게 하셨다고 기록합니다(삼하 8:14).

이렇게 일찍이 하나님께서 아브라함을 통해서 약속하신 동서남북의 경계대로 국가의 기틀을 갖춘 다윗은 그의 내각, 즉 요압, 여호사밧, 아히멜렉, 스라야, 브나야

다윗 왕국의 전쟁

대적자	왕	전쟁장소	성경
블레셋		르바임 골짜기	삼하 5:17~25
여부스		예루살렘	대상 11:4~7
모압			삼하 8:2
소바와 아람	하닷에셀	유브라데강 근처	삼하 8:3~6
에돔		염곡	대상 18:12
암몬, 소바와 아람	하눈, 하닷에셀	헬람	삼하 10:1~19
암몬	하눈	랍바	삼하 12:26~31
압살롬의 반란	압살롬	에브라임 수풀	삼하 18:1~15
세바의 반란	세바(지도자)	아벨-벧마아가	삼하 20:1~22
블레셋		곱	삼하 21:18~22

(삼하 8:16~18; 20:23~26) 등과 같은 사람들의 협력을 얻어가며 하나님께서 원하시는 정의와 공의의 정치를 하게 됩니다(삼하 8:15; 대상 18:14). 공(公)과 의(義)는 바로 하나님과의 바른 관계, 이웃과의 올바른 관계를 의미합니다. 다윗이 베푸는 정의와 공의의 정치의 한 예는 사울의 손자, 즉 요나단의 아들 므비보셋에 대한 따뜻한 예우에서도 찾아볼 수 있습니다(삼하 9장).

다윗 내각 명단
(삼하 8장, 20장)

군대 지휘관 : 요압과 브나야
감역관 : 아도람
사관 : 여호사밧
제사장 : 사독과 아비아달
　　　　 (아들 아히멜렉)
서기관 : 스라야 (스와)
대신 : 다윗의 아들들과 이라

사무엘하 10장은 다윗 시대의 이스라엘이 국제 외교 관계에서 얼마나 높은 위상을 얻게 되었는지 보여줍니다. 다윗이 어디로 가든지 하나님께서 함께하셔서 이스라엘은 주변의 여러 나라들을 평정할 수 있었습니다. 이는 일찍이 하나님께서 나단 선지자를 통해 다윗에게 주셨던 "네 이름을 위대하게 만들어 주리라"(삼하 7:9)라는 약속이 국제 정세 속에서 이루어져 가고 있음을 보여줍니다.

암몬 나하스와의 전쟁
(삼하 10장; 대하 19장)

암몬 왕 나하스가 죽었다는 소식을 들은 다윗은 조문사절을 보냈다. 사울에게 쫓겨 모압과 암몬 경계지역에 머무는 동안 그가 도움을 주었던 것을 기억했기 때문이다. 그러나 암몬의 새 왕 하눈은 다윗의 선의를 오해하고 조문사절단을 모욕하여 되돌려 보낸다. 하눈의 그릇된 판단으로 암몬은 이스라엘과 전쟁을 치르게 되고, 이 일을 통해 다윗과 이스라엘의 명성은 다시 한 번 주변 국가들에게 미치게 된다.

우슬초 정결

피 흘린 죄와 회개 삼하 11장~15:29/ 시 3, 51편

　여기까지 만나본 다윗의 모습은 정말 멋집니다. 물론 지금까지 다윗에게도 크고 작은 실수가 있었습니다. 그런데 우리는 이제 그의 큰 허물 하나를 보게 됩니다. 다윗이 이스라엘 역사상 가장 강성한 국가를 건설할 수 있었던 것은 그가 하나님 앞에서 공의와 정의를 행했기 때문인데, 그가 그만 하나님 보시기에 악한 일을 저지르고 맙니다. 지금까지는 남의 허물로 인해 괴로움을 당했던 그가 이제 자신의 허물로 괴로워하게 됩니다.

　어느 날, 장군 우리아의 아내 밧세바를 범한 다윗은 그녀의 임신 소식을 듣자, 자신의 잘못을 감추기 위해 여러 가지 방법을 동원합니다. 우리아를 전장에서 불러들여 집에 들어가게 했지만 충직했던 우리아는 그의 부하들과 함께 숙영지에서 머뭅니다. 집에 가지 못하는 부하들과 함께하기 위해서였습니다. 그러자 다윗은 우리아를 '맹렬한 싸움터'로 보내 그의 죽음을 유도합니다(삼하 11:14~15). 자신의 욕망을 채우고 자신의 죄를 감추고자 권력을 이용하여 죄 없는 우리아를 죽인 것입니다. 다윗의 이 행위는 충성되고 강직한 우리아의 모습(삼하 11:11)과 대비되어 그 타락의 심각성을 드러냅니다. 성경은 분명히 기록합니다. "다윗이 행한 그 일이 여호와 보시기에 악하였더라"(삼하 11:27).

다윗이 마치 아무 일도 없었던 것처럼 왕궁을 거닐고 있을 때, 나단 선지자가 다윗 앞에 나타나 한 가지 비유를 이야기합니다. 한 가난한 사람이 딸처럼 애지중지 길러온 암양 새끼를 빼앗아간 부자의 이야기였습니다. 다윗은 나단 선지자의 말이 자기를 비유한 것인 줄도 모른 채, "여호와의 살아 계심을 두고 맹세하노니 이 일을 행한 그 사람은 마땅히 죽을 자라"(삼하 12:5)라고 말합니다. 자기 자신을 스스로 재판한 셈입니다. 그의 말대로 그는 죽어 마땅한 죄인입니다. 아무리 다윗이라 할지라도 하나님의 정의를 적용하는 데에는 예외가 될 수 없기 때문입니다.

나단은 다윗의 죄에 대한 세 가지 처벌을 말합니다. 첫째, 다윗의 집에 칼이 끊이지 않을 것, 둘째, 그의 처를 다른 사람에게 주게 될 것, 셋째, 지금 태어난 아들이 죽을 것이라는 내용이었습니다. 나단의 예언대로 밧세바에게서 태어난 아이는 죽었고(삼하 12:15~18), "그 후에 이 일이 있으니라"(삼하 13:1)라는 구절과 함께 나머지 예언들도 이후 현실이 됩니다(삼하 13:23~29; 16:22).

그런데 다윗은 하나님의 책망을 들은 후, 곧바로 자신의 죄악을 인정하고 회개의 무릎을 꿇습니다. "내가 여호와께 죄를 범하였노라"(삼하 12:13). 사무엘의 지적을 받고도 이리저리 핑계를 대던 사울의 모습과는 현저히 다른 모습입니다. 다윗은

우리아
충성된 군인이요 미인 밧세바의 남편이다. 그가 랍바에 출정 중일 때 다윗 왕이 그의 처를 간통하고 그 죄의 자취를 감추려고 전쟁에 보내며 대장 요압에게 편지하기를 우리아를 맹렬한 싸움의 제일 앞에 세워 죽게 하라 하였다. 결국 그는 전사하였다.

자신의 죄를 철저히 회개합니다. 자신의 죄를 우슬초로 정결하게 씻어 달라고 기도합니다.

"보소서 주께서는 중심이 진실함을 원하시오니 내게 지혜를 은밀히 가르치시리이다 우슬초로 나를 정결하게 하소서 내가 정하리이다 나의 죄를 씻어 주소서 내가 눈보다 희리이다 … 하나님이여 내 속에 정한 마음을 창조하시고 내 안에 정직한 영을 새롭게 하소서 … 하나님께서 구하시는 제사는 상한 심령이라 하나님이여 상하고 통회하는 마음을 주께서 멸시하지 아니하시리이다"(시 51:6~17).

시편 51편은 다윗이 자신의 죄악을 가장 처절하게 아파하는 시(詩)입니다. "나", "나의", "내가" 등 1인칭 주어를 무려 32회나 사용할 만큼, 다윗의 회개는 뼈를 깎는 듯한 자기 심령의 아픔을 동반한 것이었습니다. 하나님께서 인정하셨던 의인, 이스라엘 왕들 가운데 하나님의 마음에 가장 합했던 사람, 그가 하나님 앞에 자신의 죄악을 뼈저리게 쏟아놓고 있습니다. 다윗의 이런 진실하고도 깊은 회개는 하나님과의 관계가 회복되는 계기가 됩니다.

이후 다윗은 밧세바로부터 얻은 아이를 잃은 슬픔에 이어, 압살롬으로 인하여 형용할 수 없는 슬픔을 또 당합니다. 다윗의 셋째아들 압살롬이 다윗의 또 다른 아들 암논을 죽인 것입니다(삼하 13:23~.39). 이 일의 발단은 만 2년 전으로 거슬러 올라갑니다. 다윗의 아들 암논이 이복 여동생인 다말로 하여금 수치를 당하게 한 것입니다. 그런데 그 후 다말을 책임지기는 커녕 문밖으로 내친 암논의 모습에, 다말의 친오빠 압살롬은 분노합니다. 그리고 2년 동안 조용히 기회를 엿보다가 결국 치밀한 계획 끝에 암논을 죽입니다. 이러한 사건은 백성들 사이에서 왕가의 권위를 크게 실추시키는 일이었습니다. 또한 이 일은 사랑했던 아들 압살롬으로부터 다윗이 배반을 당하는 비극의 불씨가 됩니다.

압살롬이 암논을 죽이고 그술로 도망한 지 3년. 다윗이 아들에 대한 그리움을 감추지 못하자 이를 눈치 챈 요압이 드고아의 한 여인을 중재자로 내세워 다윗과 압살롬을 화해시킵니다(삼하 14장). 하지만 실제로는 그 후로도 2년이 더 지난 후에야 다윗과 압살롬의 재회가 이뤄집니다. 그러나 입을 맞추고 있는 아버지와 아들의 마음은 서로 달랐습니다. 예루살렘 궁으로 돌아온 압살롬의 마음에는 이미 아버지 다윗을 향한 반역의 계획이 영글고 있었던 것입니다.

때를 기다리며 준비하던 압살롬이 마침내 헤브론에서 아버지 다윗에 대한 반역의 깃발을 높이 치켜듭니다(삼하 15장). 꾸준히 예루살렘과 헤브론을 오가며 민심을 자신의 것으로 만들 만큼 압살롬의 계획은 치밀했습니다. 그는 아버지의 오랜 동지이자 전략가였던 아히도벨까지 포섭하여 만만치 않은 세력을 이뤘습니다(삼하 15:12~13).

대세가 급격히 기울었음을 판단한 다윗은 압살롬이 예루살렘으로 오기 전에 황급히 성을 빠져나와야 했습니다. 용맹한 군인이자 노련한 정치가였던 다윗마저도 당황하여 급히 피신해야 할 만큼 압살롬의 기세는 무서웠습니다. 압살롬은 예루살렘 성을 장악하고, 스스로 왕으로 등극합니다. 그러나 아직 반역이 완전히 성공한 것은 아닙니다.

다윗의 피신 길에 동행하기 위해 레위 사람들과 제사장들이 하나님의 궤를 메고 좇아옵니다. 그러나 다윗은 하나님의 궤를 돌려보내고 제사장 사독과 그의 아들 아히마아스, 그리고 아비아달과 그의 아들 요나단을 예루살렘에 남겨놓음으로써 반격을 준비하는 정치가의 노련함을 보여줍니다(삼하

15:24~29). 이때 다윗은 하나님의 궤를 돌려보내며 말합니다. "내가 여호와 앞에서 은혜를 입으면 도로 나를 인도하사 내게 그 궤와 그 계신 데를 보이시리라"(삼하 15:25). 급박한 상황에 쫓겨 가면서도, 하나님을 향해 변치 않는 믿음을 간직한 다윗을 볼 수 있습니다.

※

아히도벨과 후새 삼하 15:30~37; 16:15~17:23

급히 예루살렘을 빠져나와 피신 길에 오른 다윗에게 정말 청천벽력 같은 소식이 들립니다. 급박한 상황에 쫓겨 도망을 가고는 있었지만 그에게는 이 사태가 곧 수습되리라는 희망이 있었습니다. 그런데 그런 다윗에게 압살롬 세력에 아히도벨이 가담하였다는 정보가 들려온 것입니다. 이것은 다윗이 복귀할 수 있는 가능성이 난관에 부딪쳤다는 것을 의미했습니다. 아히도벨은 전국을 한 손에 들여다보는 시대의 책략가요, 모략가였습니다. 다윗은 그런 책사 아히도벨이 얼마나 치밀하게 쿠데타 성공전략을 구사할 것인가를 누구보다도 잘 알고 있었습니다. 급기야 다윗은 "여호와여 원하옵건대 아히도벨의 모략을 어리석게 하옵소서"(삼하 15:31)라고 다급히 기도합니다.

그런 후, 다윗도 반역군에 대항할 전략을 세웁니다. 그것은 자신의 오랜 친구 후새를 반역군에 거짓 투항하도록 한 것입니다(삼하 15:32~37). 후새는 다윗을 위해 죽음의 위협을 무릅쓰고 압살롬에게 거짓 투항합니다. 만일 거짓 투항의 사실이 들통 나면 바로 죽임을 당할 수도 있는데, 후새는 이 모든 상황을 알면서도 오랜 동지이자 친구인 다윗을 위해 기꺼이 그 자리를 자처하고 나선 것입니다. 아울러 다윗은 후새와 자신의 연락 체계도 세우는데, 그것은 예루살렘에 남겨둔 제사장 사독과 아비아달, 그리고 그들의 아들들인 아히마아스와 요나단을 통해 상황을 전달받는 것입니다. 당시 최고의 모사였던 아히도벨, 그리고 다윗의 명령으로 거짓 투항한 후새, 이제 이들의 전략 싸움이 압살롬 반역의 성패를 결정하게 됩니다.

한편, 왕궁에서는 아히도벨의 모략이 이어지고 있습니다. 그는 예루살렘을 장악한 압살롬으로 하여금 먼저 다윗의 후궁들과 동침하게 함으로써 압살롬이 왕권을 완전히 장악하였다는 사실과 그가 아버지 다윗과 혈육의 연을 끊었다는 사실을 모든 백성에게 명백히 알리도록 합니다(삼하 16:20~22).

곧바로 아히도벨의 전략이 또 세워집니다(삼하 17:1~3). 그의 전략의 핵심은 '속전속결'입니다. 자신이 군사 1만 명만 데리고 가서 다윗 한 사람만 죽이고 오면, 민심이 확실히 돌아설 것이라는 겁니다. 만일 아히도벨의 이 계획대로 했다면 다윗은 꼼짝없이 당했을 것입니다. 바로 이때 후새가 등장하여 위장된 계획으로 압살롬을 설득합니다. 여기서 후새는 아히도벨과 정반대의 작전, 즉 "다윗은 백전노장이니, 만약 섣부르게 군대를 동원했다가 패하게 되면, 이 쿠데타 전체가 패배할 수 있다. 그러므로 시간을 두고 대세를 몰아서 완전히 끝을 내자."라는 작전을 제안하고, 결국 압살롬은 후새의 의견을 채택하게 됩니다(삼하 17:14). 아히도벨은 자신의 모략 대신 후새의 의견이 채택되자, "나귀에 안장을 지우고 일어나 고향으로 돌아가 자기 집에 이르러 집을 정리하고 스스로 목매어"(삼하 17:23) 죽습니다. 그는 벌써 이 반역의 실패를 내다본 것입니다. 다윗은 이처럼 노련한 사람들과 함께 치열한 현실 한복판에서 정치를 펼치고 있었던 것입니다.

후궁

일반적으로 후궁은(전임 왕이 죽거나 물러날 경우) 후임 왕의 소유가 된다. 압살롬의 후궁 동침행위는 자신의 왕권 획득을 과시하려는 의도적인 행동이었다. 이전에 아브넬이 사울의 첩을 통간하자 이스보셋이 이것을 자신을 무시하는 처사로 여겼던 것도 같은 경우에 해당한다(삼하 3:7).

두 부류의 사람들
삼하 16:1~14; 17:24~29/ 시 7, 63편

　　한편 다윗은 피난길에서 두 부류의 사람들을 만나게 됩니다. 먼저 만난 한 사람은 그동안 겉으로 드러나지는 않았지만 베냐민 왕가의 복원을 꿈꾸며 아직도 다윗의 정통성을 인정하지 않고 있던 반체제 세력의 우두머리 시므이입니다. 다윗이 자신의 내각과 함께 정의와 공의의 정치를 펼치면서 베냐민 지파를 끌어안기 위해 부단히 노력했음에도 불구하고, 여전히 반체제 인사들이 남아 있는 것입니다. 베냐민 지파가 다시 정권을 잡아야 한다고 생각하는 사람들이 다윗이 강하게 나라의 기강을 잡고 있을 때에는 조용히 숨어 있다가, 반란이 일어나자 그 실체를 드러낸 것입니다.

　　"피를 흘린 자여 사악한 자여 가거라 가거라 사울의 족속의 모든 피를 여호와께서 네게로 돌리셨도다 … 너는 피를 흘린 자이므로 화를 자초하였느니라"(삼하 16:7~8)라고 심한 말로 다윗을 저주하는 시므이의 말을 듣고, 다윗의 신하들이 "청하건대 내가 건너가서 그의 머리를 베게 하소서."라고 청합니다. 그러나 다윗은 "내 몸에서 난 아들도 내 생명을 해하려 하는데, 하물며 이 베냐민 지파 사람이겠느냐."라고 하면서 덮고 지나갑니다. 그러면서 중요한 말을 합니다. "혹시 여호와께서 나의 원통함을 감찰하시리니 오늘 그 저주 때문에 여호와께서 선으로 내게 갚아 주시리라"(삼하 16:12).

　　한편 다윗은 촌로인 바르실래 같은 고마운 사람도 만나게 됩니다. 바르실래는 어려움에 처한 다윗에게 좋은 것을 갖다

주며 다윗을 위로합니다(삼하 17:27~29). 다윗이 나중에 복귀할 때, 바르실래에게 함께 왕궁에 가서 좋은 친구로 지내자고 권하지만, 바르실래는 다윗의 요청을 정중히 거절합니다(삼하 19:31~39). 이후에 다윗은 솔로몬에게 "길르앗 바르실래의 아들들에게 은총을 베풀어 그들이 네 상에서 먹는 자 중에 참여하게 하라 내가 네 형 압살롬의 낯을 피하여 도망할 때에 그들이 내게 나왔느니라"(왕상 2:7)라는 유언을 남겨 그 은혜를 갚습니다.

복귀와 유언
삼하 18~24장/ 왕상 1~2장/ 대상 20~29장/ 시 18편

아히도벨의 예견대로 압살롬의 반역은 실패로 끝나고 다윗은 궁궐로 복귀합니다. 아버지를 쫓아내고 왕이 되려 한 압살롬의 욕망은 죽음으로 일단락되지만, 이 과정 속에서 다윗이 그토록 어렵게 일구어낸 통일 이스라엘이 서로 분열되고 그로 인해 2만 명이 넘는 사람이 죽고 맙니다(삼하 18:6~8). 이 모든 일은 다윗의 범죄가 가져온 결과였습니다.

한편 요압은 압살롬의 생명은 해하지 말라는 다윗의 명령을 묵살하고 압살롬을 죽입니다. 다윗에게 요압은 없어서는 안 될 중요한 사람이기도 했지만, 다른 한편으로는 다윗을 괴롭게 하는 자이기도 했습니다.

다윗이 사태 수습에 나섭니다. 그런데 한 가지 놀라운 사실은 다윗이 복귀하자 시므이가 제일 먼저 찾아왔다는 것입니다. 그는 1천 명이나 되는 자신의 추종 세력을 데리고 와서 함

께 엎드리며 살려달라고 애원합니다(삼하 19:16~20). 다윗은 민족 내의 갈라진 감정의 골을 메우기 위해 자신을 저주한 시므이를 용서하고 그들 모두를 체제 안으로 끌어들입니다. 또한 유다 지파로 하여금 사태 수습에 앞장서도록 함으로써 나라를 다시 견고히 세우고자 합니다. 그러나 이 모든 노력에도 불구하고 민족 내의 갈등은 쉽사리 사그라지지 않습니다. 사무엘하 20장에 나오는 '세바의 반역' 역시, 지파들 간에 감정의 골이 깊게 패여 있음을 드러내주는 한 사건이었습니다.

사무엘하 21~24장은 다윗 인생을 요약한 것이라고 할 수 있습니다. 다윗의 인생에서 일어났던 이야기들, 다윗과 함께했던 사람들의 명단, 그리고 다윗이 하나님과 가졌던 교제의 시(삼하 22장; 시 18편)를 담고 있기 때문입니다. 다윗 시대 이스라엘 공동체는 이전부터 내려온 큰 숙제들을 껴안고 있었습니다. 유다 지파와 다른 지파 간의 반목이 그것이고, 사울의 후손에 대한 기브온 사람들의 한 맺힌 감정도 있었습니다(삼하 21:1~14). 이미 압살롬의 반역을 겪으면서 홍역을 치른 다윗은 국가 지도자로서 양쪽의 입장과 생각을 고려해 지혜로운 처신을 합니다. 젊은 시절, 고난 속에서 지도자 훈련을 받은 다윗은 진정한 지도자로서 국가 공동체 전체를 끌어안을 수 있는 길을 택하는 지혜와 용기를 갖춘 사람이었습니다.

그런데 다윗이 또다시 잘못을 저지릅니다. 자신이 이룬 업적을 과시하고 싶은 마음에 인구조사를 강행한 것입니다(삼하 24장; 대상 21장). 인구조사에 대한 보고를 받고 나서야 다윗은 자신의 잘못을 깨닫고 후회합니다. 죄를 뉘우친 다윗이 갓 선지자의 말에 따라 아라우나(오르난)의 타작마당에 단을 쌓습니다. 이렇게 다윗이 하나님과의 관계를 회복할 수 있었던 아라우나의 타작마당에 이후 그의 아들 솔로몬이 성전을 건축하게 됩니다. 그곳은 오래전 아브라함이 하나님께 이삭을 드리려 했던 모리아 산이기도 합니다(대하 3:1).

역대상 22장부터 29장까지의 긴 내용에는 다윗이 성전 건축을 위해 구체적으로 어떠한 준비를 했는지 자세히 기록되어 있습니다. 많은 재물을 모으고, 솔로몬에게 구체적인 지시를 내림은 물론이요, 레위 지파들을 계수하고 계열을 정하는 일, 노래하는 사람들, 문지기들을 세우는 일, 행정조직을 정비하는 일, 성전 건축을 위한 봉헌물을 공식적으로 드리며 온 백성들 앞에서 성전 건축의 중요성을 가르치는 일 등, 다윗은 자신이 할 수 있는 모든 일을 최선을 다해 감당하고, 그 모든 것을 고스란히 아들 솔로몬에게 넘겨줍니다.

이새의 막내아들로 태어나 역사에 기록될 만한 대단한 삶을 살았던 다윗도 어느덧 나이가 들었습니다. 국가의 기틀을 다지고 영토를 확장하였으며, 하나님 신앙에 투철했던 사람 다윗도 이제 후계자를 세우는 마지막 사명을 이뤄야 할 때가 되었습니다. 왕자 아도니야가 스스로 왕이 되려 하는 반역의 위기 가운데에서 다윗은 솔로몬에게 왕권을 물려주겠다고 선언합니다(왕상 1:29~30).

다윗이 그의 생애를 마감하며 아들 솔로몬에게 유언을 남깁니다. 먼저 그는 신앙적 유언을 합니다.

"힘써 대장부가 되고 네 하나님 여호와의 명령을 지켜 그 길로 행하여 그 법률과 계명과 율례와 증거를 모세의 율법에 기록된 대로 지키라 그리하면 네가 무엇을 하든지 어디로 가든지 형통할지라 여호와께서 내 일에 대하여 말씀하시기를 만일 네 자손들이 그들의 길을 삼가 마음을 다하고 성품을 다

아도니야

왕위계승 서열의 맨 앞에 있었던 아도니야는 자신이 다윗 다음의 왕이 되기 위해 스스로 자기 세력을 모았다. 그러나 나단과 밧세바의 노력으로 다윗이 솔로몬의 손을 들어주면서 그의 계획은 허사로 돌아간다(왕상 1장). 일단은 솔로몬의 용서로 목숨을 구했지만, 얼마 후 다윗을 시종 들었던 수넴 여자 아비삭을 아내로 구하였다가 왕위를 욕심내는 의도로 판단받아 솔로몬에 의해 죽임을 당한다.

하여 진실히 내 앞에서 행하면 이스라엘 왕위에 오를 사람이 네게서 끊어지지 아니하리라 하신 말씀을 확실히 이루게 하시리라"(왕상 2:2~4).

하나님의 명령을 지키고 그 길로 행하라는 것입니다. 자신과 맺으셨던 하나님의 약속(삼하 7장)을 아들에게 전수해주며 그것이 이스라엘 대대의 비전이 되도록 하고 있습니다.

뒤이어 그는 정치적 유언을 합니다(왕상 2:5~9). 첫째, 요압과 시므이에 대한 경계를 늦추지 말고 그들을 감시해야 한다고 충고합니다. 왜냐하면 시므이는 다윗이 정의와 공의를 행할 때에도 사울 왕정 복원을 꿈꾸며 체제 도전을 시도했는데 하물며 다윗 사후에 어떤 또 다른 행동을 할지 모르는 위험이 있기 때문입니다. 또한 요압은 다윗의 측근이기는 하지만 고비 고비마다 사사로운 이익에 붙들려 국가의 대사를 그르친 적이 있었습니다. 그는 아브넬이 사울의 아들 이스보셋을 허수아비로 만들었듯이 다윗의 뒤를 이은 솔로몬을 허수아비로 만들 가능성이 있는 사람입니다. 그래서 다윗은 솔로몬이 안정적인 정치를 하기 위해서는 기회를 보아 그들의 죄를 덮어주지 말라고 말합니다. "편안히 스올에 내려가지 못하게 하라."라는 고도의 정치적인 언어로 그 뜻을 전합니다. 이후 실제로 솔로몬은 다윗의 유언대로, 시므이와 요압의 행동을 면밀히 주시하였다가, 그들의 잘못이 발각되자 곧 그 죄를 물음으로써 왕권을 튼튼하게 세워갑니다(왕상 2장).

또한 다윗은 피난길에 자신을 도왔던 바르실래의 아들들에게 은혜를 갚으라고 말합니다. 그는 솔로몬에게 이렇게 한 나라의 지도자로서 하나님 앞에 바로 서서, 정치적 감각을 가지고 조심할 사람 조심하고, 골고루 인재를 등용하며 나라를 튼튼히 세워가라는 유언을 남깁니다.

한 시대를 풍미했던 다윗은 이렇게 세상을 떠나고, 약속의 계승자 솔로몬이 역사의 전면에 등장하는 국면의 전환이 이루어지고 있습니다. 다윗에게는 초대 왕 사울이 어지럽혀 놓았던 시대의 어둠을 거두어내야 하는 사명이 있었다면, 지금 막 왕위에 오른 솔로몬에게는 아버지 다윗의 선정(善政)을 이어가야 하는 사명이 주어졌습니다.

삶을 노래하는 인생철학
그 외 시편 (다윗의 시편을 중심으로)

시편은 하나님에 대한 찬양과 경배를 드리기 위해 쓰여진 이스라엘의 기도서이자 찬양의 책입니다. 한가지로 정해진 분류는 없지만, 일반적으로, 하나님께 도움을 요청하는 탄원시, 공동체나 개인이 부르는 찬양이 담긴 찬양시, 하나님의 왕권이나 이스라엘의 왕을 찬양하는 제왕시, 교훈과 지혜를 가르치는 지혜시, 성전에서 드리는 예배를 배경으로 하는 예배시 등으로 나눌 수 있습니다.

특히, 사무엘서를 통해 정치인인 다윗의 모습을 볼 수 있었다면, 시편의 다수(150편 중 73편)를 차지하는 다윗의 기도를 통해서는 그가 하나님과 얼마나 깊고 친밀한 만남을 가졌는지를 알 수 있습니다. 그의 많은 시는 그의 풍성한 신앙언어를 말해줍니다. 다윗은 목동이요, 시를 짓는 시인이요, 하나님을 찬양하는 놀라운 신앙인이었습니다. 아울러 그는 나라를 지키는 군사 전략가였고, 현실 정치인이었으며, 사회적 리더십을 발휘하는 지도자였습니다. 그는 신앙언어와 사회언어의 균형을 갖추고 있었습니다. 다윗은 진실한 신앙언어를 통해서 하나님과 끝까지 가까이 하였으며, 치밀한 사회언어를 통해서는 그 시대의 동역자들과 협력하였던 것입니다.

사울 정권의 어두운 시대 흐름을 하나님 중심의 시스템으로 바꿔낼 수 있었던 다윗의 힘이 그의 신앙고백 안에 고스란히 담겨 있습니다. 다윗은 매일 아침 주의 얼굴을 뵙고, 언제나 눈동자 같이 자신을 지키시는 하나님을 의지하며, 하나님께서 구원하실 그날을 향해 자신의 길을 당당하게 걸어갔습니다.

다윗은 소년 시절, 목동으로 일하면서 양을 지키기 위해 사자나 곰과 싸워야 했습니다. 다윗은 그러한 싸움을 통해서 자신의 힘이 아닌 하나님의 능력이 자신을 보호해주신다는 사실을 깨달았습니다. 소년 시절의 이 경험은 다윗이 한평생을 살아가면서 어떠한 위기에서도 하나님을 의지할 수 있는 믿음의 기반이 되었습니다(시 8, 16, 23, 27, 62편 등).

그래서 블레셋의 군대는 골리앗이라는 장군을 의지하고, 골리앗은 자신의 힘, 자기의 칼과 방패를 의지할 때, 다윗은 하나님의 이름을 의지했기에 골리앗 앞에 자신 있게 나설 수 있었습니다. 전쟁이 하나님께 속한 것임을 깊이 신뢰하였던 다윗은 전쟁의 승리가 병거, 혹은 군대의 숫자에 달려 있는 것이 아니라는 사실을 잘 알고 있었습니다(시편 20, 24, 35, 144편 등).

다윗은 자신을 해치려는 행악자로 인하여 쫓겨 다니는 형편 속에서도 여전히 하나님을 향해 기도합니다. 악인들의 횡포에 고통당해야 했던 다윗이지만, 불평하기보다는 하나님을 의지하며 선을 행하기 위해 더욱 노력했습니다. 그래서 그 입의 말과 마음의 묵상이 하나님 앞에 열납되기를 소원하였으며, 자신의 입에 파수꾼을 세워달라고 간구했습니다(시 19, 37, 39, 141편 등).

다윗은 자신의 발 앞에 셀 수 없이 많은 장애물을 놓는 악인들을 바라보며, 하나님께 "어느 때까지니이까?"라고 부르짖었습니다. 그러나 다윗에게는 하나님께서 의로운 사람을 구원하시며, 악인에게는 마땅한 벌을 내리신다는 믿음이 있었습니다. 이 믿음으로 다윗은 하나님의 정의와 공의를 자신의 삶 가운데 변치 않는 기준으로 끝까지 붙들 수 있었습니다(시 4, 6, 11, 13, 22, 25, 40, 64, 69, 140, 142편 등).

다윗은 하나님의 뜻에 불순종하며 불의를 행하는 자를 몰아내고 충성된 사람을 찾아 협력하는 가운데 하나님의 도를 행하는 정의와 공의의 정치에 관심을 가졌습니다. 다윗은 사울을 피하여 굴에 있을 때, 사울의 폭압이 온 이스라엘을 뒤덮고 있는 현실 속에서도, 결국에는 하나님의 영광이 온 땅에 높이 들릴 것이라는 놀라운 꿈을 꾸었습니다(시 9, 57, 68, 101, 108, 110, 138편 등).

다윗은 깊은 기도의 사람이었습니다. 그는 기도를 통해서 자신의 심정을 하나님께 쏟아놓았습니다. 그의 대적자들이 아무리 거짓과 속임수로 그를 넘어뜨리려 하여도 그는 넘어지지 않았습니다. 아무리 억울한 일을 당하여도 자신의 원통함을 하나님께 고하며 그 중심을 하나님께 두었던 그를 하나님께서 이스라엘의 왕으로 세우셨습니다(시 5, 17, 21, 54, 55, 65, 86, 109, 143편 등).

다윗은 황소를 잡아 하나님께 드려보았습니다. 그런 그가 고백하기를 노래로 하나님의 이름을 찬송하며 감사함으로 하나님을 위대하시다 하는 것이 황소를 잡아 제사를 드리는 것보다 더욱 하나님을 기쁘시게 하는 것이라고 고백했습니다. 우리 삶의 목적은 하나님을 높이고 그분의 선하심을 찬양하는 것입니다(사 43:21; 시 33, 66, 69, 103, 144편 등).

누군가를 향하여 감사의 마음을 갖는다는 것은 참 복된 일입니다. 하물며 우리의 복의 근원이신 하나님께 대한 감사는 말해 무엇 하겠습니까? 어리석은 자는 하나님이 없다(시 14:1)고 하며 스스로의 힘으로 살기 위해 버둥거리지만, 이 땅의 모든 만물들은 하나님을 찬양하며 그분께 감사드립니다. 어떠한 환경과 고난 속에서도 감사할 수 있는 것, 그것이 다윗의 힘이었습니다(시 100, 145편 등).

한 걸음 물러서기

인생을 살다보면 누구나 시련을 당할 수 있습니다.
하지만 기도하는 가운데 인내하며 기다린다면,
하나님의 도우심 안에서
그 시련이 축복으로 바뀌는 때가 있을 것입니다.
만약 그때에 주변에서 그 복을 시기하고
방해하는 사람들이 있더라도, 다투지 마십시오.
그리고 한 발 물러서고 두 발, 세 발 물러서십시오.
하나님께서 반드시
나를 시기하고 방해하는 그 사람에게
하나님이 나와 함께하신다는 사실을
깨닫게 하실 때가 있을 것입니다.
다른 사람과 다투지 않고 물러서는 것이야말로
하나님이 나와 함께하신다는 것을
주변 사람들에게 보여줄 수 있는 최고의 방법입니다.
"온유한 자는 복이 있나니
그들이 땅을 기업으로 받을 것임이요."(마 5:5)

Mind and Wisdom

하나님의 공과 의가 실현되는 다윗 왕국을 물려받고 하나님께로부터 놀라운 지혜를 선물 받은 솔로몬은 하나님의 성전을 건축합니다. 이스라엘 민족을 넘어, 온 열방을 위한 성전이었습니다. 그러나 자신이 잠언에서 그토록 강조했던 '마음의 중심'을 하나님 아닌 것으로 옮겨버린 결과, 모든 것이 무너져 내리는 인생의 유한함을 경험하게 됩니다. 진정한 지혜와 사랑은 창조주 하나님이 어떤 분이신지를 바로 아는 것에서부터 시작됩니다.

6
마당

마음과 지혜

열방을 향한 성전

열왕기상 3~10장 역대하 1~9장 시편 72, 127편

지혜로운 마음을 구하는 솔로몬

왕상 3~4장/ 대하 1장/ 시 72편

다윗의 뒤를 이은 솔로몬 왕은 기브온에서 하나님께 일천
번제를 드립니다. 하나님께서 솔로몬의 꿈에 나타나셔서 솔로
몬의 원하는 바를 물으십니다. 솔로몬은 눈에 보이는 그 어떤
것이 아닌, 하나님의 백성을 옳게 판결할 수 있는 지혜를 구합
니다(왕상 3:4~9; 대하 1:7~10).

아버지 다윗처럼 이스라엘 백성을 "주의 백성"이라고 여기
며, 아버지의 유언(왕상 2장)에 따라 하나님의 나라와 의를 위해
고민하는 솔로몬을 보시고 하나님은 무척 기뻐하십니다. 하나
님은 솔로몬에게 그가 구한 지혜에 더하여 부귀와 영광도 주
시겠다고 약속하십니다(왕상 3:12~13; 대하 1:11~12).

하루는 두 여인이 한 아기를 놓고 서로 자기가 진짜 어머
니라고 싸우는 분쟁이 발생하는데 솔로몬이 이 사건을 지혜
롭게 해결합니다. "산 아이를 둘로 나누어 반은 이 여자에게

지혜의 찬양 (시 72편)

시편 72편은 솔로몬의 찬양이
다. 솔로몬은 이 시편에서 하나
님으로부터 오는 지혜를 구하
고 있다. 우리는 열왕기상 초반
부와 시편 72편을 통해 중요한
사실 한 가지를 깨닫는다. 그것
은 솔로몬 시대의 풍요로움이
어느 누군가의 천재적 재능에
의한 것이 아니라, 하나님께서
솔로몬에게 주셨던 지혜로 말
미암았다는 사실이다.

주고 반은 저 여자에게 주라."라는 판결을 듣고, "차라리 그 아이를 다른 여자에게 주고 죽이지 말아 달라."라고 간청하는 이가 진짜 어머니임을 가려낸 것입니다. 다윗이 '골리앗'이라는 국가 난제를 해결하면서 백성들의 마음을 얻었다면(삼상 17장) 솔로몬은 이 사건을 통해 백성들의 큰 신임을 얻게 됩니다(왕상 3:28). 아버지 다윗은 강한 군사력으로, 아들 솔로몬은 뛰어난 지혜로 이스라엘을 하나님의 나라로 세워갔습니다.

열왕기상 4장은 이스라엘이 역사상 가장 번영했던 시기를 묘사하고 있습니다. 유다와 이스라엘의 인구는 바닷가의 모래처럼 많아지고, 솔로몬의 통치 범위는 이스라엘을 넘어 그 주변 지역 전역에 이르렀습니다. 솔로몬과 그를 돕는 많은 관료들에 의해 시대가 이렇게 꽃을 피운 것은, 물론 솔로몬이 지혜롭게 나라를 잘 다스린 이유도 있었지만, 보다 근본적인 요인은 하나님의 신실하심에 있습니다. 또한 그의 아버지 다윗이 이루어놓은 기반 위에 다윗의 신앙이 계승된 결과였습니다. 이제 하나님의 관심은 솔로몬과 이스라엘 백성들이 하나님께서 주신 풍요로움으로 무엇을 행할 것인가로 향하십니다.

풍요와 번영의 핵심
풍요와 번영의 핵심은 다윗이 행했던 하나님의 공의와 정의, 그리고 솔로몬의 옳고 그른 것을 구별하는 지혜에 있다는 것을 기억하자.

※

성전 건축 왕상 5~8장/ 대하 2장~7:10/ 시 127편

솔로몬은 다윗으로부터 물려받은 정치적, 물질적 유산의 기반 위에서 국가 안정을 이루자, 드디어 성전 건축에 착수합니다. 이제까지의 회막 시대를 종결하고 성전 시대를 여는 것, 이것은 이스라엘의 역사 속에서 매우 중요한 사건이었습니다.

다윗이 '오랜 시간 준비해둔 기반 위에서 솔로몬은 7년 동

건축 준비
(왕상 5장; 대하 2장)

부친 다윗이 하나님께 서원하였던 성전 건축을 위해 솔로몬이 여러 가지를 준비하는 모습은 조상들이 광야에서 여호와 하나님의 회막을 세우기 위해 준비하던 모습(출 35장)을 연상케 한다. 솔로몬은 다윗이 준비해놓은 것을 기반으로 성전 건축에 착수하는데 다윗의 뜻을 좇아 두로 왕의 도움을 얻어 성전 건축에 필요한 백향목과 잣나무와 백단목을 확보하는 마지막 준비를 마친다. 드디어 성전 시대를 향한 첫걸음을 내딛고 있는 것이다.

솔로몬 성전

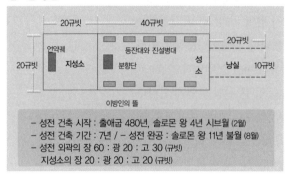

- 성전 건축 시작 : 출애굽 480년, 솔로몬 왕 4년 시브월 (2월)
- 성전 건축 기간 : 7년 / - 성전 완공 : 솔로몬 왕 11년 불월 (8월)
- 성전 외곽의 장 60 : 광 20 : 고 30 (규빗)
  지성소의 장 20 : 광 20 : 고 20 (규빗)

성전이 건축된 장소

하나님께서는 아브라함에게 모리아 산에서 독자 이삭을 제물로 바치라고 하셨다(창 22:2). 또한 그곳은 다윗 왕이 아라우나에게 돈을 주고 타작마당을 사서 제단을 쌓고 하나님을 경배한 장소이다. 그곳에서 다윗의 아들 솔로몬이 대성전(솔로몬 성전)을 건축하였다(대하 3:1).

안의 건축 공사에 착수합니다. 18만 3,300명(왕상 5:13~16)의 인원을 동원하여 국제적인 규모의 성전 건축을 시작합니다. 또한 아버지 다윗 때부터 이어져왔던 우호 관계를 기반으로 이웃 나라 두로 왕 히람으로부터 막대한 원조 물자도 제공받았습니다(왕상 1~13). 회막이 이스라엘과 함께 하시려는 하나님의 의지의 소산이었다면 성전은 이스라엘을 떠나지 않겠다는 하나님의 의지의 재확인입니다. 식양을 따라 "창문을 내고", "연접하게 하고", "벽에 입히고", "서로 닿았더라" 등의 구절들이 실제화 되는 광경을 보노라면(왕상 6장), 그 옛날 브살렐과 오홀리압의 지시를 따라 하나님의 법궤를 만들었던 이스라엘의 모습이 연상됩니다(출 35~38장).

성전이 건축되기까지 오랜 기간 많은 이들의 헌신이 있었습니다. 예루살렘 성에 살고 있던 여부스 족속을 몰아내고 그곳을 이스라엘의 수도로 삼았던 다윗과 그의 동역자들, 그리고 당대에 성전을 건축하는 솔로몬과 그 시대 사람들입니다. 다윗의 정성스런 준비, 솔로몬의 성실한 실행, 그리고 백성들의 수고! 이 세 가지를 기억해두어야 하겠습니다.

드디어 7년의 긴 공사 끝에 하나님의 성전이 완성됩니다(왕상 6:37~38). 이 성전이 세워짐으로 말미암아 시온 성, 곧 예루살렘 성은 이스라엘의 정치적 수도일 뿐 아니라, 종교적인 성지(聖地)로서 온 백성의 중심이 됩니다. 이 성전 중심 사상은 이후 바벨론 포로 시대에도 지속되어 예루살렘은 이스라엘 민족의 고향으로 남게 됩니다.

성전 건축은 다윗의 꿈이기도 하였습니다. 다윗이 그 꿈을 꾸었고 솔로몬이 그 뜻을 계승하여서 시대를 꽃피우게 했습니다. 다윗도 열방에게 하나님의 위대하심을 알리고자 하는 꿈을 품었습니다. 다윗이 사울 왕을 피해 동굴에 있을 때 지은 시편을 기억하실 것입니다. "주여 내가 만민 중에서 주께 감사하오며 뭇 나라 중에서 주를 찬송하리이다 무릇 주의 인자는 커서 하늘에 미치고 주의 진리는 궁창에 이르나이다 하나님이여 주는 하늘 위에 높이 들리시며 주의 영광은 온 세계 위에 높아지기를 원하나이다"(시 57:9~11). 이제 그의 유언대로 솔로몬이 열방을 향한 성전을 지은 것입니다.

완성된 성전 안에 제사장들이 언약궤를 메어다 안치하고 나올 때, 구름이 성전에 가득하게 됩니다. 하나님의 영광이 그곳에 가득했던 것입니다. 모든 백성을 대표하여 솔로몬이 하나님께 기도합니다. 하나님을 온 이스라엘의 주로 고백하고 주의 율례와 법도를 지킬 것을 선언합니다. 이는 하나님께서 그의 조상 때부터 주신 약속, 가깝게는 그의 아버지에게 주셨던 약속에 대한 전 국민적 응답이라 할 수 있습니다.

성전 낙성식을 행하며 솔로몬이 백성들 앞에서 하늘을 향하여 손을 펴고 드리는 기도 가운데 성전을 통한 꿈의 내용이 잘 나타나 있습니다(왕상 8:22~53; 대하 6:12~42). "또 주의 백성 이스라엘에 속하지 아니한 자 곧 주의 이름을 위하여 먼 지방에서 온 이방인이라도 그들이 주의 크신 이름과 주의 능한 손과 주의 펴신 팔의 소문을 듣고 와서 이 성전을 향하여 기도하거든 주는 계신 곳 하늘에서 들으시고 이방인이 주께 부르짖는 대로 이루사 땅의 만민이 주의 이름을 알고 주의 백성 이스라엘처럼 경외하게 하시오며 또 내가 건축한 이 성전을 주의 이름으로 일컫는 줄을 알게 하옵소서"(왕상 8:41~43).

성경에 기록된 성전

솔로몬 성전
B.C.586년에 바벨론에 의해 파괴되었다(왕하 25:8,9).

스룹바벨 성전
이 성전은 웅장함이나 우아함에 있어서 솔로몬 성전을 따를 수 없었다(스 5:2; 6:15~18).

헤롯 성전
B.C.20년에 광대한 대지 위에 세워지기 시작하여 A.D.64년에 준공되었다. 이 성전은 A.D.70년에 로마의 장군 티투스(Titus)에 의해 파괴되었고, 지금은 바위의 돔이 그 자리를 차지하고 있다.

다윗은 하나님의 궤를 예루살렘에 옮겨놓고 춤을 추며 기뻐했다. 지금 솔로몬과 이스라엘 백성의 기쁨이 어찌 그날만 하지 못할까?

화려한 예루살렘

화려한 예루살렘, 그리고 모든 건축 과정을 기쁘게 바라보셨던 하나님과 백성들의 정성을 기억해 두자. 그러면 훗날 예루살렘이 바벨론 제국에 의해 점령당할 때, 성전과 왕궁의 건물들이 모조리 불타서 황폐화되는 것을 바라보시는 하나님의 안타까운 마음을 조금이라도 느껴볼 수 있을 것이다.

성전 건축과 왕궁 건축

7년간의 성전 건축이 끝나고, 이어지는 13년 동안 솔로몬은 자신의 왕궁을 건축한다(왕상 7:1). 솔로몬은 통치 40년 중, 초기 20여 년간은 예루살렘의 성전과 왕궁을 건축하는 데 집중했던 것이다.

이 기도의 핵심은 성전을 통해 열방이 하나님께 돌아오기를 원한다는 것입니다. 다시 말해 세계 열방을 위한 기도입니다. 식양에 따라 정성을 들여 준공한 성전, 그것의 눈에 보이는 형식과 틀도 중요하지만 그것을 통해 삶 가운데 채워질 내용이 더 중요하다는 것입니다. 이 성전은 단지 이스라엘 백성들만을 위한 종교적 건물이 아니었습니다. 온 세계 열방이 하나님의 뜻을 알아가는 데에 이 성전이 쓰일 것이며, 이스라엘 백성들은 그 일을 책임과 사명으로 인식하겠다는 것입니다.

이스라엘은 '모범 모델'의 사명을 받았습니다. '거룩한 백성과 제사장 나라'로서의 사명과 특권을 함께 가지고서 열방의 모범이 되어야 합니다. 하나님을 잘 섬기는 자가 얼마나 영화롭게 복을 받는가를 열방에 보여주는 표본이자 복의 통로인 것입니다. 바로 이 사명을 솔로몬과 이스라엘 백성들이 받아들이고 있는 감격적인 장면입니다. 성전 건축 후 거행되는 이 낙성식에는 수많은 사람들이 모였습니다(왕상 8:63~65). 제물로 바쳐진 짐승의 수가 총 14만 마리를 넘을 정도이니, 모인 사람들의 수가 어느 정도였으며, 규모는 얼마나 컸을지 가히 짐작이 갑니다. 이 낙성식은 구약 성경에 나타난 최초의 성전 봉헌식입니다. 불과 1백여 년 전의 사사 시대를 기억하면서 이 장면을 본다면 참으로 감격스럽지 않을 수 없습니다.

※

솔로몬의 모든 영화 왕상 9~10장/ 대하 7:11~9장

솔로몬이 성전과 왕궁을 건축하고 나라의 기반을 다져갈 때, 하나님께서 또다시 솔로몬을 찾아오셔서 그에게 약속을 주십니다. 솔로몬이 성전을 중심으로 하나님 앞에서 의롭게 행한다면 그의 왕위를 영원히 견고히 해주시겠다는 약속입니다(왕상 9:3~5). 이스라엘과 좋은 관계를 이어가고 싶은 하나님의 마음이 담긴 약속이었습니다. 그러나 하나님께서는 솔로몬과 백성들이 온전히 하나님을 따른다면 왕위를 영원히 견고히 해주시겠다는 복의 말씀과 동시에, 그들이 하나님을 경배하지 않는다면 비록 이 성전이라 할지라도 던져버리시겠다는 중요한 경고도 잊지 않으십니다(왕상 9:6~9).

솔로몬 시대는 주변 나라들이 부러워할 만큼 풍요로운 시대였습니다. 이스라엘이 하나님 중심의 국가가 되기 위한 기반으로서의 성전이 건축되었고, 열방을 섬길 수 있는 풍성함이 이스라엘에게 주어졌습니다. 당시에 가장 부유하고 화려하기로 유명한 스바의 여왕도 감탄사를 연발할 만큼(왕상 10:4~10) 솔로몬이 다스리는 이스라엘은 화려하고 풍요로운 나라였습니다.

그러나 그들이 받은 복은 비단 제물의 풍족함만이 아니었습니다. 지금까지 하나님의 도우심이 한 번도 그들을 떠난 적이 없었습니다. 하나님께서는 애굽에서 종노릇하던 이스라엘을 건져내시어 지금까지 인도하시고 지켜주셨습니다. 그들의 노력으로 인한 것이 아니요 하나님의 풍성한 은혜였습니다. 또한 솔로몬 시대에 이렇게 큰 풍요를 이룰 수 있었던 것은 그의 아버지 다윗의 노력이 기반이 되었기 때문입니다. 즉 시대를 넘어 많은 사람들의 땀과 눈물로 이룩된 영화와 풍요인 것입니다. 이제 그 모든 조건을 중심으로 하나님 나라의 율례와 규례와 법도를 열방에 선교해야 할 책임이 솔로몬과 이스라엘에게 주어져 있습니다.

갈릴리, 가불

솔로몬은 성전과 왕궁 건축을 마치고 두로 왕 히람에게 고마움을 표시하기 위해 갈릴리의 20개 성읍을 선물로 준다. 그런데 히람이 받은 갈릴리의 성읍들은 정말로 초라했던 것 같다. 히람은 솔로몬이 준 갈릴리 성읍을 '가불'이라 부르며 못마땅한 심경을 드러냈다(왕상 9:10~13). '가불'은 '별로 좋은 점이 없는, 불모의, 가치 없는, 황폐한'이라는 뜻을 가진 말이다. 그러나 온 인류를 구원하시는 예수 그리스도의 사역이 바로 이 가불 땅에서 시작된다. 가불이라 불리던 땅, 그 갈릴리 땅에서 모든 사람을 위한 희망의 사건이 시작되었던 것이다.

지혜와 사랑

잠언 1~31장 아가 1~8장

지혜란 무엇인가? 잠 1~31장

솔로몬은 "내 아들아."라는 표현을 자주 사용하면서 인생 경험이 많은 아버지가 앞으로 살아야 할 날이 많이 남은 아들에게 삶의 지혜를 알려주는 형식으로 글을 씁니다. 세상의 그 어떤 사람보다도 지혜가 많았던 솔로몬이 그의 아들들에게 지혜의 비결을 숨김없이 드러내고 있는 것입니다.

지혜가 무엇인지 알려면 지혜로운 사람과 지혜롭지 못한 사람이 각각 어떻게 사는지를 보면 됩니다. 잠언은 지혜롭지 못한 사람, 즉 어리석은 사람은 자신의 욕망에 갇혀 있다고 말하면서 욕망의 노예에서 지식의 반열로, 지식의 반열에서 지혜의 세계로 나아가라고 권면합니다.

그렇다면 지식은 무엇입니까? 지식은 경험자의 말을 듣고 미리 아는 것입니다. 경험자의 말을 듣는 것, 이것이 지식의 유익함입니다.

그렇다면 지식에서 한 걸음 더 나아간 지혜는 과연 어떤 것일까요? 잠언에 따르면, 지혜는 깊은 연구를 통해서나 자신의 명철로 파악되는 노력의 산물이라기보다는 하나님을 의뢰하고 그를 신뢰하려는 마음 자세에서 얻어지는 것입니다. 경험의 유한성과 이기성에 대해서 인정하고 그 한계를 넘어 거룩한 상상을 하라는 것입니다.

솔로몬은 때로는 엄중하게, 때로는 풍자적으로 지혜를 설명합니다. 잠언에서는 지혜가 잔치를 벌이고 우리를 초대하기도 하고, 지혜가 있는 사람과 없는 사람이 어떻게 다른지 이야기해주기도 합니다. 그리고 그 모든 이야기의 핵심은 다름 아닌 "하나님을 경외하라."입니다.

Message
누구나 얻을 수 있는 지혜
솔로몬은 지혜라는 것이 자신을 비롯한 몇몇 특별한 사람들만이 얻을 수 있는 것이라고 생각하지 않는다. 하나님을 경외하며, 하나님께 지혜를 간구하는 모든 사람들에게 지혜가 주어진다고 확신했다. 그 이유는 지혜의 근본이신 하나님께서는 사람들에게 지혜 주시는 것을 기뻐하시기 때문이다.

잠언이 말하는 지혜는 여호와를 경외하며 의뢰하는 것입니다(잠 1:7; 15:33; 16:3; 19:23). 모든 지식의 근본인 하나님을 제대로 알고 섬기며 경외하는 것에서 출발합니다. 성경이 말하는 지혜를 우리가 선택이 아닌 필수로 받아들여야 하는 이유는 그것이 생명의 문제이기 때문입니다. 우리가 하나님의 말씀에 귀 기울이지 않고, 또 이를 행치 않는다면 우리의 마음은 어느덧 유혹에 넘어져 결국 사망의 길로 내려가게 될 것입니다.

Message
참 지혜의 본체 예수
지혜와의 인격적 만남은 타락한 인간 이전의 상태 곧 하나님께서 선하게 만드신 상태로 돌아오라는 하나님의 애정 어린 요청인 것이다.
이를 성경 전체의 숲에서 본다면 이후 예수 그리스도를 통하여 우리가 참 지혜와 만남을 가질 수 있는 길이 열리게 된다.

지혜는 인간의 부족함과 약함을 아는 것입니다(잠 30:2~4). 자신의 부족과 무지함에 대한 고백으로 시작되는 아굴의 잠언은 특별히 인간사에서 빚어지는 갖가지 선하지 않은 일들이 바로 하나님에 대한 무지와 교만에서 비롯된 것임을 강조하고 있습니다. 우리가 우리의 교만한 마음을 버리고 하나님과 사람 앞에서 겸손할 수 있다면 어느 누구의 훈계라 하더라도 그 안에서 교훈을 얻을 수 있습니다.

Message
스스로 높인 자리
솔로몬은 사람을 섬기는 자들에게 스스로 높이지 말라 교훈한다. 만일 왕 앞에서 스스로 높은 체하면 대인의 자리에서 쫓겨날 수 있기 때문이다. 예수님께서는 이 말씀을 인용하시며 잔칫집에서 상석에 앉기를 좋아하는 바리새인들을 책망하기도 하셨다(눅 14:7~11).

지혜는 정직한 마음으로 진실을 말하는 것입니다(잠 11:6; 20:23). 삶의 자세가 인생을 좌우합니다. 속임의 저울과 공평한 추, 교만과 겸손, 사특과 정직으로 갈라지는 다양한 삶의 길 중 선택은 우리의 몫입니다. 거짓과 술수를 말하는 입술이 아닌 진리와 정직을 말하는 입술, 그리고 그런 마음 자세를 가지는 것이 참 지혜입니다. 거짓은 하나님 앞에서 드러나지 않는 것이 없기 때문입니다.

지혜는 가난한 이웃을 돌아보는 것입니다(잠 3:27~28; 11:25; 14:31). 참 이상한 원리가 있습니다. 상식적으로 이해가 안 되는 신앙의 원리입니다. 흩으면 더 모아지고, 아끼면 더 손해 보게 되는 원리! 잠언은 가난하다는 이유로 사람을 함부로 대하는 것은 그를 지으신 이를 멸시하는 처사라고 말합니다. 궁핍한 사람을 긍휼히 여기는 자가 바로 주를 존경하는 지혜로운 자입니다.

지혜는 훈계와 징계받기를 즐겨하는 것입니다(잠 3:12; 12:1; 13:1). 어느 누가 징계 받는 것 자체를 즐거워하겠습니까? 그러나 입에 쓴 약을 먹어 몸을 건강하게 하는 것이 지혜이듯 징계를 달게 받는 것이 지혜자의 자세입니다. 훈계와 징계는 사랑입니다. 겸손히 자신의 허물에 대한 훈계와 가르침을 받아들이고, 이를 고치고자 하는 노력이 그를 더욱 지혜로운 사람으로 만들어갑니다.

지혜는 입술의 말을 조심하는 것입니다(잠 10:11; 10:19; 20:15; 21:23). 의인의 말은 제어하는 지혜가 있으며, 순수한 은 같으며, 여러 사람들을 교육하는 힘이 있습니다. 자신의 혀를 다스릴 수 있는 사람이라면 온몸을 다스릴 수 있는 사람입니다. 그래서 야고보는 "누구든지 스스로 경건하다 생각하며 자기 혀를 재갈 물리지 아니하고 자기 마음을 속이면 이 사람의 경건은 헛것이라"(약 1:26)라고 했습니다.

지혜는 부지런한 삶의 자세를 갖는 것입니다(잠 6:6~11; 10:4~5). 우리의 생명이 순간순간의 삶으로 이루어진 이상, 하나님께서 우리에게 주신 시간이 곧 우리의 생명입니다. 우리가 그리스도인으로서 우리의 생명이 하나님으로부터 온 것임을 믿는다면 매 순간순간의 삶을 충실히 살아가야 할 것입니다. 게으름을 피우며 자신의 역할을 다하지 않는 것은 하나님을 경외하는 사람의 바른 태도가 아닙니다.

지혜는 좋은 친구를 사귀는 것입니다(잠 13:20; 22:24~25; 27:17). 지혜로운 사람을 가까이하여 배우며 교훈받는다면, 곧 그의 삶도 지혜로워질 것입니다. 그러나 만일 친구의 충고를 들을 귀가 없는 사람이라면 아무리 좋은 친구를 옆에 두고 있다 하더라도 그의 얼굴은 빛나지 않을 것입니다. 칭찬에 귀를 좁게 열고, 충고에 귀를 넓게 여는 지혜가, 주변의 지혜자들을 나의 귀한 친구로 만드는 비결입니다.

지혜는 악인의 형통을 부러워하지 않는 것입니다(잠 24:1~2; 24:19~20). 잠언은 악인의 형통을 보고 마음이 흔들려 정직한 길에서 돌아서지 말 것을 가르치고 있습니다. 비록 우리의 눈에 악인이 형통하고 의인이 고난받는 모습이 보일지라도 하나님을 경외하는 것이 지혜입니다. 하나님을 경외하는 자들에게는 악을 행하는 미련한 자가 도저히 따라올 수 없는 고귀함이 있습니다.

지혜는 어리석은 유혹을 물리치는 것입니다(잠 4:23~27; 5:7~8). 그 유혹의 끝이 무엇인지 미리 파악하고, 자신이 가야

얼음냉수
충성된 사람은 마치 추수하는 날의 얼음냉수 같아서 능히 그 주인의 마음을 시원하게 한다. 아브라함에게 다메섹 사람 엘리에셀이 그러했듯이 말이다(창 24장).

할 길을 바르게 판단하는 것입니다. 그리고 옳다고 결심한 그 길로 흔들리지 않고 걸어가는 것입니다. 성경이 말하는 지혜로운 사람은 눈앞의 쾌락을 좇기보다는 영원한 생명의 길을 걷는 사람입니다.

지혜는 노하기를 더디 하는 것입니다(잠 16:32; 25:15; 29:11). 자신의 마음과 본능을 다스릴 수 있는 사람이 지혜로운 사람입니다. 성급히 분노를 발하고, 마음에 있는 말을 그대로 쏟아내는 사람은 소원하는 바를 절대 이룰 수 없습니다. 융통성이란 진리를 지키려는 확고한 의지 위에 다른 이의 형편을 헤아리는 여유입니다. 다른 이의 주장과 형편을 살피며 그 안에서 옳은 것을 좇으려는 자세인 것입니다.

솔로몬은 하나님으로부터 지혜를 얻은 사람입니다. 물론 다윗의 아들, 즉 왕자로 태어난 그는 어려서부터 최고의 스승들에게 가르침을 받았을 것입니다. 그러나 솔로몬이 지혜라는 단어와 그토록 어울리는 사람이 될 수 있었던 것은 그가 백성을 다스릴 수 있는 지혜의 마음을 하나님께 구했고, 하나님께서 그의 소원을 허락하셨기 때문입니다. 그래서 솔로몬이 전하는 지혜의 핵심은 바로 '하나님'입니다. 지혜는 하나님을 경외하는 마음으로부터 나오는 것입니다.

사랑이란 무엇인가? 아 1~8장

사람이 성숙했는지의 여부는 그가 부모를 사랑할 수 있는가, 그 이웃을 사랑할 수 있는가, 그리고 한 남자나 한 여자를 사랑할 수 있는가를 보고 알 수 있습니다.

'아가'는 '노래들 중의 노래' 또는 '가장 아름다운 노래'를 의미합니다. 아가는 솔로몬과 술람미 여인 사이에서 이루어진 순결하고도 아름다운 사랑을 보여주고 있습니다. 말초신경을 자극하는 육감적인 사랑이 아닌, 마음에서 마음으로 이어지는 진실한 사랑에 관한 노래입니다. 솔로몬의 아름답고 애절한 사랑 노래를 통해 서로를 향한 사랑의 마음이 얼마나 풍성한 것인지를 볼 수 있습니다. 솔로몬과 술람미 여인의 순결한 사랑을 보면서 우리 인간을 한없이 사랑하시는 하나님을 떠올리지 않을 수 없습니다. 하나님의 사랑의 시선은 이미 인간들, 바로 우리에게 닿아 있습니다.

아가서가 말하는 사랑은 한계를 넘어서는 것입니다(아 1:5~6). 사랑에는 장벽이 없습니다. 이스라엘 역사상 최고의 번영을 구가했던 왕인 솔로몬과 향촌 처녀의 사랑은 참으로 진한 감동을 자아냅니다. 신분이나 계급의 차이를 이유로 쉽게 포기하는 사랑은 진정한 사랑일 수 없습니다. 진정한 사랑만이 여러 어려운 환경과 조건들을 극복하고 그 사랑을 끝까지 지켜낼 수 있습니다.

사랑은 서로에 대한 집중입니다(아 2:2~3). 진정한 사랑은 서로를 향한 집중입니다. 서로에게 집중할 때 그 주변에 있는 모든 것은 보이지 않거나, 희미하게 보일 뿐입니다. 어찌 그 여인만이 백합이겠으며, 어찌 그 남자만이 사과나무이겠습니까? 그러나 상대를 향한 집중은 상대방의 존재와 가치를 최고로 인식하게 만듭니다.

사랑은 세밀한 관심과 배려입니다(아 2:6~7). 사랑하는 연인

술람미
갈릴리 바다 남서쪽 잇사갈 지파의 땅에 있었던 수넴(Shunem) 마을로 추측된다.

의 단잠을 깨우지 말 것을 부탁하고 있습니다. 상대방의 기쁨과 행복을 위해 작은 것에 대한 배려와 주의를 기울이는 것이 나의 기쁨입니다. 또한 사랑하는 연인의 어느 한 곳이라도 놓치고 싶지 않으며, 소중하지 않은 곳이 없습니다. 상대의 모습이 무척이나 아름다워, 세상의 가장 아름다운 것에 견주어도 전혀 손색이 없습니다.

주고받는 사랑
진실한 사랑은 쌍방으로 통합될 때 아름다운 열매를 맺게 된다. 다시 말해, 사랑은 서로 화답하는 것이다.

사랑은 동행입니다(아 2:10~13). 함께 가는 것입니다. 나의 생각과 상대의 생각이 교감을 이루고, 같은 곳을 바라보며 함께 발걸음을 내딛는 것입니다. 이와 같은 동행에는 서로에 대한 이해가 전제되어 있습니다. 사랑은 함께 있음을 추구하고, 함께 있음으로 인해 그 어떤 것보다 더 행복한 것입니다.

사랑은 서로의 허물을 덮는 것입니다(아 4:7). 여인을 향한 솔로몬의 사랑은 여인을 순전하고 어여쁘게, 그리고 흠이 없어 보이게 합니다. 단점들이 없을 수는 없겠지만 그것이 그 사람을 사랑하는 데 걸림돌이 되지 않는 것입니다. 왜냐하면 참사랑은 상대방의 허다한 허물을 덮어주고 감싸주는 것이기 때문입니다(잠 10:12).

사랑은 서로에게 속하는 것입니다(아 2:16; 6:3). 상대방을 향한 집중은 사랑의 열병으로 이어지고 급기야는 서로를 서로에게 속하게 만듭니다. 더 이상 타자가 아닌, 하나의 실체가 됩니다. 사랑하는 사람은 더 이상 둘이 아닌, 하나가 됩니다. 그렇기에 같이 아파하고 같이 기뻐할 수 있는 존재가 되는 것입니다.

사랑은 죽음까지도 이기는 것입니다(아 8:6~7). 솔로몬과 술람미 여인이 도달한 결코 끊어질 수 없는 사랑의 종착역, 그곳에는 사랑의 소중함이 담겨 있으며 서로에 대한 강한 책임감이 있습니다. 그 사랑은 그 어떤 것과도 바꿀 수 없으며 죽음보다도 더 강합니다. 이것이 사랑의 힘입니다. 사랑은 세상의 어떤 장애물이라도 극복할 수 있습니다. 그 사랑이 진실하다면 말입니다.

아가서에 흐르는 이 사랑은 성경 전체에 흐르는 하나님의 사랑, 특히 인생들을 향한 사랑과도 같습니다. 독생자를 보내시기까지 베푸신 사랑, 자신의 생명을 다 주시기까지 희생하신 큰 사랑, 누구도 끊을 수 없어서 지금 우리에게까지 전해져 내려오는 그 사랑, 바로 예수 그리스도의 사랑입니다.

아가서의 사랑은
아가서는 이스라엘 백성을 향한 하나님의 사랑과, 그리스도의 신부인 교회를 향한 그리스도의 사랑을 비유하고 있기도 하다.

3
숲이야기

유한인생 무한지혜
열왕기상 11장 전도서 1~12장

흔들린 마음 왕상 11장

솔로몬이 이스라엘을 통치한 40년은 크게 두 시기로 구분
됩니다. 전기는 솔로몬이 왕위에 오른 후 내각 정비(3년), 성전
건축(7년), 궁전 건축(13년)을 마치기까지의 약 23년간입니다.
하지만 이것은 외관상 드러나는 특징이었고, 이 시기 솔로몬
의 통치를 특징짓는 더 중요한 점은 바로 그가 하나님을 사랑
했다는 것입니다.

그런데 뒤이은 후기에는 "여호와를 사랑하고 그 아버지 다
윗의 법도를" 행하던(왕상 3:3) 솔로몬의 마음이 분산되고 맙니
다. 솔로몬은 하나님을 사랑했던 마음의 중심을 잃어버리고
어느덧 이방의 많은 여인들에게로 그 마음을 돌리고 맙니다.
당시 외교 정책의 중요한 방법이었던 정략결혼으로 인해 솔
로몬에게는 1천여 명의 후궁이 있었습니다. 그 각국의 이방
공주들을 위해 예루살렘엔 호화스런 궁전들이 건축되었고, 그
들이 사치하는 데에 어마어마한 국민의 세금이 들어갔습니다.
예루살렘엔 그모스, 밀곰, 아스다롯을 비롯한 수많은 우상들

의 신전이 세워집니다. 예루살렘은 일종의 우상 박물관이 되었습니다. 그러자 이스라엘 백성들은 그 이방 공주들이 섬기는 우상을 따라서 섬기는 죄를 범하기 시작합니다. 이로써 사무엘 시대 이후로 잠잠했던 우상숭배의 문제가 또다시 고개를 들게 됩니다.

하나님께서 두 번이나 솔로몬에게 나타나셔서 그의 아버지 다윗의 길로 행하며 다른 신을 따르지 말라고 명하신 바 있습니다(왕상 11:9~10). 그런데 그의 마음이 흔들리자, 이제 솔로몬에게 있던 모든 것이 그를 떠나게 되고 솔로몬의 말년은 평안하지 못합니다. 이것이 유한인생(有限人生)입니다. 하나님께서는 솔로몬에게 놀라운 지혜를 주셨건만 그는 인생의 유한함에 대해서 뒤늦게야 깨닫게 됩니다.

결국 하나님께서는 나라를 남과 북으로 나누시고, 다윗의 자손이 다스리는 남유다와는 달리, 북이스라엘은 여로보암에게 맡기고자 하십니다. 선지자 아히야를 통해 여로보암에게 북쪽 열 지파를 맡기겠다는 계획을 전하십니다(왕상 11:29~40). 그러나 "네 왕위가 영원히 견고하리라."라고 다윗에게 약속하셨던 하나님께서는 솔로몬 이후 끊임없이 이어지는 남북 백성들의 우상숭배에도 불구하고 변함없이 그들을 사랑해주십니다. 하나님의 한없는 신실하심을 열왕기서 전체를 통해 확인할 수 있습니다.

솔로몬의 실패
즉위 초기, 솔로몬은 아버지에게 전수받은 신앙을 자신의 삶의 기준으로 세웠다. 그러나 시간이 흐를수록 그의 신앙은 퇴색하였고, 결국은 이스라엘의 분열을 야기하는 원인을 제공하고 말았다.

✳

뒤안길에서 전 1~7장

넘치는 당당함으로 "하나님을 경외하라! 이것이 지혜다."

라고 외쳤던 솔로몬의 우렁찬 목소리는, 어느덧 한 노인의 힘 없는 목소리로 바뀌었습니다.

솔로몬이 백성들을 잘 다스리기 위한 지혜를 구했을 때 하나님께서는 그가 구하지 않은 부와 명예도 주시겠다고 약속하셨고, 그 약속대로 솔로몬은 그의 이전에도, 그의 이후에도 그와 견줄 만한 자가 없을 만큼의 큰 복을 받았습니다. 많은 사람들이 이 땅에 사는 동안, 온갖 권모와 술수를 부리며 부와 안락을 찾아다니고, 그것이 마치 세상을 잘 사는 지혜인양 떠들어대고 있을 때, 솔로몬은 일찍이 하나님을 경외하며 공의와 정의를 행하는 것이야말로 참 지혜라고 선포하였습니다. 그런데 세상의 어떤 왕보다도 큰 지혜와 부귀영화를 누렸던 그가 점차 하나님을 떠나고 말았습니다. 그 결과 그의 말년은 그리 행복하고 보람되지 못했고, 그는 '헛되다' 는 고백을 반복하고 있습니다.

역사를 통해 사람들의 삶을 들여다보면, 대부분의 인생들이 비슷한 길을 걷습니다. 처음엔 재물과 부를 추구하는 물질주의의 길을 갑니다. 그러다가 그 물질에 대해 어느 정도 만족할 만하면, 그때엔 향락주의의 길로 들어서서 쾌락과 즐거움을 누리는 데에 시간과 물질을 사용합니다. 그러나 그것도 오래가지 못합니다. 많은 사람들이 앞의 과정을 거친 후에는 결국 허무주의에 빠져들고 맙니다. 인생살이가 다 헛되고 허무하다는 것입니다.

솔로몬은 인류 역사의 그 누구보다도 많은 물질을 가져보았고, 부족함 없이 누려보았습니다. 그리고 온갖 쾌락과 향락도 즐겨보았습니다. 그리고 종국에는 하나님을 떠난 그 모든 것이 허무하다는 것까지 경험했습니다. 그런 쓰디쓴 깨달음을 얻은 그가 후대의 사람들에게 자기처럼 살지 말고 바르게

솔로몬의 영화보다
솔로몬은 자신이 가진 영화를 통해 기쁨과 만족을 누리지 못했다. 예수님께서는 산상수훈에서 들에 핀 백합화를 예로 드시며, 솔로몬의 영화가 이 꽃만 못하였다고 말씀하셨다(마 6:29). 솔로몬은 인생의 말엽에 가서야 이 깊은 진리를 헤아리게 된다.

살 것을 가르치기 위해 전도서를 쓴 것으로 보입니다.

생각해보면, 이 '전도서' 한 권이 나오는 데에 엄청난 비용이 들었습니다. 솔로몬 한 사람이 이 모든 체험을 다 한 후에 쓰도록 하신 책이니 말입니다. 인생에서 최대의 비용을 지출하고 난 후 인생이 무엇인지를 써 놓은 책이 바로 '전도서' 입니다.

전도자의 인생 고백은 사람의 수고가 헛되다는 것으로 시작합니다. "내가 해 아래에서 행하는 모든 일을 보았노라 보라 모두 다 헛되어 바람을 잡으려는 것이로다"(전 1:14). 즐거움도 헛되다고 말합니다. "나는 내 마음에 이르기를 자, 내가 시험삼아 너를 즐겁게 하리니 너는 낙을 누리라 하였으나 보라 이것도 헛되도다"(전 2:1).

해 아래 새로운 것은 없습니다. "무엇을 가리켜 이르기를 보라 이것이 새 것이라 할 것이 있으랴 우리가 있기 오래 전 세대들에도 이미 있었느니라"(전 1:10).

또한 인간 지혜에는 한계가 있습니다. "지혜자도 우매자와 함께 영원하도록 기억함을 얻지 못하나니 후일에는 모두 다 잊어버린 지 오랠 것임이라 오호라 지혜자의 죽음이 우매자의 죽음과 일반이로다"(전 2:16).

전도자는 또한 모든 일에 때가 있다고 말합니다. "범사에 기한이 있고 천하 만사가 다 때가 있나니 날 때가 있고 죽을 때가 있으며 심을 때가 있고 심은 것을 뽑을 때가 있으며 … 잠잠할 때가 있고 말할 때가 있으며 사랑할 때가 있고 미워할 때가 있으며 전쟁할 때가 있고 평화할 때가 있느니라"(전 3:1~8).

헛됨을 깨닫는 지혜
'헛되다'는 표현을 할 수 있다는 것만으로도 그는 굉장한 것을 깨달은 것이다. 그런데 문제는 시기이다. 열심히 수고하고 자신의 모든 것을 바쳐서 일할 때엔 그 사실을 깨닫지 못하다가 마지막 숨이 넘어갈 때에야 그 사실을 깨닫는다면 얼마나 안타까운 일인가?

"범사에 기한이 있고
천하 만사가 다 때가 있나니"

날 때	죽을 때
심을 때	뽑을 때
죽일 때	치료할 때
헐 때	세울 때
울 때	웃을 때
슬퍼할 때	춤출 때
돌을 던져 버릴 때	돌을 거둘 때
안을 때	안는 일을 멀리 할 때
찾을 때	잃을 때
지킬 때	버릴 때
찢을 때	꿰맬 때
잠잠할 때	말할 때
사랑할 때	미워할 때
전쟁할 때	평화할 때

"하나님이 모든 것을 지으시되 때를 따라 아름답게 하셨고 또 사람들에게 영원을 사모하는 마음을 주셨느니라 그러나 하나님이 하시는 일의 시종을 사람으로 측량할 수 없게 하셨도다"
(전 3:1~8, 11).

밑 빠진 항아리

채워도 채워도 채워지지 않는 밑 빠진 항아리 같은 것이 물질에 대한 욕심이다. "돈을 사랑함이 일만 악의 뿌리가 되나니 이것을 탐내는 자들은 미혹을 받아 믿음에서 떠나 근심으로써 자기를 찔렀도다"(딤전 6:10).

그리고 모든 인생은 흙으로 돌아갑니다. "다 흙으로 말미암았으므로 다 흙으로 돌아가나니 다 한 곳으로 가거니와"(전 3:20).

마지막으로 전도자는 재물로 만족할 수 없다고 고백합니다. "은을 사랑하는 자는 은으로 만족하지 못하고 풍요를 사랑하는 자는 소득으로 만족하지 아니하나니 이것도 헛되도다"(전 5:10).

이와 같은 전도자의 인생 고백에 이어 전도자의 권면이 이어집니다. 행복한 인생을 살기 위해서는 첫째, 선을 행하는 삶을 살라고 권면합니다. "사람들이 사는 동안에 기뻐하며 선을 행하는 것보다 더 나은 것이 없는 줄을 내가 알았고"(전 3:12).

둘째, 서로 도우며 사는 삶이 행복하다고 권면합니다. "두 사람이 함께 누우면 따뜻하거니와 한 사람이면 어찌 따뜻하랴 한 사람이면 패하겠거니와 두 사람이면 맞설 수 있나니 세 겹 줄은 쉽게 끊어지지 아니하느니라"(전 4:11~12).

또한 입술을 지키는 사람이 행복하다고 말합니다. "너는 하나님 앞에서 함부로 입을 열지 말며 급한 마음으로 말을 내지 말라 하나님은 하늘에 계시고 너는 땅에 있음이니라 그런즉 마땅히 말을 적게 할 것이라 걱정이 많으면 꿈이 생기고 말이 많으면 우매한 자의 소리가 나타나느니라"(전 5:2~3).

그리고 죽음을 기억하는 사람이 행복하다고 말합니다. "초상집에 가는 것이 잔칫집에 가는 것보다 나으니 모든 사람의 끝이 이와 같이 됨이라 산 자는 이것을 그의 마음에 둘지어다 … 지혜자의 마음은 초상집에 있으되 우매한 자의 마음은 혼인집에 있느니라"(전 7:2~4).

끝으로 치우치지 않는 사람이 행복한 삶을 살 수 있다고 권면합니다. "지나치게 의인이 되지도 말며 지나치게 지혜자도 되지 말라 어찌하여 스스로 패망하게 하겠느냐 지나치게 악인이 되지도 말며 지나치게 우매한 자도 되지 말라 어찌하여 기한 전에 죽으려고 하느냐"(전 7:16~17).

기억하라 전 8~12장

"헛되고 헛되며 헛되고 헛되니 모든 것이 헛되도다"(전 1:2)라는 말씀으로 그의 가르침을 시작했던 전도자가 그의 마지막 교훈을 전하고 있습니다. 삶의 끝에 다다른 전도자가 사랑하는 젊은이들을 향해 마지막으로 전하는 진심 어린 당부의 말은 인생의 허무함과 그 헛됨이 어떠한지를 알았으니 이제 하나님을 경외하라는 것입니다. 인생의 모든 것을 보시는 하나님께서 선한 것이든 악한 것이든 모든 은밀한 일을 다 심판하신다는 그의 마지막 말은 전도서를 통하여 전하려는 그의 간곡한 당부였습니다. 하나님의 일이 어떻게 계획되고 어떻게 실현되는지를 인간으로서는 다 알 수 없지만 우리가 한 가지 알고 있는 것은 우리에게 주어진 삶이 반드시 하나님의 주권 아래 있다는 것입니다.

전도자는 모두 다 하나님의 손에 있음을 기억하라고 당부합니다. "이 모든 것을 내가 마음에 두고 이 모든 것을 살펴본즉 의인들이나 지혜자들이나 그들의 행위나 모두 다 하나님의 손 안에 있으니 사랑을 받을는지 미움을 받을는지 사람이 알지 못하는 것은 모두 그들의 미래의 일들임이니라"(전 9:1).

또한 모든 인생이 죄인임을 기억하라고 당부합니다. "모든 사람의 결국은 일반이라 이것은 해 아래에서 행해지는 모든 일 중의 악한 것이니 곧 인생의 마음에는 악이 가득하여 그들의 평생에 미친 마음을 품고 있다가 후에는 죽은 자들에게로 돌아가는 것이라"(전 9:3).

이어서 전도자는 하나님의 심판이 있다는 사실을 기억하라고 당부합니다. "청년이여 네 어린 때를 즐거워하며 네 청년의 날들을 마음에 기뻐하여 마음에 원하는 길들과 네 눈이 보는 대로 행하라 그러나 하나님이 이 모든 일로 말미암아 너를 심판하실 줄 알라"(전 11:9).

그리고 시간이 흘러 노인이 된다는 것을 기억하라고 당부합니다. "그런 날에는 집을 지키는 자들이 떨 것이며 힘 있는 자들이 구부러질 것이며 맷돌질 하는 자들이 적으므로 그칠 것이며 창들로 내다 보는 자가 어두워질 것이며 길거리 문들이 닫혀질 것이며 맷돌 소리가 적어질 것이며…"(전 12:3~7).

끝으로, 청년의 때에 창조주 하나님을 기억하라고 당부합니다. "너는 청년의 때에 너의 창조주를 기억하라 곧 곤고한 날이 이르기 전에, 나는 아무 낙이 없다고 할 해들이 가깝기 전에 해와 빛과 달과 별들이 어둡기 전에, 비 뒤에 구름이 다시 일어나기 전에 그리하라"(전 12:1~2).

인생 노년에 이르러 삶의 덧없음과 유한함을 절실히 깨달은 솔로몬이 이를 젊은이들에게 알려 지혜로운 인생을 살도록 호소하고 있습니다.

모든 인생들은 태어나서 자라고 나이가 들어갑니다. 노인이 되면, 춥지 않아도 몸이 떨리고(집을 지키는 자들이 떨 것이며), 허리가 구부러집니다(힘 있는 자들이 구부러질 것이며). 이가 빠져 딱딱한 음식을 씹기 어려우며(맷돌질 하는 자들이 적으므로 그칠 것이며), 눈도 침침해집니다(창들로 내다 보는 자가 어두워질 것이며). 이른 새벽에 눈이 떠지고(새의 소리를 말미암아 일어날 것이며), 머리에도 흰머리가 늘어납니다(살구나무가 꽃이 필 것이며). 무거운 짐을 지기 어려워집니다(메뚜기도 짐이 될 것이며). 곧 "영원한 집으로 돌아가고 조문객들이 거리로 왕래하게"(전 12:3~5) 될 것입니다. 일찍이 "우리의 연수가 칠십이요 강건하면 팔십"(시 90:10)이라고 고백했던 모세의 말처럼, 육체는 흙으로, 영혼은 하나님께로 돌아가는 것이 모든 인생의 마지막입니다.

전도자 솔로몬은 바로 이러한 때가 이르기 전, 즉 청년의 때에 창조자 하나님을 기억하라고 당부합니다. 전도서가 인생의 무상함과 덧없음을 선포하고 있지만 그것이 전도서의 전체 주제는 아닙니다. "모든 것이 헛되다."라는 전도자의 강한 선언 속에는 이미 그 헛됨을 극복할 수 있는 대안이 있었던 것입니다. 전도자가 제시하는 대안은 하루라도 더 젊었을 때 창조자를 기억하는 것입니다. 창조자를 기억하고 그분을 경외하는 것이 피조물인 사람의 본분입니다. 여기서 우리가 기억해야 할 것은 이후에 인생의 모든 행위와 모든 은밀한 일에 대하여 하나님께서 심판하신다는 사실입니다.

인생의 황혼기에 접어들면서 솔로몬은 무엇인가를 향한

시간에 대한 깊은 통찰

이 세상의 모든 일은 영원하지 않으며 누구도 앞으로 일어날 일에 대하여 알지 못한다. 모든 것은 하나님의 주권 아래 놓여져 있으며, 우리는 우리에게 주어지는 순간 순간에 힘을 다하여 살아갈 수밖에 없다. 하나님께서는 시간을 우리에게 선물로 주어 선용하게 하셨으며, 결국엔 우리의 행한 바대로 심판하실 것이다.

집착을 멈추고 움켜쥐었던 손을 서서히 풀어가는 듯합니다. 인생의 모든 것은 하나님의 손안에 있기에 인간으로서는 인생길의 어떠함을 알 수 없습니다. 알 수 있는 것이라곤 모든 이가 죽는다는 사실뿐입니다. 그렇기에 어떤 면에서 모든 삶이 허무하게 다가오는 것입니다. 솔로몬은 이 깊은 깨달음 위에 비로소 삶과 죽음을 주관하시는 하나님을 경외하라는 말씀을 전하게 됩니다.

"일의 결국을 다 들었으니 하나님을 경외하고 그 명령들을 지킬지어다 이것이 모든 사람의 본분이니라 하나님은 모든 행위와 모든 은밀한 일을 선악 간에 심판하시리라"(전 12:13~14).

눈물과 하늘보석

4
숲이야기

욥기 1~42장

하늘에서 땅에서 욥 1~2장

의인의 고난이 시작됩니다. 성경 전체의 숲에 면면히 흐르는 주제인 의인의 고난이 이제 욥의 경우를 통해 우리 눈앞의 문제로 대두되는 것입니다. 욥은 "온전하고 정직하여 하나님을 경외하며 악에서 떠난 자"(욥 1:1)라는 평가를 받던 사람입니다. 그는 자신뿐 아니라 자식들까지도 하나님 앞에 바로 세우고자 애쓰며 조금의 흠도 없이 모범적인 인생을 살고 있었습니다(욥 1:5).

그런데 난데없이 그에게 큰 슬픔의 사건이 벌어집니다. 모든 재산이 한순간에 날아가 버리고, 그의 자식들마저 한날한시에 모두 죽고 맙니다(욥 1:13~19). 또한 사탄은 욥의 정수리에서 발바닥까지 악성 종기가 나게 합니다. 욥에게는 극심한 고통이 배어 나옵니다. 하나님과 욥의 신뢰 관계를 깨뜨려보려는 사탄의 내기가 벌어지고 있습니다. 과연 그는 인생에 있어서 가장 큰 위기인 이 사건을 어떻게 받아들일까요?

가장 위대한 시

욥기는 동서고금을 통하여 가장 위대한 시라고 평가된다.
첫째, 무대를 하늘과 땅으로 하는 웅장함
둘째, 영구적인 주제인 '인생의 고통'을 다룸
셋째, 재물, 건강, 인간관계를 적나라하게 다룸

이미 인내의 한계를 드러낸 그의 아내는 "당신이 그래도 자기의 온전함을 굳게 지키느냐 하나님을 욕하고 죽으라"(욥 2:9)라고 말합니다. 그러나 욥은 하나님께 복을 받은 사람이 재앙을 받을 수도 있다고 하면서 자신의 비참한 현실을 그대로 받아들입니다.

"내가 모태에서 알몸으로 나왔사온즉 또한 알몸이 그리로 돌아가올지라 주신 이도 여호와시요 거두신 이도 여호와시오니 여호와의 이름이 찬송을 받으실지니이다 하고 이 모든 일에 욥이 범죄하지 아니하고 하나님을 향하여 원망하지 아니하니라"(욥 1:21~22).

욥기와 예술
독일의 작곡가 헨델은 욥의 말 (욥 19:25~27)을 〈메시아〉라는 유명한 아리아로 만들었다.

진주조개가 모래알 하나를 감싸고 아픔을 참아내면, 결국 놀랍도록 아름다운 진주를 만들게 됩니다. 눈물과 아픔, 고난과 연단, 이것은 그 자체로 끝나지 않고 놀라운 결과를 만들어 냅니다. 인생들의 울음과 아픔에 하나님께서 함께하십니다. 우리는 아브라함을 시험하면서 함께 마음 졸이셨던 하나님을 만난 적이 있습니다. 아브라함이 하나님의 시험을 통과하는 그 시점에서 "아브라함아, 아브라함아!" 급하게 부르시던 하나님을 기억합니다. 하나님께서는 언제나 당신의 뜻대로 살고자 애쓰며 눈물을 흘리는 사람들과 동행해 오셨습니다. 욥 또한, 하나님과의 일대일의 깊은 만남 속에서 그의 고난 가운데 함께하시는 하나님의 마음을 깨달아갑니다. 결국 욥은 논리를 넘어서는 하나님의 섭리에 관하여, 실존적 고난과 영원한 지혜에 관하여 고백하게 됩니다.

욥기에 나온 질문들
1. 인간의 고통은 그가 지은 죄에 비례하고 있는가?
2. "욥이 어찌 까닭 없이 하나님을 경외하리이까?"
3. "의로우시고 전능하신 하나님, 어찌하여 당신은 의인인 나로 하여금 이토록 모든 재산과 건강을 잃고 고통을 당하게 하시나이까?"

친구들과의 논쟁 욥 3~37장

욥의 친구들인 엘리바스, 빌닷, 소발이 욥을 찾아옵니다(욥 2:11). 욥이 당한 환난의 소식을 듣고 찾아온 세 명의 친구들은 처음에는 욥의 처참한 상황을 보고 슬퍼합니다. 하지만 죄인은 분명 망하는 법이며 악을 심으면 악을 거두게 된다는, 지극히 흑백 논리적 사고에서 비롯된 엘리바스의 발언, "생각하여 보라 죄 없이 망한 자가 누구인가 정직한 자의 끊어짐이 어디 있는가 내가 보건대 악을 밭 갈고 독을 뿌리는 자는 그대로 거두나니 다 하나님의 입 기운에 멸망하고 그 콧김에 사라지느니라"(욥 4:7~9)라는 말은 재 가운데서 홀로 절규하는 욥에게 위로는커녕 고통을 가중시킬 뿐입니다.

욥기 8장에서는 빌닷이 나서서 욥을 공박합니다. 욥이 지금 겪고 있는 이 고통은 역시 그의 죄 때문이라는 것입니다. 다른 친구 소발 역시 욥을 위로하기는커녕, 욥의 탄식까지도 불의하다고 냉정하게 정죄합니다.

질책에 가까운 친구들의 말을 들은 욥은 오히려 인생들의 헛된 지혜를 침묵하게 하시는 하나님의 지혜를 이야기합니다(욥 12장). 자신을 정죄해오는 친구들의 지혜를 멸하실 하나님의 지혜를 의지하고 있는 것입니다. 곤고함, 견딜 수 없는 고통과 몸부림 속에서도 욥이 버텨낼 수 있는 힘은 오직 하나님을 향한 믿음뿐이었습니다.

처음에 욥의 시련과 고난의 소식을 전해 듣고 욥을 찾아올 때만 해도 욥의 세 친구들은 위로자의 마음이었습니다. 그러나 두 번째 변론이 진행되면서 그들은 정죄자, 비방자의 자세

욥기 논쟁의 흐름
첫 번째 논쟁: 아파하는 영혼에게 (욥 3~14장)
두 번째 논쟁: 하나님을 향한 눈물 (욥 15~21장)
세 번째 논쟁: 단련의 풀무불 (욥 22~28장)
욥의 마지막 변론 (욥 29~31장)
엘리후의 연설 (욥 32~37장)

맞는 말 vs. 합당한 말
그 누구도 하나님 앞에서 의로울 수 없다는 빌닷의 주장은 맞는 말이지만 고통당하는 욥에게는 경우에 합당한 말이 아니었다.

복과 화의 주체
욥기 9장은 하나님의 구원이 인간의 행위의 결과로 얻어지는 것이 아니듯이, 복(福)과 화(禍)의 주체 역시 인간이 아닌 하나님이라는 사실을 욥의 입을 빌어 말하고 있다.

로 점점 바뀝니다. 동정 어린 태도로 욥의 회개를 종용했던 첫 번째 변론과는 사뭇 다르게 두 번째 논쟁에서는 더욱 욥을 정죄하는 친구들의 모습을 보게 됩니다.

그러나 하나님께서 인생들, 특히 의인에게 고통을 안겨주실 때는 꼭 그들의 죄악에 이유가 있는 것이 아닙니다. 하나님은 아브라함에게 더 큰 복을 주시기 위해 아들을 번제로 드리라는 명령을 하셨던 분입니다. 하나님의 이러한 측면을 친구들은 알지 못하고 있는 것입니다.

답답한 욥의 마음에는 아랑곳없이, 시간이 갈수록 욥을 향한 친구들의 말은 더 거칠어만 갑니다. 자신을 죄인으로 몰아세우는 친구들 앞에 욥은 자신을 불쌍히 여겨 달라고 애원합니다. "나의 가까운 친구들이 나를 미워하며 내가 사랑하는 사람들이 돌이켜 나의 원수가 되었구나 내 피부와 살이 뼈에 붙었고 남은 것은 겨우 잇몸 뿐이로구나 나의 친구야 너희는 나를 불쌍히 여겨다오 나를 불쌍히 여겨다오 하나님의 손이 나를 치셨구나"(욥 19:19~21).

그러나 주위에 아무도 남지 않았을 때 늘 나와 함께하시는 하나님을 보게 되는 것이 신실한 믿음입니다. 아무도 바랄 수 없는 상황이기에 욥은 더욱 하나님 뵈올 날을 소망하고 있습니다.

사실, 친구들의 변론이 전혀 근거 없거나 틀린 말은 아니었습니다. 때로는 그들이 한 말들이 그 자체로 귀한 진리이기도 합니다. 하나님이 의로운 자를 구원하시고 불의한 자를 심판하시는 것은 성경 전체를 관통하는 하나의 주제이기 때문입니다. 그러나 하나님은 인생들의 논리로 다 설명할 수 있는 분이 아니십니다. 비록 현실은 의인이 고난을 당하고 악인이 득세하는 부조리가 가득한 세상이라 하더라도 그것으로 하나님의 거룩하심과 공의로우심에 흠이 갈 수는 없습니다. 하나님의 때에 모든 선과 악이 다 명명백백하게 드러날 것이기 때문입니다.

욥에 대한 친구들의 마지막 변론이 시작됩니다. 먼저 엘리바스는 욥을 온갖 악행을 일삼는 자로 호도합니다(욥 22:5~11). "온전하고 정직하여 하나님을 경외하며 악에서 떠난 자"(욥 1:1), 이것이 욥에 대한 하나님의 평가였습니다. 사람들로부터도 그의 행동은 칭송을 받기에 합당했습니다. 그런데 엘리바스는 '욥이 죄를 지었기 때문에 벌을 받은 것'이라는 주장을 끝까지 관철시키기 위해 자신이 직접 보지도 않았고, 욥이 실제 범하지도 않은 죄악들과 범행들을 추측하며 억지를 부리고 있는 것입니다.

욥은 이런 엘리바스의 변론을 더 이상 문제 삼지 않습니다. 친구들과의 대화가 무익하다는 사실을 절실히 깨달았기 때문입니다. 이제 욥은 하나님께서 자신의 모든 사정을 헤아려주실 것을 바라며 하나님과 대면하기를 갈망합니다. 이런 상황 속에서 욥은 그가 당하는 고난이 하나님의 뜻이라는 사실을 보게 됩니다. 이 고난이 결코 무의미하지 않으며 자신을 단련하시고 순수한 정금으로 만들고자 하시는 분명한 목적이 하나님께 있다는 것입니다.

"내가 가는 길을 그가 아시나니 그가 나를 단련하신 후에는 내가 순금 같이 나오리라"(욥 23:10).

하나님께 부르짖으며 하나님의 도움을 구하나 그분이 응답하시지 않는 상황이 계속되자 욥은 이제 죽음을 예감하며 슬픔에 잠깁니다. "내가 아나이다 주께서 나를 죽게 하사 모든 생물을 위하여 정한 집으로 돌려보내시리이다"(욥 30:23). 그러나 이런 욥의 생각과는 달리 하나님은 욥이 당한 모든 고난

죄!

의인의 행복과 악인의 고난이라는 주장을 고집하기 위해 친구들은 하나님께서 아버지의 죄를 아들에게 갚으신다는 논리까지 전개했다(욥 21:19). 그리고 이러한 주장은 예수님의 시대에까지 계속되었다. 그러나 나면서부터 시각장애인으로 태어난 사람에 대해 예수님께서는 죄의 대가로 그가 시각장애인이 되었다는 논리를 인정하지 않으셨다(요 9:3).

정금같이

욥은 더 이상 자기 주변 사람들에게 기대를 갖지 않는다. 오직 욥은 침묵하시는 하나님을 바라본다. 이런 상황 속에서 욥은 자신이 가는 길을 아시는 분은 오직 하나님밖에 없으며 그 하나님이 자신을 단련하신 후에는 순금같이 나오게 하실 것이라고 고백하는 것이다.

을 지켜보고 계셨고, 그가 이 믿음의 시험을 잘 통과하기만을 기다리고 계십니다.

욥은 하나님을 향해 끝까지 자신의 정결함을 주장합니다 (욥 31장). 세 친구들과의 대화가 더 이상 진행될 수 없는 시점에서 욥은 전능하신 하나님의 판결을 듣고 싶어 하는 것입니다. 욥은 "내가 언제 여인에게 유혹되어 이웃의 문을 엿보아 기다렸던가, 내가 언제 남종이나 여종의 권리를 저버렸던가, 내가 언제 가난한 자의 소원을 막았던가, 내가 언제 나만 혼자 내 떡덩이를 먹고 고아에게 먹이지 아니하였던가, 내가 언제 의복이 없이 죽어가는 사람에게 덮을 것을 주지 아니하였던가?" 등의 말로 자신의 무죄함을 하나님 앞에 토로합니다. 하지만 "내가 언제 그러하였던가?"라는 투로 이어지는 욥의 말들은 지금 자신이 당하고 있는 일이 부당하다고 주장하는 느낌을 줍니다. 이와 같은 그의 말은 앞으로 있게 될 하나님의 질문공세(욥 38장 이하)에 욥이 아무런 변명을 할 수 없도록 만드는 요인이 됩니다.

욥과 세 친구 사이에 진행되던 논쟁에 큰 전환이 일어납니다. 지금까지의 논쟁을 조용히 지켜보고 있던 엘리후가 더 이상 문제의 해결점이 보이지 않자 이 논쟁에 뛰어든 것입니다.

엘리후는 먼저 욥을 정죄하기에만 바빴던 탓에 사태의 실마리를 풀지 못했던 세 명의 친구들을 책망합니다. 그는 욥의 세 친구들처럼 욥을 정죄하거나 그가 당하는 고난이 죄의 결과라는 논리로 말하지 않습니다. 그러나 엘리후는 설사 욥이 특별히 큰 잘못을 저질러 고통을 받은 것이 아니라 하더라도 욥이 고통 가운데서 하나님의 공의를 부정하는 듯한 언행을 한 것은 잘못이라고 지적합니다.

엘리후는 이전의 세 친구들과는 좀 달랐습니다. 그들보다

엘리후의 등장

욥기 전체의 숲에서 볼 때 평행선을 긋고 있던 욥과 친구들의 대화는 엘리후의 발언을 계기로 하나님의 말씀, 곧 하나님과 욥의 만남(욥 38~42장)으로 이어진다. 엘리후의 등장은 하나님의 말씀을 위한 준비 단계가 되었으며, 곧 세 친구와 욥의 대화가 일보 전진을 이루는 계기가 된다.

학식도 있었고, 지혜의 깊이도 있었습니다. 하지만 엘리후 역시 욥에게 자신의 생각대로 지혜를 가르치려 하는 교만함을 보입니다(욥 33:31~33). 엘리후는 고통 가운데 있는 인생들의 처절한 부르짖음이 헛되다고 말합니다. 그리고 하나님께서 그 부르짖음에 관심이 없으시며 영향도 받지 않을 것이라고 이야기합니다(욥 35:5~8).

물론 우리가 하나님을 마음대로 움직일 수 있는 것은 결코 아닙니다. 그러나 엘리후가 한 가지 간과하고 있는 것은 하나님의 관심이 작고 구체적인 인생사들에 있다는 사실입니다. 많은 사람들이 엘리후처럼 신앙의 고상함에 붙들려 하나님을 인생들과 떨어져 높은 하늘에만 계신 하나님으로 제한하며 가둬버립니다. 인간의 고난과 눈물에 함께하시는 하나님, 인간들의 어리석은 잘못과 죄악을 보시며 가슴 아파하시는 하나님, 그리고 인간의 선하고 아름다운 일들에 동역하시는 하나님이시라는 사실을 잊고 사는 것입니다.

욥기에는 하나님에 대한 인간의 갖가지 생각들이 모두 들어 있습니다. 욥, 엘리바스, 소발, 빌닷, 엘리후 등이 자신의 입술로 표현한 하나님은 각자의 삶의 자리에서 그린 하나님에 대한 그림이었습니다. 인간의 삶의 자리를 넘어선 하나님의 광대하심은 하나님에 대한 믿음으로밖에는 답할 수가 없습니다.

바람이 갈라지는 길목 욥 38~42장

도무지 해결의 기미도 보이지 않고, 자기가 하나님을 대신

하는 듯 자신들의 입장만을 고집해오던 욥과 친구들의 끝날 줄 모르는 논쟁에 드디어 하나님께서 개입하십니다. 이로써 모든 논쟁은 통쾌하게 끝이 납니다.

세상의 모든 주권이 하나님께 있다는 선언과 더불어 하나님의 지혜의 말씀이 쏟아지고 있습니다. 하나님을 향해 함부로 판단하고 말했던 욥과 그의 친구들은 위엄 있는 하나님의 말씀 앞에서 자기들의 입을 가릴 수밖에 없었습니다.

고통의 원인을 도저히 이해할 수 없었던 욥에게 하나님께서는 당신의 뜻대로 운행되는 자연의 섭리를 말씀하십니다. 우주의 큰 법칙(욥 38장)으로부터 작은 별 지구의 가축과 동물들의 삶의 법칙(욥 39장)에 이르기까지 하나님의 입김이 작용하지 않는 대상은 하나도 없습니다. 거대한 우주의 교향악을 지휘하시는 지휘자 하나님, 오케스트라를 이루는 연주자로서의 자연, 그리고 인간의 존재가 명확해집니다.

그리고 하나님께서는 욥이 깨닫고 있는 지혜가 얼마나 제한적이며 편협한가를 말씀하십니다. 당신이 창조하신 동물의 세계에 대해 도저히 인간의 지혜로 설명해낼 수 없는 부분들을 언급하십니다. 세상에는 인간의 지혜로 이해할 수 없는 신비의 영역, 하나님의 주권에 속한 일들이 많이 있음을 보여주시는 것입니다.

욥의 고난과 회복도 모두 하나님의 입김 아래 있습니다. 그 크신 하나님의 주권을 바라보며 욥은 자신의 짧은 생각으로 표현했던 하나님의 넓음과 깊이와 높음에 아무런 대답도 할 수가 없어 자기의 입을 가릴 뿐입니다(욥 40:4~5). 몇 마디의 말로 하나님에 대해 규정하고 하나님께서 하시는 일을 판단하는 것이 얼마나 어리석은 행동인지를 깨달은 것입니다. 하나님께서는 당신이 만드신 피조물들의 강함과 놀라움에 대해 말씀하시면서 그것을 만든 이와 주인이 하나님이라는 사실을 다시 확인시켜주십니다. 하나님께서 몰아치듯 말씀하시지만 결국 인생의 어리석음으로 인해 이렇게까지 비유하셔야 했던 것이요, 하나님께서 직접 인생들에게 나타나셔야 했던 것입니다. 인생들과의 관계를 회복하기를 원하시기 때문입니다(욥 40:6~41:34).

욥은 고백합니다. "이제는 눈으로 주를 뵈옵나이다"(욥 42:5). 온 세상을 만드신 하나님을 깊이 체험한 것입니다. 이렇게 욥과 하나님의 깊은 만남이 이루어지면서 욥기는 그 막을 내립니다.

인생의 근본을 뒤흔드는 고통으로 인해 괴로워하는 자에게 무슨 말로 위로를 해야 할 것인지, 재앙 속에서는 어떤 삶의 자세를 가져야 할 것인지, 그때 하나님께서는 무엇을 하시는지 등등 욥기 통독은 많은 것을 생각하게 해줍니다.

고난도 복입니다. 고난은 하나님의 손길 안에서 우리를 단련하고 하나님의 사람으로 자라나게 하기 때문입니다. 욥은 그가 당한 깊은 고난 끝에 하나님의 놀라운 복을 받습니다(욥 42:10~17). 그러나 하나님께서 욥에게 그 같은 상급을 주지 않으신다고 욥의 고난이 무의미하거나 저주일 수 있습니까? 결코 그렇지 않습니다. 고난은 인간에게 쓸모없는 어떤 것이 아니라, 내 안에 보석을 만드는 과정입니다. 인간의 아픔과 함께 눈물 흘리시며 많은 것을 사랑으로 이해시켜 주시는 하나님, 그 안에서 우리의 인생은 하늘보석이 되어갑니다.

Line of Love, Line of Mission

솔로몬의 정치적, 신앙적 실패로 이스라엘은 남북으로 분열되고, 그 뒤를 이은 왕조들은 계속해서 우상숭배의 늪으로 빠져 듭니다. 하나님께서는 선지자들을 보내셔서 당신의 간절한 마음을 표현하십니다. 이스라엘에게 사랑의 줄을 보내시며, 그들이 그 줄을 사명의 줄로 붙잡기를 바라십니다. 그러나 이스라엘은 세계를 경영하시는 하나님의 마음을 헤아리지 못하고 계속 악을 행할 뿐입니다. 결국 그들을 향해 마지막 호소가 선포됩니다.

7
마당

사랑의 줄 사명의 줄

멀어져 가는 사명

열왕기상 12~22장 열왕기하 1~14장 역대하 10~25장

남북분열 왕상 12장~16:14/ 대하 10~17장

다윗 시대에도 남북분열은 있었습니다. 그렇지만 민족을 하나 되게 하려는 꿈이 있었던 다윗에 의해 남북통일이 가능하였습니다. 그러나 솔로몬은 신앙에 기반한 다윗의 정치적 성공을 계승하지 못하고, 다시금 남북분단의 씨앗을 잉태시킵니다.

솔로몬의 아들 르호보암 역시 아버지의 신앙과 정치의 폐단들을 그대로 이어가고 정국을 분열로 몰아갑니다. 왕에게 찾아와 "왕의 아버지가 우리의 멍에를 무겁게 하였으나 왕은 이제 왕의 아버지가 우리에게 시킨 고역과 메운 무거운 멍에를 가볍게 하소서 그리하시면 우리가 왕을 섬기겠나이다"(왕상 12:4)라고 호소하는 백성들에게 르호보암은 "내 아버지는 너희의 멍에를 무겁게 하였으나 나는 너희의 멍에를 더욱 무겁게 할지라 내 아버지는 채찍으로 너희를 징계하였으나 나는 전갈 채찍으로 너희를 징치하리라"(왕상 12:14)라고 대답합니다. 이런 대답을 들은 북쪽 열 지파 백성들은 르호보암에게

솔로몬의 정치적 실패
1차 남북 분열의 씨앗이 비록 다윗에 의해 극복되었지만 사실 가능성은 내재되어 있었다. 이것이 솔로몬 시대에 꿈었다가 르호보암 시대에 터진 것이다. 다윗은 유다 지파에게 특권을 주지 않았는데, 솔로몬이 유다 지파에게 특권을 주었기 때문이다. 그런데 솔로몬의 아들 르호보암이 아버지의 그 잘못을 그대로 답습하겠다고 나선 것이다.

256 _ 성경통독 Bible through

서 돌아섭니다. 이 같은 르호보암의 어리석음으로 말미암아 이스라엘 민족이 또다시 남과 북으로 분열되는 아픔을 겪게 됩니다.

그러나 그 슬픔과 안타까움 안에는 이스라엘 민족공동체를 새롭게 하기 위한 하나님의 계획이 들어 있습니다. 하나님께서 이스라엘을 남북으로 나누신 것은 북쪽과 남쪽의 각 지파들이 하나님 섬기는 일에 서로 본을 보이는 가운데 열심을 내도록 하기 위함이셨습니다. 하나님께서는 여로보암을 준비시켜 그에게 북쪽 열 지파를 떼어 맡기시며, 다윗처럼 하나님 안에서 공과 의의 정치를 행하라고 당부하셨습니다(왕상 11:38). 하나님께서는 비록 이스라엘을 남북으로 나누셨지만, 신앙적 중심지 예루살렘을 중심으로 두 국가가 함께하기를 원하셨습니다. 따라서 이스라엘 모든 성인 남자들은 일 년에 세 차례씩 예루살렘에 가야 합니다.

이미 정치적으로 성공한 여로보암. 그의 성공은 솔로몬과 르호보암의 실패를 기반으로 한 것이었습니다. 그런데 안타깝게도 그는 하나님의 기대에 미치지 못하고 교만해지고 맙니다. 여로보암은 정치적 성공에 너무 집착한 나머지, 일 년에 세 차례씩 남쪽으로 성인 남자들을 보내면, 사람들이 그쪽으로 휩쓸리지 않을까 우려합니다(왕상 12:26~27). 결국 여로보암은 벧엘과 단에 금송아지 우상을 세우고 "이스라엘아 이는 너희를 애굽 땅에서 인도하여 올린 너희 신들이라."라고 말하며, 레위 자손이 아닌 보통 백성으로 제사장을 세웁니다. 하나님께서 지키라 명하신 절기도 무시하고 자기 마음대로 절기 날짜도 바꿔버립니다. 한마디로, 신앙을 정치에 종속시키고 하나님을 자신의 왕권을 강화하기 위한 정치적 수단으로 전락

여로보암

여로보암은 원래 건축 주도자였다. 전쟁시에는 군인이 중요 엘리트이고, 평화시에는 건축을 담당하는 사람들이 엘리트였다. 솔로몬 시대에는 건축이 주요 국책 사업이었다.

신앙을 정치에 종속

여로보암은 정치를 위해서 신
앙을 이데올로기화하고 말았
다. 하나님의 사랑과 사명, 세
계 선교를 자기의 정치적 목적
을 위해 이용하는 죄악의 시작
이었다. 이것이 여로보암의 길
이다. 이 잘못을 이후 북왕국
왕들이 계속 답습한다. 오므리
왕조 때, 그 죄악이 절정에 달
한다.

시켜버리고 만 것입니다.

하나님께서는 남북이 균형과 견제를 이루면서 상호 발전
하고, 나아가 그들이 제사장 나라로서의 역할을 잘 감당하기
를 원하셨는데, 여로보암은 그 사명의 줄을 전혀 다른 방향으
로 잡는 어리석음을 범한 것입니다. 이후 하나님께서는 이스
라엘 왕들의 길을 두 가지로 평가하십니다. '다윗의 길'과 '여
로보암의 길'입니다. 여로보암은 벧엘과 단에 금송아지를 세
우고 백성들이 그곳에서 제사를 드리게 하는, 씻을 수 없는 악
을 행함으로 말미암아 악한 왕의 대명사가 되는 불명예를 얻
고 말았습니다.

유다에서부터 벧엘까지 올라온 하나님의 사람이 우상 앞
에서 분향하고 있는 여로보암을 향하여 하나님의 말씀으로
규탄함과 동시에 그 단이 갈라지고 그 재가 쏟아지는 일이 있
었습니다. 여로보암의 손이 말랐다가 하나님의 사람의 기도로
다시 온전케 되는 일도 있었습니다(왕상 13장). 그러나 이 모든
일을 경험하고도 여로보암은 그 우상숭배의 죄악에서 돌이키
지 않았습니다. 이후 여로보암의 아들 아비야가 병들게 되자,
여로보암은 오래전 자신을 왕으로 예언했던 아히야 선지자에
게 자신의 아내를 보냅니다. 그때 아히야는 하나님께서 여로
보암을 버리셨음을 말하며 그가 멸망하게 될 것을 예언합니
다. 그 예언의 말씀대로 여로보암의 아들 아비야는 죽었고, 다
른 아들 나답이 대신하여 왕이 됩니다(왕상 14:20). 역사가 진행
될수록 이스라엘 왕들의 악행은 계속되었고, 그 죄악이 깊어
질수록 그들을 돌이키고자 하시는 하나님의 애씀 또한 그 깊
이를 더해갑니다. 특히 북이스라엘에서는 여로보암을 포함해
이어지는 19명의 왕들 모두가 여로보암의 길을 따릅니다. 안
타까운 일이 아닐 수 없습니다.

한편, 하나님의 뜻을 제대로 헤아리지 못한 남유다의 르호보암은 북쪽 여로보암 왕과의 전쟁을 시작하려 하지만 하나님께서 남북의 나뉨이 하나님의 뜻임을 밝히시며 형제와의 전쟁을 금지하십니다(대하 11장). 다행히도 이때에는 르호보암이 하나님의 말씀에 순종합니다. 이즈음, 북쪽에 살고 있던 많은 제사장과 레위인들이 남쪽으로 내려옵니다(대하 11:13~16). 여로보암이 그들로 제사장의 직분을 폐하고, 하나님을 섬기지 못하게 했기 때문입니다. 이렇게 내려온 많은 레위인들과 제사장들과 더불어 남쪽 유다라도 하나님을 잘 섬겼으면 좋았을 텐데, 르호보암 역시 나무 아래 산당과 우상과 아세라 목상을 세우는 등, 하나님께서 멸절하고자 하신 가나안 족속의 가증한 일들을 따라 행했습니다. 이에 하나님께서는 르호보암왕 제5년에 애굽 왕 시삭을 보내서서 예루살렘을 치게 하시고, 귀한 보물들을 빼앗아가게 하십니다(왕상 14:25~26). 유다를 깨우치셔서 하나님께로 돌아오게 하시려는 하나님의 애쓰심이었습니다.

이처럼 분열왕국의 첫 왕이었던 르호보암과 여로보암이 하나님이 아닌 우상을 섬김으로써 그 첫 단추를 잘못 끼우고 말았습니다. 여로보암과 르호보암이 뿌린 씨앗은 후대에까지 계속 뿌리내려 악의 열매를 거두게 됩니다. 북이스라엘에서는 여로보암의 아들 나답을 죽이고 바아사가 왕이 됩니다. 선지자 아히야의 예언대로 여로보암 가문이 멸절된 것입니다. 그러나 바아사 역시 여로보암의 길에서 돌이키지 않았고, 그의 아들 엘라가 왕이 됩니다. 엘라가 왕노릇을 한 것은 2년뿐입니다. 장관 시므리가 모반을 일으켜 엘라를 죽이고 대신 왕이 되기 때문입니다(왕상 16:8~14).

북이스라엘 왕들

① 여로보암 1세 ② 나답
③ 바아사 ④ 엘라
⑤ 시므리 ⑥ 오므리
⑦ 아합 ⑧ 아하시야
⑨ 여호람 ⑩ 예후
⑪ 여호아하스 ⑫ 요아스
⑬ 여로보암 2세 ⑭ 스가랴
⑮ 살룸 ⑯ 므나헴
⑰ 브가히야 ⑱ 베가
⑲ 호세아

남유다 왕들

① 르호보암 ② 아비얌
③ 아사 ④ 여호사밧
⑤ 여호람(요람) ⑥ 아하시야
⑦ 아달랴 ⑧ 요아스
⑨ 아마샤 ⑩ 웃시야(아사랴)
⑪ 요담 ⑫ 아하스
⑬ 히스기야 ⑭ 므낫세
⑮ 아몬 ⑯ 요시야
⑰ 여호아하스 ⑱ 여호야김
⑲ 여호야긴 ⑳ 시드기야

또한 그 무렵 남유다에서는 르호보암의 아들 아비얌을 이어 아사가 왕이 됩니다. 아사는 나라 안의 모든 우상을 없애고 하나님을 믿는 신앙으로 국가를 새롭게 하고자 노력하였습니다. 심지어는 그의 모친 마아가가 아세라 우상을 만들자 태후의 위에서 폐위하고 그 우상을 찍어 불사르는 단호함도 보여 줍니다(왕상 15:11~15; 대하 14~15장). 그러나 아사 왕 36년째 되는 해에 북이스라엘 바아사가 유다를 치러 올라오자, 아사는 아람 왕 벤하닷에게 여호와의 전에서 취한 좋은 것들을 바치면서 북이스라엘을 대신 쳐 달라고 부탁합니다. 이때 선견자 하나니가 아사 왕의 잘못을 꾸짖자, 화를 내며 하나니를 옥에 가두기까지 합니다. 결국 아사는 말년에 발에 병이 들어서 인생을 마칩니다.

※

오므리 왕조 vs. 엘리야 왕상 16:15~19장

북이스라엘에서는 계속해서 쿠데타가 이어집니다. 오므리도 쿠데타로 정권을 잡습니다(왕상 16:21~22). 그는 정치적으로도 대단히 성공을 하고, 시돈 사람의 딸 이세벨을 자기 아들 아합의 배필로 데려옵니다. 솔로몬의 외교적 성공이 그의 많은 국제결혼으로 이어졌듯이 오므리도 마찬가지였던 것입니다.

그런데 솔로몬 때 수많은 이방 여인들에 의해 예루살렘이 우상 박물관이 되었듯이, 이번에는 이세벨이라는 한 왕비에 의해 북이스라엘이 바알 신앙으로 점령당합니다. 이스라엘의 악이 절정에 달했던 시기, 그때가 바로 이세벨이 왕비로 있던, 오므리 왕조의 아합 왕 시대입니다(왕상 16:30~33).

오므리의 업적?

오므리는 수도를 사마리아로 정했고 땅을 크게 넓혔으며 그의 아들 아합과 시돈 사람의 딸 이세벨을 결혼시켰다. 아합과 이세벨의 결혼은 단순한 국제결혼의 의미에 그치지 않았다. 그들은 바알 숭배를 위해 여호와의 선지자들을 모두 죽이는 데에 뜻을 모은다.

하나님께서는 안타까운 마음으로 엘리야를 이스라엘에 보내십니다. 하나님께서 계속하여 선지자를 보내셨다는 이야기는 곧 그 시대가 그만큼 참담했다는 것을 반증하는 것입니다. 엘리야는 험악한 상황을 바꿔보려고 자신의 온몸을 던집니다. 그의 사역은 이스라엘 백성들이 어떻게 하나님의 백성으로서 살 것인가를 가르치는 차원이 아니라, 바알과 하나님 중 '누가 참 신이냐?' 라는 문제를 놓고 싸우는 차원이었습니다.

또한 하나님께서는 수년 동안 북이스라엘 땅에 비를 내리지 않으심으로써 이스라엘을 징계하십니다(왕상 17장).

하나님의 선지자들의 생명이 하찮게 여겨졌던 시대, 선지자들의 외침이 백성들에게 마이동풍(馬耳東風)에 불과했던 시대. 그렇게 암울한 시대에 여호와만이 하나님이심을 전하였던 엘리야는 결국 목숨을 걸고 갈멜 산에서의 '대결' 을 신청합니다(왕상 18:19~20).

바알 선지자 450명과 아세라 선지자 400명, 총 850명과 엘리야 한 사람의 대결입니다. 그들은 각자의 신에게 제사를 드려 불로 응답하는 신이 참 신이라는 시합 원칙에 합의합니다. 물론 바알 선지자와 아세라 선지자들의 제단에는 불이 내려오지 않습니다.

드디어 엘리야의 차례입니다. 단 위에 제물을 놓고 주변에 판 도랑에는 제물에 부은 물이 넘쳐 흐릅니다. 엘리야가 하늘을 우러러 기도하자 하늘에서 불이 내려 제물과 제단을 태우는 놀라운 일이 벌어집니다. 이때 백성들은 "엘리야! 엘리야!" 를 외치면서 "여호와, 그는 하나님이시로다."라고 고백합니다(왕상 18:39).

이제 시대가 바뀔 만도 합니다. 엘리야는 이제 정말 새 출발이 가능할 것이라는 기대에 부풀었습니다. 엘리야는 갈멜 산에서 내려오면서 지난 3년 동안 비가 오지 않았던 그 땅에 이제 비가 올 것이라고 말합니다. 그러면서 엘리야는 일찍이 하나님께서 모세를 통해 주셨던 하나님의 말씀으로 그들이 거룩한 백성 되고 제사장 나라를 이루는 놀라운 공동체를 이뤄가기를 꿈꿨습니다.

그런데 갈멜 산의 기적을 통해 하나님이 친히 살아 계시다는 사실을 목격했음에도 불구하고, 변한 것이 하나도 없습니다. 완악한 아합의 마음은 돌아서지 않았고, 이세벨은 오히려 엘리야를 죽이겠다고 말합니다(왕상 19:2).

목숨이 위태로워진 엘리야는 어쩔 수 없이 도망해야 했습니다. 하나님의 선지자들을 보냈는데 국가의 공권력을 이용하여 죽이려고 하는 시대였던 것입니다. 엘리야가 활동하던 그 시대를 지켜보시는 하나님의 속이 타들어갔을 것입니다. 하나님께서는 당신을 섬기겠다고 일생을 바친 당신의 종들이 목숨 보전을 위해 도망 다니는 것을 지켜보셔야 했습니다.

그렇게 혼자 가다가 지친 엘리야가 로뎀 나무 그늘을 의지해서 쓰러져 있는데 하나님의 천사가 와서 그를 흔들어 깨웁니다. 떡과 물을 마시고 힘을 내어 일어나 호렙 산으로 가라고 하십니다(왕상 19:7~8). 40일 동안 밤낮으로 달려서 하나님의 산 호렙에 이른 엘리야에게 하나님께서는 다시 희망이 있노라고 말씀하십니다. 비록 갈멜 산에서의 승리가 곧장 사회 자체를 송두리째 바꿔버리는 놀라운 기적을 만들어내지 못했다 할지라도 곧 봄이 온다는 것입니다. 또 바알에게 무릎 꿇지 않은 남은 자 7천 명이 있음도 알려주시며 힘을 내게 하십니다. 그리고 그에게 세 가지 사명을 주시는데, 그것은 하사엘에게 기름을 부어 아람 왕이 되게 하고, 예후에게 기름을 부어 이스라엘 왕이 되게 하며, 엘리사에게 기름을 부어 엘리야의 뒤를 잇는 선지자가 되도록 하는 것입니다(왕상 19:15~16). 이스라엘을 '거룩한 백성 제사장 나라'로 이끌어 가시겠다는 하나님의 계획은 조금도 물러섬이 없습니다. 하사엘, 예후, 엘리사를 통해 새로운 시대를 여시겠다는 하나님의 계획은 엘리사가 엘리야를 따르는 장면(왕상 19:19~21)으로 그 서막을 엽니다.

오므리 왕조의 죄악
왕상 20~22장/ 왕하 1장/ 대하 18~20장

하나님과 맞서 대항할 만큼 교만하던 오므리의 아들 아합이 아람 왕 벤하닷이 쳐들어오자 한없이 약한 모습을 보입니다(왕상 20장). 그러자 하나님께서는 다시금 이스라엘의 하나님이 되고자 하십니다. 아람 왕 벤하닷과 그의 군대를 이스라엘의 손에 붙여주신 것입니다. 그런데 이런 하나님의 배려에도 불구하고 아합은 하나님의 명령을 어기고 아람 왕 벤하닷을 살려주는 악을 저지릅니다(왕상 20:34).

아합 시대가 얼마나 불의한 시대였는가를 단적으로 보여주는 사건이 '나봇의 포도원 사건'입니다(왕상 21장). 이스라엘의 모든 토지의 소유권은 근본적으로 하나님께만 있으며, 백성들은 그 토지의 경작권만을 거래할 수 있었습니다(레 25:23). 그런데 아합 왕이 나봇이라는 사람의 포도원을 탐내어 사기를 원했습니다. 그러나 나봇은 비록 왕에게라 하여도 대대로 내려온 자기의 땅을 율법을 어기고서 팔 수는 없다고 말하며 아합의 제안을 거절합니다. 그러자 왕비 이세벨이 불량자들을

불순종의 죄

아합이 아람 왕 벤하닷을 살려 준 것은 이스라엘의 초대 왕 사울이 아말렉을 진멸하라는 하나님의 명령을 받고도 아말렉 왕 아각과 눈에 보기에 좋은 짐승들을 살려둔 것처럼 자신의 생각을 하나님의 명령보다 앞세우는 어리석음을 범한 것이다.

동원하여 나봇에게 하나님과 왕을 저주하였다는 거짓혐의를 뒤집어씌우고 살해합니다. 왕이 자신의 권력을 이용하여 그 땅을 강탈한 것입니다. 아합의 시대가 하나님의 말씀이 설 자리를 잃어버리고, 오직 폭력과 힘만이 난무하던 무법의 시대였음을 명백히 보여주는 사건입니다. 이런 아합과 이세벨의 모습을 지켜보시고 진노하신 하나님께서는 엘리야를 통해 아합과 이세벨에게 심판을 선언하십니다(왕상 21:20~24).

죄를 저질러 놓고도 자신이 저지른 일이 얼마나 큰 죄악인지 깨닫지 못하던 아합이 선지자 엘리야의 심판 선언을 듣고서야 자신의 죄를 깨닫게 됩니다. 죄를 뉘우치는 아합을 보시고 하나님께서는 그에게 내리기로 하신 심판을 그의 아들 대(代)로 유예하십니다(왕상 21:27~29). 그러나 하나님 앞에 불법을 행하는 이 왕조는 결국 무너져야 했습니다. 그가 조금만 더 일찍 베옷을 입었다면 얼마나 좋았겠습니까? 그랬다면 수많은 백성들의 피해도 없었을 것이요, 이스라엘을 바라보시는 하나님의 마음도 그토록 아프지는 않으셨을 것입니다.

그러는 동안 남유다에서는 왕위가 아사에서 그의 아들 여호사밧으로 이어집니다. 아사의 최고의 치적은 그의 왕위를 아들 여호사밧에게 이어지게 한 것이라고 평가할 수 있습니다. 왜냐하면 여호사밧 왕은 "다윗의 처음 길로 행하여"라는 최대의 찬사를 받고 있기 때문입니다(대하 17:3). 여호사밧은 유다 백성들을 하나님께로 돌아오게 하고, 백성들을 공정히 판결하기 위해 재판관도 세웁니다(대하 19장). 모압, 암몬, 마온 사람과의 전쟁이 있을 때에도 하나님께 기도함으로써 승리할 수 있었습니다(대하 20장). 그런데 하나님께서 함께하심으로 강대할 수 있었던 여호사밧은 북이스라엘과도 선린우호관계를 유지하고, 심지어 아합 가문과 혼인하여 인척관계까지 맺습니다(대하 18:1). 바알을 숭배하는 죄에서 벗어나지 못하고 있는 아합 가문과의 인척관계는 '가서는 안 되는 길'이었습니다.

이후, 여호사밧 왕은 하나님의 뜻을 거스르고, 아람에게서 길르앗 라못을 되찾고자 아합 왕이 벌인 전쟁에 동맹국으로 참여합니다. 북이스라엘과 남유다가 함께 벌인 이 아람과의 전쟁에서 아합은 전사합니다(왕상 22장; 대하 18장). 아합이 죽자 오므리 왕조는 쇠퇴기로 접어들게 됩니다. 하나님 앞에서 정직히 행하는 여호사밧이 다스리는 남유다의 역사와, 계속해서 죄악으로 깊어가는 북이스라엘의 역사가 서로 대비되면서 열왕기상이 마무리되고, 아합의 아들 아하시야로부터 열왕기하가 시작됩니다.

아합의 뒤를 이은 그의 아들 아하시야. 성경이 기록하고 있는 아하시야의 행적은 단 한 가지, 그가 자신의 병을 에그론의 신 바알세붑에게 물었다는 것뿐입니다(왕하 1:2). 아하시야의 시대에도 그의 아버지 아합 시대와 같은 죄악이 더욱 가속화되고 있음을 확인할 수 있습니다. 이렇듯 엘리야의 사역에도 불구하고 아합 가문의 죄악이 온 이스라엘을 뒤덮고 있는 동안, 하나님께서는 엘리야의 뒤를 잇는 엘리사와 선지자의 제자들을 통해 새로운 역사를 준비하고 계십니다.

대답 없는 우상에게
아하시야 왕은 자신의 병을 바알세붑에게 물었다. 왕이 우상에게 의지하는 시대이니 백성들 역시 하나님의 말씀과 상관없이 살았을 것이다.

오므리 왕조 vs. 엘리사 왕하 2~8장/ 대하 21장~22:6

패역하고 어두운 시대를 밝히기 위해 외롭고도 힘겹게 자신의 사명을 감당했던 엘리야가 불수레를 타고 승천함으로써 (왕하 2:11) 이 땅에서의 삶을 마감합니다. 주변의 모든 사람들

엘리사는 엘리야에게 있는 '성
령이 하시는 역사'(개역한글
'영감'/히브리어로 '루아흐')의
'갑절'(히브리어로 '피 슈나
임')이 자신에게 주어지기를 요
청했다(왕하 2:9).
그의 이러한 요구는 신명기 21
장 17절(이 본문의 '두 몫'도
히브리어로 '피 슈나임')에 근
거한 것으로 장자(長子)가 아버
지의 유업을 다른 형제들보다
갑절로 받는 것을 의미했다.

이 바알을 섬기고, 하나님의 선지자들을 죽이는 시대에도 변
함없이 하나님에 대한 신앙을 지켰던 사람이었습니다. 그의
사역은 하나님께서 인정하실 만큼 훌륭한 것이었지만 그의
평생의 수고가 맺은 열매는 아직 눈에 보이지 않습니다. 변할
줄 모르는 시대의 죄악을 바라보며 생을 마감해야 하는 엘리
야. 그러나 그는 그의 제자 엘리사와 선지자의 제자들에게 새
로운 소망을 남기고 떠났습니다.

엘리야의 뒤를 이은 엘리사의 사역이 수면 위로 드러난 것
은 북이스라엘과 모압의 전쟁 때입니다(왕하 3장). 큰 국가적 위
기에 처했던 이 전쟁에서 북이스라엘은 엘리사의 도움으로
하나님의 큰 구원을 경험하게 됩니다. 그러나 위기의 순간에
만 하나님을 찾을 뿐 마음 깊은 곳에서는 하나님을 사랑하지
않았던 사사 시대 때처럼 자꾸만 하나님에게서 멀어져가는
북이스라엘을 보시며 하나님께서는 새로운 왕조를 준비하십
니다(왕하 9:1~10).

이러한 역사 흐름 속에서 엘리사의 사역은 선지자의 제자
들을 교육하는 일에 집중되었습니다. 엘리사의 사역 중에는
많은 기적 또한 일어났습니다. 기적들은 각각 그 기적들이 일
어났던 배경을 안고 있는데, 다음의 예에서도 그 같은 사실을
살펴볼 수 있습니다.

한 선지자 제자의 아내가 과부가 되었는데, 너무도 가난하
여 아들이 종으로 팔리게 되었습니다. 하나님 앞에서 시대의
아픔을 짊어지겠다고 나섰던 선지자 제자의 유족들이 살아가
는 모습은 이렇게 힘겨운 것이었습니다. 가난한 제자의 과부
를 도와주는 기적(왕하 4:1~7)은 그런 아픈 시대 상황을 배경으
로 한 것입니다. 빈 그릇에 기름이 채워지는 놀라운 기적 자체

가 가볍게 취급되어서도 안 되겠지만, 그 기적의 배경 또한 소홀히 여겨서는 안 될 것입니다.

그런가 하면, 도끼가 수면으로 떠오르는 기적도 있었습니다(왕하 6:1~7). 하나님을 따르겠다고 결심한 제자들이 많아져서 그들이 기거하던 집이 좁아졌던 모양입니다. 그래서 집을 넓히려고 나무를 베다가 그만 빌려온 도끼를 물에 빠뜨리고만 것입니다. 엘리사가 물 위로 도끼를 떠오르게 합니다. 이 기적은 빌려온 도끼를 혹시 못 돌려주면 어쩌나 고민해야 하는 선지자들의 당시 형편을 단적으로 보여줍니다. 나아가 선지자들을 바라보는 그 시대 백성들의 눈을 고려하신 하나님의 배려라 할 수 있습니다.

하나님을 경외하는 마음이 전혀 없는 시대적 분위기 속에서 엘리야의 뒤를 이은 엘리사는 이처럼 선지자 학교를 운영하며 마지막 보루를 지키고 있는 상황입니다. 그러나 이 일은 나라와 백성들로부터 아무런 관심과 주목을 받지 못하였고, 그들은 하루하루의 삶을 겨우 이어나가고 있었습니다. 다만 시대 앞에 소명을 다하겠다는 열정과 하나님에 대한 사랑을 마음 바탕에 간직하고 있을 뿐입니다. 우리는 엘리사가 행한 기적을 통해 그들이 겪는 생활의 곤핍함은 어떠했으며, 그 어려움을 해결해 나가기 위한 엘리사의 힘겨운 몸부림은 또 어떠했는지를 짐작해볼 수 있습니다.

또 하나의 기적은 아람의 장수 나아만을 고쳐준 것입니다(왕하 5장). 이 일로 아람의 군대 장관 나아만이 하나님을 만군의 주로 고백합니다. "내가 이제 이스라엘 외에는 온 천하에 신이 없는 줄을 아나이다"(왕하 5:15). 하나님의 백성으로 지명되었던 이스라엘은 우상숭배에 빠져 있는데, 이방 백성인 나아만은 하나님의 크고 놀라우심을 체험하며 믿음을 고백하였

기회를 주지만

시대에 대한 하나님의 관심은 계속해서 엘리사를 통한 기적으로 나타나지만 이스라엘의 지도층들은 여전히 자신들의 안위에만 집중한다. 반면 북이스라엘을 침공한 아람군의 포위로 인해 사마리아 성 중의 백성들은 오랜 시간 굶주리게 된다. 이로 인해 백성들이 자신들의 자녀를 먹는 지경에까지 이르렀다(왕하 6:24~29). 이스라엘의 불행은 이처럼 하나님의 말씀에 대한 지도층들의 무지와 불순종으로 말미암아 끊일 줄 몰랐다.

던 것입니다.

그런가 하면, 남유다에서는 여호사밧의 장자 여호람(요람)이 왕위에 오릅니다. 그는 자신이 왕이 되자 모든 아우들과 신하들 중 몇 사람을 죽입니다. 여호람은 아버지 여호사밧의 선한 길을 따르지 않고, 오히려 북이스라엘의 아합처럼 악한 길로 행하는데, 이는 그가 아합의 딸인 아달랴를 아내로 삼은 것과도 깊은 관계가 있습니다. 아달랴는 남편 여호람과 아들 아하시야의 마음을 움직여 유다 내에 바알 숭배를 퍼뜨렸습니다. 이로써 북이스라엘의 죄악이 남유다에까지 확대됩니다(왕하 8:25~27). 선지자 엘리야는 이런 여호람에게 편지를 보내어 여호사밧과 아사의 길로 행치 않고 악을 행한 그를 질타하고, 그가 중병에 들어 죽을 것을 예언한바 있습니다(대하 21:11~15). 그 예언대로 여호람은 고칠 수 없는 병에 걸려 죽고, 그 아들 아하시야가 왕이 됩니다.

예후 왕조 & 엘리사 왕하 9~14장/ 대하 22:7~25장

아합 가문에 대한 심판을 예정하신 하나님께서는 이제 그 자리를 대신하여 일할 새 사람을 찾으십니다. 엘리사는 선지자의 제자 중 하나를 길르앗 라못으로 보내어 예후에게 기름을 붓게 합니다(왕하 9:1~3). 예후는 즉시 그의 추종자들에 의해 왕으로 선포되었으며, 북이스라엘의 아합 가문을 진멸하고 역사의 새로운 전기를 마련합니다. 예후를 통해서 북이스라엘 왕 요람과 유다 왕 아하시야, 그리고 이세벨이 처형됩니다.

하나님의 손에 의해 새로이 세워진 사람 예후, 그는 특히 북이스라엘의 바알 선지자들을 모두 처단하는 결단과 용기를 보여 주며 역사의 어두움을 단절시킬 것만 같은 여명을 비추기도 합니다. 그래서 하나님께서는 그의 자손이 4대 동안 이스라엘 왕위를 이을 것임을 약속해주십니다(왕하 10:30). 그러나 예후는 많은 우상들을 청소하기는 했지만 단과 벧엘에 있는 금송아지들은 제거하지 않습니다(왕하 10:28~29). 이로써 그를 통해 국가를 다시 바로 세우고자 하신 하나님의 꿈이 실패로 돌아가고 맙니다. 하나님께서는 죄악에서 온전히 돌이키지 못하는 북이스라엘을 향해, 아람의 하사엘로 하여금 북이스라엘을 침공하게 하셔서 징계하십니다(왕하 10:32~33).

남유다 왕 아하시야가 예후에 의해 죽자, 아하시야의 모친 아달랴는 스스로 유다의 왕이 되어 왕의 씨, 즉 다윗 후손들을 진멸하려 합니다. 유다를 향한 하나님의 언약, 곧 다윗의 왕위를 영원토록 튼튼히 하시겠다는 말씀(삼하 7장)이 마치 무효화된 것만 같습니다. 그러나 하나님께서는 자신의 언약에 신실하셨습니다.

"아하시야의 어머니 아달랴가 그의 아들이 죽은 것을 보고 일어나 왕의 자손을 모두 멸절하였으나 요람 왕의 딸 아하시야의 누이 여호세바가 아하시야의 아들 요아스를 왕자들이 죽임을 당하는 중에서 빼내어 그와 그의 유모를 침실에 숨겨 아달랴를 피하여 죽임을 당하지 아니하게 한지라"(왕하 11:1~2; 대하 22:10~11).

여호세바는 제사장 여호야다의 아내입니다(대하 22:11). 여호세바가 요아스를 몰래 빼내어 유모와 함께 침실에 숨겨 목숨을 구한 후, 아달랴 몰래 6년 동안 키웁니다. 아달랴의 통치가 시작된 지 7년째 되는 해, 결국 제사장 여호야다의 주도 아래, 국가의 주도권이 아하시야의 아들 요아스에게로 되돌아갑니

아쉬운 개혁

예후는 요람 왕과 이세벨을 죽이는 데에서 그치지 않고 아합 왕가의 남은 자손들을 모두 처단하더니, 내친 김에 바알을 섬기는 자들을 모두 청소했다. 이러한 예후의 행동은 하나님의 말씀을 성취하는 도구로서 하나님의 마음을 시원하게 할 만했다. 그러나 청소를 하기는 했지만 예전에 금송아지를 만들어 제사를 지냈던 여로보암의 방식을 그대로 좇음으로써 이스라엘의 종교적, 정치적 상황을 하나님께로 확실히 돌려놓지 못하는 답답한 흐름이 계속되고 있다.

요아스와 여호세바

요아스를 구한 여호세바는 아하시야의 누이였으므로 요아스에겐 고모이다. 아달랴의 남편 여호람의 이름은 '요람'으로 바꾸어 쓸 수 있다.

다(왕하 11:17~12:3).

여호야다의 정의로운 혁명을 통하여 유다는 모처럼 하나님의 말씀에 순종할 수 있었습니다. 제사장 여호야다로 인해 유다는 하나님과의 언약을 새롭게 하며, 퇴락한 성전도 새로 고칠 수 있었습니다. 그러나 아쉽게도 요아스는 여호야다의 노력으로 수리되어진 성전의 창고에 있는 많은 것들을 아람 왕 하사엘에게 바치는 믿음 없는 행동을 하고 맙니다(왕하 12:17~18). 여호야다의 죽음과 함께 또다시 남유다는 퇴락의 길을 걷게 됩니다. 여호야다의 아들 스가랴 선지자가 요아스를 찾아와 하나님의 말씀을 전하자, 요아스는 여호야다에 대한 은혜도 잊어버리고 스가랴를 돌로 쳐서 죽이고 맙니다(대하 24:20~22). 그때로부터 일주일 후에 아람 군대가 쳐들어와 남유다를 칩니다. 하나님의 징벌이었습니다. 이후 요아스는 신하들에 의해 죽고, 그 아들 아마샤가 대신하여 왕이 됩니다.

아마샤는 왕위에 오른 후, 자신의 부친을 죽인 신하들을 처단하는데, 그 신하들 본인에게만 죄를 묻고, 그 자녀들은 죽이지 않습니다(왕하 14:3~6; 대하 25:2~4). 이는 "자녀를 인하여 아버지를 죽이지 말고, 아버지로 인하여 자녀를 죽이지 말라"라는 모세의 율법(신 24:16)에 따른 것이었습니다. 그는 에돔과 싸울 때에도 어떤 하나님의 사람이 와서 전하는 말을 듣고, 용병으로 사들인 이스라엘 에브라임 군대를 돌려보내는 등 하나님의 말씀을 청종했습니다. 하지만 에돔 사람들을 물리치고 돌아올 때, 에돔인들의 우상을 가져다가 자기의 신으로 세우고 그 앞에 분향하고 경배함으로써 하나님의 진노를 삽니다(대하 25:5~16).

나아가 에돔과의 전쟁에서 승리한 아마샤는 교만해진 마음으로 북이스라엘의 요아스에게 시비를 겁니다. 그래서 남유다 왕 아마샤와 북이스라엘 왕 요아스가 벧세메스에서 대면하게 되는데, 결국 아마샤가 패합니다. 북이스라엘의 요아스왕은 예루살렘 성벽 사백 규빗을 헐고, 여호와의 성전과 왕궁곳간에 있는 금은과 기명을 취하고, 사람들을 볼모로 잡아 사마리아로 돌아갑니다(왕하 14:11~14). 아마샤는 모반에 의해 죽고, 그의 아들 웃시야(아사랴)가 16세에 왕이 됩니다.

한편, 북이스라엘은 멸망을 향해 가고 있습니다. 바알을 섬겼던 아합 왕가를 몰아내고 개혁의 칼날을 휘두르던 예후 가문도 얼마 지나지 않아 이전의 왕조보다 별로 나을 것이 없게됩니다. 아합의 잔재를 청산하기는 했으나, 여호아하스, 요아스, 여로보암 2세로 이어지는 예후 왕조는 다윗의 길이 아닌여로보암 1세의 악한 길을 따릅니다. 요아스 왕 때, 시대의 죄악과 정면으로 맞서던 선지자 엘리사가 세상을 뜨자(왕하 13:20)어둠의 그늘은 더욱 짙어가게 됩니다.

요아스의 뒤를 이은 여로보암 2세 시대는 이스라엘 역사상경제적으로는 매우 번영했던 시대였으나, 하나님의 공과 의가실현되지 못했던 시대입니다. 하나님을 향한 신앙이 부패하였고, 지도자들이 사명을 망각한 채 타락하였습니다. 국가 전체가 '거룩한 백성 제사장 나라'의 사명과는 도무지 동떨어져있던 시대, 역사의 어둠이 깊어가는 이 시대에 하나님께서는타는 듯한 마음으로 아모스, 호세아, 요나 같은 선지자들을 보내십니다.

2
숲이야기

마지막 호소

아모스 1~9장 호세아 1~14장 요나 1~4장

정의와 공의를 위하여 암 1~9장

예후 왕조가 경제적으로 가장 번성했던 때는 네 번째 왕인 여로보암 2세 시절로, B.C. 8세기 무렵입니다. 그러나 화려해보이는 정치적, 경제적 성공 내부에는 부익부 빈익빈 현상이 극으로 치닫고 있었고, 신앙적으로도 우상숭배가 만연했습니다.

이때 하나님께서는 아모스 선지자를 보내셔서 사회의 정의와 공의가 이렇게 무너져서는 안 된다고 말씀하십니다. 또한 호세아를 보내셔서 그들의 종교적 간음에 대해 질타하십니다.

당시 국제 상황을 보면, 이스라엘 북쪽에는 아람, 북동쪽에는 앗수르, 남쪽에는 남유다와 애굽이 있었습니다. 북이스라엘은 남쪽과 북쪽을 잇는 길목이며 중간지대이고, 남유다는 웃시야 왕이, 북이스라엘은 여로보암 2세가 다스리고 있었습니다. 이때 북이스라엘은 크게 번성하였는데, 국가의 번영이라는 것은 국가 내부의 여건으로만 가능한 것이 아닙니다. 주

사마리아
사마리아는 주변 평지보다 100m 이상 솟아오른 해발 430m의 천연 요새로서, 오므리가 은 두 달란트로 세멜에게서 산을 사고 그 산 위에 건축한 성이다. 그리고 그 산 주인이었던 세멜의 이름을 따라 사마리아라고 이름 지었다(왕상 16:24). 오므리 왕이 북이스라엘의 수도를 디르사에서 사마리아로 옮긴 이후, 사마리아는 북이스라엘의 수도로 번영을 누렸다.

변 나라와의 관계가 매우 중요한 요소입니다. 그
런데 아모스와 호세아 때에는, 남쪽 애굽의 힘과
북쪽 메소포타미아 세력이 대등하여 힘의 균형을
어느 정도 유지하고 있었습니다.

아모스서와 호세아서 대비

아모스	호세아
경제사회적 부패	신앙적 부패
이웃과의 올바르지 못한 관계 경고	하나님과의 올바르지 못한 관계 경고

그런데 얼마 후면 이 세력의 균등함이 깨어질 것입니다. 이
것은 곧 두 세력 사이를 받치고 있던 균형이 깨짐과 동시에
전쟁이 일어날 수 있다는 의미입니다. 그렇게 되면 두 세력의
통로에 위치한 이스라엘 내부의 평화는 순식간에 무너져버릴
수 있습니다. 다시 말해 북이스라엘의 권력자들과 부자들이
누리고 있는 풍요는 주변 국가들의 세력 판도가 달라지는 순
간, 곧 사라질 수 있다는 것입니다. 이러한 상황 속에서 아모
스가 하나님의 사명을 받게 됩니다. 그리고 북이스라엘의 수
도인 사마리아에서 하나님의 심판을 선포하며 회개를 촉구하
기 시작합니다.

특히 아모스 1장은 이스라엘 주변 나라들에게 선포하는 심
판의 말씀으로, 하나님이 이스라엘만의 하나님이 아니라 온
세상을 주관하고 심판하시는 창조주이심을 보여줍니다. 아모
스는 주변 나라들의 죄악을 조목조목 지목하면서 그 죄 때문
에 그 나라의 수도가 망할 것이라고 선언합니다. 그리고 2장
6절부터 본격적으로 북이스라엘이 벌을 받는 이유를 지적하
기 시작합니다.

"여호와께서 이와 같이 말씀하시되 이스라엘의 서너 가지
죄로 말미암아 내가 그 벌을 돌이키지 아니하리니 이는 그들
이 은을 받고 의인을 팔며 신 한 켤레를 받고 가난한 자를 팔
며 힘 없는 자의 머리를 티끌 먼지 속에 발로 밟고 연약한 자
의 길을 굽게 하며 아버지와 아들이 한 젊은 여인에게 다녀서
내 거룩한 이름을 더럽히며 모든 제단 옆에서 전당 잡은 옷

예언서에 나타난
원근통시법(遠近通視法)
예언서는 역사서와 다르다. 역
사서의 경우, 지난날의 역사적
사실들을 기술하지만 예언서는
현재 이 자리에서 과거의 시간
과 미래의 예언까지도 포함하고
있다. 곧 공시성(共時性)과 통시
성(通時性)을 동시에 사용하고
있는 것이다. 그런 만큼 예언서
의 기자들은 그 시대를 뚫어볼
수 있는 지적, 영적 능력을 동
시에 가진 사람들이었다.

위에 누우며 그들의 신전에서 벌금으로 얻은 포도주를 마심 이니라"(암 2:6~8).

아모스는 부자들과 가난한 사람들의 삶을 대조시켜 놓습니다. 이불이 따로 없는 가난한 노숙자들은 하나뿐인 겉옷을 덮고 자야 하는데 낮에 전당 잡힌 겉옷을 찾을 능력이 없어 추위에 고통받고 있습니다. 그런데 부자들은 여름궁, 겨울궁을 따로 지어놓고 상아침대에 누워서 살진 양들을 잡아 요리하고 대접에 포도주를 따라 마시며 비파와 수금을 타고 있습니다(암 6:4~6). 이러한 사회가 과연 율법에 기초한 사회라고 할 수 있겠습니까? 이는 레위기나 신명기에 나타난 약자보호법이 도무지 실현되지 못하고 있는 현실을 극명하게 드러내 줍니다.

우리 하나님께서는 부자들이 누리는 풍요의 수준으로 그 시대를 평가하시는 것이 아니라, 가난한 사람들이 느끼는 삶의 행복도로 공동체의 수준을 가늠하십니다. 하나님께서 부한 자들에게 요구하시는 것은 바로 동시대의 가난한 사람들을 돌보는 것입니다. 그러므로 부자가 가난한 자의 머리에 있는 티끌까지 탐내는 여로보암 2세 시대는 하나님께서 보시기에 실로 한탄할 만한 시대인 것입니다.

아모스의 눈물을 통해 하나님께서 이스라엘에게 요구하시는 것은 "오직 정의를 물 같이, 공의를 마르지 않는 강 같이"(암 5:24) 흐르게 하는 것입니다. 이스라엘을 향해 무서운 심판이 선포된 이유도 그들이 하나님의 공의와 정의를 잃어버렸기 때문입니다.

아모스의 마음을 더욱 아프게 하는 것이 있다면, 그것은 바로 하나님의 심판 예언을 받아들이지 않는 이스라엘의 지도자들입니다. 그들은 아모스가 전하는 하나님의 말씀에 귀를 막고 있는 자들입니다. 북이스라엘의 살 길은 오직 하나님의 말씀을 받아들이고 회개하는 것임에도 불구하고, 하나님의 말씀을 무시하는 그들로 인해 아모스의 슬픔은 더해만 갔고, 하나님의 마음 또한 타들어갔습니다. 이제 하나님께서는 이스라엘 역사의 단절을 선언하시며 또 다른 희망을 위해 새로운 시작을 기약하십니다.

제사보다 사랑을 원한다 호 1~14장

아모스를 통해 이스라엘을 호되게 질책하셨던 하나님께서 이제 호세아의 결혼 생활을 통하여 그분의 사랑을 전하고 계십니다.

선지자 호세아에게 내려진 하나님의 명령은 음란한 여인과 결혼하여 음란한 자식들을 낳으라는 것입니다. 이 사건을 시작으로 하나님께서는 호세아를 통해 마음속에 있던 이야기들을 쏟아놓으십니다.

아버지의 품을 떠난 자식들이기에 이스라엘의 이름은 '로루하마'(긍휼히 여김을 받지 못하는 자)요, '로암미'(내 백성이 아니라)입니다. 그러나 그들을 "내 백성이 아니다."라고 부르면 부를수록, 그들은 더욱 살아계신 하나님의 자녀였습니다(호 1:10; 11:8~11).

그러나 이스라엘 백성을 향해 불붙듯 일어나는 하나님의 사랑에도 불구하고 이스라엘은 여전히 죄악과 우상에서 헤어나오지 못하고 있습니다. 이스라엘 땅에는 이미 진실도 없고, 인애도 없고, 하나님을 아는 지식도 없습니다(호 4:1~2). 그들이 잠시 누리는 풍요로움은 아침의 안개와도 같은 것일 뿐, 하나님을 떠난 이스라엘에게 더 이상의 희망은 없습니다.

호세아는 음란한 여자를 맞이
하여 음란한 자식을 낳는 기막
힌 사정을 당하며, 그 시대 이
스라엘을 향하신 하나님의 마
음을 이해하게 된다. 그리고 마
음 깊은 곳에서부터 이스라엘
에게 외치게 된다. "하나님께
돌아오라!"(호 12:6; 14:1~3)

이스라엘 백성들은 레위기의 말씀을 읽고 그 말씀을 실천
하며 살아야 했습니다. 여호와를 섬긴다는 것은 모세의 율법
대로 살아가는 것입니다. 가족 관계, 이웃과의 관계를 하나님
께서 정하신 법도대로 따른다는 것입니다. 그리고 나아가 그
방식을 이웃 나라에 선교해야 하는 사명을 가지고 있습니다.
그런데 북이스라엘 백성들은 주변의 나라들이 섬기는 신, 곧
바알과 아스다롯을 섬기고 있었습니다. 바알 신앙은 바알과
아스다롯, 곧 남신과 여신이 서로 금슬(琴瑟)이 좋으면 비가 풍
족히 내려 농사가 잘 되고 풍요롭게 된다는 것이었습니다. 그
러므로 바알과 아스다롯을 자극하기 위해 신전에는 많은 여
사제들이 있었는데, 그 여사제들과 남신도들이 지붕이 없는
신전에서 음란한 성행위를 하는 것이 그들의 신앙생활이었던
것입니다. 아마도 고멜이 이런 바알 신전의 여사제였던 것 같
습니다.

호세아는 이런 고멜과의 관계를 통해서 이스라엘의 우상
숭배를 여실히 보여주었습니다. 순결한 사랑을 가진 남편 호
세아를 배신하고 계속 음란한 생활로 나아가는 아내 고멜을
통해 이스라엘을 향한 하나님의 안타까운 사랑을 드러내고
있는 것입니다. 호세아가 고멜을 두고 보여준 행동은 이스라
엘과 결혼한 하나님께서 그들과의 연분을 결코 쉽게 끊을 수
없음에 대한 상징이었습니다.

이스라엘에게 자신을 치료하시
는 여호와로 나타내셨던 하나
님(출 15장)께서는 지금 이 순
간까지 그들의 죄악을 고치시
기 위해 애쓰셨지만, 그들의 유
일한 살 길, 곧 하나님을 구하
고 의지하는 길로 돌아오지 않
는 북이스라엘 백성들에게 하
나님께서는 포기를 선언하실
수밖에 없으셨다.

하지만 이스라엘 백성들의 회개는 얕고 상투적입니다. 자
신들의 죄를 깊이 자복하고 완전히 낮아져서 하나님을 찾기
보다는 이 과정을 생략한 채, 하나님의 자비를 너무도 당연시
하고 있는 것입니다.

하나님께서 바라시는 것은 변치 않는 사랑이지, 눈에 보이

는 제사나 그 무엇이 아닙니다(호 6:6). 이스라엘을 애굽에서 부르실 때부터 하나님께서 이스라엘에게 일관되게 요구하신 것은 하나님을 신실하게 사랑하는 것뿐이었습니다. 지금 이스라엘이 멸망하게 되는 이유도 하나님을 변함없이 사랑하지 못했기 때문입니다. 하나님을 사랑하지 못했기에 이웃을 사랑하지도 못했던 것이요, 우상을 섬겼던 것입니다.

이러한 호세아의 마지막 호소가 있고 난 후 얼마 지나지 않아 북이스라엘이 철저하게 망합니다(왕하 17:6). 사마리아의 뿌리가 뽑혀서 사방으로 흩어집니다. 앗수르가 내려와서 북이스라엘의 수도 사마리아의 모든 것을 무너뜨립니다. 호세아의 메시지는 진실로 하나님의 마지막 호소였던 것입니다.

※

열방을 향한 사랑 욘 1~4장

아모스, 호세아가 북이스라엘의 죄악을 폭로하며 하나님의 마지막 경고를 전하고 있었던 그때, 하나님께서는 이방을 향해서도 새로운 구원 계획을 실행하십니다. 당시 세계의 패권을 쥐고 있던 앗수르의 큰 성읍 니느웨 성에 요나를 보내신 것입니다.

이스라엘, 특히 요나가 활동했던 여로보암 2세 통치하의 북이스라엘은 온 인류를 향한 하나님의 구원 계획을 망각한 채, 자신들만이 구원의 대상이라고 착각하고 있었습니다. 이러한 생각에서 벗어나지 못하고 있는 선지자 요나에게 하나님의 말씀이 임합니다. "니느웨로 가서 그것을 향하여 외치라"(욘 1:2). 니느웨의 죄악을 사실 그대로 지적하여 회개시키라는 말씀이었습니다.

　그러나 요나는 하나님의 말씀을 순종하고 싶어 하지 않습니다. 그래서 니느웨로 가는 배 대신 다시스로 가는 배를 타버립니다. 하지만 하나님의 눈을 피할 수는 없습니다. 그는 결국 물고기 뱃속에서 삼 일을 보낸 후에야 하나님의 뜻에 순종해 니느웨로 갑니다.

　이스라엘을 향한 하나님의 사랑은 온 세계를 향한 하나님의 마음입니다. 요나가 아무리 거부하려 해도 하나님의 이 거대한 구원 섭리를 역행할 수는 없는 것입니다.

　그런데 요나는 니느웨에 도착해놓고도 하나님의 말씀을 외치는 데 별로 열성이 없었습니다. 그는 삼 일 길이나 되는 그 큰 성읍을 도는 데에 고작 하루밖에 쓰지 않습니다. 전심을 다해 외치기보다는 건성건성 했다고 볼 수 있습니다(욘 3:3~4). 니느웨를 향해 심판을 외치라 하신 하나님의 본마음이 '멸망이 아닌 구원'이라는 것을 짐작한 요나는 하나님의 그런 생각이 도무지 못마땅했던 것입니다. 요나의 순종은 하나님의 마음을 온전히 헤아린 적극적 순종이라기보다는 어쩔 수 없는 상황에서 비롯된 지극히 소극적인 순종이었습니다.

　그런데 요나의 그런 성의 없는 외침에도 불구하고 니느웨 사람들이 회개하기 시작합니다. 그들의 회개를 들으신 하나님께서는 심판의 뜻을 돌이키시는 긍휼을 베푸십니다(욘 3:5~10). 그러자 니느웨가 멸망하기만을 바라고 있던 요나의 속마음이 적나라하게 드러납니다.

　"요나가 매우 싫어하고 성내며 여호와께 기도하여 이르되 여호와여 내가 고국에 있을 때에 이러하겠다고 말씀하지 아니하였나이까 그러므로 내가 빨리 다시스로 도망하였사오니 주께서는 은혜로우시며 자비로우시며 노하기를 더디하시며 인애가 크시사 뜻을 돌이켜 재앙을 내리지 아니하시는 하나님이신 줄을 내가 알았음이니이다 여호와여 원하건대 이제 내 생명을 거두어 가소서 사는 것보다 죽는 것이 내게 나음이니이다"(욘 4:1~3).

요나는 지금 하나님의 인자하심을 찬양하고 있는 것이 아닙니다. 요나의 말투에는 이방인을 벌하지 않으신 하나님을 향한 못마땅함이 드러나 있습니다. 하나님께서 요나를 보내신 목적은 니느웨 성읍 사람들을 멸망시키는 것이 아니라, 어떻게든 뜻을 돌이켜 구원하시려는 것이었는데, 요나는 하나님의 그 깊은 마음을 이해하지 못한 것입니다. 출애굽 후 이스라엘이 세워지고 수백 년이 지났으면 이스라엘 백성들 스스로 열방으로 나가 하나님의 뜻을 전해야 하는 것이 옳습니다. 그런데 하나님께서 가라고 하는 것도 싫어하고, 죄인들이 하나님 앞에 회개하는 일까지도 못마땅해 하고 있는 것입니다. 다른 사람도 아닌, 하나님의 부르심을 받은 선지자가 말입니다.

여기에서 우리는 이스라엘의 왜곡된 선민사상과 잘못된 민족주의를 봅니다. 요나의 입장에서는 언제 자기 조국에 해를 가할지 모르는 적대국이 잘되는 것, 하나님께서 자기들의 적을 멸하시지 않고 보호하고 사랑하시는 것을 이해할 수가 없었던 것입니다.

그러나 니느웨 성을 구원하신 하나님께서는 요나에게도 열방을 향한 당신의 마음을 보여주십니다. 하나님께서 요나를 위해 박넝쿨을 준비하십니다. 그런데 태양의 열기를 가려주는 그 박넝쿨로 인해 심히 기뻐했던 요나가 그 박넝쿨이 없어지자 화를 냅니다. 요나의 그러한 모습을 보시고 하나님께서 말씀하십니다.

"네가 수고도 아니하였고 재배도 아니하였고 하룻밤에 났

그릇된 선민의식

요나는 여타의 선지자들과는 다른 모습을 보여 주고 있다. 다른 하나님의 선지자들은 하나님의 말씀에 전폭적으로 순종했지만, 요나는 하나님의 마음을 헤아리기는커녕 오히려 하나님께 대들었다. 그러나 요나 입장에서는 충분히 그럴 만한 이유가 있었다. 그의 가치관과 구원관으로 보면, 이방 백성은 당연히 멸망해야 하는 대상이었기 때문이다. 더군다나 니느웨는 이스라엘을 위협하는 적국 앗수르의 수도였다. 요나가 이러한 상황 속에서 니느웨를 향한 하나님의 마음을 깨닫고 받아들이기란 쉽지 않았을 것이다.

심판의 목적은
멸망이 아니라 회개

요나는 온 민족을 향해 베푸시는 하나님의 긍휼과 사랑을 처음엔 깊이 깨닫지 못했다. 그럼에도 불구하고 니느웨 성이 회개하여 구원을 받는 사건은 이스라엘로 인해 근심하시는 하나님께 작은 기쁨이 되었을 것이다.

다가 하룻밤에 말라 버린 이 박넝쿨을 아꼈거든 하물며 이 큰 성읍 니느웨에는 좌우를 분변하지 못하는 자가 십이만여 명이요 가축도 많이 있나니 내가 어찌 아끼지 아니하겠느냐"(욘 4:10~11).

아무 수고도 하지 않고 얻은 박넝쿨이 요나에게 그리도 중요했다면, 하나님께서 인생들을 이토록 소중히 여기시는 것은 더욱 당연하다는 것입니다. 이 말씀을 듣고서 요나는 하나님의 마음을 깊이 깨달았을 것입니다. 하나님은 이스라엘을 기르셨습니다. 그들만이 아니라 이방 민족인 니느웨 사람들까지도 기르셨습니다. 니느웨도 구하고 싶으신 하나님, 하물며 그토록 정성을 쏟아오신 이스라엘을 향하여는 어떠하시겠습니까?

하나님의 세계경영

3
숲이야기

열왕기하 15~20장 역대하 26~32장 이사야 1~39장

북왕국의 퇴락과 이사야의 사명

왕하 15장/ 대하 26~27장/ 사 1~6장

남유다에서는 아마샤의 아들 웃시야(아사랴)가 왕이 되었습니다(왕하 15:1). 그는 나라가 강성하여지자 마음이 교만해져서, 제사장만이 할 수 있는 향단에 분향하는 일을 성전에 들어가 직접 하려고 합니다. 그 일로 나병에 걸리고 만 그는 그 후로 죽을 때까지 별궁에 거하였고, 왕자 요담이 왕의 일을 맡아 하다가 왕위를 이어받습니다(대하 26장).

한편, B.C. 8세기에는 북쪽의 중심 앗수르와 남쪽의 중심인 애굽이 팽팽한 세력을 유지하고 있었습니다. 그런데 북쪽의 앗수르가 점차 그 세력을 팽창하고, 제국주의를 표방하며 남하정책을 펴기 시작합니다. 곧 남북 간의 세력 균형이 깨지고 이는 전쟁으로 귀결될 것이 분명했습니다. 그 틈에 끼어 있는 이스라엘은 이 세력들의 균형이 깨짐과 동시에 전쟁에 휩싸일 가능성이 농후한 지리적 조건에 놓여 있는 것입니다.

그런데 이 큰 숲을 보지 못하는 북이스라엘은 일시적인 평안 속에서 상아궁과 여름궁을 짓고 있었습니다. 이때 하나님의 예언자들이 세계의 큰 흐름을 보면서 이들의 어리석음과 죄악을 지적하고 하나님의 마음을 전하였으나, 이스라엘 백성들은 끝내 순종하기를 거부합니다. 결국 아모스와 호세아 같은 선지자들이 활동했던 여로보암 2세 시대가 끝나자, 북이스라엘은 큰 혼란 속에서 멸망을 향해 급격히 추락해갑니다.

여로보암 2세의 뒤를 이은 스가랴 왕은 왕이 된 지 6개월 만에 살룸에 의해 살해됩니다(왕하 15:8~10). 이 스가랴의 죽음과 함께 예후 왕조도 막을 내리고 이때부터 이스라엘은 모반과 배신이 계속되는 혼란의 역사 속으로 빠져듭니다.

살룸의 재위 기간은 스가랴보다도 짧습니다. 왕이 된 지 한 달 만에 므나헴에 의해 살해되었기 때문입니다. 살룸을 죽이고 왕위에 오른 가디의 아들 므나헴은, 자기가 반역을 수행할 때 성문을 열어 주지 않았다는 이유로 임신한 여인들의 배를 갈라 죽이기까지 합니다(왕하 15:14~16). 하나님의 뜻에는 아랑곳하지 않은 채 권력욕에 눈이 먼 이들에 의해 이스라엘이 참혹하게 고통당하고 있는 현장입니다.

므나헴 재위 당시 앗수르 왕 불(디글랏 빌레셀 3세)이 이스라엘을 공격하자 므나헴은 이스라엘 모든 부자들에게 은을 오십 세겔씩 걷어 앗수르 왕에게 은 일천 달란트를 바치고서야 앗수르 군대를 물러가게 합니다(왕하 15:19~20). 이런 므나헴의 뒤를 이어 그의 아들 브가히야가 왕위에 오르는데, 2년 만에 장관 르말랴의 아들 베가가 반역을 일으킵니다(왕하 15:23~25). 베가는 앗수르에 저항하는 정책을 펴면서 아람의 르신 왕과 함께 앗수르에 대항하는 동맹체를 형성하여, 후에 남유다의 아하스 왕을 공격합니다(왕하 16:5~6). 이후 엘라의 아들 호세아가 베가를 죽이고 왕이 되는데, 그가 바로 북이스라엘의 마지막 왕입니다.

이처럼 혼란에 혼란이 거듭되는 국가 상황은 일촉즉발(一觸即發) 위기 그 자체입니다. 그러나 그런 상황 속에서도 백성들은 하나님을 찾지 않습니다. 권력의 중심에는 언제든 반란을 일으켜 왕권을 가로채려는 자들이 가득 차 있을 뿐, 어느 누구도 하나님께 호소하지 않는다고 한탄했던 호세아의 예언 그대로였습니다(호 7장). 이스라엘은 예언자들의 목소리에 도무지 귀를 기울이지 않고 있습니다.

한편 남유다에서는 52년간 나라를 통치했던 웃시야(아사랴)가 죽고 그의 아들 요담이 왕위를 물려받습니다(왕하 15:32~33; 대하 26:23~27:1). 요담은 아버지 웃시야가 남겨놓은 강한 국가를 유지하기 위해 노력합니다. 그런데 문제는 요담 왕만이 하나님 앞에서 바르게 살았을 뿐, 그 시대 백성들은 그렇지 못했다는 점입니다. "요담이 그의 아버지 웃시야의 모든 행위대로 여호와 보시기에 정직하게 행하였으나 여호와의 성전에는 들어가지 아니하였고 백성은 여전히 부패하였더라"(대하 27:2). 시대가 흐를수록 백성들은 더욱 악한 일에 익숙해지고 말았고, 그 결과 유다는 요담의 시대를 보낸 후, '아하스 시대'라는 최악의 시기를 맞게 됩니다.

이처럼 예민한 시대에 이사야가 사명을 받습니다. 유다를 향해 하나님께서 슬퍼하십니다. 짐승에 불과한 소와 나귀도 그 주인을 알고 있건만, 이스라엘은 지금까지 자신들을 보듬어 오신 하나님을 깨닫지 못하고 외면하고 있다고 한탄하십니다(사 1:1~3).

유다를 향한 하나님의 계획은 이미 확정되었습니다. 이사

God's plan

하나님의 청사진

이사야에게 주어진 하나님의 청사진은 비록 '심판'이었으나 심판 그 자체만은 아니었다. 유다와 예루살렘의 역사를 '거룩한 씨'들을 통해 이어가는 것이 이사야 6장에서 하나님께서 밝히신 청사진의 핵심이었다.

야에게 주어지는 하나님의 청사진은 심판이었습니다. 그러나 심판 그 자체만은 아닙니다. 물로 세계를 심판하셨으나 노아를 통해 세계 역사를 이어가셨던 것처럼(창 6~9장), 유다와 예루살렘 또한 '거룩한 씨'를 통해 그 역사가 이어져 갈 것입니다. 이 청사진을 가지고 하나님과 함께 일할 사람으로 이사야를 부르신 것입니다. "내가 누구를 보내며 누가 우리를 위하여 갈꼬"라는 하나님의 음성에 이사야가 대답합니다. "내가 여기 있나이다 나를 보내소서"(사 6:8). 이제 그를 통해 남유다를 향한 하나님의 징계와 회복의 예언이 선포되기 시작합니다.

아하스의 선택과 이사야의 충고
왕하 16~17장/ 대하 28장/ 사 7~14장

당시의 남유다 주변의 국제 정세는 한 치 앞을 내다볼 수 없을 정도로 혼돈 속에 빠져 있습니다. 이 혼돈의 가장 큰 이유는 앗수르가 남하정책을 펴기 시작한 데에 있습니다. 앗수르는 가장 먼저 아람, 그 다음 북이스라엘, 그리고 남유다를 거쳐 애굽을 정복하려는 속셈을 가지고 있습니다. 그들의 정복 대상이 된 아람과 북이스라엘은 앗수르에 대항하는 동맹체를 결성합니다. 그리고 남유다도 거기에 동참해 주기를 요청합니다. 하지만 남유다는 그 동맹 제안을 거절했고, 그러자 혹시 남유다가 앗수르와 협력하여 그들의 뒤를 공격할지도 모른다고 판단한 아람과 북이스라엘은 남유다와의 전쟁을 선포합니다.

북이스라엘과 아람이 남유다에 대해서는 벌써 두번째 침공이었기 때문에 아하스와 백성들의 마음이 더욱 "삼림이 바람에 흔들림 같이" 흔들립니다(사 7:2). 그때 아하스를 만난 이사야는 하나님의 메시지를 전합니다. 현실적인 국제정세를 보아서는 북이스라엘과 아람이 동맹해 유다를 쳐들어올 것처럼 보이지만, 그들은 그들의 죄로 말미암아 곧 멸망할 것이기에 그들을 두려워말라는 것이었습니다(사 7:5~9).

그런데 아하스에게는 다른 계획이 있었습니다. 북쪽의 두 나라 연합군의 공격에 대해 앗수르에게 도움을 구할 계획입니다. 이에 대해 이사야는 경고합니다. 남유다가 앗수르를 끌어들이지 않아도 북이스라엘은 앗수르에 의해 멸망할 것이므로 친(親)앗수르 정책을 펴지 말라는 것입니다. 또한 지금은 서로 칼을 겨누고 있으나, 거슬러 올라가면 북이스라엘과 남유다는 같은 아브라함의 후손으로서, 그 뿌리를 보면 형제국입니다. 그러므로 형제국을 망하게 하는 데에 빌미를 제공하면 안 된다는 것입니다.

이사야는 아하스 왕에게 하나님께서 세계를 경영하신다는 사실을 알려주기 위해 징조를 구해보라고 합니다. "너는 네 하나님 여호와께 한 징조를 구하되 깊은 데서든지 높은 데서든지 구하라"(사 7:11). 그 징조를 보고 하나님의 능력과 말씀을 믿으라는 것입니다. 그런데 아하스는 "나는 여호와를 시험치 아니하겠나이다"라면서 징조를 구하지 않습니다. 이것은 그의 믿음이 좋아서가 아니라, 오히려 하나님의 능력에 관심이 없음을 말합니다.

그러자 이사야가 친히 징조를 구합니다. "주께서 친히 징조로 너희에게 주실 것이라 보라 처녀가 잉태하여 아들을 낳을 것이요 그 이름을 임마누엘이라 하리라"(사 7:14). 하나님께서 보이실 징조조차 불필요하게 여기고 불신하는 시대를 향해 이 예언의 말씀을 주시는 것입니다. 이것이 예수님의 탄생을 예언하는 말씀이 나오게 된 배경입니다.

하나님의 심판 도구
임마누엘의 이적(사 7장), 마헬 살랄하스바스의 상징(사 8장), 메시아 탄생의 예언(사 9장)에도 불구하고 하나님을 의지하기보다는 눈에 보이는 앗수르를 의지하는 유다에게 하나님께서 진노하신다.

Message

시선 집중

이사야가 장차 임할 공의와 정의의 왕에 대해 예언하고 있다 (사 9:1~7). 백성들의 시선을 그들이 의지하려는 애굽과 그들이 두려워하는 앗수르로부터 돌이켜서 하나님께서 세우시는 공의와 정의의 왕에게 향하도록 이끌고자 함이다. 그들이 의지하고 두려워할 대상은 애굽도, 앗수르도 아니다. 오직 온 세계를 다스리는 한 왕, 그분만이 섬김의 대상이다.

하나님의 세계경영

열국	본문
바벨론	사 13:1~14:23
앗수르	사 14:24~27
블레셋	사 14:28~32
모압	사 15:1~16:14
다메섹	사 17:1~14
구스	사 18:1~7
애굽	사 19:1~20:6
두마(에돔)	사 21:11~12
아라비아	사 21:13~17
예루살렘	사 22:1~25
두로(다시스)	사 23:1~18

또한 하나님께서는 아람과 북이스라엘의 멸망에 이어 앗수르의 멸망까지 선언하십니다. 남유다가 하나님 대신 앗수르를 의지하는 것이 하나님에 대한 배신과 교만이었다면, 하나님의 심판 도구로서의 위치를 망각하고 교만히 행하는 것은 앗수르의 죄악이었기 때문입니다. 이에 하나님께서는 앗수르를 역사에서 사라지게 하겠다고 말씀하십니다. 이를 통해 남유다 백성들에게는 심판으로 멸망할 앗수르를 의지하지 말고, 오직 심판자이신 하나님만을 신뢰하라고 교훈하시는 것입니다.

"내가 앗수르를 나의 땅에서 파하며 나의 산에서 그것을 짓밟으리니 그 때에 그의 멍에가 이스라엘에게서 떠나고 그의 짐이 그들의 어깨에서 벗어질 것이라 이것이 온 세계를 향하여 정한 경영이며 이것이 열방을 향하여 편 손이라 하셨나니 만군의 여호와께서 경영하셨은즉 누가 능히 그것을 폐하며 그의 손을 펴셨은즉 누가 능히 그것을 돌이키랴"(사 14:25~27). 이 예언의 말씀을 믿는다면 남유다는 하나님께서 함께하시기에 더 이상 아람·북이스라엘 동맹군도, 앗수르도 두려워할 필요가 없습니다. 하지만 그들은 끝까지 하나님의 말씀을 믿지 않습니다.

아하스는 아람 왕 르신과 북이스라엘 왕 베가의 공격을 받자, 이사야의 충고를 무시하고 앗수르에게 사신을 보내어 도움을 청합니다(왕하 16:7~9; 대하 28:16~21). 이사야가 하나님께 징조를 구하라 할 때에는 여호와를 시험하지 않겠다며 징조를 구하지 않던 그가, 앗수르 왕에게는 왕궁의 모든 좋은 것을 바치며 굴욕적인 자세로 도움을 청합니다. 사자를 보내어 이르기를 "나는 왕의 신복이요 왕의 아들이라 청컨대 올라와 나를 구원하소서."라고 말합니다(왕하 16:7). 그가 "저는 하나님의 신복이요 하나님의 아들입니다."라고 했다면 얼마나 좋았을까요?

아하스가 앗수르에게
주는 뇌물은 솔로몬 때부
터 보관해왔던 보물들입니
다. 자기 형제국인 북이스
라엘을 망하게 해달라고,

앗수르에 이 물건들을 주고 있는 것입니다. 하나님의 말씀에
순종하지 않은 결과, 나라 전체가 손해를 입고 있음을 볼 수
있습니다.

남유다의 요청으로 전쟁의 명분을 얻은 앗수르는 마치 정
의의 사자라도 된 것처럼 북이스라엘과 아람을 정복합니다.
그리고는 차마 남유다까지는 내려오지 못하고, 남유다를 침략
할 기회를 엿봅니다. 앗수르는 약소국 유다를 도와준 대가로
남유다에게 엄청난 조공을 요구하며 남유다를 쳐들어갈 빌미
를 만들어갑니다. 아하스가 하나님의 명을 따르지 않고 자기
마음대로 나라를 이끈 결과입니다. 이런 상황에서 아하스는
오히려 앗수르의 우상숭배를 본떠와서 예루살렘에 이방 신의
제단 모형을 만듭니다. 이렇게 예루살렘과 하나님의 성전을
피폐하게 한 아하스가 죽고, 그 뒤를 이어 그의 아들 히스기야
가 왕이 됩니다(왕하 16:10~20; 대하 28:22~27).

한편, 열왕기하 17장에는 북이스라엘의 마지막 왕 호세아
의 이야기와 북이스라엘이 하나님께 버림받은 까닭이 설명되
고 있습니다. 하나님께서는 북이스라엘이 하나님의 백성답게
살기를 기대하셨지만, 그들은 우상숭배의 습관을 버리지 못했
습니다. 여로보암의 길로 한없이 빠져드는 북이스라엘, 예언
자들을 통한 어떤 경고도 받지 않는 북이스라엘. 그들을 향한

하나님의 마음은 쓰디쓴 아픔과 슬픔이었습니다.

결국 B.C.722년, 호세아가 다스린 지 9년째 되던 해에 앗수르 왕이 사마리아로 쳐들어오고 북이스라엘이 멸망합니다. 앗수르 왕은 북이스라엘 사람들을 사로잡아 앗수르로 끌어가고, 대신 이방 여러 나라 족속 사람들을 사마리아로 이주시켜 살게 합니다. 이때 여러 나라의 종교도 함께 들어옵니다(왕하 17:29~33). 이로써 사마리아는 인종과 종교가 혼합되어 순수한 혈통을 잃어버린 땅이 되고, 이는 예수님 당시에 사마리아인이 천대받는 배경이 됩니다.

'이상 골짜기' 예루살렘
왕하 18:1~12/ 대하 29~31장/ 사 15~35장

북이스라엘과 아람을 집어삼킨 앗수르는 굶주린 사자처럼 남유다까지 삼키려 하고 있습니다. 이런 어려운 시국에 히스기야가 25세의 나이로 왕위를 물려받습니다.

솔로몬이 그의 아버지 다윗으로부터 왕위를 물려받았을 때, 이스라엘은 하나님과의 바른 관계를 바탕으로 강성하고 풍요로웠습니다. 그런 면에서 솔로몬은 행복한 계승자였습니다. 그러나 히스기야가 아버지 아하스로부터 물려받은 것은 하나님과의 관계도, 내외부적인 상황도 모두가 최악의 상태인 허약한 나라였습니다.

그런데 히스기야는 왕위에 오르자, 먼저 온 유대에 가득한 우상을 청소함으로써 하나님과의 관계 회복을 시도합니다(왕하 18:1~6; 대하 29:1~19). 선왕들의 악한 전철(前轍)을 따라가지 않고, 성전을 깨끗케 하며 속죄제를 드리고 감사제물을 드립니

다. 우상 청소로 시작한 히스기야의 개혁은 유월절의 부활로 이어집니다(대하 30장). 비록 성결예식을 치른 제사장의 숫자가 부족하고 백성들이 다 모일 수 없어서 행사 시기를 한 달 연기하긴 했지만, 하나님께서 이스라엘의 하나님 되심을 재확인하는 유월절 예식을 지킬 수 있었던 것은 큰 기쁨의 사건이었습니다.

2주일 동안 진행된 유월절 행사로 인해 남유다는 히스기야를 중심으로 개혁의 불길을 당기게 됩니다. 백성들은 자신의 성읍에서 온갖 주상과 아세라 목상들을 깨뜨렸고, 히스기야는 제사장과 레위인의 직책을 회복함으로써 그들이 전심으로 성전 일에 전력할 수 있도록 제도적 장치를 회복시킵니다(대하 31장). 우상숭배와 불순종의 시대 속에서 이러한 히스기야의 노력은 참으로 흐뭇한 일이 아닐 수 없습니다.

그러나 지금껏 악한 길로 달려오던 유다 백성 전체를 새롭게 바꾸는 근본적 개혁은 쉽게 이루어지지 않습니다. 더구나 국제 정세가 어려운 상황으로 돌아가고, 특히 앗수르는 남유다를 끊임없이 압박해옵니다. 히스기야는 그의 아버지 때부터 앗수르에게 바쳐오던 조공이 점점 힘에 부쳐갑니다. 그러자 그는 남쪽에 있는 애굽과 동맹을 맺어 앗수르를 막아보겠다는 계획을 세웁니다. 이때 하나님께서 히스기야의 이러한 친(親)애굽 정책을 막으십니다. 그리고 그 뜻을 온 백성에게 상징적으로 보여주시기 위해, 이사야 선지자에게 벗은 몸으로 예루살렘을 돌아다니라고 명하십니다(사 20:1~5).

이사야는 하나님의 말씀에 순종합니다. 그는 국제 정세를 꿰뚫어볼 수 있는 탁월한 지식인이었고, 그 시대의 예언자요 스승이었습니다. 당시 사회적 위치도 높았던 사람으로 보입니다. 그런 그가 벗은 몸으로 3년을 다닙니다. 만약 하나님의 말

경작하시는 하나님

참포도를 심었으나 들포도가 맺힌 결과를 보고 참담해 하셨던 하나님께서(사 5장) 포도원을 포기하지 않으시고 다시 경작하신다(사 27:2~6). 하나님의 심판은 음산한 죽음을 위한 것이 아니라 새로운 생명을 소생케 하기 위한 방편 가운데 하나였던 것이다.

씀에 순종치 아니하고 애굽과 동맹을 맺는다면, 모든 사람이
그처럼 치욕스러운 일을 당하게 될 것이라는 메시지를 전하
는 것입니다. 이사야는 그렇게 하나님의 말씀에 따라 수치를
감수하면서까지 백성들을 돌이키고자 애씁니다.

이사야 22장에 나오는 '환상의 골짜기'는 예루살렘을 지
칭합니다. 이것은 예루살렘의 군국주의에 대한 경고입니다.
애굽과의 동맹 정책과 함께 남유다는 앗수르를 막기 위해 예
루살렘을 요새화하고 있었습니다(사 22:5~11). 즉 군사 강화 정
책을 시행했던 것입니다. 예루살렘 요새화를 위해 성벽 곁에
허름한 집을 짓고 살던 가난한 사람들의 집을 다 철거합니다.
가난한 사람들이 삶의 처소를 잃고 전쟁 준비에 시달리는 것
입니다. 그 모습을 보신 하나님께서 그 모든 노력이 허사가 될
것이니, 가난한 사람들 괴롭히는 일은 그만두라고 말씀하십니
다. 국방을 튼튼히 하고자 하는 이들의 노력 자체가 무조건 잘
못되었다는 것은 아닙니다. 문제는, 눈에 보이는 급박한 상황
에 매몰되어 인간적인 생각으로만 대응책을 강구하고, 국가
경영이 하나님께 있다는 점은 인정하려 들지 않는다는 것이
었습니다.

기울어질 대로 기울어진 상황을 근본적으로 해결할 수 있
는 방법은 하나님을 의지하는 것뿐입니다. 히스기야가 진정으
로 해야 할 일은 성을 보수해서 자주국방을 하는 것이 아니라,
회개의 모범을 보이고 공동체가 하나 되어 하나님을 의지하는
것입니다. 그 길이 공동체가 진정 사는 길입니다. 그런데 히스
기야는 이런 이사야의 메시지에 처음에는 응답하지 않습니다.

하나님의 세계경영
왕하 18:13~20장/ 대하 32장/ 사 36~39장

히스기야는 이사야 선지자의 말을 무시하고 끝내 애굽에 도움을 요청합니다. 그렇게 애굽과 관계를 맺기 시작하면서 앗수르에는 조공을 보내지 않습니다. 그렇지 않아도 남침 기회를 엿보던 앗수르는 배신자를 처단하러 온다는 구실을 내세워 남유다를 쳐들어옵니다. 얼마 가지 않아 예루살렘 성만 빼고 전 국토가 앗수르에게 점령당하고 맙니다. 그러자 히스기야는 앗수르 왕에게 "내가 범죄하였나이다."라고 빌며 여호와의 성전과 왕궁 곳간에 있던 좋은 물건들을 바칩니다(왕하 18:13~16). 하지만 앗수르는 예루살렘마저 정복하기 위해 다시 내려옵니다(왕하 18:17; 대하 32:9; 사 36:1~3). "앗수르 왕이 다르단과 랍사리스와 랍사게로 하여금 대군을 거느리고 라기스에서부터 예루살렘으로 가서 히스기야 왕을 치게 하매 그들이 예루살렘으로 올라가니라."

그나마 예루살렘 성은 본래 난공불락의 성이어서 쉽게 점령당하지 않고 있는 상황입니다. 그때 앗수르의 랍사게라는 자가 예루살렘 성이 보이는 높은 산에 올라가서 빨리 항복하고 성문을 열라고 소리칩니다. 그런데 랍사게는 앗수르의 신이 이스라엘의 신보다 더 강하기 때문에, 이스라엘은 앗수르의 공격을 막아내지 못할 것이라며 하나님을 모욕하는 말까지 서슴치 않았습니다(왕하 18:19~35; 사 36:4~20).

랍사게의 오만이 하늘을 치솟아 하나님의 귓전에까지 들려진 바로 이 절체절명의 순간에 히스기야가 하나님을 선택

유사한 기록

열왕기하 18장 13절 이하부터 20장 19절까지의 말씀은 이사야 36~39장까지의 말씀과 거의 대동소이하다. 이사야 38장 9~20절에 해당하는 히스기야의 노래가 추가되어 있는 것 정도가 다를 뿐이다. 우리는 이러한 부분을 성경통독을 통해 발견할 수 있다.

합니다. 그는 먼저 하나님의 이름이 능욕당하는 현실을 가슴 아파합니다. 그리고 이 사태를 어떻게 처리해야 할지 이사야에게 사람을 보내어 묻고, 살아 계신 하나님께 기도하기 시작합니다.

"여호와여 귀를 기울여 들으소서 여호와여 눈을 떠서 보시옵소서 산헤립이 살아 계신 하나님을 비방하러 보낸 말을 들으시옵소서 여호와여 앗수르 여러 왕이 과연 여러 민족과 그들의 땅을 황폐하게 하고 또 그들의 신들을 불에 던졌사오니 이는 그들이 신이 아니요 사람의 손으로 만든 것 곧 나무와 돌 뿐이므로 멸하였나이다 우리 하나님 여호와여 원하건대 이제 우리를 그의 손에서 구원하옵소서 그리하시면 천하 만국이 주 여호와가 홀로 하나님이신 줄 알리이다"(왕하 19:16~19; 사 37:14~20).

상황이 역전됩니다. 이사야를 통해 주신 말씀에 순종하지 않아 위기가 발생하기는 했지만, 다시금 국가적 위기의 순간에 오직 하나님만을 의지한 히스기야의 기도를 하나님께서 들으신 것입니다. 하나님의 사자가 앗수르 왕의 주력부대 18만 5천 명을 하루아침에 무너뜨립니다(왕하 19:35~37; 사 37:36~38). 오만하기 이를 데 없었던 앗수르는 이사야의 예언대로 하나님의 심판을 받았고, 덕분에 예루살렘은 위기에서 벗어날 수 있었습니다. 이 사건 후 대제국 앗수르는 역사의 무대 저편으로 사라지게 됩니다. 하나님의 권위에 도전했던 교만한 나라의 결말이었습니다.

앗수르 이후 또 한 나라가 역사의 무대에 등장하게 되는데, 바로 신(新)바벨론 제국입니다. 메소포타미아는 물론이요, 고대 근동 전체를 다스리려는 야망을 품은 므로닥발라단(느부갓네살의 아버지)이 예전 고(古)바벨론의 영화를 꿈꾸며 주변을 장악해가고 있었습니다. 피정복지에 대한 앗수르의 지배 방식이 강력하고 혹독했던 것에 비해 바벨론은 겉은 부드럽지만 속은 더욱 철저한 제국이었습니다.

한편 히스기야는 큰 병에 걸렸습니다. 이사야가 히스기야에게 찾아가 곧 죽을 것이라고 통보하자 히스기야는 하나님께 기도하며 통곡합니다. 당시 히스기야는 그의 뒤를 이을 후손도 없는 상태였습니다. 그러자 하나님께서 히스기야의 그 기도를 들으시고, 히스기야의 생명을 15년 연장해주십니다(왕하 20:1~7; 사 38:1~8).

영광과 평화의 청사진

이사야 40~66장

영광과 평화의 청사진 사 40~66장

이사야의 심판 예언이 이사야 40장을 분기점으로 구원의 약속으로 이어지고 있습니다. 두려워하는 백성들, 떨고 있는 백성들에게 하나님께서 친히 위로하십니다.

"그러나 나의 종 너 이스라엘아 내가 택한 야곱아 나의 벗 아브라함의 자손아 내가 땅 끝에서부터 너를 붙들며 땅 모퉁이에서부터 너를 부르고 네게 이르기를 너는 나의 종이라 내가 너를 택하고 싫어하여 버리지 아니하였다 하였노라 두려워하지 말라 내가 너와 함께 함이라 놀라지 말라 나는 네 하나님이 됨이라 내가 너를 굳세게 하리라 참으로 너를 도와 주리라 참으로 나의 의로운 오른손으로 너를 붙들리라"(사 41:8~10).

하나님께서는 두려움에 떨고 있는 이스라엘 백성들을 "나의 종 너 이스라엘아!", "내가 택한 야곱아!", "나의 벗 아브라함의 자손아!"라고 부르십니다. 하나님께서 이미 이스라엘을 택하시고, 그들을 구원하기로 결심하셨으니 아무것도 두려워하지 말라는 말씀입니다.

하나님께서는 극심한 고통과 좌절 가운데 있는 백성들을 향해 때로는 위로의 말씀으로(사 40~41장), 또 한편으로는 이스라엘 백성을 멸망시킬 바벨론에 대한 심판의 말씀(사 45~47장)으로 소망을 선포하십니다.

그러나 이러한 위로와 소망의 말씀 가운데서도 이스라엘 백성들의 패역과 죄악을 지적하십니다(사 48장). 하나님께서는 이스라엘의 죄악을 밝히 드러내어 고침으로써 참된 소망과 구원을 허락하시려는 것입니다. 죄를 지은 이스라엘을 단련하고 연단시켜 바로 세우려는 하나님의 계획이었습니다. "내가 너를 연단하였으나 은처럼 하지 아니하고 너를 고난의 풀무 불에서 택하였노라"(사 48:10). 이것이 하나님의 본심입니다. 때로는 광풍같이 징계하실 수 있습니다. 그러나 좀 더 깊이 생각해 본다면 징계까지도 하나님의 사랑의 한 표현임을 알게 됩니다. 우리들을 향한 하나님의 진실한 사랑에 감동하지 않을 수 없습니다.

이사야는 비록 현재의 상황이 흑암 가운데 있고 구원이 멀게만 느껴지는 상황이라 할지라도 주의 종이 구원의 사명을 다할 것임을 거듭 증거하고 있습니다. 다시 선언되는 구원의 말씀에도 불구하고 이스라엘 백성들이 현실적인 고통으로 인해 힘들어하는 모습을 보신 하나님께서는 궁극적인 구원자 메시아를 통한 회복을 말씀하시며 구원의 확신을 주십니다(사 49장).

"그가 이르시되 네가 나의 종이 되어 야곱의 지파들을 일으키며 이스라엘 중에 보전된 자를 돌아오게 할 것은 매우 쉬운 일이라 내가 또 너를 이방의 빛으로 삼아 나의 구원을 베풀어서 땅 끝까지 이르게 하리라"(사 49:6).

이사야 선지자는 당시로부터 8백 년 후에 오실 예수님의

기초부터 다시
이스라엘이 하나님께서 주신 제사장 나라의 사명을 감당하지 못하자 하나님께서는 바벨론 포로 기간을 통하여 구원받기 이전의 자리로 돌아가 다시 시작하게 하신다. 또한 출애굽 직후에 가장 먼저 안식일 지키는 것을 훈련시키셨듯이(출 16장), 하나님께서는 이스라엘을 바벨론 포로에서 해방시키며 안식일 계명을 다시 강조하고 계신다(사 58:13~14).

모습을 예언하고 있습니다. 이사야 9장에서는 강한 메시아, 전능하신 예수님을 묘사하고 있습니다. 오실 그분은 전능하신 하나님, 기묘자와 모사이시며 이새의 뿌리이십니다. "이는 한 아기가 우리에게 났고 한 아들을 우리에게 주신 바 되었는데, 그 어깨에는 정사를 메었고 그 이름은 기묘자라, 모사라, 전능하신 하나님이라, 영존하시는 아버지라, 평강의 왕이라 할 것임이라"(사 9:6).

그런데 이사야 후반부에는 고통 앞에 처해져 인간들의 잘못을 책임지는 그리스도의 모습이 나옵니다. 예루살렘을 회복하시는 하나님의 능력은 바로 고난받는 종을 통하여 나타납니다(사 53장). "그는 주 앞에서 자라나기를 연한 순 같고 마른 땅에서 나온 뿌리 같아서 고운 모양도 없고 풍채도 없은즉 우리의 보기에 흠모할 만한 아름다운 것이 없도다 그는 멸시를 받아 사람들에게 버림 받았으며 간고를 많이 겪었으며 질고를 아는 자라"(사 53:2~3).

우리는 이사야 9장에서의 강하고 능력 있는 예수님의 모습, 그리고 이사야 53장에서의 연약한 순 같은 예수님의 모습, 이 두 가지를 함께 묶어서 통(通)으로 볼 수 있어야 합니다. 이후 유대인들이 예수님의 사역, 즉 고난의 길을 스스로 걸어가시는 온유한 예수님의 사역을 온전하게 이해하지 못하는 이유가 바로 이사야 9장의 메시아는 흠모하되, 이사야 53장에서의 메시아는 이해하지 못했기 때문입니다.

"그는 실로 우리의 질고를 지고 우리의 슬픔을 당하였거늘 우리는 생각하기를 그는 징벌을 받아 하나님께 맞으며 고난을 당한다 하였노라 그가 찔림은 우리의 허물 때문이요 그가 상함은 우리의 죄악 때문이라 그가 징계를 받으므로 우리는 평화를 누리고 그가 채찍에 맞으므로 우리는 나음을 받았도다 우리는 다 양 같아서 그릇 행하여 각기 제 길로 갔거늘 여호와께서는 우리 모두의 죄악을 그에게 담당시키셨도다"(사 53:4~6).

숲에서 본다면 이 고난받는 종의 모습은 온 인류의 영원한 구원을 성취하실 예수 그리스도에 대한 묘사로서, 인류 전체를 구원할 하나님의 청사진입니다. 온갖 고통과 절망의 나날이 연속되는 현실 속에 하나님께서 던지시는 강한 희망의 빛입니다. 그 희망은 바로 이 세상의 죄를 지고 갈 하나님의 종입니다. 그의 사명은 가난한 자, 마음이 상한 자, 포로 된 자, 갇힌 자들을 위로하고 해방시키는 것입니다. 이사야의 예언의 말씀은 예수 그리스도의 삶과 말씀, 그리고 그분의 사역을 통해 이 땅 위에 실현됩니다.

하늘과 땅을 향한 탄식(사 1:2~3)으로 시작했던 이사야의 예언이 대단원의 막을 내립니다. 하나님의 공의는 그분을 믿는 자들에게는 구원의 희망을, 죄악을 일삼는 자들에게는 그에 상응하는 징계를 내리는 것입니다. 악취 나는 제사가 드려지는 현실을 바라보시며 하나님께서는 그들의 죄의 대가인 심판도 말씀하셨지만, 시온의 영광과 함께 펼쳐질 새 하늘과 새 땅을 더불어 약속하십니다.

"보라 내가 새 하늘과 새 땅을 창조하나니 이전 것은 기억되거나 마음에 생각나지 아니할 것이라 너희는 내가 창조하는 것으로 말미암아 영원히 기뻐하며 즐거워할지니라 보라 내가 예루살렘을 즐거운 성으로 창조하며 그 백성을 기쁨으로 삼고 내가 예루살렘을 즐거워하며 나의 백성을 기뻐하리니 우는 소리와 부르짖는 소리가 그 가운데에서 다시는 들리지 아니할 것이며 거기는 날 수가 많지 못하여 죽는 어린이와 수한이 차지 못한 노인이 다시는 없을 것이라"(사 65:17~20).

God's plan

남은 자, 그들이 희망

이사야 6장에서 이사야 전체를 꿰뚫는 하나님의 청사진이 요약되었다. 하나님의 심판으로 대부분의 유다 사람들이 멸망할 것이지만, 그 가운데서 그루터기 곧 남은 자들은 구원을 받으리라는 것이다. 특히 이들의 모습은 하나님이 버릴 수밖에 없으셨던 들포도의 모습(사 5장)에서, 즙을 가득 담고 있는(사 65:8), 그래서 포기할 수 없는 포도송이의 모습으로 묘사되고 있다.

영광이 빠져버린 시온 산성

5
숲이야기

미가 1~7장

영광이 빠져버린 시온 산성 미 1~7장

    범죄한 남유다가 돌아오기만을 기다리시는 하나님의 또 다른 노력이 시작되고 있습니다. 미가는 이사야보다 약간 후 대이기는 하지만 거의 동시대에 활동한 선지자입니다. 50여 년 전에 북이스라엘에서 아모스가 정의를 외쳤다면, 미가는 남유다에서 정의를 외친 예언자입니다.

    그는 하나님의 말씀을 떠나 패역하고 불의한 길에 서 있는 예루살렘과 사마리아를 향해 심판의 말씀을 선포합니다. 그 시대 백성들에게 하나님의 마음에 귀 기울일 것을 간절하게 호소하며, 고칠 수 없는 중병에 걸린 자식을 부둥켜안고 우는 어머니처럼 애곡하기도 합니다. "이러므로 내가 애통하며 애 곡하고 벌거벗은 몸으로 행하며 들개 같이 애곡하고 타조 같 이 애통하리니 이는 그 상처는 고칠 수 없고 그것이 유다까지 도 이르고 내 백성의 성문 곧 예루살렘에도 미쳤음이니라"(미 1:8~9).

Message

한 명의 의인

미가가 전하는 하나님의 요구 사항은 다른 것이 아니다. "여 호와께서 네게 구하시는 것은 오직 정의를 행하며 인자를 사 랑하며 겸손하게 네 하나님과 함께 행하는 것이 아니냐"(미 6:8). 모두가 죄악 가운데 빠 져 있는 지금, 하나님의 이 요 구 사항에 응답하는 한 사람, 곧 의인 한 사람을 찾으시는 것이다.

남유다를 향한 하나님의 심판의 중심에는 예루살렘이 있습니다. 예루살렘은 남유다의 수도로서 다윗 시대 이후부터 지금까지 정치와 행정의 중심지일 뿐만 아니라, 여호와 하나님을 섬기는 신앙의 중심지였습니다. 그곳에서 그들이 행해야 하는 '거룩'이라는 것은 다름 아니라 그들에게 비취는 하나님의 빛을 모든 사람에게 전하는 것입니다. 주린 자에게 양식을 나누어주는 것이며 유리하는 빈민을 집에 들이고, 헐벗은 자를 입히는 것입니다(사 58:6~7).

곧 약한 이웃을 감싸 안는 거룩이 이루어지는 성(城), 바로 그러한 곳에 하나님의 찬란한 영광이 임하는 것이요, 열방에 전해야 할 하나님의 구원이 시작되는 것입니다. 그런데 바로 이곳에서부터 하나님을 거역하는 죄악이 성행했던 것입니다.

미가 선지자는 먼저 우상숭배를 비롯한 종교적인 죄악을 고발하고(미 1장), 곧이어 가난한 민중들을 향한 권력자들의 악행과 사회적인 죄악상을 이야기합니다(미 2장). 또한 뇌물을 위하여 재판하는 우두머리들, 삯을 위하여 교훈하는 제사장들, 돈을 위하여 점치는 선지자들과 같은 지도층의 죄상을 구체적으로 지적합니다(미 3장).

"야곱 족속의 우두머리들과 이스라엘 족속의 통치자들 곧 정의를 미워하고 정직한 것을 굽게 하는 자들아 원하노니 이 말을 들을지어다 시온을 피로, 예루살렘을 죄악으로 건축하는도다 그들의 우두머리들은 뇌물을 위하여 재판하며 그들의 제사장은 삯을 위하여 교훈하며 그들의 선지자는 돈을 위하여 점을 치면서도 여호와를 의뢰하여 이르기를 여호와께서 우리 중에 계시지 아니하냐 재앙이 우리에게 임하지 아니하리라 하는도다"(미 3:9~11).

각 지역의 우두머리들이나 통치자들이 그 지역을 위한 행정이나 정치를 하는 것이 아니라 그 지역의 좋은 것들을 자기의 출세를 위해서 수도로 공수하고 있었던 것입니다. 따라서 북이스라엘의 수도였던 사마리아와 남유다의 수도인 예루살렘은 하나님의 은혜 가운데 성장 발전해가는 도시가 아니라 백성들의 고혈로 세운 도시가 되어갔습니다. 이곳에서 하나님에 대한 관심은 찾아볼 수 없습니다. "유다의 산당이 무엇이냐? 예루살렘이 아니냐?"(미 1:5)라는 미가 선지자의 외침은 예루살렘의 죄악을 바라보시는 하나님의 안타까운 외침이었습니다.

미가 선지자는 예루살렘의 죄악 된 모습을 지적한 데에 이어, 폐허가 회복되어 율법이 선포되며, 나라의 기초가 새롭게 세워지고, 강대한 나라가 되는 예루살렘의 미래상을 선포하기 시작합니다. 하나님께서 꿈꾸며 계획하시는 그날의 모습이 선지자 미가의 입술을 통해 백성들 가운데 선포되고 있습니다.

"끝날에 이르러는 여호와의 전의 산이 산들의 꼭대기에 굳게 서며 작은 산들 위에 뛰어나고 민족들이 그리로 몰려갈 것이라 곧 많은 이방 사람들이 가며 이르기를 오라 우리가 여호와의 산에 올라가서 야곱의 하나님의 전에 이르자 그가 그의 도를 가지고 우리에게 가르치실 것이니라 우리가 그의 길로 행하리라 하리니 이는 율법이 시온에서부터 나올 것이요 여호와의 말씀이 예루살렘에서부터 나올 것임이라"(미 4:1~2).

어렵고 힘겨운 시간을 보낸 자들에게 하나님께서는 소망의 날을 말씀하여 주십니다. 그날에는 저는 자, 쫓겨난 자, 환난받는 자들이 하나님의 백성이 될 것입니다. 곧, 포로로 잡혀가서 이러한 취급을 받고 있던 하나님의 백성들이 다시 돌아와서 강한 나라를 이룰 것이라는 말씀입니다. 미가는 하나님의 공의와 율법이 넘쳐나는 그 거룩한 도시에서 그에 합당한 백성으로 살아야 할 놀라운 사명을 선포하며, 지금의 죄악 된 모습에서 돌이킬 것을 외치고 있습니다.

이스라엘의 회복에 대한 말씀은 미가 5장에서 절정을 이루고 있습니다.

"베들레헴 에브라다야 너는 유다 족속 중에 작을지라도 이스라엘을 다스릴 자가 네게서 내게로 나올 것이라 그의 근본은 상고에, 영원에 있느니라"(미 5:2).

베들레헴이라는 작은 고을에서 이스라엘을 다스릴 큰 자가 나올 것이라는 약속의 말씀은 그들을 위로하기에 충분했을 것입니다. 이 말씀은 당시 강대국들의 억압 속에서 고통당하던 이스라엘 백성들에게 큰 소망의 말씀이 되었습니다.

이스라엘을 향한 하나님의 사랑을 외면한 채 죄악의 길로 치닫는 백성들을 바라보는 미가의 마음은 실로 착잡했을 것입니다. 그러나 하나님께서는 이스라엘 백성을 향해 또다시 소망을 품고, 긍휼을 베푸십니다. 이스라엘의 죄악을 미워하기도 하시지만 끝내 그들을 사랑하시는 것입니다. 하나님께서는 죄악 가운데 빠져 있는 백성들에게도 옛 열조 아브라함과 이삭, 야곱에게 베푸셨던 성실을 동일하게 베풀어주십니다. 이러한 하나님의 마음을 헤아린 미가는 "주님과 같은 분이 또 어디 있겠습니까?"라고 하며 하나님을 찬양합니다(미 7:18). 죄인들의 허물을 용서하기 원하시며 인애를 기뻐하시는 분이 바로 우리 하나님이십니다.

God's plan

땅 끝까지 울린 찬양

작은 마을 베들레헴에서 태어날 메시아의 구원은 이스라엘에만 국한되어 있는 것이 아니라, 땅 끝까지 미칠 것임을 알려주고 있다(미 5:2~4). 지금의 이스라엘 백성들은 심판받아야 하는 악한 모습이다. 그럼에도 불구하고 이러한 구원의 소식을 그들에게 들려주시는 이유는 지금이라도 그들이 죄에서 돌아오기만을 간절히 기다리고 계시는 하나님의 마음을 유다 백성들에게 보이기 위함이었다.

Hope Standing before Despair

북이스라엘의 멸망 후, 남유다는 하나님의 세계경영을 깨달은 몇몇 왕들의 노력에도 불구하고, 악정을 일삼는 왕들로 인해 급격히 쇠퇴해갑니다. 바벨론 포로 생활을 통해 그들을 희망의 씨앗으로 만들고자 하시는 하나님의 계획이 확정되었기 때문입니다. 선지자들은 이스라엘과 열국에 대한 심판을 선포하고, 예레미야는 예루살렘 성이 완전히 무너지는 절망 속에서도 하나님의 긍휼과 자비를 신뢰하며, 민족의 회복과 소망을 노래합니다.

8
마당

절망 앞에 선 희망

왕정 총결산
왕하 21~23장 대하 33~35장 습 합 나 욜

영원한 절망이 아닌 잠깐의 징계
왕하 24~25장 대하 36장 렘 옵

탄식의 땅, 소망의 노래   애

왕정 총결산

열왕기하 21~23장 역대하 33~35장 스바냐 1~3장
하박국 1~3장 나훔 1~3장 요엘 1~3장

왕정 총결산 왕하 21~23장/ 대하 33~35장

히스기야의 뒤를 이어, 12살의 므낫세가 왕위에 오릅니다.
그는 히스기야가 하나님께 기도하여 생명을 연장 받은 후 낳
은 아들이었습니다. 하지만 그는 아버지와는 정반대의 길로
행하며, 나라 곳곳에 우상을 만들고 이방신 앞에 엎드립니다
(왕하 21:1~9).

므낫세의 통치 기간은 하나님께서 일찍이 말씀하셨던 왕정
제도의 폐해(삼상 8장)가 가장 적나라하게 드러난 시대라고 할
수 있습니다. 그는 한 나라의 왕이 왕정제도가 뒷받침 하는 권
력을 가지고 얼마나 많은 악행을 저지를 수 있는지를 보여줍
니다. 그의 행위가 얼마나 악했는지, 하나님께서는 므낫세 정
권을 향해 변개되지 않을 멸망을 선포하십니다(왕하 21:10~15).
이후 므낫세의 손자 요시야가 하나님 앞에 올바로 행함에도
불구하고, 하나님께서는 끝내 왕정을 거두시는데, 그 원인이
므낫세의 극심한 죄 때문이라고 분명히 말씀하시는 것을 봅
니다(왕하 23:26~27; 24:2~4).

므낫세가 죽고 그 아들 아몬이 왕위에 오르나, 그도 아버지의 행위를 따라 악을 행하자 신복들이 반역을 일으켜 그를 죽입니다. 그러자 백성들이 다시 그 반역 세력들을 폐하고 아몬의 아들 요시야를 왕으로 삼습니다(왕하 21:19~26; 대하 33:21~25).

요시야는 8세에 왕위에 올라 31년간 국가를 다스립니다. 그는 어린 나이에 왕이 되었지만, 그의 조부나 아버지와는 달리 하나님의 뜻대로 국가를 치리하고자 노력한 훌륭한 왕이었습니다. 요시야의 첫 번째 종교개혁은 그의 통치 12년째 되던 해에 일어납니다. 이때 그는 바알의 신상을 헐고, 이방 신의 제단을 파괴하고, 거짓 제사장들의 뼈를 그들의 제단 위에서 불사르며, 새겨 만든 우상들과 부어 만든 우상들을 깨뜨리는 등 우상 대청소를 시행합니다. 나이 어린 왕이 제사장 힐기야와 더불어서 심혈을 기울여 노력한 것입니다(대하 34:1~7).

그로부터 6년 후, 즉 그의 통치 18년째에 제사장 힐기야가 성전에서 율법책을 발견했을 때, 두 번째 종교개혁이 일어납니다(왕하 22:8~23:20; 대하 34:8~33). 발견된 하나님의 율법책의 내용을 듣고, 요시야는 마음 깊은 곳에서부터 참회하며 애통해합니다. 그리고 유다와 예루살렘의 모든 장로들을 성전으로 모은 후에 그 율법책을 읽어주고, 그 모든 계명과 법도와 율례를 지키기로 함께 마음을 모읍니다.

또한 요시야는 사무엘 시대 이후 한 번도 제대로 지켜지지 않았던 유월절을 다시 지키게 됩니다(왕하 23:21~23; 대하 35:1~19). 요시야는 이스라엘 전체 40명의 왕들 가운데 가장 성실하게 율법을 지키려고 노력했던 왕이었습니다. 여로보암의 길이 아닌 다윗의 길로 행한, 몇 안 되는 왕 중 한 명이었습니다.

그러나 요시야의 노력에도 불구하고 하나님께서는 진노를 돌이키지 아니하십니다. 므낫세가 55년의 통치 기간 동안 하

Power

요시야

씨앗이 열매를 맺기보다는 그대로 고사(枯死)해 버리고 마는 역사의 흐름 속에서 한 줄기 빛과 같은 존재, 그가 바로 요시야 왕이었다. 하나님께서 주신 삶의 기초인 율법과 예배의 장소였던 성전이 무관심 속에 방치되던 시대에 왕이 된 그는 왕위에 오른 지 18년 째 되던 해에 율법책과 만나게 된다. 구약이라는 숲에서 볼 때, 모세를 통하여 이스라엘에게 들려졌던 율법이 다시 요시야 왕을 통하여 성전에서 발견되어 이스라엘에게 들려지게 된다. 사사 시대 이후 이어지는 역사의 어두움 가운데 '출애굽의 하나님'을 이스라엘은 기억하지 못하고 있었다. 이제서야 다시 유월절을 지키며 이스라엘이 자신의 조상들을 애굽에서 구원하신 출애굽의 하나님이심을 기억하며 기념하게 되었으니 다행스런 일이 아닐 수 없다. 그는 하나님 앞에서 겸비함을 보이며 신앙의 부흥과 성전의 수리에 온 힘을 쏟는다.

나님을 격노케 했기 때문입니다(왕하 23:26~27). 안타깝게도 요시야는 애굽 왕 느고가 전쟁을 위해 북쪽으로 올라가고자 유다 땅을 지나갈 때, 이를 막기 위해 나갔다가 전사하고 맙니다(왕하 23:29; 대하 35:20~27).

요시야가 죽자, 백성들은 곧 예전의 우상숭배와 거짓 가르침으로 돌아갑니다. 우상숭배에 너무나 깊이 젖어 있었기 때문입니다. 요시야의 뒤를 이어 그의 아들 여호아하스가 왕위에 오르나 그는 애굽으로 끌려가고 요시야의 다른 아들 엘리아김(여호야김)이 나라를 맡습니다. 엘리아김은 애굽에 많은 조공을 바치기 위해 국민들로부터 과다한 세금을 거둬들이는 등 하나님 보시기에 악한 왕이었습니다(왕하 23:31~35).

※

공의와 겸손을 구하라 습 1~3장

스바냐와 나훔, 그리고 하박국은 남유다 후반기에 활동했던 선지자들입니다. 그 중 스바냐는 남유다 왕 요시야 가문의 사람으로서, 그의 말씀이 선포된 때는 하나님의 율법을 지키는 일에 있어서 그 열심이 전무후무했던 요시야 왕 시대입니다. 하지만 그의 예언 내용은 초지일관 '심판' 입니다. 유다 백성들은 하나님 앞에 히스기야 왕과 요시야 왕의 행적들을 내세우며 그들의 의로움을 자랑했을지도 모르겠습니다. 그러나 하나님께서는 유다 백성들의 삶 속에 깊이 들어와 버린, 그들의 우상숭배와 죄악을 뚫어보고 계셨습니다.

스바냐는 사람들의 죄로 인해 모든 땅 위에 임하게 될 여호와의 큰 날, 여호와의 분노의 날에 대해 이야기합니다. 스바냐는 하나님의 임박한 진노에 대한 무서운 선포를 시작한 후,

유다에 대한 하나님의 징계를 선포합니다(습 1:4~18). 일반적으로 이스라엘 백성들은 '여호와의 날'이 자기들에게 좋은 날일 것이라고만 생각해 왔습니다. 그러나 하나님께서는 그날에 엄청난 심판이 있을 것이고, 그날 온 땅이 여호와의 질투의 불에 삼켜지고 모든 주민이 멸절될 것이라고 말씀하십니다.

이어서 스바냐는 하나님의 맹렬한 심판이 이스라엘을 넘어 사방의 여러 나라들로 이어질 것을 선포합니다(습 2:4~15). 남유다의 수도 예루살렘에 대한 참혹한 심판을 선언한 스바냐가 이스라엘 사면에 살면서 유다 변두리의 힘없는 백성들을 괴롭히는 이방 민족들에 대해서도 심판의 말씀을 전하는 것입니다. 하나님의 심판에는 예외가 없습니다. 다만 여호와의 규례를 지키고 공의와 겸손을 구하는 자들만이 하나님의 분노를 피할 수 있습니다.

블레셋과 모압, 암몬, 구스(이디오피아), 앗수르 등 주변 나라들에 대한 벌을 선고한 후에, 하나님의 징계는 다시 예루살렘에 초점이 맞춰집니다(습 3:1~8). 그 오래전 다윗이 여부스 족을 물리치고 차지한 예루살렘, 그 이래로 시온 성이라 불리던 예루살렘의 미래상은 참으로 착잡하기 이를 데 없습니다. 하나님과 백성 사이에서 중보자와 중재자가 되어야 할 지도자들이 도리어 하나님을 배반하는 죄악을 일삼고 있기 때문입니다.

그러나 이 모든 심판의 선포 후에 스바냐는 온 열방이 심판을 받을 수밖에 없는 역사의 어두움 속에서도, 주의 명령을 따른다는 이유로 온갖 고난을 당하는 이들에게 끝까지 인내하기를 권하고 있습니다. 하나님께서는 그들의 변함없는 의로움을 통하여 열방을 심판하시며 새로운 역사를 창조하실 놀라운 계획을 품고 계시기 때문입니다(습 3:9~13). 하나님께서는 여전히 다윗과의 약속을 기억하시고, 구원을 베푸실 전능자로

서 예루살렘을 사랑하시며, 예루살렘을 인하여 기뻐하실 것을
말씀하십니다.

"너의 하나님 여호와가 너의 가운데에 계시니 그는 구원을
베푸실 전능자이시라 그가 너로 말미암아 기쁨을 이기지 못
하시며 너를 잠잠히 사랑하시며 너로 말미암아 즐거이 부르
며 기뻐하시리라"(습 3:17).

하나님께서는 다시금 그들의 하나님이 되시며 그들이 하나
님의 백성이 되는 아름다운 관계를 기대하고 계신 것입니다.

God's Plan

하나님의 자비하심

스바냐서는 남유다에 대한 하
나의 경고로서, 그리고 회개에
대한 하나의 요청으로서 기록
되었다(습 2:1~3). 하나님께서
는 그 백성을 구원하기 원하셨
지만, 그들은 끝내 하나님을 저
버리고 말았다. 하나님의 심판
은 극심할 것이지만, 언약에 대
한 신실하심으로 인해 하나님
께서는 그들에게 소망과 기쁨
의 미래를 약속하신다.

의인은 믿음으로 살리라 합 1~3장

요시야의 대대적인 종교개혁이 있었지만, 남유다의 죄악
된 역사 흐름은 조금도 그 방향이 바뀌지 않았습니다. 따라서
요시야 시대에 활동했던 스바냐의 예언 내용은 곧 도래할 '심
판'이었습니다. 유다의 죄악이 하나님의 심판을 자초한 것입
니다.

스바냐보다 약간 뒤에 활동한 선지자 하박국은 악인들의
죄악상과 하나님의 침묵에 대해 호소합니다. 하나님께 왜 이
런 현실을 그저 바라만 보시느냐고 묻습니다(합 1:2~4). 하박국
은 의인의 고난과 악인의 형통은 불공평하다고 생각한 것입
니다. 이에 대하여 하나님께서는 유다의 죄악을 해결하고 고
치기 위해 바벨론을 준비하셨다고 말씀하십니다(합 1:5~11). 그
러나 세계를 당신의 경륜에 따라 움직이시며 그 가운데서 유
다를 인도해가시는 하나님의 계획을 다 이해하지 못한 하박
국의 의문은 점점 더 커지기만 했습니다. 왜냐하면 하박국이
보기에는 심판의 도구로 사용될 나라 바벨론이 남유다보다

더 악하기 때문입니다. 그래서 하박국은 "유다 백성들보다 더 나쁜 바벨론 사람들이 와서 유다를 징계하는 것이 옳습니까?" 라고 다시 하나님께 질문합니다(합 1:12~17).

이를 들으신 하나님께서는 역사 속에 실현될 하나님의 공의를 다시 한 번 강조하십니다. 비록 지금 눈앞에 나타난 현실이 정의롭지 못하여 하나님의 통치 영역에서 벗어난 것처럼 보일지라도, 하나님께서 온 세상을 공의로 다스린다는 것을 믿으라고 말씀하십니다. 하나님의 크신 경륜을 이해하지 못하고 있던 하박국에게 하나님께서는 "정한 때"(합 2:3)가 있음을 알려주시는 것입니다.

그렇습니다. 하나님의 크신 경륜 속에서 모든 불의는 심판과 함께 사라질 것입니다. 그렇기에 하나님께서 정하신 때까지 기다리라는 것입니다. 비록 우리가 보기에는 더딜지라도 의인은 믿음으로 살기에 기다릴 수 있습니다. 의인의 고난도 오래가지 않고 악인의 형통도 오래가지 않는다는 것입니다. 하박국의 고민을 근본적으로 해결해준 하나님의 대답, "의인은 그의 믿음으로 말미암아 살리라"(합 2:4)라는 말씀은 성경 전체의 숲에서 볼 때, 예수 그리스도에 대한 신앙의 핵심을 설명해주는 말씀이 됩니다(롬 1:17; 갈 3:11; 히 10:38).

하나님의 이 대답을 듣고, 하박국의 입술에서 찬미의 노래가 터져 나옵니다. 이 찬양은 공의를 행하시는 하나님이기에, 어떠한 상황 속에서도 당신의 백성들에게 긍휼을 잊지 않으시는 놀라우신 사랑의 하나님이기에, 세상의 모든 것이 없다 하더라도 오직 여호와만 있으면 기쁨이 가득하다는 고백입니다.

"비록 무화과나무가 무성하지 못하며 포도나무에 열매가 없으며 감람나무에 소출이 없으며 밭에 먹을 것이 없으며 우리에 양이 없으며 외양간에 소가 없을지라도 나는 여호와로 말미암아 즐거워하며 나의 구원의 하나님으로 말미암아 기뻐하리로다"(합 3:17~18).

"의인은 그의 믿음으로 말미암아 살리라."라는 하나님의 웅장한 구원의 숲을 깨달은 하박국. 시대의 불합리한 현실에 대한 깊은 고민 끝에 나오는 이 하박국의 찬양에는 그 고민만큼이나 깊은 기쁨이 들어 있습니다. 참으로 하나님의 구원 경륜에 대한 멋진 응답입니다.

열방을 향한 공의 나 1~3장

150여 년 전 요나의 선포를 들었을 때, 니느웨 사람들은 회개했고, 그래서 하나님께서는 그들을 향한 심판을 뒤로 미루셨습니다. 그런 그들이 시간이 점차 흐르자 교만해져서 하나님을 모독하였습니다. 앗수르는 북이스라엘과 주변 나라들을 망하게 합니다. 그들은 자신들이 다른 국가들을 정복한 사실을 놓고, 자신들의 신이 그 정복지 신을 이긴 것이라고 여깁니다. 이에 나훔 선지자는 앗수르의 큰 성읍 니느웨에 대한 멸망을 선포합니다.

일찍이 니느웨가 구원받는 것이 싫어서 불평하는 요나에게, 박넝쿨을 통해 하나님의 구원 의지를 가르치셨던 하나님이십니다. 그러나 이제는 죄악에 물든 니느웨에 심판을 선언하시며 그 어떠한 반론도 침묵시키십니다. 여기에 우리 인생들이 도저히 깨달을 수 없는 하나님의 비밀이 있습니다. 하나님께서는 우리가 상상할 수 없을 정도로 인생들을 아끼는 분이십니다(요나서). 그와 더불어 하나님께서는 우리가 도저히 이를 수 없을 정도로 공의로우시

요나서	나훔서
하나님의 긍휼	하나님의 심판
니느웨의 회개	니느웨의 반역
순종한 나라	불순종한 나라
물로부터의 구원	물로 인한 멸망

며 불의를 미워하시는 분인 것입니다(나훔서).

나훔은 야만적으로 주변의 민족들을 학대하는 앗수르 제국을, 이곳저곳에서 닥치는 대로 사냥하는 사자에 비유하고 있습니다(나 2:11~13). 오직 심판자는 하나님 한 분뿐인데, 그들은 스스로 심판자가 되어 자기 멋대로 포학을 저질렀던 것입니다. 앗수르는 많은 나라들을 멸망시키면서 영원한 제국을 꿈꾸었을 것입니다. 그러나 제아무리 앗수르요 바벨론이라 하더라도, 세계 역사를 경영하시는 하나님의 뜻을 저버린다면 결코 영원할 수 없습니다.

역사적으로 보면, 앗수르는 예루살렘에서 패한 후에, 바벨론의 느부갓네살에 의해 멸망합니다. 그리고 니느웨가 범람한 물로 멸망할 것이라고 나훔이 예언한 대로(나 1:8), 니느웨 성은 홍수로 인해 일부가 파괴되었고, 그 성벽의 무너진 틈으로 바벨론인들이 침략함으로써 그 성은 완전히 무너지고 맙니다.

선지자 나훔의 임무

나훔 당시의 남유다의 악함에도 불구하고 나훔은 남유다에 대해 한 마디 심판의 말도 포함하고 있지 않다. 그것은 다른 선지자들인 스바냐, 예레미야, 하박국의 임무였다.

뿌린대로 거둔다

화려하고 강력했던 앗수르 제국에게 확실한 종말이 예고된다. 하나님께서 이토록 무서운 재앙을 선고하신 것은 앗수르가 다른 민족에게 행했던 잔인한 행동 때문이었다. 하나님께서는 요나를 통해 회복의 기회를 주시며 사랑으로 안으려 하셨건만, 그들은 죄악의 관성대로 나가다가 결국 초토화되기에 이른다.

마음을 찢으라 욜 1~3장

브두엘의 아들 요엘의 예언은 그 시기가 명확하지 않습니다. 다만 그 내용이 임박한 환난과 그에 따른 회개의 촉구라는 것이 확실할 뿐입니다. 구약을 통독하면서 우리는 이스라엘의 죄악상과 그들의 멸망을 보게 됩니다. 요엘의 말씀은 하나님 앞에 범죄하여 스스로 재앙을 부르고 있는 이스라엘에게 회개를 재촉하시는 말씀, 시대를 초월한 하나님의 말씀입니다.

요엘은 이스라엘의 범죄로 인하여 하나님께서 극심한 재난을 내리실 것이라고 선포합니다(욜 2:1~11). 그러나 곧 이어지는 말씀은 이스라엘이 이제라도 금식하고 진심으로 회개하면 그 재앙을 돌이키시겠다는 것입니다.

"여호와의 말씀에 너희는 이제라도 금식하며 울며 애통하고 마음을 다하여 내게로 돌아오라 하셨나니 너희는 옷을 찢지 말고 마음을 찢고 너희 하나님 여호와께로 돌아올지어다 그는 은혜로우시며 자비로우시며 노하기를 더디하시며 인애가 크시사 뜻을 돌이켜 재앙을 내리지 아니하시나니"(욜 2:12~13).

이스라엘은 죄악으로 자신을 더럽혔지만. 하나님께서는 그들이 마음을 새롭게 하여 하나님께 돌아오기를 원하십니다. 하나님께서는 모든 사람들에게 하나님의 영을 부어주어 여호와의 이름을 부르는 그곳에 하나님의 구원이 실현되길 원하십니다(욜 2:28~32). 이것이 바로 죄악의 길로 치닫는 이스라엘을 향한 하나님의 변함없는 마음입니다. 각 나라들의 죄에 대한 심판이 있겠지만, 하나님께서는 "내 백성의 피난처, 이스라엘 자손의 산성"(욜 3:16)이 되셔서, "유다는 영원히 있겠고 예루살렘은 대대로 있으리라"(욜 3:20)라는 약속의 말씀을 이루실 것입니다.

신약과 요엘

감람산 강론(마 24:29)에서 예수님께서는 요엘서 2장 10절, 31절, 3장 15절 등에서 언급된 사건들을 그의 재림의 표적과 연관 지으셨다. 베드로는 사도행전 2장 16~21절에서 오순절 날 그의 설교 중에 요엘서(2:28~32)를 인용했다. 사도 바울은 요엘 2장 32절을 그리스도를 믿는 유대인과 이방인들에게 주어지는 구원에 적용했다(롬 10:12~13).

영원한 절망이 아닌 잠깐의 징계

2
숲이야기

열왕기하 24~25장 역대하 36장 예레미야 1~52장 오바댜 1장

하나님의 선택과 설득 렘 1장

오랜 세월 동안 하나님의 경고를 무시해온 예루살렘을 향한 심판은 이미 결정되었습니다. 곧 임할 심판에 앞서 하나님의 말씀을 대변할 한 사람으로 예레미야가 부름을 받습니다. "내가 너를 모태에 짓기 전에 너를 알았고 네가 배에서 나오기 전에 너를 성별하였고 너를 여러 나라의 선지자로 세웠노라"(렘 1:5). 이미 하나님의 선택과 섭리가 있었다는 것입니다. 하나님의 선택과 섭리가 기계적인 결정이 아니기에, 이 시점에 이르기까지 오랜 돌보심과 교육이 있었을 것이고, 이제 때가 되어 그를 설득하시는 것입니다.

처음에 예레미야는 "나는 아이라 말할 줄을 알지 못하나이다"(렘 1:6)라고 말하며 하나님의 부르심을 두려워합니다. 그러나 하나님께서 직접 메시지를 주시겠다고 약속하시며, 앞으로 예레미야를 통하여 하나님의 세계경영을 나타내겠다고 하십니다(렘 1:9~10). 또한 살구나무 환상(렘 1:11~12)과 끓는 가마 환상(렘 1:13~19)을 보여주시면서 사명에 대한 확신을 더해주십니다. 하나님의 뜻이 말씀대로 이루어지는 것을 목도하게 될 것과 북쪽 세력을 통해 예루살렘에 심판이 임할 것을 알려주신 것입니다.

예레미야의 소명은 하나님께서 보내시는 곳으로 가서 하나님의 말씀을 전하는 것이었습니다. 그가 선지자로 부름을 받은 때는 남유다 왕 요시야의 개혁이 진행되고 있을 때였습니다. 그러나 요시야 왕이 죽고 난 후, 유다의 가장 어둡고 부패한 시기를 맞아 예레미야는 하나님의 심판을 선포해야 합니다. 예레미야가 활동했던 40여 년은 남유다 역사상 가장 암울했던 시대입니다. 그가 전해야 하는 내용이 예사롭지가 않습니다. 유다 온 땅에 재앙이 임박했다는 것, 곧 예레미야 자신의 동족 유다 백성이 곧 멸망할 것이라는 말을 전해야 하는 것입니다.

유다에 대한 심판과 설득

왕하 24장/ 대하 36:1~10/ 렘 2~23장

남유다의 마지막 때가 이르러 옵니다. 므낫세의 죄악을 지켜보셨던 하나님께서는 유다에 대한 진노를 돌이키지 않으시겠다고 말씀하십니다(왕하 24:1~4). 요시야 시대에 잠시 회복의 기회가 오는 듯했으나 이내 여호아하스, 여호야김, 여호야긴, 시드기야로 이어지는 시대를 거치면서 유다는 점점 멸망의 문으로 들어서고 있습니다. 요시야가 애굽과의 싸움인 므깃도 전투에서 죽자 백성들은 요시야의 아들 여호아하스를 왕이 되게 합니다. 하지만 여호아하스는 3개월 만에 애굽 왕 느고에게 잡혀 애굽으로 가게 되고, 요시야의 또 다른 아들 여호야김이 왕위에 오릅니다. 여호야김은 3년간 바벨론에 조공을 바치다가 그 후 바벨론과 관계를 끊게 되는데(왕하 24:1), 바벨론의 느부갓네살은 이에 대한 처벌로 예루살렘에 올라와 여호와의 전 기구들을 바벨론으로 가져갑니다. 이때 끌려간 사람들이 다니엘 같은 1차 바벨론 포로들입니다(B.C.605년).

그 후, 여호야김의 아들 여호야긴이 18살의 나이로 왕이 되었습니다. 그러나 느부갓네살이 또다시 예루살렘으로 와서 여호야긴은 물론, 나라의 권세 있는 자들을 다 함께 잡아갑니다. 이것이 2차 바벨론 포로(B.C.598년)입니다. 이때에는 예루살렘의 백성들 가운데 실력 있는 기술자들 1만여 명이 함께 사로잡혀 갑니다. 그리고 남은 백성들을 다스릴 자로 요시야의 막내아들인 맛다니야(시드기야)가 왕으로 세워집니다. 그가 바로 남유다의 마지막 왕입니다.

하나님께서는 이스라엘을 하나님의 백성으로 삼으시고, 하나님께서 그들의 하나님이 되어주시겠다는 언약의 말씀을 주셨는데, 이스라엘은 하나님과의 언약을 버리고 점점 멀어져 갔습니다. 예루살렘의 죄악상은 백성들의 일상생활에서부터 하나님을 섬기는 예식에 이르기까지 두루 퍼져 있었습니다.

예루살렘의 깊어가는 죄악은 예레미야에게 깊은 슬픔의 이유가 됩니다. 그는 들을 귀 없는 우둔한 이스라엘을 향하여 예루살렘의 멸망을 예언하며 탄식합니다(렘 4:19~22).

하나님께서 출애굽 이후 지금까지 이스라엘에게 요구하신 것은 나그네와 과부를 돌보고 이웃을 사랑하며 하나님만 섬기는 것이었습니다. 그러나 그들은 고아와 과부를 압제하였고, 죄 없는 사람을 살해하였으며, 우상숭배로 하나님의 분노를 불러일으켰습니다(렘 5:20~31; 7:29~34).

그러면서도 성전에 들어가기만 하면 재앙을 피할 수 있다

예레미야의 질문 (렘 12장)

마치 불의한 자의 형통에 대해 강한 불만을 토로했던 하박국의 모습을 보는 듯하다. 이에 하나님께서는 예레미야에게 본연의 사명에 열중할 것을 말씀하시며 하나님께서 예레미야보다 더 아픈 가슴을 끌어안고 계시다는 사실을 말씀하신다.

고 착각하는 어리석은 지도자들과 백성들을 향해 예레미야는 혹독한 비판의 설교를 합니다. 그리고 하나님의 심판이 결정되었으니 이제 회개하라고 외칩니다. 그 회개의 구체적인 행동은 국가의 깃발을 내리는 것입니다. 그는 이미 기울어진 민족의 운명을 직시하고, 민족의 장래를 위해 북방으로부터 내려오는 강력한 힘에 항복하라고 외칩니다. 다시 말해 이제 바벨론으로 옮겨가 거기서 시간을 보내면서 다시 시작할 기회를 얻자는 것입니다(렘 16:12~15).

이 같은 하나님의 말씀을 전하기 위해 예레미야는 그의 삶 전체를 바칩니다. 예레미야는 예루살렘의 멸망을 전하기 위해 "너는 이 땅에서 아내를 맞이하지 말며 자녀를 두지 말지니라"(렘 16:2)라는 하나님의 명령에도 순종하고, "함께 가는 자의 목전에서 그 옹기를 깨뜨"(렘 19:10)리는 일에도 순종합니다. 토기장이의 그릇을 한 번 깨뜨리면 다시 완전하게 할 수 없듯, 그 백성과 예루살렘 성을 완전히 파하시겠다는 하나님의 메시지였습니다.

이처럼 그는 자신의 온 삶을 바쳐 예루살렘의 멸망을 전했지만, 이것은 그에게 박해와 핍박으로 되돌아옵니다. 이스라엘 백성들을 향해 조국의 멸망을 선포해야만 했던 예레미야의 사역은 결코 쉽지 않았습니다. 그의 고향인 아나돗 사람들에 의해 생명의 위협을 당하기도 하고(렘 11:21), 바스훌로부터 맞고 감금당하기도 합니다(렘 20:1~2). 하나님께서 주신 사명을 감당하기 위해 그는 자신의 온 삶을 던져야 했고, 온몸으로 박해와 핍박을 받아내야 했던 것입니다.

그가 하나님을 향해 자기 사정을 아뢰는 이야기에는 그의 고통과 타는 듯한 사명감이 들어 있습니다. "여호와여 주께서 나를 권유하시므로 내가 그 권유를 받았사오며 주께서 나보다 강하사 이기셨으므로 내가 조롱거리가 되니 사람마다 종일토록 나를 조롱하나이다 … 내가 다시는 여호와를 선포하지 아니하며 그의 이름으로 말하지 아니하리라 하면 나의 마음이 불붙는 것 같아서 골수에 사무치니 답답하여 견딜 수 없나이다"(렘 20:7~9).

남유다 멸망에 대한 예언은 이제 현실로 다가오고 있습니다. 바벨론 왕 느부갓네살이 남유다를 공격하기 시작한 것입니다. 시드기야 왕은 선지자 예레미야에게 급전(急傳)을 보냅니다(렘 21:1~2). 지금까지 줄곧 하나님의 명령을 무시해왔던 시드기야가 지푸라기라도 잡는 심정으로 기도 요청을 하고 있는 것입니다.

예레미야는 바벨론에게 저항하지 말고 항복하는 것만이 최선의 방법이라는 사실을 재차 확인시킵니다. 예레미야는 유다가 하나님의 심판을 인정하고 받아들이는 것만이 유일한 구원의 길임을 알고 있었기에 바벨론에게 항복할 것을 강력히 권고합니다(렘 21:4~10). 그의 잘못된 판단에 따른 국가의 멸망은 수많은 백성들에게 되돌릴 수 없는 피해를 가져오게 될 것이 자명합니다. 그러나 시드기야는 끝까지 예레미야의 권고를 받아들이지 않고, 항복을 거부합니다. 시드기야 및 그 시대 지도자들에게 약한 백성들을 향한 배려의 마음은 이미 없었습니다. 백성들의 고혈(膏血)을 짜내어 누리는 쾌락을 끝내 포기하지 못하는 것입니다.

예레미야 23장에는 미래의 왕 메시아에 대한 예언의 말씀이 선포되고 있습니다. 아첨과 거짓된 축복으로 백성들을 유혹하는 왕과 제사장들을 폐하시고 메시아를 보내시겠다는 것

헛된 정책
하나님께서 예레미야를 보내셔서 전하신 내용은 바벨론에 대항하기 위하여 애굽을 의지하지 말라는 것이었다. 그러나 시드기야 왕은 지금 바벨론의 위협에 대항해 친애굽정책을 펼치고 있다.

바벨론의 군대가 예루살렘을 더욱 압박할수록 예레미야에게 임하는 하나님의 말씀은 더욱 확고하게 '시온 성의 회복'이었고, 이후 숲에서 보면 예루살렘이 멸망한 순간부터 하나님께서는 에스겔을 통하여 예루살렘의 회복 장면을 장엄하고도 화려하게 보여주신다(겔 33~48장). 그리고 더 나아가 이 예언은 느헤미야가 성벽 재건이라는 삶의 목표를 세우게 하는 계기이며, 궁극적으로 예루살렘의 어린아이와 부녀자들이 즐거워하는 소리가 온 나라에 퍼지는 놀라운 역사의 광명으로 이어진다(느 12:43).

이 하나님의 생각이었습니다(렘 23:1~8). 그 땅의 지도자들에게서 희망을 거두시고 메시아를 통해 새로운 희망의 나라를 세우시겠다는 것입니다.

"여호와의 말씀이니라 보라 때가 이르리니 내가 다윗에게 한 의로운 가지를 일으킬 것이라 그가 왕이 되어 지혜롭게 다스리며 세상에서 정의와 공의를 행할 것이며 그의 날에 유다는 구원을 받겠고 이스라엘은 평안히 살 것이며 그의 이름은 여호와 우리의 공의라 일컬음을 받으리라"(렘 23:5~6).

끌려간 유다 백성들에 대한 설득 렘 24~31장

예레미야의 예언도 결국에는 유다 백성을 하나님의 백성으로 삼기 원하시는 하나님의 마음 끝을 따라가며 이루어지고 있습니다. 하나님께서는 바벨론 포로 70년의 교육 기간을 통해 새로운 역사를 여시려는 계획을 가지고 계십니다. 고난의 시기를 참고, 훈련의 기간을 견디는 가운데 하나님의 은혜를 깨닫고 다시 세움 받으라는 것이 예레미야 선포의 핵심인 것입니다.

하지만 바벨론에 저항하지 않고 순순히 항복하는 것이 하나님께 구원을 받는 길이라는 예레미야의 선포는 거짓 선지자들과 백성들의 반발을 불러일으켰습니다. 그들은 "네가 반드시 죽어야 하리라"(렘 26:8)라고 말하며 예레미야에게 살기등등한 위협을 가합니다.

거짓 선지자들도 남유다의 회복을 전했습니다. 그러나 예레미야의 예언과는 근본적인 차이가 있습니다. 거짓 선지자들이 말하는 회복은 고난의 70년 세월을 이해하지 못한 회복입니다(렘 28:1~4). 그들은 참 선지자 예레미야와는 달리, 거짓된 믿음과 허황된 복을 남발하며, 성전을 통해 이익을 누리는 탐욕스런 자들이었습니다. 이들은 백성들을 미혹하고 선동하여 예레미야를 핍박했습니다.

예레미야가 받은 핍박
- 자신의 고향인 아나돗에서의 위협
- 예루살렘의 제사장들과 예언자들에 의한 위협
- 족쇄에 매임
- 여호야김 왕의 위협
- 거짓 선지자 하나냐에 의한 위협
- 웅덩이에 던져짐

1차로 바벨론에 끌려간 사람들을 보면서 이스라엘 땅에 남아 있는 백성들은 위기를 모면했다고 안도의 한숨을 쉬었을지도 모릅니다. 그러나 바벨론에 끌려간 이들이 좋은 무화과요, 남아 있는 백성들은 나쁜 무화과입니다(렘 24:5~7).

그 사실을 잘 모른 채, 포로로 끌려가 실망과 좌절의 나날을 보내고 있을 동포들에게 예레미야는 편지를 보내어 바벨론에서의 행동 지침을 알려줍니다(렘 29:1~2). 내용의 핵심은 바벨론 포로 생활의 기간이 결코 짧지 않은 70년의 세월이라는 것입니다. 그러니 그곳에서 집을 짓고 과일나무를 심으며, 결혼하여 자손을 낳으라고 말합니다. 그리고 바벨론 성의 평안을 위하여 기도하라고 합니다(렘 29:4~14).

현재 상황만 보았을 때 예레미야의 사역은 예루살렘에 남아 있는 사람들에게도, 바벨론으로 끌려간 이들에게도 크게 영향력을 미치지 못한 것처럼 보입니다. 그러나 구약 전체의 숲에서 본다면 예레미야가 보낸 이 편지를 읽고 다니엘과 같은 사람들이 긴 기간 동안 한결같은 기도와 신앙으로 인내하며 준비한다는 것을 확인할 수 있습니다.

한편 하나님께서 예레미야에게 이스라엘이 다시 열조의 땅으로 돌아올 것이라는 약속을 기록하게 하십니다(렘 30:2~3). 이는 하나님께서 이스라엘과 유다 집에 '새 언약'을 세우기 위함이십니다. 새 언약은 출애굽 이후 하나님께서 이스라엘과 맺으셨던 그 언약이 아닌, 하나님의 법을 마음에 기록하는 언약입니다. 이때 기록된 새 언약은 바벨론 포로로 살아가는

사람들에게 약속의 땅을 잊지 않고 살아갈 수 있게 하는 삶의
버팀목이 되었을 것입니다. 진노를 발하시는 가운데서도 회복
의 계획을 밝히시는 하나님, 이스라엘 백성들을 향해 '새 언
약'을 주시는 하나님의 깊은 배려가 느껴집니다.

※

포위 중에 항복을 위한 설득 렘 32~38장

  예레미야 32장의 시대적 배경으로 소개되는 시드기야 제
십년은 예루살렘 성이 바벨론 군대에 의해 완전히 점령당하
는 B.C.586년의 바로 1년 전인 B.C.587년입니다. 남유다의 마
지막 왕인 시드기야는 바벨론 제국에 의해 세워진 왕입니다.
그러나 그는 이스라엘이 바벨론으로부터 자유롭게 되리라는
헛된 생각을 품고 바벨론 제국에 저항하였고, 그 결과 바벨론
군대가 예루살렘을 점령하기 위해 그곳을 둘러싸고 진을 치
고 있습니다.

  이때 예레미야는 유다 왕의 궁중에 있는 시위대 뜰에 갇혀
있었습니다. 이는 예레미야가 예루살렘이 바벨론에 의해 멸망
하고 시드기야가 바벨론으로 끌려갈 것을 예언했기 때문입니
다. 그때 예레미야의 숙부의 아들 하나멜이 시위대 뜰로 찾아
와 예레미야에게 아나돗에 있는 밭을 팝니다. 예레미야는 은
17세겔을 저울에 달아주고 그 땅에 대한 증서를 받습니다. 이
는 비록 지금은 예루살렘이 바벨론에 의해 멸망하지만, 계획
된 훈련 기간이 끝나면 "사람이 이 땅에서 집과 밭과 포도원
을 다시 사게 되리라"(렘 32:15)라는 하나님의 뜻을 나타내는
행동이었습니다.

예레미야 34장에서는 예루살렘 멸망에 대한 예언이 더 구체화되고 있습니다. 예루살렘이 파괴될 것이며, 시드기야 왕은 바벨론으로 사로잡혀 가리라고 말입니다(렘 34:1~3). 이제는 선택의 여지가 없습니다. 역사의 흐름을 주관하시는 하나님께 순종해야 합니다. 급박하게 돌아가는 국내외의 상황 속에서 시드기야가 붙잡아야 할 분은 하나님입니다. 이미 남유다의 대부분의 성읍들은 함락되었고, 이제 예루살렘과 몇몇 성읍만이 바벨론에 포위된 채 함락될 날만을 기다리고 있는 상황입니다.

이전 여호야김 시절, 예레미야가 하나님의 말씀을 말로 선포할 수 없는 처지에 놓였을 때, 하나님께서는 그에게 글을 쓰도록 하셨습니다(렘 36장). 비록 예레미야는 종이에 글을 썼지만, 그것은 사실 종이가 아닌 이스라엘의 심비(心碑)에 말씀을 새기고자 하시는 하나님의 열심이었습니다. 한 가닥 희망을 담은 그 두루마리가 여호야김에게 보내졌지만, 여호야김은 그 소중한 두루마리를 화롯불의 땔감으로 사용해 버렸습니다(렘 36:21~25).

두루마리 거부, 그것은 그동안 예레미야의 말씀을 거절했던 이스라엘 지도자들의 결정적인 행동으로서 더 이상 예레미야의 말을 듣지 않겠다는 확고한 표현이었습니다. 재가 되어버린 두루마리보다 하나님의 마음은 더 새까맣게 변했을 것입니다. 비록 두루마리의 내용은 경고와 징계였지만 이것은 회개하고 돌아오라는 하나님의 은혜였습니다. 그러나 여호야김을 비롯한 이스라엘 지도자들은 이런 하나님의 마음을 알고자 하지도 않았습니다. 그리고 그런 그들의 불순종과 어리석음은 예루살렘의 멸망을 앞둔 지금까지도 변함없이 이어지고 있는 것입니다.

레갑 족속

예레미야 35장에 나오는 레갑 족속은 야곱의 12지파에 속하지 않은 사람들이다. 역대상 2장 55절에 의하면 겐 족속 부류이고, 모세의 장인 이드로의 후손으로 보기도 한다. 예레미야가 그들을 불러 포도주를 마시라고 시험하였지만, 그들은 조상 요나답의 금주 명령을 지키는 절제와 순종의 모습을 보여주었다. 하나님은 이러한 레갑 사람들에게 복을 주셨고, 이들을 통해서 유다 백성들에게 신앙의 경종을 울리셨다.

Power

바룩

바룩은 예레미야와 동행하며 그가 말한 모든 예언을 기록하는 사명을 충성스럽게 이행했던 사람이다. 민족의 배반자로 오해를 받으면서 하나님의 말씀을 전했던 예레미야의 곁에서 함께 고통받으며 하나님께서 주신 사명을 감당하는 바룩에게 하나님께서는 그의 생명을 어떠한 위기 가운데서도 보호해주시겠다는 약속을 주신다.

이제 예루살렘 외에는 모두 바벨론으로 넘어간 상황입니다. 바벨론이 예루살렘을 에워싼 후에도 예루살렘은 1년 반을 버텼습니다. 원래 성을 빼앗는 전쟁은 가장 어려운 일이기도 했지만, 예루살렘 성은 바벨론도 쉽게 공략할 수 없는 천혜의 요새였기 때문입니다. 그러나 이제 더는 버틸 수 없는 마지막 시간이 다가옵니다. 성 전체를 둘러싸고 있는 바벨론 군대의 압박이 임계점에 다다르고 있습니다.

어느 날, 시드기야 왕이 예레미야를 비밀리에 불러옵니다 (렘 38:14). 마지막 기회입니다. 예레미야와 시드기야 왕이 마주 앉습니다. 왕은 예레미야에게 앞으로의 일에 대해 묻습니다. 이때, 조심스럽지만 비장한 각오로 예레미야가 이야기합니다. "이 성이 갈대아인의 손에 넘어갈 것이나, 왕이 항복하시면 왕의 생명을 보존하실 수 있고 성도 불타지 않을 것입니다." 그러나 시드기야는 예레미야의 이 마지막 충언까지도 거절합니다. 시드기야는 자기가 항복하면 이미 느부갓네살에게 잡혀간 유다 백성들이 자신을 조롱할까봐 두렵다고 말합니다(렘 38:19). 이런 어리석기 그지없는 이유를 대며 시드기야는 예레미야의 간절한 설득을 끝내 듣지 않습니다.

이로써 예레미야가 그토록 호소했던 마지막 기회는 완전히 상실되고 말았습니다. 예루살렘이 멸망한다는 사실은 뒤바뀔 수 없었지만, 인명 피해와 성전과 성내의 파괴를 최대한 막을 수 있는 기회를 놓치게 된 것입니다. 이제 시드기야와 지도층들은 그들의 선택에 대한 결과를 고스란히 맞이하게 됩니다.

잠깐의 징계에 대한 설득

왕하 25장/ 대하 36:11~23/ 렘 39~52장

예루살렘이 함락되었습니다. 18개월 동안, 이날만을 기다렸던 바벨론 군인들이 얼마나 화가 났던지, 왕궁 내의 비밀 통로를 통해 예루살렘을 빠져나가던 시드기야를 잡아서 그가 보는 앞에서 그의 두 아들을 죽이고 시드기야의 두 눈을 뽑습니다. 그리고 사슬로 결박해서 바벨론으로 끌고 갑니다. 예레미야가 그렇게 설득해도 끝내 듣지 않다가, 이 처참한 상황을 맞게 된 것입니다(왕하 25:6~12).

이것은 그들이 스스로 초래한 결과였습니다. 넓게는 백성들의 완악함, 좁게는 그 백성들을 이끄는 지도층의 부도덕과 불신앙이 결국은 온 나라를 초토화시키는 상황까지 이르게 한 것입니다. 예루살렘 성을 구하기 위해 일생을 다하여 노력했던 예레미야. 그러나 예레미야의 그 안타까운 부르짖음도 허사로 돌아가고 통곡 소리만이 예루살렘 성을 뒤덮고 있습니다. 하나님의 예언의 말씀이 눈앞에서 현실로 나타나는 순간들을 지켜봐야 했던 예레미야의 고통과 눈물은 그 말씀을 예레미야의 입에 넣어주신 하나님의 고통이자 그분의 눈물이었습니다.

포로로 잡혀가던 중 라마에서 자유의 몸이 된 예레미야는 가나안 땅에 남아 있는 백성들에게로 발걸음을 돌립니다(렘 40:1~6). 그들은 이제껏 예레미야의 선포를 귀담아 듣지 않았던 백성들입니다. 바벨론의 시위대장 느부사라단은 예레미야의 사람됨과 실력을 알아보고 존중해, 만일 예레미야가 바벨론으로 함께 가주면 선처하겠다는 약속을 했습니다. 그러나 예레미야의 선택은 자포자기 상태에 있는 그의 동포들에게로

에벳멜렉

시드기야 왕과 남유다 지도층들이 비참한 결과를 맞이한 반면, 경고를 받아들이고 예레미야를 구덩이에서 건져 주었던 구스인 에벳멜렉은 구원의 은총을 입게 된다(렘 38:7~13; 39:15~18).

돌아가는 것이었습니다.

예루살렘의 멸망을 기점으로 예레미야의 사역은 이제 이스라엘 땅에 남아 있는 백성들을 위한 것이 됩니다. 바벨론 왕은 그다랴(그달리야)를 총독의 자리에 앉히고 남아 있는 백성들을 다스리게 합니다(렘 40:7; 왕하 25:22). 그다랴는 유다 땅에 남아 있는 백성의 지도자로서 백성들에게 바벨론을 통해 역사하시는 하나님의 섭리에 순응하자고 독려합니다. 그러나 예레미야의 선포대로 상황이 전개됨에도 불구하고 아직도 하나님의 뜻을 깨닫지 못하는 반(反)바벨론주의자들이 곳곳에 도사리고 있었습니다. 이들은 총독 그다랴를 암살함으로써 이스라엘을 다시 위기 속으로 몰아갑니다(렘 41:1~3).

거짓과 암살이 난무하는 가운데 유다 땅의 총독이 그다랴, 이스마엘, 요하난으로 이어지고, 유다 백성들은 바벨론을 두려워하기 시작합니다. 이때 바벨론을 피해 애굽으로 도망하려는 그들에게 하나님께서는 이스라엘 땅에 남으라고 명령하십니다(렘 42:19). 그러나 그들은 여전히 하나님의 말씀을 받아들이지 않고 애굽으로 피해 갑니다. 그들의 생각에는 애굽의 군대가 자신들을 보호해줄 것 같았기 때문입니다. 그러나 하나님께서는 애굽의 멸망을 예고하시고(렘 46:19~21), 블레셋, 모압까지도 멸망할 것이라고 선언하십니다. 이 선언은 하나님이 아닌 다른 어떤 누구도 이스라엘을 구원할 수 없다는 강한 메시지를 담고 있습니다.

예루살렘의 현재 모습은 절망, 그 자체입니다. 그럼에도 불구하고 예루살렘의 현실을 직시하고 있는 예레미야가 놀라운 희망으로 부풀어 오를 수 있었던 것은 역사의 앞날을 향한 하나님의 계획을 바라보고 있기 때문입니다. 유다 백성들의 몸에 배인 죄악의 사슬을 끊어 내는 세월로 하나님께서 계획하

Message
세계의 하나님
(렘 50~51장)

이스라엘은 그 죄악으로 말미암아 하나님의 심판을 받아야 했고, 하나님께서는 그 심판의 도구로 앗수르와 바벨론 같은 이방 민족을 사용하셨다. 그런데 하나님의 역사는 여기에서 멈추지 않는다. 곧 예레미야를 통하여 바벨론은 하나님의 준엄한 심판을 받으며 그들이 행한 악에 대하여 보응을 받게 되리라는 예언이 선포되는 것이다. 이사야의 예언처럼, 대제국이라고 할지라도 하나님의 손에 붙들려 있는 작은 부지깽이에 지나지 않는다. 풀은 마르고 꽃은 시드나 하나님의 뜻은 온전히 이루어지는 것이 세계사의 큰 숲인 것이다.

신 기간은 70년입니다. 그 기간은 예레미야에게 있어서 희망의 근거가 됩니다.

바벨론에서 보내게 될 70년의 세월은 영원한 멸망이 아니라 잠깐의 징계입니다. 그들을 영원히 보존하시려는 하나님의 특별 교육 기간인 것입니다. 하나님께서는 예레미야를 통해 약속하신 말씀을 기억하시며, 포로로 끌려갔던 유다 백성들을 다시 예루살렘으로 돌아오게 하실 것입니다(대하 36:20~23).

왕정 정리

사울로부터 시작된 왕정이 5백여 년 정도 지속되었다. 사실 왕정 제도는 왕과 그의 신하들만을 위한 것이다. 사무엘이 백성들에게 이야기했듯 왕은 백성들을 위해 앞장서서 헌신하기보다는 오히려 백성들을 종으로 삼았다. 광야 시대를 거쳐 만나세대가 탄생되었듯이 이제 왕정을 정리하고 70년 훈련을 통해 더 멋진 백성으로 탈바꿈하라는 것이 하나님의 뜻이었다.

형제가 환난 당하는 날 옵 1장

사람과 사람과의 관계를 중히 여기시는 하나님께서는 국가와 국가, 민족과 민족의 관계에도 깊은 관심을 보이십니다. 에돔족은 에서의 후손입니다. 에서는 야곱, 즉 이스라엘의 형입니다. 그러므로 에돔은 이스라엘과 형제국이라고 할 수 있습니다. 다른 어떤 민족들보다도 가까운 사이입니다. 하지만 에서와 야곱이 서로 불화했듯 그들의 후손인 에돔 족속과 이스라엘 백성들도 그리 좋은 관계는 아니었습니다.

하나님께서 에돔에게 멸망을 선고하신 이유는 그들이 칼을 들고서 그의 형제를 쫓았기 때문입니다. 출애굽 때 이스라엘이 에돔 땅을 지나면서 겪은 갈등(민 20:14~21)이 그 한 예입니다. 그 외에도 에돔 출신 하닷이 솔로몬을 대적하기도 했습니다(왕상 11:14). 급기야 B.C.586년에 바벨론에 의해 예루살렘이 파괴될 때, 에돔은 그 흐름에 편승해 이스라엘을 망하게 하는 바벨론을 도와줍니다. 오바댜는 이러한 에돔에게 장차 있을 하나님의 심판과 이스라엘의 회복을 선언합니다(옵 1:10~12).

이미 오랜 세월, 다른 민족으로 살아오고 있는 에돔과 이스라엘이지만, 하나님께서 보시기에 그 두 민족은 서로 지켜주고 위로해야 할 형제입니다. 그런데 에돔이 형제 국가 이스라엘이 멸망하는 것을 기뻐하고 이에 협조했기에 하나님께서 진노하신 것입니다. 이웃의 아픔을 방치하는 방관자이며, 형제의 고통을 가중시키는 핍박자였던 에돔은 하나님의 심판을 받게 됩니다. 형제를 소중히 여기지 않고 신뢰와 화평을 만들어 가지 못한 그들이 자초한 결과입니다.

3 숲이야기

탄식의 땅, 소망의 노래

예레미야애가 1~5장

무너지는 예루살렘

바벨론 군대는 예루살렘 성을 정복하자, 여호와의 성전과 왕궁을 불사르고, 예루살렘의 모든 집을 불살랐으며, 사면 성벽을 모두 헐어버렸습니다. 또 여호와의 성전에 있던 기구들을 깨뜨리거나 금, 은, 놋그릇들은 모두 바벨론으로 가져갑니다(렘 52:17~23). 예루살렘 성전은 하나님과 이스라엘 백성이 만나는 참으로 중요한 곳이었습니다. 그런데 그 예루살렘 성전이 바벨론에 의해 이렇게 무참히 무너진 것입니다.

바벨론 왕 느부갓네살 군대의 분노는 쉽게 그치지 않았습니다. 남유다의 다른 곳은 모두 점령이 끝났는데, 예루살렘 성 하나만 정복하지 못한 채 1년 반을 끌어왔기 때문입니다. 왕과 많은 백성들이 끌려가고, 많은 사람들이 죽임을 당했습니다. 이방 원수들은 비웃으며 조롱하였고, 백성들은 식량이 없어 비참하게 죽어갔으며, 거리는 뒹구는 시체들로 가득하게 되었습니다. 참으로 처절하도록 가슴 아픈 모습이었습니다. 무너져버린 예루살렘을 바라보면서 예레미야는 하나님의 마

그리스도의 예표
눈물의 선지자 예레미야는 그 때로부터 약 6백 년 후에 예루살렘 성을 보면서 우시는 참 선지자, 예수 그리스도의 모습의 한 예표이다(마 23:37~39; 눅 19:41~44).

음으로 슬피 울고 있습니다.

⊠

부녀자와 어린아이의 탄식

예레미야애가의
제목과 형식

예레미야애가의 히브리 제목은
1,2,4장의 첫 단어인 Ekah,
"오, 어찌하여!"에서 유래했다.
예레미야애가는 또한 주로 장
례식 조가에 사용되는 '불규칙
한 운율'을 사용하고 있다.

하나님의 심판 현장을 바라보는 예레미야의 눈에서 하염
없이 눈물이 흘러내리고 있습니다. 눈앞에 펼쳐진 역사의 현
장을 보니 슬픔이 가슴을 짓누르고, 과거의 영광을 생각하니
눈물이 앞을 가립니다. 민족의 처절한 형편을 바라보니 하염
없이 눈물이 흐르고, 백성들의 울부짖는 소리에 가슴이 미어
집니다.

"밤에는 슬피 우니 눈물이 뺨에 흐름이여 사랑하던 자들
중에 그에게 위로하는 자가 없고 친구들도 다 배반하여 원수
들이 되었도다 … 이로 말미암아 내가 우니 내 눈에 눈물이
물 같이 흘러내림이여 나를 위로하여 내 생명을 회복시켜 줄
자가 멀리 떠났음이로다 원수들이 이기매 내 자녀들이 외롭
도다"(애 1:2~16).

조금만 일찍 항복했더라면 그렇게 많은 사람들이 목숨을
잃지는 않았을 것입니다. 예레미야는 왕과 권력을 가진 사람
들로 하여금 바벨론에 미리 항복하게 함으로써 힘없는 백성
들에게 닥칠 피해를 조금이라도 더 줄여보려고 그토록 애썼
던 것입니다.

관례상 정복 전쟁에서 승리한 사령관은 군인들에게 일정
기간 피정복지 약탈을 허용합니다. 바벨론 군인들은 그 관례
대로 예루살렘 성에 달려들어 무차별하게 사람을 죽이고, 약
자를 폭행하고, 성에 불을 질렀습니다. 예레미야의 슬픔은 바

로 이런 힘없는 백성들이 당하는 기가 막힌 고통과 아픔에 대한 통한(痛恨)이었던 것입니다.

불타는 성읍, 그 거리 한가운데서 배고픔으로 인해 울부짖다가 죽어간 어린아이들을 보며 예레미야의 눈물은 그칠 줄 모릅니다. 항복하라는 예레미야의 예언을 멸시하던 지도자들은 어디에도 보이질 않고, 모욕과 비방을 들으면서도 끝까지 하나님의 말씀을 외쳤던 예레미야만이 잿더미가 된 성읍을 배회하며 울부짖고 있습니다.

"내 눈이 눈물에 상하며 내 창자가 끊어지며 내 간이 땅에 쏟아졌으니 이는 딸 내 백성이 패망하여 어린 자녀와 젖 먹는 아이들이 성읍 길거리에 기절함이로다 그들이 성읍 길거리에서 상한 자처럼 기절하여 그의 어머니들의 품에서 혼이 떠날 때에 어머니들에게 이르기를 곡식과 포도주가 어디 있느냐 하도다"(애 2:11~12).

매년 낭독하는 책
유대인들은 B.C.586년과 A.D.70년에 발생한 예루살렘의 멸망을 기념하기 위해 매년 예레미야애가를 공식적으로 낭독한다.

어린아이가 어머니의 젖을 빨고 있는데, 피가 나오고 있습니다. 그 어머니가 이미 죽었기 때문입니다. 예레미야는 이러한 광경을 보며, 그 슬픔을 표현할 다른 말을 찾지 못하고, 창자가 끊어지며 간이 땅에 쏟아진다고 이야기합니다. 그는 20세에 하나님의 부름을 받아서 평생을 울었습니다. 지금은 온 예루살렘 성에 시체 타는 냄새가 진동하고, 아이들의 울음소리와 노인들의 탄식소리만 가득합니다. 그는 계속해서 울 수밖에 없었습니다.

"늙은이와 젊은이가 다 길바닥에 엎드러졌사오며 내 처녀들과 내 청년들이 칼에 쓰러졌나이다 주께서 주의 진노의 날에 죽이시되 긍휼히 여기지 아니하시고 도륙하셨나이다"(애 2:21).

다섯 개의 두루마리

히브리 성경에서는 예레미야애가가 아가, 룻기, 에스더, 그리고 전도서와 함께 '다섯 개의 두루마리'에 속한다.

근심 같은 근심

"지나가는 모든 사람들이여 너희에게는 관계가 없는가 나의 고통과 같은 고통이 있는가 볼지어다 여호와께서 그의 진노하신 날에 나를 괴롭게 하신 것이로다"(애 1:12).

하나님의 눈물을 자신의 눈물로 흘렸던 예레미야는 예루살렘 성전의 함락 이후 이스라엘 백성들이 당하는 고통을 자신의 온몸에 고스란히 채우고 있습니다. 크나큰 슬픔 속에서, 그리고 이스라엘을 향하신 하나님의 놀라운 경륜을 여전히 깨닫지 못하고 불평을 쏟아놓는 백성들의 조롱 속에서 예레미야는 고통스러워합니다.

예루살렘의 슬픔, 그 슬픔을 가슴에 묻은 예레미야는 하나님의 진노의 매에 맞아 고난을 당하는 자가 바로 예레미야 자신이라고 말합니다. 그러면서 지나가는 자에게 "너에게도 이런 고통 같은 고통이 있느냐?"라고 울음 가운데 묻습니다. 예레미야의 이 눈물을 통해 우리는 이 장면에서 가장 고통받고 계신 분이 하나님이심을 알게 됩니다.

예레미야를 친구 삼아 우리도 이 시대와 이 민족을 위해 같이 울 수 있어야겠습니다. 처절한 고통의 시대를 가슴에 끌어안고 눈물 흘렸던 예레미야처럼, 우리 또한 이 시대를 품어안고 애통해할 수 있는 자들이 되길 원합니다.

예레미야의 두 책 비교	
예레미야	예레미야애가
예루살렘의 멸망을 미래의 일로 예상	예루살렘의 멸망을 과거의 일로 회상

소망 _ 주의 인자와 긍휼

숲에서 본다면 예레미야의 고통은 백성들의 고통이었고, 하나님의 고통이었습니다. 그러나 예레미야는 지금 눈에 보이는 현상이 하나님의 본마음이 아니라는 사실을 그 누구보다도 더 잘 알고 있습니다. 그러므로 그는 애가를 부르지만, 마음 중심에서는 소망과 하나님의 자비를 노래합니다.

"주께서 내 심령이 평강에서 멀리 떠나게 하시니 내가 복을 내어버렸음이여 스스로 이르기를 나의 힘과 여호와께 대한 내 소망이 끊어졌다 하였도다 내 고초와 재난 곧 쑥과 담즙을 기억하소서 내 마음이 그것을 기억하고 내가 낙심이 되오나 이것을 내가 내 마음에 담아 두었더니 그것이 오히려 나의 소망이 되었사옴은 여호와의 인자와 긍휼이 무궁하시므로 우리가 진멸되지 아니함이니이다 이것들이 아침마다 새로우니 주의 성실하심이 크시도소이다"(애 3:17~23).

자신의 몸 하나 제대로 추스를 수 없을 만큼 지쳐 있던 예레미야는 고초와 재난으로 인한 낙심의 한가운데서 오히려 소망을 발견합니다. 예레미야의 소망은 바로 여호와의 긍휼과 자비하심에 있습니다. 예루살렘의 멸망이 완전한 실패를 의미하지는 않았기 때문입니다. 이스라엘 백성들이 다 멸절된 것이 아니고, 남은 자들이 있었던 것입니다. 바로 함락 전 1, 2차로 바벨론에 끌려갔던 자들이 있습니다. 하나님께서는 이미 새로운 소망의 씨앗을 준비하고 계셨던 것입니다. 이것이 예레미야가 바라보는 절망 앞의 희망이었습니다.

그는 과연 하나님의 사람입니다. 성이 불타는 모습과 죽어가는 노인들과 아이들을 바라보며 힘들어하면서도 하나님의 깊은 경륜에 대한 소망을 놓치 않습니다. 밤새워 슬퍼하고 속을 끓이지만, 그래도 아침에 눈을 뜨며 하나님의 긍휼로 인해 살아남은 사람들을 소망으로 여기고, 하나님이 주신 희망을 노래합니다. 하나님의 긍휼로 말미암아 이스라엘 백성들이 진멸되지 않았다는 것입니다.

"입을 땅의 티끌에 댈지어다 혹시 소망이 있을지로다 자기를 치는 자에게 뺨을 돌려대어 치욕으로 배불릴지어다 이는 주께서 영원하도록 버리지 아니하실 것임이며 그가 비록 근심하게 하시나 그의 풍부한 인자하심에 따라 긍휼히 여기실 것임이라 주께서 인생으로 고생하게 하시며 근심하게 하심은 본심이 아니시로다"(애 3:29~33).

예레미야는 완전히 부서져버린 것 같은 현실 속에서도 하나님의 본심을, 주의 인자와 소망을 보았습니다. 우리에게도 위로부터 오는 소망이 있습니다. 우리의 능력이나 조건 때문이 아니라 하나님의 인자와 성실, 자비와 긍휼 때문에 우리에겐 소망이 있습니다.

이후 이스라엘 역사의 숲에서 보면, 예루살렘의 비극을 자신의 아픔으로 받아들인 예레미야처럼, 황폐화된 성읍을 또다시 자신의 아픔으로 깊이 받아들인 느헤미야 같은 사람들에 의해 예루살렘 성읍은 다시 세워지는 모습을 볼 수 있습니다.

깊은 뜻

지난날을 되돌아보면 우리 나름대로 고생한 흔적들을 다 가지고 있습니다. 그러나 조금만 깊이 생각해보면 그 고난과 고생을 통해 나를 새롭게 이끌시려는 하나님의 깊은 뜻이 있으심을 확신할 수 있습니다.

예레미야는 이 같은 해석을 바벨론에 끌려간 사람들에게 전달했습니다. '주께서 우리로 고생하게 하는 것은 본심이 아니시다, 우리를 향한 하나님의 계획은 포기가 아니시다, 그러니 그곳에서 여러분의 일을 성실히 감당하라.'라고 설득했습니다.

결과적으로 놀랍게도, 그 말씀을 듣고 교육받은 이스라엘 백성들은 정확히 70년 만에 고국으로 귀환하게 됩니다. 에스라와 느헤미야로 대표되는 그 귀환자들이 자기 조상들에 비해서 얼마나 멋지고 아름다운 모습으로 성숙했는지 확인할 수 있습니다.

하나님의 계획 가운데 훈련받은 그들은 결국 예루살렘에서 하나님의 기쁨과 이웃의 기쁨을 실현하는 아름다운 역할을 감당하게 됩니다.

Punishment, a Stepping Stone of Hope

낯선 땅에 포로로 끌려온 처지이지만, 젊은 날부터 뜻을 정하고 하나님의 율법을 지켰던 다니엘은 제국 변천의 중심에서 하나님의 뜻을 이루는 도구로 쓰임을 받습니다. 영성과 사회성의 균형을 갖춘 다니엘, 그는 징계받으며 훈련되는 이스라엘 민족의 미래에 희망을 놓아가는 디딤돌과 같았습니다. 한편, 하나님의 뜻과 심판을 선언할 파수꾼으로 부름받은 제사장 출신의 선지자 에스겔은 곧 도래할 새 예루살렘의 찬란한 미래를 선포합니다

9
마당

징계, 희망의 디딤돌

그발 강변의 설득 겔

영성과 사회성의 사람 단

그발 강변의 설득

에스겔 1~48장

파수꾼으로의 부르심 겔 1~3장

예루살렘이 완전히 패망하기 직전, 남유다 본토에서는 예레미야가 사역을 감당하고 있었고, 한편 먼 이국 땅 바벨론에서는 에스겔이 이제 그의 사역을 감당하기 시작합니다.

젊은 제사장 에스겔이 예루살렘의 여러 기술자들과 함께 바벨론으로 끌려온 지도 벌써 5년이 되었습니다. 그는 제사장으로서 이스라엘 백성을 하나님께 중보해야 할 사명을 다해야 했지만, 그의 현재 모습은 머나먼 이국땅에 끌려온 포로민에 지나지 않았습니다. 바로 이때 하나님께서는 에스겔을 찾아오셔서 절망에 빠진 그에게 말씀을 시작하십니다.

지금 바벨론에 끌려와 있는 포로들의 생각은, 기회만 주어진다면 바로 예루살렘으로 돌아가겠다는 것입니다. 그러나 하나님의 계획은 그들이 하나님을 섬기는 가운데 바벨론에서 우뚝 솟는 민족이 되는 것입니다. 에스겔이 받은 사명은 1, 2차로 끌려온 사람들에게 그들이 왜 끌려와야 했는지를 설명하고, 그들을 위로하고 격려하는 것이었습니다.

하나님께서는 에스겔을 통해 전하는 당신의 말씀을 백성들이 잘 듣지 않을 것임을 이미 알고 계셨습니다. 그러나 하나님께서는 에스겔을 보내서 백성들이 듣든지 아니 듣든지 쉬지 않고 당신의 뜻을 선포하게 하십니다. 인간 역사의 어둠이 짙어가더라도 구원의 역사를 신실하게 이뤄가시려는 하나님의 크신 사랑이요, 보다 큰 숲에서 소망의 씨앗을 심으시려는 하나님의 깊으신 계획입니다.

하나님께서 말씀하시는 에스겔의 사명은 바로 이스라엘 백성들의 파수꾼이 되는 것입니다. "인자야 내가 너를 이스라엘 족속의 파수꾼으로 세웠으니 너는 내 입의 말을 듣고 나를 대신하여 그들을 깨우치라"(겔 3:17). 백성들의 마음은 이미 완악하여졌기에, 에스겔의 예언을 들으려 하지 않을 것입니다. 이를 아시는 하나님께서는 파수꾼 에스겔에게 그에 따르는 각오와 결단을 요구하십니다.

에스겔과 예레미야
예루살렘에서는 예레미야가 국가의 종말을 고하고 있고, 이곳 바벨론에서는 에스겔이 남유다의 마지막을 선언하고 있다. 에스겔은 하나님의 영광이 성전을 떠나시는 환상을 보고 있다. 그 장면을 보고 있는 현재 에스겔의 마음은 하나님의 영광이 사라진 예루살렘 성 앞에서 애통해했던 예레미야의 슬픔과 다를 것이 없었다.

※

유다의 징계와 심판 겔 4~24장

에스겔은 이스라엘이 멸망해가고 많은 백성들이 포로로 끌려온 원인이 바로 이스라엘 백성들의 죄 때문임을 단호하게 지적합니다(겔 5:5~9). 에스겔은 첫 번째 환상 가운데 이스라엘 백성들의 가증한 행위와 성전을 더럽게 하는 것들을 보게 됩니다(겔 8장). 그들의 죄악으로 인해 예루살렘은 도저히 그 심판을 피할 수 없었고, 우상으로 가득한 예루살렘은 하나님의 영이 더 이상 거하실 수 없을 정도였습니다. 하나님의 영광은 성전 문지방에서 성전 동문으로 옮겨가고 결국은 성을 떠나

죄로 얼룩진 약속의 땅
하나님께서 이스라엘에게 주신 약속의 땅은 이스라엘이 그 땅에서 행한 모든 가증한 일들로 더러워졌으며, 나아가 하나님의 이름도 더럽힘을 당하셨다. 하나님께서 일찍이 모세의 율법을 통하여 경고하셨던 일이 현실로 나타난 것이다(레 18:26~28).

산 위에서 예루살렘의 멸망을 바라보고 있습니다(겔 10:18~19;
11:22~23).

이렇게 하나님께서는 먼저 에스겔에게 예루살렘의 죄악이
얼마나 극심한지를 보여주십니다. 하나님께서 보여주신 환상
을 통해, 예루살렘에 희망이 없음을 본 에스겔은 이 사실을 바
벨론에 있는 백성들에게 전달합니다. "주의 영이 나를 들어
하나님의 영의 환상 중에 데리고 갈대아에 있는 사로잡힌 자
중에 이르시더니 내가 본 환상이 나를 떠나 올라간지라 내가
사로잡힌 자에게 여호와께서 내게 보이신 모든 일을 말하니
라"(겔 11:24~25). 바벨론에 끌려와 있는 것이 이스라엘을 위한
하나님의 배려요 경륜이라고 설득하는 것입니다.

에스겔의 사역 방식은 계시일
지(啓示日誌) 형식이다.
그는 많은 환상을 본다. 예루살
렘에 와서 직접 보고 다시 돌
아가서 그발 강가에 끌려와 있
는 자들에게 징계를 달게 받으
라고 설득한다.

하나님께서는 포로 된 그들이 이후 새 예루살렘을 건설하
는 데 쓰임받기를 원하셨습니다. 하나님께서 예루살렘을 포기
하신 것이 아니기 때문입니다. 하나님께서는 그 소망의 씨앗
들이 이스라엘 땅에 새 예루살렘(겔 40장)을 건설하기 위해서
는 기다림의 시간이 필요하다고 보셨고, 그 훈련 기간으로 70
년을 정하신 것입니다.

그런데 끌려온 사람들은 그 사실을 도무지 받아들이지 않
습니다. 현재의 상황이 영원한 절망이 아니라 잠시의 징계라
는 것을 파악하지 못합니다. 아직 나라가 멸망하지 않았는지
라, 어떻게든 빨리 돌아가고자 하는 소망을 접지 않습니다. 팔
을 걷어붙이고 생업에 달려들 생각은 도대체 하려 하지 않습
니다. 그래서 예레미야는 편지로, 에스겔은 육성으로 계속 그
들을 설득한 것입니다.

예루살렘 사회에 어느 것 하나 제대로 되는 것이 없음에도
불구하고 거짓 예언자들의 예언 내용은 '잘된다, 잘되어간
다.'라고만 하는 거짓되고 값싼 위로였습니다. 이스라엘의 죄

악과 패역의 한복판에는 그들의 행위를 정당화해주고 변호해
주는 거짓 예언자들이 있었던 것입니다. 그런데 백성들은 그
들의 거짓 예언을 믿고 있었습니다.

또한 끌려온 포로민들은 "아버지가 신 포도를 먹었으므로
그의 아들의 이가 시다."(겔 18:2)라고 말합니다. 스스로의 죄악
을 돌아보기는커녕 조상들에게로 그 책임을 돌리며, 하나님의
심판이 불공평하다고 원망하고 있는 것입니다. 그러나 하나님
께서는 백성들이 하나님의 벌을 받는 것은 각 사람이 범한 죄
악 때문이라고 분명히 말씀하십니다(겔 18:19~20).

계속되는 심판의 메시지가 예루살렘 멸망 환상을 통해 그
절정에 다다르고 있습니다. 예루살렘의 멸망이 눈앞에 다가온
것입니다. 끓는 가마의 비유(겔 24장)가 보여주듯 그 가마의 녹
이 소멸될 때까지 환난은 계속될 것입니다. "그러므로 주 여
호와께서 이같이 말씀하셨느니라 피를 흘린 성읍, 녹슨 가마
곧 그 속의 녹을 없이하지 아니한 가마여 화 있을진저 제비
뽑을 것도 없이 그 덩이를 하나하나 꺼낼지어다 … 화 있을진
저 피를 흘린 성읍이여 내가 또 나무 무더기를 크게 하리라
나무를 많이 쌓고 불을 피워 그 고기를 삶아 녹이고 국물을
졸이고 그 뼈를 태우고 가마가 빈 후에는 숯불 위에 놓아 뜨
겁게 하며 그 가마의 놋을 달궈서 그 속에 더러운 것을 녹게
하며 녹이 소멸되게 하라"(겔 24:6~11).

이방 민족에 대한 심판 선언 겔 25~32장

에스겔 24장에서 이스라엘에 대한 심판이 일단락되고, 이

제부터 에스겔은 이스라엘 주변국들에 임할 심판을 예언합니다. 지금 남유다가 국가의 멸망을 눈앞에 둔 시점에, 남유다 주변의 크고 작은 나라들이 예루살렘을 조롱하고 그들을 약탈하려 합니다. 그러나 자국의 힘을 과시하며 남유다와 주변 국들을 괴롭히던 모든 나라들은 하나님의 공의의 심판 대상에서 예외일 수 없습니다.

암몬과 모압, 에돔과 블레셋(겔 25장)에 이어, 두로도 하나님의 심판으로부터 벗어날 수 없었습니다(겔 26~28장). 그들은 바닷가에 거하면서 국제무역을 통해 많은 부를 축적하였습니다. 그런데 이 축적된 부로 인해 교만해진 두로는 무역경쟁국인 예루살렘이 망하자, 그로 인해 자신들에게 돌아올 이익을 예상하며 기뻐했습니다. 두로의 부귀영화와 그로 인한 교만의 중심에는 두로 왕이 있었습니다. 극도로 교만해진 두로 왕은 급기야 자신을 바다의 신이라 지칭하기에 이릅니다. "인자야 너는 두로 왕에게 이르기를 주 여호와께서 이같이 말씀하시되 네 마음이 교만하여 말하기를 나는 신이라 내가 하나님의 자리 곧 바다 가운데에 앉아 있다 하도다 네 마음이 하나님의 마음 같은 체할지라도 너는 사람이요 신이 아니거늘"(겔 28:2).

또한 영원히 강대국일 것 같았던 애굽을 향해서는 무려 네 장에 걸쳐 하나님의 심판이 예언되고 있습니다(겔 29~32장). 하나님을 의지하기보다는 애굽을 의지하여 바벨론의 위협으로부터 벗어나보려 하는 남유다에게 보내는 하나님의 경고입니다. 일찍이 하나님께서는 애굽인들에게 아브라함, 요셉, 모세 등을 통해 하나님의 살아 계심을 보여주셨으나, 그들은 도리어 하나님의 대적자가 되고 말았습니다. 하나님의 역사에 협력자로서 초청받았으나 하나님을 거부하는 자리에 스스로 서고 만 것입니다.

하나님께서는 이런 두로와 애굽의 교만을 심판하십니다. 하나님을 거역하는 남유다와 죄악으로 가득 찬 이방 민족에게 하나님께서는 바벨론 왕 느부갓네살이라는 막대기를 준비하십니다. 그러나 자신들이 느부갓네살 군대의 다음 희생물임을 내다보지 못한 두로와 애굽은 어리석게도 멸망한 예루살렘을 멸시하며 조롱하고 있습니다. 머지않아 당하게 될 재앙도, 하나님의 놀라운 비전도 알지 못했기 때문입니다.

하나님께서는 25장부터 시작하여 32장에 이르기까지 지루하리만큼 긴 말씀으로 이방 나라에 대한 심판을 말씀하셨습니다. 그 심판의 내용은 뒤로 갈수록 더욱 어두워만 갑니다. 그러나 하나님께서는 이 어두운 말씀 속에 강한 한 줄기의 광명을 보여주십니다. 그것은 이 모든 심판을 통해 하나님이 세상의 주인이심을 열방에 알리시겠다는 놀라운 계획입니다.

※

회복과 새로운 땅 겔 33~48장

남유다에 대한 어둡고 쓸쓸한 예언은 결국 예루살렘 멸망이라는 처참한 현실로 이루어집니다. 예루살렘 멸망 소식이 바벨론의 포로민들에게도 전해집니다(겔 33:21~22). 포로민들에게는 더 이상 돌아갈 곳이 없어진 것입니다.

이제 하나님의 희망은 포로로 끌려온 이들, 바로 예루살렘의 멸망 소식을 전해들은 포로민들입니다. 하나님께서는 이스라엘의 죄악으로 그동안 더럽혀진 하나님의 이름을 다시금 거룩하게 하시려는 계획을 세우십니다. 이를 위해 하나님께서는 이스라엘에게 그들의 지난 잘못을 회개하고 하나님의 크신 이름을 위하여 다시 일어서라고 명령하십니다(겔 36:24~28).

에스겔은 예루살렘 멸망 전에는 죄에 따른 심판을 선언하였습니다. 그런데 이제부터는 구원과 회복에 대한 위로의 말씀을 선포합니다. 하나님께서는 이스라엘 백성들을 그들의 죄로 인해 징계하셨지만, 그럼에도 불구하고 결국에는 다시 회복하실 것임을 약속하시는 것입니다.

하나님께서는 에스겔을 통해 '새 언약'(겔 36:26~28)과 '화평의 언약'(겔 37:24~27)을 주십니다. 하나님께서 에스겔을 통해 이스라엘에게 주시는 이 새로운 언약들을 통해 이스라엘은 굳은 마음을 제하고 부드러운 마음으로 회복될 것입니다. 그리고 하나님께서는 다시 이스라엘의 하나님이 되심으로 이스라엘은 이제 다시 모든 민족을 위한 제사장 나라로 다시 새로운 꿈을 꾸게 될 것입니다.

에스겔의 '마른 뼈 환상'이 보여주듯(겔 37:1~10), 하나님께서는 나라가 멸망했지만 그들에게 놀라운 희망이 있다고 말씀하십니다. 하나님께서 계획하시는 이스라엘의 회복은 마른 뼈와 같은 상황에서 생명을 얻게 되는 근본적인 회복이요, 그 땅의 죄악 가운데서 깨끗함을 얻는 죄로부터의 회복이며, 흩어져 있는 민족이 하나가 되는 통일 왕국으로의 회복입니다. 이스라엘은 다시는 나뉘지 않을 것이며, 하나님의 종 다윗과 같이 하나님의 마음에 합한 자의 통치를 받는 하나님 나라가 될 것입니다. 이것이 마른 뼈 이스라엘을 바라보시는 하나님의 꿈이었습니다.

에스겔의 사역으로 말미암아, 포로민들은 바벨론에서의 삶의 기반을 잘 닦기 시작합니다. 그것은 그들이 예루살렘으로 돌아올 때 가져오는 말, 노새, 낙타 등의 수효를 보고 알 수 있습니다(스 2:64~69). 그들이 이방 땅에서 세계 여러 민족과 경쟁하여 성공하는 것입니다. 이들의 성공 뒤에는 예레미야와 에스겔의 노력이 있었습니다. 바로 이들의 후손들이 고국으로 돌아가 절망감에 사로잡혀 있는 사람들을 위로하게 됩니다. 바벨론에서 돌아온 사람들은 "뜨거운 불에 달궈져 더러운 것이 녹여지고 녹이 소멸된" 사람들이었습니다(겔 24:11).

일전에 에스겔을 죄악이 관영한 예루살렘 성으로 데려가셨던(겔 8~11장) 하나님께서 에스겔을 예루살렘으로 다시 한 번 데려가시는데, 이번에 보는 예루살렘은 황무한 현실의 모습이 아니라, 화려하게 재건될 미래의 모습입니다. 현재, 성전은 이미 바벨론 왕 느부갓네살에 의해 처참히 무너져버렸습니다. 그러나 하나님께서는 성전을 새롭게 재건할 계획을 가지고 계셨던 것입니다.

이 일을 위해 하나님께서는 성전의 구석구석까지 정확한 치수를 측량하시며 매우 자세하게 보여주십니다. 건물의 길이와 너비 그리고 벽의 두께까지도 정확하게 알려주십니다(겔 41:12~15). 에스겔은 자신이 본 성전을 이야기하며 포로의 신세로 절망 가운데 빠져 있는 백성들에게 회복과 구원의 희망을 외칩니다.

또한 하나님께서는 멸망에 이르는 죄악을 범했던 제사장과 레위인들에게도 다시 그들의 사명과 책임을 일깨워주십니다(겔 44장). 장차 회복될 성전에서는 하나님의 명령과 규례가 제대로 지켜져야, 하나님과 백성들이 겪었던 고통이 반복되지 않기 때문입니다.

바벨론 포로로부터의 회복을 예언하는 장엄한 장면이 막을 내리고 있습니다. 에스겔서의 마지막을 장식하고 있는 에스겔 48장은 역사의 종결이 아니라 앞으로 펼쳐질 역사에 대한 강한 기대를 담고 있습니다.

갱신되는 제사 의식

남북 분열 왕국 시대를 거쳐 오면서 성전 제사가 타락하자, 하나님께서는 선지자들을 통하여 그런 제사는 받지 않으시겠다며 분을 터뜨리셨다. 물론 성전에서의 제사가 필요 없는 것은 아니다. 그러나 갱신되어야 했다. 하나님께서는 성전 제사의 규정을 반복하시면서 올바른 제사가 드려지길 원하시는 것이다. 이스라엘 백성들에게 에스겔 46장은 하나님께서 그들의 제사를 다시 받으시겠다는 기쁨의 소식임이 분명하다.

영성과 사회성의 사람

다니엘 1~12장

바벨론 제국에서의 위인 단 1~5, 7~8장

하나님의 역사가 가나안 땅에서만 이루어지는 것으로 국한시켜 바라보는 이들에게는 예루살렘의 멸망이 하나님 역사의 종말로 보이겠지만, 하나님의 광대하심을 알고 있는 이들에게는 다니엘과 세 친구의 행적이 결코 작지 않은 하나님의 역사로 인식될 것입니다. 놀라운 사실은 예루살렘에서 바벨론으로 끌려간 다니엘과 세 친구들이 하나님에 대한 신앙을 지키고 있다는 점입니다.

한편 대제국 바벨론이 볼 때에도, 그들은 이후 시대를 짊어질 수 있을 만큼 능력 있는 청년들이었습니다. 앗수르 제국의 정책이 반란을 도모할 만한 세력을 다른 나라로 강제 이주시키는 것이었다면, 바벨론 제국의 정책은 인재가 될 만한 이들을 바벨론 본국으로 끌어와 바벨론식 교육을 시키는 것이었습니다. 이러한 정책에 따라 다니엘은 다른 유능한 젊은이들과 함께 포로로 잡혀왔고, 느부갓네살 궁전에서 바벨론식 교육을 엄격히 받습니다. 바벨론에서는 유대인들의 의식을 바꾸기 위해 이름과 식생활부터 바꾸게 합니다. 그러나 하나님 중심으로 뜻을 세우고 왕의 음식과 포도주를 마시지 않은 이들의 얼굴은 진미를 먹는 다른 소년들보다 더욱 윤택하였습니다(단 1:15). 하나님께서는 이들에게 지혜와 지식을 더하시며, 특별히 다니엘에게는 환상과 꿈을 깨닫는 지혜도 더하여 주십니다.

10대에 큰 승부를 걸었던 하나님의 사람		
다윗	골리앗 앞에서 목숨을 걸었던 승부	삼상 17장
다니엘	느부갓네살 앞에서 목숨을 걸었던 승부	단 1~2장

어느 날, 느부갓네살의 꿈을 해석하지 못하여 바벨론의 모든 박사들이 죽임을 당할 위기에 처해집니다(단 2:1~6). 다니엘과 그 친구들도 이 위험을 피할 수 없었습니다. 바벨론 박사들을 죽이러 나가는 근위대장에게 소식을 들은 다니엘은 왕에게 기한을 달라 요청하고, 집으로 돌아와 친구들과 함께 하나님께 기도합니다. 다니엘은 느부갓네살에게 꿈을 주신 분이 하나님이시요, 그 비밀을 풀어주실 분 또한 하나님이시라는 것을 정확히 알고 있었던 것입니다. 다니엘은 느부갓네살 왕의 꿈을 명쾌하게 해석하고, 또 그 앞에서 담대하게 말합니다. 이렇게 위기 가운데서 느부갓네살 왕의 꿈을 해석하여 역사의 무대에 등장한 다니엘은 이후 느부갓네살의 두 번째 꿈도 해석하고(단 4장), 벨사살 왕의 잔치 자리에서 나타난 손가락의 글자도 읽고 해석합니다(단 5장). 다니엘은 이를 통해 이방 민족 가운데서 하나님의 영광을 드러낼 뿐만 아니라, 제국이 바뀐 후에도 그 영향력을 발휘하여 포로로 잡혀온 이스라엘 백성들에게 소망을 안겨 줍니다.

그러나 바벨론에서 하나님에 대한 신앙을 지키며 살아가는 일이 다니엘과 사드락, 메삭, 아벳느고에게 결코 쉬운 일은 아니었습니다. 왕이 세운 금 신상에 절하지 않았다는 이유로 극렬히 타는 풀무불에 던져지는 일도 있었습니다(단 3장). 왕의 명령에도 불구하고, 다니엘의 세 친구인 사드락, 메삭, 아벳느고는 일찍이 조상들이 저지른 우상숭배의 죄악을 물리치고 하나님을 향한 신앙을 굽히지 않았습니다. 그들은 하나님의 보호하심 가운데 생명을 건졌을 뿐만 아니라, 그 이방 땅에서 크게 높임을 받게 됩니다.

다니엘은 하나님께서 주신 지혜와 계시를 통해 시대를 읽을 줄 아는 안목을 가지고 있었습니다. 그의 주된 관심사 가운데 하나는 '향후 그의 민족이 어떻게 될 것인가' 였습니다. 그래서 하나님께서는 그로 하여금 깊은 환상의 세계에 들어가게 하셔서 하나님의 뜻을 깨닫게 하십니다. 다니엘에게 보여주신 환상은 곧 새로운 희망의 말씀입니다. 벨사살 원년에 침상에서 본 네 짐승의 환상으로 말미암아 다니엘은 근심합니다(단 7:15). 그러나 앞으로 일어날 일을 알아가면서 하나님의 계획과 마음을 깨닫게 됩니다.

Message

하나님의 나라를
소망하며

이스라엘이 멸망하고 포로의 삶을 살고 있었다. 그 시대 가운데서 쓰인 글이 다니엘서이다. 이스라엘의 불행이 너무나 크게 보일 그때, 하나님께서 보여주신 것은 제국들의 흥망성쇠와 도래할 메시아의 나라였다. 이는 곧 그들이 두려워하며 복종하고 있는 제국들은 바람과 같이 사라지고, 결국에는 하나님의 나라가 설 것이라는 강한 메시지였다.

네 짐승에 대한 묘사는 현재, 그리고 미래에 나타날 세계 제국인 바벨론 제국, 페르시아 제국, 헬라 제국, 그리고 로마 제국을 상징합니다. 그리고 심판자이신 하나님께서 보좌에 앉으신 장면과 하나님 나라의 모든 권세와 영광을 상속받는 그리스도에 대한 환상은 고난의 현실 가운데 살아가는 이스라엘 백성들에게는 인내와 소망의 메시지였습니다.

네 짐승에 대한 첫 번째 환상이 있은 지 2년 후 다니엘은 숫양과 숫염소에 대한 환상을 보게 됩니다(단 8:1~14). 나라와 나라들이 서로 반목하며 패권 다툼을 벌이는 모습을 은유를 통해 묘사한 이 환상은 제국들의 교만함을 통렬히 비판하고 있습니다.

그런데 놀라운 것은 이렇게 하나님의 환상을 수일씩 본 후에 다니엘이 보여주는 삶의 태도입니다. "이에 나 다니엘이 지쳐서 여러 날 앓다가 일어나서 왕의 일을 보았느니라"(단 8:27). 이 한 절을 통해 다니엘이 어떤 사람인지 짐작할 수 있습니다. 다니엘은 탁월한 정치가였고 행정가였습니다. 그 깊은 환상의 세계에서 나온 후, '왕의 일', 즉 총리로서의 직무를 수행하고 있습니다. 구체적으로는 서류를 검토하고 기획서에 인장을 찍는 일입니다.

다니엘은 깊은 기도 가운데 영적인 체험을 할 정도로 깊은 영성을 가지고 있으면서도, 깨어나자마자 곧 왕의 일을 볼 정도로 뛰어난 사회성을 지닌 사람이었습니다. 일처리 능력과 주의 은혜를 사모하는 마음, 이것은 통(通)으로 함께 가야 합니다. 영성과 사회성의 조화, 이것은 성경을 통독하는 중에 만나는 하나님의 사람들의 공통적인 특징입니다.

※

제국 변천의 중심에 서서 단 6, 9장

바벨론 제국이 무너지고 새로운 제국 메대, 바사(페르시아)가 세워지는 과정 속에서도 다니엘은 역사의 중심에 서서 하나님의 뜻을 전합니다. 포로 출신이요, 제국 내 소수민족의 일원인 다니엘이 이방 세계 한가운데서 역사의 주역으로 활동하며 하나님의 영광을 드러낼 수 있는 것은 그가 하나님 앞에서 뜻을 정하고 행한 결과입니다.

메대 사람 다리오가 왕이 되어 120명의 고관들을 전국에 세우고 총리 세 명을 세웠는데, 그 총리들 중 하나가 다니엘이었습니다. 왕의 입장에서 보건대, 다니엘에게 국가 일을 보게 하면, 왕인 자신에게 손해나지 않는다는 믿음이 있었습니다

Message

세상을 이기는 신앙의 삶
예수 믿는 사람들이 세상에 나가서 잘 해야 한다. 왜냐하면 우리를 통해 하나님의 이름이 존귀히 여김 받기도 하고, 그 반대의 일이 일어나기도 하기 때문이다. 다니엘은 목숨을 걸고 하나님에 대한 믿음을 보임으로써 오히려 불신자인 왕의 입에서 하나님을 찬양하는 고백이 나오도록 하고 있다.

(단 6:1~3). 그래서 다니엘을 전국의 총리로 세우고자 합니다. 자신의 왕국을 더욱 잘 다스리기 위해 쓸 만한 인재들을 찾고 있던 다리오 왕의 눈에 다니엘이 띄었던 것입니다. 그러자 다니엘의 대적자들이 그를 훼방하려고 기회를 찾습니다. 그런데 아무리 조사를 해봐도 허물이 발견되지 않습니다. "총리들과 방백들이 다니엘을 고소할 틈을 얻고자 하였으나 능히 아무 틈, 아무 허물을 얻지 못하였으니"(단 6:4).

그러자 반대 세력들이 다른 방법을 구합니다. 정치적으로 모략을 꾸미는 것입니다. 다니엘이 매일 세 번씩 예루살렘을 향하여 기도하는 것을 알고 있던 그들이 "누구든지 30일 동안 왕 외에 어느 신에게나 사람에게 기도하거나 절하면 그 자를 사자 굴에 집어넣도록 하자"라고 왕에게 건의한 것입니다. 내막을 모르는 왕은 그 조서에 어인을 찍습니다.

다니엘은 조서에 어인이 찍힌 것을 알았음은 물론, 그것이 자신을 모해하고자 하는 계략인 것도 알았을 것입니다. 하지만 다니엘은 그 모든 것을 알고도 전에 행하던 대로 예루살렘을 향하여 무릎을 꿇고 기도합니다. 그는 10대 때부터 뜻을 정하여 기도해온 사람입니다. 나이가 들어서도 여전히, 하나님을 향한 신앙과 민족의 미래를 위해 하루 세 번씩 기도하고 있습니다(단 6:10).

보통 사람이라면 이런 상황에서 측면 돌파를 할 수도 있습니다. 가령 30일 동안만 기도하지 않거나, 다른 사람이 못 보게 문을 닫아놓거나, 아니면 그때만 멀리 출장을 가거나 했으면 될 텐데, 다니엘은 그렇게 하지 않고 정면 돌파를 합니다. 조금만 타협하면 그 위기를 편히 지나갈 수 있는데, 하나님을 향한 굳은 마음을 지킨 것입니다.

이제 다니엘을 사자 굴에 넣어야 되는 상황이 되자, 왕이 걱정하기 시작합니다. "왕이 이 말을 듣고 그로 말미암아 심히 근심하여 다니엘을 구원하려고 마음을 쓰며 그를 건져내려고 힘을 다하다가 해가 질 때"(단 6:14)까지 노력합니다. 그러나 한번 정한 법령을 바꿀 순 없었습니다. 어쩔 수 없이 다니엘을 사자 굴에 던져놓고 왕은 음식도 먹지 못하고 잠도 못 잡니다. 다음 날 새벽 일찍, 왕이 달려가 다니엘의 안부를 묻습니다. 하나님께서 보내신 천사가 사자의 입을 봉했기에, 다니엘의 몸에는 긁힌 자국 하나 없었습니다. 왕이 심히 기뻐하며 온 땅에 조서를 내려 하나님의 이름을 높입니다(단 6:25~27).

이렇게 다니엘이 시대의 한가운데서 승리할 수 있었던 것은 하나님의 사람 예레미야를 통해 신앙이 계승되었기 때문입니다. 일찍이 오래전에 예레미야는 포로로 끌려간 사람들에게 편지를 써 보내었습니다(렘 29:1~23). 하나님께서는 예레미야의 편지를 통해 70년의 기한을 밝히셨습니다. "여호와께서 이와 같이 말씀하시니라 바벨론에서 칠십 년이 차면 내가 너희를 돌보고 나의 선한 말을 너희에게 성취하여 너희를 이 곳으로 돌아오게 하리라"(렘 29:10).

이 편지를 다니엘이 읽었고, 하나님께서 약속하신 연수를 깨닫게 된 것입니다. "메대 족속 아하수에로의 아들 다리오가 갈대아 나라 왕으로 세움을 받던 첫 해 곧 그 통치 원년에 나 다니엘이 책을 통해 여호와께서 말씀으로 선지자 예레미야에게 알려 주신 그 연수를 깨달았나니 곧 예루살렘의 황폐함이 칠십 년만에 그치리라 하신 것이니라"(단 9:1~2).

다니엘은 그 예언이 실현되어 본토로의 귀환이 이루어지기 위해서는 이스라엘 민족의 회개가 먼저 선행되어야 함을 깨닫고 이 문제를 위해 간절히 기도하기 시작합니다. 보통 기도 때와는 달리 베옷을 입고 재를 덮어쓰고 금식하며 기도합니다(단 9:3). 일생 거의 전부를 그곳에서 살아온 그가 예루살렘을 기억하며 기도하고 있는 것입니다.

"나의 하나님이여 귀를 기울여 들으시며 눈을 떠서 우리의 황폐한 상황과 주의 이름으로 일컫는 성을 보옵소서 우리가 주 앞에 간구하옵는 것은 우리의 공의를 의지하여 하는 것이 아니요 주의 큰 긍휼을 의지하여 함이니이다 주여 들으소서 주여 용서하소서 주여 귀를 기울이시고 행하소서 지체하지 마옵소서 나의 하나님이여 주 자신을 위하여 하시옵소서 이는 주의 성과 주의 백성이 주의 이름으로 일컫는 바 됨이니이다"(단 9:18~19).

다니엘은 지금 세상 권력의 최고 자리에 앉아 있습니다. 재물, 권력, 명예도 이미 충분히 누리고 있는 사람입니다. 그런 사람이 예루살렘 성이 황폐된 것을 놓고 기도하고 있습니다. 대개의 사람들은 어느 정도 출세하면 이웃의 황폐된 상황에 대해서는 관심을 갖지 않습니다. 그런데 다니엘은 대단한 자리에 올라 있는데도 황폐된 성소와 처절한 예루살렘의 상황에 관심을 두고 있는 것입니다. 이런 사람을 하나님께서 형통케 하심이 당연한 일 아니겠습니까?

장래의 일들 단 10~12장

페르시아 왕 고레스 삼 년. 이미 고레스 원년에 이스라엘 백성들의 귀환이 이루어진 지 삼 년이 지나고 있습니다. 아마도 이때는 예루살렘 본토에서 스룹바벨과 여호수아의 인도로 성전 건축이 시작되었다가 이런저런 어려움의 이유로 성전 건축이 잠시 중단된 때였을 것입니다. 이런 고국의 소식들이 들려오고, 전쟁에 대한 환상이 보이자 다니엘은 큰 근심에 쌓여 금식하며 기도할 수밖에 없었습니다(단 10:1~3). 이 근심으로 몸에 힘이 빠지고 슬픔에 잠기게 되었습니다. 그러나 하나님께서는 "큰 은총을 받은 사람이여 두려워하지 말라 평안하라 강건하라"(단 10:19)라고 하시며 다니엘을 위로하십니다.

그 후에도 다니엘은 남방 왕과 북방 왕의 싸움에 대한 환상(단 11장)과, 북방 왕이 하나님을 믿는 자들을 핍박하게 될 미래를 보게 됩니다. 그러나 이어지는 다니엘 12장은 끝날 이후 상 받을 자의 복에 대한 약속과 넘치는 소망으로 가득 차 있습니다. 어두운 날들을 견디어 내는 사람, 살아 계신 하나님을 잊지 않고 그분을 힘의 원천으로 삼는 사람, 그들에게 희망이 있을 것이라는 말씀은 하나님 당신이 희망의 근거임을 스스로 밝히고 계시는 것입니다.

"땅의 티끌 가운데에서 자는 자 중에서 많은 사람이 깨어나 영생을 받는 자도 있겠고 수치를 당하여서 영원히 부끄러움을 당할 자도 있을 것이며 지혜 있는 자는 궁창의 빛과 같이 빛날 것이요 많은 사람을 옳은 데로 돌아오게 한 자는 별과 같이 영원토록 빛나리라"(단 12:2~3).

소망이 있고 기대가 있기에 인내할 수 있고, 기다릴 수 있습니다. 다니엘서의 마지막 당부도 '기다리라' 는 것입니다. 하나님께서는 그의 택하신 백성을 구원하시리라는 영원한 구원의 약속을 통해, 지금까지 환난 속에서 고통당하던 이스라엘에게 희망의 메시지를 전하십니다.

A Community of Reconstruction

예레미야의 예언대로 70년 만에 예루살렘으로 귀환한 이스라엘 재건공동체는 학개와 스가랴의 격려에 힘입어 성전을 재건합니다. 2차 귀환자인 제사장 에스라는 공동체의 내적 부흥과 정화 작업을 추진하고, 느헤미야는 황폐한 예루살렘 성벽을 재건하는 것을 인생의 최종목표로 세우고 실천합니다. 이들은 예레미야가 꿈꾸던 소망의 씨앗입니다. 그러나 이스라엘은 천오백 년 동안 이어진 하나님의 사랑에 대해 냉랭한 반응을 보이고 맙니다.

10
마당

재건공동체

거룩한 구심력

에스라 1~6장 학개 1~2장 스가랴 1~14장 에스더 1~10장

다시 태어나는 공동체, 재건세대 스 1~2장

예레미야부터 에스겔과 다니엘까지, 하나님의 사람들이 조국 이스라엘을 위해 흘린 눈물과 땀의 나날들, 그렇게 70년의 세월이 흘렀습니다. 하나님께서 말씀하신 기간이 채워진 바로 그 시점에서, 페르시아 왕 고레스는 바벨론의 느부갓네살 왕이 포로로 잡아 온 사람들을 본국으로 귀환시키는 정책을 시행합니다. B.C.537년, 고레스 왕은 유대 민족을 본국으로 돌려보내며 하나님의 성전 재건을 허락합니다(스 1:1~3).

고레스의 조서를 받고 페르시아 각처에서는 "유다와 베냐민 족장들과 제사장들과 레위 사람들과 그 마음이 하나님께 감동을 받고 올라가서 예루살렘 여호와의 성전을 건축하고자 하는 자"들이 다 일어났습니다(스 1:5). 이들은 거룩한 꿈을 품은 자들로서 바벨론에서 이미 성공한 자들이었지만, 자신들이 쌓아온 모든 기득권을 포기하고 일어난 것입니다. 이 첫 번째 귀환은 총독 스룹바벨과 대제사장 여호수아(예수아)의 인도 아래 이루어집니다. 고국으로 돌아가는 그들의 발걸음에는 희망이 가득 차 있습니다.

에스라 2장에는 귀하고 소중한 이들의 명단이 나옵니다. 바벨론 포로 생활에서 믿음으로 연단된 사람들의 명단입니다. 황폐한 성을 위하여 일어선 회중의 합계가 42,360명이었다고 기록되어 있습니다(스 2:64~67).

하나님의 사랑이 참 큽니다. 또한 에스겔, 다니엘 같은 분들이 수고하지 않았으면, 이들은 패배주의에 빠져서 이날의 모습을 이뤄내지 못했을 것입니다. 하나님께서 하나님의 사람들을 부지런히 보내셔서 이들을 70년 동안 열심히 교육하신 것입니다. 새로 태어난 공동체, 바로 '재건세대'입니다. 이들은 70년 전에 불타버린 예루살렘 성전을 재건하고, 무너져 내린 이스라엘 신앙공동체를 다시 세우게 되는 중책을 감당하게 됩니다.

성전 건축의 기초를 놓다 스 3~4장

재건세대는 예루살렘에 도착한 후, 먼저 제단에서 드리는 제사들과 종교적 절기를 회복합니다(스 3:2~5). 이와 같은 분명한 우선순위 결정은 하나님께서 기뻐하실 만한 것이었습니다.

그리고 그들은 예루살렘에 이른 지 이년 이월에 본격적으로 여호와의 전(殿) 역사를 시작합니다. 성전의 기초가 놓이자, 귀환한 사람들 중 이전에 솔로몬이 지은 성전을 보았던 노인들은 옛날을 회상하며 기쁨의 눈물을 흘렸고, 수많은 사람들도 함께 즐거워하였습니다(스 3:10~13). 성전 재건, 그것은 지금 이스라엘 백성들이 감당해야 할 귀한 사명입니다. 하나님 섬김의 공동체로 다시 태어나기 위해서는 성전과 제사가 있어야 하기 때문입니다. 하나님을 예배하는 공동체, 하나님께서 오랜 시간 약속하셨던 새 예루살렘은 성전 재건을 통해 이루어질 수 있습니다.

그런데 성전 재건 작업의 과정이 순탄치 만은 않았습니다. 학개서의 배경을 설명해주는 에스라 4장은 사마리아인들이 어떻게 성전 재건을 방해하고 있는지 설명하고 있습니다. 재건세대들은 이들의 방해로 인해 점점 사기를 잃게 됩니다. 고국으로 귀환할 때 그들이 품었던 낙관적인 생각이 땅의 황폐함과 농사의 실패, 고된 노역, 적들의 위협 등 갖가지 역경들로 인해 흔들리고 만 것입니다.

이런 일이 생기니 성전 건축에 전심전력을 기울이기보다는 아직은 시기상조라는 생각이 내부에서 지지를 얻게 되었습니다. 적대자들과 싸우는 것보다 차라리 공사를 멈추는 것이 낫다고 여긴 백성들이 성전 건축을 중단합니다. 백성들의 비관적인 태도는 영적인 무력감으로 번졌고, 그들은 일단 자신들의 집을 짓는 일에 몰두하게 됩니다. 그러면서 16여 년의 시간이 흐릅니다. 이때 하나님께서 선지자 학개와 스가랴를 보내십니다.

우선순위를 기억하라 학 1~2장

성전 건축이 기초만 놓인 상태로 멈추었습니다. 하나님께서 70년의 세월을 기다리신 이유와 그들이 페르시아에서 누리던 삶의 형편을 접고 예루살렘으로 돌아온 이유를 잊은 채, 여기서 멈춰버린 것입니다. 바로 이때, 학개가 하나님의 명령을 들고 그들 앞에 나타납니다.

성전 건축을 중단한 채로 농사를 지어도, 장사를 해도, 결과가 시원치 않아 한숨과 불평만 내뱉고 있는 그들에게 학개 선지자는 "왜 그런지 모른단 말이냐?"라며 그 이유를 설명하고 있습니다(학 1:3~6). 백성들은 주변 상황 탓만 하며 발을 빼고 있었는데, 성전 건축이 지연되고 있는 것은 외부 조건의 문제가 아니라, 적극적으로 나서지 않는 백성들의 잘못이라는 것입니다.

학개는 여러 가지 방법을 동원하여 백성들의 잘못을 지적하고 그들이 성전 건축에 열심을 낼 수 있도록 독려합니다. 먼저 성전 건축의 문제를 백성들의 개인 집 건축과 비교합니다. 이는 백성들의 우선순위를 문제 삼고자 하는 것이었습니다.

"만군의 여호와가 말하노니 너희는 자기의 행위를 살필지니라 너희는 산에 올라가서 나무를 가져다가 성전을 건축하라 그리하면 내가 그것으로 말미암아 기뻐하고 또 영광을 얻으리라 여호와가 말하였느니라 너희가 많은 것을 바랐으나 도리어 적었고 너희가 그것을 집으로 가져갔으나 내가 불어 버렸느니라 나 만군의 여호와가 말하노라 이것이 무슨 까닭이냐 내 집은 황폐하였으되 너희는 각각 자기의 집을 짓기 위하여 빨랐음이라"(학 1:7~9).

또한 학개는 따끔한 책망에 이어 하나님의 능력에 대한 확신과 성전을 건축하는 이들에게 주어지는 위로의 말씀을 전합니다. 예루살렘 성전이 지금은 황폐하지만 이후 하나님의 영광으로 가득 차리라는 비전을 보여줍니다(학 2:6~9). 현재의 잘못을 지적하는 것 자체가 목적이 아니요, 그들로 하여금 다시 힘을 내어 성전 건축의 사명을 완수하게 하는 것이 하나님의 뜻이기 때문입니다.

학개와 스가랴 비교

학개	스가랴
권면	격려
좀 더 구체적	조금 추상적
간결하게	멀리 전개됨
현재적 관심사	미래적 관심사
참여하라!	용기를 내라!
좀 나이 든	좀더 젊은
행동주의자	비전의 사람

LEADERSHIP

우선순위

먼저 그의 나라와 그의 의를 구하라! 그래야 살 길이 열린다. 지혜로운 인생, 지혜로운 그리스도인은 누구인가? 먼저와 나중의 순서를 바꾸지 않는 사람이다. 어떻게든 이 순서를 바꾸지 않으려는 사람이 참으로 성공적인 인생을 살 수 있다.

새로운 성전 (학 2장)

하나님께서는 스룹바벨과 여호수아와 함께 일하기를 원하시는 강한 의지를 드러내신다. 예루살렘으로 돌아온 이스라엘 백성들이 지치고 두려워 건축을 그만두고 있을 때, 하나님께서는 여호수아와 스룹바벨에게 용기를 불어넣는 말씀을 주신다. 지금 그들이 건축하는 성전이 외관상으로는 솔로몬의 성전에 비해 보잘 것 없으나 하나님께서 그 성전에 친히 함께 하심으로 말미암아 솔로몬의 성전보다 더욱 영광스럽게 되리라는 것이다.

학개가 전한 하나님의 말씀을 백성들이 청종합니다. 비록 성전 건축의 일이 난관에 부딪쳤지만 하나님께서 요구하시면 순종하겠다는 자세로 마음을 바꿉니다. 이제 하나님께서 말씀 하십니다. "내가 너희와 함께 하노라"(학 2:4). 하나님께서 그들과 함께하시고 백성이 순종하기로 결심한 이 관계 위에 하나님의 일은 자연스레 흥왕하게 됩니다.

학개가 전한 말씀의 핵심은 머뭇거리지 말라는 것입니다. 지금까지 하나님의 손길을 느꼈다면, 그리고 앞으로 나아가야 할 방향이 분명히 보인다면 주저할 필요가 없는 것입니다. 행동하라는 것입니다. 때로는 작은 어려움이 있을 수도 있습니다. 일이 더디 진행될 수도 있습니다. 그러나 믿음 안에서는 그 어떤 어려움도 크게 문제 되지 않습니다.

오직 성령의 능력으로 다시 슥 1~14장

학개의 외침이 있은 지 두 달여 기간이 지난 다리오 왕 2년 8월에 하나님께서 스가랴를 통해 말씀하십니다. 성전 건축에 대해 말씀하실 뿐만 아니라, 이스라엘이 불순종과 멸망의 죄악을 다시 반복하지 않도록 권면하시고, 이스라엘 백성들의 마음속 깊이 자리하고 있는 불안감에 대한 위로도 주십니다.

예루살렘에 돌아온 이들이 직접 목도한 고향 땅의 피폐한 상황은 절망감을 안겨주기에 충분했습니다. 척박한 현실 앞에 선 그들에게, 시온 성 예루살렘에 대한 하나님의 꿈과 비전은 요원하게만 보였습니다. 그런 그들에게 스가랴를 보내신 하나님께서는 현실을 넘어선 가능성을 보여주십니다. 비록 성전 건축이 잠시 지연되고 있지만 그들 앞에 있는 현실에 주저앉

Power

스가랴

예레미야와 에스겔처럼, 스가랴도 제사장 가문에서 태어났다. 그는 바벨론에서 태어났고, 포로 생활을 하던 유대인들이 총독 스룹바벨과 대제사장 여호수아의 인도 아래 귀환할 때 함께 귀환했다. 스가랴는 선지자 학개와 같이 활동하였으나 그보다 나이는 좀 어렸다.

지 말고 하나님이 주신 가능성을 향해 전진하라고 말씀하시는 것입니다.

또한 하나님께서는 성전 재건에 착수하고 있는 총독 스룹바벨과 대제사장 여호수아에게 세속적인 인간의 힘이나 권력에 의지하지 말고 오직 하나님의 능력을 바라보는 자가 되라고 말씀하십니다(슥 3, 4장). 하나님께서는 당신의 일꾼으로 세우신 스룹바벨과 여호수아에게 성령의 능력을 덧입혀주십니다. "큰 산아 네가 무엇이냐 네가 스룹바벨 앞에서 평지가 되리라 그가 머릿돌을 내놓을 때에 무리가 외치기를 은총, 은총이 그에게 있을지어다 하리라 하셨고"(슥 4:7).

하나님의 심판 선언은 한편으로는 경계와 긴장의 말씀이기도 하지만, 또 한편으로는 위로와 격려의 메시지입니다. 스가랴 5장에 등장하는 날아가는 두루마리 환상(슥 5:1~4)과 에바 속에 있는 여인의 환상(슥 5:5~11), 네 병거로 주위의 대적을 물리치고 여호수아에게 면류관을 씌워 주는 환상들(슥 6장) 안에는 성전 재건을 통해 이스라엘의 마음을 다시 일으키시려는 하나님의 깊은 의도가 담겨 있습니다.

하나님께서는 오래전 시내 산에서 이스라엘에게 주셨던 '제사장 나라 거룩한 백성'의 중보적 사명(출 19장)을 다시 회복시키겠다고 말씀하십니다. 여기에 구원을 베풀 겸손한 왕에 관한 이야기가 이어지면서, 그 왕이 예루살렘에 임한다고 말씀하십니다.

"시온의 딸아 크게 기뻐할지어다 예루살렘의 딸아 즐거이 부를지어다 보라 네 왕이 네게 임하시

스가랴의 환상들

	환상의 종류	의미
위로의 환상	화석류나무 사이의 말 탄 자들	하나님께서는 시온과 그 백성들을 회복하실 것 (슥 1:7~17)
	네 뿔과 대장장이들	이스라엘을 압제한 자들은 심판받을 것 (슥 1:18~21)
	측량줄을 잡은 사람	하나님께서는 예루살렘을 보호하시고 영화롭게 하실 것 (슥 2:1~13)
	대제사장 여호수아가 정결케 됨	이스라엘이 장차 오실 싹에 의해 정결케 되고 회복될 것 (슥 3:1~10)
	순금 등잔대	하나님의 영이 스룹바벨과 여호수아에게 능력을 주실 것 (슥 4:1~14)
심판의 환상	날아가는 두루마리	개인의 죄가 심판받을 것 (슥 5:1~4)
	에바 속의 여인	민족의 죄악이 제거될 것 (슥 5:5~11)
	네 병거	심판이 열방에 임할 것 (슥 6:1~8)

나니 그는 공의로우시며 구원을 베푸시며 겸손하여서 나귀를
타시나니 나귀의 작은 것 곧 나귀 새끼니라"(슥 9:9).

이제 이스라엘 백성들에게 남은 과제는 지나온 이스라엘의
역사가 증명하고 오늘 스가랴가 선포하는 하나님의 약속을 믿
고 순종하는 것입니다. 곧 이스라엘을 하나님의 백성 삼으시
겠다는 하나님의 변치 않을 약속을 믿고 전진하는 일입니다.

성전 재건의 기쁨 스 5~6장

절망적인 시대의 흐름을 새롭게 바꾸는 것은 얼마나 소중
한 일입니까? 16여 년 동안이나 중단되었던 성전 재건의 역사
가 다시 시작됩니다. 그 중심에는 선지자 학개와 스가랴가 있
었습니다(스 5:1~2). 이 두 선지자는 성전 재건의 의지와 열정을
놓쳐버린 백성들이 성전 건축을 다시 시작할 수 있도록 촉구
하며 격려했습니다. 이러저러한 난관 때문에 성전을 재건할
수 없다는 패배주의적 흐름을, 하나님의 역사를 이루어가야
한다는 시대적 사명감으로 바꾸어낸 것입니다.

이스라엘 백성들이 학개와 스가랴의 말을 듣고 다시금 성
전 건축을 시작하려고 할 때, 고레스 왕의 문서를 발견한 다리
오 왕이 성전 건축을 신속히 재개하라는 명령을 내립니다(스
6:1~12).

방해하려던 자들도 왕의 이러한 명령이 내려지자 오히려
급히 달려와서 도와주게 됩니다. 부딪치는 것을 주저하며 시
기상조론만 펼치고 있으면 밑도 끝도 없습니다. 일어나서 걷
는 가운데 모든 오해가 풀리고 하나님의 뜻이 이루어져 가는
것을 봅니다(스 6:13).

제국의 행정력
페르시아 제국이 서적 곳간에
오래전 문건을 다 보관해놓았
다는 것을 보면 당시 제국들의
행정력이 만만치 않았다는 것
을 알 수 있다.

학개와 스가랴의 외침의 열매로 스룹바벨과 여호수아, 그리고 백성들이 일어나 성전 건축을 재개했습니다. 그리고 마침내 감격스럽고 기쁜 날이 왔습니다. 여러 우여곡절 끝에 성전 재건 사업이 드디어 마침표를 찍게 된 것입니다. 이스라엘 백성들은 그동안 제대로 지키지 못했던 유월절을 지키며 감격과 기쁨을 만끽합니다(스 6:19~22). 이날이 오기까지 얼마나 많은 어려움과 고난, 주변 사람들의 방해와 핍박이 있었는지 …. 이 모든 과정을 지나오면서 이스라엘 백성들은 어두웠던 과거의 모습을 벗어버리고 하나님 앞에 다시 거룩한 백성으로 설 수 있게 되었습니다. 에스라 6장에는 길고 어두운 터널을 통과하고 새로운 대로(大路) 앞에 선 이스라엘 백성들의 즐거운 노랫소리가 완성된 성전을 배경으로 가득 차 있습니다.

위대한 구원 에 1~10장

에스더서의 이야기는 1차 포로 귀환(B.C.537년)과 2차 포로 귀환(B.C.458년) 사이에 일어났던 일로서, 페르시아 땅에서 큰 민족적 위기를 맞이한 유대 민족이 어떻게 그 상황을 극복하며 타개해 나가는지를 보여주고 있습니다.

페르시아 왕 아하수에로(크세르크세스)가 왕위에 올라 나라를 다스린 지 3년째 되는 해에 왕후 와스디가 폐위되는 사건이 있었습니다. 왕과 왕후 사이의 내부 갈등으로 빚어진 일이었지만, 이 사건은 이스라엘 민족의 구원을 위한 하나님의 섭리 아래 있었습니다. 새로운 왕후 선발 심사를 받기 위해 왕궁으로 들어간 수많은 처녀들 가운데 에스더가 있습니다. 비록 포로민 출신이었고 부모 없이 사촌 모르드개의 손에서 자랐지만, 신앙으로 교육받고 품위를 갖춘 에스더가 새 왕후의 자리에 오르게 됩니다(에 2:16~18).

한편, 하만은 아하수에로 왕의 신임을 받아 대신들 중 최고의 자리에 오른 사람입니다. 왕명에 따라 모든 신하들과 백성들은 그 앞에 꿇고 절을 해야 했습니다. 그렇지만 모르드개는 이러한 대세에 따르지 않고, 그의 소신과 신앙의 지조를 지키고자 합니다. 하만은 자기에게 절하지 않는 모르드개가 유다인이라는 것을 알고 심히 분노한 나머지, 유다인 전부를 말살하기 위한 계획을 세웁니다(에 3:5~6). 하만은 궤계와 술수를 써서 아하수에로 왕으로 하여금 제국 내의 모든 유다인들을 지정된 하루 사이에 다 진멸하라는 조서를 공포하도록 합니다(에 3:12~13). 유다 민족에게는 피할 수 없는 멸망의 시간이 정해진 것입니다.

이 소식을 들은 모르드개는 굵은 베 옷을 입고 대궐 문 앞에서 재를 뒤집어쓰고 통곡합니다(에 4:1~3). 궁중에 있던 에스더가 그 소식을 듣고 무슨 일인가 하여 사람을 보내니, 모르드개는 유다인들이 당한 사건의 자초지종을 전해주며, "왕에게 나아가서 민족을 위하여 간절히 구하라."라고 부탁합니다. 에스더가 왕 앞에 나아가 그들이 처한 억울한 상황을 탄원해주길 부탁한 것입니다.

그런데 당시 페르시아 법에 따르면, 왕이 부르지 않았는데 왕에게 나아가는 사람은 죽을 수 있었습니다. 아무리 왕후라 할지라도 왕의 허락 없이 그 앞에 나서는 일은 목숨을 담보로 하는 위험한 행동입니다. 그러나 모르드개는 그녀가 이처럼 높은 지위에 오른 것이 이 일을 위함이 아니겠냐고 말하며 그녀를 설득합니다(에 4:13~14). 결국 에스더는 목숨을 잃을 수도 있는 위험을 감수하고서라도 왕을 알현하여 민족을 구하기로 결심합니다. 에스더가 모르드개에게 부탁합니다.

"당신은 가서 수산에 있는 유다인을 다 모으고 나를 위하여 금식하되 밤낮 삼 일을 먹지도 말고 마시지도 마소서 나도 나의 시녀로 더불어 이렇게 금식한 후에 규례를 어기고 왕에게 나아가리니 죽으면 죽으리이다"(에 4:16).

모르드개와 에스더의 위기 대처 방식 역시 다니엘과 같은 정면 돌파였습니다. 에스더는 이미 왕후의 자리에 있었고, 또한 유다 민족 출신이라는 사실이 알려지지 않았던 터라, 자신의 생명만 지키려고 마음먹었다면 그런 위험을 감수하지 않을 수도 있었습니다. 그러나 유다인들 가운데 가장 편안한 삶을 살고 있으며 가장 확실한 지위를 확보하고 있는 에스더가 민족의 위기를 극복하기 위해 가장 먼저 나서기로 결단한 것입니다.

에스더는 이 일을 위해 삼일 간 금식하며 기도한 후, 왕 앞에 나아갑니다. 하나님의 돌보심으로 무사히 왕 앞에 설 수 있었던 에스더는 지혜롭게 왕과 하만을 잔치에 초대합니다. 아무것도 모르는 하만은 왕후가 베푼 잔치에 두 번씩이나 왕과 자기만 초대되었다는 사실에 매우 우쭐해합니다. 그리고는 오십 규빗이나 되는 나무를 가져다가 다음 날 모르드개를 그 나무에 달겠다는 계획을 세웁니다.

한편 아하수에로 왕은 그날 밤 잠이 오지 않아서 역대 일기를 읽다가 언젠가 왕의 두 내시가 왕을 암살하려 한다는 음모를 모르드개가 고하여 자신의 생명을 구해주었던 것을 알게 됩니다(에 2:19~23; 6:1~2). 왕은 곧바로 모르드개에게 큰 상을 베풉니다(에 6:10~11). 이 사실은 모르드개를 죽이려던 하만에

Power

에스더와 모르드개

큰 위기는 사람을 주눅들게 만들어 더 이상 미래를 향해 돌진하지 못하게 한다. 그러나 위기가 있기에 더욱 힘을 내어야 하는 것 아니겠는가? 에스더와 모르드개에게는 위기를 기회로 만들 수 있는 믿음의 힘이 있었다.

게는 큰 충격이었습니다.

에스더가 왕을 위해 준비한 두 번째 잔치 자리에서 아하수에로 왕은 에스더에게 나라의 절반이라도 줄 테니 원하는 것을 말해보라고 합니다. 바로 이때 에스더는 하만의 음모를 폭로합니다(에 7:3~6). 그 사실을 듣고 화가 난 왕은 하만이 모르드개를 매달려고 만든 나무에 오히려 하만을 매답니다.

이렇게 모르드개와 에스더의 목숨을 건 노력으로 말미암아 유다 민족 전체가 위기를 모면합니다. 뿐만 아니라 하만이 유다인들을 미워하여 그들을 멸절시킬 날로 제비뽑은 12월 13일은 오히려 유다인들이 페르시아 전역에서 높임을 받고, 모르드개가 왕궁에서 존귀를 얻는 날이 됩니다(에 9:1~4).

모르드개는 1차 귀환과 2차 귀환 사이에 페르시아에서 있었던 이 놀라운 하나님의 은혜를 기록하여 페르시아 전역에 흩어져 있던 유다인들에게 보냈습니다. 그리고 해마다 아달월 14일과 15일에 '부림절'을 지키게 하여 하나님께서 슬픔을 기쁨이 되게 하시고 애통이 길한 날이 되게 하셨음을 기억하게 했습니다. 부림절에 유다인들은 잔치를 베풀고, 서로 예물을 주며, 가난한 자들은 구제하며 하나님의 은혜를 되새겼습니다.

사람의 눈으로 보기에는 우연인 것처럼 보이나, 실은 하나님께서 펼치신 최고의 드라마입니다. 에스더서는 페르시아 제국에서 일어난 이 사건을 통하여 하나님의 사랑과 책임이 얼마나 깊고 넓은지를 보여 줍니다. 한 민족을 향한 하나님의 진한 사랑의 이야기인 에스더서는 절망과 좌절에 빠진 사람들에게 희망과 용기를 더해 줍니다.

부림절 (Feast of Purim)
유대 백성에게 가장 비극적인 날로 기억될 뻔했던 아달월 13일은 기쁨과 승리의 날로 변하였다.
부림절이란 단어는 '제비'라는 뜻의 앗수르어 puru에서 유래되었는데, 이는 하만이 유다인 살육을 위한 날을 택일하기 위해 제비를 뽑은 데서 유래된 것이다.

세 가지 결심

2
숲이야기

에스라 7~10장 시편 119편

세 가지 결심 스 7~8장

새로운 삶은 하나님과의 관계 회복에서 시작됩니다. 페르시아 왕 고레스 원년에 이스라엘의 첫 번째 귀환을 인도한 사람은 다윗의 후손, 여고냐의 손자 스룹바벨이었습니다. 이후 2차와 3차에 걸친 귀환이 있었고, 또 한편으로는 예루살렘으로 돌아가지 않고 세계 각국으로 흩어진 디아스포라도 생겨났습니다.

1차 귀환이 있은 지 약 80년 후 아닥사스다 왕 때, 2천여 명의 2차 귀환을 인도한 사람은 학사 겸 제사장 에스라입니다. 먼저 우리는 에스라가 자신을 소개하며 16대 조상 아론에게까지 족보를 거슬러 올라간 부분을 보고 놀라지 않을 수 없습니다(스 7:1~5). 그만큼 에스라는 역사에 정통하였으며 율법 연구에 익숙한 학자였다는 것을 알 수 있습니다. 뿐만 아니라 그는 페르시아 왕과도 친분이 두터울 만큼 높은 사회적 지위도 갖고 있었습니다(스 7:6). 그런 그가 예루살렘으로 돌아갈 것을 결심합니다. 혼자도 아니고, "이스라엘 자손과 제사장들과 레위 사람들과 노래하는 자들과 문지기들과 느디님 사람들 중에 몇 사람"(스 7:7)과 함께 가기로 합니다.

"첫째 달 초하루에 바벨론에서 길을 떠났고 하나님의 선한 손의 도우심을 입어 다섯째 달 초하루에 예루살렘에 이르니라"(스 7:9).

에스라는 왜, 걸어서 4개월이나 걸리는 고된 여행길을 마다하지 않고 예루살렘으로 귀환한 것입니까? 그 이유는 다름 아니라, "여호와의 율법을 연구하여 준행하며 율례와 규례를 이스라엘에게 가르치기로 결심"(스 7:10)하였기 때문입니다.

그의 첫 번째 결심은 '율법 연구'입니다. 먼저 성경을 연구해야 합니다. 성경이 어렵고 딱딱한 책으로 느껴진다면 그것은 성경에 쏟은 시간이 너무도 적기 때문입니다. 하나님께서는 당신의 말씀에 관심을 가지고 열심히 연구하는 자들에게 당신의 뜻을 보여주시길 기뻐하는 분이십니다.

그의 두 번째 결심은 '준행'이었습니다. 누군가를 가르치기 전에 나 자신이 먼저 그렇게 살아야 하는 것입니다. 우리 삶의 목적과 방향이 실제로 말씀과 일치하는지 늘 점검하고 실천해야 할 것입니다.

그리고 마지막으로 에스라는 '가르치기'로 결심하였습니다. 먼저 하나님의 말씀을 깨달아 안 사람들의 사명은 그 생명의 지식을 많은 사람들에게 전함으로써 신앙을 계승하는 것입니다.

에스라가 결심한 '연구', '준행', '가르침'. 이 세 가지 중에서 어느 한 가지라도 소홀히 해서는 안 됩니다. 보통 사람들은 '연구'가 끝나면 '준행' 없이 바로 '가르침'으로 가려고 하는데, 에스라는 그렇지 않았습니다. 모든 그리스도인들, 특히 가르치는 일을 맡은 이들은 이런 에스라의 세 가지 결심을 깊이 생각하며 기억해야겠습니다.

여호와의 율법을 연구하여 준행하며 율례와 규례를 이스라엘에게 가르치기로 결심한 에스라. 그는 바벨론에서부터 하나님과 이스라엘을 향한 꿈을 가지고 자신의 사명을 위해 준비해왔습니다. 이제 그를 통해 성전 재건이라는 외형적 기틀 위에, '백성들의 회개 운동' 이라는 내용 채우기가 가능해집니다.

또한 에스라는 아닥사스다 왕으로부터 많은 원조를 받아 예루살렘으로 돌아옵니다(스 7:11~26). 그가 왕과 얼마나 가까운 사이였기에 왕이 그처럼 모든 것을 다 쓸 수 있게 허락했는지, 참으로 놀랍습니다. 에스라가 왕으로부터 많은 물질을 얻어온 이유는 개인 재산을 쌓기 위해서가 아니라 공동체를 세우고, 레위인을 살리는 데 사용하기 위한 것이었습니다.

에스라 8장에는 에스라를 중심으로 한 2차 귀환자들의 명단이 소개되고 있습니다. 이들은 이후 이스라엘 공동체를 재건함에 있어서 에스라를 중심으로 말씀 운동을 일으키는 중요한 사람들입니다. 특히 아하와 강가에 도착한 에스라는 성전 제사를 감당할 레위인들이 없음을 발견하고 레위인들을 모집합니다(스 8:15~17). 귀환이 이루어진 후에도, 백성들을 하나님께 인도할 영적 리더들이 없다면 귀환의 근본 목적이 상실된다는 것을 에스라는 정확히 알고 있었기 때문입니다.

개혁을 위하여 스 9~10장/ 시 119편

에스라의 예루살렘 귀환은 성전 재건 이후 새로이 세워지기 시작한 이스라엘 공동체가 하나님을 예배하고 하나님의 율법에 기초한 생활을 확립하는 데에 큰 계기가 됩니다.

그런데 예루살렘에 도착한 에스라의 눈에 하나님의 명령을 거역하는 이스라엘 백성들의 모습이 발견됩니다. 이방 여인을 맞이하여 아내로 삼는 등, 이방인의 잘못된 풍습을 여전히 따르고 있는 사람들을 보며 에스라는 자기 민족의 죄를 자신의 죄로 고백하고 하나님께 회개합니다.

"우리 조상들의 때로부터 오늘까지 우리의 죄가 심하매 우리의 죄악으로 말미암아 우리와 우리 왕들과 우리 제사장들을 여러 나라 왕들의 손에 넘기사 칼에 죽으며 사로잡히며 노략을 당하며 얼굴을 부끄럽게 하심이 오늘날과 같으니이다 … 우리 하나님이여 이렇게 하신 후에도 우리가 주의 계명을 저버렸사오니 이제 무슨 말씀을 하오리이까"(스 9:7~10).

에스라는 동족들이 범한 죄를 통감하고 그들의 죄악을 자신의 것으로 여기며, 하나님 앞에서 몸 둘 바를 몰라 합니다. 오랜 세월 동안 하나님께서 어떻게 이스라엘에게 긍휼을 베풀어주셨는지 잘 알고 있는 그가 보기에는 이스라엘이 지금 저지르고 있는 죄악은 도저히 용납할 수 없는 것이기 때문입니다. 자신이 결코 하나님께 나아갈 수 없는 죄인이라는 것을 깊이 깨닫고 회개하는 에스라를 시작으로 이스라엘에 회개 운동이 일어나게 됩니다(스 10장).

이스라엘 백성들은 그들이 맞이한 이방 여인들을 떠나보내는 것에 모두 동의합니다. 제사장들을 비롯한 레위인들, 백성들이 이방 아내들을 모두 떠나보내고, 앞으로는 하나님의 말씀에 따라 살기로 언약합니다. 하나님과의 관계 회복을 위하여 하나님의 언약과 율법을 기준 삼아 개혁의 주춧돌을 놓아가고 있습니다.

에스라, 에스더, 느헤미야의 연대적 관계			
BC 537~515년	BC 483~473년	BC 458년	BC 445~425년
스룹바벨	에스더	에스라	느헤미야
에스라 1~6장	에스더서	에스라 7~10장	느헤미야서
첫 번째 귀환		두 번째 귀환	세 번째 귀환

시편 119편은 시편 중에서 가장 긴 시편입니다. 기록상 작자 미상의 시편이지만 그 내용으로 미루어 보았을 때 에스라가 지었을 것이라고 추정되고 있습니다. 전체 176절 가운데 몇 구절을 제외한 모든 구절에 '하나님의 말씀'을 의미하는 '법', '율례', '규례', '법도', '계명', '명령', '말씀', '약속', '길', '도'(道) 등의 용어가 나올 정도로, 하나님 말씀의 중요성을 매우 강조하고 있습니다.

"청년이 무엇으로 그의 행실을 깨끗하게 하리이까 주의 말씀만 지킬 따름이니이다"(9절). "내 눈을 열어서 주의 율법에서 놀라운 것을 보게 하소서"(18절). "주의 말씀의 맛이 내게 어찌 그리 단지요 내 입에 꿀보다 더 다니이다"(103절). "주의 말씀은 내 발에 등이요 내 길에 빛이니이다"(105절). "주의 의는 영원한 의요 주의 율법은 진리로소이다"(142절).

에스라는 재건세대가 하나님의 말씀에 기반하여 기초부터 튼튼히 세워져가기를 소망하였습니다. 재건(再建)은 건물만 올린다고 되는 것은 아닙니다. 진정한 재건은 자신의 마음부터 다시 쌓아올려야 하는 것입니다.

중간목표 최종목표

느헤미야 1~13장

율법과 역사에 정통한 평신도 느 1장

1차 귀환공동체가 예루살렘으로 돌아간 지는 이미 오랜 세월이 흘렀고, 이어 에스라에 의한 두 번째 귀환이 있은 지도 벌써 십 년이 넘는 세월이 흘렀습니다. 이때 페르시아 수산 궁에 거하고 있던 느헤미야가 예루살렘의 형편을 묻습니다. 풍족한 중에도 남의 형편을 물을 줄 아는 사람 느헤미야는 예루살렘의 피폐한 상황과 동포들이 당하고 있는 고난에 대해 듣게 됩니다(느 1:1~3). 아직까지 예루살렘 동포들이 큰 환난과 능욕을 받으며 지내고 있다는 소식입니다.

이 소식을 들은 느헤미야는 수일 동안 앉아서 울고 슬퍼합니다. 그리고 금식하며 기도합니다. 이 느헤미야의 눈물 섞인 간절한 기도는 일찍이 있었던 예레미야의 슬픔, 곧 하나님의 슬픔에 동참하는 기도였습니다. 예루살렘 성전이 무너지고 여자와 어린아이들이 큰 환난을 겪는 장면을 바라본 예레미야가 슬픔을 이기지 못했던 것처럼, 그 황폐함이 여전하다는 소식을 전해들은 느헤미야는 예레미야처럼 하나님의 슬픔에 동참하여 하나님께 기도하는 것입니다.

그의 기도 내용을 주목해봐야 합니다. 느헤미야는 율법을 연구하는 사람이나 제사장이 아니고 평신도입니다. 그러나 그는 말씀, 즉 주의 율례와 계명과 법도를 잘 이해하고 그 말씀을 기반으로 기도하고 있습니다. 그 기도의 내용을 살펴보면 첫째, 예루살렘이 그렇게 큰 환난을 당한 것은 조상들이 저지른 잘못의 결과라는 것입니다. 둘째, 그는 조상들의 후손인 자신들이 징계를 달게 받고 돌아서서 계명을 지키면 "쫓긴 자들이 하늘 끝에 있을지라도 내가 거기서부터 그들을 모아 내 이름을 두려고 택한 곳에 돌아오게 하리라."라는 하나님의 약속을 기억해 주십사 하는 것입니다. 그리고 셋째, 그 말씀을 이루는 적임자로 자신을 써 달라고 기도합니다.

그렇습니다. 일찍이 예레미야가 눈물 중에 간직했던 그 소망의 씨앗 중 한 사람이 바로 느헤미야였던 것입니다. 포로로 잡혀온 이들은 참으로 어렵고 힘든 시간을 보내야 했지만, 예레미야의 편지를 통한 하나님의 위로와, 다니엘과 에스겔 같은 하나님의 사람들을 통한 격려에 의해 그들은 소망의 씨앗으로 자라났습니다. 이제 그들 중 한 사람인 느헤미야가 예루살렘에 돌아가 허물어졌던 성벽을 다시 수축(修築)해내는 것으로 삶의 최종목표를 세우고 있습니다.

이렇게 꿈을 꾼 그가 내딛는 첫 발걸음은 다름 아닌 중간목표 세우기입니다. 느헤미야는 "이 사람 앞에서 은혜를 입게 하옵소서"(느 1:11)라는 중간목표를 세우고 하나님께 기도합니다.

중간목표 술 관원
"그때에 내가 왕의 술 관원이 되었느니라." 당시 술 관원이 어떤 정치적 비중을 가지고 있었을까? 왕의 생명과 관련이 있는 사람들은 당시 가장 왕에게 신임받는 사람들이었다. 왕이 그들과 국사(國事)를 의논할 정도로, 그들은 왕의 믿을 만한 측근들이었다. 그 중 한 명이 느헤미야였다.
요셉이 바로에게 그러했고, 다니엘이 다리오 왕에게 그러했듯이 아닥사스다 왕에게는 느헤미야가 그런 위치에 있었다. 이들은 하나 같이 하나님을 믿는 정치가요, 행정가들이었다.

최종목표를 위한 중간목표 느 2~3장

목표를 세우고 기도하였던 대로 느헤미야는 왕과 가까운 사람이 되었습니다. 당시 '왕의 술 관원'이라는 직급은 왕의 측근으로서 정치적으로 매우 비중 있는 자리였습니다. 성경에는 자세히 기록되어 있지 않지만, 그는 그 자리에 오르기 위해서 엄청난 수고와 노력을 기울였을 것입니다.

수심만 띄어도 죽음
당시 페르시아 법에 의하면 왕 앞에서 근심스런 수심을 띄면 죽임을 당할 수 있었다. 이는 유대 출신 페르시아 왕비 에스더가 왕 앞에 나아가면서 "죽으면 죽으리라."라고 말했던 배경과 비슷하다(에 4:16).

어느 날 아침입니다. 느헤미야가 굳은 결심을 하고 출근합니다. 그날 왕 앞에 술잔을 드리는데, 평소와 달리 느헤미야의 얼굴에 수심이 가득합니다. 왕이 묻습니다. "네가 병이 없거늘 어찌하여 얼굴에 수심이 있느냐? 이는 필연 네 마음에 근심이 있음이로다." 그러자 느헤미야가 크게 두려워합니다(느 2:2). 왜냐하면, 당시 페르시아 법에는 신하가 왕 앞에서 근심을 표현하면 왕을 해하려는 것으로 의심을 받아, 죽임을 당할 수도 있었기 때문입니다. 그럼에도 불구하고 느헤미야는 왕이 알아채길 바라며 일부러 수심을 표현한 것입니다.

느헤미야는 바로 이렇게 대답합니다. "왕은 만세수를 하옵소서." 왕을 해하려는 마음이 없다는 것을 밝히는 것입니다. 이렇게 왕을 안심시킨 느헤미야는 곧이어 이렇게 이야기합니다. "내 조상들의 묘실이 있는 성읍이 이제까지 황폐하고 성문이 불탔사오니 내가 어찌 얼굴에 수심이 없사오리이까?" 듣고 있는 왕 입장에서는 뜬금없는 이야기입니다.

LEADERSHIP
순간의 기도
급박한 순간에 짧은 기도로 감사를 드리며, 하나님의 선한 계획에 따라 믿음으로 나아간 사람이 느헤미야이다.
그는 진정 기도의 사람이다.

그런데 놀랍게도 왕이 "그러면 네가 무엇을 원하느냐"라고 묻습니다. 그 순간 그는 곧바로 하늘의 하나님께 잠깐 묵도합니다. 그리고 말합니다. "왕이 만일 좋게 여기시고 종이 왕의 목전에서 은혜를 얻었사오면 나를 유다 땅 나의 조상들의 묘실 있는 성읍에 보내어 그 성을 건축하게 하옵소서"(느 2:5). 그의 요구인즉, 예루살렘 지역에 자신을 총독으로 파견해주고, 성을 재건하도록 허락해달라는 것입니다.

이제 왕의 대답이 궁금합니다. "네가 몇 날에 다녀올 길이며 어느 때에 돌아오겠느냐?" 할렐루야! 가는 것을 허락할 뿐만 아니라, 돌아오기도 하라는 것입니다. 향후 정치적 입지까지 보장해주는 것입니다. 느헤미야 입장에서는 뛸 듯이 기쁜 일입니다. 무척이나 좋아하고 있는 느헤미야의 마음이 느껴지십니까?

이제 느헤미야는 그동안 자신이 준비했던 계획을 단계적으로 왕에게 설명하고 왕으로부터 예루살렘 총독 자리를 받습니다. 그리고 조서를 요청합니다. 느헤미야는 혼자 가는 것이 아니라, 수많은 사람들과 함께 가기로 이미 약속되어 있는데, 그 많은 사람들이 함께 길을 떠나면 가는 도중 반란군으로 오인받을 수 있기 때문입니다. 그래서 왕의 조서, 즉 증명서가 필요했던 것입니다. 또한 느헤미야는 아삽에게 조서를 내려 필요한 물건을 채움 받을 수 있도록 허락해달라고 합니다. 나아가 들보 재목까지 구했는데, 이 또한 왕이 모두 들어줍니다. 게다가 구하지도 않은 군대 장관과 마병까지 붙여줍니다.

느헤미야는 이 모든 넘치는 결과물들이 하나님의 손길 안에서 허락된 것인 줄 알고 "내 하나님의 선한 손이 나를 도우시므로 왕이 허락"(느 2:8)했다고 고백합니다. 아무리 치밀한 계획이라 하더라도, 하나님께서 함께하실 때에 비로소 완성된다는 것을 느헤미야는 잘 알고 있었던 것입니다.

느헤미야가 이 순간을 얼마나 기대하고 기다렸겠습니까. 그의 최종목표는 황폐해진 예루살렘 성벽을 다시 재건하는

LEADERSHIP

사회성

오늘날 그리스도인들이 직장에서 상사에게 믿을 만한 사람인가? 요셉, 다니엘, 느헤미야는 비그리스도인들에게도 큰 신뢰를 얻었다. 그들은 골방에 들어가서 기도만 하고 아무 수고 없이 하나님의 기적을 바라는 사람들이 아니었다.

것입니다. 그리고 이 최종목표를 이루기 위한 중간목표를 세
워 이제껏 달려왔습니다. 느헤미야의 간절한 기도와 오랜 기
다림과 치밀한 계획 끝에, 처참하게 무너져 내렸던 예루살렘
성벽의 재건 작업이 이제 초읽기에 들어갑니다. 민족을 향한
그의 뜨거운 사랑과 열정이 그 누구도 꿈꿀 수 없었던 일을
출발시킨 것입니다.

마침내 느헤미야는 모든 준비를 마치고 많은 동지들과 함
께 예루살렘을 향하여 출발합니다. 약 반 년 정도의 행보를 통
해 예루살렘에 도착한 느헤미야는 황폐한 예루살렘의 형편을
직접 목도하게 됩니다. 그는 3일째 되는 날 밤, 은밀히 사전
답사를 실행한 다음, 구체적인 복구 계획을 세웁니다(느
2:11~16). 역할 분담 계획까지 세운 뒤, 백성들을 예루살렘에 모
아놓고 설득합니다. 자신이 성벽 재건을 하고자 계획을 밝혔
을 때 왕이 허락하였으며, 왕이 직접적으로 도움을 주었고 적
극적으로 지지하였다고 말합니다. 그리고 일이 끝난 후 왕에
게 다시 돌아가야 할 만큼 자신이 정치적 신임을 받고 있다는
말도 덧붙입니다. 나아가 이 일을 해냄에 있어서 각 집안별로
나눠서 하면 더욱 잘 해낼 수 있을 것이라고 제안합니다. 이에
백성들이 느헤미야의 뜻을 수용하여 함께 성벽 재건을 시작
하기로 마음을 모읍니다(느 2:17~18). 느헤미야 3장에는 이스라
엘 백성들이 각자의 자리에서 성벽의 일부분을 나누어 재건
하는 모습이 그려집니다. 이스라엘 공동체가 이 일을 통해 하
나님의 백성으로 다시 태어나는 모습을 증거하는 장면입니다.

성벽 재건의 어려움을 딛고 느 4~7장

그런데 이렇게 시작된 성벽 재건은 곧 장애물에 부딪치고 맙니다. 그것은 예루살렘의 피폐한 상황을 이용해 자신들의 이익을 챙기려는 사람들의 방해입니다. 왕의 측근 느헤미야가 총독으로 예루살렘에 왔다는 사실은 호론 사람 산발랏과 암몬 사람 도비야 같은 사람들을 굉장히 불안하게 만들었습니다. 그들은 처음에는 느헤미야 중심의 성벽 재건 작업을 일소(一笑)에 붙였으나, 재건 작업이 일사불란하게 진행되자 당혹스러움을 감추지 못하고, 성벽 재건 공사를 방해하기 시작합니다(느 4, 6장).

성벽이 쌓여갈수록 그들의 방해 작전도 점점 격해지더니, 급기야는 군대를 동원하기에 이릅니다. 그러나 느헤미야와 백성들은 이에 굴하지 않고, 한 손에는 연장, 또 한 손에는 칼을 들고 위기를 대처해갑니다(느 4:16~23). 위기를 기회로 바꾸는 느헤미야의 리더십, 그리고 한 손으론 병기를 잡고 다른 손으론 일을 하며 땀 흘리는 백성들의 수고가 아름답게 어우러지는 장면입니다.

이런저런 방해를 하는데도 느헤미야와 백성들이 지혜롭게 일을 해결하며 진행시켜가자, 방해자들은 느헤미야를 오노 평지로 불러내어 암살할 계획까지 세웁니다(느 6:2). 또한 느헤미야가 반역을 꾸미고 있다고 왕에게 고하겠다며 느헤미야를 위협합니다. 그러나 느헤미야는 그들의 이런 거짓 협박에 넘어가지 않습니다. 왜냐하면 느헤미야와 왕은 이미 신뢰를 기반으로 하는 사이이기 때문입니다. 느헤미야는 이미 이 같은 상황을 예상하고 왕과의 깊은 관계 기반을 확실히 구축한 후

방해들 (느 4, 6장)

1. 비웃음
2. 네 번에 걸친 정치적 모략과 암살 계획
3. 스마야의 거짓 예언
4. 뇌물, 그의 리더십을 흔들려는 노력

에 총독으로 와 있기에, 그들의 방해는 위협이 될 수 없습니다.

마침내 각 지파와 가족별로 나누어 성벽 재건 작업을 착실히 진행한 결과, 마지막 성문을 완성함으로써 성벽 재건이 완료됩니다. 개인적으로는 암살의 위험에 처했음에도 불구하고 최종목표를 향하여 흔들림 없이 달려온 느헤미야가 드디어 성벽이 완공되는 감격적인 장면을 목도하고 있습니다.

"성벽 역사가 오십이 일 만인 엘룰월 이십오일에 끝나매 우리의 모든 대적과 주위에 있는 이방 족속들이 이를 듣고 다 두려워하여 크게 낙담하였으니 그들이 우리 하나님께서 이 역사를 이루신 것을 앎이니라"(느 6:15~16).

이때 느헤미야는 매우 중요한 일을 한 가지 합니다. 그것은 재건된 성의 적재적소에 지도자를 세우는 일과 예루살렘 백성들의 인구를 조사하는 일이었습니다(느 7장).

하나님의 기쁨과 이웃의 기쁨 느 8~13장

목표가 분명하면 결코 흔들리지 않습니다. 고통당하는 동족을 위해 예루살렘 성벽을 재건하기로 결심하고 작업에 착수한 느헤미야는 흔들림 없이 최종목표를 실현해 나갔던 것입니다. 그 최종목표 중 하나가 성벽 낙성식 기념으로 있었던 성경통독 집회를 통해 실현되고 있습니다.

"이스라엘 자손이 자기들의 성읍에 거주하였더니 일곱째 달에 이르러 모든 백성이 일제히 수문 앞 광장에 모여 학사 에스라에게 여호와께서 이스라엘에게 명령하신 모세의 율법 책을 가져오기를 청하매 일곱째 달 초하루에 제사장 에스라 가 율법책을 가지고 회중 앞 곧 남자나 여자나 알아들을 만한 모든 사람 앞에 이르러 수문 앞 광장에서 새벽부터 정오까지 남자나 여자나 알아들을 만한 모든 사람 앞에서 읽으매 뭇 백 성이 그 율법책에 귀를 기울였는데"(느 8:1~3).

이 일주일간의 성경통독 집회를 통해 에스라는 율법책을 낭독하고 가르쳤습니다. 느헤미야는 평신도였는지라 백성들 을 모으는 일을 하고, 제사장 에스라는 신앙 운동을 주도하는 일을 맡은 것입니다. 성벽 낙성식에서 드러나는 이 두 분의 협 력이 참으로 아름답습니다.

이 성경통독집회는 새로운 신앙공동체를 위한 가속페달과 도 같았습니다. 백성들은 말씀 앞에서 하나님의 뜻을 깨달으 며 참회의 눈물을 흘리기 시작합니다(느 9:1~3). 하나님의 말씀 은 능력이 있습니다. 말씀을 들은 백성들이 죄를 깨닫기 시작 함으로써 예루살렘에 큰 회개 운동이 일어납니다. 하나님과의 온전한 관계 회복이 시작되고 있는 것입니다.

150여 년 전, 초토화된 예루살렘을 목도하며 예레미야는 애가를 불렀습니다. 예레미야의 눈에는 예루살렘의 허물어짐 이 보이며, 그의 코에는 시체들의 타는 냄새가 나고, 그의 귀 에는 어린아이들과 여인들이 지르는 비명 소리가 들렸습니다. 그는 눈을 감아도 사라지지 않고, 귀를 막아도 들려오는 그 아 픔과 슬픔을 애가로 표현하였습니다(애 1:12~13; 2:11; 5:18). 그런 데 오늘 이 역사의 현장에서 그 애가가 기쁨과 감사의 노래로 사실 당시 성벽이라는 것은 첫째, 외적으로부터의 방어, 둘째, 짐승으로부터의 보호(들짐승이 대낮에도 활보하여, 대문이 없는 가난한 사람은 위험에 노출되어 있었음)를 위한 것이다. 어느 사회가 건강하다는 것은 그 사회의 상대적 약자들이 편안할 수 있다는 의미이다. 느헤미야의 예루살렘 성벽재건은 예루살렘에 사는 여자와 어린아이들이 안심하고 생활할 수 있는 기본적 안전장치를 마련하는 일이었다.

바뀝니다. "이 날에 무리가 큰 제사를 드리고 심히 즐거워하였으니 이는 하나님이 크게 즐거워하게 하셨음이라 부녀와 어린아이도 즐거워하였으므로 예루살렘의 즐거워하는 소리가 멀리 들렸느니라"(느 12:43).

느헤미야가 그렇게 수고하고 애써서 이루고자 했던 것은 그냥 단순한 돌 벽이 아니었습니다. 성벽 재건이란, 튼튼한 보호막이 없으면 안 되는 연약하고 힘없고 가난한 사람들을 위해 안전장치를 만들어주는 작업이었던 것입니다. 150여 년 만에 무너진 울타리를 다시 쌓아 약한 이웃들의 웃음을 만드는 이 놀라운 기쁨, 이것이 그의 최종목표였습니다. 이웃의 기쁨! 약한 자의 기쁨! 그것은 우리 하나님의 기쁨입니다.

느헤미야를 중심으로 한 성벽 재건과 에스라를 중심으로 한 신앙 개혁으로 예루살렘은 신앙의 중심이 되었고, 그곳에는 하나님께서 주시는 큰 기쁨이 넘칩니다. 개혁이란 일회성으로 끝나는 것이 아닙니다. 각자의 삶 속에서 자신을 지키며 계속적인 진보를 이루려 하는 몸부림을 통해 이루어지는 것입니다. 느헤미야 13장에 나타난 그의 지속적인 개혁 의지는 이스라엘이 하나님의 백성으로 거듭나기 위해 앞으로 어떠한 노력을 계속해야 하는지를 보여주고 있습니다.

우리는 느헤미야를 통해서 삶의 중간목표와 최종목표를 세우고 집중하여 달려가는 아름다움을 배울 수 있습니다. 우리의 최종목표는 하나님을 사랑하고 섬기며, 이웃을 사랑하고 섬기는 것 아니겠습니까? 여기에 우리의 삶의 목표가 있으면 좋겠습니다.

Message

진정한 최종목표

느헤미야는 성벽 재건이라는 최종목표를 상정한다. 이를 위해 아닥사스다 왕의 측근이 되는 중간목표를 향해 달려간다. 많은 중간목표를 지나 성벽 재건의 최종목표에 다다른 느헤미야에게는 그 이상의 최종목표가 있었다. 아닥사스다 왕의 술 관원이 되고, 예루살렘의 총독이 되는 것이 성벽을 재건하기 위한 중간목표였다면, 예루살렘 성벽을 재건하는 최종목표는 느헤미야에게 있어서 예루살렘의 많은 어린아이들과 부녀자들이 즐거워할 수 있는 환경을 조성하기 위한 중간목표였다. 이것이 느헤미야가 바라본 하나님의 비전이었다.

천오백 년 사랑의 아쉬움

말라기 1~4장

천오백 년의 사랑 말 1:1~5

성전과 성벽이 재건축된 이후, 재건공동체가 더 이상 우상 숭배는 하지 않습니다. 하지만 과거를 되짚어보면, 오래전 이스라엘 백성들은 애굽에서 종살이할 때 우상숭배를 했습니다. 모세와 함께 출애굽하고서도 애굽에서의 습관을 좇아 금송아지를 만드는 죄악을 범해 3천 명이 죽는 사건이 생기기도 했습니다. 그 후로 모세가 생존하던 시기와 만나세대까지는 우상숭배를 하지 않았습니다. 그런데 이후 이어지는 사사 시대 내내 우상숭배의 역사가 계속됩니다. 다행히 마지막 사사 사무엘이 그 어둠의 역사를 끊어낸 이후로 사무엘 시대, 사울 시대, 다윗 시대, 솔로몬 중간 시대까지는 우상숭배를 하지 않았습니다. 그러다가 솔로몬 후반 이후부터 바벨론 포로기 전까지 우상숭배가 극에 달합니다. 그 답답하고 어두웠던 역사 끝에 결국 그들은 포로기 70년 동안 정화되는 시간을 거쳤습니다. 그래서 다행스럽게도 이후로는 귀환공동체 안에 더 이상 우상숭배가 없습니다. 그런데 안타깝게도 재건공동체는 시간이 갈수록 하

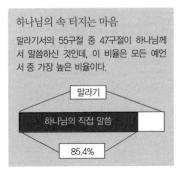

하나님의 속 터지는 마음

말라기서의 55구절 중 47구절이 하나님께서 말씀하신 것인데, 이 비율은 모든 예언서 중 가장 높은 비율이다.

말라기

하나님의 직접 말씀

85.4%

선지자 말라기

말라기는 느헤미야와 같은 시대에 활동했다. 느헤미야가 직면했던 많은 죄악들을 말라기서에서 구체적으로 질책하고 있다. 말라기서와 느헤미야서에서 묘사된 하나님에 대한 냉담한 무관심은 당시 이스라엘에 팽배했던 시대적 분위기이다.

나님과의 관계가 냉소적으로 변해갑니다.

말라기의 분위기는 쓸쓸합니다. 구약 역사 천오백 년 전체에 걸친 하나님의 사랑이 이스라엘로부터 거절당했기 때문입니다. 하나님은 천 년을 하루같이 사랑하셨는데, 이스라엘 백성들은 하나님을 사랑한 기간보다는 하나님을 등진 기간이 더 많았던 것입니다. 하나님께서 먼저 말씀하십니다.

"내가 너희를 사랑하였노라."

그들이 대답합니다.

"주께서 어떻게 우리를 사랑하셨나이까?"(말 1:2)

구약 전체의 숲에서 볼 때, 말라기가 지적하는 이스라엘의 죄악은 그들을 향하여 애정과 눈물을 아끼지 않으셨던 하나님의 사랑을 단호히 거절하는 그들의 패역함에 있습니다.

말라기는 하나님께서 인생들에게 요구하시는 것이 무엇인지 단순하면서도 명확하게 지적하고 있습니다. 이스라엘을 향한, 그리고 전 인류를 향한 하나님의 사랑은 어제나 오늘이나 변함이 없습니다. 그러므로 그 사랑을 기억하며 "하나님을 사랑하고 이웃을 사랑하라."라는 명령을 준행하라는 것입니다.

제사장들을 향하여 말 1:6~2:9

구약을 통독하면서 우리는 제사장이 그 맡은 역할을 얼마나 잘 수행하는지에 따라 그 시대의 명암(明暗)이 갈렸음을 보았습니다. 하나님께서 제사장들을 지적하십니다. 그들의 정신이 흐려졌고, 맡겨진 중보의 역할을 제대로 감당하지도 못했으며, 백성들을 잘못된 길로 인도했다고 말입니다.

"내 이름을 멸시하는 제사장들아 나 만군의 여호와가 너희에게 이르기를 아들은 그 아버지를, 좋은 그 주인을 공경하나니 내가 아버지일진대 나를 공경함이 어디 있느냐 내가 주인일진대 나를 두려워함이 어디 있느냐 하나 너희는 이르기를 우리가 어떻게 주의 이름을 멸시하였나이까 하는도다 너희가 더러운 떡을 나의 제단에 드리고도 말하기를 우리가 어떻게 주를 더럽게 하였나이까 하는도다 … 너희가 눈 먼 희생제물을 바치는 것이 어찌 악하지 아니하며 저는 것, 병든 것을 드리는 것이 어찌 악하지 아니하냐 이제 그것을 너희 총독에게 드려 보라 그가 너를 기뻐하겠으며 너를 받아 주겠느냐"(말 1:6~8).

"우리가 어떻게 주의 이름을 멸시하였나이까?"라고 반문하는 제사장들에게 하나님께서는 그들이 하나님께 드린 제물로 답하십니다. 흠집이 있어 총독에게는 바치지 못할 것을 하나님께 드리는 것이 하나님을 총독보다도 공경하지 않는다는 증거였습니다. 제사장과 지도자들의 잘못된 인도 때문에 유다는 거짓된 길을 걸을 수밖에 없었으며, 이는 하나님께서 계획하셨던 '제사장 나라 거룩한 백성'으로 가는 길을 막는 걸림돌이었습니다. 하나님의 역사를 이루기 위해 세웠던 제사장이 오히려 그 역사를 막는 걸림돌이 되고 있었던 것입니다.

백성들을 향하여 말 2:10~3장

하나님의 사랑을 받고도 그 사랑을 거절했던 이스라엘, 그들의 죄악이 하나둘 폭로되고 있습니다. 하나님께 드리는 제단에 더러운 떡을 놓고, 눈 먼 것, 저는 것, 병든 것을 제물로 바치는 등의 기계적인 예배(말 1:6~8), 우상숭배(말 2:10~12), 이방 여인과 결혼하기 위해 젊었을 때 맞이한 아내를 버리는 백성들의 이혼(말 2:14~16), 하나님의 정의에 대한 의심(말 2:17~3:6), 하나님의 것인 십일조와 봉헌물 도적질(말 3:7~9), 하나님을 경외하지 않고 완악한 말로 대적하는 죄(말 3:13~15) 등 그들의 죄악은 손으로 다 꼽을 수가 없을 정도입니다. 이러함에도 하나님께서는 그들을 사랑하셨건만, 그들은 "주께서 어떻게 우리를 사랑하셨나이까?"라고 반문하고 있는 것입니다.

침묵 말 4장

이스라엘을 향한 하나님의 사랑은 한결같고 지속적이었습니다. 이스라엘을 택하시어 하나님의 백성 삼으시고 그들을 인도하셨던 하나님께서는 그들이 잘못된 길로 갈 때는 회초리로, 그들이 하나님을 섬기고 경외할 때는 위로와 격려를 통해 늘 선한 길로 인도하셨습니다. 그러나 이처럼 한결같고 지속적인 하나님의 사랑에 비해, 이스라엘은 하나님을 떠나 행할 때가 더 많았습니다.

이제 하나님께서는 4백여 년의 긴 침묵으로 들어가십니다. 이후 "광야에 외치는 자의 소리"(마 3:3)인 세례 요한이 나타나기 전까지 하나님께서는 오랜 시간 동안 침묵하십니다.

"보라 여호와의 크고 두려운 날이 이르기 전에 내가 선지 엘리야를 너희에게 보내리니 그가 아버지의 마음을 자녀에게로 돌이키게 하고 자녀들의 마음을 그들의 아버지에게로 돌이키게 하리라 돌이키지 아니하면 두렵건대 내가 와서 저주로 그 땅을 칠까 하노라 하시니라"(말 4:5~6).

하나님께서 침묵하실 수밖에 없는 것이 이스라엘의 현실이었습니다. 하나님께서 "내가 너희를 사랑하였노라"라고 말씀하셨건만, "어떻게 사랑하셨나이까?"라고 냉소적으로 반문하는 그들에게 더 이상 무슨 대답을 하실 수 있겠습니까!

그러나 하나님께서는 끝내 사랑의 메시지를 준비하십니다. 하나님께서 보내시는 마지막 사랑의 결정체는 예수 그리스도이십니다. 이스라엘 백성들의 냉정한 반문 앞에 하나님께서는 침묵하시면서도 동시에 "내가 너희를 이렇게 사랑하노라"(요 3:16)라는 대답을 준비하시어 마침내는 예수 그리스도의 모습으로 이 땅에 오시는 것입니다.

하나님의 침묵

말라기는 예언적 사역이 중단되는 4백여 년 기간에 대한 전주곡이라고 할 수 있다. 이 긴 침묵은 4백여 년 후 "보라 세상 죄를 지고 가는 하나님의 어린 양이로다"(요 1:29)라고 외치는 다음 선지자 세례 요한의 등장에 의해서 깨어진다.

A Blank Page Full of History

말라기 선지자를 통해 "내가 너희를 사랑하였노라."라고 하신 하나님의 말씀에 이스라엘 백성들은 "주께서 어떻게 우리를 사랑하셨나이까?"라고 냉랭하게 반문하였습니다. 하나님께서는 그 쓸쓸한 반응에 대한 대답으로 예수 그리스도를 보내시기까지 4백여 년간 침묵하십니다. 그러나 이스라엘은 물론, 온 인류를 향한 그분의 관심은 끊이지 않으십니다. 세계 역사의 흐름을 주도하시는 가운데 당신의 독생자를 보내실 그날을 준비하고 계십니다.

11
마당

'어떻게' 와 '이렇게' 사이

'어떻게' 와 '이렇게' 사이

신구약 중간사

'어떻게' 와 '이렇게' 사이

신구약 중간사

신구약 중간사

우리가 손에 들고 있는 성경책에서는 구약과 신약 사이에 얇은 종이 한 장이 있을 뿐이지만, 역사적으로는 그 얇은 종이 한 장에 4백여 년의 시간이 들어 있습니다. 하나님께서는 이 기간 동안 침묵하시며 선지자를 보내지 않으십니다. 하지만 하나님께서는 세계 역사의 흐름을 주도하시며 그의 독생자를 이 땅에 보내실 그날을 준비하고 계십니다.

바사(페르시아) 제국

페르시아의 주(Province)

이 시대에 유대 지역은 페르시아 제국에 속한 하나의 주(Province)였다. 그리고 유대인들은 페르시아 제국을 이루었던 120여 개의 주 곳곳에 분산되어 살고 있었다.

바벨론 제국이 세계 주도의 임무를 끝내고, 그에 이어서 이란 계통의 유럽아리안족 페르시아인들이 약 2백여 년간 세계 역사의 전면에 등장합니다.

페르시아 제국의 아버지라 불리는 고레스(키루스 2세)는 일찍이 그리스 아테네의 현인인 솔론에게 영향을 받았던 리디아의 크로이소스를 친구로 삼는 덕에 지성을 갖춘 제국의 왕이 될 수 있었습니다. 그는 앗수르나 바벨론 제국이 이전까지 펼쳤던 잔인하고 폭력적인 지배 방법을 반복하기보다는 오히려 피정복민들에게 일정 범위의 자유를 주는 유화정책, 관용정책, 지방화 정책을 베풉니다. 이러한 고레스 왕의 정책 덕분에 바벨론에 포로로 끌려갔던 유대인들 또한 고국으로 돌아갈 수 있었습니다(스 1:1~3).

이렇게 시작된 페르시아 제국은 자기들의 영토와 지배 범위를 아시아와 유럽, 이집트, 아프리카까지 넓혀갑니다. 그러던 중, 고레스는 전쟁에서 부상을 입고 사망합니다. 그의 뒤를 이어 나라를 다스린 캄비세스 2세가 뚜렷한 후계자를 남기지 않고 사망하자, 페르시아는 7명의 정치 지도자가 협의하여, 그 일원인 다리오(다레이오스 1세)를 왕으로 추대합니다. 왕위에 오른 다리오는 페르시아 제국을 세운 고레스 왕의 딸과 혼인함으로써 자신의 정통성을 튼튼히 하고 난 후 더 큰 나라를 세웁니다.

다리오의 통치 기간에 페르시아는 찬란한 전성기를 누렸습니다. 화려한 궁궐과 건물들이 세워졌고, 각 통치 구역들은 조직적으로 관리되었습니다. 특히 다리오 재위 6년인 B.C.515년에 예루살렘 성전이 완공되고 성전 봉헌식이 드려졌던 것도 에스라서를 통해 살펴본 바 있습니다(스 6:15~18).

든든한 제국의 안정을 기반으로 페르시아는 끊임없이 정복 정책을 펼칩니다. 당시 페르시아가 정복하려고 했던 그리스는 아테네, 스파르타, 고린도, 테베를 비롯한 수많은 도시국가들이 융숭한 문화를 이루며 국가를 번영시키고 있었습니다.

다리오 (다레이오스 1세)
다리오는 제국 안의 다양한 민족을 단합시키기 위해 힘쓰는 한편, 고레스(키루스 2세)가 했던 것처럼, 원주민의 종교적인 관습을 존중해주었다.
또한 다리오는 건축에도 이름을 날렸는데, B.C.521년에 '수사'를 행정수도로 삼고, 그곳에 요새와 궁전을 지었다. 그 외 자신의 고향인 페르세폴리스를 새로운 도시로 만들었으며, 엑바타나와 바벨론에도 건물을 지었다.

마라톤 전쟁

마라톤 지역에서 그리스가 페르시아 군대를 무찔렀다는 소식을 전하기 위해 그리스의 한 병사가 마라톤에서 아테네까지 뛰어갔다. 약 40km를 쉬지 않고 뛰어가서 그리스가 승리했다는 말을 전하고 그는 그 자리에서 죽었다고 한다. 바로 이 사건이 마라톤 경주의 기원이 되었다.

그런 그리스를 향해, 다리오는 거대한 해군을 주력부대로 하여 공격해 들어갑니다. 그러나 폭풍으로 인해 이 첫 번째 원정은 실패로 끝났고, 다리오는 다시 육군을 중심으로 그리스를 공격했으나 마라톤 전투에서 패배하고 맙니다. 다리오의 뒤를 이어 제위에 오른 그의 아들 아하수에로(크세르크세스, 에스더의 남편)가 세 번째로 그리스를 공격합니다. 하지만 살라미스 해전과 플라타이아 전투, 미칼레 전투에서 또다시 참패함으로써, 페르시아의 유럽 정복은 끝내 이뤄지지 못합니다.

이후 페르시아는 150여 년간 제국을 유지하기는 하지만, 결국 다리오 3세 때 알렉산더에게 세계의 패권을 넘겨주게 됩니다.

그리스 문명

한편, 두 번에 걸친 다리오 왕의 공격과 뒤이은 아하수에로의 공격을 이겨낸 그리스의 150여 개 도시국가들은 차후에 또 있을지도 모르는 페르시아의 공격에 대비해 델로스 섬에서 델로스 동맹을 맺습니다.

이 델로스 동맹을 이끌면서 그리스의 번영을 주도했던 사람은 아테네 출신의 페리클레스였습니다. 그런데 그가 동맹군들로부터 모은 비용을 파르테논 신전 건축을 비롯하여 아테네 발전을 위해서 사용한다는 사실이 주변 동맹국들에게 밝혀지게 됩니다. 그는 또한 아테네가 고린도를 다스리기를 바랐는데, 이러한 일들을 계기로 델로스 동맹은 파기되고, 아테네 중심의 델로스 동맹 진영과 스파르타 중심의 펠로폰네소스 동맹 진영이 내전을 일으키게 됩니다. 30년 동안 진행된

내전인 이 펠로폰네소스 전쟁으로 인해 그리스인들은 동족상
잔의 비극을 경험하게 되는 것입니다. 이 펠로폰네소스 전쟁
에서 스파르타가 승리함으로 아테네는 멸망하게 되고, 그리
스는 스파르타의 통치하에 다스려집니다.

스파르타의 그리스 통치는 30년 정도 지속되다가, 이어서
테베(더베)가 그리스의 패권을 가지게 됩니다. 이러한 과정을
겪으면서 그리스의 힘은 점점 미약해지게 됩니다. 그럼에도
불구하고 페리클레스 시대 30년을 포함한 2백여 년의 문화
부흥기 때 형성된 그리스 문명은 향후 서양 역사와 문명의 한
근간이 됩니다. 그 후 그리스는 페르시아와 함께 알렉산더에
의해 힘을 잃게 되고 맙니다.

✸

헬라 제국(마케도니아)

이 무렵 마케도니아 지방에서 새로운 변화가 일어나기 시
작합니다. 그리스 북쪽에서 창건된 작은 왕국이, B.C.359년경
필립포스 2세가 왕으로 즉위하면서 그 세력을 확장해가기 시
작합니다. 그전까지는 그리스인들에 의해서 '야만인'이라고
불리던 그들이 오히려 그리스의 발전된 문화를 받아들이면서
힘을 키워간 결과, 세계에 위협적인 존재로 등장할 준비를 마
쳐가고 있었습니다.

마케도니아 왕 필립포스 2세가 크레니데스(Crenides)라는
곳에서 금광을 발견하여 엄청난 재력을 확보합니다. 필립포
스 2세는 크레니데스의 지명을 자기 이름을 따서 '빌립보'로
바꿉니다. 먼 훗날 사도 바울이 마케도니아에 복음을 전하기
위해 처음 발걸음을 내디딘 곳이 바로 이 빌립보였습니다(행

16:11~12).

또한 필립포스 2세의 마케도니아 군대는 긴 죽창(竹槍)을 가지고 싸우는 '장창밀집부대전법'으로 다른 나라를 하나둘 점령해가기 시작합니다. 그는 그리스의 도시 국가들이 맺은 동맹이 깨지고 그리스의 국력이 약화된 틈을 타 그동안 자신들을 얕잡아보던 그리스 전체를 점령하게 됩니다.

여기까지 이루어놓은 필립포스 2세가 암살당하자, 그의 뒤를 이어 왕이 된 사람이 바로 당시 20살 정도의 젊은 왕자 알렉산더(B.C.336~323)입니다. 그는 나이는 어렸지만, 강한 패기와 원대한 꿈을 가지고 있던 사람이었습니다. 그는 10여 년이라는 짧은 기간 동안 엄청난 영토를 가진 대제국을 소유하게 됩니다.

그가 이렇게 큰 영토를 점령할 수 있었던 힘의 원천 중 하나는 그의 남다른 생각에 있었다고 봅니다. 전해지는 이야기로 알렉산더의 부친인 필립포스 2세는 아들 알렉산더가 13세가 되었을 때부터 약 4년간, 그리스의 철학자 아리스토텔레스에게 아들의 교육을 맡겼다고 합니다. 알렉산더가 전쟁에 나갈 때에도 호머의 시집을 들고 다닌 것, 많은 학자들을 대동한 것, 그리고 그리스 문화를 자기 사상의 기초로 삼은 것 등은 모두 스승의 영향을 받은 것으로 보입니다.

인간의 가능성에 대한 꿈을 가진 알렉산더는 필립포스 2세가 만들어 놓은 강력한 군사력을 기반으로 페르시아로 진군하기 시작합니다. B.C.334년 봄, 보병 약 3만 명과 기병 5천 명, 그리고 그리스 동맹에서 파견한 7천 명 등의 연합군을 지휘한 알렉산더는 국운이 기울어가던 페르시아를 물리치고 큰 승리를 거듭니다. 그해 겨울, 알렉산더는 소아시아 서부와 남부를 점령하고, 그 이듬해엔 이수스(Issus)에서 다리오 3세가

알렉산더의 생각

알렉산더는 어느 지역을 점령하러 갈 때마다 각 분야의 학자들과 기술자들을 데리고 가서 정복지 문화와 그리스 문화 간의 교류를 시도하고, 그리스 문화로 정복민들을 개화시켰다. 알렉산더의 사상은, '전 세계의 사람들은 모두 하나의 형제다', 즉 '세계동포주의'(코스모폴리타니즘: cosmopolitanism)였다. 고대 동방의 문명을 가리켜 오리엔트 문명이라고 하는데, 알렉산더 시대에 이 오리엔트 문명과 그리스의 문명이 만나서 헬라 문명, 곧 헬레니즘(Hellenism)이 형성된다. 알렉산더의 정복을 통해 이 문명들이 통합된 것이다. 후에 유대민족의 헤브라이즘과 이 헬레니즘은 서양 문명의 두 축으로 자리 잡는다.

이끄는 페르시아 군대와 접전합니다. 페르시아 군대가 알렉산더의 군대보다 수배나 더 많았지만 그 전쟁에서 알렉산더는 크게 승리를 얻습니다. 그런 후, 알렉산더는 곧바로 페르시아의 수도인 수사 성으로 쳐들어가기보다는 방향을 돌려 지중해 연안을 따라 내려옵니다. 이집트를 먼저 점령하려는 계산이었습니다.

알렉산더는 이집트를 향해 내려오는 도중, 지중해 연안에서 약간 떨어져 있는 해상도시 두로(Tyre)를 점령할 계획을 세웁니다. 두로는 당시 페니키아의 주요 도시로서 지중해의 해상권을 장악하고 있었으며, 좋은 배들을 많이 소유하고 있었습니다. 알렉산더는 지중해 연안 전체를 장악하려면 배도 좀더 필요하고, 또 해상권을 장악하지 못하면 본국에서 보내오는 보급물자가 끊길 위험도 있다고 판단하여 두로를 먼저 점령하기로 한 것입니다.

두로 주변에 있는 시돈과 비블로스, 아라두스 등의 도시들은 알렉산더에게 미리 사절단을 파견해 항복 의사를 전달합니다. 그러나 두로는 끝까지 굴복하기를 거절합니다. 특별히 국방에 신경 쓰지 않아도 될 만큼, 영토 자체가 천혜(天惠)의 요새였기 때문에 그들은 결코 전쟁에서 지지 않을 자신이 있었던 것입니다.

역시나 두로를 점령하기가 생각만큼 쉽지 않았습니다. 알렉산더의 군대가 7개월 동안 여러 차례 점령을 시도하였으나 번번이 실패하고 맙니다. 알렉산더가 새로운 전략을 세워 1만여 명 정도의 군사들을 따로 불러 산에 가서 커다란 바위들을 굴려오게 합니다. 그리고 해변과 두로 사이의 바다를 그 돌들로 메워가기 시작합니다. 그렇게 육지와 섬 사이에 다리를 만든 알렉산더의 군대는 그 길을 타고 들어가 두로를 점

두로
'바위'라는 뜻. 지금의 레바논의 항구도시로 높은 요새에 건설된 성이었다.

령합니다.

이전에 아모스와 예레미야, 에스겔 같은 선지자들이 두로의 멸망을 예언한 바 있습니다. "여호와께서 이와 같이 말씀하시되 두로의 서너 가지 죄로 말미암아 내가 그 벌을 돌이키지 아니하리니… 내가 두로 성에 불을 보내리니 그 궁궐들을 사르리라"(암 1:9~10). 아모스는 B.C. 8세기에, 에스겔은 B.C. 6세기에 두로의 멸망을 예언하였습니다. "또 너를 구덩이에 빠뜨려서 너를 바다 가운데에서 죽임을 당한 자의 죽음 같이 바다 가운데에서 죽게 할지라 네가 너를 죽이는 자 앞에서도 내가 하나님이라고 말하겠느냐 너를 치는 자들 앞에서 사람일 뿐이요"(겔 28:8~9).

실제 두로가 망한 것은 B.C. 4세기이니, 예언자들이 수백년 후에 일어날 일을 미리 내다보고 그들의 교만을 꾸짖었던 것입니다. 마찬가지로 알렉산더에게 항복하기를 거부하였던 블레셋의 가사(Gaza)도 두로와 마찬가지로 공격을 받아 두 달 만에 함락되었습니다. 가사의 멸망은 스가랴 선지자의 예언을 성취한 것이었습니다(슥 9:5). 신구약 중간 시기는 이처럼 다른 나라들에 대한 예언의 말씀들이 성취되었던 때이기도 하다는 사실을 기억해둡시다.

알렉산더는 이 큰 승리의 여세를 몰아 B.C.332년에 이집트를 정복합니다. 알렉산더는 그곳에 자신의 이름을 딴 알렉산드리아(Alexandria)라는 도시를 세우기도 합니다. 그곳에는 당시 세계에서 가장 큰 도서관도 세워집니다. 유대인들도 이 도시에 많이 이주해 있었고, 이후 알렉산드리아는 유대교와 기독교 역사에서 중요한 지역이 됩니다.

알렉산더는 이집트에서 다시 지중해 연안을 타고 올라가

알렉산더의 피정복지 처우

알렉산더는 피정복지에도 상당히 선정을 베푼다. 그의 정복 목적이 오직 세금 많이 걷고 자신의 절대 권력이 행사되는 지배 범위를 넓히려는 욕심에서만 나온 것이라기보다는, 인간 세계에 대한 자신의 사상을 넓히고 세계 민족을 하나로 묶어내려는 의도도 있었기 때문이다. 알렉산더는 마케도니아에서 데리고 온 군인들과 항복한 페르시아 군인들의 대우를 동등하게 해주었다. 또한 마케도니아 군사들과 페르시아 처녀들의 합동결혼식도 거행한다. 마케도니아 학자들과 페르시아의 학자들에게 함께 학문적 연구를 해나가면서 문화를 통합시켜가는 작업도 진행하게 한다.

페르시아의 4대 수도인 수사, 바벨론, 페르세폴리스(바사), 엑바타나(악메다)를 차례로 점령합니다. 이렇게 큰 제국을 만든 알렉산더는 B.C.326년 동쪽으로 계속 진군하여 인도의 인더스 강 유역까지 당도합니다. 그는 계속 진군하기를 원했지만, 오랜 전쟁에 지친 군인들은 열대우림지대를 뚫고 행군하는 것에 불복합니다. 할 수 없이 알렉산더는 군대를 돌려 돌아오게 되었고, B.C.323년에 32세의 젊은 나이로 죽음을 맞이합니다.

알렉산더가 죽은 후, 그 큰 제국은 하나로 유지되지 못하고, 7년간 이어진 권력 싸움 끝에 네 명의 장수가 분할 통치를 하게 됩니다. 카산드로스(카산더) 장군은 헬라와 마케도니아 본토를 차지합니다. 그리고 리시마쿠스 장군이 소아시아 근방을, 안티고누스가 지중해에서 중앙아시아 지역을, 프톨레미 장군이 나일 강 유역의 이집트 지역을 차지합니다. 헬라 제국은 이렇게 사분할 된 채 시간을 보내게 됩니다.

프톨레미 왕조

일단, 우리의 관심은 유대 지역과 연관이 있는 프톨레미(Ptolemy) 왕조에게 모아집니다. 애굽을 다스리게 된 프톨레미 왕조에는 셀루커스라는 군대 총사령관이 있었습니다. 그런데 군대의 총사령관으로 만족하지 않았던 셀루커스는 프톨레미 왕이 알렉산더의 후계자로 자처하고 나서는 안티고누스를 저지하러 나간 사이, 독자적인 정치 세력을 확보하고 결국 셀루커스 왕조를 세웁니다. 이때부터 셀루커스 왕조가 메소포타미아 유역의 시리아 지방을 다스리게 됩니다. 이 두 나라는 당시 가장 세력이 큰 나라들이었고, 시간이 흐르면서 유대 지역을 사이에 두고 서로 다투게 됩니다.

B.C.320년, 프톨레미 1세에 의해 유대가 애굽에 합병됩니다. 그래서 유대 땅에 살고 있던 유대인들 역시 프톨레미가 다스리는 애굽의 통치를 받게 됩니다. 특히 프톨레미 2세(프톨레미 필라델푸스) 때에는 히브리어로 기록된 구약성경을 헬라어로 번역하는 작업이 이루어지기도 했습니다. 이 번역본이 최초의 성경 번역본인 칠십인역(Septuagint, LXX)입니다. 프톨레미 2세의 명령에 의해 율법서를 헬라어로 번역할 장로 72인(70인)을 선발해, 그들로 하여금 각자가 성경을 번역하게 했는데 72인의 번역이 다르지 않았다고 합니다. 이 번역 작업으로 인해 헬라 제국 전역에서 많은 사람들이 성경을 읽을 수 있게 되었고, 또한 선교가 이루어질 수 있는 토대가 마련되었습니다.

프톨레미 왕조와 셀루커스 왕조 사이에 계속된 전쟁의 와중에서 유대인들은 양쪽 군대의 말발굽에 짓밟히면서 여러 차례 수난을 당하기도 했지만, 유대인들은 프톨레미 2세를 비롯해 프톨레미 왕조가 통치하는 100여 년간은 그런대로 평화로운 세월을 보냅니다. 프톨레미 왕조의 왕들은 대체로 속국민들의 종교적 신념과 관습에 대해 관대한 정책을 펼쳤기 때문입니다.

셀루커스 왕조

프톨레미 왕조의 통치를 받고 있던 유대 땅의 분위기는 B.C. 2세기 초를 전후하여 크게 바뀌기 시작합니다. B.C.198년 셀루커스 왕조의 안티오쿠스 3세가 프톨레미 왕조로부터 유대 땅을 빼앗아 시리아에 합병시킨 것입니다. 처음에 안티오쿠스 3세는 유대인들에게 최대한의 배려를 해주었습니다. 유대의 전통적 관습과 종교 생활의 자유를 허용하고, 세금도 3년 동안 탕감해줍니다. 하지만 유대인들에게 부여된 이런 호의들은 오래가지 못하였습니다.

강력한 헬라주의자임을 표방한 안티오쿠스 4세가 등장했기 때문입니다. 그는 그의 영토 전역에 헬라적인 관습과 문화를 강요합니다. 범세계주의를 표방하면서도 그 기저에는 철저하게 플라톤 철학을 가지고 있는 헬레니즘은 영혼불멸사상과 인간이 가장 위대하다는 인본주의(人本主義) 사상을 가지고 있었습니다.

따라서 안티오쿠스 4세가 등극하면서부터 유대인들에게는 이전과 차원이 다른 험난한 세월이 시작됩니다. 일반적으로 제국의 다른 곳에서는 성공을 거두었던 헬라화 정책이 유독 유대 땅에서만 반대에 부딪치는 것에 몹시 화가 난 안티오쿠스 4세가 유대인들에게 헬라 사상을 강요했기 때문입니다. 그러나 포로 귀환 이후 유일신 사상을 확고하게 지니고 있는 유대인 귀환공동체는 헬레니즘 사상을 강하게 거부합니다.

안티오쿠스 4세는 정복지에 헬라 사상을 강력하게 몰아부치는 한편, 애굽 정복을 꿈꾸며 두 차례에 걸쳐 원정을 떠납니다. 그는 제2차 애굽 원정을 통해 애굽을 거의 제압하였습니다. 하지만 이처럼 안티오쿠스 4세가 애굽에 대한 정복의지를 불태우고 있을 때, 이미 다른 나라가 애굽에 대한 지배의 손길을 뻗치고 있었습니다. 다름 아니라 강한 세계 지배 의지를 드러내기 시작한 로마라는 나라입니다.

안티오쿠스 4세

그는 스스로 '4세'라는 숫자로 명명되는 것을 거부하고 '에피파네스'(신의 현현자)라는 이름으로 불리길 원했다. 그는 잔인한 사람으로, 알렉산더의 사상을 가장 철저히 따랐다. 유대인들은 그런 그를 '에피마네스'(미친 자)라고 불렀다. 그는 정복지의 모든 사람에게 헬레니즘 교육을 시키기 시작하였다. 가나안도 대상 지역에서 예외일 수 없었다.

발흥하는 로마

　로마는 B.C. 8세기 로물루스와 레무스라는 쌍둥이에 의해서 세워졌습니다. 로마는 처음에는 왕정을 세우고, 왕과 원로원과 시민이라는 3가지 계층을 기본틀로 삼습니다. 그로부터 약 2백 년의 세월이 지난 후 로마는 왕을 폐위하고 원로원 중심의 공화정을 시작합니다. 이렇게 왕 없이 다스려지게 되는 로마는 그 이후 2백여 년 이상, 원로원으로 대표되는 귀족 계층과 평민 계층 사이의 계급투쟁을 겪게 됩니다. 마침내 그들이 도달한 합의점은 시민의 대표로 선출된 호민관들이 로마 귀족의 원로원이 내린 결정에 대한 거부권을 가진다는 것이었습니다. 비록 제한된 권력이기는 하지만 평민들 입장에서 귀족들과 공유할 수 있는 12가지 법적 장치를 만들어 이를 동판에 새깁니다. 평민들이 약 2백 년간의 철저한 계급투쟁 끝에 평민들의 일정한 권리를 법으로 규정한 12동판법을 이끌어낸 것입니다.

　이러한 법 기반 위에서 내부적으로 기틀을 다져가던 로마는 카르타고라는 나라와 전쟁을 하게 되는데, 카르타고는 굉장히 풍요롭고 해군력이 막강한 북아프리카의 대표적인 국가였습니다. 그 당시의 아프리카는 오늘날과 달리 매우 비옥하고 풍요로운 곳이었습니다. 카르타고는 로마와 마주한 북아프리카에 자리 잡고 7백여 년 가까이 영화를 누려오고 있었습니다. 그런데 시칠리아라는 섬을 놓고, 카르타고와 로마가 싸움을 시작합니다. 이것이 바로 포에니 전쟁입니다. 시칠리아 섬의 2/3가량은 아프리카에 있는 카르타고에서 다스리고 있었고, 1/3은 로마 동맹국의 한 지역이었습니다. 그런데 카르타고에서 시칠리아 섬 전체를 점령해서 다스리겠다는 의지를 드러내자, 시칠리아 섬에 위치한 로마 동맹국이 로마에 도움을 요청하게 되고, 로마는 곧 군대를 파견하여 카르타고와 전쟁을 시작한 것입니다. 이렇게 시작한 1차 포에니 전쟁(B.C.264~241년)은 로마의 승리로 끝났습니다. 전쟁이란 괴롭고 고달픈 일이나, 이긴 자에게 그 성과는 실로 대단한 것입니다. 로마는 이 전쟁에서의 승리로 인해 카르타고로부터 많은 배상금과 조공을 받게 됩니다.

그런데 얼마만큼의 시간이 지나갈 무렵, 오늘날까지도 여러 나라의 사관학교에서 참고한다는 탁월한 전략의 소유자 한니발을 앞세운 카르타고가 로마 본토를 침략하여 초토화합니다. 그러나 로마의 스키피오가 한니발에 맞서 전쟁을 로마의 승리로 이끌면서 2차 포에니 전쟁(B.C.219~201년)도 로마의 승리로 끝이 납니다. 이후 카르타고가 로마로부터 독립을 꾀하려고 하자, 로마는 카르타고가 다시 일어나지 못하도록 불살라 놓습니다. 이것이 3차 포에니 전쟁(B.C.146년)입니다. 마침내 로마는 120여 년(B.C.264~146년)에 걸쳐 진행된 세 차례의 포에니 전쟁에서 승리를 거두었고, 그로 인해 카르타고가 누리고 있던 막대한 부와 해상력을 얻게 됩니다. 이제 로마는 헬라 제국이 정복해놓은 대부분의 땅을 포함하여 대제국을 건설합니다.

로마는 곧 프톨레미 왕조가 다스리고 있는 애굽 지역을 점령하고자 많은 군함을 이끌고 출발합니다. 그런데 이때 셀루커스 왕조의 안티오쿠스 4세 역시 애굽을 점령하고자 군대를 이끌고

한니발

그는 카르타고의 유명한 장군으로 2차 포에니 전쟁에서 두각을 나타냈다. 그가 아프리카의 코끼리 떼와 대군을 이끌고 알프스 산을 넘어 로마 본국까지 쳐들어간 이야기는 역사상 가장 흥미로운 전쟁 이야기 중 하나이다.

그렇게 한니발이 로마에 위협적인 존재로 8년을 버티고 있을 때 스키피오라는 젊은 로마의 장군이 로마 군대를 이끌고 한니발의 본거지인 카르타고 본토를 전쟁의 중심지로 옮기는 중요한 역할을 하게 된다. 한니발의 전술과 전법을 그대로 이용한 것이다. 본국이 짓밟히고 있으니, 로마 완전 점령을 코앞에 두고서 한니발은 되돌아 갈 수밖에 없었다. 결국 제2차 포에니 전쟁에서도 로마가 압승을 거둔다. 그 결과 카르타고는 해외의 영토를 모두 빼앗기고, 금 1만 달란트라는 어마어마한 전쟁배상금을 물게 된다. 이때 스키피오는 '아프리카의 정복자'라는 의미의 영예로운 호칭 '아프리카누스'라는 이름을 얻게 된다.

카르타고는 그러나 쉽게 물러나지 않았다. 카르타고가 로마와의 조약을 위반하고 반란의 조짐을 보이자, 결국 스키피오 아프리카누스의 양손자인 장군 스키피오('소(小) 스키피오'라고 함)가 카르타고를 17일에 걸쳐 완전히 불태워버린다. 카르타고는 이렇게 건국 7백여 년 만에 완전히 파괴되어 역사 속으로 사라졌다가 그 후 율리우스 카이사르에 의해 재개발된다.

오고 있었습니다. 이미 대세가 로마로 기울었다는 것을 판단한 안티오쿠스 4세는 굴욕적인 후퇴를 하게 됩니다. 애굽 점령에 나섰다가 로마에 밀려 후퇴하던 안티오쿠스 4세는 돌아가는 길목인 예루살렘에서 폭력적인 화풀이를 합니다.

안티오쿠스 4세는 그의 군대가 로마에게 진 것은 유대인들이 헬라 사상을 거부하여 온 제국이 힘을 모으지 못했기 때문이라며 모세의 율법에 충성하는 자들을 탄압하기 시작합니다. 유대인들이 안식일에는 전투를 하지 않는다는 것을 안 헬라 군인들은 안식일에 수많은 유대인들을 공격하여 잔인하게 학살합니다. 경건한 유대인들과 제사장 650명을 세워놓고 마차를 달려 깔려 죽게 만들고, 도시를 강탈하고 불 지르며 많은 시민들을 학살합니다. 안티오쿠스 4세의 정책에 따라 유대인들은 안식일을 지켜서도 안 되고, 할례를 행해서도 안 되며, 모세의 율법을 읽어서도 안 됩니다. 성전에 가서 제사를 드려도 죽임을 당합니다. 만약 태어난 어린아이에게 할례를 행하면, 그 아이를 죽여서 어머니 목에 걸어놓고, 그 아이의 아버지와 할례를 행한 제사장까지 죽였습니다. 예루살렘 성전 제단 위에는 이방신의 신상이 세워졌고, 헬라 군인들은 예루살렘 성전에 수많은 돼지를 몰고 들어가서 그 돼지들을 잡아 성전에서 돼지 피가 흘러나오게 하는 등, 극에 달한 성전 모독죄를 저지르기도 합니다.

안티오쿠스 4세가 이런 잔혹한 정책을 펴자, 유대인들은 이 정책에 따라야 할 것인지, 저항해야 할 것인지 고민하게 됩니다. 먼저 헬라 사상을 조금씩 받아들이며 수용했던 이들이 있었습니다. 그들은 사두개인으로, 솔로몬 시대 제사장이었던 사독의 후예들입니다. 유대 귀환공동체에는 정치적이고 행정적인 전문 지도자가 없기 때문에 자연히 대제사장 그룹이 헬라 제국의 관료들을 상대하였고, 그러다 보니 자연스럽게 영향도 먼저 받게 되고 타협도 하게 되었던 것입니다. 당시 현실에 수용과 타협으로 대처한 이 사두개인 세력에게는 일정 권력이 주어집니다.

이 사두개인들과는 반대로 헬레니즘을 절대 받아들일 수 없다고 결심한 사람들이 있었는데, 이들을 '하시딤'이라고 부릅니다. 이들은 어떤 타협도 거부한 채, 율법 중심, 예루살렘 성전 중심의 신앙 전통을 고수하고자 애를 씁니다. 이 하시딤 중에서 후에 '바리새인'들이 나옵니다.

그런가하면, 하시딤 중에서는 현실을 완전히 등져버린 사람들도 있었는데, 이들이 '에세네파'입니다. 그들은 먼 사해 쪽으로 이주해 아예 현실과 담을 쌓아버립니다. 또 하시딤 중에서 극단적인 사람들은 무력을 사용해서라도 헬라인들을 몰아내고자 합니다. 그들을 가리켜 '젤롯당'(열심당)이라고 부릅니다. 이처럼 박해에 대응하는 방식에 따라 타협하는 사람, 투쟁하는 사람, 아예 피해버리는 사람, 정치화하는 사람 등 여러 갈래로 나뉘었던 것입니다.

※

마카비 혁명과 하스몬 왕조

셀루커스 왕조의 극심한 박해가 이어지는 가운데, 유대인들은 어려운 시기를 보내게 됩니다. 예루살렘과 욥바 사이의 분지에 '모데인'(Modein)이라는 작은 시골 마을이 있었는데, 셀루커스 왕조의 사람이 여기까지도 찾아와서 히브리 사상을 버리고 헬라 사상을 따르라고 강요합니다. 이때 하스몬(Hasmon) 가의 나이 많은 제사장 마타디아(Mattathias, B.C.167~166년)는 이방신에게 제사를 드리라는 요구를 받지만 그 요구를 거절합니다. 그리고 그 관리의 강요에 못 이겨 다른 유대인이 이방 제단에 제사를 드리려고 하자, 마타디아는 그 유대인과 왕의 관리, 함께 있던 병사들을 칼로 죽입니다.

이 일을 계기로 마타디아와 그의 다섯 아들, 그리고 그들을 따르는 사람들이 산으로 도망가서 게릴라전을 펴기 시작합니다. 그들에게 점점 많은 사람들이 모여 강한 저항군을 이루게 되고, 하시딤도 그들과 연합합니다. 마타디아는 그 무리들을 이끌고 게릴라전으로 인근의 작은 도시와 마을들을 급습하여 우상과 이방 제단들을 헐어버리고, 아이들에게는 할례를 행하였으며, 무너졌던 회당을 재건하고 사람들이 모세의 율법을 지킬 수 있도록 도와줍니다. 심지어 마타디아는 자기 방어를 위한 전투는 비록 안식일일지라도 허용할 수 있다는 원리까지 채택하고 유대의 독립을 위해 전쟁을 계속합니다.

약 1년 후 마타디아가 죽자(B.C.166년), 그의 셋째 아들 유다(B.C.166~160년)에게 지휘권이 넘어갑니다. 마카비('망치질하는 자'라는 뜻)라는 별명을 가진 유다가 이끄는 무리들은 왕성한 사기와 뛰어난 게릴라 전법으로 연전연승을 거둡니다. 그러자 많은 유대인들이 점점 몰려와 큰 군대를 이루게 됩니다.

그러던 중 셀루커스(시리아)의 리시아스라는 장군이 큰 대군을 이끌고 옵니다. 마카비 군대에게 닥친 큰 위기였습니다. 그런데 그때 리시아스 장군은 다른 곳에서 전쟁을 치르던 안티오쿠스 4세가 죽었다는 소식을 듣게 됩니다. 일이 이렇게 진행되자 리시아스 장군은 강제로 유대인들을 헬라화시키고 싶지 않았습니다. 리시아스는 자신에게 더 중요한 일에 몰두하기 위해 유다와 긴급히 협정을 체결하게 됩니다. 그 협상내용은 예루살렘 성전은 청결케 되어 원래의 목적대로 사용될 것이며, 유대인들은 100% 종교의 자유를 누리게 되리라는 것이었습니다. 이때가 B.C.165년입니다.

이렇게 마카비가 무력투쟁과 대타협 끝에 시리아 세력을 물러가게 하고, 하스몬가의 이름으로 왕가를 세움으로써 유대인들은 비록 큰 힘은 없을지라도, 1백여 년의 기간 동안 자치적으로 국가를 다스리는 자유를 누립니다.

그런데 점차 내부에서 당파 싸움이 고개를 들기 시작합니다. 알렉산데스 야나이우스가 왕으로 있던 시절(B.C.103~76년), 사두개파와 바리새파들과의 불화가 절정에 이르게 되는 한 사건이 일어납니다. 야나이우스는 무자비하고 잔인했으며 친헬라적인 왕이었습니다. 대제사장 직까지 겸했던 그가 장막절 축제에서 예식을 주재할 때, 율법대로 포도주를 받아 땅에 쏟아야 했는데, 일부러 자기 발에 부어버립니다. 대제사장으로서 해서는 안 될 불경스러운 그의 행위에 예식 참가자들은 격분하였고, 많은 사람들이 장막절을 축하하기 위해 들고 왔던 올리브 나뭇가지를 야나이우스를 향해 던졌습니다. 야나이우스는 곧 군사를 불러 난동을 진압하면서 무방비 상태에 있던 수백 명의 백성들을 그 자리에서 학살합니다.

이후 곳곳에서 내란이 발생합니다. 야나이우스의 불경함과 폭정을 더 이상 두고 볼 수 없다고 느낀 바리새파들은 결국 시리아 왕에게 도움을 요청하기로 합니다. 그런데 정작 시리아 군대가 실제로 내려오기 시작하자, 바리새파의 생각이 바뀝니다. 이러다가 사두개인들을 몰아내는 것은 성공할지 몰라도, 혹시 또다시 나라를 점령당할지 모른다는 생각을 하게된 것입니다. 그래서 그들은 사두개인들과 다시 협력하여 시리아 군대를 몰아냅니다. 하지만 이런 바리새파에게 앙심을 품은 야나이우스와 사두개파는 바리새파의 지도자 8백 명을

수전절
유대인들은 예루살렘에 입성한 마카베오 무리들이 성전을 회복한 이날을 축제일로 정하고 매년 기념하여 지키는데, 이날이 바로 요한복음 10장 22절에 나오는 수전절(하누카절)이다.

색출하여 사두개파 지도자들을 연회에 초대한 면전에서 모두 잔인하게 처형합니다. 이로 인해 바리새파와 사두개파의 사이에는 뿌리 깊은 불신의 골이 깊어지게 되고 더 이상의 타협은 불가능해지게 됩니다.

B.C.76년, 알렉산데스 야나이우스는 죽음을 앞두고 아내인 살로메 알렉산드라에게 통치권을 물려주면서 바리새파 사람들과 화해할 것을 유언했습니다. 살로메 알렉산드라(B.C.76~67년)는 남편의 충고에 따라 바리새파와 우호적인 관계를 만들고, 성공적으로 국가를 통치합니다. 하지만 바리새인들은 안정감과 행복을 느끼는 반면, 사두개인들은 권세를 박탈당했다는 사실에 분개하고 있었습니다. 급기야 바리새파의 득세에 불만을 가진 사두개인들은 여왕의 둘째 아들 아리스토불루스 2세(B.C.67~63년)와 손을 잡고, 여왕의 후계자인 장남 힐카누스 2세를 견제합니다.

이렇게 시작된 힐카누스 2세와 아리스토불루스 2세 사이의 왕권 다툼의 중재를 위해 로마가 팔레스타인으로 옵니다. 바로 이때부터 팔레스타인에 대한 로마의 간섭과 지배가 시작되는 것입니다.

로마의 통치

B.C.63년경에 로마의 장군 폼페이우스는 유대의 내부 싸움을 말린다는 명목으로 예루살렘으로 향합니다. 힐카누스 2세와 아리스토불루스 2세가 로마를 중재자로 불러들였기 때문입니다. 폼페이우스는 힐카누스 2세를 지지하기로 결정하였고, 그 결과 아리스토불루스 2세는 머물던 요새에서 쫓겨나

예루살렘으로 도피하게 됩니다. 폼페이우스가 보낸 바비누스 장군은 예루살렘 성문이 닫혀 있는 것을 보고 계속되는 포위 공격에 들어갑니다. 결국 로마 군대는 세 달 만에 성벽에 구멍을 뚫어 예루살렘을 점령합니다. 결사항전을 한 이들에 대해서는 대량학살이 벌어졌고 예루살렘은 불태워졌습니다. 이로써 예루살렘을 비롯한 가나안 땅은 신흥제국 로마의 지배하에 들어가게 됩니다.

폼페이우스

폼페이우스는 로마의 월등한 군사 천재로, 일찍이 장수로서의 유능함을 유감없이 드러내어 20대에 개선식을 했다. 폼페이우스에 의해 헬라 제국 전체, 즉 오리엔트 전체가 로마의 소유로 다 확정되었다. 그가 카르타고 전투를 통해서 획득한 함대와 군대를 이끌고 오리엔트를 점령함으로써, 로마는 실로 거대한 나라로 발돋움하게 된 것이다.

그런가하면 로마 자체도 변하고 있었습니다. 예수님께서 오시기 60여 년 전, 로마에는 율리우스 카이사르(Julius Caesar)라는 사람이 등장하여 로마의 공화정 제도를 흔들기 시작합니다. 공화정 제도는 한 사람이 모든 권력을 쥐고 있는 전제주의와는 달리, 권력이 여러 사람에게 분산되고 대표자들인 원로원들에 의해 정치가 이루어지는 제도입니다.

그런데 카이사르는 현행 정치 제도로는 로마라는 대제국을 유지·발전시킬 수 없으며 로마는 황제가 다스리는 나라가 되어야 한다고 생각했습니다. 당시 원로원 의원들은 그런 카이사르의 생각을 경계하며 위험시합니다. 이러한 원로원의 경계를 받고 있던 카이사르는 우선 당시의 군사 천재였던 폼페이우스와 그 시대 최고의 부자였던 크라수스를 끌어들여서 1차 삼두정치를 이루게 됩니다. 즉 3명의 합의하에 중요 안건을 결정하고 원로원은 그 결정에 추인하는 형식의 지도력을 만들었던

카이사르

율리우스 카이사르(영어로는 줄리어스 시저)는 나이 40세 무렵에 이를 때까지는 로마에서 정치적으로 두각을 나타내지 못했다. 그는 그때까지는 민중들의 인기를 끌기 위해 많은 빚을 내서 원형경기장을 만들어 바치기도 했다.

그런 그가 뒤늦게 로마의 정치 한가운데 나서서 폼페이우스, 크라수스와 함께 삼두정치를 이끌어낸 정치 지도자가 된 후, 집정관을 거쳐 지금의 프랑스인 갈리아 지방으로 총독이 되어 나가게 된다. 그런데 그동안 카이사르에게 돈을 빌려주었던 빚쟁이들이 총독부임 앞길을 막는다. 그러자 로마의 가장 큰 부자이자, 카이사르에게 가장 많은 돈을 빌려 주었던 크라수스가 오히려 그 빚쟁이들에게 카이사르의 보증을 서 준다. 그의 말인즉, 총독 일을 하고 올 수 있도록 내 보내줘야 돈을 벌어 와 빚을 갚을 거라는 것이었다. 그의 말대로, 카이사르는 갈리아 총독 8년여 만에 그 빚을 다 갚았다.

총독으로 부임한다는 것은 자기가 다스리는 지역의 모든 좋은 것을 다 소유할 수 있다는 의미이다. 이 같은 사실을 이해해야, 이후 세금 문제를 가지고 바리새인들이 예수님께 와서 "가이사에게 세를 바치는 것이 가하냐 불가하냐?" 물던 것의 의도를 파악할 수 있다. 또한 예수님의 육신의 부모인 마리아와 요셉이 출산이 임박한 시점에 그 먼 길을 호적하러 베들레헴에 가야 했던 이유도 이해할 수 있다. 총독이 세금징수를 명확히 하기 위해 호적을 명령했던 것이다.

것입니다. 카이사르는 삼두정치를 상당히 성공적으로 이루어 내어, 로마를 다스리게 됩니다.

그 후 율리우스 카이사르는 당시에는 미개척지에 불과했던 지금의 프랑스와 스페인 지방의 땅인 갈리아를 정복합니다. 이제 로마는 포에니 전쟁을 통해서 아프리카를 점령하고 폼페이우스 장군과 그들의 휘하 장수들을 통해서 오리엔트 세계를, 그리고 율리우스 카이사르를 통해서 지금의 서유럽을 다 장악함으로 말미암아, 명실공히 지중해 전체를 로마의 호수로 삼게 된 것입니다.

율리우스 카이사르는 이 갈리아 정복을 통해 국내에서 큰 명성과 함께 막대한 부를 획득합니다. 그러자 지중해에서 해적을 소탕하여 명성을 떨치던 폼페이우스가 카이사르의 인기를 경계하기 시작합니다. 또한 로마가 이렇게 큰 나라로 확장되자 이 대제국을 어떻게 효과적으로 통치할 것인지에 관해 원로원과 율리우스 카이사르는 또다시 마찰을 빚습니다.

이러한 상황에서 원로원 의원들은 카이사르와 폼페이우스를 이간하여 폼페이우스를 로마의 최고 지위에 올려놓습니다. 그리고 카이사르가 갈리아 지역의 총독을 마치고 들어올 즈음에 카이사르에게는 군대를 해체하라는 원로원 최고의 결정을 준비해 놓습니다.

이런 사실을 눈치 챈 카이사르는 군대를 해산하고 로마로 돌아오라는 원로원의 결의가 나오자, B.C.49년 1월, "주사위는 던져졌다."라는 말과 함께 군대를 이끌고 국경인 루비콘 강을 건너 로마를 향해 진격합니다. 강경한 카이사르의 결심과 행동에 놀란 원로원은 로마를 버리고 대부분 해외로 도망하게 되고 폼페이우스까지 죽고 난 후 결국 내전을 평정한 카이사르는 종신독재관에 취임하게 됩니다.

이로써 1인 지배자가 된 그는 각종 사회정책, 빈민구제사업 등의 개혁사업을 추진하였습니다. 그러나 권력이 한 몸에 집중된 결과, 왕위를 탐내는 자로 의심을 받게 된 그는 B.C.44년 3월 원로원 회의장에서, 원로원의 공화정 옹호파의 칼에 찔려 암살당합니다. 칼을 빼어 달려드는 이들 가운데 자신의 심복이요, 사랑하는 부하 브루투스가 끼어 있는 것을 보고 "브루투스, 너마저…."라는 한 마디를 남기고 숨졌을 때 그의 나이 56세였습니다.

카이사르가 암살당하고 난 후, 그가 생전에 작성한 유서가 공개되었는데, 그 유언장에는 그의 양아들 옥타비아누스에게 자신의 이름과 많은 재산을 넘긴다는 내용이 기록되어 있었습니다. 그와 함께, 로마 시민들 한 사람 한 사람에게 일정 금액을 상속한다는 유언이 있었습니다. 그가 얼마나 많은 재산을 가지고 있었는지를 충분히 짐작할 수 있는 부분입니다.

카이사르의 재산을 상속받게 된 로마 시민들은 자신들에게 재산을 물려준 '아버지' 카이사르를 암살한 세력들에 대해 배척하게 되고, 그 상황을 잘 이용한 카이사르의 후계자 옥타비아누스는 자신의 정치적 입지를 확보합니다. 옥타비아누스는 그 확보된 기반을 가지고 카이사르의 가장 중요한 오른팔이었던 안토니우스와 온건한 원로원 의원인 레피두스를 끌어들여 2차 삼두정치를 시작합니다. 레피두스를 탈락시킨 후부터는 옥타비아누스와 안토니우스의 대립이 본격화되었는데, 이 과정에서 안토니우스는 이집트의 집정관으로 파송받게 됩니다.

그 어간에 이두매(에돔)인들이 개입하여 유대를 통치하는 권한을 얻으려고 애를 씁니다. 예전 느헤미야와 에스라 시대에 도비야와 산발랏 같은 사람들이 페르시아 제국과 손잡고 유대인들을 다스리고 싶어했던 것을 기억하실 것입니다. 지금도 마찬가지입니다. 에돔 족속 가운데 헤롯이라는 자가 옥타비아누스를 찾아가 탁월한 정치적 술수와 아첨을 통해 '분봉 왕'이라는 칭호를 받아옵니다. 로마는 식민지에 로마 총독을 파견하거나 제국에 충성도가 높은 분봉 왕을 세워 다스리는 것을 그들의 정책으로 삼고 있었는데, 그 점을 이용한 헤롯이 그 자리를 차지하여 유대인들의 왕 노릇을 하게 된 것입니다.

헤롯은 하나님을 두려워할 줄 몰랐고 율법에 무관심하였으며 많은 인명을 살상하는 자였기에, 유대인들은 그를 싫어하였습니다. 유대인들의 눈에는 헤롯이 왕다운 왕으로 보일 리 없었습니다. 그래서 헤롯 입장에서는 강경책과 함께 아부책을 펼 수밖에 없었습니다. 유대인들이 가장 좋아하는 일을 해주자 해서, 시행한 일이 예루살렘 성전을 다시 지어주는 것이었습니다.

또한 헤롯은 로마의 초대 황제인 옥타비아누스에게도 아부하기 위해 유대의 밋밋한 해변을 대대적인 신생 도시로 발전시키고 도시 이름을 '가이사랴'(카이사르의 도시)라고 지어 바칩니다.

옥타비아누스뿐만 아니라 헤롯은 아그립바와도 친분이 있었습니다. 카이사르가 옥타비아누스를 자기 양자로 세울 때, 옥타비아누스에게 군사적 재능이 없음을 파악하고 군사적 재능이 출중했던 평민 출신

헤롯

솔로몬 시대에 화려하고 웅장한 성전을 지었다. 그 성전이 바벨론의 느부갓네살에 의해 B.C.586년에 잿더미로 변했다. 이후 70여 년간의 바벨론 포로기간이 끝난 후 유대인들이 귀환하여 2차 성전을 지었다. 그러나 그 규모는 솔로몬 때에 비하면 초라하기 이를 데 없었다. 유대인들은 그것 때문에 속상해하고 슬픈 마음을 가지고 있었던 것. 헤롯은 솔로몬 때처럼 화려하게 금으로 치장한 성전을 지어준다. 그러나 생각해보면, 사실 그 성전을 짓는 돈이 다 백성들의 세금에서 나온 것이다.
헤롯은 간사하고 악랄한 사람이었다. 자신의 왕권 유지를 위해서는 수단과 방법을 가리지 않는다. 자기 정권에 위협이 된다 싶으면, 자기 자식이든 동생이든 장인이든 가리지 않고 죽이는 사람이다. 또 자기가 죽으면 백성들이 좋아하면서 웃을까봐, 원형 경기장에 경건한 제사장 몇십 명을 끌어다 넣고, 특명을 내려놓기를, 자기가 숨이 끊어지는 순간 저들도 같이 죽이라고 한다. 그러면 왕의 죽음은 슬퍼하지 않더라도 제사장들의 죽음을 슬퍼하느라 울음소리가 날 것이라는 계산이었다. 그 일이 실제 현실이 되지는 않았지만, 이것이 역사 속에 기록으로 남아 있는 헤롯의 성품이다.

의 젊은 장수인 아그립파를 옥타비아누스의 친구로 삼게한 바 있습니다. 옥타비아누스는 카이사르의 이름을 물려받은 후, 이 아그립파의 도움을 받아서 안토니우스를 이기게 되고 로마 전 제국을 다스리는 황제로 등극하게 되는 것입니다. 이후 헤롯이 유대인들의 환심을 사기 위해 짓기 시작한 성전을 완공하여 낙성식을 할 때, 황제의 중요한 군사 고문이 되어있던 아그립파는 헤롯을 위해 소 100마리를 이끌고 예루살렘 성전으로 와서 예물로 바칩니다. 아그립파가 하나님을 믿는 사람이 아님에도 불구하고 성전 낙성식에 참여하여 헤롯을 지지해준 것입니다.

또한 헤롯은 옥타비아누스와 견제 세력이었던 안토니우스와도 절친하게 지냈으며, 그 이전에는 카이사르와 카이사르의 라이벌이었던 폼페이우스와도 친분이 두터웠습니다. 이 또한 헤롯이 어떤 사람인지를 잘 보여주는 대목으로 그가 얼마나 유대인들을 정치적으로 교묘하게 압박하며 그들로부터 세금을 수탈해서 부를 축적했는지 충분히 짐작해볼 수 있습니다. 헤롯은 막대한 부를 이용하여 정치적인 친분을 만들고 아부하며 많은 정치적 사안을 좌지우지했던 것입니다.

대헤롯은 이러한 34년간의 통치를 마치고 B.C.4년에 죽습니다. 헤롯의 뜻에 따라 그의 왕국은 세 아들에게 분할됩니다. 헤롯 아켈라오는 유대(사마리아와 이두매 포함)의 왕, 헤롯 안티파스는 갈릴리와 베뢰아의 분봉 왕, 헤롯 빌립은 갈릴리 호수의 동부와 남동부에 위치한 속주의 분봉 왕이었습니다.

한편, 안토니우스를 애굽의 집정관으로 파송한 옥타비아누스는 B.C.31년에 이르러 악티움 해전에서 안토니우스와 애굽 여왕 클레오파트라의 연합군을 격파한 후 패권을 잡게 됩니다. 이로써 로마는 공화정의 명목을 유지하면서 실질적으로

헤롯의 외교

옥타비아누스와 대립하던 안토니우스는 집정관으로 부임하게 된 애굽에서 클레오파트라를 만난다. 클레오파트라는 당시 로마 제국의 실권을 가지고 있던 안토니우스에게 예루살렘을 중심으로 한 유대 지역을 자신이 다스릴 수 있도록 해달라고 강력히 요청한다. 그런데 안토니우스는 클레오파트라와 사랑하는 사이였음에도 불구하고, 끝내 유대 지역을 클레오파트라에게 넘기지 않았다. 바로 자신과 절친한 친구인 헤롯이 유대를 다스리고 있었기 때문이다. 헤롯은 분봉 왕의 자리에서 거두는 막대한 부를 기반으로 여러 사람들과 이러한 관계를 형성한 것이다.

는 제정(帝政)을 시작하게 됩니다.

옥타비아누스는 로마를 모두 장악하고 난 후, 천하에 호적을 하라고 명합니다. 그가 모든 지역에 호적하라고 명했을 때, 그 명령은 바로 유대 예루살렘 인근에도 전달되어졌고 나사렛에 살고 있던 마리아와 요셉에게도 전달되었습니다. 마리아와 요셉은 옥타비아누스 황제의 명령에 따라서 고향에 가서 호적을 해야 했습니다. 누구도 이 명령을 거절할 수 없습니다. 고향에 가서 호적을 하고 명패를 받아야만 그 지역에서 생활할 수 있었던 것입니다. 그 명패를 받기 위해서는 누구나 세금을 내야 했습니다. 로마 제국은 이러한 방식으로 모든 사람들로부터 예외 없이 세금을 거두어들였던 것입니다.

예수님이 이 땅에 오실 당시의 유대는 이렇게 로마라는 제국의 통치하에서 헤롯 가문의 분봉 왕들의 간섭까지 받고 있었습니다. 유대 백성들은 과중한 세금에 피폐한 생활을 하고 있었고, 그래서 구약성서에 나타난 메시아를 기다리는 것만이 그들의 종교적이며 정치적인 희망이었습니다. 마치 오래 전 그들의 조상들이 애굽에서 노예생활을 하다가 하나님께 구원해달라고 하소연했듯이, 유대인들도 하나님께서 언젠가는 구원자를 보내주실 것이라고 믿으며 기대하는 메시아 사상을 가졌던 것입니다.

유대인들이 생각했던 메시아는 이사야 9장에 근거한, 강하고 힘 있는 메시아였습니다. 당시 유대인들은 메시아가 나타나서 로마로부터 해방되고 전 세계에 뛰어난 선민으로 특권을 누리며 살 수 있는 날을 기대하고 있었습니다. 하지만 이미 이사야에서 살펴보았듯, 이사야가 예언한 메시아는 9장의 강력한 메시아와 53장의 고난 받는 메시아를 함께 보는 것이 마땅합니다.

이처럼 로마 제국과 헤롯 가문의 통치에 괴로움을 당하며 구원에 대한 강한 열망을 품고 살아가던 유대인들, 이런 배경 속에서 우리 예수님이 태어나십니다.

A Joyful Birth

예수님에 관한 기록인 사복음서는 "아브라함과 다
윗의 자손 예수 그리스도의 세계라"(개역한글판)라는
구절로 시작합니다. 이 말씀은 성경 전체를 한마디
로 압축한 키워드입니다. 아브라함 때부터 시작된
하나님의 구원 역사가 다윗이라는 천 년의 징검다
리를 건너 예수님에게서 완성됩니다. 예수님께서
이 땅에 오심으로 하나님의 큰 빛이 사망의 땅과
그늘에 앉아 있는 이들에게 비취고, 하나님의 나라
가 임하게 됩니다. 참 기쁨을 위한 탄생이었습니다.

기쁨을 위한 탄생

이천 년을 잇는 징검다리
마 1:1~17 막 1:1 눅 1:1~4; 3:23~38 요 1:1~18

들러리의 기쁨
마 1:18~3장 막 1:2~11 눅 1:5~2:39; 3:1~22 요 1:19~34

끝까지 가져갈 기초들
마 4장 막 1:12~3:19 눅 2:40~52; 4장~6:19 요 1:35~2:12

이천 년을 잇는 징검다리

마태복음 1:1~17 마가복음 1:1
누가복음 1:1~4; 3:23~38 요한복음 1:1~18

사복음서와 저자들

구약성경을 통독하면서, 창세기 1장에서는 심히 기뻐하시는 하나님, 그러나 구약성경의 마지막 책인 말라기에서는 쓸쓸해하시는 하나님을 만나보았습니다.

일찍이 하나님께서는 이스라엘 백성들을 선택하시고, 아브라함 이후 천오백 년 동안 그들을 사랑하셨습니다. 그러나 하나님과 이스라엘 백성들이 말라기에서 나눈 대화는 쓸쓸하기만 하였습니다. "내가 천오백 년 동안 너희를 사랑했노라."라고 하나님께서 고백하시자, 이스라엘 백성들은 "하나님께서 어떻게 우리를 사랑하셨나이까?"(말 1:2)라고 말대꾸하듯 반문하였습니다.

결국 4백여 년의 침묵 후에 하나님께서 독생자 예수 그리스도를 이 땅에 보내셔서 "하나님이 세상을 이처럼 사랑하사 독생자를 주셨으니…"(요 3:16)라고 말씀하십니다. "내가 너희를 이처럼 사랑하노라."라고 직접 보여주시는 것입니다. 그 '이처럼'의 구체적 내용이 바로 사복음서입니다. 우리는 사복

만남과 감격을 기록으로
4개의 복음서가 있다는 것은 우리에게 큰 복이다. 예수님의 사역을 그만큼 풍성하게 알 수 있기 때문이다.

음서에 기록된 예수님의 생애를 통해 '이처럼 사랑하사' 의 구체적인 내용들을 만날 수 있습니다.

사복음서 중 첫 번째 책인 마태복음은, 마태가 자기 동족 유대인들에게 예수님을 잘 소개하고 싶어서 쓴 책입니다. 그래서 마태복음에는 유대인들이 잘 이해할 수 있는 구약적 지식과 배경을 통해 예수님을 설명하는 부분들이 많이 등장합니다. 3년 동안 예수님과 함께 생활하면서 배우고 알게 된 예수님의 깊은 생각과 사람 사랑하심에 대해 마태는 최대한 놓치지 않고 기록하려고 애썼습니다. 특히 예수님의 12제자의 이름을 기록하면서 본인의 이름 앞에는 부끄러운 자신의 과거 직업인 세리를 굳이 드러내기 위해 '세리 마태' 라고 기록하고 있습니다(마 10:3). 다른 제자들의 이름을 기록할 때는 그 앞에 전직에 대해 아무 언급을 하지 않았음에도 불구하고 본인에 대해서만큼은 자신이 세리 출신임을 밝힘으로써 제자로 뽑혔던 감사와 감격을 드러냈던 것입니다.

둘째로, 마가복음에는 병을 고치시며 인생을 변화시키는 예수님의 능력이 강조되어 있습니다. 중풍병자의 치유, 거라사 광인을 온전케 하신 일, 손 마른 자를 고치심, 혈루병 여인의 치유 등, 예수님의 이적에 대해서 많이 기록하고 있습니다. 또한 마가는 "손을 붙드시다, 고치시다, 데리고 가시다, 슬퍼하시다, 한숨 쉬시다, 사랑하시다, 노하시다." 등 주님이 행하신 많은 동사(動詞)들을 통해 그분의 사랑을 표현합니다.

특히 마가는 11장부터 16장까지 즉, 6장에 걸쳐 예수님의 고난과 십자가 위에서의 죽으심, 부활에 대해서 기록해놓았습니다. 왜냐하면 당시 유대인들은 '오실 메시아는 로마로부터 정치적인 해방을 이룰 왕일 것' 이라고 오해하고 있었기 때문

Power

마태

마태는 가버나움 지방에서 당시 환영받지 못하는 세금 징수원으로 일하고 있었다. 로마의 공무원이었기에 자기 민족인 유대인들로부터는 증오의 대상이었음에 틀림없다. 예수님께서 그를 제자로 부르셨을 때, 그가 속히 응한 것은 예수님의 설교 말씀으로 이미 마음에 많은 갈등이 있었음을 보여준다.

누가가 헬라파 유대인이었을지
도 모르지만, 이방인이었을 가
능성이 더 크다. 누가의 뛰어난
헬라어 실력과 사도행전 1장
19절의 '본 방언'이라는 문구
는 그가 유대인이 아님을 의미
하기 때문이다. 누가는 로마인
가정의 헬라인 주치의로서 어
느 정도 자유가 있었으며, 로마
시민권이 주어졌을 것이라는
주장이 있다. 누가는 바울의 첫
번째 로마 감금 때 함께 있었
고, 바울은 그를 '사랑을 받는
의사 누가'라고 부르고 있다.
바울의 두 번째 로마 감금 때,
바울은 "누가만 나와 함께 있
느니라"(딤후 4:11)라고 썼으며,
이것은 큰 위험에 처해 있던
사도에 대한 누가의 충성심을
보여준다.

누가복음의 족보

누가복음의 족보(눅 3장)는 마
태복음의 족보(마 1장)와 달리
'예수님→요셉→나단→다윗→
아브라함→아담→하나님'으로
거슬러 올라가는 형식을 띠고
있다. 마태는 유대인들을 대상
으로 복음을 소개함에 있어, 예
수님이 구약에 예언된 메시아
임을 강조하려고 했던 것에 반
해, 누가는 예수님이 온 인류의
메시아임을 밝히고자 했던 것
에서 이런 차이가 난 것이라
할 수 있다.

입니다. 그러나 진정한 메시아이신 우리 예수님은 우리의 죄
를 대신하여 십자가 위에서 죽으심으로 우리를 죄에서 해방
시켜주신 분이시며, 하나님의 아들이십니다. 마가는 유대인들
에게 예수님에 대한 오해를 풀어주고 로마에 있는 성도들에
게도 우리 예수님에 대해 바르게 알려주기 위해 마가복음을
기록했습니다.

셋째로, 누가복음을 기록한 누가는 헬라인으로서 의사이며
역사가입니다. 누가는 직접 예수님을 대면한 적이 없습니다.
그러나 바울을 통해 드로아에서 예수 그리스도에 대해 듣고
알고 믿게 된 후, 바울과 함께 평생 복음전도에 일생을 바친
전도인이 되었습니다. 누가는 '누가복음' 외에도 '사도행전'
을 기록했습니다. 마태복음은 유대인들을 대상으로 기록되었
고, 마가복음은 로마에 있는 성도들을 위해 기록되었다고 정
리한다면, 누가복음과 사도행전은 오직 한 사람 데오빌로를
위해 기록된 편지입니다.

누가복음에는 누가의 저술 동기가 직접 기록되어 있습니
다. "모든 일을 근원부터 자세히 미루어 살핀"(눅 1:3) 일이나
정확하게 글을 쓰는 작업이 어디 쉽겠습니까? 그럼에도 불구
하고, 그가 정성스럽게 자료를 모아서 쓴 책이 누가복음입니
다. 왜입니까? 정말 귀하고 아름다우신 예수님을 '데오빌로
각하'라는 사람에게 소개하고 싶어서입니다(눅 1:1~4). 특별히
누가는 가난한 자들과 그 사회의 소외된 자들을 위해 정성을
다해 애쓰시는 예수님의 모습을 강조합니다. 또한 엠마오로
가는 두 제자, 삭개오, 부자와 나사로, 마리아와 마르다 이야
기 등 다른 복음서에서 다 다루지 못한 예수님에 대한 많은
자료들도 잘 모아 정리하는 등, 누가는 매우 꼼꼼하고 치밀하
게 우리 예수님에 대해 기록하였습니다.

요한복음은 사도 요한이 쓴 복음서로서, 나머지 세 복음서와는 다른 특징을 가지고 있습니다. 요한복음을 기록한 요한은 마태처럼 예수님의 12제자 중 한 사람이었습니다. 특히 요한은 그의 친형 야고보와 함께 예수님의 제자가 된 사람입니다. 또한 나이가 가장 어렸던 사도 요한은 예수님의 인간적인 체온을 가장 많이 느꼈던 제자였습니다. 예수님의 품에 안겨 보았던 제자였기 때문입니다(요 13:23).

예수님의 제자 중 가장 오랫동안 남아 사역을 감당했던 그가 깊이 생각해보고 또 생각한 결론은 "하나님은 사랑이시라."라는 것이었습니다. 하나님이 세상을 이처럼 사랑하시지 않으셨으면 그의 독생자를 우리를 위해 죽기까지 내어주실 수 없기 때문입니다(요 3:16). 요한은 이 거대한 하나님의 사랑을 깊이 깨닫고 큰 감격 속에서 요한복음을 기록하였습니다. 요한복음은 예수님이 하나님의 아들이시라는 것, 즉 그분의 신성(神性)을 강조하고 있습니다. 마치 구약의 창세기처럼 태초의 이야기부터 시작하는 요한복음은 깊은 영적 지식을 바탕으로 예수님을 소개하고 있습니다.

※

족보, 이천 년을 잇는 징검다리
마 1:1~17/ 막 1:1/ 눅 1:1~4; 3:23~38

사복음서의 첫 장에는 특별히 마태가 기록한 예수님의 족보가 있습니다.

"아브라함과 다윗의 자손 예수 그리스도의 계보라 아브라함이 이삭을 낳고 이삭은 야곱을 낳고 야곱은 유다와 그의 형제들을 낳고 유다는 다말에게서 베레스와 세라를 낳고 베레

빛으로 오신 예수

4백여 년의 침묵 기간을 거쳐 이제 새 빛이 세상에 비춰지고 예수 그리스도의 세계가 펼쳐지게 된다. 하나님의 심정을 그대로 마음에 담은 예수님께서 큰 사랑으로 이 땅에 오신 것이다.

스는 헤스론을 낳고 헤스론은 람을 낳고…"(마 1:1~16).

　　그런데 마태는 예수님을 소개하는 처음 부분에 왜 족보라는 형식을 이용한 것일까요? 읽어 내려가기도 어려운 사람들의 이름이 즐비하게 이어져 있는 족보. 이유가 있지 않겠습니까? 그 이유는 마태복음의 저술 동기와 관련이 있습니다.

　　구약성경을 아브라함부터 다윗, 다윗에서부터 바벨론 포로기, 바벨론 포로기부터 예수 그리스도에게로 이어지는 족보로 정리하고 있는 마태복음 1장은 크신 하나님의 사랑이 예수 그리스도를 통해 온 인류에 충만하여질 것을 암시하고 있습니다. "아브라함과 다윗의 자손 예수 그리스도의 계보라"(마 1:1)라는 이 한 문장은 구약을 잘 알고 있는 유대인들에게 예수님께서 어떤 분이신지, 어떤 혈통을 타고 오신 분이신지 정확하고 확실하게 핵심을 찔러주는 구절인 것입니다. 다시 말해, 이스라엘 사람들이 가장 중요하게 여기는 두 사람, 즉 그들 민족의 첫 시작인 아브라함과 역사상 가장 위대했던 다윗 왕을 연결시켜서 예수 그리스도로 결론 맺고 있는 이 족보를 통해 마태는 구약적 배경에 붙들려 예수님을 오해하고 있던 당시 유대인들의 오해를 풀어주고 싶었던 것입니다. 구약 전체, 나아가 성경 전체의 숲을 단 한 문장으로 요약하고 있는 마태복음 1장 1절은 성경 전체의 숲이 지향하는 바가 예수 그리스도라는 사실을 웅변하고 있습니다. 이 족보를 쓰면서 마태는 참 많은 생각과 고민을 하였을 것입니다.

그분의 이름 앞에 마 1:1~17

　　아브라함과 다윗, 예수님으로 크게 울타리가 쳐진 족보가 마태복음 1장 2절부터 16절까지 이어집니다. 그런데 이 족보를 읽어가면서 우리는 이상한 점을 발견하게 됩니다. 그것은, 이 족보 안에 등장하는 여인들의 이름과 관련된 것입니다. 그 여인들은 다말, 라합, 룻, 우리아의 아내, 마리아, 이렇게 다섯 분입니다. 그런데 마태가 나머지 네 사람은 이름을 썼는데, 유독 한 여인만 이름을 쓰지 않았습니다. 만약 나머지 네 사람의 방식을 따를 것 같으면, '우리아의 아내'가 아니라 원래 이름인 '밧세바'라고 써야 합니다. 그게 아니라면, 반대로 다른 네 사람의 설명 방식을 바꿔야 합니다. 예를 들어, 다말은 원래 유다의 며느리니까, '유다는 엘과 오난의 아내에게서 베레스와 세라를 낳고…', 이렇게 고쳐야 합니다. 또 룻도 보아스와 결혼하기 전에 말론이라는 사람의 아내였습니다. 그러니까 '보아스는 말론의 아내에게서 오벳을 낳고…'라고 써야 옳습니다. 그래야 통일성이 있습니다. 마태가 갑자기 '밧세바'라는 이름이 기억이 나지 않아서 이렇게 적은 것은 아닐 것입니다. 무슨 의도가 있는 것일까요?

다시 이 족보를 자세히 보시면, 1절에 아브라함과 다윗, 그리고 예수님, 이렇게 세 명의 이름으로 구약 2천 년을 정리하고 있습니다. 그만큼 다윗을 높여준 것입니다. 또한 6절에는 "이새는 다윗 왕을 낳으니라"라고 적었습니다. 왕이, 다윗 한 사람만 있는 것이 아닙니다. 솔로몬도 왕이고, 르호보암도 왕이고, 이어지는 사람들이 다 왕입니다. 그런데 다른 이름에는 '왕'이라는 칭호를 굳이 붙이지 않았는데, 유독 다윗에게만 '왕'이라는 칭호를 붙여주었습니다. 다윗을 최대로 올려놓은 것입니다.

그런데 위대한 다윗에게도 생애 최대의 부끄러운 기억이 있습니다. 바로 죄 없는 사람의 피를 흘리게 했던 일입니다(삼하 11:14~15). 우리아의 아내 밧세바를 범한 자신의 죄를 감추고 싶어서 충직하고 진실한 신하 우리아를 전쟁으로 내몰아 죽인 것입니다. 이 일은 다윗이 두 번 다시 기억하고 싶지 않은 큰 부끄러움입니다. 그런데 바로 이 점을 마태가 지적하고 있는 것입니다.

유대인들이 그토록 추앙하는 위대한 왕 다윗이라 할지라도 한 사람의 죄인에 불과하다는 것입니다. 그가 남긴 시편들은 너무나 아름다운 신앙의 언어들로서 3천 년이 지난 지금까지도 많은 신앙인들에게 마르지 않는 옹달샘처럼 깊은 감동을 주지만, 그럼에도 불구하고 그도 우리와 같은 죄인일 수밖에 없다는 것입니다. 예수님의 십자가 보혈의 피로 죄 사함을 받아야 할 인간이라는 것입니다. 다윗 왕도 그러할진대, 하물며 모든 유대인들이야 말할 필요 있겠냐는 것입니다. 모든 사람들이 그분의 이름 앞에 꿇어 경배함이 마땅하다는 것, 바로 이것이 마태가 하고 싶은 이야기의 요점이었습니다.

"보라 처녀가 잉태하여 아들을 낳을 것이요 그의 이름은 임마누엘이라 하리라 하셨으니 이를 번역한즉 하나님이 우리와 함께 계시다 함이라"(마 1:23). 예수 그리스도, 그분의 이름이 '임마누엘'입니다. 저 먼 곳에 계신 분이 아니라, 우리와 함께 계시는 하나님이십니다. 아브라함으로부터 시작된 2천 년의 족보에 새겨진 이름 '예수', 그분이 역사 속에 함께 계시며 모든 것을 새롭게 하십니다.

말씀이 육신이 되어 요 1:1~18

예수님은 구약의 예언들을 온전히 성취하신 분이라는 사실, 즉 많은 선지자들이 예언하였고 많은 사람들이 기다려온 바로 그 메시아라는 사실! 복음서의 저자들은 바로 이 놀라운 사실을 사람들에게 밝히기 위해서 구약의 예언과 그 성취의 현장을 함께 기록하였습니다.

"보라 처녀가 잉태하여 아들을 낳을 것이요 그의 이름을 임마누엘이라 하리라"(사 7:14; 마 1:23).

"애굽으로부터 내 아들을 불렀다"(호 11:1; 마 2:15).

"라마에서 슬퍼하며 크게 통곡하는 소리가 들리니 라헬이 그 자식을 위하여 애곡하는 것이라 그가 자식이 없으므로 위로 받기를 거절하였도다"(렘 31:15; 마 2:18).

"우리의 연약한 것을 친히 담당하시고 병을 짊어지셨도다"(사 53:4; 마 8:17).

"보라 내가 택한 종 곧 내 마음에 기뻐하는 바 내가 사랑하는 자로다 내가 내 영을 그에게 줄 터이니 그가 심판을 이방에 알게 하리라 그는 다투지도 아니하며 들레지도 아니하리니 아무도 길에서 그 소리를 듣지 못하리라 상한 갈대를 꺾지 아니하며 꺼져가는 심지를 끄지 아니하기를 심판하여 이길 때까지 하리니 또한 이방들이 그의 이름을 바라리라"(사 42:1~4; 마 12:18~21).

"너희가 듣기는 들어도 깨닫지 못할 것이요 보기는 보아도 알지 못하리라 이 백성들의 마음이 완악하여져서 그 귀는 듣기에 둔하고 눈은 감았으니 이는 눈으로 보고 귀로 듣고 마음으로 깨달아 돌이켜 내게 고침을 받을까 두려워함이라"(사 6:9~10; 마 13:14~15; 막 4:12).

"내가 목자를 치리니 양의 떼가 흩어지리라"(슥 13:7; 마 26:31; 막 14:27, 50).

"그들이 그 가격 매겨진 자 곧 이스라엘 자손 중에서 가격 매긴 자의 가격 곧 은 삼십을 가지고 토기장이의 밭 값으로 주었으니 이는 주께서 내게 명하신 바와 같으니라"(슥 11:12~13; 마 27:9~10).

예수님께서는 다윗의 동네인 베들레헴에서 나셨으며(미 5:2), 이새의 뿌리에서 나셨고(사 11:1), 나귀를 타고 오시는 겸손한 왕이셨으며(슥 9:9), 성전을 깨끗케 하셨습니다(렘 7:8~15). 또한 예수님께서는 십자가상에서 신 포도주를 받으셨고(시 69:21), "엘리 엘리 라마 사박다니"(시 22:1)를 외치셨고, 그 뼈가 하나도 꺾이지 않으셨습니다(출 12:46; 민 9:12; 시 34:20).

왕에 대한 예언들
- 호 3:4~5
- 사 9:7
- 렘 23:3~6
- 렘 30:8~10
- 렘 33:14~16

예수님께서는 이처럼 구약성경의 예언을 온전히 성취하셨습니다. 예수님의 사역은 우연한 것이나 돌발적인 것이 아니라 치밀하게 준비된 것이며, 또 하나님에 의해 오래전부터 예비된 하나의 전체적인 일 가운데 일부라는 사실을 보여주고 있습니다. 예수님께서는 "내가 율법이나 선지자를 폐하러 온 줄로 생각하지 말라 폐하러 온 것이 아니요 완전하게 하려 함이라"(마 5:17)라고 말씀하십니다. 그분은 오랜 세월 이어져온 하나님의 약속의 결정체이시며, 예언의 성취자이시며, 율법의 완성자이십니다.

하나님께서 아브라함 이래 2천 년 동안 여러 선지자들을 통해 말씀해오신 하나님 나라의 경영, 하나님 나라의 실체가 이제 예수님을 통해 확실하게 증거되기 시작합니다. 그래서 우리는 그분을 통해 한 인간의 삶이 무엇이며, 그 인간들의 집합인 공동체가 무엇인지, 그리고 과거와 현재와 미래를 하나로 묶어서 이끄시는 하나님의 세계경영이 무엇인지 깨달아갈 수 있습니다.

들러리의 기쁨

마태복음 1:18~3장 마가복음 1:2~11
누가복음 1:5~2:39; 3:1~22 요한복음 1:19~34

가난한 요셉과 마리아

마 1:18~25/ 눅 1:26~56; 2:1~7

하나님께서는 B.C.와 A.D.의 기로점에서 요셉과 마리아 두 사람을 선택하시고, 마리아라는 여인을 통해 예수 그리스도께서 이 땅에 오시는 길을 여십니다.

이미 8백여 년 전부터 "주께서 친히 징조로 너희에게 주실 것이라 보라 처녀가 잉태하여 아들을 낳을 것이요 그의 이름을 임마누엘이라 하리라"(사 7:14)라는 이사야의 예언이 전해 내려오긴 하였지만, 마리아의 입장에서 생각해본다면 그 일이 자신에게 일어난다는 것을 선뜻 받아들이기가 쉽지 않았을 것입니다. 그러나 마리아는 "네가 잉태하여 아들을 낳으리니"(눅 1:31)라는 천사의 말에 "주의 여종이오니 말씀대로 내게 이루어지이다"(눅 1:38)라고 순종합니다.

천사가 마리아에게 찾아가 '성령으로 말미암아 잉태할 것'을 이야기할 때, 마리아의 정혼자였던 요셉에게도 동시에 나타나 이야기를 해주었다면 참 좋았으련만, 요셉에게는 귀

띔이 없었습니다. 그러다가 요셉은 영문도 모른 채 마리아가 임신했다는 소식을 듣게 된 것입니다. 정말 믿고 싶지 않은 소식이었을 것입니다. '이 일'을 낮에도 생각하고 밤에도 생각한 끝에(마 1:20), 결국 요셉은 마리아와의 약혼 관계를 가만히 끊고자 합니다. 만약 일이 커져서 처녀가 아이를 가졌다는 소문이 퍼지면, 마리아는 율법대로 돌에 맞아 죽을 수도 있었습니다. 요셉은 마리아를 보호해주려는 마음으로 조용히 일을 마무리하려 했던 것입니다. 이렇게 요셉이 오랜 고민 끝에 마음의 결정을 내린 그때, 비로소 천사가 요셉을 찾아옵니다.

"다윗의 자손 요셉아 네 아내 마리아 데려오기를 무서워하지 말라"(마 1:20). 천사는 마리아의 잉태가 성령으로 된 것임을 알려주며, "아들을 낳으리니 이름을 예수라 하라 이는 그가 자기 백성을 그들의 죄에서 구원할 자이심이라"(마 1:21)라고 일러줍니다. 이제 요셉의 선택이 남아 있습니다. 정말 다행스럽게도 잠에서 깬 요셉은 주의 사자의 분부대로 마리아를 데려옵니다. 그리고 아들을 낳기까지 동침하지 않습니다.

요셉이 천사의 말을 듣고 그대로 행한 것입니다. 마리아와 요셉의 믿음이 참으로 귀해 보입니다. 예수님께서 이 땅에 오시는 길목에서 마리아와 요셉은 우리 주님을 위하여 참 아름다운 삶을 살았다고 평가할 수 있겠습니다.

이제 그분들의 고생도 살펴봐야겠습니다. 결코 평범하지 않은 상황에 있는 마리아와 요셉은 마음고생은 물론이거니와 예수님의 탄생 때까지 많은 수고를 합니다.

요셉과 만삭의 몸인 마리아는 나사렛에서 베들레헴까지 먼 길을 가야 할 형편이었습니다. 로마에서 호적을 시행하라 했기 때문입니다(눅 2:1~3). 예수님께서 탄생하신 시기는 로마가 세계의 최강자로 제국을 이루고 있을 때입니다. 로마는 각

5명의 요셉
1. 야곱의 아들 요셉
2. 마리아의 남편 요셉
3. 아리마대 사람 부자 요셉
4. 가룟 유다를 대신할 제자 후보에 올랐던 요셉
5. 바나바의 본명이 요셉

정복지에 총독을 파견하고, 그곳의 좋은 것들을 거두어들입니다. 호적을 하라 명한 것도 인구를 정확히 파악하여 세금을 더 많이 걷기 위함이었습니다.

출산일이 가까운 마리아가 로마의 명령에 따라 나사렛에서 베들레헴까지 가고 있습니다. 로마 정부는 임산부라고 할지라도 편의를 봐주지 않습니다. 요셉과 마리아가 얼마나 힘들었을까요? 예수님의 육신의 부모로서 후대에 귀히 평가받는 사람이 되긴 하지만, 당시 그들의 삶은 참 쉽지 않았습니다. 힘들게 베들레헴에 도착했는데 마리아가 해산할 때가 되었습니다. 그런데 따뜻한 방을 찾지 못하고 있을 때, 요셉의 마음이 어떠했겠습니까?

베들레헴
베들레헴은 예루살렘에서 남쪽으로 8km 떨어진 산간 마을이다. 예루살렘에서 헤브론과 이집트로 가는 고대 도로의 길목에 있었다.

우리 주님은 이런 분들의 헌신과 충성으로 이 땅에 오셨습니다. 예수님께서 베들레헴에서 나실 것이라는 8백여 년 전의 예언(미 5:2)이 성취되기 위해 누군가의 헌신이 필요했고, 그 헌신에 따르는 고생을 요셉과 마리아가 감수했던 것입니다.

❉

기뻐하는 사람들 마 2장/ 눅 2:8~39

드디어 우리 구주 예수님께서 이 땅에 태어나셨습니다. 유대인의 왕, 온 세상을 다스리시는 하나님께서 이 땅에 오셨습니다. 저 높은 하늘 보좌 위에만 앉아 계셔도 될 분께서 초라한 구유에 누워 계십니다. 넓은 궁창을 휘둘러 감으셔야 할 그 몸에 거친 강보를 두르셨습니다.

제일 먼저 그분을 찾아 뵌 사람들은 인근의 목자들이었습니다. 베들레헴 근처에서 양 떼를 지키던 목자들이 천사들의 음성을 듣습니다.

"천사가 이르되 무서워하지 말라 보라 내가 온 백성에게 미칠 큰 기쁨의 좋은 소식을 너희에게 전하노라 오늘 다윗의 동네에 너희를 위하여 구주가 나셨으니 곧 그리스도 주시니라 너희가 가서 강보에 싸여 구유에 뉘어 있는 아기를 보리니 이것이 너희에게 표적이니라 하더니 홀연히 수많은 천군이 그 천사와 함께 하나님을 찬송하여 이르되 지극히 높은 곳에서는 하나님께 영광이요 땅에서는 하나님이 기뻐하신 사람들 중에 평화로다 하니라"(눅 2:10~14).

천사들로부터 이 소식을 들은 목자들은 빨리 달려가서 마리아와 요셉과 구유에 누인 아기를 만납니다. 그리고 천사들에게 들은 바를 전하며 기뻐하고 영광을 돌립니다.

또 동방으로부터 박사들이 별을 보고 찾아옵니다. "박사들이 왕의 말을 듣고 갈새 동방에서 보던 그 별이 문득 앞서 인도하여 가다가 아기 있는 곳 위에 머물러 서 있는지라 그들이 별을 보고 매우 크게 기뻐하고 기뻐하더라"(마 2:9~10). 그들은 아기가 있는 곳에 머문 별을 보고 "매우 크게 기뻐하고 기뻐"합니다.

이런 동방박사들의 방문은 요셉과 마리아에게 큰 위로가 되었을 것입니다. 또한 동방박사들이 바친 황금과 유향과 몰약은 애굽으로의 피신 길과, 예수님을 기른 요셉과 마리아의 가난한 살림에 유용한 보탬이 되었으리라 짐작됩니다.

존귀하신 하나님, 거룩하신 하나님께서 나를 위해 이 땅에 오셨습니다. 나의 죄를 속하시고, 나를 사랑하기 위해 오신 것입니다. 우리에게 이 예수님은 얼마나 소중한 분입니까? 이 소중한 분이 이 땅에 오시는 데 땀 흘리고 헌신해준 분들도 소중하게 보아야 하겠습니다. 예수님께서 이 땅에 오실 때 애써 주신 분들, 사랑하는 나의 주님께 충성을 다 바쳐준 분들께 고

동방박사들
확실한 이유를 알 수는 없지만 경배드리고 있는 것을 보면 그들이 찾아온 이유에 신앙적 측면이 있지 않을까 짐작된다.

마운 마음을 가져봅니다.

　　예수님께서는 태어나신 지 팔일 만에 할례를 받으시고, 또한 모세의 법대로 '정결예식의 날'이 되었을 때, 예루살렘에 올라가시는데, 그때 성전에서 시므온과 안나를 만나게 됩니다 (눅 2:22~40). 시므온은 "주의 그리스도를 보기 전에는 죽지 아니하리라."라는 성령의 지시를 받았던 사람으로서 아기 예수님을 만난 후 하나님을 찬송하며 "내 눈이 주의 구원을 보았사오니 이는 만민 앞에 예비하신 것이요 이방을 비추는 빛이요 주의 백성 이스라엘의 영광이니이다."라고 고백합니다. 또한 아셀 지파의 안나라는 선지자는 84년 동안 과부로 살면서 성전에서 주야로 금식하며 기도하던 사람입니다. 그녀 또한 아기 예수님을 만난 후 하나님께 감사드리고, 모든 사람에게 아기에 대하여 전합니다.

나사렛

나사렛은 갈릴리 호수 서쪽 25km, 다볼 산 서쪽으로 8km 정도 떨어진 곳에 위치한 산간 마을이다.

　　하지만 예수님의 삶이 축복받고 환영받는 것만은 아니라는 사실을 대변이라도 하듯, 얼마 후 헤롯(대헤롯)의 칼날이 예수님을 위협합니다 (마 2:13~16). 헤롯이 베들레헴과 그 인근 마을의 영아기 사내아이들을 모두 죽이는 사건이었습니다. 왕으로 오신 예수님을 죽이기 위함이었습니다. 애곡의 소리를 들어야 했던 아기 예수님은 헤롯을 피해 애굽으로, 그리고 그 후에는 헤롯 아켈라오를 피해 갈릴리 나사렛으로 도망 가셔야 했습니다.

　　그러나 아무리 헤롯이 막으려 한다 해도, 이 땅에 기쁨과 구원을 주러 오신 예수님의 탄생은 막을 수 없습니다. 그분은 온 인류를 구원하시기 위한 하나님의 유일한 대안으로 이 땅에 오셨습니다.

들러리의 기쁨

마 3장 (11:1~19; 14:1~12)/ 막 1:2~11 (6:14~29)
눅 1:5~25, 57~80; 3:1~22 (7:18~35)/ 요 1:19~34 (3:22~36)

세례 요한이 등장합니다. 그는 말라기 선지자 이후 4백여 년간 이어졌던 침묵을 깨고 등장한 사람입니다. 즉 신약 시대와 구약 시대 사이에 다리를 놓은 분이라고 할 수 있습니다. 성경은 그가 모태로부터 성령이 충만했던 사람이라고 기록하고 있습니다(눅 1:15~16). 그의 사역은 예수님께서 짧은 기간 동안 온 이스라엘을 대상으로 당신의 사역을 시작하시는 데에 실질적으로 큰 도움이 됩니다.

이렇게 중요한 역할을 감당했던 세례 요한의 사역은 예수님께서 등장하시기 전, 6개월이 전부였습니다. 그런데 그 6개월 동안 그는 획기적으로 온 이스라엘을 떠들썩하게 만듭니다. 우선 그가 사람들의 이목을 단시간에 끌 수 있었던 이유 중 하나는 그의 개성 넘치는 광야 패션 때문입니다. 보통 사람들이 입지 않는 낙타털 옷을 입고 다녔으니 얼마나 눈에 잘 띄었겠습니까? 또한 그의 주식은 메뚜기와 석청이었고, 잠도 거친 광야에서 잤습니다. 게다가 그의 설교와 그가 베푸는 세례는 매우 파격적인 것이었습니다. 그의 설교는 도끼로 나무를 내려찍는 것처럼 거침없고 예리했습니다(눅 3:7~14).

세례 요한이 선포한 메시지의 핵심은 "회개하라"(마 3:2)입니다. 자신이 하나님 앞에서 그동안 얼마나 큰 죄를 저지르고 살았는지 반성하고 회개하라는 것입니다. 그리고 회개에는 그에 합당한 열매가 있어야 한다고 촉구합니다. 사회의 유력자

세례 요한의 부모

세례 요한의 부친 사가랴는 아비야 반열에 속한 제사장(눅 1:5)으로서 아내 엘리사벳과 함께 하나님 앞에 의인이었으나 늙을 때까지 자식이 없었다. 제사장으로서 분향하는 직무를 하다가 천사로부터 아들을 낳을 것이라는 예언을 들었으나 그 말을 의심함으로 인해 그 약속이 이루어질 때까지 말을 못하게 되었다. 아들을 낳고 이름을 요한이라고 지을 때 혀가 풀려 하나님을 찬송하고 성령 충만을 입어 예언하였다.
엘리사벳은 예수님의 모친 마리아와 친족 사이였다. 요한을 낳기 몇 달 전에 마리아가 찾아왔을 때, 태중의 아이가 뛰노는 것을 느끼고, 성령의 충만함을 입어 마리아를 축복하였다(눅 1:41~45).

들인 세리들에게는 "부과된 세금만 받고 그 이상은 받아내지 말라.", 군인들에게는 "사람에게서 강탈하지 말고 거짓으로 고발하지 말며 받는 급료를 족한 줄로 알라."라고 따끔하게 이야기하니, 그 이야기를 듣고 있는 세리와 군인들은 정신이 번쩍 들었고, 또 그들에게 억눌려 살던 민중들은 속이 시원했던 것입니다. 또한 사람들이 와서 세례를 받겠다고 하면, 흐르는 강물 속에 몸을 푹 담그게 하니, 어떻게 그 경험을 놀라워하지 않을 수 있겠습니까? 이런 여러 도발적인 요인들로 인해 그는 온 이스라엘 민중들의 인기를 한 몸에 독차지하고 있었습니다.

여기까지의 세례 요한의 모습도 중요합니다. 그러나 세례 요한의 사역은 그 마무리 단계에 이르렀을 때가 더욱 중요합니다. 왜냐하면 세례 요한이 지금까지 그 큰 인기와 명성을 이루어 놓은 근본적인 이유가 따로 있었기 때문입니다.

예수님께서 나타나셨습니다. 세례 요한에게 세례를 받으시고(마 3:13~17), 40일간 광야에서 금식 기도를 마치신 후, 그분의 사역을 시작하신 것입니다. 그런데 광야 패션만 따르지 않았을 뿐이지, 예수님께서도 초창기엔 세례 요한의 전매특허나 다를 바 없는 물세례를 행하시며 회개 촉구를 골자로 하는 메시지를 전하십니다. 점점 많은 사람들이 예수님께로 몰려갑니다. 이를 지켜본 세례 요한의 제자들이 "사람들이 다 그에게로 갑니다."라고 불평을 합니다(요 3:26). 제자들 입장에선 자기 스승이 원조 같은데, 예수님께서 똑같이 세례를 행하면서 사람들을 더 많이 모으고 있으니, 불만이 생겼던 것입니다. 그러자 세례 요한은 침착하게 자기 제자들의 오해를 풀어줍니다.

"내가 말한 바 나는 그리스도가 아니요 그의 앞에 보내심

어린 양을 보라

세례 요한은 예수님을 가리켜 "세상 죄를 지고 가는 하나님의 어린 양"이라고 말한다(요 1:29). 세례 요한이 활동하기 약 1,400년 전에 있었던 유월절 사건을 기억하고 그 사건을 예수님과 연결시킨 것이다. 애굽 왕의 장자로부터 가축의 처음 난 것까지 모두 죽임을 당했을 때, 하나님 말씀에 대한 최소한의 실천적 순종으로써 어린 양의 피를 좌우 문설주와 인방에 발랐던 이스라엘 민족의 장자들은 생명을 건질 수 있었다. 그 하나님의 용서와 구원의 역사가 세례 요한에게까지 전달되었던 것이다.

을 받은 자라고 한 것을 증언할 자는 너희니라 신부를 취하는 자는 신랑이나 서서 신랑의 음성을 듣는 친구가 크게 기뻐하나니 나는 이러한 기쁨으로 충만하였노라 그는 흥하여야 하겠고 나는 쇠하여야 하리라"(요 3:28~30).

세례 요한은 '자기 자신이 누구인가'에 대해 제자들에게 다시 한 번 밝힙니다. 자기는 그리스도가 아님은 물론이요, '보내심을 받은 자'일 뿐이라는 것입니다. 다시 말해, 행차하는 원님 앞에 나팔을 불기 위해 세워진 사람이라는 것입니다. "나는 선지자 이사야의 말과 같이 주의 길을 곧게 하라고 광야에서 외치는 자의 소리로다"(요 1:23). 자기는 앞뒤 사방팔방이 트인 들녘에서, 외치는 순간 사라져 버리는 광야의 소리 같은 존재라는 것입니다. 세례 요한은 스스로를 이렇게 금방 사라져버릴 존재로 규정하고 있습니다(요 1:20~27).

또한 그는 자신은 신랑이 아니고 참 신랑이신 예수님과 신부인 사람들과의 만남을 중간에서 이어주는 들러리라고 말합니다. 자신은 신랑의 결혼을 옆에서 함께 기뻐하는 친구라는 것입니다. 그러므로 이 들러리로서의 사명을 잘 수행하는 것이 자신의 기쁨이고, 자신은 이 '들러리의 기쁨'이 충만하다고 말합니다. 한 걸음 더 나아가서 자신의 사명을 더 완전히 수행하기 위하여 그는 흥해야 하고, 자신은 망해야 한다고 말합니다. 세례 요한은 자신이 서야 할 자리를 아는 사람이었고, 때가 되었을 때 그 자리를 예수님께 내어드릴 줄 아는 사람이었습니다. 그는 사람들이 보내는 환호를 자기의 것인 양 착각하지 않습니다. 세례 요

LEADERSHIP
나의 망함까지도

우리는 은연중에 예수님도 흥하고 덩달아 나도 흥하거나, 혹은 나만이라도 흥하게 되기를 바란다. 그러나 세례 요한이 진실로 사는 길은 예수님을 흥하게 하는 길이었다. 세례 요한을 통해 빛나셨던 우리 주님께서는 오늘 우리를 통해서도 빛나셔야 되고, 흥하셔야 한다. 우리 주님께서 빛나시기 위해서, 필요하다면 나의 망함까지도 감사해야겠다.

들러리의 역할

유대인의 결혼 풍습에서는 신랑과 신부를 위해 두 사람의 들러리가 세워지는데, 그들은 혼례 전에는 중매자로 활동했다가, 혼례식에서는 선물을 바치고 신랑 신부의 도착을 기다려 식장으로 안내하는 역할을 한다.

들러리의 기쁨을 만끽했던 성경의 인물들	
모세	출애굽을 인도했던 모세는 새로운 시스템의 중심에 아론을 세움으로써 자신의 지도력을 제사장 아론에게 돌린다.
갈렙	출애굽 세대 중 유일하게 가나안에 당도할 수 있었던 두 사람 중 한 사람인 갈렙은 여호수아의 사역을 힘써 돕는다.
요나단	이미 하나님의 경륜이 자신이 아닌 다윗에게 흘러가는 것을 알고, 다윗을 위해 자신의 왕위계승권을 포기한다.
세례 요한	온 이스라엘 백성들의 인기를 한 몸에 받은 후, 그 인기를 예수님께 돌리고 자신은 조용히 역사의 무대 뒤로 사라진다.
바나바	바울이 초기 교회 공동체에 받아들여질 수 있도록 길을 열어주고 바울의 이방인 선교의 시작에 함께한다.

한은 당연히 주목받아야 할 분이 예수님 한 분이신 것을 알고 있었습니다.

그 후 세례 요한은 헤롯이 그 형제 빌립의 아내 헤로디아를 차지한 것이 옳지 않다고 정면으로 지적함으로써 헤롯에 의해 죽임을 당하고 맙니다(마 14:1~12). 그는 죽음을 두려워하지 않고 예수님의 길을 준비하는 사역자로서의 길을 끝까지 걸어갔습니다. 그는 옥중에서 자기 제자들을 보내어 예수님께 묻습니다. "오실 그이가 당신이오니이까?" 예수님께서는 이사야 61장 1절의 말씀을 인용하시면서 당신이 바로 예언된 메시아이심을 분명하게 말씀하십니다. "맹인이 보며 못 걷는 사람이 걸으며 나병환자가 깨끗함을 받으며 못 듣는 자가 들으며 죽은 자가 살아나며 가난한 자에게 복음이 전파된다 하라"(마 11:5). 예수님의 이 대답을 듣고 세례 요한은 자신의 인생을 편안하게 마칩니다. 세상의 눈으로 보면 비참하고 안타까운 인생이겠지만, 믿음의 눈으로 볼 때는 거룩한 인생이었습니다. 구원자이신 예수님의 길을 예비하는, 하나님 앞에 진정으로 아름다운 인생이었습니다. 예수님께서는 이러한 세례 요한에게 "선지자보다 더 나은 자"(마 11:9)이며, "여자가 낳은 자 중에 가장 큰 자"(마 11:11)라는 놀라운 평가를 내려주십니다.

젊은 날 불꽃 같은 인생을 살다가 마침내는 들러리로서 사라지면서 그것이 기쁨이라고 정의하는 세례 요한! 이처럼 소중한 사람 세례 요한이 생명을 바쳐서라도 빛나게 해드리고 싶었던 분이 바로 우리 구주 예수님이셨습니다.

죽은 이후에도

세례 요한은 그의 죽음으로 말미암아 국민들의 영웅으로 기억된다. 나중에 예수님이 곤경에 처했을 때, 요한을 지렛대로 사용하신다. 한번은 예수님을 못마땅히 여긴 무리들이 "무슨 권세로 이런 권능을 베푸는가?"라고 묻는다. 그러자 예수님은 "요한의 세례가 하늘로서냐, 땅으로서냐?"라고 질문하신다. 그들이 답하기를 굉장히 힘들어하는 장면을 볼 수 있다. 세례 요한이 죽은 후에도 예수님의 사역에 한몫 단단히 한 셈이다.

끝까지 가져갈 기초들

마태복음 4장 마가복음 1:12~3:19
누가복음 2:40~52; 4장~6:19 요한복음 1:35~2:12

끝까지 가져갈 기초들

마 4:1~11/ 막 1:12~13/ 눅 2:40~52; 4:1~13

예수님은 하늘의 하나님이시오 하나님의 독생자이시니, 어느 날 갑자기 최고의 경지에 이르러서, 모든 지식을 통달하셨을까요? 아니요, 그렇지 않습니다. 누가복음에는 예수님께서 열두 살이 되셨을 때, 유월절 행사를 위해 예루살렘에 가셨던 일이 기록되어 있습니다. 그때 예수님께서는 부지런히 율법을 배우고 질문하시며 공부하셨습니다. 기회가 닿는 대로 열심히 선생님을 만나서 율법 지식을 배우셨고, 그래서 지혜가 자라나셨던 것입니다. 성경은 예수님에 대해 "지혜와 키가 자라가며"라고 기록합니다(눅 2:52). 하늘의 하나님께서 이 땅에 내려오셔서 말씀을 공부하셨습니다. 하나님의 아들인 예수님께서도 그토록 말씀 공부에 열심을 내셨는데, 하물며 우리들은 주의 말씀을 대함에 있어 어떤 자세를 견지해야 할 것인지 생각해보게 됩니다.

하나님의 뜻에 따라 자신의 인생을 아름답고 형통하게 이

끌어갔던 성경의 수많은 사람들의 하나같은 공통점은 하나님의 말씀을 열심히 공부했다는 점입니다. 다른 어떤 것으로는 우리 인생이 쉽게 바뀌지 않습니다. 그러나 하나님의 말씀을 가까이 하면, 우리 인생이 달라집니다. 하나님의 말씀에는 우리의 시간과 정성을 다 들일 만한 진정한 가치와 의미가 있습니다.

이렇게 율법 지식을 높은 수준으로 올리신 우리 예수님께서는 공생애를 시작하시는 시점에서, 그분의 사역을 훼방하려는 사탄과 더불어 대결을 하십니다(마 4:1~11). 예수님의 사역은, 그 내용과 절차에 있어 차근차근 단계를 밟아 3년 동안 이루어져야 할 중차대한 구원 사역입니다. 그런데 8백 년의 약속에 대한 성취로서, 한 걸음 한 걸음 정성스럽게 이루어야 할 사랑의 실천 사역을 놓고 사탄은 말합니다. "그럴 거 뭐 있냐? 순간에 이루어라." 당신에게 주어진 임무를 충실히 수행함으로써 하나님의 나라를 건설하고자 하시는 예수님께, 사탄은 지름길이 있다고 유혹합니다. 굳이 돌아갈 것 없이 자기에게 절하기만 하면 이 땅의 나라가 훨씬 수월하게 그리고 보다 빠르게 그의 것이 될 수 있을 것이라고 말하는 것입니다(마 4:9).

그러나 성경 어디를 보아도 순식간에 무언가 이루어진 경우는 없을 뿐더러, 세상의 권세와 영광이 예수님 사역의 목적이나 이유가 될 수도 없습니다. 나 아닌 타자를 진심으로 생각하고 사랑하는 사람은 요행이나 손쉬운 방법을 바라지 않습니다. 눈물과 땀으로 하나하나 정성을 들입니다. 이 사실을 잘 알고 계신 예수님께서는 단호하게 사탄의 유혹을 물리치십니다.

특히 예수님께서는 "기록되었으되 사람이 떡으로만 살 것이 아니요 하나님의 입으로부터 나오는 말씀으로 살 것이라"

라고 대답하시는 등, 기록된 말씀들인 모세오경과 예언서들, 그동안 공부하셨던 내용을 기반으로 사탄에게 대응하십니다. 말씀으로 물리치신 것입니다. 예수님께서는 말씀에 능력이 있음을 누구보다도 잘 알고 계셨습니다.

이렇게 말씀으로 사탄의 시험을 물리치신 예수님께서는 앞으로 3년 동안 눈물과 땀으로 구체적인 역사를 만들어가십니다. 8백 년을 이어온 오랜 계획 끝에, 아니 태초부터 이미 모든 사람을 사랑하시기 위해 자신을 내어주기로 작정하시고 이 땅에 오신 예수님께서는 2천 년이 지난 오늘까지도 온 세계가 그분의 사랑 앞에 무릎 꿇을 수밖에 없는 놀라운 역사를 이루어가십니다.

실천 동지 선택
마 4:12~25 (10장)/ 막 1:14~20; 2:13~17; 3:13~19
눅 4:14~6:19 (9장~10:24)/ 요 1:35~2:12

예수님께서는 당신의 동역자들을 신중히 선택하십니다. 단지 3년을 위한 동역자가 아니라 긴 앞날을 내다보고 30년, 300년, 더 나아가 3,000년을 위한 선택을 하셔야 했기 때문입니다. 예수님께서 동역자 선택을 앞두고 특별히 기도하셨던 것을 보게 됩니다(눅 6:12~16).

먼저 예수님께서는 베드로와 야고보, 요한을 제자로 부르십니다. 예수님의 초대에 반응한 첫 번째 사람들, 그들은 갈릴리 해변에서 그물을 던지던 어부들이었습니다. 물고기를 잡으며 살아온 평범한 인생, 아니 어떤 면에서는 배운 것 없고 가진 것 없는, 내세울 만한 것이 없는 인생들이었습니다. 이들이 그물을 버려두고 예수님을 따릅니다. 그들은 모든 것을 버렸지만, 모든 것을 얻게 됩니다. 복음을 위한 자유인, 예수님을 따르는 제자가 되었기 때문입니다. 제자들에게 복음의 초대장을 보내신 예수님께서는 그들이 재물, 명예, 권세를 낚는 어부가 아니라, "사람을 낚는 어부"(마 4:19)가 될 것이라고 말씀하십니다.

그런데 예수님께서는 왜 학식이 높고 이해력도 빠른 예루살렘 사람들을 제자로 선택하지 않으시고, 베드로 같은 갈릴리 사람들을 택하셨을까요? 대개의 경우, 예루살렘 사람들 가운데 그 시대의 엘리트들이 많았습니다. 이들은 머리가 얼마나 좋은지, 예수님께서 비유로 말씀하실 때에도 자기들을 향하여 하는 말인 것을 금방 알아듣고 예수님을 경계합니다(마 21:45~46).

만약 예수님께서 '지식인 동아리'를 만들려고 하셨다면 당연히 예루살렘 출신의 엘리트들을 제자들로 부르셨을 것입니다. 그러나 예수님께서는 '사랑 실천 동아리'를 만들고자 하셨습니다. 그래서 실천력이 탁월한 베드로 같은 사람들을 선택하셨던 것 같습니다. 누가복음 5장 5절 "밤이 새도록 수고하였으되"라는 구절을 통해 베드로가 수차례 그물을 내렸다 올렸다 했음을 알 수 있습니다. 고기도 안 잡히는데 밤새도록 계속해서 노력한 것입니다. 예수님께서는 그의 이런 지속적이고 강한 행동력을 보셨던 것 같습니다. 또한 "잡은 것이 없지마는 말씀에 의지하여 내가 그물을 내리리이다."라고 하는 베드로의 순종과 행동을 귀히 보셨습니다. 행동으로 옮기는 힘, 실천력이 있다는 것은 무한한 가능성을 내포한 것입니다. 예수님께서는 베드로로 대표되는 제자들의 뛰어난 실천력을 높이 평가하지 않으셨을까 싶습니다.

예수님은 3년 동안 머리 쓰는 일과 땀 흘리시는 일을 동시에 하셔야 했습니다. 예수님과 동고동락(同苦同樂)했던 3년 동안 제자들은 그 일을 함께합니다. 예수님 곁에서 몸으로 땀 흘리는 일에 정성을 다했던 제자들이 이후 놀랍도록 지혜롭게 변화되는 것을 사도행전에서 확인하게 됩니다.

베드로와 야고보와 요한을 비롯하여 열두 명의 제자들을 선택하신 예수님께서는 그들을 세상으로 보내십니다(눅 9:1~4). 때로는 70명을 선택하셔서 복음을 증거하게 하기도 하십니다(눅 10:1). 70명의 제자들은 그동안 예수님 곁에서 눈으로 보고 귀로 들었던 것을 전파하라는 사명을 부여받고 전국 각지로 흩어집니다. 그리고 예수님의 이름으로 병든 자가 고침 받고 귀신이 쫓겨나는 것을 직접 목도합니다(눅 10:17). 이후에 이 제자들은 예수님의 생애, 그리고 죽음과 부활의 증인이 됩니다. 예수님의 공생애 기간 동안 파송을 받아 각지로 흩어져 복음을 전파했던 제자들의 모습은 예수님의 승천 이후 증인의 사명을 감당하기 위해 준비하는 수습생처럼 보입니다.

복음 전도자의 규칙
복음을 전하러 가는 제자들에게 귀신을 쫓아내는 권능과 병 고치는 능력을 주신 예수님께서는 복음 전도자가 지켜야 할 중요한 규칙을 말씀하신다. "너희가 거저 받았으니 거저 주라"(마 10:8)

그런데 3년 동안 가족, 직업, 삶의 터전을 모두 버려두고 예수님을 좇은 제자들의 실제 삶은 어떠했을까요? 좋은 잠자리, 좋은 먹을거리를 누리는 편안하고 풍족한 삶은 분명 아니었을 것입니다. 예수님께서 바리새인들과 안식일 논쟁을 벌이시게 된 계기가 바로 안식일에 제자들이 밀 이삭을 잘라 손으로 비벼 먹었던 일 때문이었습니다(눅 6:1~2). 제자들도 유대인이니 안식일에 대한 개념이 없지는 않았을 텐데, 배가 많이 고팠던 것입니다.

또 우리가 잘 알고 있는 오병이어(五餅二魚)의 사건에서도 보면, 제자들이 소년에게 건네받은 것은 고작 물고기 두 마리와 떡 다섯 덩이일 뿐입니다. 예수님과 제자들 열두 명의 한 끼 식사로도 턱없이 부족한 양입니다. 예수님께서도 많이 배고프셨고, 마찬가지로 제자들도 그랬을 것임을 충분히 짐작할 수 있습니다.

제자란 어떤 사람일까요? 예수님의 제자는 진지하게 예수님을 따라가는 사람입니다. 예수님의 이 땅에서의 삶은 편안히 안식하는 삶이 아니었습니다. 밤낮으로 일하시면서도 머리 둘 곳 없는 삶이었습니다(마 8:20). 그것은 제자들에게도 동일하게 적용되는 상황이었습니다.

또 예수님께서는 계속 이곳저곳으로 옮겨 다니며 복음을 전파하십니다. 광풍을 무릅쓰고 갈릴리 맞은 편 거라사에 가서 귀신 들린 사람을 고쳐주신 그날도 예수님께서 제자들을 재촉하셔서 건너편으로 건너가자 하셨던 것이었습니다(눅 8:22~26). 여기 가자 저기 가자, 오늘 밤에 호수를 건너자, 빨리 가자, 먼저 가라 등등 제자들도 예수님의 말씀을 따르느라 많이 고생하였습니다.

또한 오병이어의 이적을 베푸실 때, 예수님께서는 그 먹을거리가 제자들을 통해 사람들에게 전달되도록 하셨습니다. 이 대목에서 제자들의 수고를 생각해보는 것이 필요합니다. 왜냐하면 사람들을 50명씩 무리지어 앉히고, 열심히 바구니 들고 뛰어다니며 사람들에게 먹을 것을 나눠주느라 제자들의 발바닥엔 땀이 났을 것이기 때문입니다. 우리는 가끔 제자들의 지식이 짧았다는 면, 또는 예수님께서 잡혀가시는 중요한 시점에 도망갔다는 등의 기록을 대하는 가운데 제자들의 역할에 대해 낮게 평가하는 경향이 있습니다만, 그들이 3년 동안 이렇게 열심히 예수님의 심부름을 하며 그분의 사역에 도움이 되어드렸음을 잊지 말아야 할 것입니다.

물 위를 걸으신 이유

예수님께서 물 위를 걸으신 사건이 있었다(막 6:47~52). 그때 예수님은 육지에 계셨고 제자들은 바다 가운데 있었다. 제자들이 쩔쩔매며 노를 젓는 것을 보시고 예수님께서 걸어오신다. 고생하는 제자들에 대한 배려일 것이다. 물론 예수님이 자연현상을 초월하신 분이라는 것을 가르치시고자 하는 이유도 있으셨겠으나 제자들이 힘들어하는 것을 보시고 그들을 돕고 싶어서 오신 게 아니었나 생각해볼 수 있다.

물론 이들은 예수님께서 부활하실 때까지도 예수님의 말씀을 전부 깨닫지는 못합니다. 가령 제자들은 많은 무리에게 하루 종일 비유로 말씀하시고 피곤해하시는 예수님께 다시 와서 "조금 전에 하신 비유가 무슨 뜻이었습니까?"라고 묻곤 했습니다(마 13:36). 또 열심히 예수님을 따라다니며 그분의 기적을 눈으로 보아 왔는데도 귀신 들린 아이를 고쳐주지 못하여 믿음이 없다는 책망을 받기도 합니다(눅 9:38~41).

그럼에도 불구하고, 예수님과 더위와 추위, 배고픔을 함께 했던 열두 제자들이 참 고맙다는 생각이 듭니다. 이분들은 우리 예수님의 구속 사역에 크고 작은 힘을 보태주었습니다. 결국 이들은 예수님과 함께한 소중한 추억을 기반으로 사람들에게 예수님의 사람 사랑 이야기를 증언하고, 복음을 전하는 생명의 디딤돌이 됩니다.

예수님께서는 제자들이 걸어야 할 길에 대해 말씀하신 바 있습니다. 예수님께서 제자들을 향해 "너희는 나를 누구라 하느냐"라고 물으시고, 베드로가 "주는 그리스도시요 살아 계신 하나님의 아들이시니이다"(눅 9:20; 마 16:16)라는 놀라운 신앙고백을 했을 때, 예수님께서 말씀하십니다. "아무든지 나를 따라오려거든 자기를 부인하고 날마다 제 십자가를 지고 나를 따를 것이니라"(눅 9:23). 즉 당신이 걸으셔야 할 길이 십자가의 길이며, 그런 예수님을 따르는 것은 결코 인간적인 안이함이나 화려함과는 공존할 수 없다는 사실을 말씀하신 것입니다. 제자의 길은 자신을 부인하고 자기 십자가를 지고 예수님의 뒤를 좇아야 하는 순교적 결단의 삶입니다. 세상 사람들의 눈에 이런 그리스도인의 삶은 답답하고 손해만 보는 것처럼 보일 수도 있습니다. 그러나 예수님과 복음을 위하여 자신의 목숨을 버리는 자들에게는 생명이 약속되어 있습니다. 예

Message

무익한 종의 고백
우리는 맡은 사역을 감당하고 나면 "수고했다!" "힘들었지?"와 같은 치하의 말을 기대한다. 그러나 하나님의 사람들에게는 맡겨진 일을 감당한 후 "우리는 무익한 종입니다. 우리의 하여야 할 일을 한 것뿐입니다"라는 고백만이 있어야 할 것이다(눅 17:10).

수님의 제자들은 영원한 생명에 관심을 두는 사람입니다. 그래서 수많은 예수님의 제자들이 좁지만 생명의 길인 십자가의 길을 따라갔고, 오늘 우리 또한 그 대열에 동참하고자 하는 것입니다.

특권과 사명
(마 16~17장)/ (막 8:27~9장)/ (눅 9:18~36)

예수님께서는 수많은 무리들을 향해 말씀을 선포하기도 하셨지만, 때로는 70명, 때로는 12명, 혹은 3명, 이렇게 따로 구분하여 가르치기도 하셨습니다. 이는 차별이나 편애가 아니라, 맡겨질 사명에 따른 구분이었습니다. 각 사람의 사명에 따라 그에 맞는 교육을 하셨던 것입니다.

사명을 위한 동역(同役)에 이르기까지는 동지(同志)가 되고 동행(同行)하는 시간이 필요하기 마련입니다. 서로의 뜻을 알아가고 함께하는 시간을 쌓아가는 가운데, 깊은 관계에 뿌리를 둔 참된 헌신이 나올 수 있는 것입니다. 그래서 예수님께서는 특별히 이후 초기교회의 기틀을 세워야 할 열두 명의 사도들과 함께 많은 시간을 보내셨고, 나아가 베드로, 요한, 야고보 세 명의 제자들과는 따로 시간을 보내기도 하셨습니다.

베드로, 요한, 야고보. 이들은 다른 제자들과 함께 교육받기도 했지만, 특별히 이 세 명만 예수님과 따로 동행했던 장소들이 있습니다. 그곳은 바로 회당장 야이로의 집(눅 8:51)과 변화산(마 17:1~8; 눅 9:28), 그리고 겟세마네 동산(마 26:36~38)입니다. 여기서 이들은 특별 교육을 받았습니다. 예수님께서 야이로의 집을 방문하여 죽은 소녀를 살리시는 모습을 보며 세 제자들은 희미하나마 부활에 대한 소망을 간직하게 되었을 것입니다. 또한 그들은 예수님을 따라간 변화산에서 신비한 체험을 합니다(눅 9:28~32). 유대인들이 무척이나 존경하는 모세와 엘리야가 예수님과 함께 있는 것을 보고, 세 제자들은 "여기 있는 것이 좋사오니 여기 초막 셋을 짓겠습니다"라고 말합니다. 자신들이 무슨 말을 하는지 자기들도 잘 몰랐다고 합니다. 하지만 그 산을 내려오며 그들은 예수님께서 얼마나 위대한 분이신지, 예수님과 함께하는 영광이 무엇인지 어렴풋하나마 느끼게 되었을 것입니다.

그런가 하면 예수님께서 잡혀가시기 직전, 겟세마네 동산에서 기도하실 때, 세 제자들은 예수님과 제일 가까운 곳에 있었습니다(마 26:36~39). 예수님께서 그토록 힘들어하시면서 "할 만하시거든 이 잔을 내게서 지나가게 하옵소서."라고 기도하시는 것을 잠결에라도 들었던 그들은 이후 십자가의 길이 예수님께도 결코 쉽지 않은 결정이었음을 깨닫게 되었을 것입니다. 예수님께서 마음 이끌리는 대로 편하게 십자가를 지신 것이 아니라, 하나님의 뜻에 대한 순종과 죄인들을 향한 애끓는 사랑으로 고통을 감수하시고 십자가를 선택하셨다는 사실을 말입니다. 예수님께서 이 땅에서 행하신 모든 사랑의 행위들은 본능적으로 행하신 것이 아니라, 훈련된 사랑으로 감당하신 것이었습니다. 세 제자들은 이 모습을 가장 가까이에서 목격하였던 것입니다.

이렇게 교육받은 그들은 어떻게 달라집니까? 주님을 위해 어떤 일들을 감당하게 됩니까? 예수님의 말씀에 따라 물 위를 걸었던 용감한 사람이자, 열두 사도 중 수제자 격이었던 베드로는 비록 예수님께서 끌려가 고초를 당하신 대제사장의 집에서 예수님을 모른다고 부인하는 실수를 범하긴 하지만, 부활하신 주님을 만나 뵙고 회복된 후엔 초기교회를 이끄는 든든한 기둥이 됩니다. 대제사장 세력들 앞에서도 당당하게 복음을 선포하는 담대함을 갖게 되었으며(행 4장), 초기교회 성도들에게 핍박 가운데 참된 소망이 있음을 강조(베드로전서)하는 큰 사도가 되었습니다.

Power

요한

요한은 자신의 형 야고보가 순교하는 모습을 지켜보았다. 그러나 그것이 그의 믿음과 사명을 흔들지 못했다. 요한은 요한계시록을 쓸 만큼 오래 살았다. 예수님의 복음이 온 세상에 전파되는 일에 그만큼 더 열심히 헌신했다.

사도 요한은 사도들 중 가장 오래 생존합니다. 그는 예수님께 사랑받았던 제자로서 말년에 많은 고난을 당하는 가운데서도 그리스도인의 궁극적 승리와 부활, 새 하늘과 새 땅의 놀라운 소망을 제시하는 요한계시록을 남깁니다. 또한 예수님께서 십자가에서 돌아가실 때, 예수님으로부터 마리아를 자신의 어머니로 돌볼 것을 부탁받았던 사도 요한은 그 일도 정성껏 감당했을 것입니다(요 19:26~27).

그런가 하면 야고보는 열두 사도 중 첫 번째 순교자가 됩니다. 예수님께서 승천하신 후 교회가 세워져야 할 그 시점에 제자 한 사람 한 사람이 얼마나 귀합니까? 더구나 야고보의 존재는 초기교회에서 아주 중요한 위치에 있었습니다. 그러한 상황에서 그의 죽음이 어찌 아깝지 않겠습니까? 그러나 하나님의 크신 경륜 가운데 허락된 야고보의 순교는 그 자신에게는 아름답고도 기쁜 마무리이며, 교회에게는 놀라운 힘과 소망의 시작이었습니다. 예수 그 이름, 그분의 사랑을 전하기 위해서는 목숨까지도 아깝지 않다는 것을, 고통 가운데 죽어가면서도 슬픔이나 절망이 아닌 소망과 기쁨 가운데 죽을 수 있다는 것을 보여준 본이 되었습니다. 도대체 예수님이 누구시기에 하나뿐인 자신의 생명을 던진단 말입니까? 야고보의 순교는 죽음까지도 두려워하지 않을 수 있는 위대한 힘, 참된 진리, 영원한 생명을 바라보는 것이 무엇인지를 증거하는 귀한 사건이 되었습니다.

선택과 책임, 특권과 사명의 관계는 구약에서나 신약에서나, 예나 지금이나 놓칠 수 없는 중요한 코드입니다. 예수님의 선택을 받아 교육받는 특권을 누린 제자들이 어떻게 예수님의 제자로서의 책임과 사명을 붙들고 그분과 동역하였는지 우리는 기억해야 할 것입니다. 그것은 오늘의 그리스도인들이 똑같이 살아내야 할 삶의 내용이기도 합니다.

Love for One Soul

메시아이신 예수님께서는 들에 핀 백합화보다도, 들판을 노니는 양들보다도, 더 나아가 온 천하보다도 한 영혼이 소중하다고 말씀하십니다. 예수님께서는 3년의 공생애 기간 동안, 시공을 초월하여 능력을 베풀기도 하시지만, 직접 당신의 손을 사용하셔서 사람들을 어루만지고 치유하십니다. 그분의 몸은 사람을 사랑하기 위한 도구였습니다. 후에는 당신 자신의 몸보다도 우리의 생명이 더 귀하다는 사실을 직접 십자가에서 보여주십니다.

13

마당

한 영혼 사랑

하늘 비밀
마 5~7, 13~14장 막 4:1~34; 8장
눅 6:20~49; 9, 11~13장 요 3장~4:42; 6~7장

사랑 때문에 피곤하신 예수님
마 8장 막 3:20~35; 4:35~5:20 눅 7~8장 요 4:43~5:5장; 9장

비빌 언덕이 되어
마 9~12, 15~19장 막 5:21~7장; 9~10장
눅 10장; 14장~19:10 요 8, 10~11장

하늘 비밀

마태복음 5~7, 13~14장 마가복음 4:1~34; 8장
누가복음 6:20~49; 9, 11~13장 요한복음 3장~4:42; 6~7장

마음에서 마음으로 마 5~7장/ 눅 6:20~49; 11~12장

　예수님께서 입을 열어 하늘의 비밀을 전하십니다. 산에 올라가 선포하신 첫 말씀은 '복'에 대한 것입니다(마 5:3~12). 예수님이 말씀하신 '복'은 세상 사람들이 생각하는 '복'의 개념과는 완전히 다릅니다. 이 땅에서 만사형통하는 것이 복이라고 여기는 사람들에게 예수님께서는 진정한 복이란 하늘의 것, 곧 보이지 않는 천국을 그 마음에 소유하는 것이라고 말씀하십니다. 그리고 그들에게 이 땅에서 소금과 빛의 역할을 하여 하늘에 계신 아버지께 영광을 돌릴 수 있도록 하라고 말씀하십니다.

　"심령이 가난한 자는 복이 있나니", "온유한 자는 복이 있나니", "의를 위하여 박해를 받은 자는 복이 있나니"…… 우리의 심령이 가난하지 못하고 온유하지 못하고 겸손하지 못한 이유는 무엇 때문입니까? 교만 때문입니다. 내 뜻대로 하려는 고집 때문입니다. 또 내가 고개를 숙이면 상대가 나를 비굴하다고 여길지도 모른다는 생각 때문입니다. 그러나 하나님께서 세상의 모든 일을 공의로 판단하신다는 사실을 믿는다면 예수님의 말씀이 무슨 뜻인지 알 수 있습니다. 사람들은 자기 저울과 상대 저울의 눈금이 서로 달라서 싸웁니다. 그러나 우리에게는 하나님께서 눈금을 정하신다는 믿음이 있어야 합니다. 우리가 누군가를 향해 온유하고 겸손할 수밖에 없는 것은 내가 성숙해서나 열등감이 있어서가 아니라 하나님의 공의를 믿기 때문입니다.

예수님께서 하늘의 하나님을 소개하십니다. 예수님께서 소개하시는 하나님은 '은밀한 중에 보시는 하나님'이십니다(마 6:4, 6, 17~18). 우리가 예수님께서 말씀하신 대로 은밀한 중에 보시는 하나님을 기억한다면 언제나 바른 삶의 자세를 가질 수 있을 것입니다. 겉으로 드러나는 것들, 즉 기도나 구제, 금식 등의 신앙적 색채를 가졌다 하더라도 그것이 사람에게 보이기 위함이라면 이미 그것은 하늘에 계신 아버지께 아무런 의미가 없습니다. 하나님께서는 은밀한 중에 보시는 분이기 때문입니다.

예수님께서는 우리 자신을 위하여 보물을 땅에 쌓아두지 말라고 하십니다(마 6:19~24). 하나님과 재물을 겸하여 섬길 수 없다는 것입니다. 하나님께서는 우리가 하나님의 선한 사업을 위하여, 하늘의 소망을 두고 영원을 위하여 재물을 사용하길 바라십니다. 이어서 예수님께서는 하나님께서 얼마나 인생들을 아끼시는지에 대해서도 말

산상설교와 평지설교

● 산상설교 (마 5:3~12)
1. 심령이 가난한 자
  – 천국 소유
2. 애통하는 자
  – 위로받음
3. 온유한 자
  – 땅을 기업으로 받음
4. 의에 주리고 목마른 자
  – 채워짐
5. 긍휼한 자
  – 긍휼히 여김을 받음
6. 마음이 청결한 자
  – 하나님을 봄
7. 화평하게 하는 자
  – 하나님의 아들이 됨
8. 의를 위하여 박해를 받은 자
  – 천국 소유

● 평지설교 (눅 6:20~26)
1. 4가지 복 선언
  가난한 자, 주린 자, 우는 자,
  핍박당하는 자에게
2. 4가지 화 선언
  부요한 자, 배부른 자,
  웃는 자, 칭찬받는 자에게

6가지 반대 명제

너희가 들었으나	→	나는 너희에게 이르노니
살인하지 말라	→	형제에게 노하는 자, 라가라 하는 자, 미련한 놈이라 하는 자는 지옥 불에 들어감
간음하지 말라	→	음욕을 품고 여자를 보는 자는 마음에 이미 간음함
이혼 증서를 주라	→	음행한 이유 없이 이혼하지 말라
맹세한 것을 지키라	→	도무지 맹세하지 말라
눈은 눈으로, 이는 이로	→	악한 자를 대적하지 말라
원수를 미워하라	→	원수를 사랑하며 너희를 박해하는 자를 위해 기도하라

씀하십니다.

"그러므로 내가 너희에게 이르노니 목숨을 위하여 무엇을 먹을까 무엇을 마실까 몸을 위하여 무엇을 입을까 염려하지 말라 목숨이 음식보다 중하지 아니하며 몸이 의복보다 중하지 아니하냐 공중의 새를 보라 심지도 않고 거두지도 않고 창고에 모아들이지도 아니하되 너희 하늘 아버지께서 기르시나니 너희는 이것들보다 귀하지 아니하냐"(마 6:25~26).

그리고 "들에 백합화가 어떻게 자라는가 생각하여 보라." 라고 하시며, "너희는 이것들보다 귀하지 아니하냐?"라고 말씀하십니다. 솔로몬은 태어나 보니 왕자였습니다. 그는 평생동안 늘 화려한 보석으로 치장하며 살았습니다. 그러나 예수님께서는 "솔로몬의 모든 영광으로도 입은 것이 이 꽃 하나만 같지 못하였느니라"(마 6:29)라고 비교하십니다. 그의 영광이 놀랍지만, 그것이 다는 아니라는 것입니다.

우리는 생각해보아야 합니다. 공중의 새와 들의 백합화를 먹이고 입히시는 하나님의 섭리를 기억한다면 우리는 염려나 불평, 원망으로 인생을 허비하지 않을 수 있습니다. 과거를 돌이켜보면 하나님께서 돌보지 않으신 것이 하나도 없습니다. 그러므로 우리가 먼저 구해야 할 것은 땅에서 없어질 것들이 아니라 바로 영원한 하나님의 나라와 의입니다. "먼저 그의 나라와 그의 의를 구하라"(마 6:33)는 말씀은 성경 전체 숲의 요약이며 핵심이라고 할 수 있습니다.

물론 살아가다 보면 크고 작은 염려들이 생기는 것은 당연합니다. 바뀌는 계절에 따라 옷도 갈아입어야 하고, 집의 온도도 바꿔야 합니다. 이런 요구사항들을 만족시키기 위해 우리는 부단히도 노력합니다. 인류의 역사가 시작된 이래로 어느 한 사람도 이런 삶의 문제에서 예외인 자는 없었습니다. 예수님께서도 이러한 삶의 문제를 무시하라고 하신 것은 아닙니다. 예수님도 인간의 필요들을 다 아셨습니다. 다만 "염려하지 말라."라고 하셨지요. 염려로 가득 찬 머리에 그의 나라와 그의 의를 구하는 열심을 올려놓고, 대신 염려는 내려놓으라고 하신 것입니다.

인생을 살면서 말과 행동에 불만과 불평이 가득한 사람들은 염려를 붙들고 사는 사람들입니다. 이런 사람들은 주위 사람들의 마음까지도 불편하고 우울하게 만듭니다. 오늘을 감사하며 기쁘게 살아가는 사람, 그런 사람과 함께 있을 때 그 주변 사람들도 더불어 행복하고 편안합니다. 우리가 예수님을 만나면 행복한 이유는 바로 이 구분을 잘 할 수 있는 기준, 즉 '잣대'를 가지게 되기 때문입니다. 이 사실을 먼저 믿고, 자신 있게 삶으로 살아낸다면 우리는 누구보다도 행복한 사람들이 될 것입니다.

굳이 염려를 해야 하겠으면 보다 더 '근심 같은 근심'을 하며 삽시다. 공동체의 과제, 국가의 내일, 이 시대의 고민, 가난한 사람들의 문제를 염려하며 살아보면 어떻습니까? 하나님께서는 그런 사람들에게 "그리하면 이 모든 것을 더하시리라"라고 분명히 말씀하십니다.

또 한편, 산상수훈 중의 한 구절인 "남에게 대접을 받고자 하는 대로 너희도 남을 대접하라"(마 7:12)라는 말씀은 이웃과의 관계에서 가장 새겨들어야 할 말씀입니다. 성공할 수 있는 비결도, 칭찬받을 수 있는 비결도 여기에 있습니다. 곱씹으면 곱씹을수록 깊고도 오묘한 말씀이 아닐 수 없습니다.

염려하지 말라!
보통 사람들에게 의식주에 대한 걱정과 염려는 늘 끊이지 않는 고민거리 중 하나이다. 하지만 지난 과거에 대한 감사가 선행된다면, 내일에 대한 염려로 인하여 조급할 일은 없다. 지난 세월 동안 함께하셨던 하나님께서 오늘과 내일, 앞으로의 남은 생도 지키실 것이라는 믿음으로 살 수 있기 때문이다.

붓을 맡기십시오
어린아이와 유명한 화가가 그림을 그릴 때, 그림을 그린다는 행위 자체는 같다. 그러나 두 그림 사이에는 분명한 차이가 있다. 그것은 아이가 그림을 그릴 때는 조금만 그려도 그 아이가 뭘 그리려 한다는 것을 쉽게 알 수 있다는 것이다. 그러나 화가의 그림은 완성되어야만 무슨 그림인지 알 수 있다. 그리고 아이의 그림은 곧 버려지지만, 화가의 그림은 오래도록 남는 것이다.
어린아이 같이 내 인생을 그려갈 것인가? 아니면 하나님의 손에 붙들려 내 인생을 더 멋지게 그려갈 것인가? 시간이 필요하고 단계가 필요하다.
먼저 스케치를 해야 한다. 그리고 순서를 밟아가야 한다. 멋진 인생을 그리고 싶다면 순서를 바꾸지 말라(마 6:33). 하나님의 손에 맡겨 멋진 그림을 그려라. 그러기 위해 말씀을 읽고 하나님과 대화하는 기도의 시간을 생략하지 말자.

예수님의 말씀과 삶

예수님의 삶은 2천여 년이 지난 오늘에도 그분을 만난 사람들의 삶 속에 영향을 끼치고, 그리스도인이라 일컬어지는 우리들을 변함없이 하나님과 이웃을 위한 삶으로 부르고 계신다. 자신의 유익을 구하는 것에 앞서 하나님의 나라와 하나님의 의를 구하는 삶의 방식으로 말이다.

그리고 예수님께서는 산상수훈의 마지막 부분에 이르러서 우리에게 실천을 요구하십니다. 요구하실 뿐만 아니라 우리 안에 강한 도전을 주십니다(마 7:15~27). 주님의 이름을 부른다고 천국에 다 들어가는 것이 아닙니다. 하나님께서는 형식적인 종교 언어들보다는 하나님의 뜻을 구체적으로 행하는 자를 찾고 계십니다. 아무리 금과옥조와 같은 지식을 쌓았다 해도 온몸으로 실천하지 않는다면, 모래 위에 집을 짓는 것과 같습니다. 예수님의 삶은 하나님의 말씀에 '순종'하는 삶이었습니다. 우리도 예수님처럼 하나님의 말씀대로 삶을 살아가는 자들, 반석 위에 집을 짓는 자들이 되어야 하겠습니다.

마태복음 5~7장, 이 산상수훈의 말씀을 읽는 데엔 15분도 채 걸리지 않지만, 전 세계에 미친 그 거대한 영향력은 가히 상상할 수 없습니다. 산상수훈은 모세의 율법 이후에 하나님께서 당신의 백성들에게 직접 들려주시는 새 율법이요, 새 기준이었습니다.

하늘 비밀을 담은 비유
마 13장/ 막 4:1~34/ 눅 8:4~21; 13장

예수님께서는 많은 무리들에게 하나님 나라의 비밀을 알려 주시고자 바쁜 날들을 보내십니다. 동서남북 사방에서 몰려온 수많은 사람들이 예수님을 좇습니다. 성경은 "예수께서 다시 바닷가에서 가르치시니 큰 무리가 모여들거늘 예수께서 바다에 떠 있는 배에 올라 앉으시고 온 무리는 바닷가 육지에 있더라"(막 4:1)라고 기록하고 있습니다. 그렇게 하지 않으면

사람들이 자꾸 앞으로 밀려와서 제대로 말씀을 전하실 수 없기 때문입니다. 또 그렇게 바닷가에서 말씀을 전하시면 바닷바람이 예수님의 목소리를 실어 날라서 예수님의 말씀을 보다 멀리, 잘 전달할 수 있기 때문이었으리라 짐작해봅니다.

이렇게 예수님께서는 수많은 사람들을 모아 놓고 말씀을 전하시는데, 종종 '비유'라는 방법을 사용하십니다. 씨 뿌리는 비유, 등불 비유, 탕자의 비유, 겨자씨와 누룩의 비유, 잃어버린 양의 비유 등, 예수님께서는 무리를 가르치실 때 수많은 비유로 말씀하십니다. 비유란 무엇입니까? 어떤 개념을 설명할 때에 듣는 사람이 보다 쉽게 이해할 수 있도록 구체적인 상황에 빗대어 설명하는 것입니다. "예수께서 이러한 많은 비유로 저희가 알아 들을 수 있는 대로 말씀을 가르치시되"(막 4:33). 한마디로, 예수님께서는 당시 특별한 교육을 받지 못하고 농부나 어부로 살아가고 있는 평범한 사람들이 가장 잘 이해할 수 있도록 설명하셨다는 것입니다. 씨 뿌리는 비유는 농부들에게 얼마나 쉽게 이해가 잘 되었겠습니까?

그러나 천국 말씀을 듣고 깨닫는 자도 있지만 그렇지 못한 자들도 있습니다. 예수님은 이 또한 비유로 말씀해주십니다(마 13:19~23). 천국의 비밀이 허락된 자들도 있지만, 그렇지 못한 이들도 있다는 것입니다(마 13:11). 그러면서 예수님께서는 이사야의 예언, "너희가 듣기는 들어도 깨닫지 못할 것이요, 보기는 보아도 알지 못하리라"(사 6:9)라는 구절을 들어 설명하십니다.

하나님 나라 운동을 주도해가고 계신 예수님께서는 이처럼 알아듣기 쉬운 비유를 통해 하나님의 나라가 어떤 곳인지를 가르치십니다. 사람들의 마음속에 있는 믿음을 보며, 병을

LEADERSHIP
비유
예수님은 '비유'라는 교수법을 이용하여 이해하기 어려운 상황을 참으로 명쾌하게 설명하시고 듣는 이로 하여금 분명한 의미를 깨닫게 만드신다.

낮게도 하시고 죄도 사하여 주셨던 예수님께서는 그 마음 마음에 하나님 나라의 씨앗을 심고 계셨습니다. 그 씨앗은 비록 지금은 작지만, 점점 자라 마침내 풍성한 하나님의 나라가 되는 것입니다.

천국은 작은 것에서 시작한다는 데에 그 특징이 있습니다. 작지만 무엇보다 귀한 것이 천국입니다. 천국은 마치 밭에 감추인 보화와 같다고 비유하십니다(마 13:44). 어떤 사람이 밭에 감추어져 있던 보화를 발견하면 자기의 소유를 다 팔아서 그 밭을 삽니다. 이 비유에는 역사적 배경이 있습니다. 가나안 땅은 평상시 국가 간 무역이 빈번한 통로였습니다. 반대로 전시(戰時)에는 북쪽 나라들과 남쪽 나라들의 전쟁터가 되기 쉬운 곳이었습니다. 그래서 이스라엘 사람들은 집에 좋은 것이 생기면 집안에 두지 못하고 밤에 자기 밭 어딘가에 깊이 묻어놓곤 했습니다. 갑작스런 사고가 나면 그 보물의 위치를 아는 주인은 사라지고, 다른 사람이 그 땅을 삽니다. 어느 날 한 일꾼이 그 밭에서 쟁기질을 하다가 보화를 발견합니다. 얼마나 기쁘겠습니까? 그 사람의 다음 행동은 다시 그 보화를 숨겨 둔 후에 얼른 돌아가서 그 밭을 사는 것입니다. 현재의 소유를 다 팔아서 그 밭을 살 만큼 그 밭에 묻힌 보화의 값어치가 훨씬 크기 때문입니다. 당시 이스라엘 백성들에게 이런 비유는 너무도 실감나는 비유였습니다. 예수님께서는 당시 민중들이 쉽고도 실감나게 알아들을 수 있는 말씀들을 통해 천국이 무엇인지 알려주신 것입니다.

예수님께서는 또한 "천국은 마치 좋은 진주를 구하는 장사와 같으니"(마 13:45)라고 하십니다. 진주 장사를 하는 사람은 극히 값진 진주 하나를 만나면, 자기 소유를 다 팔아서 그 진주 하나를 얻습니다. 보화를 발견한 자와 값진 진주를 구하는 자의 공통점은 자신의 소유를 다 팔았다는 것입니다. 천국을 만난 자들은 자기의 소유를 다 파는 것으로 반응합니다. 베드로는 주님을 만나서 자신의 모든 소유를 던지고 천국을 소유하였습니다. 세리 마태도, 사도 바울도 그리 하였습니다. 여리고 성에 살던 라합과 시어머니를 따랐던 모압 여인 룻은 자신의 소유는 물론 민족까지도 포기하고 천국의 보화를 소유하였습니다. 주님은 우리가 가진 모든 것을 팔아서 이 보화를 가지라고 말씀하십니다. 그만큼 천국의 기쁨은 현재 이 세상의 그 어떤 기쁨과도 비할 수 없는 것입니다.

이 모든 것은 예수님께서 사람들을 구원의 길로 인도하는 말씀이었습니다. 3년 공생애 기간 동안 예수님께서는 이렇게 생명의 말씀을 사람들에게 풍성히 들려주십니다.

그렇다면, 예수님께서는 언제나 쉬운 말만 하셨습니까? 그렇지는 않습니다. 지식인들인 율법학자, 바리새인, 서기관들에게는 "너희가 읽어보지 못하였느냐?"(막 2:25; 12:11,26)라고 질문하시며, 그들의 위선과 교만을 꼬집으십니다. 그러나 평생 책이라고는 손에 들어본 적 없는 평범한 민중들에게는 절대로 "너희가 읽어보지 못하였느냐?"라고 물으신 적이 없습니다. 그들에게는 "이러이러한 말을 너희가 들었으나…"(마 5:21,43)라고 말씀하십니다.

우리 예수님은 이런 분이십니다. 인류 최고의 스승이신 그분은 이렇게 가르침을 받는 사람들의 입장에 따라 필요 적절하게 가르침을 주셨습니다. 예수님께서는 하루 종일 사람들을 가르치셨습니다. 먹을 것도 제대로 못 잡수시고, 잠도 푹 못 주무시면서, 이렇게 열심히 천국 복음을 전파하셨습니다.

빈들의 생수

마 14:13~36; 15:32~39/ 막 6:30~56; 8:1~26
눅 9:1~17/ 요 3:1~21; 4:1~42; 6~7장

수많은 사람들이 예수님의 곁을 떠나지 않습니다. 그런데 많은 사람들이 예수님께서 전하시는 말씀과 더불어 예수님께서 행하시는 기적에 주목하였던 것을 알 수 있습니다. 가나 혼인잔치에서 물로 포도주를 만드는 첫 번째 기적(요 2:1~11)을 행하신 이후로, 예수님께서는 많은 기적들을 행하시며 하나님의 능력을 증거하셨습니다. "큰 무리가 따르니 이는 병자들에게 행하시는 표적을 보았음이러라"(요 6:2). 그렇게 모여든 무리들에게 예수님께서는 열심히 하나님 나라를 가르치시며 더불어 아픈 사람들의 병을 치유하는 기적도 행하십니다(눅 9:11).

마가복음 8장에는 예수님과 함께 사흘을 보내는 동안 먹지 못해 배고픈 사람들을 불쌍히 여기시는 예수님의 모습이 나옵니다. 말씀을 듣고 있는 이들이 굶고 있었다면 아마 예수님께서도 함께 못 드셨을 것입니다. 그러나 예수님께서는 당신의 배고픔보다도, 모였던 무리를 그냥 돌려보내면 그들이 집으로 가는 길에 기진할 것을 염려하셨습니다(막 8:1~4). 그래서 예수님은 그들에게 먹을 것을 제공하기 원하십니다. 왜냐하면 그때 예수님을 따르던 사람들 중에는 먹을거리를 스스로 해결하기 어려운 사람들이 많았기 때문입니다.

누가복음 9장 10~17절에는 벳새다 들녘에서 5천 명을 먹이신 사건이 기록되어 있습니다(마 14:13~21; 막 6:30~44; 요 6:1~14).

하루 종일 말씀을 전하시고 날이 저물었습니다. 제자들이 와서 "무리를 마을과 촌으로 보내서 먹을거리를 얻게 하소서. 여기는 빈들입니다."라고 이야기합니다. 예수님께서 그들을 불쌍히 여기시고 이들에게 먹을 것을 주기로 결심하십니다. 제자들에게 물으니 물고기 두 마리와 보리떡 다섯 개가 있다고 합니다. 예수님께서는 이 물고기와 보리떡을 가지고 축사하신 후 제자들을 시켜서 떡 바구니를 들고 뛰어다니게 하십니다.

예수님께서는 5천 명이 예수님을 바라보도록 앉히고 난 후, 기도하시어 사람들 앞에 떡과 생선이 하나씩 뚝뚝 떨어지도록 하실 수도 있었습니다. 만일 그렇게 하시면 그 많은 무리들이 예수님을 더욱 추앙할 것이며 그렇지 않아도 유명한 예수님은 모든 사람의 배고픔을 해결할 기적을 베푸시는 분으로까지 알려지게 될 것입니다. 그러나 예수님은 그리하지 않으십니다. 아마 그 떡을 받아든 5천 명의 사람들 중 대부분은 그 떡이 어디에서 왔는지 정확히 알지 못했고, 아마 예수님과 제자들 정도만 그 떡의 정확한 출처를 알고 있었을 가능성이 큽니다.

왜 그러셨을까요? 기적 자체에만 사람들이 현혹되면, 예수님께서 그 전에 그렇게 열심을 다하여 가르치신 하나님의 나라, 생명의 말씀에 대한 관심은 사라져 버릴 수 있기 때문입니다. 예수님께서 꼭 필요한 때에는 기적을 행하십니다. 그러나 예수님께서는 기적 자체보다는 그분의 말씀이 사람들에게 더 기억되기를 원하십니다. 눈에 보이는 떡보다는 보이지 않는 생명을 주시는 것이 그분의 최종목표였기 때문입니다. 그분께서는 자신의 살을 나누어 그들에게 생명을 주시고자 하신 것입니다.

다음 날 어제 먹은 떡을 기억하고 모여든 사람들에게 예수

남은 열두 바구니

5천 명이 먹고 남은 것이 열두 바구니가 되었다. 예수님께서는 제자들에게 그것들을 모으게 하신다. 아마도 이 떡과 물고기는 예수님과 제자들의 다음 식거리였을 것이다.

Message
기적을 구하는 이유
우리가 가진 작은 것, 떡 한 덩이나 동전 하나가 나눔의 자리로 가면 그것은 없어지지 않고, 씨앗이 된다. 한 알의 씨에서 많은 곡식이 자라는 것을 주님은 나눔의 원리로 가르치신다. 오병이어는 나눔의 방법이었다. 오늘날 오병이어의 기적을 구하는 우리의 기도가 나눔을 위한 것인가? 아니면 나의 경제적 만족만을 위한 것인가?

완악한 마음

가버나움은 예수님께서 권능을 가장 많이 행하신 성읍 중 하나였다. 그러나 가버나움 사람들은 복음을 받아들이지 않고 거부했다.

인간이 신앙을 갖지 못하는 것은 기적을 체험하지 못했거나 복음에 대해 자세히 듣지 못해서가 아니라, 그 마음이 완악하고 교만하기 때문이다.

기적 자체가 인간을 구원하거나 신앙을 성숙하게 하지는 못한다. 광야에서 수많은 기적을 체험한 이스라엘도 여전히 하나님을 의심하고 불평했으며, 수많은 기적을 목격한 군중들도 예수님을 배신했다.

예수님의 자기소개

1. 나는 생명의 떡이다
   (요 6:35,41)
2. 나는 세상의 빛이다
   (요 8:12)
3. 나는 양의 문이다
   (요 10:7,9)
4. 나는 선한 목자다
   (요 10:11, 14)
5. 나는 부활이요 생명이다
   (요 11:25)
6. 나는 길이요 진리요
   생명이다(요 14:6)
7. 나는 참포도나무다
   (요 15:1,5)

님께서 말씀하십니다. "내가 진실로 진실로 너희에게 이르노니 모세가 너희에게 하늘로부터 떡을 준 것이 아니라 내 아버지께서 너희에게 하늘로부터 참 떡을 주시나니 … 나는 생명의 떡이니 내게 오는 자는 결코 주리지 아니할 터이요 나를 믿는 자는 영원히 목마르지 아니하리라"(요 6:32~35).

이스라엘 백성이 광야에 있었을 때 그들에게 매일 만나가 내렸고 그것은 그들의 일용할 양식이 되었습니다. 만나는 하나님의 은혜였지만, 유한한 것이었습니다. 만나는 육신의 배를 부르게 할 뿐 영적으로 그들을 살리지는 못했던 것입니다. 예수님께서는 자신을 하늘에서 내린 참 떡이라고 말씀하십니다. 이 떡은 우리의 영혼을 살게 하는 생명의 떡입니다. 예수님을 믿는 것은 영원히 주리지 아니할 생명의 떡을 먹는 것입니다.

"나는 생명의 떡이니…"라는 말씀처럼 요한복음에는 예수님 자신이 어떠한 분인지를 소개하는 자기 선언적 표현이 여러 가지로 등장합니다.

어느 날 예수님께서 사마리아에 있는 수가라 하는 동네에 가십니다. 그리고 그곳에서 물 긷고 있는 한 여인과 만나 대화를 나누십니다. 예수님께서 물을 달라 하니 그 여인은 유대인이 어찌 사마리아인과 상종하는지 의아해합니다. 예수님께서 대답하십니다. "네가 만일 하나님의 선물과 또 네게 물 좀 달라 하는 이가 누구인 줄 알았더면 네가 그에게 구하였을 것이요 그가 생수를 네게 주었으리라"(요 4:10). 예수님께서는 여인에게 참된 생명수가 무엇인지를 가르쳐주고 싶으셨던 것입니다.

그러나 여인은 예수님의 말씀을 곧바로 이해하지 못하고 오히려 신비한 물을 요구합니다. 한 번 마시면 영원히 목마르

지 않는 물, 그래서 다시는 수고스럽
게 물을 길으러 오지 않아도 되는 그
런 물을 구합니다. 그러자 예수님께
서는 불신앙으로 굳어진 여인의 생
각을 깨고 생명의 길을 여시기 위해,
화제를 바꾸셔서 여인의 부끄러운
과거를 언급하십니다. 그리고 책망
과 정죄로 나아가는 것이 아니라 예
수님만이 여인의 결함과 부족함을
채울 수 있는 생명의 근원이심을 드
러내십니다. 모든 사람들이 기다리

는 메시아가 바로 자신임을 알리신 것입니다(요 4:25~26).

참 생명을 주는 물, 인생들의 영원한 목마름을 해결할 수
있는 '생수' 가 바로 예수님이십니다. 예수님은 죄로 인해 죽
을 수밖에 없는 인생들에게 영원히 사는 길을 열어놓으신 분
입니다. 예수님을 믿는 것은 그분이 이 땅에 생명수의 근원으
로, 구원의 메시아로 오셨다는 것을 믿는 것입니다.

바리새인 중 유대인의 관원인 니고데모라 하는 사람이 밤
에 예수님을 찾아옵니다. 니고데모와 그의 동료들은 예수님께
서 행하신 표적을 보고 예수님을 하나님이 보내신 선생으로
생각합니다. 그런 니고데모에게 예수님께서는 생명과 거듭남
에 대한 놀라운 가르침을 주십니다(요 3:5~8).

예수님께서는 "사람이 거듭나지 않으면 하나님 나라를 볼
수 없다."라고 하십니다. 다시 태어남, 즉 완전히 새롭게 변화
될 것을 요구하시는 것입니다. 만약 동일한 말씀을 사마리아
여인이나 간음한 여인, 세리처럼 사회적으로 천대받는 사람,
다시 말해 스스로를 부끄럽게 여기는 사람들이 들었더라면

예수님의 이 말씀이 무슨 뜻인지 금방 이해했을지도 모릅니다. 그런데 니고데모는 "두 번째 모태에 들어갔다가 날 수 있삽나이까?"라며 다소 엉뚱한 질문을 던집니다. 그러자 예수님께서 다시 설명하여 주십니다. 예수님께서 말씀하시는 '거듭남'은 "물과 성령으로" 새롭게 태어나는 것, 즉 우리의 모든 것이 하늘로서 오는 하나님의 능력을 통해 완전히 새로운 생명을 얻는 것을 의미합니다. 그것은 인간의 노력이나 수고로는 얻을 수 없을 뿐더러 바람이 어디서 오며 어디로 가는지 알지 못하는 것처럼 우리의 사고로는 온전히 이해할 수 없는 차원의 것입니다.

니고데모는 "어찌 그러한 일이 있을 수 있습니까?"라고 또 질문합니다. 예수님은 "내가 땅의 일을 말하여도 너희가 믿지 아니하거든 하물며 하늘 일을 말하면 어떻게 믿겠느냐?"라고 하시며, "그를 믿는 자마다 멸망하지 않고 영생을 얻게"(요 3:16) 하실 것임을 말씀하십니다.

니고데모를 비롯한 많은 유대인들은 율법에 대해서는 잘 알고 있었지만, 그 율법을 주신 하나님의 사랑의 실체로 오신 예수님에 대해서는 잘 알지 못했습니다. 많은 사람들이 예수님을 놀라운 기적을 행하는 '선생'으로는 알았으나, 그들의 생명을 구원할 '구주'로는 믿지 못했습니다. 그런 그들에게 예수님은 "내가 곧 길이요 진리요 생명이니 나로 말미암지 않고는 아버지께로 올 자가 없느니라"(요 14:6)라고 말씀하십니다. 수많은 사람들이 찾고 찾는 그 진리와 생명의 길에 대해 예수님은 오직 당신만이 '생명의 길'임을 말씀하십니다.

사랑 때문에 피곤하신 예수님

마태복음 8장 마가복음 3:20~35; 4:35~5:20
누가복음 7~8장 요한복음 4:43~5장; 9장

2
숲이야기

사람을 사랑하는 예수님의 손

마 8:1~17/ 막 3:20~35 (1:21~3:12)
눅 7:1~17; 8:40~56 (4:14~6:11)/ 요 4:43~5장; 9장

2천 년 동안 수많은 사람들이 자신의 모든 것을 다 바쳐서 사랑한 예수님은 과연 어떤 분이십니까? 그분에 대한 모든 것을 소개하고 그분의 사랑을 다 알리려면 하늘을 두루마리 삼고 바다를 먹물 삼아도 다 기록하지 못할 것입니다. 사도 요한의 표현대로 "낱낱이 기록된다면 이 세상이라도 이 기록된 책을 두기에 부족할"(요 21:25) 것입니다.

예수님의 사역은 '십자가'와 '부활'로 집약될 수 있겠습니다. 그러나 그분이 공생애 3년 동안 구체적으로 행하신 일 하나하나가 무엇인지도 알아야 합니다. 그래야 십자가와 부활로 귀결되는 예수님의 사랑을 더욱 깊이 깨달을 수 있습니다.

그분은 한 영혼을 너무나 소중하게 여기셨습니다. 특별히 그분은 가난하고 병든 사람들에게 큰 위로와 회복의 기쁨을 주십니다. 복음서에는 예수님께서 얼마나 온몸과 정성으로 사람들을 사랑하시고 치유하셨는지 구구절절 쓰여 있습니다. 예수님께서는 군대 귀신 들린 자를 고치셨고(막 5:1~20), 열두 해 혈루증 앓는 여인을 치료하셨으며(막 5:25~34), 회당장 야이로의 죽었던 딸을 살리셨습니다(막 5:35~43). 앞이 보이지 않는 바디매오도(막 10:46~52), 귀신 들린 어린아이도(막 9:14~27), 열 명의 나병환자들도 고쳐주셨습니다(눅 17:11~14).

혹자들은 말로 모든 일을 처리하려고 합니다. 그러나 예수님은 그리하지 않으십니다. 그분이 사람을 사랑하시는 방법은 병자들을 직접 찾아가시고 그들의 얘기를 들어주시며 그 환부에 직접 손을 대어 고치시는 것이었습니다. 예수님께서는 병든 이가 찾아왔을 때 그 사람의 고통과 아픔까지도 품어 안으셨습니다. 사람들을 보시며 불쌍히 여기는 마음을 가지셨습니다(마 9:35~36). 사람들을 바라보시는 예수님의 눈은 사랑이었습니다.

"벳새다에 이르매 사람들이 맹인 한 사람을 데리고 예수께 나아와 손 대시기를 구하거늘 예수께서 맹인의 손을 붙잡으시고 마을 밖으로 데리고 나가사 눈에 침을 뱉으시며 그에게 안수하시고 무엇이 보이느냐 물으시니 쳐다보며 이르되 사람들이 보이나이다 나무 같은 것들이 걸어 가는 것을 보나이다 하거늘 이에 그 눈에 다시 안수하시매 그가 주목하여 보더니 나아서 모든 것을 밝히 보는지라"(막 8:22~25).

눈이 안 보이는 한 사람을 고쳐주시는데, 사람들이 많이 모인 곳에서 고치지 않으시고, 그를 데리고 마을 밖으로 나가십니다. 그 마을 밖까지 얼마나 조심조심 가셨을지 짐작이 됩니다. 예수님께서는 함께 걷는 그 사람의 발이 혹시 돌부리에 채이지 않을까, 헛디뎌서 넘어지지 않을까, 그의 손을 꼭 붙드시고 천천히 한 발 한 발 걸으셨을 것입니다. 그리고 그를 고쳐 주십니다. 처음엔 어릿어릿 뭔가 보이다가 마침내 만물이 밝히 보이게 되었을 때, 감격하며 좋아했을 그 사람을 보면서 예수님께서도 함께 좋아하셨을 것입니다. 그런 예수님의 모습이 충분히 상상이 갑니다. 이런 예수님이 참 좋습니다.

"해 질 무렵에 사람들이 온갖 병자들을 데리고 나아오매 예수께서 일일이 그 위에 손을 얹으사 고치시니"(눅 4:40).

예수님께서는 해가 떠 있을 때에는 열심히 하나님의 말씀을 가르치십니다. 그리고 밤을 꼬박 새워가며 병자들 한 사람 한 사람 일일이 손을 얹어 고쳐주십니다. 병자들이니 몸이 성치 못한 분들이고, 그중에는 피고름이 나는 사람들도 있었을 텐데, 그들의 환부에 직접 손을 대시며 고쳐주십니다. 예수님께서는 말씀으로 시공을 초월하여 능력을 베풀기도 하시지만, 이렇게 당신의 손을 부지런히 사용하기도 하십니다.

예수님께서는 사람 사랑하는 일에 온몸을 아끼지 않으셨습니다. 예수님의 몸은 사람을 사랑하기 위한 무기요, 도구였습니다. 마치 제사장의 옷이 하나님과 사람을 섬기는 일에 쓰이는 작업복이듯이 예수님의 옷 또한 병자들의 고름이 묻은 옷이었습니다. 이렇게 사람들을 사랑하시느라 예수님의 몸은 지치셨습니다. 그리고 그의 그 지친 몸을 대속의 십자가에 내어놓으셨습니다. 갈보리 산 위에서 십자가에 못 박히시는 손은 바로 이처럼 사람 사랑하시기 위해 바쁘셨던 손, 우리의 손을 잡아주시고 우리의 아픈 곳을 쓰다듬으셨던 바로 그 손입니다. 이렇게 손을 사용하시는 예수님이 정말 좋습니다. 예수님을 닮는다는 것이 무엇입니까? 예수님처럼 사는 것 아닙니까? 여러분의 건강한 손은 어디에 쓰시겠습니까?

Message

내가 아는 한 가지

예수님께 치유받은 맹인이 아는 것 한 가지는 자신이 맹인이었다가 지금은 보게 되었다는 사실이었다. 신앙은 지식이 아니라 체험이며 삶이다. 바리새인들은 논리와 교훈과 복잡한 말의 유희로 예수님을 죄인 취급하였다. 그러나 우리의 신앙은 예수님을 통하여 내가 구원받고 참된 회복을 경험했다는 사실을 믿고 확신하는 것에서 시작되는 것이다.

사랑 때문에 피곤하신 예수님
마 8:18~27/ 막 4:35~41/ 눅 8:22~25

어느 날, 예수님께서는 여느 때와 같이 하루 종일 사람들을 가르치시고, 해가 저물자 제자들에게 바다 저편으로 건너가자고 하십니다(막 4:35). 그런데 갈릴리 바다를 건너가는 도중, 광풍이 일어 배에 물이 들어옵니다. 베드로를 비롯해 여러 제자들은 바다에서 잔뼈가 굵은 뱃사람들입니다. 그런데 그들도 감당치 못할 정도로 물이 배 안으로 들어와 배가 가라앉을 위기상황에까지 이릅니다.

예수님께서는 지금 이 상황에 무얼 하고 계신가요? 아니, 이렇게 배가 가라앉을 만큼 큰 파도가 치고 배가 흔들리는데도 예수님께서는 깊이 주무시고 계십니다. 혹시 예수님이 사실은 깨어 있으신데 제자들이 어떻게 하나 보시려고 잠자는 척 하시는 것입니까? 아닙니다. 지금 예수님께서는 정말로 주무시는 것입니다. 너무 피곤하시기 때문입니다. 얼마나 피곤하셨으면, 얼마나 지치셨으면, 그토록 배가 흔들리는 와중에도 사람이 깨우기 전에는 일어나지 못하셨을까 싶습니다. 하루 종일 수많은 사람들을 향해 목이 쉬도록 가르치시고, 또 밤에는 그 많은 병자들을 일일이 만지셨으니 이토록 피곤하실 수밖에요.

광풍이 점점 거세지자 제자들이 예수님을 깨웁니다. 깨어나신 예수님께서 바람과 바다를 꾸짖어 잔잔하게 하십니다. "예수께서 깨어 바람을 꾸짖으시며 바다더러 이르시되 잠잠하라 고요하라 하시니 바람이 그치고 아주 잔잔하여지더라" (막 4:39). 제자들이 "그가 누구이기에 바람과 바다도 순종하는

가?”라며 놀라워합니다.

우리는 바다를 잔잔하게 하신 이 사건만을 똑 떼어서 예수님의 신성(神性)이 드러나는 부분이라며 밑줄을 쳐둡니다. 물론 파도와 바람을 잔잔하게 하신 일은 놀라운 기적입니다. 그러나 우리는 그 기적 뒤에 숨어 있는 배경, 즉 피곤하여 주무시고 계신 예수님의 모습도 알아야 할 것입니다. 또 그토록 예수님이 피곤하신 이유도 생각해보아야 합니다. 그토록 피곤하시면서도 왜 굳이 밤에 그 거친 바다를 건너셔야 했는지 또한 궁금합니다.

한 사람을 만나기 위해

마 8:28~34/ 막 5:1~20/ 눅 8:26~39

예수님과 제자들이 바다를 건너서 도착한 곳은 거라사 지방입니다(막 5:1). 그리고 배에서 내리자마자 만난 사람이 바로 귀신 들린 사람입니다. 너무 난폭해서 쇠사슬로도 묶을 수 없는 이 사람은 가족에게도 친구에게도 버림받았습니다. 이 거라사 광인의 모든 인간관계는 이미 끝나 있습니다. 이제는 친구도 부모도 무덤에 살고 있는 그를 상대해주지 않습니다. 그는 홀로 무덤 사이에서 돌로 제 몸을 상하고 있는 ‘정말 불쌍한’ 사람입니다. 그런데 예수님이 바로 이 한 사람을 고쳐주시려고 여기까지 오신 것입니다. 그 피곤하신 와중에, 이 정말 안타깝도록 불쌍한 한 사람을 위해서 찾아오신 것입니다.

“예수께서 바다 건너편 거라사인의 지방에 이르러 배에서 나오시매 곧 더러운 귀신 들린 사람이 무덤 사이에서 나와 예수를 만나니라 … 밤낮 무덤 사이에서나 산에서나 늘 소리 지

천하보다 귀한 한 사람

사람들은 보통 자기가 유명해지고, 많은 사람들이 따르는 사람이 되면, 사람들이 많은 곳으로 가지, 적은 곳으로는 바쁘다는 핑계로 가지 않는다.
수많은 사람들이 예수님을 따르고 있었다. 그런데 예수님께서는 그 모든 사람들을 위한 일뿐 아니라, 한 사람의 생명도 귀히 보시고, 그를 몸소 찾아가신다.

르며 돌로 자기의 몸을 해치고 있었더라 … 이에 간구하여 이르되 우리를 돼지에게로 보내어 들어가게 하소서 하니 허락하신대 더러운 귀신들이 나와서 돼지에게로 들어가매 거의 이천 마리 되는 떼가 바다를 향하여 비탈로 내리달아 바다에서 몰사하거늘 ……"(막 5:1~20).

예수님께서 거라사 광인에게 들어 있는 그 귀신의 이름을 물으니 군대라고 합니다. 귀신들이 자기들을 돼지들에게로 보내달라고 하자 예수님께서 허락하십니다. 그러자 2천 마리나 되는 돼지 떼가 바다로 내리달아 몰사하고 맙니다.

우리 예수님은 돼지를 하찮게 보시거나 돼지를 미워하시는 분이 아닙니다. 당신께서 창조하신 이 모든 우주 만물을 어느 것 하나 아끼지 않는 것이 없으십니다. 그러나 그 돼지 2천 마리와 한 사람의 생명을 놓고 볼 때, 예수님 보시기에는 사람이 더 귀하다는 것입니다. 그래서 가족도 친구도 포기한 사람, 아무런 미래도 희망도 없는 한 사람을 온전케 하는 일에 돼지 2천 마리를 대가로 지불하십니다.

들에 핀 아름다운 백합화보다, 들판에서 노니는 양들보다, 돼지 2천 마리보다, 더 나아가 온 천하보다 한 생명이 더 귀하다고 하신 예수님의 말씀은 빈말이 아니었습니다. 후에는 당신의 몸보다도 우리의 생명이 더 귀하다고 십자가에서 보여주십니다. 이렇게 당신의 온 생을 통해, 온몸을 통해 한 영혼이 귀하다는 것을 직접 보여주신 것입니다. 예수님의 제자 되기를 자처하는 우리는 예수님처럼 한 생명을 귀히 여기고 있습니까? 돼지를 아까워해서 예수님께 떠나주시기를 청했던 거라사 지방 사람들의 모습과 더 닮아 있지는 않습니까?

거라사 광인을 향하셨던 그 사랑, 그 사랑이 바로 우리에게도 향하고 있다는 사실에 목이 메입니다. 또한 나에게뿐만 아

Message
목숨보다 더한 사랑

예수님께서는 사람에 대한 가치를 가장 높게 평가하신 분이다. 우리는 사실 천하의 가치가 무엇인지 모른다. 그런데 천하를 지으신 분이 우리를 천하보다도 더 귀하다고 하신다. 이 놀라운 사랑을 직접 몸으로 보여주셨다. 예수님께서는 모든 사람들이 바로 이 사실을 알기 원하신다. "너는 내 목숨보다도 소중한 존재이다. 내가 너를 위해 십자가를 졌다." 우리는 이 이야기를 증거해야 하는 것이다. 이것이 전도다. 예수님께서 세상 사람들을 그처럼 사랑하신다는 사실을 알리는 것이다.

니라, 내 옆에 있는 형제자매들도 역시 예수님의 그 진한 사랑의 대상이라는 사실을 기억한다면 어떻게 그 형제자매를 사랑하지 않을 수 있겠습니까? 거라사 광인이 자신의 가족과 친족들에게 다시 돌아간다는 것은 그가 속했던 공동체 전체의 기쁨이었을 것입니다(막 5:18~20). 이런 일을 하시려고 그 먼 길을 피곤하신 가운데 찾아오신 것입니다.

예수님의 인격을 어떻게 알 수 있습니까? 그분이 하신 일로 알 수 있습니다. 그분의 인격과 그분의 사역은 불가분의 관계입니다. 그래서 우리는 그분의 사역을 볼 때, 동시에 그분의 인격을 보게 됩니다.

예수님의 제자 교육

예수님께서 그 어둔 밤에 배를 타고 건너가셔서 광인 한 사람을 온전케 하시는 데 돼지 2천 마리를 사용하신다. 한 마리당 10만원 정도라고만 계산해도 총 2억원 정도의 대가를 지불하시고 한 영혼을 소생시키신다. 한 영혼을 소중히 여기시는 게 뭔지를 분명하게 보여주신 것이다.

비빌 언덕이 되어

마태복음 9~12, 15~19장 마가복음 5:21~7장; 9~10장
누가복음 10장;14장~19:10 요한복음 8, 10~11장

약한 자의 이웃

마 9장; 11:20~12장/ 막 5:21~6:13; 10:1~16
눅 7:36~50; 10:25~42

율법학자

율법학자들의 모델은 제사장 겸 학사 에스라이다. 사람들에게 율법을 해석하고 쉽게 풀어 가르쳐주며, 때때로 송사를 해결하고 재판하는 것이 그들의 주요임무였다. 율법학자들은 '랍비(선생)'라고도 불리었고, 공의회의 의원도 될 수 있었다. 이들은 법률가와 도덕선생으로서 율법을 해석하였고, 그렇게 해석된 율법을 실천하는 데에도 앞장섰다.

한 율법교사가 예수님께 찾아와 질문합니다. 그들 사회에서 율법학자는 최고의 석학입니다. 당시 예루살렘에 있는 바리새인들의 수는 6천여 명 정도였다고 합니다. 그런데 그 바리새인들 중에 더 특별히 율법을 연구하는 자들이 서기관들이요, 율법학자들이었습니다. 그러니 그들은 지식인 중에 지식인이라고 할 수 있습니다. 그런 율법학자가 어느 날 많은 사람들 앞에서 질문을 합니다. "내가 무엇을 하여야 영생을 얻으리이까?"(눅 10:25). 보통 질문이 아닙니다. 이 정도 질문이라면 예수님이 결코 쉽게 답할 수 없을 것이라고 예상했던 것입니다.

예수님께서 되물으십니다. "율법에 무엇이라 기록되었으며 어떻게 읽느냐?" 성경 속에서 답을 찾아보라고 역제안하신 것입니다. 그러자 그가 대답합니다. "하나님을 사랑하고 또한 네 이웃을 네 자신과 같이 사랑하라고 했습니다." 그는 최고 수준의 지식인답게 613가지나 되는 많은 율법을 요약하면서 결국 이것이라고 명쾌하게 답을 합니다. 그러자 예수님께서 "네 대답이 옳다." 하시며 "이를 행하라 그러면 살리라"(눅 10:28)라고 말씀하십니다. 그런데 율법학자가 다시 한 번 더 묻습니다. "그렇다면 내 이웃이 누구입니까?"

아니, 그렇게 똑똑한 사람이 이웃이 누군지도 모른다는 말입니까? 잘 이해가 가지 않는 질문입니다. 그러나 예수님 활동 당시, 율법학자를 비롯해서 서기관들, 바리새인들의 생각 속에는 이웃의 개념이 명확하지 않았습니다. 그리고 그것은 하루아침에 생긴 것이 아니라 오랜 시간 쌓이고 쌓여 화석처럼 단단히 굳어진 것이었습니다. 그 편견과 굳은 생각에 갇히면 이웃이 보이지 않게 되는 것입니다.

우리는 "눈에는 눈으로, 이에는 이로"(신 19:21)라는 말을 알고 있습니다. 하나님께서 율법을 주실 때, 나 아닌 타자를 존중하라는 뜻으로 "눈에는 눈으로, 이에는 이로"를 말씀하셨습니다. 만약 네 것만 소중하게 여기고 상대의 것을 소중히 여기지 않으면 네 것도 동형으로 처벌할 것이다, 그러므로 상대의 모든 것을 소중히 여기고 지키도록 하라는 예방법이었습니다. 그런데 이스라엘 백성들이 이 예방법을 보복법으로 바꾸어버렸습니다. 율법의 근본 취지를 바꾸어서 오히려 동형으로 보복하라는 뜻으로 오해한 것입니다. 한마디로 율법 정신을 왜곡한 것입니다.

이 잘못된 해석이 하나님과의 관계에 있어서도 적용되었습니다. 서기관, 바리새인 등 특권층들은 자신들의 부유한 삶을 너무나 정당하게 받아들이고, 그렇지 못한 사람들을 불쌍히 여기거나 동정하지 않았습니다. 그 이유는 간단합니다. "눈

예레미야 선지자는 예루살렘 성의 아이들과 부녀자들이 큰 아픔을 당하는 것을 보고, 자신의 눈이 눈물에 상하고 간이 땅에 쏟아진다고 고백했다. 이웃의 고통이 자신의 고통이 되었던 것이다. 그 후, 150년 정도 후에 느헤미야가 황폐한 땅 예루살렘에 돌아와 성벽을 건축하고 그 낙성식을 행하며 굉장히 기뻐한다. 자신이 위대한 일을 해냈다고 기뻐하는 것이 아니었다. 그가 예루살렘 성벽을 짓고 크게 기뻐한 이유는 약한 어린아이들과 부녀자들이 한밤중에 두 다리 뻗고 잘 수 있는 사회적 안전망이 드디어 갖추어졌다는 데에 있었다. 이웃의 기쁨이 그의 기쁨이었던 것이다.

예수님의 화법

율법학자가 와서 어떻게 하면 영생을 얻고 물으니, 예수님은 선한 사마리아인의 비유를 이야기하시고, 곧이어 물으셨다. "강도 만난 자의 이웃이 누구이냐?" 예수님은 질문을 받으셨을 때, 바로 대답하시는 경우도 있었고, 혹은 이처럼 또 다시 질문을 하시는 경우도 있었다. 이렇게 다시 질문하셔서 그들의 생각을 고쳐주는 화법을 자주 사용하셨다.

에는 눈으로, 이에는 이로"라는 법칙을 적용해보면, 자신들이 부자로 사는 이유는 하나님 앞에 의롭기 때문에 하나님이 복 주셨기 때문이고, 다른 사람들은 하나님 앞에 제대로 행실을 하지 못했기 때문에 벌을 받아서 가난하게 사는 것이라는 결론이 나오기 때문입니다. 그러기에 가난한 자들에 대해 연민이나 동정을 가질 필요가 전혀 없는 것입니다. 당시 바리새인, 서기관, 율법학자들은 이 편견을 가지고, 자기들의 생각과 삶을 정당화시키고 교만해 있었습니다. 하나님을 이방인들의 하나님이 아니라 유대 민족만의 하나님이라고 제한시키고, 더 나아가 가진 자들의 하나님, 바로 자기들만의 하나님으로 좁혀 오해했던 것입니다.

하지만 정말 그렇습니까? 율법에는 원래 이웃 개념이 살아 있습니다. 가을에 추수할 때, 추수하는 이들이 밭의 곡식을 다 베지 않고 밭모퉁이의 일부를 고아와 나그네와 과부를 위하여 남겨두는 것은 모든 백성들이 지켜야 할 율법의 조문이었습니다(신 24:19~22). 예언자들은 이런 율법을 소중히 여기라고 끊임없이 강조했습니다. 그런데 이웃을 돌보는 삶의 방식을 외면한 채, 자기의 편리대로 율법을 왜곡하고, 책임을 회피하는 삶을 살면서 "내 이웃은 누구인가?"라고 질문했던 것입니다.

이에 대해 예수님께서는 강도 만난 자의 비유를 통하여 이웃이 누구인지를 알려주십니다. "강도를 만나 상처 입고 쓰러져 있는 사람을 보고도 못 본 척 지나가는 제사장과 레위인, 그리고 그의 상처를 싸매고 자신의 가진 것을 내어 그를 도와준 사마리아 사람 중, 강도 만난 사람의 이웃은 누구인가?" 이 질문은 지식 있는 율법학자가 아니라 어린아이라도 대답할 수 있는 질문이었습니다. 당시 사마리아 사람은 유대인들로부터 사람 취급을 받지 못했던 사람입니다. 하지만 아무런 대가를 바라지 않고 정성을 다해 강도 만난 자를 도와준 사마리아 사람, 그가 진정한 이웃임에 틀림없습니다.

율법학자는 "내 이웃이 누구입니까?"라고 물었습니다. '자기의 이웃'이 누구냐고 묻고 있는 것입니다. 이 질문에 담긴 '이웃'은 자기중심적인 이웃입니다. 그런데 우리 예수님은 "강도 만난 자의 이웃이 누구인가?"라고 물으십니다. 이웃의 개념을 바꾸어놓으신 것입니다. 그리스도인들이 나 중심의 이웃을 찾으면 안 됩니다. 나의 친구, 나의 이웃, 나에게 도움을 줄 사람, 나를 돌봐줄 자만을 찾아서는 안 됩니다. 나 중심의 계산된 관계 속에서 이웃을 설정할 것이 아니라, 섬김의 자리에서 '나는 누구의 이웃이 되고 있는가?'를 물어야 하는 것입니다.

예수님의 질문에 대해 "자비를 베푼 자니이다"라고 대답한 율법학자에게 예수님께서 말씀하십니다. "가서 너도 이와 같이 하라." 알았으니, 실천하라는 것입니다. 예수님께서는 율법학자에게 믿음이란 듣는 것, 아는 것으로 그치는 것이 아니라, 실천으로 나아가야 하는 것임을 알려주십니다.

이웃을 생각하는 삶! 그것 자체가 이미 복된 삶입니다. '인생을 어떻게 살 것인가?'라는 근본적인 물음 앞에 예수님께서는 이미 오래 전에 당신의 삶으로 그 해답을 보여주셨습니다. '나' 중심이 아니라 '이웃' 중심으로 사는 삶이 얼마나 귀한 것인지, 또 어떻게 섬기고 사랑해야 하는지를 몸소 실천해 보여주셨습니다.

이틀치 봉급을 털어

선한 사마리아인 비유에서 강도 만난 자를 돕는 사마리아인은 그를 싸매어주고 치료하여 준다. 게다가 주막 주인에게 그를 부탁하며 2데나리온을 주었다. 당시 1데나리온은 일꾼의 하루 품삯이다. 아무 연고도 없는 낯선 사람을 위해 자신의 소중한 것을 아낌없이 내어놓는 사랑이 감탄스럽다.

한 가지 부족한 것

마 19:16~30/ 막 7:1~23; 10:17~31/ 눅 12:13~21; 16장; 18:18~43

어느 날 한 관리가 예수님께 묻습니다. "선한 선생님이여 내가 무엇을 하여야 영생을 얻으리이까?"(눅 18:18). 이에 예수님께서는 "네가 어찌하여 나를 선하다 일컫느냐 하나님 한 분 외에는 선한 이가 없느니라 네가 계명을 아나니 간음하지 말라, 살인하지 말라, 도적질하지 말라, 거짓 증언하지 말라, 네 부모를 공경하라 하였느니라"라고 말씀하십니다. 그러자 그가 대답합니다. "이것은 내가 어려서부터 다 지키었나이다." 보통 이렇게 말하기 쉽지 않은데, 그는 스스로 생각하기에도 정말 당당하고 부끄러움 없는 삶을 살았던 모양입니다.

그러자 예수님께서는 "아직도 한 가지가 부족한 것이 있으니 네게 있는 것을 다 팔아 가난한 자들에게 나눠 주라 그리하면 하늘에서 네게 보화가 있으리라 그리고 와서 나를 따르라"라고 말씀하십니다. 이미 다른 것들은 잘 갖추어져 있으니, 이 한 가지 부족한 것만 채우면 예수님의 멋진 제자가 될 수 있는 청년입니다. 그러나 이 청년 관리는 큰 부자인 고로 이 말씀을 듣고 심히 근심하며 돌아갔다고 성경은 기록하고 있습니다.

"온 율법은 네 이웃 사랑하기를 네 자신 같이 하라 하신 한 말씀에서 이루어졌나니"(갈 5:14). 한 가지 부족한 것, 사실 그 것은 한 가지가 아니라 전부일 수 있습니다. 그러나 덕행으로 포장된 형식만 있을 뿐, 진정 이웃을 위한 희생은 없는 것이 우리의 모습입니다. 예수님의 말씀은 자신을 위해 포장된 윤리와 가식적 계명을 넘어 선하신 하나님의 뜻이 무엇인지 깨닫게 합니다.

예수님께서는 "한 사람이 두 주인을 섬기지 못할 것이니 혹 이를 미워하고 저를 사랑하거나 혹 이를 중히 여기고 저를 경히 여김이라 너희가 하나님과 재물을 겸하여 섬기지 못하느니라"(마 6:24)라고 말씀하신 적이 있습니다. 하나님과 재물, 이 두 가지를 직접 대비시켜 말씀하셔야 할 만큼, 그 당시에나 지금에나 '재물'은 우리 인생들의 삶에서 크고 중요한 부분을 차지하는 것이라 할 수 있습니다.

현대 사회는 전보다 더욱 물질 중심적이고, 더 나아가 물질만능주의가 팽배한 자본주의 시대입니다. 하나님을 그 무엇보다 소중히 여겨야 할 그리스도인들까지도 그러한 생각과 삶의 방식에서 벗어나기가 쉽지 않습니다. 이러한 시대에 '재물의 사용', 즉 '소비'의 방향은 결국 그 사람의 '자기 정체성' (identity)을 드러내는 하나의 척도일 수 있습니다. 재물의 중요성과 가치가 무게 있게 생각되는 사회 속에서 그것을 어떻게 사용하느냐의 문제는 결국 그 사람의 생각과 삶의 방식을 드러내준다는 것입니다. 그렇다면 우리 그리스도인들의 삶 속에서 재물이 어떻게 사용되어야 할 것인지에 대한 기준은 무엇입니까?

성경입니다. 이미 율법을 통해 하나님께서는 종(청지기) 정신(레 25:55)과 이웃과의 나눔(레 19:9~10) 등 재물에 대한 바른 인식과 사용법에 대해 상세히 이르신 바 있습니다. 그리고 성경 안에는 재물로 인한 조카 롯과의 갈등을 양보로 해결하는 아브라함부터, 경제적 어려움에 처한 나오미와 룻의 살 길을 율법의 절차에 따라 책임져 준 보아스, 그 많은 재물과 권력을 소유하고도 하나님 앞에서 겸손한 종으로서의 자세를 견지하며 하나님이 율법으로 정하신 영토 외의 다른 나라는 끝

'얼마'가 아니라 '어떻게'
가난한 과부가 헌금함에 두 렙돈을 넣는 것을 보시고 예수님께서는 그의 헌금이 가장 큰 헌금이라고 평가하셨다(눅 21:1~4). 주님은 '얼마'를 드리는가보다는 '어떻게' 드리는가를 보신다. 그분의 관심은 예물이 아니라 예물을 드리는 사람의 마음에 있다.

내 침범하지 않았던 다윗, 페르시아 왕으로부터 허락받은 많은 재물을 황폐된 예루살렘을 재건하며 공동체를 세우는 데 사용하였던 느헤미야와 에스라, 자신의 재산과 소유를 팔아 서로의 쓸 것을 나누었던 바나바를 비롯한 초기교회 공동체 등, 공동체를 위해 손 안의 재물을 아름답게 사용하였던 하나님의 사람들의 이야기가 있습니다. 이런 하나님의 말씀과 그 말씀을 실제 삶으로 살아낸 사람들을 따르는 것이야말로 그리스도인의 올바른 정체성을 확립하는 중요한 원리가 될 것입니다.

비빌 언덕이 되어
마 15:1~31; 18장~19:15/ 막 7:24~37
눅 14~15장; 17장~18:17; 19:1~10/ 요 8, 10~11장

성경 전체에는 약한 자들에 대한 하나님의 관심이 묻어나 있습니다. 예수님은 병든 자, 연약한 자, 세리와 창기, 죄수들이 당신께 가까이 오는 것을 기뻐하셨습니다. 그들은 예수님을 필요로 했습니다. 예수님은 그들의 필요를 채워주셨고 그들의 친구가 되어주셨습니다. 예수님을 친구로 삼은 그들은 인생이 변하기 시작합니다.

여리고의 세리장이었던 삭개오는 '돈이 최고'라는 물질만능주의적 생각을 일찍이 획득했던 사람입니다. 민족적 이데올로기도, 옳고 그름의 논리도 돈 앞에서는 다 소용없다며 로마에 아부하면서 부자로 사는 길을 선택했습니다. 그럼에도 불구하고 그의 마음 한쪽 구석에는 그 무엇으로도 채울 수 없는 허전함이 있었습니다. 그러던 차에 예수님에 대한 소문을 들

게 되었고, 예수님의 제자 곁에 세리 출신이 있다는 걸 알게 되었습니다. 자신을 비롯한 세리들이 자신의 동족들로부터 어떤 사회적 취급을 받고 있는지 누구보다도 잘 알고 있는데, 그 훌륭하시다고 소문나 있는 분이 세리를 제자로 받아들이셨다는 사실이 너무도 놀라웠습니다.

삭개오는 예수님이 누구신지 궁금했습니다. 마침 여리고를 지나가시는 예수님을 보기 위해 키가 작은 삭개오는 돌무화과나무로 올라갔습니다. 우리 주님이 "삭개오야 속히 내려오라 내가 오늘 네 집에 유하여야 하겠다."라고 말씀하시며 그를 부르십니다. 급히 나무에서 내려온 삭개오는 몸 둘 바를 모를 정도로 기뻐하면서 예수님을 집으로 영접했습니다. 주위 사람들은 "저가 죄인의 집에 유하러 들어갔도다"(눅 19:7)라고 수군거렸습니다. 그러나 예수님께서는 당신이 이 세상에 오신 이유가 바로 이런 죄인들, 잃어버린 한 마리 양을 찾기 위해서임을 강조하십니다(눅 19:9~10).

그날 예수님을 자신의 집에 초대한 삭개오가 얼마나 좋아했을지 짐작이 가십니까? 예수님을 만난 삭개오의 삶이 송두리째 바뀌는 것을 봅니다. 그는 자기 소유의 절반을 가난한 자들에게 나눠주고, 누군가의 것을 속여 빼앗은 일이 있으면 네 배로 갚겠다고 고백하며 새로운 삶을 시작하였습니다(눅 19:8).

그런가하면, 어느 날, 바리새인들과 서기관들은 간음한 여자를 예수님 앞으로 끌고 와서 어떻게 할 것인지 물으며 예수님을 시험합니다(요 8:1~5). 그들의 관습에 따르면 이제 이 여인은 돌에 맞아 죽게 되어 있습니다. 이 여인도 죽일 겸 예수님도 어떻게 하든 민중들 사이에서 평가절하시킬 겸 해서 예수님 앞으로 끌고 온 것입니다.

그때 예수님은 침묵하시는 가운데 잠시 땅에 글을 쓰시는

예수님께서 찾으시는 사람
예수님께서는 세리와 죄인들을 가까이하셨고 그들과 식탁을 함께하셨다. 최근 나는 어떤 사람들과 만남을 갖고 식탁을 함께하는지 곰곰이 생각해보자.

데, 가만히 시간을 끄시며 분위기를 바꾸시기 위함이었던 것 같습니다. 그리고 조용히 고개를 드시더니 "너희 중에 죄 없는 자가 먼저 돌로 치라"(요 8:7)라고 말씀하십니다. 잠깐의 정적이 흐른 후, 돌을 들었던 자들이 하나 둘 돌을 떨어뜨리고 돌아갑니다. 결국은 모두 다 돌을 내려놓고 흩어지고, 그 여인과 우리 주님 둘만 남았습니다. 그때 예수님께서 그 여인에게 말씀하십니다. "나도 너를 정죄하지 아니하노니 가서 다시는 죄를 범하지 말라"(요 8:11).

이분이 우리 예수님이십니다. 어느 날 아침, 수치와 부끄러움 속에서 돌에 맞아 죽을 위기에 처했던 그 여인의 입장에서, 바로 그 자리에서, 우리 주님을 만나고 싶습니다. 우리가 그 여인과 다를 바가 무엇입니까? 그 여인을 둘러서서 돌을 들고 서 있던 사람들도 그 여인과 다를 바 없는 죄인이었고, 우리 역시 마찬가지입니다. 우리 주님이 그 안타까운 심정으로 우리를 끌어안아 주시지 않았다면, 지금 이렇게 천국을 소망하며 살 수 있는 사람은 아무도 없습니다.

예수님의 사역은 항상 '사람'과 더불어 시작되었고, '사람'을 위하여 행해졌습니다. 예수님께서 사랑하신 '사람'이란 하나님의 은혜를 필요로 하는 이들, 즉 스스로 자신이 '죄인'이라고 고백하는 이들입니다. 예수님께서는 "나는 죄인이로소이다."라고 고백하는 어부 시몬을 '사람을 낚는' 제자로 삼으시고, 당시 세리라고 손가락질 당하던 마태도 부르십니다. 어느 날 예수님께서는 이렇게 불러 모은 제자들과 세리, 죄인들과 함께 식사를 하십니다(막 2:14~15). 이에 대해 바리새인과 서기관들은 "어찌하여 세리와 죄인들과 함께 먹습니까?"라며 불만 가득한 질문을 던집니다. 예수님께서는 그들의 편견에 일침을 가하십니다. "건강한 자에게는 의사가 쓸 데 없고 병든 자에게라야 쓸 데 있느니라 내가 의인을 부르러 온 것이 아니요 죄인을 부르러 왔노라"(막 2:17).

약한 자의 비빌 언덕이 되어주신 예수님께서는 또한 이스라엘의 지리적인 경계를 넘어 이방인들의 믿음도 받아들이셨습니다(막 3:7~8). 귀신 들린 자가 고침 받은 거라사도 이방 지역이었고, 데가볼리도 유대인들이 거하는 곳이 아니었습니다. 예수님께서 두로 지역을 방문하실 때 '수로보니게 족속'의 한 여인이 다가와서 도움을 요청했고 그 요청은 수락되었습니다 (마 15:21~28; 막 7:24~30).

복음 앞에 유대인과 이방인의 구별 같은 것은 없습니다. 예수님께서 십자가에서 달려 돌아가신 그 순간, 성소의 휘장이 위에서부터 아래까지 찢어져 두 조각이 났습니다(마 27:50~51). 이는 세상 모든 사람이 예수님의 이름으로 하나님께 나아갈 수 있음을 상징하는 것입니다. 온몸으로 친히 세상의 모든 힘없고 약한 이들의 비빌 언덕이 되어주신 우리 예수님. 이런 예수님이 참 좋습니다.

Message

약자를 위한 권세

예수님께서는 하나님의 아들로서 가장 강한 권세를 가진 분이셨다. 그러나 예수님께서는 그 강함을 약한 자들을 압제하는 데에 쓰신 것이 아니라, 오히려 연약하고 낮은 자들을 위하고 섬기는 데에 사용하셨다. 진정한 강함은 자신을 겸손히 낮출 때에 더욱 강하게 나타난다.

Passion towards Forgiveness

5백여 년 전에 준비하신 대로 예수님은 겸손의 상징인 새끼 나귀를 타시고 예루살렘에 입성하십니다. 죄의 문제를 스스로 해결할 수 없는 인생들을 더 높은 설득의 길로 이끄시고자 스스로 선택하신 길입니다. 자신들의 이기적인 목적대로 하나님을 오해하고 거역하는 당시 종교 지도자들을 공의의 저울에 달아보시며 사람들의 죄를 지적하신 예수님께서는 결국, 모든 인생들의 죄를 용서하시기 위해 십자가를 향한 열정을 키워 가십니다.

14 마당

용서를 향한 열정

어린 나귀를 타고
마 20~21장 막 10:32~12:12 눅 19:28~48 요 12:1~43

공의의 저울 앞에서
마 22~25장 막 12:13~13장 눅 19:11~27; 20~21장 요 12:44~50

침묵으로 익힌 열정
마 26장~27:31 막 14장~15:20 눅 22장~23:25 요 13장~19:16

어린 나귀를 타고

마태복음 20~21장 마가복음 10:32~12:12
누가복음 19:28~48 요한복음 12:1~43

기대가 담긴 기다림
마 20장/ 막 10:32~52/ (눅 9:46~48)

베드로와 요한, 야고보를 비롯한 예수님의 제자들은 평범한 사람들이었습니다. 그런 그들이 예수님을 만났습니다. 그분과 같이 시간을 보낸다는 것이 즐겁고 행복했습니다. 예수님의 말씀 한 마디 한 마디가 하늘의 보석이었습니다.

그렇다고 해서 3년간 예수님을 따라다니는 삶이 쉽고 편한 것은 아니었습니다. 예수님의 제자가 된다는 것은 갈릴리 바다에서는 배의 노를 저어야 하고, 벳새다 들녘에서는 떡을 날라야 하고, 예수님께서 밤새 환자들을 치유하시는 날에는 옆에서 허드렛일을 도와야 함을 의미했습니다. 일을 함께할 동역자로 주님이 열두 명을 선발하셨는데, 그 열두 명은 3년 동안 예수님의 말씀을 듣고 배우며, 그분 곁에서 사람들을 사랑하는 데 함께 시간을 보내야 했습니다.

그런데 시간이 갈수록, 제자들뿐 아니라 수많은 사람들이 예수님을 보고 기뻐하고 즐거워합니다. 그분과 함께하고 싶어 하는 사람들의 숫자가 점점 많아집니다. 그러자 예수님 곁에서 중요한 역할을 하고 있는 제자들 열두 명까지도 덩달아 귀해지기 시작합니다. 예수님 덕분에 사람들 눈에 띄기 시작한 것입니다. 거기까지는 별 문제가 없었습니다. 문제는 제자들이 알게 모르게 예수님이 가르치지도 않은 생각을 키워가기 시작한 것입니다. 그것은 사람들 사이에서 서로 높아지려는 마음이었습니다.

예수님께서는 제자들의 그런 생각들이 옳지 않음을 여러 차례 간접적으로 지적하십니다(막 9:33~37; 눅 9:46~48). 그런데 제자들은 계속 그런 생각을 키워갑니다. 드디어 예수님께서 이 땅에서의 사역을 일주일 남겨 놓으신 시점입니다. 이제 곧 지시게 될 십자가는 온 인류를 위한 가장 높은 수준의 사역입니다. 이 중차대한 사역을 앞두고 모든 것들을 조율해가는 그 중요한 순간에 요한과 야고보의 어머니인 세베대의 아내가 예수님을 찾아와 한 가지 부탁을 합니다. 분위기를 보니 예수님께서 곧 예루살렘에서 왕이 되실 것 같은데, 그때 자신의 두 아들을 우의정, 좌의정으로 삼아 달라는 것이었습니다.

당시 이스라엘 백성들에게는 메시아가 와서 로마의 통치를 물리치고, 다윗 때처럼 강한 이스라엘을 다시 일으켜 세울 것이라는 믿음이 있었습니다. 이 생각은 오랜 세월 동안 민간인들 사이에서 조직적으로 만들어진 것이었습니다. 당시 많은 사람들은 예수님이 바로 그 일을 행하실 것이라 기대했던 것이고, 제자들 또한 그런 기대를 가졌던 것입니다. 예수님은 일주일 후면 십자가에 달리셔서 손과 발에 못을 박으셔야 합니다. 처절한 아픔 속에서 인생들을 위해 죄와 형벌의 대가를 치러야 합니다. 그런데 예수님의 사역을 가장 잘 이해해주어야

God's plan

조금 더 기다리면

사실 예수님은 다음 단계를 가지고 계신다. 다음 단계는 그들이 초기교회 공동체의 지도자가 되는 것이다. 시간적으로 보면 약 50일 후, 제자들은 예루살렘 공동체의 리더가 된다. 예수님은 그들에게 바로 그 일을 맡기고 싶으셨다. 그런데 예수님의 그 계획을 눈여겨보지 못하고 싸우고 있는 것이다. 우리를 다음 단계로 이끄시는 하나님을 기대한다면 겸손히 낮아져 서로를 섬길 수 있다.

높은 수준으로

세베대 집안이 예수님께 청탁을 드렸다는 소식을 듣고, 베드로와 다른 제자들이 야고보와 요한에게 불만을 제기하고 화를 낸다. 선수(先手)를 빼앗긴 사실을 억울해하는 제자들, 그들 모두의 낮은 수준을 볼 수 있다. 그러나 우리 주님은 그들 모두를 안아가신다.

이후, 사도행전 3장에서 베드로와 요한이 함께 기도하러 성전에 올라간다. 성전 미문에 앉아 있던 병자가 도움을 구하며 손을 내밀자, 베드로와 요한이 그를 바라보며 말한다. "우리를 보라." 이제 그들은 혼자가 아니라 '우리'이다. 그들은 더 이상 영의정 좌의정을 경쟁하고 있지 않다. 예수 그리스도를 통해서 진정으로 높은 수준의 삶이 무엇인지 발견했고, 그 삶을 위해서 가는 중이다. 우리 주님을 만나면 이렇게 높은 수준으로 바뀔 수 있다.

할 제자들이 그처럼 엉뚱한 부탁을 할 때, 예수님의 심정이 어떠하셨을까요. 얼마나 기운이 빠지셨을까요. 지금까지 살아온 3년 동안, 밤을 지새우기도 하시고, 보리떡으로 식사하시며, 거친 풍랑 속에서 주무시고, 피곤을 무릅쓰고 사람을 사랑하셨습니다. 그리고 이제 더 큰 고난의 시간이 남아 있습니다. 남은 일주일을 두고 한 걸음 한 걸음 가시는 그 길에, 주님의 마음을 헤아리며 함께 그 고통을 나누겠다고 각오해도 부족했을 시점에 우의정, 좌의정이라니, 참 답답합니다.

예수님께서는 야고보와 요한에게 "내가 마시려는 잔을 너희가 마실 수 있겠느냐?"라고 물으십니다. 그들은 마실 수 있다고 답합니다. 그때 예수님께서 말씀하십니다. "지금 마실 수는 없다. 그러나 다음에는 마실 수 있다." 예수님이 얼마나 그 상황을 수준 높게 처리하시는지 알 수 있습니다. 예수님께서는 그들이 낮은 수준의 욕심을 버리고 높은 수준의 꿈을 꿀 수 있는 훗날을 기다리시겠다는 것입니다. 끝까지 기회를 주시며 기다리시는 것입니다.

기대가 담긴 기다림입니다. 예수님께서 제자들을 귀히 여기시는 모습을 볼 수 있습니다. 제자들을 향하셨던 예수님의 넘치는 사랑, 이해와 용서, 그리고 그 기다림의 마음을 헤아려 보게 됩니다.

세월이 지난 후 야고보와 요한을 비롯한 제자들이 그때 주님께서 자신들의 수준 낮은 행동을 참고 기다려주신 것을 깨닫고 얼마나 감사히 여겼겠습니까. 이처럼 크신 주님의 사랑

미래를 위한 기다림

예수님께서 대제사장 세력에게 잡혀가실 때, 제자들은 모두 도망가 버린다. 제자들 입장에서는 겁에 질려 주님을 배반하고 떠난 것이다. 그러나 제자들이 그럴 것을 알고 계셨던 예수님께서는 그들이 대제사장 세력에게 잡히지 않고 피할 수 있도록 오히려 도우셨다(요 18:8~9). 이후 복음 전파의 사역을 감당해야 할 제자들이 그때 같이 잡혀서 인생을 끝내게 된다면, 3년 동안 그들을 가르치고 훈련시키신 목적을 이루실 수 없다. 복음을 땅 끝까지 전하는 일은 누가 하겠는가? 이 모든 것을 숲으로 보신 예수님께서는 큰 계획과 기대 속에서 지금 당장은 제자들이 떠날 수 있도록 보내주신 것이다. 더 큰 완성과 마지막 목표를 향한 기다림의 연속이었다.

을 깨달은 제자들은 예수님의 죽음과 부활 이후, 그분의 사랑을 온몸으로 전하며 실천하는 데에 더욱 큰 열심을 쏟는 사도들이 됩니다.

※

어린 나귀를 타고
마 21:1~11/ 막 11:1~11/ 눅 19:28~40/ 요 12:1~19

지금까지 갈릴리를 중심으로 하나님 나라와 복음을 전해 오신 예수님께서 예루살렘으로 입성하십니다. 이제 예수님께서 당신의 생애를 정리하시며 가장 중요한 마지막 사명을 완수하기 위해 유대의 종교, 정치의 중심지인 예루살렘으로 들어가시는 것입니다.

지난 3년 동안 예수님께서는 하루하루를 최선을 다해 살아오셨습니다. 그런 예수님을 만난 많은 사람들은 하나님이 어떤 분이신지, 인생이란 무엇인지, 사랑이 무엇인지 생각해보는 기회를 가졌습니다. 삶의 진정한 기준을 다시 생각해볼 수 있었습니다. 수많은 사람들에게 그렇게 삶의 기쁨과 의미를 주신 예수님께서 이 땅에 오신 진정한 목적을 이루기 위해 생의 마지막 사역에 들어가시는 것입니다. 이제 일주일 동안 그분은 정말 의미 있고 중요하고 가치 있는 일을 하셔야 합니다.

그런데 예수님께서는 나귀 새끼를 타고 입성하십니다(눅 19:28~38). 나귀는 원래 짐을 싣는 짐승입니다. 예수님께서는 준마를 타지 않으시고 굳이 작은 나귀 새끼를 타십니다. 이 입성 방법은 4백여 년 전에 미리 준비하신 방법입니다(슥 9:9). 예수님이 예루살렘에 입성하셔서 십자가를 지시는 것은 인류의

겸손한 분들

모세	하나님과 사람 앞에 엎드릴 줄 알았던 모세는 온유함이 지면의 모든 사람보다 더하였다.
다윗	왕이었음에도 불구하고 다윗은 하나님 앞에서 스스로를 '종'이라 일컬었다.
예수님	스가랴의 예언대로 예루살렘에 입성하실 때 나귀 새끼를 타셨다.
사도 바울	자기 자신을 '모든 성도 중에 지극히 작은 자보다 더 작은 자'라고 여기었다.

겸손할 수 있는 이유

그리스도인들이 수많은 경쟁과 대립 속에 살아가면서도 온유하며 겸손할 수 있는 이유는 무엇인가?
첫째, 모든 사람과 사건들을 공평한 눈금으로 판단하실 하나님의 공의를 믿기 때문이다.
둘째, 아무리 사람의 눈에 악하고 부족해 보이는 사람일지라도 바로 그 사람을 위해서 주님이 십자가를 지셨다는 사실을 믿기 때문이다.

그 어떤 사건보다도 중요하고 위대한 사건입니다. 그 중차대한 사건을 실행하실 때에 새끼 나귀를 타시겠다고 무려 4백여 년 전에 스가랴 선지자를 통해 말씀하셨고, 지금 그 말씀을 실천하시는 것입니다.

준마를 타실 넘치는 자격과 능력을 가지신 분이 나귀를 준비하신 이유는 모든 사람들에게 가까이 가시고자 함이었습니다. 나귀를 탄 예수님께 많은 사람들이 가까이 가서 옷을 벗어 깔고 종려나무 가지를 잘라 깝니다. 멀리 서서 박수만 치는 것이 아니라, 누구나 가까이할 수 있었던 것입니다.

예수님께서 나귀를 타신 중요한 이유 중 또 하나는 겸손입니다. 예수님께서는 "나는 마음이 온유하고 겸손하니 내게 배우라."(마 11:29)라고 말씀하셨던 분입니다. 겸손이란 남을 높이고 자기를 낮추는 것입니다. 예수님께서 나귀를 준비하신 것에는 겸손하고 온유한 마음으로, 사람들에게 가까이 다가서서 그들을 위로하고 격려하여 세우시겠다는 생각이 담겨 있습니다. 오랜 세월의 꼼꼼한 준비 과정을 통해 이 땅에 오신 그 예수님께서 우리를 다스리러 오셨다 해도 감사하며 따를 것인데, 예수님은 우릴 섬기러 왔다고 말씀하시는 것입니다(막 10:45). 우리 주님을 닮기로 꿈꾼다면, 그분의 삶의 방식만이 우리를 높은 수준으로 이끄는 방법이라는 것을 고백한다면, 우리는 이런 주님의 방식을 본받을 필요가 있습니다.

높은 설득을 위한 곳으로

마 21:12~46/ 막 11:12~12:12 /눅 19:41~48/
요 12:20~43 (2:13~25)

예루살렘 입성 후, 예수님께서는 성전에서 물건 파는 사람들을 강하게 꾸짖으시며 물리치십니다.

"그들이 예루살렘에 들어가니라 예수께서 성전에 들어가사 성전 안에서 매매하는 자들을 내쫓으시며 돈 바꾸는 자들의 상과 비둘기 파는 자들의 의자를 둘러 엎으시며 아무나 물건을 가지고 성전 안으로 지나다님을 허락하지 아니하시고 이에 가르쳐 이르시되 기록된 바 내 집은 만민이 기도하는 집이라 칭함을 받으리라고 하지 아니하였느냐 너희는 강도의 소굴을 만들었도다 하시매"(막 11:15~17).

그러자 예루살렘의 심장부인 성전을 쥐고, 거기서 오는 이익을 누리고 있던 대제사장 세력들이 화들짝 놀랍니다. 그들의 입장에서는 자신들의 안전한 울타리가 흔들릴 위험성이 느껴진 것입니다. 상황이 급하다고 판단한 대제사장과 서기관들 그리고 장로들이 예수님의 공격에 어떻게 대처할까 깊이 계산한 후 예수님께 한 가지 질문을 던집니다.

"대체 무슨 권위로 이런 일을 하는 것이냐?"(막 11:28).

이 질문에 적절한 답을 하지 않으면, 다시 말해 그 일을 행한 권세의 정당성을 밝히지 못하면, 예수님께서는 성전 지키는 자들에 의해 당장 쫓겨날 수 있습니다. 군중들과 예수님을 분리시키는 것이 그들이 원하는 바였습니다. 아주 긴장되고 예민한 순간입니다.

예수님께서는 그들의 질문에 질문으로 응대하십니다. "나

성전 청결

예수님은 예루살렘에 입성하신 첫날, 성전에서 이득을 취하는 자들을 쫓아내셨다. 이것은 안정적인 삶의 기반을 예루살렘 성전 중심으로 유지해가던 세력들에게 굉장한 도전이었다. 성전에서 이런저런 물건을 팔고, 거기서 이득을 취하는 자들은 사실 대제사장 및 그 주변 세력들과 결탁하여 자신들의 안정된 기반을 유지하고 있었다. 그런데 예수님께서 그 기반을 뒤집어엎으셨던 것이다.

도 한 말을 너희에게 물으리니 대답하라 그리하면 나도 무슨 권위로 이런 일을 하는지 이르리라 요한의 세례가 하늘로부터냐 사람으로부터냐 내게 대답하라"(막 11:29~30).

그들이 모여 의논해보지만 이는 쉽게 대답을 할 수 있는 문제가 아닙니다. '하늘로부터'라고 하면 그럼 왜 세례 요한의 회개 촉구를 따르지 않느냐고 할 것이고, '사람으로부터'라고 하면 세례 요한을 따르는 민중들이 가만히 있지 않을 것이기 때문입니다. 그들이 말합니다. "모르겠다." 그러자 예수님께서도 말씀하십니다. "나도 너희의 질문에 대답하지 않겠다."

예수님께서는 '고수'(高手)이십니다. 온유하고 겸손하시지만, 그분은 또한 고수이십니다. 이 땅의 고수들은 자기의 뛰어난 머리와 재능으로 자기 것을 챙기기에 급급하지만, 그분은 더 뛰어난 고수이심에도 불구하고, 자기 것을 챙기지 않으셨다는 것, 그것이 다른 점이고 중요한 점입니다.

예루살렘은 천 년 전에 다윗이 점령한 이후로, 이스라엘의 정치적, 종교적 중심지로 확고히 자리를 잡아온 곳입니다. 다윗이 그곳에 법궤를 옮겨오고, 다윗의 아들 솔로몬이 정성을 다해 성전을 지은 이후로, 그곳은 "여호와의 이름을 두려고 택한 곳"이었습니다. 이스라엘의 모든 성인 남자들이 일 년에 세 차례씩 의무적으로 방문해야 할 곳이기도 했습니다. 이렇게 지난 오랜 세월 동안, 예루살렘은 하나님의 영광을 드높이는 '열방을 위한 성전, 거룩한 도시'이기도 했지만, 또한 선지자들의 책망과 비판의 목소리가 향했던 도시이기도 했습니다. 바로 그곳을 십자가를 지실 곳으로 결정하신 예수님께서는 예루살렘을 향하여 이렇게 한탄하십니다. "예루살렘아 예루살렘아 선지자들을 죽이고 네게 파송된 자들을 돌로 치는 자여 암탉이 그 새끼를 날개 아래에 모음 같이 내가 네 자녀를 모으려 한 일이 몇 번이더냐 그러나 너희가 원하지 아니하였도다 보라 너희 집이 황폐하여 버려진 바 되리라"(마 23:37~38; 눅 13:34~35).

예수님께서는 십자가를 지시는 마지막 중요한 사역을 앞두시고, 그 장소와 시기를 신중하게 선택하십니다. 그곳은 예루살렘이었고, 그때는 유월절이었습니다.

공의의 저울 앞에서

마태복음 22~25장 마가복음 12:13~13장
누가복음 19:11~27; 20~21장 요한복음 12:44~50

공의의 저울 앞에서

마 22~23장/ 막 12:13~44/ 눅 20장~21:4 (11:37~54)

끼리끼리의 나눔

우리 주님이 사시던 시대의 바리새인들은 잔치를 많이 베풀었다. 얼핏 인정이 많았던 것으로 보이지만 실상은 그렇지가 않았다. 갚을 능력이 있는 사람만을 초대했던 것이기 때문이다.

당시 바리새인들은 부의 물량이 경건의 도수를 재는 척도의 일환이라는 사상을 가지고 살았다. 인과응보사상에 의거해서 부의 축적은 그들의 경건한 삶에 대한 하나님의 응답으로 여기고 있었다. 그래서 자신의 경건성을 드러내기 위해서라도 잔치 자리를 많이 만들었던 것이다. 오늘은 저 집 가서 먹고 내일은 자기 집으로 초대하고 하는 식으로 주거니 받거니 하고 지냈던 것이다.

예수님 사역 당시 유대 사회를 지탱하는 힘은 율법이었습니다. 유대인들은 율법이 떠받치고 있던 유대 사회가 예수님에 의해 그 뿌리부터 흔들리고 있다고 생각했습니다. 특히 사회 지도자들은 지금껏 자신들이 만들고 지켜온 그 틀이 흔들리는 것이 불안한 나머지, 예수님을 적대시하고 방해합니다. 예수님께서 이기면 그들의 기반이 무너지는 것이기 때문에 그들은 필사적이었습니다. 그들은 진리에 기초하여 질서를 만들어가는 사람들이 아니라 자신들의 기득권을 위해 진리를 이용하고 왜곡하는 사람들이었습니다.

그들 중 첫 번째 무리는 바리새파로 유대 사회에서 가장 강력한 집단이었습니다. 그들은 성전의 예식을 일상생활 속에서 재현하려고 노력했고, 율법을 따르는 데에 상당히 엄격한 기준을 적용했습니다. 또한 그들은 경제적으로 대단히 성공한 집단으로서, 사회적 언어와 종교적 언어를 능숙하게 구사하는 사람들이었습니다.

이 바리새인들이 우리 예수님을 곤경에 빠뜨리기 위해 시험을 한 적이 있습니다. 당시 유대인들은 과중한 세금 때문에 몹시 힘들어하고 있었습니다. 그런 상태에서 바리새인들이 예수님께 질문했습니다. "가이사에게 세금을 바치는 것이 옳으니이까 옳지 아니하니이까?"(마 22:17). 이때 예수님께서 로마의 세금을 내는 일이 옳다고 말씀하신다면, 많은 세금으로 힘들어 하는 백성들은 예수님에게서 등을 돌릴 것이고, 반대로 로마에 세금을 내는 일이 옳지 않다고 말할 경우에는 로마로부터 반체제 인사로 지목되어, 체포당할 위험을 안게 될 것입니다.

이때 우리 예수님께서는 데나리온 한 닢을 보여달라고 하신 후, "그 돈에 누구의 얼굴과 글자가 새겨져 있느냐?"라고 되물으십니다. 바리새인들이 "가이사의 것이니이다"라고 대답하자, 우리 예수님은 어느 누구도 생각하지 못했던 명쾌한 답을 주십니다. "그러면 가이사의 것은 가이사에게 주고 하나님의 것은 하나님께 바치라". 카이사르의 얼굴이 새겨져 있는 돈은 카이사르에게 세금으로 내고, 하나님께 드려야 할 예물은 하나님께 드려야 한다는 것입니다.

두 번째 적대자들은 사두개인들입니다. 사두개인들은 제사장의 후손들 가운데 헬라 사상의 일부를 받아들여 종교 권력을 유지했던 자들의 후손으로서 최고 권력의 종교 지도자들입니다. 그들은 종교 귀족으로서의 삶을 유지하기 위해 한쪽으로는 율법을 지키는 척하고, 한쪽으론 현실 권력과 타협했습니다. 그들의 생활은 현세적이었으며, 율법을 어기면서까지도 당시 정치적 힘을 행사하는 로마 총독이나 헤롯 왕과 타협합니다. 또한 그들은 육체의 부활과 내세에서의 보상을 부정

바리새인들
예수님의 말씀과 삶의 행적을 꼼꼼하고 생생하게 기록했던 누가는 바리새인들의 특징에 관하여는 이렇게 핵심을 정리했다. "바리새인들은 돈을 좋아하는 자들이라 이 모든 것을 듣고 비웃거늘"(눅 16:14). 바리새인들이 어떤 사람들인가를 정확하게 알 수 있는 구절이다.

화폐에 새겨진 얼굴
오늘날 세계 각 나라의 지폐에는 대부분 사람의 얼굴들이 있다. 우리나라 지폐에는 세종대왕, 율곡 이이 등이 있고, 영국 지폐에는 엘리자베스 여왕의 얼굴이 있다. 그런데 이와 같이 화폐에 사람의 얼굴을 넣기 시작한 것은 바로 율리우스 카이사르였다. 그후 그의 성을 따라서 로마 황제를 카이사르라 칭하게 되었고 그가 바로 성경에 나오는 가이사(카이사르)이다. 그는 지금으로부터 2천여 년 전에, 인류 역사 최초로 동전에 자신의 얼굴을 새겨 넣도록 했다. 가장 일상적 삶의 장소인 시장에까지도 자신의 힘과 통치가 미친다는 것을 나타내기 위함이었다. 그래서 로마 제국 통치하에 있는 모든 나라 사람들은 직접 율리우스 카이사르의 얼굴을 본 적이 없지만 화폐를 통해 누구나 그의 얼굴을 알 수 있었다.

Message

오해해선 안 될 것

성경을 오해하지 말자. 이것만
큼 삶을 불행하게 하는 것은
없다. 하나님의 능력을 오해하
지 말자. 그것만큼 손해나는 인
생은 없다. 우리가 이 세상에
살면서 신앙, 교회, 인생에 관
해 나름의 수많은 기준을 가지
고 있다. 그런데 그 기준이 과
연 제대로 된 기준인지, 내가
중요하다고 여기는 것이 정말
중요한 것인지 성경 전체에 비
추어 상고해볼 필요가 있다.

God's plan

예수님을 둘러싼
많은 이야기들

시간이 흐를수록 예수라는 인
물의 위협은 유대 지도층들에
게 더욱 크게 다가왔고, 예수님
은 이 모든 것을 아시며 스스
로 자신의 죽음을 향해서 걸어
가고 계신다. 보내신 이를 드러
내고자 하는 예수님, 화석처럼
굳어진 마음 때문에 아들을 보
내신 이에게 무관심해져 버린
사람들. 예수님께서는 스스로
를 제물 삼아 이 화석을 깨고
생명의 강물을 흐르게 할 계획
을 가지고 계신다.

했습니다. 다시 말해, 부활을 믿지 않는 것입니다. 그들에겐
내세가 아닌 현재가 더 중요했습니다(막 12:18~23).

그런 그들은 계대결혼을 빌미로 부활의 사실성에 대해 의
문을 제기하며 예수님을 시험했습니다(막 12:18~23). 그들의 질
문에 대해 예수님은 "하나님은 죽은 자의 하나님이 아니요 산
자의 하나님이시라"(막 12:27)라고 하시며 하나님에 대한 그들
의 무지를 명확히 지적하십니다.

세 번째로 서기관과 율법학자들이 있었습니다. 서기관과
율법학자들의 가장 주된 역할은 율법을 가르치는 일입니다.
이들은 종교적 문제는 물론 민사소송이나 형사소송 등에 조
언할 수 있는 자격도 가지고 있었기에, 유대 사회에서 강력한
영향력을 행사하고 있었습니다. 사두개파 중에도 율법학자가
있긴 했으나 대부분은 바리새인들이었습니다.

그들은 자신들의 율법 지식으로 예수님을 시험하기 위해,
"선생님, 율법 중에서 어느 계명이 크니이까?"라고 질문합니
다(마 22:36). 예수님은 "첫째는 이것이니 이스라엘아 들으라 주
곧 우리 하나님은 유일한 주시라 네 마음을 다하고 목숨을 다
하고 뜻을 다하고 힘을 다하여 주 너의 하나님을 사랑하라 하
신 것이요 둘째는 이것이니 네 이웃을 네 자신과 같이 사랑하
라 하신 것이라 이에서 더 큰 계명이 없느니라"(막 12:29~31)라
고 대답하십니다. 예수님의 지혜 있는 답변에 그들은 더 이상
아무런 질문도 할 수 없었습니다.

예수님께서는 당시 힘 가진 자들이라 할 수 있는 대제사장,
서기관과 율법학자들, 바리새인들, 백성의 장로들 세력과 대
결하시되, 재물이나 권력을 놓고 대결하시는 것이 아닙니다.
예수님께서 이들에게 하시는 말씀을 들어보십시오.

"화 있을진저 외식하는 서기관들과 바리새인들이여 너희가 박하와 회향과 근채의 십일조는 드리되 율법의 더 중한 바 정의와 긍휼과 믿음은 버렸도다 그러나 이것도 행하고 저것도 버리지 말아야 할지니라 맹인 된 인도자여 하루살이는 걸러 내고 낙타는 삼키는도다 화 있을진저 외식하는 서기관들과 바리

새인들이여 잔과 대접의 겉은 깨끗이 하되 그 안에는 탐욕과 방탕으로 가득하게 하는도다 눈 먼 바리새인이여 너는 먼저 안을 깨끗이 하라 그리하면 겉도 깨끗하리라 화 있을진저 외식하는 서기관들과 바리새인들이여 회칠한 무덤 같으니 겉으로는 아름답게 보이나 그 안에는 죽은 사람의 뼈와 모든 더러운 것이 가득하도다 이와 같이 너희도 겉으로는 사람에게 옳게 보이되 안으로는 외식과 불법이 가득하도다"(마 23:23~28).

바리새인들, 사두개인들, 서기관들이 재물과 권력 그리고 지식으로 예수님의 사역을 흔들고자 합니다. 그들의 기득권을 유지하고 싶어서입니다. 그러나 예수님께서는 하나님을 섬기고 사람을 사랑하는 법으로서 주신 율법이 그 본래의 의미를 잃어버리고 도리어 사람을 억누르는 데에 악용되는 것을 보시고, 자기 욕심을 위해 진리를 바꿔버린 그들을 질타하십니다. 3년의 공생애를 통틀어 예수님께서 이때만큼 특정 대상을 집중적으로 지목하여 잘못을 꾸짖으신 적이 거의 없습니다. 그들의 실체를 공개적으로 저울에 올려 정확한 무게를 다십니다. 이들이 자신들의 이기적 삶을 위해, 진실에 밑도는 의도된 오해를 가지고 살고 있음을 드러내시는 것입니다.

마지막을 위한 지혜
마 24~25장/ 막 13장/ 눅 19:11~27; 21:5~38/ 요 12:44~50

예수님께서 성전에서 나가실 때 한 제자가 예수님께 '성전이 어떻게 될 것인가?'를 묻습니다. 예수님께서는 돌 하나도 돌 위에 남지 않을 것이라고 말씀하십니다. 왜입니까? 예루살렘에 만연해 있는 죄악 때문입니다. 예루살렘 성전이라 할지라도 그곳이 하나님의 뜻에서 멀어진다면, 하나님의 심판 대상이 될 것입니다.

주님을 따르는 자들에게는 영광과 승리가 약속되지만, 동시에 그에 못지않은 고난과 인내가 요구되기도 합니다. 예수님은 장차 다가올 고난의 시간들에 대하여 제자들에게 예고하시며 인내와 승리를 부탁하십니다. 박해와 고난의 때에도 무너지지 않을 제단, 우리가 가꾸고 세워야 할 하나님의 성전은 교회 된 우리 자신입니다. 우리 자신은 준비하지 않고 겉으로 보이는 건물만 화려하게 꾸민다면 고난의 때에 무너지고 말 것입니다. 오늘 내가 준비하는 것은 나 자신의 믿음인지, 아니면 외적인 모양새인지, 정직하게 살펴야 할 것입니다.

마지막 날에 큰 환난이 있을 것을 예언하신 예수님께서 제자들에게 마지막으로 당부하시는 말씀은 "그러므로 깨어 있으라."라는 것입니다(마 24:42~44; 눅 12:35~40). 우리는 앞으로의 일을 알 수 없습니다. 언제 어떤 유혹에 걸려 쓰러질지 모르는 연약한 인생입니다. 늘 깨어서 기도하며, 우리를 위협하는 사탄의 공격으로부터 매 순간 지켜주시기를 간구해야 합니다. 예수님께서 언제 다시 오실지 아무도 알 수 없습니다. 우리는 어느 순간 갑자기 오실, 그러나 언젠가 반드시 오실 그분을 맞이할 준비를 늘 갖추고 있어야 하겠습니다.

종말의 징조에 대한 예언과 더불어 예수님께서는 재림의 확실성을 말씀하십니다. 또한 재림을 기다리는 성도의 삶이 어떠해야 하는지를 말씀하십니다. 예수님께서 재림하시는 날과 때는 아무도 알 수 없기에, 말씀과 기도 가운데 늘 깨어 있어야 하는 성실성이 요청됩니다. 신랑을 맞이하기 위하여 기름을 준비한 슬기로운 다섯 처녀처럼 말입니다(마 25:1~13).

침묵으로 익힌 열정

마태복음 26장~27:31 마가복음 14장~15:20
누가복음 22장~23:25 요한복음 13장~19:16

3
숲이야기

새 관계를 나눈 만찬

마 26:1~35/ 막 14:1~31/ 눅 22:1~38/ 요 13~17장

　예수님의 공생애가 막바지에 다다르면서 예수님과 제자들 사이의 동지애는 한없이 깊어져 갑니다. 하지만 이렇게 사랑이 짙어가는 동안, 예수님의 괴로움도 그 깊이를 더해 갔을 것입니다. 예수님께서는 가룟 유다가 곧 예수님을 배신할 것을 알고 계셨기 때문입니다(요 13:26~27).

　"열둘 중의 하나인 가룟인이라 부르는 유다에게 사탄이 들어가니 이에 유다가 대제사장들과 성전 경비대장들에게 가서 예수를 넘겨 줄 방도를 의논하매 그들이 기뻐하여 돈을 주기로 언약하는지라 유다가 허락하고 예수를 무리가 없을 때에 넘겨 줄 기회를 찾더라"(눅 22:3~6).

　또한 예수님은 베드로가 당신을 부인할 것도 알고 계십니다(눅 22:31~34). 예수님과 제자들이 마지막으로 함께 유월절을 지키는 날 저녁, 예수님께서 제자들이 모두 자신을 떠날 것임을 예언하십니다. 그러자 베드로는 모두가 예수님을 떠나도 자기만은 예수님 곁에 있을 것이라고 장담합니다. 그러나 이 로부터 몇 시간 후, 예수님은 대제사장의 집에 끌려가셨고 대 제사장의 여종 하나가 곁에 있는 베드로를 예수의 도당이라 고 몰아세우자, 베드로는 그만 예수님을 세 번이나 부인하고 맙니다. 그러나 가룟 유다를 향한 배신감도, 베드로에 대한 실 망감도, 예수님의 사랑을 멈추게 하지는 못합니다. 예수님은 "세상에 있는 자기 사람들을 사랑하시되 끝까지 사랑"(요 13:1) 하십니다.

예수님은 십자가의 고난 길을 앞두고 계십니다. 그분에게 돌아올 십자가의 형틀은 정말 견디기 어려운 가시밭길입니다. 그 길을 걸어가시기에 앞서 예수님께서 이제 마지막 시간을 준비하고 계십니다.

이 밤은 오랫동안 준비했던 밤입니다. 십자가를 지시기 전 유월절 밤 제자들과 함께하신 예수님의 마지막 식사는 당신 의 죽음을 상징하는 최후의 만찬입니다. 이는 유월절에 담긴 해방과 구속을 의미하는 만찬이기도 합니다. 신약성경, 나아 가 2천 년 기독교 역사의 숲에서 볼 때 눈물과 기쁨이 교차하 는 이 밤은 예수님을 믿는 모든 이들이 기억해야 할 잊을 수 없는 밤이 됩니다. 예수님께서 이 밤, 놀랍도록 충격적인 말씀 을 남기십니다. "이것은 너희를 위하여 주는 내 몸이라 … 이 잔은 내 피로 세우는 새 언약이니 곧 너희를 위하여 붓는 것 이라"(눅 22:19~20). 그리고 당부하시길 "너희가 이를 행하여 나 를 기념하라"(눅 22:19) 하십니다.

또한 그 밤, 친히 허리에 수건을 두르시고 제자들의 발을 씻기시며 섬김의 본을 보여주신 예수님께서는 제자들에게 새 계명을 남기십니다. "새 계명을 너희에게 주노니 서로 사랑하라 내가 너희를 사랑한 것 같이 너희도 서로 사랑하라 너희가 서로 사랑하면 이로써 모든 사람이 너희가 내 제자인 줄 알리라"(요 13:34~35).

요한복음 14장부터 16장까지에 기록된 예수님의 고별 설교와 요한복음 17장에 있는 예수님의 기도에는 제자들에 대한 예수님의 애틋한 마음이 배어 있습니다. 예수님은 항상 제자들과 함께하셨습니다. 그런데 곧 사랑하는 제자들과 헤어지셔야 하고, 제자들 또한 예수님의 죽음이라는 큰 시련을 경험해야 합니다. 예수님께서 떠나신 이후 제자들이 앞으로 어떻게 해야 할지에 대해 예수님께서는 당신께서 길이요 진리요 생명이라고 말씀해주십니다(요 14:6). 지금은 제자들이 깨닫지 못하고 있지만, 이후 실제적인 어려움이 닥칠 때 제자들은 예수님의 말씀을 기억할 것입니다.

자기 목숨을 버리면서까지 사람을 사랑하셨던 예수님께서 제자들을 당신의 친구라고 부르십니다(요 15:13~15). 그들은 예수님께서 가셨던 고난의 길을 함께 가는 친구입니다. 그리고 비록 그들이 육신으로 예수님을 볼 수는 없지만, 예수님은 성령으로 그들과 함께 계실 것입니다. 진리의 성령께서 오셔서 제자들을 진리 가운데로 인도하실 것입니다. 결국 예수님은 떠나시는 것이 아니라 더 가까이 계시며, 환난을 당하는 제자들에게 세상을 이길 힘을 더하여 주실 것입니다. "담대하라! 내가 세상을 이기었노라!"(요 16:33).

칠흑 같은 밤에도
마 26:36~27:31/ 막 14:32~15:20/ 눅 22:39~23:25/ 요 18장~19:16

　마지막 만찬을 마치신 늦은 밤, 예수님께서는 감람산에 오르십니다. 다른 제자들은 남겨두시고 베드로, 요한, 야고보만 그 뒤를 따르게 하십니다. 예수님은 세 제자들에게 "너희는 여기 머물러 깨어 있으라."라고 당부하신 후에 조금 떨어진 곳으로 나아가 고통과 슬픔 가운데 기도하십니다.

　"아버지여 만일 아버지의 뜻이거든 이 잔을 내게서 옮기시옵소서 그러나 내 원대로 마시옵고 아버지의 원대로 되기를 원하나이다"(눅 22:42).

　깊은 고민 속에서 얼마나 힘쓰고 애써서 기도하시는지 땀이 땅에 떨어지는 핏방울 같았다고 누가는 기록하고 있습니다(눅 22:44). 십자가는 예수님께서 반드시 지셔야 하는 것이지만 동시에 그것은 그분에게 너무나 크고 깊은 고통이었습니다. 하지만 예수님께서는 이 땅에 오신 목적대로 하나님의 뜻에 순종하기로 결심하십니다. 깊은 고뇌의 기도는 결국 그의 나라와 그의 의를 위한 자발적 헌신을 드러내는 것이었습니다. "나의 원대로 마시옵고 아버지의 원대로 하옵소서."

　슬픔의 밤입니다. 홀로 십자가의 길을 가셔야 하는 예수님도 제자들도 슬픔에 젖어 있습니다(눅 22:45). 마침내 가룟 유다가 검과 몽치를 든 무리와 함께 다가옵니다. "랍비여!"라는 말과 함께 다가온 유다의 입맞춤은 예수님의 고난과 죽음을 알리는 서곡과도 같았습니다(눅 22:47~48; 마 26:48~50).

　격분한 베드로가 대제사장의 종 말고의 귀를 칼로 베자, 자

> 예수님의 대표기도 4가지
>
> 1. 공생애 시작 전에 40일 금식기도하심 (마 4:1~2)
> 2. 열두 제자를 선택하시기 전에 밤을 새워 기도하심 (눅 6:12~13)
> 3. 제자들의 발을 씻기신 후 자신과 제자들을 위해 기도하심 (요 17장)
> 4. 십자가 사역을 앞두고 겟세마네에서 깊이 기도하심 (마 26:36~46)

신이 끌려가는 그 순간에도 그의 귀를 고쳐주시는 예수님, 그분의 사랑은 정말 끝도 밑도 없으십니다. 이 사랑의 예수님께 드리운 배신과 통곡과 고난의 밤입니다. 어둠의 시간입니다.

예수님은 잡히신 후, 대제사장의 집으로 끌려가십니다(눅 22:54). 그 밤 내내 맞으시고 조롱을 당하셨습니다. 날이 밝은 후엔 공회로 끌려가십니다(눅 22:66). 그리고 또다시 빌라도에게 끌려가십니다(눅 23:1). 이리저리 끌려다니시며 십자가를 향해 한 발 한 발 내딛고 계십니다.

빌라도가 묻습니다. "네가 유대인의 왕이냐?" 예수님께서 대답하십니다. "네 말이 옳도다."

당시 로마로부터 유대를 다스리는 권한을 위임받은 왕은 헤롯이었습니다. 그러나 로마는 또한 자기네가 다스리는 전 세계의 나라에 전직 집정관들을 총독으로 파견하고 있었습니다. 본디오 빌라도는 예수님 당시에 로마로부터 파견된 총독입니다. 바리새인들과 대제사장을 포함한 유대의 종교 지도자들은 예수님을 모함하고 죽이려는 계획을 세우고, 빌라도 총독에게 예수님을 고발했습니다. 로마가 각 식민지를 다스릴 때, 그 민족 내의 종교 문제나 가벼운 민사사건은 각 공동체 안에서 해결하도록 일정 권한을 주고 있었지만, 정치적인 사안이나 형사 문제는 로마가 직접 통관하고 있었습니다. 그러므로 대제사장을 중심으로 한 세력들이 예수님을 죽음으로까지 몰아가려면, 로마 총독이 사형 판결을 내려야 하는 것입니다. 그래서 예수님은 대제사장의 집 안뜰에서 일차적으로 심문을 받으시고 빌라도에게 가서 재판을 받으신 것입니다.

그러나 예수님께서는 대제사장과 장로들의 거짓 고소에 대해 변명해보라는 빌라도 앞에서 침묵하십니다. 당신의 무죄를 변호하여 자유롭게 풀려날 수 있는 권리를 침묵으로 포기

본디오 빌라도

본디오 빌라도는 유대 땅에 부임한 5대 총독이었다. A.D.26년부터 10년간 유대, 사마리아, 이두메 지역을 통치하였다. 역사가들의 기록에 의하면 그는 고집스럽고 잔인한 사람이었다고 한다. 뿐만 아니라, 예수님이 무죄하심을 알고서도, 예수님을 놓아주면 가이사의 충신이 아니라는 말을 듣고, 예수님을 십자가에 못 박도록 내어준 비겁한 사람이기도 하다. 예수님의 십자가 사건으로부터 7년 후인 A.D.36년에 로마로 소환되어 해임되었다.

하시는 것입니다. 빌라도는 예수님의 그 침묵을 이해하지 못
했지만, 이 침묵은 사랑의 침묵이요 화평의 침묵입니다. 죄인
들을 구원하시기 위하여 침묵하셨고, 하나님과 인간을 화해시
키기 위하여 침묵하신 것입니다.

칠흑 같은 밤, 그 밤의 침묵은 말보다 힘이 있었습니다. 예
수님을 이 땅에 보내시기 전, 하나님께서도 4백 년간 침묵하
셨습니다. 이제 십자가를 지시기 전, 예수님께서도 침묵하고
계시는 것입니다. 여기서 자신을 변호하시면, 십자가를 지고
자 하신 예수님의 뜻이 이루어지지 않습니다. 그러하기에 예
수님은 침묵으로 열정을 익혀내셨고, 기도로 순종을 익혀내셨
습니다. 그 침묵 안에서 오랫동안 품어오신 십자가를 향한 예
수님의 열정이 익어가고 있습니다.

예수님께 죄가 없다고 판단한 빌라도는 헤롯(헤롯 안티파스)
에게로 예수님을 보냅니다. 예수님을 큰 흥밋거리로 여긴 헤
롯이 여러 말로 물었으나 예수님은 대답하지 않으십니다. 빌
라도 앞에서와 마찬가지로 대제사장과 서기관들은 있지도 않
은 예수님의 죄를 만들어 '힘써' 고소합니다.

결국 빌라도에게 다시 보내진 예수님의 재판이 시작됩니다
(마 27:15~26; 막 15:6~15; 눅 23:13~25; 요 18:39~19:16). 이 장면에서
들여다보면, 대제사장과 빌라도가 힘겨루기를 하고 있습니다.
이것 자체가 예수님이 무죄라는 증거입니다. 누가 봐도 예수
님이 유죄이면 이들이 예수님을 두고 힘겨루기를 할 필요가
없습니다. 빌라도가 예수님을 대제사장 측에서 하자는 대로
하고 싶지 않아서 두 가지 카드를 꺼내듭니다. 한 가지는 예수
님께 자기변호의 기회를 주는 것입니다. 예수님의 발언이면
그들의 모략과 조작이 다 드러날 수 있기 때문입니다. 그러나
예수님께서는 묵묵히 침묵을 지키셨습니다. 그러자 빌라도가

수많은 사람들이 냉소적인 비
아냥거림으로, 때론 거친 욕설
로, 혹은 거대한 함성으로 예수
님을 헐뜯고 비방했다. 그에 반
해 예수님께서는 침묵으로 일
관하신다. 우리는 그 침묵 속에
서 묵묵히 고난의 길을 걸어가
시겠다는 예수님의 순종과 결
단, 그리고 오히려 거친 폭도들
을 압도하고도 남는 내면의 힘
을 느낄 수 있다. 우리는 침묵
의 십자가에서 소리 없는 거대
한 증거를 듣는다. 바로 자신에
게 폭력을 가하는 이들을 향한
그분의 사랑이다.

꺼낸 두 번째 카드는 명절의 전례에 따른 사면입니다. 그는 예수님의 사역을 대강 알고 있었습니다. 그래서 이 사면의 카드를 꺼내들 때, 빌라도는 설마 민중들이 예수님을 십자가에 못 박으라고 하지는 않을 거라 예상했을 것입니다. 그러나 뜻밖에도 사람들은 "바라바를 놓아주고 예수는 십자가에 못 박으라."라고 외칩니다.

"내가 너희 왕을 십자가에 못 박으랴?"라고 묻는 빌라도에게 이스라엘 백성들은 "가이사 외에는 우리에게 왕이 없나이다."라고 말합니다(요 19:15). 하나님만을 왕으로 섬겨야 할 유대인들과 그들의 지도자 대제사장들이 로마의 황제 가이사를 그들의 왕으로 받들고, 하나님의 아들 예수 그리스도는 십자가에 못 박으라고 외치고 있는 것입니다.

그리고 대제사장 세력들은 예수님이 로마의 허락 없이 민중들을 선동하여 유대의 왕이 되려 한다고 고발합니다. 하지만 총독 빌라도는 예수님을 심문해본 결과, 법적으로 예수님에게서 아무런 죄를 발견할 수가 없었습니다. 그렇지만 총독 빌라도가 가장 두려워하는 것은 민란이었습니다. 그래서 바리새인과 대제사장을 포함한 종교 지도자들의 회유를 받은 어리석은 유대 백성들은 민란을 일으킬 만한 분위기를 만들어서 총독 빌라도를 불안하게 만듭니다. 빌라도는 아무 죄 없으신 예수님과 점점 커지는 백성들의 아우성 사이에서 갈등하다가 결국 정의를 왜곡하고 하나님께 대하여 죄를 짓고 맙니다. 십자가형을 선고한 것입니다.

예수님의 주변에는 스승을 팔아넘기는 제자도 있었고, 예수님의 장례를 준비하기 위해 비싼 향유를 부은 여인도 있었습니다. 종려나무 가지를 흔들며 그분을 맞이하는 이들도 있었고, 예수님을 향해 칼날을 품고 있는 사람들도 있었습니다.

누명 앞에서도

대제사장 세력들이 예수님을 잡아 가두고, 잘못을 조작하기 시작한다. 그들이 최종적으로 조작하여 빌라도에게 고발한 거짓 누명은 예수님이 '유대인의 왕'이 되어 로마에 반역하려 했다는 것이다.
예수님은 모든 인생들에게 진정한 영생을 주고자 오신 분이다. 온 인류를 가슴에 품고 진정한 생명과 자유와 정의와 평등을 주고자 오신 분이다. 그런데 그분이 고작 '유대인의 왕'이라는 감투가 욕심나서 로마 황제에게 저항하려 한다고 몰아가는 것이다. 이런 황당한 거짓 누명 앞에서도 예수님은 침묵을 지키셨다.

Message

죄 없으신 분의 죄

예수님은 온몸과 정성을 다 바쳐 사람들을 사랑하셨다. 그런데 돈, 명예, 권력에 눈 먼 자들이 예수님을 십자가에 못 박게 한다. 예수님을 빌라도 법정에 세운다. 예수님의 허물을 찾고 있는 것이다. 어떻게 그분의 허물을 찾을 수 있겠는가? 그런데 인간들이 죄 없으신 예수님의 죄목을 찾는다. 빌라도의 표현을 빌린다면, 많은 허물들이 드러났다고 한다. 다 거짓으로 꾸며낸 것이다. 인간이 누구인가? 남의 허물 찾기에 급급하고, 자신의 허물을 남에게 뒤집어씌우는 데 익숙한 것이 우리들이다. 그래서 우린 죄인이다. 용서받아야 할 죄인들이다.

그러나 예수님께서는 이 모든 환영의 소리나 미움의 소리에 흔들리지 않으시고 당신의 목표를 분명히 이루어가십니다. 인간으로서는 이해할 수 없는 큰 목표, 이 땅에 오신 목적을 이루시기 위해 예수님께서는 미움과 멸시를 감당하시며 묵묵히 십자가로 향하고 계십니다. 이 칠흑 같은 밤에도 침묵 안에서 십자가를 향한 열정을 키워가고 계십니다.

Invitation to Glory and Peace

예수님의 십자가는 하나님의 공의와 사랑, 처벌과 용서, 계약과 관계의 신비가 어우러진 장소입니다. 차갑게 얼어버린 인생들의 영혼에 봄비 같은 은혜를 내려주시고자, 기꺼이 십자가의 고난을 감내하신 그분은 약속하신 대로 3일 만에 사망의 권세를 이기시고 부활하십니다. 우리를 생각 너머의 생각으로 이끄시며 영광과 평화의 세계로 초대하십니다. 그분의 사랑으로 새로운 인생의 시작을 경험한 제자들이 참 평화의 사도로 파송됩니다.

영광과 평화로의 초대

계약과 관계의 신비
마 27:32~56   막 15:21~41   눅 23:26~49   요 19:17~37

영광으로의 초대
마 27:57~28:15   막 15:42~16:11   눅 23:50~24:12   요 19:38~20:18

평화를 위한 시작
마 28:16~20   막 16:12~20   눅 24:13~53   요 20:19~21장

계약과 관계의 신비

마태복음 27:32~56 마가복음 15:21~41
누가복음 23:26~49 요한복음 19:17~37

계약과 관계의 신비

마 27:32~54/ 막 15:21~39/ 눅 23:26~48/ 요 19:17~37

로마 군병들이 예수님을 때리고 가시 면류관을 씌우고, 침 뱉고, 갈대로 머리를 칩니다(마 27:27~31). 지나가던 자들은 자기 머리를 흔들며 모욕하고, 대제사장들과 서기관들과 유대 장로들은 십자가에 달려 계신 예수님께 지금 십자가에서 내려오면 믿겠노라고 희롱합니다. 같이 매어달린 강도도 예수님을 욕합니다(눅 23:35~39; 마 27:39~44). 예수님께서는 열두 영도 더 되는 하늘의 천사를 데려다가 그런 그들을 모두 굴복시킬 수도 있으셨지만, 그 모든 아픔과 고통, 멸시와 조롱을 참으십니다.

예수님의 고통이 최고조에 달합니다. 갑자기 땅이 어두워지더니 예수님께서 크게 "엘리 엘리 라마 사박다니!"를 외치십니다(마 27:46).

"나의 하나님, 나의 하나님, 어찌하여 나를 버리셨나이까?"

십자가 수난 시간표

유대시간	현대시간	내용	구절
제3시	오전 9시	십자가 달리심	막 15:25
제6시	정오	땅이 어두워짐	눅 23:44
제9시	오후 3시	운명하심	마 27:46

하나님의 마음은 얼마나 아프셨을까요? 우리는 바로 이 십자가의 은혜로 죄 사함 받았습니다. 예수님의 몸, 예수님의 손은 시대의 약한 자들을 위한 사랑의 도구였습니다. 그 손과 발에 못이 박혔습니다. 아무 죄 없으신 그분이 십자가에서 물과 피를 다 쏟아 죽으시기까지 보여주신 사랑, 그 위대한 사랑으로 말미암아 아담 이래로 모든 인류가 짊어져 왔던 죄의 문제가 해결되었습니다.

"예수께서 신 포도주를 받으신 후에 이르시되 다 이루었다 하시고 머리를 숙이니 영혼이 떠나가시니라"(요 19:30).

예수님께서 다 이루셨습니다. 예수님께서 말씀하셨습니다. "한 알의 밀이 땅에 떨어져 죽지 아니하면 한 알 그대로 있고 죽으면 많은 열매를 맺느니라"(요 12:24). 예수님께서 스스로 한 알의 밀이 되어 죽으셨습니다. 십자가가 기다리고 있는 예루살렘을 향한 한 걸음 한 걸음은 예수님의 죽음으로 맺어질 수많은 열매를 위한 전진이었던 것입니다.

예수님의 대적들, 그들이 민중을 선동하여 예수님을 십자가로 몰아갔지만, 그분은 스스로 그 길을 선택하셔서 끝까지 온유한 성품으로 죽음을 맞이하십니다. 가난한 영혼, 주린 영혼, 아파하는 영혼을 사랑하셨던 그분의 삶은 이렇게 마지막을 고합니다. 예수님께서는 삶을 마감하면서까지 사람들을 용서하시고 죄인들을 당신의 품 안에 품어주십니다. 당신을 위해 눈물 흘리는 여인들을 위해 눈물 흘리시고, 당신에게 욕하고 채찍과 십자가 틀을 들이대는 이들을 위해 기도하시고, 그분과 함께 십자가에 달리는 강도에게 구원을 주시며 위로하십니다. 십자가에 달려 두 팔을 벌리고 계신 그 품 안에 이 세상의 모든 사람들을 다 품어주십니다. 예수님께서는 묵묵히

Message

진정한 치유자

주님께서는 우리의 고통과 눈물의 의미를 아신다. 왜냐하면 그분은 그것을 경험하셨기 때문이다. 그분은 가장 사랑하는 친구에게 배신당한 경험이 있으셨고, 정당한 이유 없이 누군가에게 비난을 당하고 따귀를 맞았으며, 심한 통곡과 눈물 가운데 자신을 구원하실 이에게 기도하셨던 분이다. 우리가 우리의 슬픔을 눈물로 아뢸 때 주님은 우리 눈물의 의미를 아시며 그 아픔에 함께하신다.

대제사장과 서기관, 바리새인
들, 벳새다 들녘에서 생선과 보
리떡을 받아먹었던 민중들까지
합세해서 완전히 예수님을 오
해한다. 그가 하나님을 모독했
고, 민중들의 삶을 피폐한 상황
으로 몰아갔고, 평화를 지켜주
는 로마에 대한 저항을 선동했
다는 것이다. 이런 말도 안 되
는 오해들로 예수님을 십자가
에 못 박았다. 오해로 가득한
그 순간, 한끝도 안 보이는 칠
흑 같은 그 순간에, 십자가를
지시고 피 흘리시는 바로 그
순간에, 우리 예수님은 이렇게
말씀하신다. "하나님, 저들을
용서하소서. 저들은 저들이 하
는 잘못을 모릅니다."

땅에 떨어져 죽어 가는 밀알로, 그렇게 이 땅에서의 삶을 마무
리하십니다.

하나님께서 기나긴 시간과 역사를 통해 예정하고 준비하셨
던 인류 구원의 사건이 예수님의 십자가 위에서 드디어 완성
되었습니다. 끊어졌던 하나님과 인간의 관계를 예수님께서 십
자가로 온전히 연결시키십니다. 구약의 긴 세월 동안 제사장
만 출입하던 그 성막의 휘장이 위로부터 갈라집니다. 이제 더
이상 동물의 피를 통한 제사를 드릴 필요가 없게 되었습니다.
단번에 십자가 위에서 온 인류의 모든 죄가 구속받았습니다.

예수님의 십자가 안에는 관계와 계약이 들어 있습니다. 계
약으로 보면 십자가는 처벌이며 심판의 장소입니다. 죄의 값
은 사망(롬 6:23)이라고 정하신 그 계약에 따른 것입니다. 온 인
류가 그 죄로 인해 심판받아야 하기에, 독생자 예수 그리스도
께서 십자가에 달려 죽으셔야만 했습니다. 그러나 그 십자가
에는 또한 관계의 신비가 담겨 있습니다. 십자가는 온 인류를
향한 하나님의 용서가 이루어진 장소인 것입니다. 크신 하나
님의 사랑입니다. 그리고 그 사랑의 방법은 그냥 말뿐인 용서
가 아니라, 하나님의 독생자의 죽음이라는 가장 처절하고 극
한 대가를 통한 완전하고 영원한 용서입니다.

우리는 은혜와 계약이라는 말을 나눠서 사용할 때가 많습
니다. 구약은 율법이며 계약이고, 신약은 은혜와 사랑이라고
구분합니다. 그러나 이런 단순한 이분법은 옳지 않습니다. 십
자가는 계약과 관계, 처벌과 용서, 공의와 사랑이 함께 완성된
장소입니다. 그래서 어느 한 방향만으로 십자가를 볼 것이 아
니라 관계와 계약의 두 방향을 '통'(通)으로 봐야 합니다.

가슴 아리며 지켜본 사랑

마 27:55~56/ 막 15:40~41/ 눅 23:49 (8:1~3)/ 요 19:25~27

예수님 주변에는 제자들은 아니지만 예수님의 필요에 따라 쓸 것을 공급하며 예수님을 도왔던 여인들이 있었습니다.

"그 후에 예수께서 각 성과 마을에 두루 다니시며 하나님의 나라를 선포하시며 그 복음을 전하실새 열두 제자가 함께 하였고 또한 악귀를 쫓아내심과 병 고침을 받은 어떤 여자들 곧 일곱 귀신이 나간 자 막달라인이라 하는 마리아와 헤롯의 청지기 구사의 아내 요안나와 수산나와 다른 여러 여자가 함께 하여 자기들의 소유로 그들을 섬기더라"(눅 8:1~3).

예수님께서는 베다니에 있는 나사로의 집에 가끔 들러 쉬셨는데, 나사로의 동생 마르다와 마리아 역시 예수님을 열심히 따르고 섬기던 여인입니다. 마리아는 예수님께서 십자가에 못 박히시는 유월절 엿새 전에 예수님의 발에 값비싼 향유 한 근을 붓고 자기 머리털로 예수님의 발을 씻음으로써 주님의 장사할 날을 예비했던 여인이기도 합니다(요 12:1~3).

예수님께서 십자가에서 고통당하실 때 제자들은 모두 다 도망쳤지만, 예수님을 섬기며 갈릴리에서부터 좇아온 이 여인들은 끝까지 먼발치에서 예수님을 바라보고 있었습니다.

"예수를 섬기며 갈릴리에서부터 따라온 많은 여자가 거기 있어 멀리서 바라보고 있으니 그 중에는 막달라 마리아와 또 야고보와 요셉의 어머니 마리아와 또 세베대의 아들들의 어머니도 있더라"(마 27:55~56).

그동안 예수님을 곁에서 섬기면서 너무나 좋았습니다. 예

나사로, 마리아와 마르다

나사로, 그리고 마리아와 마르다는 예루살렘 남동쪽에 있는 베다니에 살고 있던 사람들이다. 예수님의 사랑을 많이 받는 가족이었으며, 또한 예수님을 항상 따랐던 사람들이다. 마리아는 예수님이 그의 집에 찾아오셨을 때, 그 발 곁에 앉아 그분의 말씀을 경청하였으며, 이 모습을 보고 불평하였던 마르다는 말씀을 듣는 일이 무엇보다 중요하다는 가르침을 받았다(눅 10:38~42). 그들의 오라비 나사로는 병들어 죽은 지 4일 만에 예수님에 의해 살아났고, 그의 부활로 인해 많은 사람들이 예수님을 믿게 되었다. 나사로의 부활 사건은 사복음서 중에서 유일하게 요한복음에만 등장한다.

수님이 장래에 앉으실 화려한 영광의 보좌 때문이 아니었습니다. 그저 예수님께서 자기들을 돌아보셨고 사랑해주셨다는 것만으로도 여인들은 감사했습니다. 그런데 그 예수님께서 십자가에 못 박혀 계십니다. 저분이 나쁜 분도 아닌데…. 여인들의 가슴이 타 들어갑니다. 그 상황을 멈추거나 바꿀 수 있는 힘이 그 여인들에게는 없습니다. 그저 속만 태울 뿐입니다. 그저 멀리서 서로 바라만 보고 있는 여인들과 예수님, 서로 심장을 나누는 뜨거운 사랑이 느껴집니다.

그러나 또 한편으로 생각해봅니다. 이 여인들만큼 큰 복을 누린 행복한 사람들이 또 있을까! 사실 이 여인들은 세상에서 가장 아름다운 순간을 지켜본 사람들이기 때문입니다. 그 처절한 고통 속에서 예수님의 사랑을 확인합니다. 세상을 향한 가장 위대한 사랑이 출산되는 장면을 지켜보고 있는 것입니다. 십자가에 달려 계신 예수님께서 말씀하십니다. "다 이루었다." "아버지, 저들의 죄를 용서하소서." 이 아름다운 천국 음성을 십자가 위에서 발하실 때, 여인들은 그 장면을 보고 들은 것입니다. 예수님의 사랑과 공의가 붉은 꽃으로 피어난 그 순간을 함께한 것입니다.

봄비 같은 은혜를

성경 전체에서 가장 아름다운 순간을 담고 있는 장면은 어디일까요? 물론 성경의 모든 부분이 아름답고 감동적이지만, 그중에서도 한 장면을 꼽아보라면, 우리 예수님께서 십자가에 달려 계신 그 시간들일 것입니다. 그 시간들은 성경 중에서뿐만 아니라 이 세상에서 가장 아름다운 순간입니다.

예수님께서 하신 사역은 사람들의 눈물을 닦아주고, 고통을 덜어내는 것이었습니다. 사람들의 죄의식을 걷어내고 새 살을 돋게 하는 사역이었습니다. 곳곳을 옮겨 다니며 사람들을 고치시고, 사람들이 인생의 참 의미와 가치를 깨우치도록 가르치셨습니다. 많은 사람들이 예수님을 통해 새 인생을 찾았습니다. 그분은 사랑의 운동, 용서의 운동을 하셨고, 많은 사람들이 그분을 따랐습니다.

그러나 예수님의 사역을 보고도 오해와 편견을 쌓아가는 사람들이 있었습니다. 대제사장, 서기관, 바리새인들입니다. 사명은 뒷전에 놓고 특권만 붙든 메마른 사람들, 겉만 번드르르한 종교 지도자들, 그들이 하나님의 아들이신 예수님을 거부합니다. 그들은 로마를 이용해 예수님을 십자가에 못 박아야겠다는 계획을 세우고 조직적으로 실행해갔습니다.

재판의 결정권을 가진 총독 빌라도는 예수님의 죄목들이 다 조작된 것임을 알았습니다. 그러나 그는 다스림 받는 자들을 위한 진정한 자유와 정의보다는 권력에 더 큰 관심을 쏟는 자였습니다. 그래서 예수님이 죄가 없으시다는 사실을 다 알면서도 예수님을 십자가에 못 박으라고 허락한 것입니다.

악랄한 거짓 증인들 앞에서도 예수님은 거의 말씀하시지 않았습니다. 그리고 십자가를 지십니다. 인간들에게 근원적으로 용서의 길을 트시기 위해서 이 땅에 내려오신 것이기에, 아무 말씀 하지 않으시고 십자가를 선택하신 것입니다.

우리 예수님이 왜 십자가를 지셨습니까! 궁극적으로 희망을 품을 수 없는 인생들을 위해 희망의 보석을 캐오기 위해서, 십자가를 지시고 절망의 깊은 동굴 속으로 들어가신 것입니

Message

그리스도인이란?

우리는 그리스도인이다. 그리스도인이 누구인가? 첫째, 하나님의 사랑을 알고 알아가는 사람이다. 둘째, 사람의 가치를 알고 알아가는 사람이다. 셋째, 놀라운 하나님의 용서를 받았고, 또 용서를 행하는 사람이다. 우리가 그리스도인 된 것, 이것은 하나님의 큰 은혜이다. 그리스도인 됨의 자격은 예수 그리스도를 믿는 믿음을 통해서만 획득할 수 있다. 이 기본 위에서 우리는 진정한 자유와 평등과 정의를 꿈꾸며 살아갈 수 있다.

"무엇이든지 남에게 대접을 받
고자 하는 대로 너희도 남을
대접하라"(마 7:12)라고 하셨다.
하나님께서 먼저 우리를 대접
하셨다. "우리가 아직 죄인 되
었을 때에 그리스도께서 우리
를 위하여 죽으심으로 하나님
께서 우리에 대한 자기의 사랑
을 확증하셨느니라"(롬 5:8). 이
젠 우리가 하나님께 드려야 할
차례이다.

길이신 예수 그리스도

아브라함이 지연과 혈연의 터
전인 갈대아 우르를 떠나는 희
생을 치름으로 말미암아 2천
년 후 예수님의 오실 길이 준
비되었다. 예수님의 십자가 희
생으로 말미암아 아브라함의
후손들, 즉 모든 믿음의 자녀
들이 천국으로 갈 수 있는 생
명의 길이 열렸다.

다. 그분은 십자가를 통한 고통의 죽음 속에서 인생들을 위한
희망의 보석을 캐오셨습니다. 그 보석의 이름은 바로 '용서'
입니다.

모든 인생들이 다 하나님의 형상을 품고 태어났으나, 본모
습 그대로 살지 못하고 죄악 된 길로 가고 있었습니다. 그러나
하나님께서는 당신의 독생자 예수를 십자가에서 대신 처벌받
게 하심으로써 우리의 모든 죄악을 해결하십니다. 용서하신
것입니다. 죄 많은 우리를 탓하지 않으시고 인간의 몸으로 이
땅에 내려오셔서 십자가를 지심으로 우리를 덮어주신 것입니
다. 그 덮어주심으로 말미암아, 우리는 우리가 아직 죄인 되었
을 때에 하나님의 자녀가 되었습니다(롬 5:8). 우리가 아직 죄인
되었을 때에 뒷걸음쳐 들어오신 독생자 예수 그리스도. 그 십
자가의 보혈로 우리는 하나님의 자녀가 되었습니다.

예수님을 믿고 구원과 영생을 얻는 것, 예수님을 믿고 하나
님의 용서를 받아 그분의 자녀가 되는 것, 이것은 모든 인생들
이 품어야 할 희망 중의 희망입니다. 어떠한 절망이 우리 인생
을 휩쓸어간다 할지라도 그 가운데서도 궁극적으로 우리가
꿈꾸며 바랄 수 있는 희망은 바로 하나님의 사랑과 용서에 기
반을 둔 희망, 바로 그것입니다.

살포시 땅에 내려앉는 봄비들로 인해 겨우 내내 응달에 쌓
인 눈이 점점 녹아내리는 것을 본 적이 있으십니까? 예수님은
이 세상에 봄비로 오셔서 죄로 죽을 수밖에 없는 우리의 꽁꽁
얼어버린 마음을 녹이시고, 하나님의 자녀가 되는 영광의 길
을 열어주셨습니다.

영광으로의 초대

마태복음 27:57~28:15 마가복음 15:42~16:11
누가복음 23:50~24:12 요한복음 19:38~20:18

부자 요셉의 멋진 선택

마 27:57~66/ 막 15:42~47/ 눅 23:50~56/ 요 19:38~42

우리 예수님은 공생애 3년 동안 하나님 나라를 전하시는 일에 최선을 다하신 후 당신의 목숨을 바치셨습니다. 3년 내내 식사할 겨를도 없이 사람들을 사랑하셨던 예수님의 몸이 십자가에 달려 있습니다. 그런데 지금, 함께 최선을 다하고 동지하기로 다짐했던 제자들은 다 어디로 가고, 예수님께서 돌아가셨는데 장사를 지내 줄 사람도 없습니다. 예수님을 마지막 순간까지 따랐던 여인들에게는 돌아가신 예수님을 무덤에 장사 지낼 힘이 없습니다.

이 상황에서 한 사람이 나섭니다. 아리마대의 요셉이라는 사람입니다. 그는 빌라도를 찾아가서 예수님의 시신을 달라고 요청합니다.

"저물었을 때에 아리마대의 부자 요셉이라 하는 사람이 왔으니 그도 예수의 제자라 빌라도에게 가서 예수의 시체를 달

> **Power**
>
> 아리마대 요셉
>
> | | |
> |---|---|
> | 마태복음 | 27:57~60 |
> | 마가복음 | 15:42~47 |
> | 누가복음 | 23:50~56 |
> | 요한복음 | 19:38~42 |
>
> 마가복음에서는 요셉에 관해서 "존귀한 공회원이요 하나님의 나라를 기다리는 자"라고 설명하고 있다.

예전에 예수님을 찾아와 거듭
남에 관하여 물었던 유대인의
지도자 니고네모(요 3장)가 예
수님의 장사를 위해 몰약과 침
향 섞은 것 백 리트라쯤을 가
지고 온다(요 19:39). 예수님의
사역이 실패한 것만 같은 시기
에 니고데모와 부자 요셉은 그
들이 가지고 있는 재물과 지위
를 이용하여 예수님의 장사를
치른다. 아무도 나서지 않을
때, 자신의 피해를 예상하면서
도 기꺼이 주님을 위해 일어났
던 요셉과 니고데모는 우리의
재물과 지위를 어떻게 사용해
야 하는지 다시 한 번 알려주
고 있다.

라 하니 이에 빌라도가 내주라 명령하거늘 요셉이 시체를 가
져다가 깨끗한 세마포로 싸서 바위 속에 판 자기 새 무덤에
넣어 두고 큰 돌을 굴려 무덤 문에 놓고 가니"(마 27:57~60).

그런데 이 요셉이라는 사람 이름 앞에 '부자' 라는 단어가
붙어 있습니다. 한 사람이 태어나 살아가면서 그 이름 앞에 사
회적 지위를 붙이기까지는 많은 노력과 수고가 동반됩니다.
요셉이라는 사람도 '부자' 가 되기 위해서 오랜 시간 많은 노
력을 해왔을 것입니다. 그런데 이 부자 요셉은 자신의 부자 됨
을 어떻게 사용해야 하는지 아는 사람이었습니다. 그래서 대
담하게 빌라도를 찾아가 예수님의 시신을 요청하고, 자신의
돌무덤에 정성스레 장례를 치릅니다.

십자가 근처에서 예수님을 바라보며 속을 태우던 여인들
이 빌라도를 찾아갔더라면 빌라도가 만나주지도 않았을 것입
니다. 빌라도는 아리마대 요셉이 면담을 신청하니 만나줍니
다. 그리고 요셉의 요구대로 예수님의 시신도 내어줍니다. 이
일의 대가로 부자 요셉의 재산 중 일부를 얻을 수 있다는 계
산을 했기 때문입니다. 요셉 또한 자기가 열심히 땀 흘려 모아
둔 재산을 총독이 원하면 상당량 주어야 한다는 것을 알고 있
었습니다. 그런데 요셉은 자신의 재산을 꼭 써야 할 가치 있는
곳에 쓰고 있는 것입니다.

곧 부활하실 우리 예수님의 육신의 마지막을 정성으로 살
핀 요셉이 얼마나 고마운지 모르겠습니다. 우리에게 영원한
생명을 주신 예수님의 몸이 십자가에 달려 있는데, 이런 몸을
세마포로 싸서 무덤에 장사 지내 준 요셉, 참 고마운 분입니다.

이렇게 예수님의 탄생 때에, 그리고 삶의 마지막에 애쓴
사람들이 있습니다. 우리 예수님께서 태어나실 때에는 가난
한 요셉과 마리아의 정성과 사랑을 받으셨습니다. 장사 되실

때에는 부자 요셉의 정성과 사랑을 받으셨습니다. 발만 동동 구를 수밖에 없는 힘없는 연약한 여인들의 사랑을 받으셨습니다.

예수님만큼 행복하신 분이 없습니다. 또 우리 인간들만큼 행복한 존재는 없습니다. 그분만큼 사람을 사랑하신 분도, 그분만큼 사람들의 사랑을 받으신 분도 없습니다. 예수님께서도 사람들을 위해 그 귀한 목숨을 내어주셨고, 수많은 사람들이 바로 그분을 위해 인생을 바쳤습니다.

※

생각 너머 생각으로 가는 길
마 28:1~15/ 막 16:1~11/ 눅 24:1~12/ 요 20:1~18

예수님의 제자들은 다 도망갔습니다. 예수님이 십자가 처형을 당하실 때 그 주변에 머물다가 누군가의 눈에 띄면 같이 붙잡혀 목숨을 잃을지도 모른다는 두려움 때문이었습니다. 예루살렘에서 갈릴리까지 멀리도 달아났습니다.

그런데 갈릴리에서부터 예수님을 섬기기 위해 좇아온 여인들은 예수님의 십자가 현장 근처에 머물러 있었습니다. 그만큼 이들은 사회적으로 거의 영향력을 끼칠 수 없는 약한 사람들이었습니다.

이들이 예수님의 십자가를 바라보며 절망을 맛봅니다. 참 신앙의 대상이신 그분이 온몸에서 물과 피를 쏟으시며 죽으시는 모습을 지켜본 것입니다. 그랬던 이 여인들이 3일 후에 예수님의 무덤 앞에 서 있습니다. 예수님께서는 십자가를 지시기 전에 이미 말씀하셨습니다.

Message

단지 사랑이었습니다

무덤을 찾은 여인들. 이들이 끝까지 예수님을 떠나지 않은 이유는 무엇인가?

그건 단지 사랑이었다. 예수님께서 장래에 앉으실 화려한 보좌를 바라봄도 아니요, 예수님의 권위 있는 가르침을 이용하기 위함도 아니었다. 그저 예수님께서 자기들을 돌아보셨고, 사랑해주셨다는 사실이 여인들로 하여금 아무 계산 없이 예수님을 사랑하며 따르게 만들었다. 지금 나의 신앙생활은 무엇에서 비롯되었는가? 예수님을 사랑하는 마음에서 출발하였는가?

"예수께서 예루살렘으로 올라가려 하실 때에 열두 제자를 따로 데리시고 길에서 이르시되 보라 우리가 예루살렘으로 올라가노니 인자가 대제사장들과 서기관들에게 넘겨지매 그들이 죽이기로 결의하고 이방인들에게 넘겨 주어 그를 조롱하며 채찍질하며 십자가에 못 박게 할 것이나 제삼일에 살아나리라"(마 20:17~19).

약속대로 3일 만에 우리 주님께서 부활하십니다. 그러나 이 약속을 직접 들은 제자들 중에는 아무도 실제 부활의 현장에 찾아오지 않았습니다. 간접적으로 그 말씀을 들었을 두 여인, 막달라 마리아와 다른 마리아만이 안식 후 첫날 무덤으로 갑니다. 이 여인들은 예수님의 말씀을 희망으로 품고, 자신들의 생각 너머 예수님의 생각으로 나아가본 것입니다. 그래서 지금 예수님 무덤 곁에 찾아와 있는 것입니다. 이들이 예수님께서 3일 후에 살아나리라고 하셨던 말씀을 기억하고 있다는 것이 얼마나 고마운지 모릅니다. 둘째 날이나 넷째 날 갔으면 부활하신 예수님을 만나지 못했을지도 모릅니다.

지금 이들은 그 어마어마한 지난날의 절망을 딛고 희망을 꿈꾸고 있습니다. 이 여인들의 희망은 예수님의 약속의 말씀입니다. 우리 인생들에게 있어서 정말 큰 희망은 우리 주님의 약속의 말씀입니다.

가장 영원한 승리, 부활

아리마대 사람 부자 요셉이 정성껏 장사 치러 무덤 속에 안치한 예수님의 몸. 바로 이 예수님이 3일 만에 어둠의 권세를 깨뜨리고 부활의 첫 열매가 되십니다. 선하신 하나님의 아들은 결코 어두운 세력의 생각대로 그렇게 끝나지 않으십니다. 아무 흠도 티도 없으셨던 분이 죽으셨다가 부활하십니다. 마침내 승리하셨고 사망 권세를 이기셨습니다. 인간들을 위해 당신의 독생자를 공의의 십자가에 세우신 하나님, 그 뜻에 순종하여 고통의 십자가를 지셨지만, 죽음을 이기고 승리하신 예수님. 이로써 모든 사람은 새로운 능력 안에서 생명에 대한 희망을 넓힐 수 있고, 죽음을 넘어설 수 있습니다. 수세기를 지나는 동안에 셀 수 없이 많은 사람들이 그의 부활의 능력을 통해서 변화되었습니다. 우리도 사망을 이길 힘, 부활의 능력과 영생을 얻었습니다. 이제 우리는 죄의 삯인 사망에서 벗어나 새 생명 가운데서 삽니다. 영원한 승리자이시며 생명의 구주이신 주님과 동행하는 삶이야말로 우리가 진정으로 승리의 삶을 사는 비결입니다.

"누가 능히 하나님께서 택하신 자들을 고발하리요 의롭다 하신 이는 하나님이시니 누가 정죄하리요 죽으실 뿐 아니라 다시 살아나신 이는 그리스도 예수시니 그는 하나님 우편에 계신 자요 우리를 위하여 간구하시는 자시니라"(롬 8:33~34).

우리가 인생을 살아가면서 크고 작은 일에서 승리를 맛보기도 합니다. 성경에서도 위대한 하나님의 사람들이 숱한 고난과 어려움을 이기고 멋지게 승리했던 모습을 봅니다. 요셉, 모세, 다윗, 예레미야, 그리고 예수님의 오실 길을 예비한 세례 요한 같은 분들이 그러합니다. 그러나 이 모든 승리보다 가장 크고 아름다우며 영원한 승리는 단연 우리 구주 예수님의 부활 사건이요, 이 사건이야말로 성경 전체에서 가장 위대하고 아름다운 장면입니다.

오직 예수님의 부활이야말로 우리가 노래해야 할 진정한 승리, 가장 영원한 승리입니다. 예수님의 부활은 우리 주님의

Message

새로운 의미

부활의 첫 열매가 되신 예수님이 계시지 않았다면 지금 우리의 모든 수고는 헛된 것이다. 우리의 열심, 우리의 믿음, 그 모든 것은 아무런 소용이 없는 것이다. 그러나 예수님께서는 당당히 부활하셨고, 우리에게도 확실한 부활의 소망을 주셨다.

우리는 하나님의 사랑 안에서 끝까지 희망을 품고 사는 인생들이다. 하나님의 자녀 됨의 권세를 얻지 못했다면, 세상 사람들이 어떻게 평가할지라도 그의 삶은 결국 절망이다. 그러나 우리가 그리스도의 구속의 능력으로 말미암아 하나님의 자녀 됨의 권세를 얻었다면, 우리의 삶은 궁극적으로 승리이다. 절망을 이기는 힘, 그것은 예수 그리스도의 십자가뿐이다.

사랑과 용서가 영원히 승리했다는 의미이기 때문입니다. 죄인을 용서하시는 하나님의 사랑이 한순간이 아니라 영원히 승리하셨다는 것입니다. 할렐루야!

다시 사신 예수님께서는 예루살렘이 아니라 갈릴리에서 제자들을 만날 것을 말씀하십니다.

"예수께서 그들을 만나 이르시되 평안하냐 하시거늘 여자들이 나아가 그 발을 붙잡고 경배하니 이에 예수께서 이르시되 무서워하지 말라 가서 내 형제들에게 갈릴리로 가라 하라 거기서 나를 보리라"(마 28:9~10).

예수님께서는 대제사장 세력들에게 잡히시던 날, 이미 제자들에게 부활하신 후 갈릴리에서 만날 것을 말씀하신 적이 있으십니다(막 14:27~28; 마 26:31~32). 예수님께서는 당신이 십자가를 지고 죽으시게 되면, 제자들이 모두 흩어져 도망갈 것을 다 알고 계셨던 것입니다. 그리고 전에 말씀하셨듯이, 그들을 친히 찾아가시려는 것입니다.

평화를 위한 시작

마태복음 28:16~20 마가복음 16:12~20
누가복음 24:13~53 요한복음 20:19~21장

다시 시작의 은혜

막 16:12~14/ 눅 24:13~43/ 요 20:19~21장

부활하신 예수님을 처음 본 증인들은 여인들이었습니다. 이들이 달려가서 놀라운 소식을 알립니다. 예수님의 죽음으로 슬픔에 빠졌던 제자들, 여인들, 그리고 많은 사람들이 부활하신 예수님을 만나 놀라는 모습은 상상만 해도 흥분되는 일입니다. 예수님께서 인간의 몸으로 계실 때 많은 기적들을 보여주시긴 했지만 다시 살아나실 줄은 꿈에도 몰랐을 것입니다. 그러나 기적은 일어났습니다. 이 기적은 예고된 기적이었습니다. 다만 세상의 가치로 이해할 수 없었을 뿐입니다.

부활하신 예수님께서는 예수님의 죽음으로 인해 상심과 절망 가운데 빠져 있는 제자들을 찾아와 다시금 힘을 주고 세우시는 작업을 40일 동안 수행하십니다. 예수님께서는 부활하신 후, 몇 번이나 제자들에게 나타나심으로써 제자들로 하여금 그리스도를 살아 계신 하나님으로 확신하게 하십니다.

예수님의 제자 중에 글로바라는 사람이 있었습니다. 이 제자는 예수님께서 십자가에서 죽으신 이후 그의 친구와 함께 엠마오라는 곳으로 가고 있었습니다. 그들의 마음은 절망에 빠져 답답하기만 했습니다. 예수님께서 예루살렘에 들어가시면 굉장히 좋은 일이 일어날 줄 알았는데, 그 모든 기대는 물거품처럼 사라졌습니다. 예수님의 부활 소식이 들리기는 했지만 믿을 수가 없었습니다.

이때 예수님께서 찾아오십니다. 그들은 처음엔 예수님을 알아보지 못합니다. 예수님의 부활을 의심하는 그들에게 예수님은 당신의 고난과 부활이 구약성경에서 예언하신 말씀의 성취라는 사실을 가르치십니다(눅 24:25~27). 예수님의 말씀을 듣고, 그분이 떼어주시는 떡을 받아먹은 후에야 눈이 밝아져 예수님을 알아본 두 제자들. 그들의 마음은 다시 뜨거워졌습니다. 예수님께서는 이처럼 그의 제자들 각 사람 마음속에 있는 조그마한 의심이라도 벗겨 주기를 원하셨습니다. 엠마오로 가던 두 제자들은 발길을 돌려 예루살렘으로 돌아갑니다. 그리고 자신 있는 목소리로 고백합니다. "주께서 과연 살아나셨다!"

베드로를 기억하십니까? 베드로는 잡혀가시는 예수님의 뒤를 좇아가다가 사람들에게 의심을 받자, 그만 예수님을 부인하고 말았습니다. 불과 하루가 다 지나기도 전에, 새벽이 다 밝기도 전에, 그는 현실의 나락으로 추락했던 것입니다. 지난 3년간 쌓아온 시간은 온 데 간 데 없어지고, 예수님의 사역은 그렇게 끝나버리는 것 같았습니다.

시몬 베드로와 몇몇의 제자들은 예수님과 다른 방향인 그들의 고향으로 돌아갔습니다. 그들은 예수님을 만나기 전에 그리했던 것처럼 디베랴 바닷가에 배를 띄우고 고기를 잡고 있었습니다. 하지만 고기 잡는 일에 그다지 열정도 없었습니다. 그물을 던져봤지만 고기가 잡히지도 않았습니다. 그때 부활하신 예수님께서 그들을 찾아오십니다.

요한이 가만히 보더니 "어! 예수님 같아!"라고 말합니다. 베드로가 그 말을 듣자마자 겉옷을 두르더니 바다로 뛰어들어 헤엄쳐 갑니다. 보통 사람이었다면 베드로의 입장에 처해 있다가 예수님을 다시 만나게 되었을 때, 꾸물거리다가 제일 늦게 갈 만도 합니다. 얼마 전에 예수님을 모른다고 부인했던 부끄러움 때문입니다. 그러나 우리의 생각과는 달리, 그는 가장 먼저 뛰어가서 예수님을 만납니다. 이게 바로 베드로의 멋진 점이 아닐까 싶습니다.

얼마나 좋으셨을까요. 베드로가 겉옷을 챙겨들고 자신을 향해서 바다에 풍덩 빠져서 헤엄쳐 올 때 우리 주님이 얼마나 좋으셨을까요. 주님이시라는 말을 듣자마자 거침없이 바다로 뛰어든 베드로를 바라보시는 우리 주님의 모습이 상상이 가십니까? 좋아하시는 우리 주님의 모습이 말입니다.

베드로는 지난 3년 동안의 경험을 통해 우리 주님을 알게 된 것 같습니다. 자신이 비록 약하고 부족해서 그렇게 부끄러울 수밖에 없고, 3년 전이나 지금이나 우리 주님 앞에 한없이 부끄러운 죄인임이 분명하지만, 그럼에도 불구하고 우리 주님이 자신 같은 죄인을 부르러 오셨다는 사실을 알게 된 것입니다(마 9:13; 막 2:17). 아무리 큰 죄를 지은 사람이라도 한없는 사랑으로 품어주시고 용서해주신다는 사실을 이제는 알게 된 것입니다. 그래서 부끄러움을 무릅쓰고, 그 주님 앞에 먼저 달려가는 것입니다.

Message

베드로의 기억 속에

부활하신 예수님을 향해 달려가는 베드로의 머릿속에 분명하게 기억되는 이야기가 있었을 것이다. 바로 누가복음 15장에 나와 있는 탕자 비유이다. 베드로는 예수님으로부터 그 비유를 직접 들었다. 탕자를 사랑하는 아버지의 마음이 하나님의 마음임을, 그리고 예수님의 마음임을, 지금 생생하게 기억하고 있는 것이다. 그래서 한없이 부끄러운 자신의 과거에도 불구하고, 두 팔 벌려 자신을 기다려주시는 그 주님 앞으로 용기 내어 달려갈 수 있었던 것이다.

LEADERSHIP

관계의 능력

예수님을 세 번 부인한 베드로에게 "네가 나를 사랑하느냐?"고 세 번 물으시며 관계를 회복하시는 예수님의 모습을 보게 된다. 뒷걸음쳐 들어와 허물을 덮어주시는 예수님의 모습이 아름답다. 이것이 능력이다. 관계가 능력이다

다른 제자들도 곧 배를 끌고 뭍으로 나옵니다. 예수님께서는 숯불을 지펴 그 위에 생선과 떡을 준비해놓으시고는 그들을 부르십니다. 이렇게 그들의 부끄러움을 덮으시고 다시 새로운 관계를 시작하십니다.

제자들은 예수님을 향해 아쉽고 죄송한 마음이었을 것입니다. 예수님이 끌려가실 때, 안 된다고, 아무 죄 없으신 우리 예수님을 죽이면 안 된다고, 저분은 십자가를 지셔야 할 분이 아니라고 온몸으로 막았어야 했는데, 그러긴커녕 오히려 도망가 버렸습니다. 이 상태로 남은 생을 살았다면, 제자들의 삶은 끝까지 비겁자요 패배자로 남게 되었을 것입니다. 그런데 예수님께서 먼저 찾아와 주십니다. 예수님을 뒤로 한 채 도망친 일로 제자들이 얼마나 부끄러워하고 있을지 주님은 다 아셨습니다. 부끄러움과 아쉬움을 가진 사람들에게 다가오셔서 그 부끄러움을 열심으로 회복시켜주시는 예수님이 참 좋습니다. 예수님을 세 번이나 모른다고 부인했던 베드로에게 "네가 나를 사랑하느냐?"라고 세 번 물으시며, "베드로야. 나는 너를 사랑한다"라는 사랑의 메시지를 세 번이나 전해주신 예수님이 정말 좋습니다. 부활하신 주님을 자신 있게 찾아 나설 처지가 못 되는 제자들을 위해 몸소 갈릴리 바닷가까지 찾아오신 우리 주님이 정말 좋습니다.

제자들은 이후로 정말 열심히 살아갑니다. 예수님을 만나면 아쉬움이 열심으로 바뀝니다. 끝까지 낙심하거나 좌절하지 않고, 다시 일어나 최선을 다하고 열심을 낼 수 있습니다. 주님의 따뜻한 음성을 가슴에 품고서 말입니다.

평화를 위한 파송

마 28:16~20/ 막 16:15~20/ 눅 24:44~53

이렇게 제자들을 찾아오신 예수님은 그들을 위로하시고, 다시금 사명을 주십니다. 그들의 마음 밭에 다시 열심의 불을 지펴주십니다.

"이르시되 너희는 온 천하에 다니며 만민에게 복음을 전파하라 믿고 세례를 받는 사람은 구원을 얻을 것이요 믿지 않는 사람은 정죄를 받으리라 믿는 자들에게는 이런 표적이 따르리니 곧 그들이 내 이름으로 귀신을 쫓아내며 새 방언을 말하며 뱀을 집어올리며 무슨 독을 마실지라도 해를 받지 아니하며 병든 사람에게 손을 얹은즉 나으리라 하시더라"(막 16:15~18).

예수님께서는 이 땅에 주님을 따르는 제자들의 수를 늘리고 가르치는 일에 헌신하도록 제자들을 설득하십니다. 또 예수님께서 항상 함께하시겠다는 '임마누엘'의 약속을 주십니다. "내가 너희에게 분부한 모든 것을 가르쳐 지키게 하라 볼지어다 내가 세상 끝 날까지 너희와 항상 함께 있으리라 하시니라"(마 28:20).

예수님의 죽음으로 흩어질 것만 같았던 제자들이 예루살렘에 다시 모이기 시작합니다. 예수님께서 십자가에 돌아가실 때에는 모든 것이 끝난 것만 같았으나, 예수님의 부활을 경험한 제자들이 다시 모이고 있는 것입니다. 이들의 마음속에는 예수님에 대한 깊은 믿음이 싹트고 있었습니다.

예수님께서 제자들에게 당부하십니다.

"하늘과 땅의 모든 권세를 내게 주셨으니 그러므로 너희는

Message

값비싼 대가

넓혀보면 예수님을 따르는 3년이라는 기간이 값비싼 대가였고, 좁혀보면 예수님을 부인하고 도망갔던 시간들도 값비싼 대가였다. 이 모든 과정이 기반이 되어 멋지게 새 출발하는 제자들을 볼 수 있다. 실패하고 주저앉았던 부분, 우리가 연약해서 예수님을 부인했던 부분까지도 스스로 깊이 반성하고 거기에서 값비싼 대가를 지불받을 수 있다면, 오히려 험한 풍상에도 흔들리지 않는 든든한 반석 위에서 새 인생을 출발할 수 있다.

가서 모든 민족을 제자로 삼아 아버지와 아들과 성령의 이름으로 세례를 베풀고 내가 너희에게 분부한 모든 것을 가르쳐 지키게 하라"(마 28:18~20). "오직 성령이 너희에게 임하시면 너희가 권능을 받고 예루살렘과 온 유대와 사마리아와 땅 끝까지 이르러 내 증인이 되리라"(행 1:8).

숲에서 볼 때 이 유언의 말씀은 제자들이 성령강림의 약속을 기다리는 계기가 되었으며(행 2:1~4), 죽음도 두려워하지 않고 천국 복음을 전하는 힘의 원천이 됩니다.

예수님께서 처음 제자들을 부르실 때, 사람을 낚는 어부로 그들을 부르셨습니다(마 4:19). 이제 이들은 참으로 사람을 낚는 어부의 길을 걷게 될 것입니다. 예수님께서 그들에게 부탁하고 가신 증인으로서의 삶을 목숨을 다하여 감당하는 그들을 통해 교회의 역사가 시작됩니다.

예수님의 사람 사랑하기가 얼마나 위대한 사역인지 제자들은 직접 보았습니다. 이제 예수 그리스도를 전하는 것이 남겨진 제자들의 사명이요, 삶의 비전입니다. '선교'와 '양육'에 대한 이 사명은 과거 제자들에게만 주어진 것이 아니라 오늘날 예수님을 믿고 따르는 모든 그리스도인들에게 주어진 사명입니다. 예수님의 이 유언은 2천여 년이 지난 후에도 그분을 따르는 모든 그리스도인들의 삶의 비전인 것입니다. "모든 민족을 제자로 삼아" 예수님께서 명한 "모든 것을 가르쳐 지키게" 하는 것은 오늘도 중단 없이 계속되어야 하는 일입니다.

십자가 승리

수많은 사람들을 3년 동안 말과 눈빛만이 아닌,

온몸으로 끌어안고 사랑해주셨던 분이

바로 우리 주님이십니다.

그렇게 3년을 보내신 후,

모든 인생들을 위해서 하나님의 공의와 사랑을

자신의 온몸으로 해결하시기 위해

십자가에 오르십니다.

십자가를 통하여 온 인류를

사랑하고자 하신 것입니다.

그렇게 우리 주님은

하나님의 나라를 확보해놓으셨습니다.

아무리 큰 죄인이라 할지라도

하나님 나라의 시민이 될 수 있는

그 놀라운 길을 십자가에서

선언하고 승리하신 것입니다.

The Disciple Era

복음이 예루살렘과 유대에 편만해지는 데에는 베드로를 비롯한 사도들의 역할이 중요했습니다. 그리고 복음이 사마리아로 퍼지는 데에는 스데반과 빌립 같은 일곱 일꾼들의 헌신이 있었으며, 나아가 땅끝까지 복음이 전파되는 과정에는 이방인의 사도로 부름 받은 사도 바울이 쓰임 받게 됩니다. 복음은 더 이상 예루살렘에만 머무르지 않습니다. 예수님의 유언을 자신의 비전으로 삼은 제자들에 의해 본격적인 세계선교의 시대가 열립니다.

16 마당

열리는 제자 시대

교회, 사명과 축복의 통로 행 1~5장

비로소 깨달은 '함께'의 의미 행 6~12장

교회, 사명과 축복의 통로

사도행전 1~5장

증인이 된 제자들 행 1장

예수님의 죽음 이후, 제자들은 제각각 뿔뿔이 흩어졌고, 복음의 역사는 중단된 것처럼 보였습니다. 그러나 예수님께서는 십자가에서 돌아가시고 장사지낸 지 사흘 만에 부활하셨습니다. 그리고 40일 동안 이 땅에 계시다가 승천하셨습니다. 예수님께서는 그 기간 동안 무엇을 하셨습니까?

부활하신 예수님께서는 제자들을 만나 다시금 소망과 사명을 주시며 성령을 약속하십니다. 이때는 불특정 다수에게 말씀하시기보다는 자신과 동역해왔던 사람들을 대상으로 이야기하셨습니다. 베드로와 요한 같은 분들 말입니다. 예수님을 버리고 도망갔던 제자들이 부활하신 우리 주님과 눈이 마주쳤을 때 얼마나 송구스러웠을까요? 그러나 우리 주님은 그들의 마음을 회복시키시고 다시 일으켜 세우십니다. 이제 본격적으로 제자들이 일할 수 있도록 세우시는 것입니다.

숲에서 볼 때 사도행전은 예수님의 사역을 생명 다해 이어가는 제자들의 활동에 대한 기록입니다. 다시 말해 예수님이 약속하신 성령께서 제자들을 통해 하나님의 섭리를 이루어 가심에 대한 구체적 증거들입니다.

예수님께서는 승천하시기 전, "오직 성령이 너희에게 임하시면 너희가 권능을 받고 예루살렘과 온 유대와 사마리아와 땅 끝까지 이르러 내 증인이 되리라"(행 1:8)라는 유언을 남기시고, 제자들이 보는 앞에서 하늘로 올라가십니다.

남은 제자들은 이제 '증인'이 되었습니다. 증인은 자기가 직접 보고 경험한 사실을 증거하는 사람입니다. 지난 3년 동안 그들이 눈으로 보고 확인한 사실들을 널리 전하게 된 것입니다.

사도행전과 기독교

사도행전은 기독교 변천에 있어서 중추적인 책이다.

징 검 다 리	구 분
복음서들로부터 서신서까지	역사
유대주의로부터 기독교까지	종교
율법으로부터 은혜까지	하나님의 역사하심
유대인만으로부터 유대인과 이방인까지	하나님의 백성
하나님 나라로부터 교회까지	하나님의 계획

모세의 광야 40년의 교육은 만나세대를 탄생시켰습니다. 사무엘의 전국 순회강연은 미스바세대를, 70년 바벨론 포로기는 재건세대를 탄생시켰습니다. 같은 맥락에서 사도행전에 나오는 제자공동체는 예수님의 3년 사역의 열매라고 할 수 있습니다.

그런데 모세를 통해 훈련받은 만나세대는 당대로 끝났습니다. 그 뒤를 이은 미스바세대도, 재건세대도 아쉽게도 당대로 끝나버리고, 그 후손들은 선조의 믿음을 계승하지 못했습니다. 그런데 예수님께서 남기신 제자세대는 계속 이어져서 2천 년을 넘어 오늘까지 이어져오고 있습니다. 3년 동안 훈련시키셨는데 말입니다.

Message

누가처럼

누가는 데오빌로라는 사람에게 예수님을 소개하고, 예수님을 위해서 살아가게 하기 위해 누가복음과 사도행전이라는 두 통의 편지를 보냈다. 그 누가 한 사람을 위하여 이런 열정적인 편지를 쓸 수 있을까. 또한 의사였던 누가는 예수님을 위해 열정을 바치는 사도 바울을 위해서 그의 생명이 다하는 날까지 그와 동행하며 동역하였다.

우리는 우리 스스로 예수님을 더욱 알아감과 동시에, 아직 그분을 알지 못하는 누군가를 붙들고 끊임없이 복음 증거의 열정을 품어야 할 것이다. 즉, 나의 데오빌로는 누구인지 생각해야 한다. 동시에 복음을 위하여 인생을 아름답게 꿈꾸는 사람, 하나님의 영광과 이웃 사랑을 위하여 열정을 다해서 삶을 살아가는 누군가를 찾아 그의 동역자, 위로자, 힘이 되어주는 일도 감당해야 할 것이다. 나에게 사도 바울과 같은 믿음의 동역자가 누구인지를 찾아, 복음 안에서 아름다운 친구 관계를 꿈꿔가는 것이다.

예수님께서 이 땅에 머무시면서 남기신 가장 중요한 일 중 하나가 바로 그분의 가르침을 받은 제자들을 남기신 것입니다.

이제 남겨진 제자들은 다시 새로운 시작을 위해 가룟 유다가 빠진 자리를 보충하기로 결정합니다. 공동체 전체가 여러 가지 여부를 따져 먼저 요셉과 맛디아, 두 명을 천거합니다. 그리고 간절히 기도한 후 제비뽑기를 통해 맛디아를 뽑습니다(행 1:21~26). 그들이 제비를 뽑았다는 것은 사람을 세울 때 하나님의 선택권을 존중했다는 의미입니다. 인간의 선택과 하나님의 섭리에 대한 믿음이 어우러진 방법이었습니다.

성령의 역사 행 2장

예수님의 제자들이 예루살렘으로 다시 모였습니다. 우리 주님이 증거하신 놀라운 하늘의 복음을 선포하기 위해서 꿈을 가지고 마가의 집에 모였습니다. 사실 예수님께서 승천하시는 그 모습을 보며 놀라운 확신을 가지긴 하였지만, 그럼에도 불구하고 불안하기 이를 데 없었습니다. 언제 들이닥칠지 모르는 제사장과 서기관 세력들, 그들의 위협을 어떻게 감당해야 할지 자신이 없었습니다.

그런데 우리 주님께서는 그들에게 모여서 기도하라고 말씀하셨습니다. 그래서 마가의 다락방에 모인 120여 명의 제자들은 뜨겁게 기도하기 시작합니다. 그렇게 기도하기를 열흘이 지났습니다. 놀랍게도 오순절 날 주의 성령이 그곳에 모인 한 사람 한 사람에게 임하십니다.

"홀연히 하늘로부터 급하고 강한 바람 같은 소리가 있어 그들이 앉은 온 집에 가득하며 마치 불의 혀처럼 갈라지는 것들이 그들에게 보여 각 사람 위에 하나씩 임하여 있더니 그들이 다 성령의 충만함을 받고 성령이 말하게 하심을 따라 다른 언어들로 말하기를 시작하니라"(행 2:2~4).

이전에 경험해보지 못한 놀라운 체험이었습니다. 그 순간 이후로 그들에게는 두려움이 없어졌습니다. 이제 그들의 남은 평생, 그들은 두렵지 않습니다. 성령의 임재는 예수님을 따르기로 결심한 제자들에게 베푸신 하나님의 놀라운 은혜였습니다.

모든 성인 유대인 남자들은 일 년에 세 번 예루살렘 성전에 오도록 되어 있는데, 이때가 마침 여러 나라로부터 온 사람들이 예루살렘을 가득 메우고 있던 오순절이었습니다. 제자들이 성령의 충만함을 입어 예수 그리스도를 전하였고, 각국에서 온 사람들이 각각 자기 나라들의 언어로 제자들이 전하는 "하나님의 큰일"을 듣게 됩니다(행 2:5~13). 이 오순절 사건은 사실 하나님께서 그토록 원하시던 열방을 향한 선교의 모습을 담고 있습니다.

성령을 받은 제자들이 담대히 복음을 전하기 시작합니다. 오순절 날 베드로의 메시지를 듣고 3천 명이 회개하는 놀라운 역사가 일어납니다(행 2:37~41). 이처럼 베드로를 비롯한 제자들의 놀라운 영향력은 어디에서 나오는 것입니까? 그들의 힘은 '예수님'에게서 나오는 것입니다. 예수님의 3년 교육은 결코 헛되지 않아서 이렇게 엄청난 힘을 발휘하고 있는 것입니다. '가르치는 일'은 교회와 그리스도인들이 결코 소홀히 할 수 없는 일임을 다시 한 번 확인하게 됩니다.

예루살렘에 모이는 날
유월절에 한 번, 오순절에 한 번, 초막절에 한 번, 다시 말해 일 년에 세 번 율법에 의거해서 모든 유대인 성인 남자들은 예루살렘에 모인다.

성령이 오시면
예수님께서 승천하시고 성령님께서 오셨다. 예수님께서 십자가를 지시기 전 제자들에게 주셨던 약속(요 16:7)이 이루어진 것이다. 성령의 충만을 받은 베드로가 예수님의 그리스도 되심을 전할 때 3천 명이 회개하는 역사가 일어난다.

통로가 되는 사도들 행 3장

구원받은 자가 날로 더해 갑니다. 사도들은 기사와 표적을 행하며 담대히 주의 말씀을 전합니다. 그러던 어느 날 베드로와 요한은 성전에 들어가다가 성전 미문에서 구걸하고 있던 '나면서 못 걷게 된 이'를 고쳐주게 됩니다(행 3:1~10).

나면서 못 걷게 된 이가 일어나는 기적은 무엇 때문에 가능했습니까? 첫째는 나사렛 예수 이름의 능력 때문이요, 둘째는 그 이름을 믿은 그의 믿음 때문입니다. 하나님의 능력과 예수의 이름을 믿는 믿음이 중요한 것입니다. 성경의 숲에서 보면, 타고난 운명을 초월한 이 초기교회의 놀라운 사건은 개인의 능력이 아닌, 하나님의 능력과 그 사람의 믿음으로 말미암은 사건입니다.

그런데 그때 이 놀라운 장면을 지켜보던 사람들은 하나님의 능력과 그 사람의 믿음은 빼버린 채, 기적의 도구로 쓰였던 베드로와 요한만을 위대하게 여깁니다. 베드로와 요한은 계기를 만드는 도구와 통로일 뿐이었습니다. 간혹 우리는 계기를 만드는 것을 넘어서서 스스로 능력 있는 사람이 되고자 합니다. 그러나 그럴 수는 없습니다. 계기를 만드는 사람, 하나님의 뜻을 이루는 데 도구와 통로가 되는 사람, 그가 정말 멋진 사람입니다.

한편, 날 때부터 못 걷게 된 자를 예수 그리스도의 이름으로 고치고 나니, 수많은 사람들이 기이히 여기며 몰려듭니다. 이것을 기회 삼아 베드로는 이스라엘 백성들에게 또다시 결정적인 메시지, 즉 예수 그리스도의 죽음과 부활 소식을 전합니다(행 3:11~26). 얼마 전까지 제자들에게 있어 예수님의 이름은 감추고 싶은 이름이었습니다. 그러나 성령을 받은 제자들에게 '예수의 이름'은 자랑이요, 능력의 근원입니다. 하나님께서 다시 살리신 예수님, 하나님께서 영화롭게 하신 예수님, 그분의 이름만이 베드로의 유일한 설교 주제입니다. 그의 삶의 주제가 예수님이 되었을 때, 그는 진정한 사도가 되었습니다.

※

두려움 없이 행 4:1~31

제사장들과 성전 맡은 자들, 사두개인들, 당시 종교 지도자들은 사도들의 예수 이름 전함을 매우 못마땅하게 여기고, 그들을 잡아 가둡니다(행 4:1~3).

대제사장 및 그들의 조직은 만만하게 볼 대상이 아닙니다. 그들은 결코 위협하는 것만으로 끝나지 않습니다. 그들은 이전의 많은 하나님의 선지자들과 하나님의 종들을 죽음으로 몰아갔고, 하나님의 아들 예수 그리스도까지 십자가에 못 박은 자들입니다. 로마의 보호 아래에서 유지되고 있는 자신들의 세력을 지키고 싶었던 그들은 예수님을 죽이는 것이 로마의 정권과 백성들의 바람인 것처럼 사람들을 선동하고 사건을 조작하여 예수님을 죽였습니다. 그 일에 자신들의 지식과 재물과 기술을 총동원했습니다. 그리고 모든 일이 다 완벽하게 마무리되었다고 생각했습니다. 예수님을 죽이면 자신들을 위협하는 세력이 완전히 소멸될 줄로 알았던 것입니다. 그런데 예수님의 제자들이 더 큰 존재로 다가오고 있는 것입니다.

예수님의 설교 & 사도들의 설교

예수님의 설교	사도들의 설교
1. 때가 찼다.	1. 예언이 성취되었다.
2. 하나님 나라가 가까웠다.	2. 새 시대가 예수 그리스도 안에서 시작되었다.
3. 회개하라. 그리고 복음을 믿으라.	3. 회개하라. 믿으라. 세례를 받으라. 성령을 받으라.

베드로와 요한이 공회원들 앞에서 거침없이 예수님의 복음을 전합니다. 제자들 입장에서는 언제 목숨이 위험해질지 모르는 상황입니다. 하지만 베드로와 요한은 결코 물러서지 않습니다. 공회에 잡혀 와 있는데도 제자들은 너무나 당당하게 조금의 두려움도 없이 예수님의 이름을 전합니다. 제자들은 그들에게 그들이 죽인 예수님이 바로 하나님의 아들이요, 온 세상의 구원자라고 선포합니다(행 4:8~12).

오직 예수님 외에는 다른 구원의 길이 없다는 베드로의 선포는 예수님께서 언젠가 하셨던 "내가 곧 길이요 진리요 생명이니 나로 말미암지 않고는 아버지께로 올 자가 없느니라"(요 14:6)라는 말씀과 같은 것입니다. 제자들은 교육받은 대로 전하고 있는 것입니다. 예수님으로부터 3년 동안 배운 것을 당당하게 선포하고 있는 것입니다.

Message

인생을 걸 만한 이름

우리는 아주 시시한 것에 인생을 걸고 산다. 은연중에 재물, 지식, 권력, 건강 등에 상당히 집착하며 살고 있다. 예수 그리스도, 그 이름이 너무 좋아서 그 이름에 인생을 걸어볼 꿈을 가져보자. 그분 정도라면 우리 인생을 걸어볼 만한 정도가 되지 않겠는가?

놀랍습니다. 베드로가 달라져도 너무 많이 달라졌습니다. 대제사장과 종교 지도자들은 베드로와 요한이 기탄없이 말함을 보고 그들을 본래 학문 없는 범인(凡人)으로 알고 있었다가 이상히 여깁니다(행 4:13). 세 번이나 예수님을 모른다고 부인했던 베드로가, 두 달여 전에 예수님을 십자가에 못 박은 것이 잘못이라고 역사적 증거까지 들어가며 공개적으로 지적하고 나옵니다. 부활하신 주님을 만나 위로와 확신을 얻은 그가 이제 예수님의 이름에 자신의 생명을 걸고 나선 것입니다.

예수님의 제자들은 계속해서 대제사장과 종교 지도자들의 잘못을 지적합니다. 후에 스데반이 구약적 근거를 들어가며 지적하고, 나아가 바울이 더욱 정교하게 예수님을 설명해갑니다. 또한 제자들은 복음을 선포하는 데 더욱 담대하게 해달라고 모여 기도하고, 기사와 표적을 통해 예수님의 능력이 온 천하에 알려지기를 기도합니다(행 4:29~31). 서기관들과 장로들이

합세하여 제자들의 이러한 행동을 막으려 하지만 헛수고입니다. 예수님의 사역은 십자가의 죽음으로 끝난 것이 아니라, 그분의 부활과 제자들의 증언으로 더욱 힘 있게 일어나고 있는 것입니다. 진정한 '유언과 비전'이 바로 이것입니다. 예수님의 유언이 온 인류를 향한 지상명령이었고, 그 유언은 제자들의 진정한 비전이었습니다.

함께하는 교회 행 4:32~5장

대제사장 세력들은 탄탄한 조직과 막강한 재물을 가지고 있었습니다. 그러나 초기교회는 큰 조직도 재물도 없었습니다. 하지만 초기교회 성도들은 자신들이 가진 모든 물건들을 서로 통용하며 나눠 쓰고, 재산이 있는 사람들이 가난한 성도들을 위해 자신의 재산을 팔아 내어놓습니다. 바나바라는 사람도 자신의 밭을 팔아 아무런 대가를 바라지 않고 교회공동체에 내어놓습니다(행 4:32~37).

그런데 재산은 조금만 내어놓고 다른 사람들로부터 칭찬만 받고 싶었던 사람도 있었습니다. 아나니아와 삽비라 같은 사람들입니다(행 5:1~11). 왜 그들은 굳이 재산을 바치려는 좋은 일을 하다가 그런 안타까운 일을 당하게 되었습니까? 그들이 공동체의 방향에 겉으로는 동조했으나, 속으로는 다른 마음을 품었기 때문입니다. 그 판 것의 일부를 떼어서 숨기고는, 모든 재산을 내어놓는 양 행세한 것입니다. 그것은 부정직한 일이고 속이는 일이었습니다. '정직'은 내부 공동체의 건강에 결정적 영향을 끼치는 문제입니다. 내부에서 서로 속이면 공동체에 금이 가기 때문입니다. 책임은 붙들지 않고 명예만 탐했던 아나니아와 삽비라의 죽음은 이에 대한 따끔한 경고였습니다. 교회공동체를 흔들어놓기에 충분한 이 사건은 오히려 교회 내의 많은 사람들이 경각심을 갖고 서로 조심하게 되는 좋은 계기가 됩니다.

초기 교회공동체가 이렇게 하나하나 기틀을 다져가고 있었습니다. '교회'가 세워지고 있는 것입니다. 제자들이 가진 것은 바로 예수님이었고, 또 교회였습니다. 교회는 천국의 지부라고 할 수 있겠습니다. 인간이 만든 가장 위대한 조직이며, 이 땅에서 천국을 경험하는 곳이 바로 교회입니다. 교회는 성령님과 함께 예수님을 머리로 해서 만들어집니다. 교회는 예수님의 이름이 있는 곳이고, 찬양, 기도, 말씀, 나눔, 교제 등이 있는 곳입니다.

바로 이 교회공동체가 그 시작부터 많은 어려움을 당하기는 하지만, 오히려 제자들은 그 고난을 기뻐하였습니다(행 5:40~42). 제사장들과 서기관들의 핍박은 점차 가중되어 사도들의 목숨을 위협하는 수준까지 이르지만 이 또한 예수님을 향한 사도들의 헌신과 충성을 꺾지 못했습니다. 또한 성령의 힘으로 날마다 지치지 않고 "예수는 그리스도라 가르치기와 전도하기를 그치지 아니하"였기에 이 위대한 조직은 2천 년을 이어 오늘에까지 이르고 있습니다.

LEADERSHIP

성령 충만과 고난

우리는 성령이 충만한 사람들은 아무런 아픔도 없고, 모든 일이 형통해야 한다고 생각하지만, 그렇지 않다. 사도들이 채찍에 맞고 있는 것이다. 엘리야는 갈멜 산의 체험 이후로도 이세벨의 칼끝을 피해 광야로 도망가야 했고, 모세는 반석에서 물을 내고도 이스라엘 백성들로부터 끝도 없는 원망을 들어야 했다.

2 숲이야기

비로소 깨달은 '함께'의 의미

사도행전 6~12장

튼튼해져 가는 교회 행 6장

아무리 은혜 충만, 성령 충만한 사람들이 모여도 사람들이 모이는 곳에는 불평과 불만이 있기 마련입니다. 그 불만을 창조적으로 해결하여 공동체의 유익이 되는 계기로 삼는 것이 최선입니다. 매일 기도에 힘쓰고, 뜨거운 성령의 역사가 충만한 초기교회에도 한 가지 불평이 나오는데 그것은 바로 '먹는 문제'였습니다.

3천 명, 5천 명씩 복음을 듣고 회개하는 역사가 일어나기 시작하면서 초기 예루살렘 교인들의 숫자는 점점 늘어갔습니다. 그런데 그들 중 많은 사람들의 형편이 넉넉하지 못한지라, 공동체의 책임자인 사도들은 성도들의 먹을거리를 챙기는 일, 즉 구제하는 일에 많은 시간과 노력을 쏟고 있었습니다.

그러던 어느 날, 공동체 내에서 사람들의 불만이 나오기 시작합니다. 이들의 불만은 '매일 구제하는 일에서 빠졌다는 것'이었습니다(행 6:1). 오늘의 말로 다시 바꾸면 이런 얘깁니다. 교회에서 예배 후 식사 당번을 하는 히브리파 부인들이 배

Power
제자들

제자들의 고생이 참 많다. 예수님께서 계실 땐, 바구니 들고 보리떡과 물고기 나눠주느라 뛰어다니더니, 지금은 직접 사람들의 먹거리를 챙기느라 뛰어다니고 있으니 말이다. 하나님의 사람들은 공동체를 살리기 위해 책임지고 애쓰는 사람들이다.

당시 교회에는 히브리파 유대
인과 헬라파 유대인들이 있었
다. 히브리파 유대인들은 유대
땅을 떠나지 않고 자신들의 전
통과 율법을 지키며 살아온 사
람들, 쉽게 말해 토박이들이고,
헬라파 유대인들은 당시 로마
제국의 헬라 문화와 지식을 배
운 사람들로서, 이방 땅에서 살
다 온 경우가 많았다.

식 주도권, 즉 주걱을 쥐고 있습니다. 성도들이 식판을 들고
쭉 지나가는데 히브리파 부인들이 같은 히브리파 사람이 오
면 "어머, 김 집사님~" 하면서 살이 통통한 생선 중간 토막을
올려주고, 잘 모르는 헬라파 사람들이 지나가면 대충 퍼서 생
선 머리 토막을 올려주는 겁니다. 이런 일이 계속 반복되자 헬
라파 사람들이 배식 주도권의 불평등을 놓고 불만을 이야기
했던 것입니다.

이 일로 말미암아 초기 예루살렘 교회가 분열될 수 있는
위기에 봉착하자, 제자들은 먼저 이 위기가 왜 생겼는지 깊이
고민합니다. 그리고 중요한 원인 가운데 하나가 자신들에게
있음을 발견합니다. 즉, 구제하는 일을 효과적으로 하지 못하
여 공동체 전체에 균등한 배려가 잘 이루어지지 않았던 것입
니다. 또한 사도들이 구제하는 일에 치중하면서 말씀 전하는
일에 소홀했음을 깨달았습니다.

여기서 한 가지 주목할 점은 '공궤하는 일', 즉 구제하는
일이 중요하지 않은 것은 아니라는 것입니다. 어느 영어 성경
을 보면, 사도행전 6장 3절의 "우리가 이 일을 저희에게 맡기
고"가 "We will turn this important work over to them"이라
고 적혀 있습니다(New International Reader's Version). 구제가
"important work", 즉 '중요한 일'이라는 것입니다. 구제는
교회가 감당해야 할 정말 중요한 일이므로, 이제 제자들은 그
일을 전문적으로 자신들보다 더욱 잘 감당할 사람들을 선택
하기로 합니다.

초기교회 내부에 문제가 생기
자 이를 대처하는 사도들의 방
법이 지혜롭다. 그들은 구제의
방법을 새롭게 한다든지, 어떤
규칙을 새롭게 제정하는 등의
방법을 사용하지 않고, 먼저 그
일을 책임있게 감당할 '사람'
을 세운다.
사람을 잘 세우는 것이 지혜이
다. 사도들의 창조적 대안은 바
로 '사람'이었다.

초기교회 공동체는 심사숙고하여 일곱 명을 뽑아 일꾼으
로 세웁니다. 이 일곱 일꾼들의 선출 기준은 "성령과 지혜가
충만한 사람", 또 "다른 사람들에게 칭찬 듣는 사람"이었습니

다. 모두들 두루두루 소문이 좋은 사람들이었습니다. 이들은 주로 헬라파 쪽에서 선택되었습니다(행 6:5~6).

이렇게 일곱 일꾼들이 세워지고, 이들은 열두 제자들과 함께 역할을 잘 분담하여 초기교회를 이끌어갑니다. 일곱 명이 열심히 힘을 합하여 행한 일은 구제하는 일이었습니다. 가령, 구제금과 헌금을 받아 시장에서 쌀을 살 때 싸고 좋은 쌀을 사고, 또 주방권 분배하는 일을 공평하게 하는 것 같은 일입니다.

일곱 일꾼들이 초기교회 핵심 멤버로 세워진 일은 교회가 더욱 튼튼해지는 결과를 낳게 됩니다. 게다가 헬라파 과부들, 즉 가장 힘없는 사람들의 목소리가 공동체의 운영 방안에 반영되고 있다는 것은 참 아름다운 일입니다. 먹는 문제로 불평을 하기 시작한 사람들은 넉넉한 형편의 사람들이라기보다는 자립해서 살기 어려운 가난한 형편의 성도들입니다. 가난한 자의 문제에 귀 기울일 만큼의 예민함이 있었던 초기교회는 '살아있는 공동체'였던 것입니다. 사도들은 이런 문제를 사소하고 하찮은 일이라며 묵살해 버리지 않고 적극적으로 해결방법을 찾습니다. 이것이 교회의 본질이며 교회다움일 것입니다. 약한 자의 목소리에 귀 기울이고, 그들의 배고픔과 헐벗음을 해결하고자 노력하는 일은 교회가 절대 소홀히 할 수 없는 일입니다.

핍박과 흩어짐 행 7~8장

"스데반이 은혜와 권능이 충만하여 큰 기사와 표적을 민간

Message

따뜻한 마음

성령과 지혜가 충만하고, 칭찬 듣는 일곱 명의 일꾼이 세워진 이유는 가난하고 약한 사람들에게 힘을 실어주고, 그들의 형편을 돌아보고자 하는 이유에서였다. 일곱 일꾼들의 본업은 '구제'였다. 하나님의 관심이 약하고 어렵고 가난한 자들에게 끊이지 않고 향해 있다는 사실, 성경 그 어디에서나 만나게 되는 하나님의 따뜻한 마음이다.

에 행하니 이른 바 자유민들 즉 구레네인, 알렉산드리아인, 길리기아와 아시아에서 온 사람들의 회당에서 어떤 자들이 일어나 스데반과 더불어 논쟁할새 스데반이 지혜와 성령으로 말함을 그들이 능히 당하지 못하여"(행 6:8~10).

스데반을 비롯한 일곱 일꾼들은 구제하는 일, 공동체의 먹을거리를 챙기는 일에서도 큰 역할을 감당하지만, 지혜와 성령으로 사람들에게 복음을 전하는 일도 정말 잘 해내고 있습니다.

사도행전 7장 2절부터 53절까지에는 스데반이 유대인들을 향해 선포한 설교가 이어집니다. 아브라함부터 시작해서 구약의 역사를 한번에 꿰뚫고, 그 연장선상에서 유대인들에게 회개할 것을 요구합니다. 2천 년의 구약 역사를 훑어서 설명하고 예수 그리스도 앞으로 묶어내는 실로 놀라운 대단한 율법 지식이었습니다. 구약의 흐름 속에서 선조들이 하나님께 불순종했던 역사를 정리하며 바로 그 불순종의 모습이 이스라엘 백성들에게 여전히 존재한다고 지적하는 평신도 스데반의 설교는 참으로 놀라웠습니다. 그의 설교는 듣는 이들로 하여금 자신들의 잘못을 깨닫게 하고, 양심의 가책을 받게 합니다. 그들의 반응이 엎드려 회개하는 것이었다면 좋았을 텐데, 그들의 반응은 도리어 스데반을 향하여 이를 갈고, 그를 향해 돌을 들어 치는 것이었습니다(행 7:54~60).

이렇게 일곱 일꾼 중 한 분인 스데반은 기독교 최초의 순교자가 됩니다. 스데반 집사의 순교를 시작으로 교회에 대한 대대적인 핍박이 시작됩니다. 그런데 이 일은 복음이 더 널리 전해지는 계기가 됩니다. 핍박을 피해 사방으로 흩어진 그리스도인들을 통해 복음이 유대를 넘

바울과 스데반

스데반과 바울은 둘 다 능력이 출중했던 사람들이다. 스데반은 초기교회 공동체원들 중에서 성령과 지혜가 충만하고, 많은 이들에게 칭찬을 받는 사람이었을 뿐만 아니라 초기교회 공동체의 문제들을 해결해갈 수 있을 만큼 유능한 사람이었다.

바울, 그도 물론 구약적 지식에 있어서는 스데반에 뒤지지 않았다. 그런데 그는 예수님에 관해서는 전혀 몰랐고, 오히려 잘못된 오해만 잔뜩 가지고 있는 사람이었다. 게다가 교회 사람들로부터는 칭찬은커녕, 적대시되는 두려움의 대상이었다. 그러나 하나님의 크신 경륜에 따라 스데반은 첫 순교의 제물이 되고, 가망성 없어 보이던 바울은 새로운 선택을 받아 하나님의 큰일을 감당하게 된다.

어 사마리아까지 전파되기 시작합니다(행 8:1). 사도행전 8장에는 빌립이 에디오피아 여왕의 국고를 맡고 있는 내시를 만나 예수 그리스도를 전하고 세례를 주는 이야기가 소개되고 있습니다.

그런가 하면, 스데반이 순교할 당시 증인들의 옷을 지키고 있던 사람(행 7:58), 예수 믿는 성도들을 잔멸하고자 집집마다 들어가 잡아서 옥에 넘겼던 사람(행 8:1~3), 그 한 사람의 놀라운 변화가 준비되고 있습니다.

열방을 향한 선택 행 9장

복음이 지역적으로 확대되는 흐름을 따라 통독하다 보면 보다 넓게 복음을 전파하기 위해 하나님께서 그때그때 적절한 사람을 부르신다는 것을 알게 됩니다. 예루살렘과 온 유대에 복음을 전하는 데에는 베드로를 비롯한 열두 사도들의 활동이 있었습니다. 복음이 사마리아로 전파되는 중심에는 일곱 명의 일꾼들이 있었습니다. 이제 다음 단계인 '땅 끝까지', 즉 이방인에게로 복음을 전하는 일은 바울을 중심으로 이루어집니다.

사도행전 9장에는 바울이 예수 믿는 사람들을 잡아 옥에 가두기 위해 다메섹으로 가던 중 예수님을 만나는 사건이 기록되어 있습니다. 초기교회 박해의 최전선에 있던 사울이 복음의 전도자로 급변하는 놀라운 사건입니다. 특별히 이 장면에서 예수님께서 바울의 앞으로의 삶에 대해 말씀하시는 부분이 우리의 시선을 끕니다. 바울이 복음을 위해 많은 고난을 받을 것이라는 말씀입니다(행 9:15~16).

Power

사도 바울

자신을 "히브리인 중의 히브리인"이라고 소개했던 이 사람의 이름은 아람어로는 사울이었고 라틴어로는 파울루스(Paulus)였는데 이에 따라서 우리는 그를 바울이라 부른다. 그는 로마 시민으로 태어났다. 그는 예루살렘에서 어느 천부장에게 "나는 유대 사람으로 길리기아 지방의 유명한 도시 다소의 시민입니다."라고 말했다(행 21:39). 바울은 풍부한 유대적 유산을 물려받았고 번영하는 헬라 문화의 계승자였다. 그는 "난 지팔일 만에 할례를 받았고 이스라엘 민족으로서 베냐민 지파에 태어났고 히브리 사람 중의 히브리 사람이며 율법에 있어서는 바리새파 사람이었고 열심에 있어서는 교회를 박해한 자며 율법의 의에 있어서는 흠이 없는 사람"이었다. 그는 예루살렘에서 바리새인인 유명한 가말리엘 문하에서 수학하였다.

바울이 그리스도인으로 전향하
고 사도로서의 사명을 받은 것
은 분명 다메섹 도상에서 예수
님의 음성을 들은 체험으로 말
미암은 것이다. 그런데 우리는
이후 사도행전 22장 20절의
고백을 통해서 다메섹 사건 이
전부터 이미 그의 마음에 갈등
과 고민이 있었음을 짐작해볼
수 있다. 스데반의 당당한 죽음
을 지켜보며 그의 마음속에서
는 유대 율법과 눈에 보이는
현실이 서로 마찰을 일으켰을
것이다. 스데반의 마지막 기도
와 용서의 정신이 이 열렬한
핍박자의 생을 한번 흔들어놓
은 상태에서 그는 예수 그리스
도를 만나는 결정적 체험을 하
게 된다.

하나님의 부르심은 복입니다. 그런데 하나님의 부르심에는
부름 받은 이들이 하나님께 헌신하되 고난도 함께 받아야 한
다는 의미가 있습니다. 하나님의 선택을 받았다는 것은 편안
하고 쉬운 길을 걷는 것이 아닙니다. 오히려 그 길은 가시밭길
일 수 있습니다. 그러나 그 길을 갈 수 있다는 것이 복된 일인
것입니다.

바울은 아나니아를 만나 눈의 비늘을 벗게 되고 세례를 받
은 이후, 즉시로 각 회당에서 예수님을 전파하기 시작합니다.
그는 예수가 그리스도라는 사실을 증언하여 유대인들을 당혹
하게 할 만큼 열정적이었습니다(행 9:20~22). 그러나 바울의 이
런 급작스러운 변화가 위장이 아닌 진실임이 뚜렷해지자, 이
젠 이전의 동료들이었던 유대인들이 사도 바울 죽이기를 공
모합니다. 바울은 밤에 다메섹에서 도망하여 예루살렘으로 갑
니다. 그러나 초기 교회공동체 사람들은 선뜻 나서서 바울을
공동체 안으로 받아들이려 하지 않았습니다. 그가 얼마나 그
리스도인들에게 적대적이었는지 다시금 짐작해보게 되는 대
목입니다.

이때 바울을 데리고 사도들에게 가서 바울의 진심을 소개
해준 사람이 바나바입니다. 열두 사도들은 이 바나바를 무시
할 수가 없습니다. 왜냐하면 바나바는 초기 교회공동체 내에
서 가장 앞장서서 모범을 보이며 헌신했던 사람이기 때문입
니다. 그는 자기가 가진 전 재산을 팔아서 공동체의 쓸거리로
제공했습니다. 초기교회의 아름다운 전통인 유무상통(有無相
通)의 시작을 연 사람이 바로 바나바입니다. 그래서 사도들이
그의 권위를 인정했고, 모든 공동체 사람들이 그를 신뢰했습
니다. 그런 바나바가 그 신뢰를 기반으로 사도 바울을 소개한
것입니다. 이로 인해, 더 이상 바울은 교회공동체로부터 의심

받지 않을 수 있었습니다. 바나바는 바울에게 있어 평생의 은인이 될 만한 사람입니다.

이렇게 바울이 이방인을 위한 사도로 준비되고 있을 때, 베드로를 비롯한 사도들의 사역도 열정적으로 진행되고 있었습니다. 사도행전 9장 후반부에는 베드로가 행한 두 가지 이적이 기록되어 있습니다. 중풍병에 걸려 8년 동안 누워 있던 애니아를 일으키고, 또 죽었던 다비다를 욥바에서 살린 일로 많은 사람들이 예수 그리스도를 믿게 됩니다(행 9:32~43).

하나님께서 복음을 위해 부르신 사람들, 곧 베드로를 비롯한 사도들이나 초기교회가 세운 일곱 명의 일꾼들, 그리고 사도 바울의 삶은 복음을 위해 고난받는 삶이었습니다. 그러나 그 안에 살아 있는 능력이 있습니다. 복음을 위해 고난받는 일을 피하지 않았던 그들의 노력으로 복음은 지속적으로 확장되어 갑니다.

바울 변화 과정의 도움들

첫째로, 바울은 별안간 찾아온 급격한 충격에서 스스로 길을 찾으려는 노력을 했다. 바울은 눈이 먼 상태로 아나니아를 기다리면서 금식을 한다. 자신의 정체성이 무너지고 혼란스러운 때에, 스스로를 돌아보며 문제를 정리하고자 노력하는 모습을 보인다. 둘째로, 성령님께서 도우신다. 셋째로, 같은 동료 아나니아와 같은 그리스도인들이 돕는다.

또한 바울은 나중에는 바나바의 도움을 얻는다. 이들의 도움이 아니었다면, 바울이 초기교회에 받아들여지기까지 참 오랜 시간이 걸렸을 것이다. 이들이 하나님의 뜻을 믿어주고, 바울의 진심을 믿어주었기에, 바울을 통해 이루고자 하신 이방인을 향한 하나님의 계획이 순조롭게 진행될 수 있었다.

비로소 깨달은 '함께'의 의미 행 10~11장

하나님께서는 아브라함 때부터 이스라엘 백성들을 통해 모든 민족에 복을 주시길 원하셨습니다. 이스라엘 백성들이 모든 민족 가운데에서 하나님 백성의 모범을 보이길 원하셨던 것입니다. 그러므로 유대인들의 성전과 율법은 그들만을 위한 것이 아니라 온 세계를 위한 것이었습니다. 그런데 유대인들은 바로 이 특권과 사명의 관계를 이해하지 못하고 2천 년 동안 선민과 이방인을 구분하는 벽을 쌓아왔습니다.

고넬료 사건(행 10장)은 이 막힌 벽을 무너뜨리는 중요한 사건이 됩니다. 어느 날 가이사랴의 백부장 고넬료에게 하나님의 천사가 나타나 베드로를 초청하라 합니다. 그리고 그 이튿날 베드로는 기도하는 중에 환상을 봅니다. 평소에 부정하게 여기던 것들을 잡아먹으라는 음성에, 베드로는 "그럴 수 없다."라고 대답합니다. 그러기를 세 차례. 그 환상이 무엇을 의미하는 것인지 고민하던 베드로에게 고넬료의 하인들이 찾아왔습니다. 그렇게 해서 베드로와 고넬료가 만나게 됩니다.

고넬료는 로마의 백부장이었는데, 로마 제국에서 백부장 정도면 아주 높은 관직은 아니지만 그래도 인근 지역에서 사법권을 행사할 정도의 권력자이고 어느 정도의 재력도 있습니다. 그런데 그는 그 힘을 자기 혼자 편하게 사는 데에 쓰기보다는 주변 사람들과 좋은 관계를 맺어가며 선을 행하는 데에 사용하고 있습니다. 또한 베드로 집에 심부름을 왔던 종들이 자신들의 주인에 대해 하는 말을 들어보면, '백부장 고넬료는 의인이요 하나님을 경외하는 자이며 유대 온 족속이 칭찬한다' 고 합니다. 주변 사람들도 모두 그의 선행과 신앙을 칭찬하고 있으니 보통 사람 같으면, 이 정도면 됐다는 생각으로 자만할 만도 합니다. 그런데 고넬료는 갈급해 있습니다. 하나님을 더 알고 싶어했고, 더욱 하나님의 뜻을 행하고 싶어 했습니다. 그래서 베드로가 집에 당도하자 그 앞에 엎드립니다 (행 10:25).

그럼 이제 이 만남의 또 다른 주인공 베드로를 봅시다. 그는 주님이 부르실 때 모든 것을 버리고 따라나섰던 사람이고, 예수님께서 인정하셨던 수제자였습니다. 하지만 그런 그가 아직까지도 잘못된 편견에 사로잡혀 있음을 봅니다. 베드로는 바리새인도 아니고, 율법학자도 아니었습니다. 전직 어부 출신의 지극히 평범한 유대인일 따름입니다. 그런데 그런 베드로의 마음속에도 하나님께서 택하신 이스라엘만이 예수님의 복음을 받아들일 수 있다는 생각이 자리 잡고 있었습니다. 그도 속됨과 깨끗함을 구별하며, 이방인과 유대인을 차별하고 있는 것입니다(행 10:28~29).

하나님께서 이 좁은 생각을 고쳐주십니다. 사람들은 외모로 다른 사람을 판단하지만 하나님은 사람을 외모로 보지 않으신다는 사실, 그 사람이 유대인인지, 이방인인지가 중요한 것이 아니라, 하나님을 경외하고 복음을 받아들일 마음의 준비만 되어 있다면 하나님께서는 누구든 받아주신다는 이 진리를 베드로에게 깨닫게 하시기 위해 이 만남을 준비하신 것입니다. 이제 베드로 안에서 유대인과 이방인을 구분하는 편견이 깨지기 시작합니다. 즉 베드로의 편견이 고넬료의 실천적인 삶 앞에서 산산조각 부서지기 시작한 것입니다.

"베드로가 이 말을 할 때에 성령이 말씀 듣는 모든 사람에게 내려오시니 베드로와 함께 온 할례 받은 신자들이 이방인들에게도 성령 부어 주심을 말미암아 놀라니 이는 방언을 말하며 하나님 높임을 들음이러라"(행 10:44~46).

드디어 세계 만민을 그리스도인으로 부를 수 있게 되는 공식적인 문이 열리게 됩니다. 이제 선민과 이방인이 함께 가기 시작합니다. 하나님께서는 율법과 선지자들을 통해 여러 차례 속뜻을 밝히시고 오랫동안 이 소원을 품고 계셨는데, 제자들

이방인과 선민의 구분

거슬러 올라가 보면, 이방인과 선택받은 민족에 대한 구별은 잘못된 것임을 바로 알 수 있다. 왜냐하면 그들의 믿음의 조상인 아브라함에게는 그런 편견이 없었기 때문이다. 오히려 그는 평생 자신이 모든 민족의 복의 통로가 될 것이라는 약속을 가지고 살았다. 그러니 그의 후손 이스라엘 민족은 당연히 모든 열방을 위한 복의 통로가 되어야 했다. 그런데 이스라엘 자손들은 세월이 흐르는 가운데, 그 핵심을 놓쳐버리고 선민 사상에 사로잡혀 있었다.

God's Plan

차별 폐지

사람들은 외모로 다른 사람을 판단하지만 하나님은 사람을 외모로 보지 않으신다. 사실 예수님께서 이 땅에 계실 때 누차에 걸쳐 하신 말씀이었다. 남녀를 차별하고, 피부색으로 인종을 차별하고, 부와 가난의 문제로 사람을 차별하는 것은 옳지 않다는 것, 하나님께서는 외모로 사람을 판단치 않으신다는 것을 예수님께서 삶으로 보여주셨다.

이 이제야 그 뜻을 깨달아 압니다. 그동안 깨닫지 못했던 '함께'의 의미를 비로소 깨달은 것입니다.

드디어 예루살렘 교회는 교회로서의 진정한 정체성, 즉 '열방을 향한 교회'로 서게 됩니다. 진정한 사명과 복을 위하여 교회가 열린 것입니다. 그리고 그 열린 문을 통해 복음이 세계로 전파되는 발걸음이 시작됩니다.

복음에는 생명이 있기에 가만히 정지해 있지 않고 역동적으로 움직일 수밖에 없습니다. 스데반의 일로 인해 흩어진 사람들이 안디옥에 이르러 헬라인에게도 복음을 전했습니다. 복음의 씨앗을 받은 그리스도인이 안디옥에 모이기 시작합니다. 이 소식을 들은 예루살렘 교회에서 바나바를 안디옥으로 파송합니다. 그리고 이때 바나바는 다소에 머물고 있던 바울을 찾아가 데리고 와서 바울의 사역 길을 열어줍니다(행 11:25). 이방 선교를 위한 바울과 바나바의 만남이 이루어진 것입니다. 이로써 안디옥 교회를 거점으로 한, 바울과 바나바의 전도 사역이 시작됩니다. 첫 이방인 교회인 안디옥 교회에서 비로소 제자들이 '그리스도인'이라는 이름으로 불리게 되는 뜻 깊은 일이 생깁니다(행 11:26). 안디옥 교회 성도들은 큰 흉년이 들었을 때 가난한 예루살렘 교회를 위해 부조를 보내는 일도 열심히 하였습니다(행 11:29).

사도행전 11장은 이렇게 예루살렘 교회와 안디옥 교회가 서로 도우며 '함께' 든든히 세워져 가는 아름다운 이야기로 끝을 맺고 있습니다.

역동적인 복음

복음에는 생명이 있기 때문에 가만히 정지해 있지 않고 역동적으로 움직일 수밖에 없다. 베드로가 욥바, 가이사랴에서 구원 얻을 말씀을 증거한 것이나, 구브로와 구레네의 몇몇 사람들이 헬라인에게도 예수님을 전파했을 때 많은 사람이 주님께 돌아온 것이 이를 증명한다.

한 알의 밀알 행 12장

헤롯 아그립바 1세가 정치적 희생양을 찾습니다. 당시 초기교회의 중요 인물이었던 야고보를 그 희생양으로 삼아 죽이자 유대인들이 기뻐하였습니다. 이를 본 헤롯 아그립바 1세는 유대인들의 환심을 더 얻고자, 베드로도 죽이려고 잡아갑니다. 성도들은 모여서 베드로를 위해 기도하였고 베드로는 천사의 도움으로 감옥을 빠져나옵니다(행 12:5~7).

반면 야고보는 헤롯 아그립바 1세의 칼날에 의해 예수님의 제자 중 첫번째 순교자가 됩니다. "요한의 형제 야고보를 칼로 죽이니"(행 12:2). 성도들은 베드로가 옥에 갇혔을 때처럼 야고보가 갇혔을 때에도 기도했을 것입니다. 그런데 하나님께서 야고보는 구해주시지 않고, 베드로는 살려주십니다. 초기교회 성도들이 야고보를 위한 기도는 조금 하고, 베드로를 위한 기도는 많이 해서입니까? 그런 것은 아닐 것입니다. 우리가 뜨겁게 기도한다고 해서, 기도하는 바가 무조건 다 이루어져야 하는 것은 아닙니다. 우리가 간구하더라도 하나님께서 뜻하신 경륜에 따라 그 기도가 지금 당장, 혹은 끝내 이루어지지 않을 수도 있습니다. 그럴지라도 하나님의 성품과 능력을 의심하지 않는 것이 신앙인의 바른 태도입니다.

바나바와 바울은 안디옥 교회에서 모은 구제금을 예루살렘 교회에 잘 전달하고, 마가를 데리고 안디옥 교회로 돌아옵니다(행 12:25). 이제 안디옥 교회에서 땅 끝을 향한 바울과 바나바의 전도여행이 시작됩니다.

안디옥 교회
& 예루살렘 교회

안디옥 교회 성도들은 비록 이방인들이었지만, 그리스도인 됨의 정체성을 세워간다. 그들은 안디옥이라는 새 중심이 생겼지만 예루살렘의 이전 중심성을 무시하지 않는다. 예루살렘교회는 안디옥에 중요한 사람 바나바를 보내주고, 안디옥은 예루살렘 교회에 흉년이 들었을 때 구제금을 보내준다. 성령이 충만하다고 해서 기존 교회의 전통과 공동체의 합의 내용을 하루아침에 전부 뒤집을 수 있다고 생각하는 것은 옳지 않다. 질서와 화평의 하나님께서는 특별히 예외적인 경우를 제외하곤 그렇게 일하시지 않는다. 성령과 믿음이 충만한 바나바를 가교로 두 교회는 갈등 구조가 아닌 협력 구조를 이룰 수 있었다.

Extension of the Gospel with no Boundaries

고넬료 사건을 통해 '함께'의 의미를 비로소 깨달은 제자들은 이제 본격적으로 이방인을 향한 전도를 시작합니다. 바울의 1차 전도여행 후에 열린 예루살렘 공의회에서는 모든 경계를 넘어 복음이 확장될 수 있는 초석도 놓입니다. 바울이 동역자들과 함께 떠난 2차, 3차 전도여행을 통해, 소아시아를 넘어 마게도냐까지 복음이 확장되어갑니다. 그가 여행 도중 적어 보낸 여러 편지들은 교회들을 향한 격려와 간절한 충고를 담고 있습니다.

17
마당

경계를 넘어선
복음의 확장

함께 가는 교회를 위한 선언

사도행전 13장~15:35

1차 전도여행 행 13~14장

이방 땅인 안디옥에 교회가 세워집니다. 이방인들이 예수님을 믿는다는 것 자체가 놀라운 일이었습니다. 나아가 안디옥 교회는 이방인 선교의 전초기지가 됩니다. 바울과 바나바는 이 안디옥 교회에서 파송을 받아 1차 전도여행을 시작하게 됩니다.

처음에는 회당을 중심으로 유대인들을 향해 복음을 전했지만, 바울은 곧 땅끝 이방인들을 향해서 사역하게 됩니다. 그의 사역은 혼자만의 단독 사역이 아니었고, 안디옥 교회와 예루살렘 교회의 협력 관계에 기반하여 이루어지는 사역이었다는 것도 중요한 점입니다.

이방인을 향한 복음 선포를 위해서는 거칠 것이 없습니다. 복음을 들고서 산을 넘고 물을 건너는 이들의 발걸음이 미치는 곳곳마다 생명의 복음이 함께 퍼져나가고 있습니다.

바울과 바나바, 그리고 이들을 돕는 요한(마가)은 배를 타고

사도가 된 바울

사도행전을 하나님의 은혜 가운데 기술했던 누가는 사도행전 14장 1절에서 바나바와 바울을 "두 사도"라는 단어로 묶고 있다.

바나바의 고향인 구브로(행 13:4~12)로 갑니다. 그들은 처음으로 구브로의 살라미 회당에서 복음을 전하였습니다. 섬 가운데 바보라는 곳에서는 유대인 거짓 선지자 바예수의 훼방에도 불구하고, 총독 서기오 바울을 주님 앞으로 인도하는 좋은 일도 있었습니다.

바울 일행은 밤빌리아에 있는 버가로 향하고, 거기서 마가는 예루살렘으로 돌아갑니다(행 13:13). 바울 일행은 비시디아 안디옥(행 13:13~52)에 도착한 후, 안식일에 회당에서 예배를 드립니다. 그때 말씀을 전할 기회를 얻은 바울이 출애굽부터 시작하여 예수님의 시대까지 이스라엘 역사의 모든 초점이 예수님께로 향한다는 사실을 증거하였더니(행 13:16~41), 안디옥에 있는 많은 사람들이 바울을 좇습니다. 사람들이 다음 안식일에도 설교를 요청하였고, 수많은 무리가 모여 그 말씀을 듣습니다. 바울의 이러한 선교 활동으로 이방 땅에도 예수 그리스도의 구원의 빛이 비치게 됩니다.

그러나 바울이 복음을 선포할 때 모든 사람들이 다 기쁘게 받아들인 것은 아닙니다. 유대인들이 바울과 바나바를 반대하도록 계획적으로 귀부인들과 성내의 권력자들을 선동하자, 그들이 바울과 바나바를 심히 핍박하고, 성에서 내쫓습니다. 두 사람은 발에 티끌을 털고 이고니온으로 갑니다.

바울과 바나바가 유대인의 회당에 들어가 복음을 전하자 이고니온(행 14:1~7)에서도 많은 무리가 주님을 믿습니다. 그러나 역시 그곳에서도 순종치 아니하는 유대인들이 사람들을 선동하여 결국에는 그 성에 사는 사람들이 바울과 바나바편 대 유대인편으로 갈리기까지 합니다(행 14:1~4). 믿지 않는 무리들의 방해는 여기서 그치지 않고, 바울과 바나바를 돌로 치

갈라디아 지방

이고니온, 루스드라, 안디옥, 더베는 갈라디아 지방으로 로마에 속해 있었다.

버가

소아시아의 남부 해안에 위치한 밤빌리아 지방이다.

시오니즘

율법은 자기들의 노력이 아닌, 은혜로 주어진 것이다. 그런데 유대인들은 이 혜택을 자기들만 누리는 것으로 가둬놓았다.

과거 바울의 정체성

바울은 철저하게 조직적으로 훈련된 유대인이었다. 그의 사고와 정신은 어려서부터 철저하게 유대교 종교 이데올로기로 훈련되었다. 바울은 이방인과 선민의 구분이 그 누구보다 뚜렷한 사람이었고, 외형적으로는 로마 시민으로, 자유로운 삶을 살 수 있는 사람이었다. 그는 가말리엘 문하에서 유대인 교육을 받았고, 그 교육자 중에서 가장 우수하게 졸업했다. 그는 배운 바대로 유대인으로서의 이념을 부족함 없이 실천할 수 있는 사람이었다. 그래서 대제사장의 행동대장까지 되었다. 그런 그가 예수 그리스도 안에서 새 사람이 된 것이다.

려고 달려듭니다(행 14:5). 결국 바울 일행은 이곳을 떠나 루스드라로 향합니다.

루스드라(행 14:8~20)에서 바울은 태어나면서부터 걷지 못하게 된 자를 걷게 하는 기적을 행합니다(행 14:8~10). 사람들이 이 일을 보고 신들이 강림하였다면서, 바나바는 '제우스', 바울은 '헤르메스'라고 부르며 바울과 바나바 앞에 제사를 드리려고 합니다. 두 사도는 입고 있던 옷을 찢으면서 겨우 이들을 말리고, 그 일을 행하신 이는 자기들이 아니라 하나님이심을 증거합니다.

그런데 안디옥과 이고니온에서 바울의 사역을 방해하던 사람들, 즉 불순종한 유대인들이 루스드라까지 따라옵니다. 그들은 바울과 바나바를 밀어내기 위해 사람들을 이간질시키고 바울을 돌로 친 후, 그가 죽은 줄로 알고 성 밖으로 끌어내다 버립니다(행 14:19). 우리는 돌로 맞기는커녕 뺨 한 대만 맞아도, 아니 자존심 상하는 말 한 마디만 들어도 지금까지 해오던 일을 재고하는 것이 보통인데, 바울은 죽을 정도로 돌을 맞고도 다시 털고 일어나 다음 날 더베로 가서 또 복음을 전합니다. 자신이 돌에 맞고 있을 때, 스데반이 자기 눈앞에서 돌에 맞아 순교했던 장면(행 7:54~60)이 생생하게 기억났을 것입니다.

바울은 몸과 마음을 추스른 후에 루스드라, 이고니온, 안디옥에 들러 교회 리더들을 불러놓고 "우리가 하나님 나라에 들어가려면 많은 환난을 겪어야 할 것"(행 14:22)이라고 말합니다. 복음으로 인한 기쁨과 더불어 고난이 있다는 것입니다. 바울은 그들에게 복음과 함께 고난을 끌어안으라고 권고합니다. 바로 얼마 전에 돌을 맞았던 경험의 뒤끝에서 하는 이야기입니다.

그리고 바울은 다시 비시디아, 밤빌리아를 거쳐 버가로 간 후, 그곳에서 복음을 전하고, 다시 앗달리아에서 배를 타고 안디옥(행 14:21~28)에 돌아와 선교여행 보고를 합니다. 바울은 이 보고에서 "하나님이 함께 행하신 모든 일과 이방인들에게 믿음의 문을 여신 것"(행 14:27)을 강조합니다.

LEADERSHIP

고난을 끌어안고

바울은 고난을 끌어안고, 가야 할 길을 걸어가는 사람이었다. 그리고 이 모든 고난을 지켜본 사람 중 하나가 바로 디모데였다. 이후 세월이 많이 지난 후 고난의 사건들을 기억시키며 바울이 디모데에게 말한다. "네가 나의 당한 고난을 눈으로 보고 알았나니, 너도 이 고난을 네 삶으로 받아들여 나처럼 살아다오"(딤후 3:11~12).

예루살렘 공의회 행 15:1~35

1차 전도여행을 마치고 안디옥으로 돌아온 바울 일행에게는 앞으로 계속될 이방 선교를 위해 꼭 해결해야 할 문제가 있었습니다. 그것은 이방인, 곧 할례를 받지 않은 사람들도 예수 그리스도의 복음을 받아들이면 하나님의 자녀가 될 수 있다는 진리를 교회 전체가 동의하는 일이었습니다. 지금 보면 너무도 당연한 것이지만 당시 유대인으로서 복음을 받아들인 사람들에게는 '할례 없는 구원'은 받아들이기 쉽지 않은 일이었습니다.

예루살렘 바리새인 출신 그리스도인 몇 명이 안디옥 교회에 와서 나름대로 구약과 율법에 대한 가르침을 베풀었습니다. 그런데 문제는 그들이 율법을 모르는 안디옥 교인들에게 예수를 믿고 하나님의 자녀가 되기 위해서는 모세의 율법을 지키는 것이 동반되어야 한다고 말한 것입니다(행 15:1). 그렇게 되면, 안디옥 교인의 상당수가 예수 믿는 것을 포기할 가능성이 커집니다. 예를 들어, 나이 50, 60세에 처음 복음을 듣고 예수님을 믿으려고 결심하였는데, 그 나이에 할례를 받아야 한다고 말한다면, 그것을 받아들이기가 쉽지 않은 것입니다. 그래서 교회 내에 다툼과 변론이 생겼습니다.

안디옥

안디옥은 셀루커스 왕국의 수도였다. 그후 로마 제국 시대에도 안디옥은 매우 중요한 곳으로 여겨져 여러 황제들이 직접 방문했었다. 이방 선교의 전초 기지로 안디옥을 삼은 것은 매우 좋은 전도 전략이었다.

안디옥 교회 자체 내에서 그 문제를 해결할 수 없는 상황까지 오게 됩니다. 결국 안디옥 교회는 이 문제의 해결을 예루살렘 교회에 부탁하기로 합니다. 할례를 비롯한 모세의 율법을 지켜야 구원을 받는지, 아니면 예수 그리스도의 십자가와 부활만 믿어도 구원을 얻는지 묻기로 한 것입니다.

이 문제를 받아든 예루살렘 교회도 바로 답이 나오지 않았습니다. 이 '율법과 구원'의 문제는 교회를 내부적으로 분열시킬 수 있는 큰 문제였습니다. 그래서 이 문제는 가볍게 다뤄지지 않고, 회의 형식으로 해결됩니다(행 15:6). 오랜 시간 이 문제를 놓고 이야기를 나눈 후, 베드로가 일어나 얼마 전 고넬료와의 사건을 기반으로 의견을 말합니다. "믿음으로 그들의 마음을 깨끗이 하사 그들이나 우리나 차별하지 아니하셨느니라"(행 15:9). "그들이 우리와 동일하게 주 예수의 은혜로 구원받는 줄을 믿노라"(행 15:11). 뒤이어 바울과 바나바의 간증도 있었습니다.

마지막으로 그 모임의 의장이라 할 수 있는 야고보(예수님의 동생)가 회의의 결론을 내립니다. 그 결론은 '이방인 중에서 하나님께로 돌아오는 자들을 괴롭게 말자'는 것입니다(행 15:19). 즉 할례나 율법의 준수가 구원의 기준이 될 수 없다는 것입니다. 이것은 2천 년 동안 내려온 이방인과 선민의 구분 문제를 확실하게 정리하는 것이었습니다. 이제 기독교에서 유대인과 이방인의 구분은 필요치 않습니다. 지금까지 유대인들이 선민의식에 머물러 예수 그리스도의 복음을 한계 짓고 있었는데, 그것이 최종 정리되는 순간인 것입니다.

또한 이 결정은 모든 경계를 넘어서 복음이 확장될 수 있도록 초석을 다진 것과 동시에 기독교와 유대교 사이에 공식적으로 선을 그은 것입니다. 온 인류를 향한 하나님의 사랑을

548 _ 성경통독 Bibletongdok

선언한 것입니다.

예루살렘 공의회에서 결정된 사항들은 편지로도 전해지지만 공식적으로는 유다와 실라가 세움을 받아 바울과 바나바와 함께 네 사람이 안디옥에 내려와 회의 결과를 전해줍니다. "그들이 작별하고 안디옥에 내려가 무리를 모은 후에 편지를 전하니 읽고 그 위로한 말을 기뻐하더라"(행 15:30~31).

예루살렘 교회와 안디옥 교회가 그리스도 복음 안에서 온전히 '하나'가 되었습니다. 예수님께서 십자가를 지심으로 말미암아 하늘과 땅의 경계가 허물어졌습니다. 예루살렘 공의회의 결정으로 말미암아 유대인들이 쌓아놓은 이방인과 선민 사이의 벽이 허물어졌습니다. 바울과 제자들의 노력이 예루살렘 공의회에서 열매를 맺은 것입니다. 예루살렘 공의회의 결론은 안디옥 교회를 비롯한 제2, 제3의 이방인 교회들에게도 큰 기쁨을 주었습니다.

진리와 자유를 위한 대장정

사도행전 15:36~18:22 데살로니가전서 1~5장
데살로니가후서 1~3장 갈라디아서 1~6장

바울과 바나바 행 15:36~41

바울 입장에서 바나바는 평생 고마운 사람입니다. 그런데
1차 전도여행이 끝나고 그 다음 전도여행을 시작할 때, 바울
과 바나바가 갈라서게 됩니다. '마가 문제' 때문입니다.

마가는 지난 1차 전도여행 때 중간에 포기하고 돌아간 과
거 전력이 있었습니다. 그러니 마가를 두 번째 전도여행에 다
시 합류시키자는 바나바의 제안에, 바울은 "앞으로도 얼마나
많은 중대고비가 사역 앞길에 놓일 텐데, 저 철없는 마가를 왜
또 데리고 가자는 것이냐"라고 한 것이고, 바나바는 '한 번
실수는 병가지상사(兵家之常事)'라며 마가를 감쌌던 것입니다.
바울은 복음 사역을 위한 철저성을 주장한 것이고, 바나바는
복음 사역을 위한 관용성을 주장했다고 할 수 있습니다. 둘 다
중요한 것입니다. 이들의 다툼은 분명 사리사욕을 위한 것이
아니었습니다.

결국 이들은 서로 다른 전도대를 구성하여 복음 전도에 더
폭넓게 열심 내기로 합니다. 바나바는 마가를 데리고 구브로

Power

바나바

아나니아라는 사람이 바울의
변화를 믿어주긴 했다. 그러나
예루살렘 교회에서는 바울의
회심을 쉽게 믿어주지 않았다.
이때 바나바는 징검다리가 되
어 바울을 도와준다. 그는 열두
제자도, 일곱 일꾼도 아니지만,
자기 재산의 많은 부분을 팔
다가 내어놓았던 사람이다. 이
런 그가 바울을 믿어주고 신뢰
해줌으로써 바울 사역의 기반
이 되어준다.

로 가고, 바울은 실라를 데리고 수리아와 길리기아로 갑니다. 이후로 사도행전에서 바나바의 기록은 빠지지만, 바나바 역시 멋진 사역을 하였으리라 충분히 짐작할 수 있습니다.

세월이 많이 지난 후엔 바울과 마가의 사이가 좋아졌다는 것을 알 수 있습니다. 이로부터 약 12년 후, 바울이 로마 감옥에 처음 감금되었을 때, 그의 편지에 마가와 함께 있다고 쓴 것을 보면 말입니다(골 4:10). 실제로 바울은 자신의 삶의 마지막 때에 디모데에게 보낸 편지에서 "네가 올 때에 마가를 데리고 오라 그가 나의 일에 유익하니라"(딤후 4:11)라고 기술하고 있습니다.

2차 전도여행 행 16장~18:22

바나바와 함께하지 못한 채 2차 전도여행을 떠나는 바울의 마음에는 약간의 허전함도 있었을 것입니다. 그러나 바울은 실라, 디모데, 누가 등 새로운 동역자들과 함께 복음을 위한 발걸음을 힘차게 내딛습니다.

바울의 2차 전도여행의 핵심 멤버들

실라	예루살렘에서 상당한 영향력을 행사하던 사람
디모데	1차 전도여행에서 전도된 사람
누가	2차 전도여행 중 예수님을 믿게 되어 동행함

2차 전도여행을 시작하는 시점에서, 바울은 귀한 동역자 한 사람을 얻게 됩니다. 어머니는 유대인, 아버지는 헬라인인 디모데라는 청년입니다. 그는 인근 지역에서 두루 칭찬받는 사람이었습니다. 먼저 바울은 유대인들로부터 트집 잡히는 것을 미리 방지하기 위해 디모데에게 할례를 행합니다. 그리고 바울 일행은 1차 전도여행 지역(행 16:1~5)에 다니며 예루살렘 공의회에서 결정된 사항을 알리고, 교회를 굳게 하는 데에 수고를 아끼지 않습니다. 여러 교회가 믿음이 굳건해지고 성도

· 1차 전도여행지 재방문
· 마게도냐로의 부르심
· 빌립보에서 전도
· 데살로니가에서 전도
· 베뢰아에서 전도
· 아덴에서 전도
· 고린도에서 전도
· 에베소에서 전도

Power

루디아

자색 옷감 장사란, 염료 기술을 가진 사람으로, 당시 이 기술은 높은 부가가치를 가지고 있었기에, 이 일에 종사하는 사람들은 상당한 부를 가지고 있었다. 루디아는 두아디라 성 출신으로 빌립보에 자기 집이 있었던, 지금으로 말하면 국제적 여성 사업가이다. 그런 루디아가 빌립보에서 바울을 만나 주님을 영접함으로써 마게도냐 최초의 개종자가 된다. 이후 루디아는 바울을 재정적으로 많이 후원했을 것이다. 그녀 역시 아리마대 요셉처럼 하나님께서 허락하신 재물을 어떻게 사용해야 할지 잘 아는 사람이었다.

들의 수(數) 또한 날마다 늘어가고 있습니다.

바울의 처음 계획은 1차 전도여행 지역을 돌아다니며 이미 세워진 교회들을 굳게 한 후, 복음의 기치를 들고 아시아로 가는 것이었습니다. 그러나 성령님께서 이런 바울의 뜻을 허락하지 않으십니다. "성령이 아시아에서 말씀을 전하지 못하게 하시거늘 브루기아와 갈라디아 땅으로 다녀가 무시아 앞에 이르러 비두니아로 가고자 애쓰되 예수의 영이 허락하지 아니하시는지라"(행 16:6~7). 이제 바울은 드로아에서 마게도냐인의 환상을 보고 유럽 지역 선교를 위해 마게도냐(행 16:6~10)로 낯선 걸음을 옮기게 됩니다.

바울 일행이 마게도냐의 첫 성(城)인 빌립보(행 16:11~40)에 다다릅니다. 그곳에서 바울은 자색 옷감 장사 루디아를 만나 전도하였고, 루디아의 강권으로 그녀의 집에 머무릅니다(행 16:14~15).

또 바울과 실라는 그곳에서 귀신 들린 한 여종을 고쳐줍니다. 그런데 종의 주인은 점을 치는 이 여종을 통해 돈벌이를 하고 있던 터라, 바울과 실라를 모함하고 때린 후 옥에 가두어 버립니다. 바울과 실라는 많이 맞아서 욱신거리는 몸으로 차가운 감옥에 앉아, 쇠고랑을 악기 삼아 반주하며 기도하고 찬양합니다. 그런데 그때 갑자기 큰 지진이 나서 옥문이 열립니다(행 16:26).

자다 깨어 이 사실을 알게 된 간수는 죄수들을 잘 지키지 못한 죄로 처벌받을 것을 염려하여 자결하려 합니다. 그때 바울이 큰 목소리로 "네 몸을 상하지 말라 우리가 다 여기 있노라"(행 16:28)라고 말하면서 그의 자결을 막습니다. 놀라서 뛰어 온 간수는 바울과 실라가 도망가지 않고 그대로 머물러 있음을 보고, 그 앞에 엎드려 구원의 방도를 묻습니다. "주 예수를 믿으라 그리하면 너와 네 집이 구원을 받으리라"(행 16:31)라는 바울의 대답을 들은 간수와 간수의 온 가족이 예수님을 믿고 세례를 받게 되는 기쁜 일이 일어납니다. 이처럼 빌립보에서 만나게 된 루디아와 간수 가족들 등이 중심이 되어 빌립보 교회가 세워집니다.

하나님의 뜻대로 마게도냐에서 복음을 전하고 있던 바울이 이번에는 남쪽 데살로니가(행 17:1~9)로 내려갑니다. 헬라인의 많은 무리가 바울이 전하는 복음을 받아들이는 반면, 유대인들은 바울의 복음 전파를 시기하고 박해합니다. 이로 인해 바울이 데살로니가에 머물 수 있는 기간은 3주밖에 되지 않았습니다. 그런데 그 짧은 기간의 전도에도 불구하고 예수님을 믿겠다는 사람들이 생겼고, 데살로니가 교회가 개척됩니다. 그러나 여기서도 불순종한 유대인들이 소동을 일으켜 바울 일행은 밤에 베뢰아로 떠납니다.

베뢰아(행 17:10~15)에 도착한 바울 일행은 유대인의 회당에서 복음을 전합니다. 신사적이고 날마다 성경을 상고하는 베뢰아 사람들 중에서도 복음을 믿는 사람들이 많이 생겼습니다. 그런데 데살로니가에서부터 따라온 유대인들이 거기서도 바울을 훼방합니다. 참 끈질긴 사람들입니다. 결국 실라와 디모데만 거기 머물고, 바울은 먼저 아덴(아테네)으로 갑니다.

처음부터 바울은 즐기고자 여행을 떠난 것이 아닙니다. 좋은 걸 보고, 쉬고, 지루해지면 다른 곳으로 옮겨가고 하는 그런 여행은 애초부터 아니었습니다. 그런데 해도 해도 너무하다 싶을 정도로 바울은 쫓기는 여행을 하고 있습니다. 빌립보, 데살로니가, 베뢰아 등지에서 예수님을 전했지만, 그때마다 유대인들의 방해 탓에 계속 옮겨 다녀야 했습니다.

바울의 여행길
불순종한 유대인들의 끈질기고 집요한 방해로 바울은 계속 도망다녀야 했다. 도상(道上)의 존재들, 끊임없이 달려가는 사람들, 그러나 목적과 방향이 분명한 제자의 길!

그들의 방해는 바울을 아덴(행 17:16~34)으로까지 내몰았고, 바울은 실라와 디모데와 떨어져서 혼자 아덴에 머무르게 되었습니다. 아덴은 그리스의 한 도시국가로 당시 지중해 모든 지역 중 가장 우수한 문화로 알려졌던 곳입니다. 바울은 온 성에 우상이 가득한 것을 발견하고 마음에 분함을 느낍니다. 그래서 그들에게 세상의 참 주인이신 하나님을 소개하는데, 이를 기독교 역사의 숲에서 본다면 기독교가 처음으로 헬라 문화의 중심에 선포되는 뜻 깊은 순간입니다(행 17:16~18).

당시 지식인이라고 자처하던 아덴 사람들은 바울의 말을 잘 듣기는 하면서도, "그거 새로운 이론이구나. 들을 만하니, 좀 더 이야기해 봐라."라는 식으로 반응합니다. 그곳에서 바울은 큰 결심을 합니다. '예수 그리스도의 도가 무엇인가? 세상의 지식을 찾는 사람들에게 복음이 또 하나의 지식으로 소개되는 것은 옳지 않다' 라는 생각을 하게 된 것입니다. 바울은 '십자가의 도가 멸망하는 자들에게는 미련한 것이나, 복음을 믿는 이들에게는 하나님의 능력이며 복음의 핵심' 이라는 사실(고전 1:18)을 더욱 확신하고 결심하게 됩니다.

바울은 아덴을 떠나 고린도(행 18:1~11)로 옮겨옵니다. 그는 이곳에서 좋은 동역자를 만나는 기쁨을 얻습니다. 바로 브리스길라와 아굴라 부부입니다. 그들은 로마에서 살고 있었는데, 당시 로마 황제 글라우디오가 흉년의 원인을 그리스도인들에게 뒤집어씌우면서 유대인들을 로마에서 떠나게 합니다. 그래서 그들은 고린도로 건너왔고, 그곳에서 천막 만드는 일을 하다가 같은 직업을 가진 바울을 만난 것입니다. 그 만남의 저녁, 그들은 서로가 그리스도인이라는 것을 알고 얼마나 좋았을까요? 더욱이 단지 자기 구원의 만족에 머물지 않고 그리스도를 누군가에게 간절히 전하고픈 선교의 열정으로 가득

차 있는 서로를 발견하고 얼마나 기뻤을까요?

바울은 이 부부를 통해 위로와 자신감을 얻었습니다. 바울은 그들 부부와 친밀하게 교제를 나누면서 가까운 사이가 됩니다. 후에 바울은 이 부부가 자신을 위해 목숨까지도 내어놓을 사람들이라고 소개합니다(롬 16:3~4). 누군가를 위해 시간과 물질 정도를 내놓는 관계를 맺는 것도 쉬운 일이 아닌데, 하나님과 이웃을 위한 가치관을 세우고 헌신하는 동역자들이라면 목숨도 내어줄 수 있는 관계가 맺어지는 것입니다.

마침 실라와 디모데도 마게도냐에서 내려오고, 힘을 얻은 바울은 고린도에 있는 회당에서 유대인들에게 복음을 전합니다. 그런데 반응이 냉랭하기 이를 데 없었습니다. 이때 바울은 '유대인들을 대상으로 복음 전하는 열정을 잠시 접고 이방인에게 복음을 전해야겠다.' 라고 결심합니다(행 18:5~6).

회당장 그리스보의 집에 머물며 잠시 머뭇거리고 있을 때, 그의 마음 한쪽 구석에 '두려움' 이 찾아옵니다. 그래서 한동안 바울은 입을 다물고 있었습니다. 그러자 환상 가운데 주님이 찾아오셔서 "두려워하지 말고 담대히 복음을 선포하라. 이 성 중에 내 백성이 많음이라."라고 말씀하십니다(행 18:9~10). 전체 숲에서 보면 눈에 보이는 위험과 마음의 두려움도 있지만 그럼에도 불구하고 하나님의 약속과 명령을 붙들고 한 걸음 한 걸음 내딛는 것이 바울의 전도여행이었다는 것을 알 수 있습니다. 바울은 1년 6개월 정도 고린도에 머물면서 고린도 교회를 세웁니다.

바울은 고린도를 떠나야 했습니다. 그동안 예수 믿는 사람들의 수가 늘어났으나, 또 훼방꾼들이 찾아와 괴롭혔기 때문입니다. 그들은 총독의 힘을 빌려 바울을 해코지하려고 합니다(행 18:12~13). 비록 총독이 그들의 거짓 고소를 무시하고 말

땀

사도행전을 제대로 알려면 바울이 걸어다녔던 길을 따라가봐야 한다. 또한 바울이 살았던 삶의 방식, 그가 흘렸던 땀, 이런 것들을 깊이 묵상해보아야 한다.

지만, 더 이상 그곳에 머무를 수 없는 바울은 에베소로 발걸음을 옮깁니다. 에베소에서는 더 오래 머물기를 원하는 여러 사람의 간청이 있었지만, "하나님의 뜻이면 너희에게 돌아오리라"(행 18:21)라고 말하고 바울은 다시 안디옥(행 18:12~22)으로 떠납니다.

※

믿음의 진보를 이루라 살전 1~5장

바울이 고린도에 있을 때 데살로니가 교회의 소식을 듣게 됩니다. 데살로니가 교회가 핍박 가운데서도 신실하게 신앙을 지킨다는 소식을 디모데를 통해 듣게 된 바울은 기쁨으로 편지를 보내는데, 이것이 데살로니가전서입니다.

데살로니가 교인들은 데살로니가전서 1장 1절만 읽어도 벌써 감동이 밀려옵니다. 아니, 그들은 편지 봉투만 보고도 가슴이 뛰었을 것입니다. 우리가 정말 바울의 이 서신서를 감동적으로 읽으려면 데살로니가 교인의 입장에서 읽어보면 됩니다. "우리가 너희 모두로 말미암아 항상 하나님께 감사하며 기도할 때에 너희를 기억함은"(살전 1:2). 이 대목을 읽는 데살로니가 교인들의 마음이 얼마나 좋았을까요? 여기까지 읽고 멈춰서 기쁨을 맛보고 있는 그들의 심정을 느껴보십시오. "너희의 믿음의 역사와 사랑의 수고와 우리 주 예수 그리스도에 대한 소망의 인내를 우리 하나님 아버지 앞에서 끊임없이 기억함이니 하나님의 사랑하심을 받은 형제들아 너희를 택하심을 아노라"(살전 1:3~4). 데살로니가 교인들의 어깨가 으쓱으쓱 올라갑니다. "그러므로 너희가 마게도냐와 아가야에 있는 모든 믿는 자의 본이 되었느니라"(살전 1:7). 여기까지 읽은 데살로니

편지

사람을 기쁘게 하는 것이 많이 있다. 편지도 그 중의 하나이다. 편지는 사람 사이의 따뜻한 정이 오갈 수 있는 좋은 매개이다. 바울이 이 편지에 복음을 담아 서로 사랑과 기쁨을 나눈다. 서신서들을 딱딱하고 어렵게 여기기보다는 바울의 마음이 담긴 편지라고 생각해보자. 사도 바울은 자신이 보낸 모든 편지에서 '은혜와 평강'이라는 단어를 꼭 쓴다. 민수기 6장에서 아론이 이스라엘 백성에게 축복을 베풀며 썼던 단어이다. 바울은 바로 천오백여 년 전의 방식을 따라 그리스도인들을 축복하고 있다.

가 교인들의 기분은 하늘을 날 것만 같습니다.

데살로니가에서 바울이 머문 기간은 단지 3주뿐입니다. 그런데 이들이 예수님을 잘 믿고 있는 것입니다. 이들을 향한 바울의 진한 사랑이 느껴집니다. 이 편지는 그런 데살로니가 교인들에게 위로와 격려, 그리고 믿음의 진보를 더하는 큰 힘이었습니다. 이 편지를 읽는 성도들은 자신들이 그리스도인인 것에 대해 큰 자부심과 기쁨을 가졌을 것입니다.

바울은 아버지의 심정으로 데살로니가 교인들을 권면하고, 위로하고, 경계합니다. 데살로니가 교인들이 하나님의 뜻대로 살기를 소망하는 것입니다. 또한 바울은 데살로니가 교인들에게 소망을 가지라고 말합니다. 이 소망은 죽음 이후의 세계에 대한 소망이요, 영원한 하나님의 나라에 대한 소망입니다(살전 4:13~15).

그런데 교인들 중 편지의 숲을 보지 못하고 한 쪽으로 치우친 사람들이 생겼습니다. 바울의 편지를 읽으면서 바울이 몇 번 반복적으로 말한 부분만을 빼서 그것이 가장 중요한 것이라고 판단한 것입니다. "강림하실 것이다, 강림하실 것이다, 강림, 강림…"(살전 4:13~18). 그 부분만 보고서 "야! 바울이 이야기했다. 우리 예수님께서 곧 재림하신단다."라고 정리한 후, 그 부분에만 관심을 집중한 것입니다.

물론 예수님께서는 부활하신 후 승천하셨고, 올라가신 모습 그대로 반드시 재림하실 것입니다(행 1:11). 그 재림은 부활 이상으로, 믿는 자들에게 크나큰 영광이며 승리의 결정체입니다. 바울은 이것을 강조했던 것입니다.

데살로니가 교회의 현재 상황을 살펴보면, 바울이 3주 만에 쫓겨난 사실(행 17:1~9)을 통해서도 알 수 있듯이 복음에 대

지금 데살로니가 교회에는 큰 환난이 있다. 그러나 우상을 버리고 참되신 하나님을 섬기며 예수님께서 다시 오심을 기다리는 그들의 믿음은 더욱 강해져, 주변 지역에 소문이 퍼졌다. 지금 고난 가운데 있는 데살로니가 교인들에게 바울은 자신이 받았던 고난을 회상하며 편지를 쓰고 있다. 복음의 능력이 바울에게서 데살로니가 교회로, 데살로니가 교회에서 주변 그리스도인들에게로 이어지듯, 복음과 함께 당하는 고난도 바울에게서 빌립보로, 빌립보에서 데살로니가로 이어지고 있었다. 그럼에도 불구하고 복음과 고난을 함께 받으며, 현재의 고난 가운데서도 믿음을 놓지 않는 데살로니가 교인들이야말로 바울의 기쁨이요, 자랑이었다.

Message

믿음, 소망, 사랑 (살전 1:3)
믿음에는 역사가 따른다. 하나님의 역사를 경험하고 싶다면 하나님의 능력을, 성령의 능력을 믿어라. 하나님과 이웃을 사랑하고 싶으면 수고의 땀을 흘려라. 당신은 소망이 있는가? 그러면 인내하라. 내일에 대한 소망이 있는 사람은 오늘 인내할 수 있다.

한 핍박이 만만치 않은 곳이었습니다. 그러니 바울로서는 다시 오실 예수님에 대한 믿음을 가지고 그 고난을 꿋꿋이 이겨 나가라는 격려를 하고 싶었습니다. 그런데 데살로니가 성도들은 그 부분만을 확대 해석하여 "예수님께서 곧 오실 텐데, 장사하면 뭐하나? 회사 가면 뭐하나?"라는 생각을 했던 것입니다. 데살로니가 교인 중 몇몇이 일은 하지 않고 재림을 강조하며 다른 사람의 일을 방해한다는 소식을 들은 바울은 다시 펜을 들어 두 번째 편지를 씁니다.

※

수고하여 구원을 이루어가라 살후 1~3장

바울이 앞서 보낸 편지의 숲을 보기보다는, 나무 하나를 붙들고 바울의 의도를 오해한 이들을 위해 바울이 다시 데살로니가교회에 편지를 써 보냅니다.

바울은 먼저 자신이 그들을 자랑스러워하고 있다는 사실을 알려줍니다(살후 1:3~4). 그들이 당하는 고통은 저주가 아니라 지나가는 시험이요, 바울처럼 멀리서 기도하며 함께하는 이들이 있으며, 또 하나님께서 함께하시어 결국에는 보상해 주실 것이라고 위로합니다(살후 1:6~9).

그리고 난 후, 바울은 예수님의 재림이 얼마 남지 않았다고 해서 마음의 중심을 잃고 일상생활을 바르게 하지 못하는 일부 교인들에게 따끔하게 충고합니다. 주님의 재림을 기다린다는 핑계로 일하지 않고 교회에서 숙식을 해결하려는 이들은 교회를 힘들게 할 뿐만 아니라, 성실하게 일하는 사람들의 의욕을 잃게 만들었기 때문입니다. 바울은 이러한 병폐를 치료하기 위한 처방을 내립니다.

"일하기 싫어하거든 먹지도 말게 하라"(살후 3:10). "우리가 들은즉 너희 가운데 게으르게 행하여 도무지 일하지 아니하고 일만 만들기만 하는 자들이 있다 하니 이런 자들에게 우리가 명하고 주 예수 그리스도 안에서 권하기를 조용히 일하여 자기 양식을 먹으라 하노라"(살후 3:11~12).

일하지 않고 이집 저집 다니면서 얻어먹지 말라는 말입니다. 바울은 이어서 말합니다. "누가 이 편지에 한 우리 말을 순종하지 아니하거든 그 사람을 지목하여 사귀지 말고 그로 하여금 부끄럽게 하라 그러나 원수와 같이 생각하지 말고 형제 같이 권면하라"(살후 3:14~15).

아마 이 두 번째 편지를 받고 '일 안 하고 일만 만드는 자들'이 크게 회개하였을 것입니다. 그리고 데살로니가 교인들은 서로 사랑하고 복음을 증거하는 일에 더욱 열심을 내었을 것입니다.

육체의 건강을 위해서 음식을 가리지 말고 골고루 먹어야 하듯, 영적 건강을 유지하기 위해서도 편식하면 안 됩니다. 찬양, 기도, 말씀, 봉사, 어느 것 하나 소홀히 해서는 안 되는 것이며, 성경을 읽을 때에도 부분이 아닌 전체를 읽고 균형을 갖추기 위해 애써야 합니다. 어느 한쪽으로 치우쳐 버리면 그것이 가지고 있는 장점까지도 잃어버릴 수 있습니다. 균형 있게 숲을 보면서 우리의 신앙생활을 건전하게 지켜가야 할 것입니다.

진리 안에서 자유하라 갈 1~6장

갈라디아서는 '자유를 위한 대선언'이라고 불리는 서신입

데살로니가후서

데살로니가후서는 바울이 교회에 쓴 서신 9권 중에서 가장 짧지만, 종말에 관한 매우 중요한 사실을 기록하고 있다. 이 서신은 바울이 실라와 디모데와 함께 고린도에 머물고 있을 때 쓴 것 같다.

Message

규모 있는 삶

노동은 하나님께서 인생들에게 주신 고귀한 의무요, 권리이다. 자신의 삶과 직무를 성실히 행하는 것은 하나님께서 우리에게 요구하시는 또 다른 경건의 방식이다. 하나님께서 일하시니 우리도 일해야 한다. 눈물로 씨를 뿌리고 기쁨으로 거두는 사람을 주님은 기뻐하신다.

핵심을 놓치는 사람
중요하지 않은 것을 중요한 것
인 양, 핵심이 아닌 주변 것을
핵심인 양 여기며 그것으로 자
랑하는 사람들, 지금 바울은 바
로 그런 사람들을 반대하고 있
다. 할례를 기준으로 예수 그리
스도의 복음의 진리를 가릴 수
는 없다.

성령의 9가지 열매
(the Fruit of the Spirit)

1. 사랑(仁愛, love)
2. 희락(喜樂, joy)
3. 화평(和平, peace)
4. 오래 참음(忍耐, patience)
5. 자비(慈悲, kindness)
6. 양선(良善, goodness)
7. 충성(忠誠, faithfulness)
8. 온유(溫柔, gentleness)
9. 절제(節制, self-control)

니다.

바울이 모진 고생을 참아낸 것도, 자신의 모든 기득권을 포기한 것도, 긴 여행길을 마다하지 않았던 것도, 다 복음을 전해야 한다는 사명감 때문이었습니다. 그 같은 헌신을 바탕으로 바울이 갈라디아 지역을 돌아다니며 복음을 전한 결과, 하나님의 은혜로 그 지역에 교회가 세워졌습니다. 그런데 갈라디아 교회로부터 들려온 소식은 바울이 전한 복음 외에 다른 복음을 전하는 이들이 있다는 것이었습니다. 뿐만 아니라 그 거짓 진리에 휩쓸리는 사람이 적지 않다는 것입니다. 바울이 전하지 않은 복음이란, 예수님을 믿는 모든 사람들이 유대인의 규례대로 할례를 받아야만 구원을 얻을 수 있다는 것입니다. 즉 율법을 지켜야 구원을 받는다는 것입니다. 이 소식을 들은 바울은 갈라디아서를 통해 거짓 복음에 흔들린 갈라디아 교인들을 책망합니다. 바울은 자신의 주장, 곧 할례와 상관없이 예수님을 믿는 믿음으로 구원받는다는 주장을 조금도 굽히지 않습니다. 그러면서 자신이 진리를 지키기 위해 힘쓰고 있다고 강력하게 호소합니다.

바울은 사도행전 15장에 나오는 예루살렘 공의회를 회상합니다(갈 2장). 그는 1차 전도여행을 마치고 예루살렘에 있는 교회 지도자들에게 선교 활동을 보고했습니다. 그리고 이방인들이 할례를 받지 않고도 예수 그리스도의 복음을 받아들여 구원을 얻을 수 있다는 합의를 이끌어냈습니다. 이것은 이미 예루살렘 공의회에서 바울이 교회의 지도자들과 함께 확인한 내용입니다(행 15:8~11).

그런데 갈라디아 교회에는 아직도 할례를 받아야 구원을 얻을 수 있다고 주장하는 이들이 있었던 것입니다. 율법을 강조하는 이들은 아직도 사람을 외모로 판단하고 있는 자들입니다. 자유인과 종, 남자와 여자, 할례를 받은 사람과 그렇지 않은 사람을 구분하여 하나님의 은혜를 받는 조건에 이러한 것들을 포함시킨 것입니다. 그러나 예수 그리스도의 복음에는 그 어떠한 조건도 없습니다. 예수 그리스도의 복음을 마음으로 믿어 구원에 이르는 데에는 조건이 있을 수 없는 것입니다. 할례나 율법이 아니라 오직 복음으로써만 의롭게 된다는 진리를 지키기 위해 바울이 끝까지 싸우고 있습니다. 예수 그리스도의 복음을 수호하려는 바울의 마음이 갈라디아서에 고스란히 배어 있습니다.

자유

바울은 율법에 얽매여 하나님께서 주신 자유를 온전히 누리지 못하는 이들에게 자유를 사용할 정확한 기준을 제시한다. 곧 하나님께서 주신 자유를 자기 유익의 기회로 삼지 말고 사랑으로 서로의 종이 되라는 탁월한 제안이다. 이 같은 기준으로 산다면 얼마나 자유한 영혼이 되겠는가?

제자훈련, 사랑과 은사

사도행전 18:23~19장 고린도전서 1~16장

3차 전도여행 행 18:23~19장

약 4년에 걸쳐 이루어지는 바울의 3차 전도여행은 에베소에서의 사역과 고린도 교회를 위한 편지사역이 주를 이룹니다.

바울이 소아시아의 수도인 에베소에 도착하기 전, 바울보다 먼저 에베소에 머물고 있던 알렉산드리아 출신의 아볼로는 일찍 주의 도를 배워 열심히 예수님에 관한 것을 가르치고 있었습니다. 그런데 브리스길라와 아굴라가 보니 그는 요한의 세례만 알고 있는 것이었습니다. 그래서 브리스길라와 아굴라는 그가 보다 온전한 복음을 전하도록 도와줍니다. 바울에게 배운 복음의 진수를 다시 아볼로에게 전하게 된 것입니다(행 18:24~26).

그리고 그들 부부는 중간 징검다리가 되어서 아볼로를 고린도교회로 보냅니다. 고린도에 아직 목회자가 없었기 때문에 아볼로가 가서 목회를 맡게 된 것입니다. 아볼로는 "성경으로써 예수는 그리스도라고 증언하여 공중 앞에서 힘있게 유대인의 말을 이김"(행 18:28)으로 많은 사람들에게 유익을 주는 전도자가 됩니다.

그 무렵 바울은 에베소에 도착하여 그곳에서 세 달 정도 머물면서 회당에 들어가서 복음을 전합니다. 그런데 그 복음을 잘 받아들이는 사람이 있는가 하면 복음을 비방하는 사람들이 있었습니다. 그러자 바울은 일반 대중에게 복음 전하는 것을 잠시 접고, 복음을 잘 받아들이는 사람들을 따로 모아 약 2년 동안 두란노 서원에서 집중적으로 가르칩니다(행 19:8~10). 바울은 예수 그리스도에 대해 자신이 알고 있는 모든 것을 전하려 노력했을 것입니다. 여기에서 아주 훌륭한 전도자들이 배출됩니다. 이후에 빌레몬서의 수신자가 되는 빌레몬도 이때의 제자였습니다. 이들이 결국 복음의 능력으로 에베소에 큰 파장을 몰고 옵니다. 많은 사람들이 예수님을 믿게 됩니다(행 19:17~20).

이러한 상황 속에서 바울은 에베소에서 새로운 계획을 세웁니다. 그것은 바로 당시 세계의 중심지인 로마에 가려는 계획입니다(행 19:21). 예루살렘을 마지막으로 방문한 후 로마로 가야겠다는 계획을 세운 바울은 디모데와 에라스도를 마게도냐로 보내고, 자신은 에베소에 잠시 더 머무릅니다. 바로 그때, 에베소에서 큰 소동이 일어납니다.

에베소에는 이방신에게 제사를 드리는 큰 신전이 있었습니다. 그런데 바울로부터 복음을 듣고, 사람의 손으로 만든 것은 참 신이 아님을 알게 된 많은 에베소 사람들이 자신들의 종교를 버리고 예수님을 믿게 되었습니다. 그러자 그 신전에 소용되는 물건들을 만드는 일로 벌이를 하고 있던 많은 사람들이 바울에게 불만을 품고 바울 일행을 내쫓기 위한 집회를 한 것입니다. 바울은 이 소동으로 인해 또다시 에베소를 떠나야만 했습니다.

※

십자가의 도 고전 1~8장

바울이 에베소에 있을 때, 저 멀리 고린도 교회에서 목회를 하고 있던 아볼로가 바울을 찾아옵니다. 아볼로가 전한 소식은 고린도 교회에 많은 문제가 있다는 것이었습니다. 도저히 혼자서는 교회 문제의 해법을 찾을 수 없었던 아볼로가 에베소에 있는 바울에게 찾아와서 고린도 교회의 문제들을 이야기한 것입니다.

고린도

고린도는 바울 당시에 인구가 약 60만 명 정도, 그 중에 자유인이 20만, 노예들이 40만 정도였다고 한다. 아가야 지방의 수도였던 고린도는 그리스에서 가장 활발한 상업 중심지였다.

바울은 2차 전도여행 중 고린도에 1년 6개월 정도 머물면서 복음을 전하여 고린도 교회를 세웠습니다. 이후 바울이 떠나고 아볼로가 고린도 교회의 목회를 하게 되었는데, 아볼로는 인물도 출중하고 언변도 좋았던 것 같습니다. 그런 아볼로를 유난히 좋아하는 사람들이 생겼습니다. 그들이 '아볼로를 사랑하는 사람들의 모임', 일명 '아사모'를 만들었습니다. 그러자 다른 무리들이 "비록 바울이 아볼로에 비해 외모가 좀 떨어지고 언변도 변변치 않지만, 바울이 처음 우리에게 복음을 전했는데, 바울을 소홀히 해서야 되겠느냐?" 그러면서 '바사모'를 만들었습니다. 곧이어 또 다른 무리들이 "가급적이면 우리는 예수님의 직계 뿌리인 베드로로 가자." 하며 '베사모'를 만들었지요. 그러자 이곳에도 저곳에도 끼지 못하는 이들이 모여서 "그리스도를 따르는 사람들이 되자."면서 '그사모' 무리를 만들었습니다(고전 1:10~17; 3:4~5). 이렇게 이런저런 파가 형성된 후에는 사사건건 파당에 따라 의견이 엇갈립니다. 그러자 서로의 공감대가 상실되고, 교회가 분열되는 양상을 띠게 된 것입니다.

이 소식을 들은 바울은 고린도 교인들에게 "복음의 능력 안에서 하나가 되라."라고 권면합니다. 사람의 지혜가 아닌 하나님의 지혜를 인정할 때 서로의 작은 차이는 그 안에서 사라지게 된다고 강조합니다(고전 1:26~29). 바울이 고린도 땅에 복음의 씨를 뿌렸고 아볼로가 그 밭에 물을 주었습니다. 그러나 바울은 오직 자라나게 하시는 분은 하나님뿐이시라고 증거합니다(고전 3:6~9).

고린도 교인들을 향한 교훈 (고린도전서)
1. 교회 안의 분쟁 (1~4장)
2. 성과 결혼 (5장; 6:9~7:40)
3. 소송 문제 (6:1~8)
4. 우상에게 바친 음식 (8:1~11:1)
5. 교회 안에 있는 여인들 (11:2~16; 14:34~36)
6. 주의 만찬 (11:17~34)
7. 성령의 선물 (12~13장)
8. 몸의 부활 (14장)

스스로 권리를 포기한 바울의 당부

고전 9~16장

바울은 먼저 자신이 사회적 자유와 신앙적 자유를 가지고 '사도'라는 자리를 선택했다고 강조합니다. 나아가 바울은 그리스도의 복음에 아무런 장애가 없게 하려고 "모든 사람에게서 자유로우나 스스로 모든 사람에게 종이 된" 것이 자유자인 자신의 선택이었다고 주장합니다(고전 9:12~19).

그리고 이제 바울은 아볼로가 전해준 고린도 교회의 문제들에 관해 하나하나 해결책을 써 내려갑니다.

특별히 사도 바울은 교회의 머리 되신 분이 예수님이시며, 그 몸과 지체인 성도들은 서로서로 돌보아야 하는 대상임을 강조합니다(고전 12:12~31). 성령의 은사를 내세워 불화와 반목을 일삼던 고린도 교인들을 향하여 은

진정한 자유자

사도 바울은 자신을 가리켜 '자유인'이라고 말했다. 당시 로마는 공화정을 거쳐 제정이 한창이던 시절이었는데, 그럼에도 불구하고 로마는 시민의 자유권을 법적으로 보호하고 귀하게 여기는 나라였다. 그런 시대에 놓여있는 바울은 두 가지 정체성을 가지고 있었는데, 하나는 자신이 '사도'라는 것이고, 또 하나는 '자유자'라는 것이다. 당시에 사도라 불리던 사람은 예수님과 3년 동안 동고동락했던 많은 사람들 중에서 뽑혔던 사람들이었다. 그러나 바울은 자신이 '사도'라고 계속 강조했다. 또 하나, 바울이 좋아했던 말은 '자유'였다. 그의 부모가 로마 시민권자였기에 그는 사회적 자유를 태어날 때부터 얻었다. 그리고 그는 예수님을 만나서 영적 자유인이 되었다. 죄에서 자유를 얻은 것이다.

사의 참된 목적을 강조한 바울은 고린도전서 13장에서 최고의 은사인 사랑에 관해 언급합니다.

"사랑은 오래 참고 사랑은 온유하며 시기하지 아니하며 사랑은 자랑하지 아니하며 교만하지 아니하며 무례히 행하지 아니하며 자기의 유익을 구하지 아니하며 성내지 아니하며 악한 것을 생각하지 아니하며 불의를 기뻐하지 아니하며 진리와 함께 기뻐하고 모든 것을 참으며 모든 것을 믿으며 모든 것을 바라며 모든 것을 견디느니라"(고전 13:4~7).

또한 사도 바울은 편지 마지막 즈음에 예루살렘 교회 성도들을 돕기 위한 구제헌금에 적극 참여할 것을 독려합니다(고전 16:1~3). 바울은 가난한 성도들을 위해서 연보를 모으는 일에 열심을 내었습니다. 복음에 장애가 되지 않기 위해 자신의 필요를 스스로 채웠던 바울이 성도들의 필요를 채우는 일에는 교회가 적극적으로 나서도록 독려하고 있는 것입니다.

모든 사항에 대해 구체적인 대안을 알려준 바울은 이제 마지막으로 "깨어", "굳게 서서", "강건하라."라고 권면합니다(고전 16:13). 정신을 바짝 차리고 담대하게 믿음의 힘으로 나아가라는 것입니다. 그리고 "너희 모든 일을 사랑으로 행하라"(고전 16:14)라고 말합니다.

바울은 이 편지를 써서 디모데 손에 들려 보냅니다. 이때 바울은 아볼로에게 고린도에 다시 돌아가라고 여러 차례 권면하는데 아볼로는 전혀 갈 마음이 없다고 합니다(고전 16:12). 분파가 있는 곳의 교역자는 이처럼 힘이 듭니다. 분파가 있으면 개개인들도 자유롭지 못하고, 그 공동체 역시 자유롭지 못합니다.

낮은 마음, 높은 설득

4
숲이야기

고린도후서 1~13장

나의 약함을 부득불 자랑하노라

고후 10~13장

디모데가 가지고 간 이 편지(고린도전서)를 교인들이 읽고 난 후, 바울이 보내온 해결 방책이 옳다고 수용하는 부류도 있었지만, 이 편지로 인해 오히려 역효과가 난 분파도 있었습니다. 아마 '바사모'는 전적으로 수용했을 것입니다. 그런데 나머지 파들은 "말은 시원찮은 사람이 글은 굉장하네." 혹은 "바울은 사도도 아니잖아?"라는 식의 책임없는 이야기들을 쏟아놓았습니다. 바울의 편지를 통해 공동체의 분란이 잠재워지기보다는 오히려 더 분열되고, 그 틈에 바울의 사도직에 대한 의심까지 싹트게 된 것입니다.

바울은 자기의 사도 직분이 시비 거리가 된다는 사실에 민감할 수밖에 없었습니다. 왜냐하면 자신의 사도 권위가 흔들리게 되면 자신이 전한 복음에까지 문제가 생길 수 있기 때문입니다. 뿐만 아니라 바울이 편지를 보내면서 편지 말미에

나를 본받으라

바울은 고린도 교회에게 자신을 본받으라고 말한다(고전 11:1). 교회를 위한 그의 수고, 그의 눈물과 땀, 그리고 그의 섬김을 본받으라는 말이다.

LEADERSHIP
진보를 위한 포기

바울이 이야기한다. "누가 약한 것 같으면 내가 약하게 되고, 또 누가 고기 먹는 것 때문에 신앙이 흔들리면, 나는 고기를 안 먹겠다."라고 한다. 공동체에 믿음의 진보가 있게 하기 위해서라면 자신의 어떤 부분이든 포기할 마음이 있다고 한다.

"매 주일 첫 날에 돈을 좀 저축해두라."(고전 16:2)는 당부를 했는데, 이것이 고린도 교인들 사이에서 논란이 됩니다. 바울은 고린도에 교회를 세우고 복음을 전하는 사역을 자비량으로 감당했습니다. 그 부분을 고린도 교인들도 잘 알고 있었습니다. 그런데 편지에 연보를 준비하라고 하니까, 사람들이 "어? 겉으로는 자비량 운운하더니 결국 사람을 보내서 뒤로 돈을 걷어가는 게 아니냐?"라며 의심하였던 것입니다.

바울이 고린도에서 복음을 전할 때 그는 그리스도의 복음에 장애가 되게 하지 않기 위해 최대한 낮은 자세로 사역하였습니다. 그런데 바울이 고린도를 떠난 지금, 고린도 교회 안에 바울의 그러한 모습을 조롱하며, 나아가 그가 전한 복음까지도 가볍게 여기는 이들이 나타난 것입니다. 고린도 교인들은 바울을 육체대로 행하는 자로까지 여겼습니다(고후 10:2).

바울은 앞서 고린도전서를 써 보내고 '뭔가 해결의 실마리가 생기겠지.' 라고 기대하고 있었는데, 오히려 기대에 못미치는 반응이 나타나자 몹시 실망스러웠습니다. 사실 첫 편지(고린도전서)를 쓸 때는 달래는 마음으로 썼습니다. 하지만 그들이 편지를 받고도 반성하기보다는 정반대의 반응을 보이자 많이 안타까웠습니다. 그래서 다시 쓴 편지가 고린도후서 10~13장입니다.

바울은 육체를 좇아 자랑하는 이들에게 그들의 자랑이 얼마나 부끄러운 것인지, 바울을 모독하는 이들에게 그들의 논리가 얼마나 유치한 수준인지 드러냅니다. 그러나 이러한 단호한 편지의 진정한 목적은 고린도 교인들을 넘어뜨리려는 것이 아니라, 궁극적으로 그들을 바로 세우기 위함입니다.

"만일 누가 가서 우리가 전파하지 아니한 다른 예수를 전파하거나 혹은 너희가 받지 아니한 다른 영을 받게 하거나 혹은 너희가 받지 아니한 다른 복음을 받게 할 때에는 너희가 잘 용납하는구나 나는 지극히 크다는 사도들보다 부족한 것이 조금도 없는 줄로 생각하노라 내가 비록 말에는 부족하나 지식에는 그렇지 아니하니 이것을 우리가 모든 사람 가운데서 모든 일로 너희에게 나타내었노라"(고후 11:4~6).

"그들이 그리스도의 일꾼이냐 정신 없는 말을 하거니와 나는 더욱 그러하도다 내가 수고를 넘치도록 하고 옥에 갇히기도 더 많이 하고 매도 수없이 맞고 여러 번 죽을 뻔하였으니 유대인들에게 사십에서 하나 감한 매를 다섯 번 맞았으며 세 번 태장으로 맞고 한 번 돌로 맞고 세 번 파선하고 일 주야를 깊은 바다에서 지냈으며 여러 번 여행하면서 강의 위험과 강도의 위험과 동족의 위험과 이방인의 위험과 시내의 위험과 광야의 위험과 바다의 위험과 거짓 형제 중의 위험을 당하고 또 수고하며 애쓰고 여러 번 자지 못하고 주리며 목마르고 여러 번 굶고 춥고 헐벗었노라"(고후 11:23~27).

바울은 지난 시절 자신이 어떤 고난을 당했는지 다 털어놓고 있습니다. 바울도 자신이 당한 고난을 이렇게 일일이 털어놓고 싶지는 않았을 것입니다. 그러나 고린도 교인들이 바울은 사도가 아니라는 등의 비판을 하면서 자신이 전한 복음의 내용까지 왜곡시키는 것을 보고 이를 막아야 한다는 생각에서 이렇게 쓰는 것입니다. 바울에게는 그가 히브리인이라는 것, 율법에 정통하다는 것이 자랑이 아니었습니다. 오히려 그가 생각하는 그리스도의 일꾼 됨의 기준은 '그리스도를 위해 얼마나 많은 고난을 받았느냐.' 라는 것입니다. 어쨌든 후대 우리 입장에서 보면 이 편지를 통해 바울이 전도여행 과정에서 얼마나 많은 고난을 겪었는지를 알 수 있습니다.

그런가 하면 바울을 대적하는 이들이 바울은 영적 경험이

바울의 고난의 삶
개인적인 일화들을 통해 바울의 개인적인 삶을 감지할 수 있다. 이러한 것들 중에는 사도행전에 기록되지 않은 핍박과 고난(고후 11:23~27), 다메섹에서의 탈출에 대한 상세한 기록(고후 11:32~33), 낙원에 대한 그의 환상과 계시(고후 12:1~4), 그리고 육신의 가시(고후 12:7~10)가 들어 있다.

부족하다고 공격합니다. 그러나 실상은 바울에게 신비한 체험이 없었던 것이 아니라 그의 경험을 다른 이들처럼 자랑삼아 이야기하지 않았을 뿐입니다. 그들의 공격이 거세어지자 바울은 어쩔 수 없이 자신이 셋째 하늘에 갔었던 경험을 이야기합니다(고후 12:1~4). 하지만 바울이 여기에서 자신의 영적 경험을 이야기하는 이유는 다른 이들의 경우와 근본적으로 다릅니다. 바울을 대적하는 이들은 자신의 영적 능력을 드러내기 위함이었지만, 바울은 자신의 약한 부분을 통해 역사하시는 크신 하나님을 드러내기 위함이었습니다.

이런 내용의 편지를 이번에는 디도 편에 보냅니다. 디도가 이 편지를 가지고 가서 고린도 교인들에게 보여줍니다. 다행스럽게도 고린도 교인들이 이 편지를 읽고 모두 크게 반성합니다. 그런데 바울은 이 편지를 써서 보내놓고 조마조마해 합니다. 혹시 이 편지 때문에 그들이 더 시험에 들까 봐서 말입니다. 그래서 여장을 꾸려서 고린도에 직접 가려고 길을 나섭니다.

너희는 그리스도의 편지 고후 1~9장

바울이 에베소에서 마게도냐로 갑니다. 그곳을 거쳐서 고린도로 가려는 계획이었습니다. 그런데 디도가 고린도 교인들이 뉘우쳤다는 좋은 소식을 가지고 올라옵니다. 두 사람이 마게도냐에서 기쁘게 만납니다. 바울은 다시 고린도 교인들에게 감사와 기쁨의 편지(고후 1~9장)를 보냅니다.

바울은 고린도 교회로 인해 그동안 걱정하고 근심하였으

나 끝에는 하나님께 대한 감사로 충만해진 자신을 돌아보며, 환난 중에 위로하시는 하나님을 찬양합니다(고후 1:3~5). 그리고 바울은 자신이 직접 고린도 교회를 방문하여 교회의 여러 문제를 해결하는 데에 도움을 주고 싶은 마음이 간절하였으나 그 계획이 뜻대로 되지 않았던 이유 중 하나가 아시아에서 당한 고난 때문이었다고 말하며 고린도 교인들의 오해를 풀어줍니다(고후 1:8~10).

바울은 험난한 고생을 겪으면서도 고린도 교회에 복음을 전하고 섬겨왔습니다. 그런데 고린도 교회는 복음의 진리 위에 반듯하게 서 있지 못하고 갈팡질팡하는 모습을 보였습니다. 한 예로 바울이 사역하던 시대에 어떤 이들은 추천서를 가지고 다녔나 봅니다(고후 3:1). 그러나 바울에게는 어떠한 추천서도 없습니다. 이에 대해 바울은 말합니다. "나에겐 더 확실한 추천서가 있으니, 하나님께서 주신 성령의 추천서이다. 너희가 바로 내가 전한 복음으로 말미암아 나타난 그리스도의 편지로서 내가 하나님의 종임에 대한 증거이다."라고 고백합니다.

바울은 복음을 전하기 위해 큰 고난을 받았습니다. 이는 복음의 진리가 조금도 왜곡되지 않고 모든 사람에게 전파되기를 바라는 마음에서였습니다. 고린도 교회가 하나님의 구원의 은혜를 받는 과정에는 복음을 위한 바울의 고난이 있었다는 사실을 기억해야 합니다. 바울은 외형적 조건으로 보면 자랑할 것이 많은 사람입니다. 그러나 겉으로 보이는 것보다 마음에 새겨진 것을 자랑하면서 지금껏 달려왔습니다. 그리스도의 영광의 빛을 이방 땅에 비추기 위해 고난의 터널을 묵묵히 걸었던 바울. 그는 십자가의 길을 걸으며 비록 핍박은 받고 있지만 자신을 향한 하나님의 보호하심과 동행하심은 멈추지 않으리라는 큰 확신을 가지고 있었습니다.

편지의 말미에 바울은 또다시 고린도 교회에 연보를 요구하고 있습니다(고후 9:1~3). 이 문제로 그토록 오해도 받았었는데 말입니다. 그래도 고린도 교회에서 연보를 모아 다른 지역의 가난한 성도 섬기는 일을 바울은 포기할 수 없었던 것입니다. 복음 전파를 위하여 자비량의 원칙을 끝까지 지켰던 바울이 다른 성도들을 위해서는 열심히 연보를 거두고 있습니다. 바울은 고린도 교회가 예전부터 미리 연보를 준비하고 있는 줄 알고 있다고 이야기합니다. 그들의 헌신에 하나님께서 더욱 풍성히 채워주시리라고 축복하기도 합니다. 그리고 몇몇 형제들을 미리 고린도 교회에 보내어 준비할 수 있도록 하겠다고 이야기합니다. 복음을 위해서라면 자신에게 있는 모든 특권을 포기할 수 있었던 바울은 도움이 필요한 성도들을 위해서라면 교회를 설득하여 이렇게 철저히 연보를 유도할 수도 있었던 사람입니다. 아울러 바울은 일을 강하게 추진하되 그 과정에서 생길 수 있는 오해와 갈등을 미리 조심하는 사람이었습니다. 그래서 많은 연보를 가져와 전달해야 하는 일에 모든 성도들이 신뢰할 수 있는 디도를 보냅니다(고후 8:6).

땅끝 비전과 받음직한 섬김

사도행전 20장~21:16 로마서 1~16장

복음에 빚진 자 행 20:1~3/ 롬 1~11장

바울은 에베소를 떠나서 마게도냐를 지나 고린도에 도착한 후, 그곳에서 석 달 정도 머무릅니다(행 20:1~3). 바울은 아마 고린도 교인들을 만나 대화하며 기쁨의 시간을 보냈을 것입니다. 그러면서 그는 이 기간에 중대한 일 하나를 하는데, 그것은 바로 로마서를 쓰는 일이었습니다. 바울은 고린도의 한 막사에서 로마서를 써서 이를 겐그레아 교회 뵈뵈 집사의 손에 들려서 로마로 보냅니다(롬 16:1~2). 그 후 바울은 고린도 교회와 작별하고 오순절 전에 예루살렘에 갈 계획을 세웁니다. 즉 마지막으로 예루살렘을 방문해 공식적인 선교 보고를 마치고 로마를 거쳐 스페인에 가고자 한 것입니다.

일찍이 그는 사역 초기에 갈라디아서를 쓴 적이 있습니다. 로마서는 갈라디아서에 그 기초를 두면서 시간적 여유를 가지고 깊이 있게 쓴 편지입니다. 그가 쓴 다른 많은 편지들은 편지 수신자들에 대한 경험과 이해를 기반으로 쓴 것입니다.

성경의 보석-로마서

- 시인 사무엘 테일러 콜레리지 (Samuel Taylor Coleridge) "현존하는 가장 심오한 책"

- 주석가 고뎃 (Godet) "기독교 신앙의 대성당"

- 마틴 루터 "이 서신서는 신약에서 최고의 부분이며 가장 고결한 복음이다. … 아무리 읽고 숙고해도 지나치지 않으며, 읽으면 읽을수록 더 귀중해지며 더 맛이 난다."

그런데 바울은 이전에 로마에 가 본 적이 없기 때문에 아직 로마 교인들을 직접 대면한 적이 없습니다. 그래서 바울은 좀 더 정성을 들여 편지를 써내려갔을 것입니다. 또한 그는 여러 생각 끝에 로마에 편지를 보내고 있습니다. 특히 로마에 갈 계획을 세우고 있었기 때문입니다.

먼저 그는 자기 자신을 "예수 그리스도의 종"(롬 1:1)으로 소개하고 있습니다. 현대 사회를 사는 우리에게 '종'은 관념 속에나 존재하는 단어이지만, 당시 '종'(노예, slave)은 실재하는 단어였습니다. 그러므로 "예수 그리스도의 종 바울"이라는 표현은 철저히 현실적이고도 구체적인 표현입니다.

바울은 로마에 갈 계획을 세울 때부터 로마 교인들을 위한 중보기도를 틈나는 대로 하고 있었습니다(롬 1:9). 바울은 그 같은 사실을 로마 교인들에게 알리면서 기회가 되면 로마에서 만날 수 있기를 바란다는 마음을 전합니다. 그리고 자신이 만난 예수님에 대해 알리면서 은혜를 나누면 좋겠다는 내용으로 이 편지를 쓴 이유를 밝힙니다.

"형제들아 내가 여러 번 너희에게 가고자 한 것을 너희가 모르기를 원하지 아니하노니 이는 너희 중에서도 다른 이방인 중에서와 같이 열매를 맺게 하려 함이로되 지금까지 길이 막혔도다"(롬 1:13). 바울이 여러 번 로마에 가고자 했지만 뜻대로 되지 않았던 모양입니다. 우리는 성령이 충만한 사람들은 계획을 세우자마자 이뤄져야 한다고 생각합니다만, 바울의 경우만 봐도, 꼭 그런 것은 아닙니다.

이렇게 인사말을 나눈 이후, 바울은 로마서 15장 중반 정도에 이르기까지 그리스도 예수를 통해서 우리가 어떻게 하나님의 자녀 되는 신분을 획득했는지, 죄인이 그리스도를 만남으로 어떻게 의인이 되어 하나님의 자녀로서의 권세와 영광을 누리는지, 정성을 다해 써 내려갑니다. 아직 직접 만난 적이 없는 로마 교인들을 위해 구원의 도리, 예수 그리스도로 인한 구원받음, 칭의(稱義)의 내용에 대해 차분하게 써 내려갑니다.

사도 바울이 전하는 위대한 구원의 진리는 모든 인류가 처해있는 영적인 상태를 언급하는 것으로 시작됩니다. 그는 먼저 우상 숭배에 빠진 이방인들의 종교적인 죄와 그들의 도덕적인 죄를 책망합니다(롬 1:21~23). 또한 유대인들은 율법을 소유한 것으로 만족하고 자랑하지만, 그 율법을 지키지 않습니다. 이에 모든 인간은 하나님 앞에 죄인이며, 그러므로 죄악에 대한 심판은 이방인과 동일하게 유대인에게도 적용된다고 이야기합니다(롬 2장).

결국 모든 사람은 죄인이며, 의인은 없나니 하나도 없다는 것입니다. 따라서 죄의 형벌을 면할 자는 없습니다. 죄를 해결할 수 있는 유일한 길은 하나님께서 예비하신 믿음으로 말미암는 의의 길입니다. 이 의(義)란 하나님께서 화목제물로 세우신 예수 그리스도를 믿음으로써 모든 믿는 자에게 미치는 의를 의미합니다. 오직 믿음으로 구원을 받습니다. 구원의 주체도 하나님뿐입니다. 용서를 위해서는 무언가 공로를 세워야 한다고 생각하기 쉽습니다. 그러나 하나님께서는 인간의 구원을 위하여 그의 아들을 내어줌으로써 값을 지불하셨고, 더 이상 지불해야 될 값은 없습니다. 그러므로 누구든지 믿음으로 그 선물을 받아들이기만 하면 구원을 받을 수 있습니다.

예수 그리스도 안에 있는 우리 그리스도인들에게는 모든 사망의 법으로부터의 자유가 보장되어 있습니다(롬 8:1~2). 죄

이신칭의 (以信稱義)

• 칭의
그리스도 안에서 믿는 자는 거룩하신 하나님께 의롭다 칭함을 받게 되었다.

• 구속
그분의 죽으심으로 말미암아 그리스도께서는 믿는 자들을 죄에서 종노릇하는 것으로부터 사서 죄의 형벌로부터 자유하도록 속죄의 값을 치르셨다.

• 화해
그리스도의 피는 죄를 간과하지 못하시는 의로우신 하나님의 요구를 만족시켰다.

와 죽음과 사망의 멍에에서 해방시키는 자유의 영은 우리를 구원하시는 하나님의 성령이십니다. 그리스도인의 가장 큰 특권은 성령께서 함께하신다는 것입니다. 성령께서 하나님의 아들로 인침 받은 우리를 위해 끊임없이 중보하십니다(롬 8:26).

더 나아가 사도 바울은 세상에 있는 어떤 것도 하나님의 사랑에서 우리를 끊을 수 없다고 말합니다. 죄로부터, 사망으로부터, 율법으로부터 자유케 하시는 성령의 능력을 받은 바울은 하나님의 놀라운 사랑이 그의 택하신 백성들에게 결코 끊어질 수 없음을 찬양합니다(롬 8:35~39).

하지만 이 확신을 가슴에 담고 풍성한 삶을 살아가는 바울에게도 큰 고민이 있었습니다.

"내가 그리스도 안에서 참말을 하고 거짓말을 아니하노라 나에게 큰 근심이 있는 것과 마음에 그치지 않는 고통이 있는 것을 내 양심이 성령 안에서 나로 더불어 증언하노니 나의 형제 곧 골육의 친척을 위하여 내 자신이 저주를 받아 그리스도에게서 끊어질지라도 원하는 바로라"(롬 9:1~3).

숲에서 볼 때, 이방인의 사도인 바울의 가슴은 이방인에게 복음을 전하려는 간절한 마음과 아울러 자기 민족 유대인들이 그리스도의 풍성한 은혜를 누릴 수 있기를 바라는 마음으로 가득 차 있습니다. 하지만 바울의 마음 깊은 곳에 있는 그 답답한 마음은 곧 하나님께 대한 찬양으로 이어집니다. 바울은 하나님의 자비하심이 높고 깊고 웅장함을 깨닫게 됩니다. 그는 하나님께서 그의 백성을 버리신 것이 아니라 구원받을 자를 남겨두셨다고 말합니다(롬 11장). 하나님을 거절하고 불순종한 이스라엘을 여전히 사랑하셔서 구원의 역사를 이어가시는 것입니다.

바울은 온갖 고난과 역경 가운데서도 하나님의 복음을 전하기 위해 고생과 수고를 아끼지 않았습니다. 심지어는 목숨까지도 내놓고 복음을 전합니다. 모든 민족이 구원을 받기 원하시는 것은 성경 전체를 통해 조금도 의심할 수 없는 하나님 마음의 숲입니다. 이방인의 사도로서 바울은 유대인과 이방인에 대한 뜨거운 구원 열정을 지닌 하나님의 사람이었습니다.

※

땅끝 비전과 받음직한 섬김 롬 12~16장

성령의 능력 안에서 구원의 놀라운 은혜를 받은 그리스도인들에게 바울은 그들의 몸을 하나님께서 기뻐하실 만한 거룩한 제물로 드리라고 권면합니다(롬 12:1~2). 로마서의 숲에서 볼 때 이러한 그리스도인의 생활 강령은 죄와 죽음과 율법의 사슬에서 벗어난 그리스도인의 자유의 삶입니다.

바울은 부지런히 하나님과 이웃을 사랑하고 섬기되, 그 사랑과 섬김이 진실해야 함을 이야기합니다. 또한 바울은 그리스도인들에게 즐거워하는 이들과 함께 즐거워하며 우는 이들과 함께 울라고 합니다(롬 12:15). 주변 사람들의 웃음과 눈물에 동참하라는 말씀입니다. 이처럼, 바울이 로마 교회에 권하는 핵심 내용은 '사랑'입니다. 사랑은 모든 율법의 완성이기 때문입니다. 바울은 율법의 모든 조항을 다 지키며 살아온 사람이었습니다. 그런 그가 로마 교회에 전하는 율법의 숲은, '사랑'이 '율법의 완성'이라는 것입니다(롬 13:8~10).

이제 로마서 15장 후반부부터 바울은 로마에까지 가고 싶은 이유, 가야 하는 이유를 설명하기 시작합니다. 로마서는 성경 중에서 보석과 같은 책이라고 알려져 있습니다. 사실입니다. 그런데 이 로마서를 바울이 왜 썼는지, 그 숲부터 정리하고 로마서의 내용들을 살펴봐야 할 것입니다.

바울은 로마 교인들에게 자기를 소개하고 로마 교인들의 후원을 받아 서바나(스페인)에 가고자 합니다. 당시 1세기의 지정학적 지식으로는 스페인이 바로 '땅끝'이었습니다. 예수님께서 "너희는 예루살렘과 유대와 사마리아, 그리고 땅끝까지 가서 내가 모든 사람을 사랑한다는 것을 전해다오."라고 말씀하셨습니다. 전도가 무엇입니까? "예수님께서 당신을 사랑합니다."라는 사실을 알리는 것입니다. 예수님께서 유대 사람, 사마리아 사람만 사랑하십니까? 그렇지 않습니다. 땅끝에 사는 사람들을 위해서도 십자가를 지셨습니다. 부디 모든 사람에게 이것을 알려다오, 이것이 예수님의 유언이었습니다.

바울이 예수님의 이 유언을 자신의 삶의 소망과 목적, 방향과 내용으로 삼고 살아간 지 벌써 30여 년 가까이 됩니다. 이제 그의 나이는 50대 중반을 넘어 60세에 가깝습니다. 그런 그가 스페인에 가기를 원하는 것입니다. 자기 당대에 예수님의 유언을 실현하고 싶어서 말입니다. 그 소원을 이루고자 로마서를 쓴 것입니다. 지금까지 복음 전도를 하는 일은 안디옥 교회의 도움만으로도 충분했습니다. 그런데 좀 더 멀리 가서 복음을 전하려면 로마에 사는 그리스도인들로부터 지원을 받는 것이 효과적이었기 때문에, 그들과 사귀고 싶어 했던 것입니다.

바울의 이런 열정을 예수님께서 얼마나 좋아하셨을까요? 수많은 고통과 고난의 경험을 가졌음에도 불구하고 또 일어나서 예수님을 전하려고 땅끝까지 가겠다는 선언입니다. 로마서는 구원의 도리를 밝히고자 하는 논문이 아니고, 50대 후반에 이른 바울의 꿈과 열정이 녹아 있는 복음편지임을 꼭 기억해야 합니다.

바울은 로마 교인들에게 기도를 부탁합니다(롬 15:30). 그만큼 기도의 능력을 믿는 것이고, 한편으로는 앞에 다가온 상황이 그만큼 급하기도 합니다. 바울은 지금 마지막으로 예루살렘에 가려 합니다. 그런데 순종하지 아니하는 유대인들이 바울을 암살할 계획을 세우고 있다는 소식을 접한 것입니다(롬 15:31). 이들은 30여 년 전에 예수님을 십자가에 못 박은 무서운 사람들입니다. 스데반을 돌로 쳐 죽인 자들이며, 야고보를 죽음에 이르도록 한 자들이기도 합니다. 이들이 바울도 죽이기로 결심한 것입니다. 이 사실을 듣게 된 바울이 생명의 위협으로부터 건짐을 받도록 기도해달라고 부탁합니다. 땅끝 스페인까지 가서 복음 전도를 해야 한다는 그의 꿈 때문입니다.

두 번째 기도 제목은 "예루살렘에 대하여 내가 섬기는 일을 성도들이 받을 만하게"(롬 15:31)입니다. 바울이 예루살렘에 방문하는 여러 가지 목적 중 한 가지가 바로 예루살렘 교회의 빈곤한 재정을 돕기 위해 이미 모아놓은 많은 연보를 예루살렘 교회에 전달하는 것입니다. 바울은 마게도냐(빌립보, 데살로니가, 베뢰아) 교회와 아가야(고린도) 교회들에게서 오해를 받아가면서까지 예루살렘 교회를 위해 많은 연보를 모아놓았습니다. 그런데 연보를 전달하는 과정에서 예루살렘 교인들이 부담으로 받는다든지 혹시 자존심 상할까봐, 이 전달이 하나님께서 주신 것을 나누는 것으로, 받는 쪽에서 받음직하게 받게 되기를 기도하는 것입니다.

주고받는 것은 아름답습니다. 그런데 받는 쪽에서 받음직하게 받는 것이 훨씬 더 아름답습니다. 바울이 이것을 가르치고 있습니다. 사도 바울은 그 연보를 모으면서 많은 고생을 했고 심지어는 모욕적인 이야기까지도 들어야 했습니다. 그런데 그 준비된 물질을 전달하는 과정에서 예루살렘 교인들이 혹

Message

가장 큰 선물

하나뿐인 아들을 내어놓으신 하나님께서 나머지 모든 것을 은사로, 선물로 주신다고 말씀하신다. 조건은 딱 하나다. 하나님께서 그 아들을 바로 나를 위해 십자가에 내어놓으셨다는 것을 믿는 것이다.

시 상처를 받을 수도 있습니다. 아무래도 받는 입장의 마음은 편치 않기 마련이고, 게다가 이방인들에게서 온 연보이기 때문입니다. 하나님께서 주시는 것으로 받아야 위로가 될 것입니다. 그것을 위해 기도 부탁을 하고 있는 것입니다. 바울, 그의 인격과 고상한 수준을 알 수 있는 대목입니다.

긴 편지의 말미에 바울은 여러 사람들에게 문안하고 있습니다(롬 16장). 이 편지를 들고 가는 뵈뵈 집사를 잘 대접해주기를 부탁하고 있습니다. 뿐만 아니라 여러 사람을 거명하며 다 문안하라고 합니다. 이를 통해 바울의 넓은 인간관계, 따뜻한 동역자 관계를 잘 알 수 있습니다.

바울은 혼자 일하지 않았습니다. 바울의 복음 안에서의 인간관계는 실로 모범적입니다. 하나님과의 수직적인 관계는 언제나 이웃과의 수평적인 관계로 뻗어나갈 때 건강을 유지할 수 있습니다. 바울은 이 사람 저 사람 사이의 다리가 되어 많은 사람들을 연결해주고 있습니다. 우리도 수많은 사람들과 복음 안에서 아름다운 관계를 맺어가길 소망합니다.

밀레도에서의 고별 행 20:4~38

바울은 고린도에서 석 달을 머문 후 수리아로 떠나려 했으나, 유대인들이 그를 향해 음모를 꾸미고 있다는 소식을 듣고, 마게도냐를 거쳐 돌아가기로 작정합니다. 바울과 동행하던 사람들 중 "베뢰아 사람 부로의 아들 소바더와 데살로니가 사람 아리스다고와 세군도와 더베 사람 가이오와 및 디모데와 아시아 사람 두기고와 드로비모"(행 20:4)는 먼저 드로아에 가서 기다립니다. 자기보다 먼저 드로아에 도착해 있는 동역자들과 만난 바울은 그곳에서 잠시 머물게 됩니다.

LEADERSHIP

동지, 동행, 동역

"아시아까지 함께 가는 자는… 아리스다고와 세군도와…"(행 20:4).

동행자가 있다. 사도 바울이 매를 맞고 길이 막혀도 다시 노력할 힘을 얻은 것은 하나님께서 힘을 주시기 때문이며 또한 많은 동역자들이 같은 마음을 품어주었기 때문이다.

바울은 다시 드로아를 떠나 여러 곳을 거친 후 밀레도에 이릅니다. 바울이 이런 행로를 정한 것은 아시아에서 시간을 쓰지 않기 위해 에베소에 들르지 않기로 작정하였기 때문입니다. 그는 가능한 한 오순절 전에 예루살렘에 도착하려고 서두르고 있습니다. 그래서 바울은 밀레도에서 에베소로 사람을 보내어 에베소 교회의 장로들을 청합니다(행 20:17). 그들은 바울을 통해 예수님을 만난 사람들입니다. 그들은 바울로부터 "이제는 여러분이 다 내 얼굴을 다시 보지 못할 줄 아노라."라는 말을 듣고 먼 길을 달려옵니다. 바울은 그들을 향해 마지막 고별 설교를 하게 됩니다. 이 설교를 통하여 지난 2년 동안 에베소에서의 그의 행적을 회고하고, 사랑하는 성도들이 복음의 진리 안에서 온전히 성장하기를 권면합니다.

바울의 마지막 부탁 내용은 세 가지로 정리할 수 있습니다(행 20:18~35).

첫째, 바울이 2년 동안 에베소에서 사역할 때, 유대인의 간계로 인해 눈물과 고통으로 사역했듯이, 그들에게도 사는 날 동안 눈물과 고통이 있을 것이지만, 그럴수록 더욱 더 겸손하게 살라고 당부합니다.

둘째로, 생명과 사명에 관해 이야기합니다. 생명보다 귀한 것은 없습니다. 예수님께서도 "온 천하를 얻고도 제 목숨을 잃으면 아무 소용이 없다."라고 하셨습니다(마 16:26). 그런데 바울은 자기 생명을 조금도 귀한 것으로 여기지 않고 일했습니다. 복음을 증거하기 위해서는 시간과 물질을 아낌없이 바치는 것은 물론이요, 생명까지도 바치겠다는 것입니다. 바울에게는 복음을 위해 살아 있다는 것이 중요했던 것입니다. 예수님께서는 자신의 생명을 바쳐서 모든 사람의 생명을 살리셨습니다. 바울은 그렇게 새롭게 부여받은 생명을 예수님의 죽음과 부활을 증거하는 데에 다시 바치고 있습니다. 바울은 하나밖에 없는 생명을 어디에 바치고 살아야 하는지 이야기합니다. 그는 예수님을 위해 그 생명을 바치라고 말하고 있습니다.

셋째로, 주는 것이 받는 것보다 복되다고 말합니다(행 20:35). 이 말은 우리 예수님께서 하셨던 말씀입니다. 바울은 이 말씀을 붙들고 실천하며 살아왔는데, 이것이 진리임을 다시 강조하고 있습니다. 사실은 받는 것이 더 좋고, 받고 싶은 나머지, 주는 게 아깝습니다. 그러나 주는 것이 받는 것보다 더 복되다고 예수님께서 말씀하셨고, 바울은 그것을 체험했습니다. 그는 텐트, 즉 천막을 열심히 만들어서 자신의 생계를 꾸려나가는 것은 물론이고 자기 동역자들의 생계 대책의 일부를 같이 책임졌습니다. 우리는 할 수 있는 한, 부지런히 수고하고 남겨서 그 남은 것을 이웃과 나눠야 하겠습니다. 그리고 나아가서는 생명의 복음을 나눌 수 있어야 할 것입니다.

이 세 가지를 에베소 장로들에게 신신당부한 바울이 떠날 시간이 되자, 다 크게 울며 목을 안고 웁니다(행 20:36~38). 자기 목숨을 해하려는 자들이 있다는 것을 알면서도 길을 떠나는 바울, 그리고 그런 바울을 떠나보내는 에베소 장로들. 이들 모두 다 예수님의 사랑의 흔적을 가진 사람들입니다.

마지막 예루살렘 방문 행 21:1~16

그렇게 에베소 장로들과 밀레도에서 작별을 하고 예루살렘으로 가는 도중, 바울은 가이사랴에 있는 전도자 빌립의 집에 들릅니다. 이 빌립은 초기 예루살렘 교회에서 세운 일곱 일꾼들 중의 하나이며, 살기등등한 사울을 피하여 예루살렘을 떠났던 사람입니다. 자기가 죽이려던 사람과 자신을 죽이려던 사람이 지금은 한 사람은 방문하고 한 사람은 영접하는 입장이 되었습니다. 두 사람은 함께 과거를 회상하며 모든 것이 합력하여 선이 되게 하시는 하나님의 계획과 인도하심에 영광을 돌렸을 것입니다.

빌립과 바울의 만남

바울이 빌립을 만나러 온 이유 중에는 3, 4년 동안 예루살렘 교회를 위해 모은 구제 헌금을 전달하는 과정에 대해 빌립에게 상의하려는 의도도 있지 않았을까 싶다. 바울은 구제의 전문가라고 할 수 있는 빌립 집사에게 예루살렘 교회의 형편을 묻고 받음직한 섬김에 대해 더 배우려는 자세를 보이는 것 같다.

그 빌립의 집에서 예언자들을 만나는데, 그들이 바울에게 예루살렘에 가지 말라고 예언합니다(행 21:10~12). 바울 주변의 동역자들도 눈물을 흘리며 바울의 발걸음을 막고 나섭니다. 그러자 바울은 "여러분이 어찌하여 울어 내 마음을 상하게 하느냐 나는 주 예수의 이름을 위하여 결박 당할 뿐 아니라 예루살렘에서 죽을 것도 각오하였노라"(행 21:13)라고 말하며 그들을 위로합니다.

이렇게 바울은 그들의 간곡한 만류에도 불구하고 더 큰 하나님의 뜻을 따라 발걸음을 옮깁니다. '그래도 가야 할 길은 간다.' 는 것이 바울이 마음속에서 끊임없이 되새기고 다짐했던 신앙 결심이었습니다. 드디어 예루살렘에 도착했습니다. 예상대로 예루살렘의 불순종한 유대인들은 바울을 괴롭히기에 열심을 다합니다.

Eternal Crown
and handed-down Request

지난 30여 년 동안 복음을 위해 쉼 없이 달려온 바울. 그는 3차에 걸친 긴 전도여행을 마치고 예루살렘에 도착하지만, 과거 자신의 동료였던 유대인들에 의해 죽음의 위기에 놓입니다. 결국 바울은 로마 황제에게 재판을 신청함으로써 로마로 가게 됩니다. 로마 감옥에서 바울은 지난날 눈물로 씨를 뿌려 세운 교회와 동역자들에게 편지를 보냅니다. 준비된 면류관을 바라보며 복음과 함께 고난을 받으라는 중요한 부탁을 남기고 있습니다.

18
마당

준비된 면류관
남겨진 부탁

예루살렘에서의 작별과 설득

사도행전 21:17~26장

바울의 보고 행 21:17~26

　가까운 바울의 동료들조차 예루살렘에 가려는 바울의 앞을 막습니다(행 21:12). 그러나 바울은 보다 더 큰 하나님의 뜻에 따라 담대히 예루살렘으로 들어갑니다.

　바울은 왜 예루살렘에 이토록 가고자 합니까? 또한 고린도에서 바로 로마로 갈 수도 있는데 왜 굳이 예루살렘을 거쳐서 가려는 것입니까? 바울은 자신이 소망하는 그 땅끝, 서바나(스페인)로 가기 전, 예루살렘 교회 공동체와 마지막 인사를 하고 싶었던 것으로 보입니다. 단지 안부 차원에서가 아니라, 지난 오랜 세월 동안 자기가 해오던 이방 선교의 일을 예루살렘 교회에 보고하고 연계해주기 위해서입니다. 바울은 예루살렘 교회와도 깊은 관계를 맺기 위해 노력해 왔습니다. 바울의 이번 예루살렘행도 그들과의 깊은 연계를 기본 목적으로 마지막 작별인사를 하기 위한 것으로 생각됩니다.

　예루살렘에 도착한 바울은 야고보를 비롯해 예루살렘 교회의 장로들에게 낱낱이 선교 보고를 합니다. 하나님께서 자신을 통해 어떻게 이방인들로 하여금 예수님을 믿게 했는지 증거합니다(행 21:17~19). 모여 있던 예루살렘 교회 장로들은 바울의 보고를 듣고 하나님께 영광을 돌립니다. 그리고 바울은 유대인들에 의해 쓸데없는 시비에 휘말리지 않기 위해 이방인 형제들의 결례를 행하는 데에 동행합니다(행 21:26).

※

불순종한 유대인들과의 대결
행 21:27~23장

이방인들과 함께 결례를 행하고 나서 며칠 후 바울이 성전에 들어가자, 군중들이 삽시간에 달려들어 그를 성전에서 끌어내 죽이려 합니다. 이미 예고되었던 것처럼, 바울은 유대인들에 의해 또 다른 고난의 질고 가운데 놓이게 된 것입니다. 그 상황에서 예루살렘의 치안을 담당하고 있던 로마 천부장이 바울을 죽음 직전에서 건져냅니다. 군인들의 개입이 조금만 늦었으면 그는 거기서 죽고 말았을지도 모릅니다.

로마 군인들의 손에 이끌려가던 바울이 갑자기 돌아서서 천부장에게 한 가지 부탁을 합니다. 유대 백성들에게 말할 수 있는 기회를 달라는 것이었습니다. 천부장으로부터 허락을 받은 바울은 이제 자기 동족들에게 마지막 설득을 합니다(행 22:1~21).

먼저 그는 지난 30여 년 동안 자신이 어떻게 지내왔는지 설명합니다. 가말리엘이라는 훌륭한 율법학자 밑에서 수제자로 공부했던 사실부터 밝힙니다. 스승이 인정할 뿐더러, 대제사장들과 그 세력들이 그의 장래를 인정해준 것과, 그런 그가

예루살렘의 큰 소동
• 예수님께서 예루살렘에 입성하시고 십자가에 달려 못 박히실 때
• 초기교회 일꾼 스데반이 돌에 맞아 처음 순교하였을 때
• 3차 전도여행을 마친 바울이 예루살렘에 돌아왔을 때

옛 동료들 설득

바울의 나이 60세에 접어들고
있다. 예루살렘에서 자기의 옛
동지들에게 마지막 이야기를
전한다. 바울은 자신이 낯선 길
을 떠나 새로운 삶을 선택한
자초지종을 설명하며 "나와 같
이 예수 그리스도를 옷 입고
그의 생각, 그의 삶으로 우리
인생을 정하자."라고 옛 동료들
을 설득한다. 그러나 그들은
"이 놈은 살려둘 사람이 아니
다."라고 말한다. 새로운 길이
낯선 길이라도 그 길이 옳은
길이라면 그 길을 가야 하지
않겠는가. 우리가 가야 할 길은
'낯선' 길이다.

로마 시민권의 혜택

당시 로마 시민권을 가진 사람들은 대단한 특혜를 받을
수 있었다. 재판을 통해 유죄가 증명되지 않은 사람은 함
부로 누군가에게 맞거나 감옥에 갇힐 수 없었다. 그러므
로 바울이 매 맞고 감옥에 갇히면서도 로마 시민권자임을
말하지 않은 것은 그가 복음을 위해 모든 기득권을 포기
했음을 뜻한다. 또한 사도 바울이 예루살렘 성전 안에서
죽을 위험에 처했을 때, 바울은 로마의 천부장에게 자신
이 로마의 시민권자임을 말하고 목숨을 구할 수 있었다.
당시 예루살렘 치안을 담당하고 있던 천부장은 자기 담당
지역에서 로마 시민권자가 이유 없이 억울하게 죽게 된다
면 그 책임을 면할 수 없기 때문이다. 그래서 천부장은
많은 군인들을 동원하여 로마 시민권자인 바울을 보호해
주었던 것이다. 그리고 바울은 로마 시민권자로서 황제에
게 재판을 요청할 수 있었다.

예수님을 만났다는 사실을 고백합니다. 그리고 예수 그리스도 그분이 진정한 길이요 생명이라는 것을 고백합니다.

자신의 동족들에 대한 바울의 생각은 남달랐습니다. 그는 지금껏 이방인들에게 복음 전하는 일에 열심을 내었으나, 그가 마음속에 품고 있는 동족들을 향한 마음 또한 간절함, 바로 그것이었습니다. 그는 예수 그리스도를 통한 하나님과 그와의 관계를 로마서에서 고백한 적이 있습니다. 그는 그 어떤 것도, 심지어는 죽음까지도 자신을 하나님의 사랑에서 끊을 수 없다고 단언했습니다. 그리고 이어서 말했습니다. "내가 그리스도 안에서 참말을 하고 거짓말을 아니하노라 나에게 큰 근심이 있는 것과 마음에 그치지 않는 고통이 있는 것을 내 양심이 성령 안에서 나와 더불어 증언하노니 나의 형제 곧 골육의 친척을 위하여 내 자신이 저주를 받아 그리스도에게서 끊어질지라도 원하는 바로라"(롬 9:1~3). 그의 마음속에 동족들을 향한 말할 수 없는 안타까움과 고통이 있다는 것입니다.

그런데 그 옛 동료들 때문에 바울은 지금 죽음 앞에 놓여 있고, 혼신의 힘을 쏟아 그들을 설득하고 있습니다. 그러나 바울의 말을 듣고 있던 그들은 "더 이상 들을 필요 없다. 죽이자!"라고 외칩니다. "이 말하는 것까지 그들이 듣다가 소리 질러 이르되 이러한 자는 세상에서 없애 버리자 살려 둘 자가 아니라 하여 떠들며 옷을 벗어 던지고 티끌을 공중에 날리니"(행 22:22~23).

이 급한 상황에서 천부장은 바울을 보호하며 일단 피신시킵니다. 바울이 로마 시민임을 안 천부장은 무슨 일로 유대인들이 그처럼 바울을 죽이고자 하는지 알고 싶어 공회를 엽니다(행 22:30). 법과 이성이 통하는

자리에서 이야기해 보라는 것이었습니다. 그러나 공회에서조
차도 바울의 목숨은 위태로웠고, 결국 바울은 부활에 대한 사
두개인과 바리새인의 생각이 다름을 이용한 발언으로 겨우
위기를 모면합니다(행 23:6~8).

그러나 유대인들은 기필코 바울을 죽이겠다고 결심합니
다. 바울을 죽이기 전에는 먹지도 않고 마시지도 않겠다는 암
살단이 조직됩니다(행 23:12~13). 그 소식이 바울에게도 전해집
니다. 천부장이 그 사실을 알고 총독이 머물고 있는 가이사랴
(카이사레아)로 바울을 보내기로 결정합니다. 허술하게 보내면
중간에 암살단으로부터 위험한 일을 당할 수 있는지라, 보병
200명, 기병 70명, 창병 200명, 총 470명의 호위대를 붙입니
다(행 23:23~35). 얼마나 위급한 상황인지 짐작할 수 있습니다.
로마 총독도 아니고 왕도 아닌데, 바울을 호송하는 일에 일개
대대 정도를 동원하는 것입니다. 40명 정도로 이루어진 바울
암살단의 결심이 그만큼 확고했음을 알 수 있습니다.

예수님을 만나서 30여 년 동안 오직 푯대를 바라보며 달려
온 바울은 이날 밤 이렇게 예루살렘을 떠나고 다시는 예루살
렘에 돌아오지 못합니다.

가이사랴에서의 2년 행 24~26장

이러한 위기 상황 속에서 바울은 로마 군대에 의해 로마
총독이 있는 가이사랴로 호송됩니다. 예루살렘보다는 안전한
가이사랴로 이송된 것입니다. 이후 바울은 비록 죄수의 몸이
지만 가이사랴에서 로마로 갈 수 있는 기회를 얻게 됩니다.

Message

잘못된 열심

열심 하나로만 따지면 바울에
버금가는 사람들이 있다. 날이
샐 때 모인 40여 명의 사람들,
그들은 바울을 죽이기로 굳게
맹세한 사람들이다. 그런데 그
들이 나름대로 종교적 확신에
차서 준비하고 계획한 일이라
는 것이 사람을 죽이려는 계획
이다.
하나님께서 우리에게 기대하시
는 것은 단순한 종교적 열심이
아니라, 하나님의 말씀과 복음
에 대한 올바른 이해를 바탕으
로 한 헌신이다.

유대인들의 모략

바울을 재판할 수 있도록 호송
하려고 하는데, 유대인들은 그
틈에 바울을 죽이려고 한다. 그
래서 470명의 로마 군인들이
바울과 동행한다. 이 사실을 통
해서 예수님에 대한 유대인들
의 계략을 다시 한번 짚어볼
수 있다. 예수님을 모략하기 위
해서 그들이 얼마나 철저한 계
획을 세웠으며 수단 방법 안
가렸는지를 바울의 경우를 보
면서 짐작할 수 있는 것이다.

바울은 가이사랴에서 약 2년 정도 머물게 됩니다. 바울을 향한 유대인들의 증오와 음모는 실로 대단했습니다. 가까스로 유대인들의 위협을 피해 가이사랴에 이송된 바울은 그곳에서까지 유대인들의 공격을 받게 됩니다. 대제사장 아나니아가 바울을 고소하기 위해 변호사 더둘로를 데리고 가이사랴까지 찾아왔던 것입니다(행 24:1). 정말 대단한 열심입니다. 예수님을 죽이기 위해 온갖 모략을 짜냈던 유대인들은 다시 예수님의 제자들을 향해 지속적으로 음모와 궤계를 꾸미고 있습니다.

대제사장 아나니아의 고소로 인해 벨릭스 총독 앞에 선 바울은 다시 한 번 자신을 변론할 수 있는 기회를 얻게 됩니다(행 24:10~21). 그러나 바울의 억울한 상황은 곧바로 해결되지 않고 잠시 보류됩니다. 벨릭스 총독, 그는 바울을 보호해주고 때때로 바울을 불러 예수 그리스도에 대해 듣기를 원하면서, 또 한편으로는 바울로부터 얼마간의 뇌물을 받으려는 속셈을 가지고 있었습니다(행 24:26). 아마 총독이 뇌물을 원할 정도였다면, 그 액수는 매우 컸을 것입니다. 어떤 사람은 목숨을 내어놓고 진리의 본체이신 예수님을 소개하기 위해 열심을 다하는 반면, 어떤 사람은 진리를 들으면서도 뇌물을 챙기려 합니다. 또 그 틈에서, 그런 사람에게조차도 어떻게든 복음을 전하고자 애쓰는 바울의 모습을 봅니다.

다메섹 도상에서 예수님을 처음 만나, 안디옥에서 바나바와 손을 잡고 뛰기 시작한 이후로, 바울은 지금까지 촌음(寸陰)을 아껴가며 달려왔습니다. 밤을 새며 그리스도를 가르쳤습니다. 그런 그가 가이사랴 감옥에서 2년 정도 앉아 시간을 보내게 됩니다. 감옥에서의 2년은 지난 세월을 되돌아보며 그의 생각들을 정리할 수 있는 시간이 되었을 것입니다.

바울이 가이사랴 감옥에 갇힌 지 2년이 지난 후 벨릭스 총독 후임으로 베스도가 부임하게 됩니다(행 24:27). 베스도가 총독으로 부임한 이후에도 바울을 향한 유대인들의 음모와 증오는 여전히 계속되었습니다.

새로 부임한 총독 베스도의 태도는 이전 총독 벨릭스와 크게 다르지 않았습니다. 그 역시도 유대인의 마음을 얻는 데에만 관심이 있었습니다. 그래서 바울을 유대인들에게 넘겨주려고 합니다. 이를 눈치 챈 바울은 로마 시민으로서 그가 사용할 수 있는 최후의 법적 수단을 취합니다. 즉 로마 황제인 가이사에게 재판을 청구한 것입니다(행 25:9~12).

로마 시민권을 가진 바울은 이 자리를 통해 로마에 갈 수 있는 기회를 얻게 됩니다. 비록 죄수의 몸으로 호송되고 재판 전까지는 자유롭지 못한 신분이 되겠지만, 그 모든 것을 감수하고 갑니다. 이렇게 시작된 바울의 로마행은 서바나까지 가고자 하는 그의 최종목표를 이루기 위한 또 하나의 중간목표였습니다.

Message

어디가나 전도

벨릭스에 이어 새 총독이 된 베스도에게 문안하러 온 아그립바 왕과 버니게가 바울에 관한 이야기를 전해듣고 만나고자 한다(행 25:13, 22). 이렇듯 바울에 대해 이름이라도 들어본 사람들은 그를 만나고 싶은 마음이 있었다. 비록 죄인처럼 매인 몸이었지만, 그는 하나님께서 예비하신 또 다른 경로를 통해서 복음을 증거하는 기회를 얻었다.

몸 된 교회를 위한 기쁨의 고난

2 숲이야기

사도행전 27~28장 에베소서 1~6장 빌립보서 1~4장
골로새서 1~4장 빌레몬서 1장

로마 교인들과의 만남 행 27~28장

바울이 로마로 압송되는 도중, 그를 태운 배가 큰 풍랑을 만나 파선합니다(행 27장). 바울이 복음을 위한 삶을 살면서 어떤 위험들을 당했는지 단적으로 보여주는 장면 중 하나라고 할 수 있습니다.

복음을 위하여 죄인의 신분을 스스로 선택한 바울에게 하나님께서 도움의 손길을 더해주십니다. 처음에는 아드라뭇데노라는 이름의 배에 타고 있는 사람들 가운데 그 누구도 죄인 신분의 바울을 주목하지 않습니다. 그러나 하나님께서는 풍랑을 만나는 사건을 통해 바울을 높여주십니다. 또한 중도에 머물렀던 멜리데 섬에서는 독사에 물려도 무사한 모습과 그 섬 주민들의 병을 고쳐준 일로 하나님의 능력을 나타냅니다(행 28:1~10). 바울은 예수 그리스도의 복음을 위해 자유인으로서의 권리를 포기했습니다. 하나님께서는 그런 바울에게 자유롭게 복음을 전할 수 있는 길을 열어주고 계신 것입니다.

드디어 로마에 도착했습니다(행 28:11~15). 바울은 2년 전, 고린도에서 '로마서'라는 편지를 써서 이미 자신을 로마 교인들에게 소개한 바 있습니다. 이제 드디어 로마 교인들을 직접 만나게 됩니다. 그리고는 재판을 기다리는데, 재판 날짜가 계속 연기됩니다. 바울은 그렇게 로마에서 2년 세월을 보냅니다. 그가 비록 황제의 재판을 기다리고 있긴 하나 그렇다고 가만히 기다리고만 있을 사람이 아닙니다. 바울은 그곳에서도 부지런히 하나님 나라를 증거합니다(행 28:23). "바울이 온 이태를 자기 셋집에 머물면서 자기에게 오는 사람을 다 영접하고 하나님의 나라를 전파하며 주 예수 그리스도에 관한 모든 것을 담대하게 거침없이 가르치더라"(행 28:30~31).

물론 바울이 로마에서 전도하는 장면을 상상해보면 그것이 결코 쉬운 일이 아니었다는 사실을 알게 됩니다. 자유롭게 사람을 만날 수는 있었지만 로마 군인이 함께 있었고, 직접 이곳저곳 움직일 수 없어 그를 찾아오는 사람들에게만 전도할 수 있었습니다. 그러나 전체 숲에서 하나님의 역사를 바라본다면, 지금 로마에서 이루어지는 바울의 전도는 복음이 전 세계로 전파되는 놀라운 기회였다는 것을 알 수 있습니다.

바울이 로마에 도착하여 2년 동안 복음을 전하였다는 이야기로 사도행전은 마감됩니다. 하지만 하나님께서는 바울을 포함하여 복음을 위해 헌신한 하나님의 사람들을 통해 복음을 땅끝까지 전하고 계십니다. 2천 년 기독교 역사의 숲에서 사도행전 28장은 복음이 예루살렘과 온 유대와 사마리아를 거쳐 땅끝까지 전파되는 과정의 정점이며, 땅 끝을 향한 복음의 항해는 결코 멈출 수 없다는 사실을 웅변적으로 말해주는 부분입니다.

사도 바울이 로마 감옥에서 보낸 편지들, 에베소서, 빌립보

로마로 온 바울
바울은 로마 감옥에서 교회에 대해, 사람에 대해 골똘히 생각하게 된다.

서, 골로새서, 빌레몬서를 합쳐 '옥중서신' 이라고 부릅니다. 감옥에 있는 사람이라면 자신의 처지를 위로받는 것으로도 부족한데, 바울은 자신의 삶의 구구한 어려움을 접어두고 오히려 사역의 후배들에게 세심하고 침착하게 조언합니다. 주의 복음으로 충만했던 바울이기에 가능했던 일입니다.

그리스도 안에서 우리는 하나 엡 1~6장

우리는 '교회' 하면 먼저 건물을 생각합니다. 그러나 당시엔 오늘날과 같이 교회를 건물과 함께 연관지어 생각하지 않았습니다. 복음이 선포된 후 3백여 년 동안에는 눈에 보이는 교회 '건물' 들은 없었습니다. 단지 교회는 예수 믿는 사람들의 모임을 일컫는 말이었습니다. 어느 집에서 사람들이 모이면 그것이 교회였던 것입니다.

교회

그 당시 그리스도인이 되는 사람에게 힘들었던 일은 유대인 공동체와의 결별이다. 출교란 무서운 것이었다. 바울은 그동안 기독교가 무엇이며, 왜 유대교가 아닌 기독교에 참 진리가 있는지 등 많은 질문을 받았을 것이다. 이에 바울이 '교회란 무엇인가' 의 질문에 대해 대답한 것이 에베소서이고, '예수님은 어떤 분이신가' 에 대해 대답한 것이 골로새서이다.

일찍이 바울은 에베소에서 2년 정도 머물며 집중적으로 제자들을 키웠기에 에베소 교회에 대한 남다른 애착을 가지고 있었습니다. 지금은 바울의 제자 디모데가 에베소에서 사역을 하고 있습니다. 바울은 디모데에게 편지를 보내어 교회가 무엇인지 자세히 가르쳐주고 싶었습니다. 일생을 바쳐 교회를 위해 일했던 바울이 에베소서에서 교회에 대한 정의를 내리고 있습니다.

기독교와 유대교를 비교해보면, 유대교에는 눈에 보이는 것이 많은데, 교회에는 오로지 예수님밖에 없습니다. 그러나 바울은 궁극적으로 교회는 예수님 한 분만으로 충분하다고 말합니다.

또한 믿는 자들의 구원과 관련하여, 천지를 창조하시기 전에 우리 하나님의 예비하심이 있었다는 놀라운 선언을 합니다. 그가 지금까지 걸어온 발자취를 더듬어보니 그 모든 여정 가운데 하나님의 섭리가 있었다는 것입니다. 그리고 하나님의 손길을 더듬어 올라가다 보니 그 시작은 결국 창세전이었다는 것입니다.

"찬송하리로다 하나님 곧 우리 주 예수 그리스도의 아버지께서 그리스도 안에서 하늘에 속한 모든 신령한 복을 우리에게 주시되 곧 창세 전에 그리스도 안에서 우리를 택하사 우리로 사랑 안에서 그 앞에 거룩하고 흠이 없게 하시려고 그 기쁘신 뜻대로 우리를 예정하사 예수 그리스도로 말미암아 자기의 아들들이 되게 하셨으니"(엡 1:3~5).

우리를 구원하신 하나님의 사랑은 결코 우연히 발생한 사건도 아니었고, 순간적인 발상에서 나온 것도 아니었습니다. 그것은 이미 태초부터 우리를 향하신 하나님의 거룩하고 놀라운 예정 속에서 이루어진 것입니다. 바울은 이 하나님의 섭리, 곧 성령의 역사하심을 찬양하며, "교회란 하나님의 몸으로, 하나님께서 온 세상을 창조하시며 만물 가운데 충만하게 하시는 하나님의 충만"이라고 정의합니다(엡 1:23). 모든 만물 가운데 충만하신 하나님, 그 하나님께서 오늘도 창세전부터 준비하신 사랑으로 그 자녀들과 교회를 돌보고 계십니다.

지난날을 더듬으며 하나님의 경륜을 깨달은 바울은 이제 그리스도인들이 어떻게 행해야 할지를 알려줍니다. 창세전부터 부르신 하나님의 부르심에 합당하게 행하라는 것입니다. 구체적으로 말해 겸손과 온유와 오래 참음과 사랑입니다. 바울은 부르심에 합당하게 성령의 하나 되게 하신 것을 힘써 지키라고 에베소 교인들에게 당부합니다(엡 4:1~3).

전신 갑주

- 진리의 허리 띠
- 의의 호심경
- 복음의 신
- 믿음의 방패
- 구원의 투구
- 성령의 검(하나님의 말씀)

바울의 하나 됨의 요구에는 실제로 교회의 일치를 증진하는 것입니다(엡 4:1~6:20). 이러한 목적을 추구하려면 겸손, 사랑, 평화의 실천이 요구됩니다. 교회의 일치를 강조함에 있어서 바울은 '하나'(one)라는 단어를 일곱 번(한 몸, 한 영, 한 소망, 한 주님, 한 믿음, 한 세례, 한 하나님과 아버지)이나 사용합니다.

고난 중에서 기쁨과 감사로 빌 1~4장

바울이 2차 전도여행 도중 아시아를 넘어 도착한 유럽의 첫 관문이 빌립보였습니다. 바울은 거기에서 루디아와 점치는 여종, 간수장 가족에게 복음을 전하였고 이들이 모여 빌립보 교회를 세웠습니다. 바울은 모든 교회에 그리스도의 마음으로 애착을 갖고 있었으나, 특히 빌립보 교회는 다른 교회들에 비해 바울과 사적 관계가 깊은 교회였습니다. 바울은 다른 교회들로부터는 활동비를 받지 않았습니다. 그러나 빌립보 교회로부터는 활동비를 받았습니다. 바울은 그의 전도여행을 진행하면서 자비량 원칙을 고수했습니다. 이는 복음을 전하는 데에 방해가 될 만한 요소를 만들지 않으려는 바울의 깊은 생각에서 비롯한 행동이었습니다. 그런데 바울이 감옥에 갇히게 되었고, 그의 경제적 형편은 더욱 어려워졌습니다. 이때 빌립보 교회가 에바브로디도를 보내어 그들이 모은 헌금을 전달한 것입니다. 그 헌금은 바울이 빌립보에서 전했던 복음이 싹이 나서 열매를 맺고 있다는 증거이기도 했기에, 바울은 크게 감격합니다. 이 사실을 통해 바울과 빌립보 교인들과의 관계를 짐작해 볼 수 있습니다(빌 4:15~18).

빌립보 교회에서는 바울의 제자 에바브로디도가 훌륭하게 목회를 하고 있었습니다. 교인들이 정성을 다해 모은 연보를 가지고 로마에 온 에바브로디도는 바울과 더불어 교회의 일을 이야기하던 중에 교회 안에서 유오디아파와 순두게파가 대립하고 있다는 등의 사정을 털어놓습니다. 그리고 목회하는 기간에 쌓인 피로와 여행의 피곤이 겹쳐서인지, 에바브로디도는 그만 그곳에서 병을 얻게 됩니다. 바울이 그로 인해 많은 걱정을 합니다. 그런데 다행스럽게도 에바브로디도가 건강을 회복하여 빌립보로 돌아가게 되자, 바울은 기쁨으로 이 빌립보서를 써서 그의 편에 보내는 것입니다.

빌립보 교회
2차 전도여행 도중 바울은 '마게도냐인의 부름' 때문에 빌립보에서 사역하게 되었고, 그때 루디아와 몇 사람들이 개종하게 되었다. 바울과 실라는 매를 맞고 감금되었지만, 이 일로 인해 빌립보의 간수는 변화받게 되었다.
바울은 3차 전도여행 때 다시 빌립보를 방문했다. 바울의 로마 감금 소식을 들었을 때, 빌립보 교회는 에바브로디도를 보내면서 경제적인 도움을 주었다(빌 4:18).

바울은 이 편지에서 기쁨을 이야기합니다. 어떤 이들은 남들에게 우쭐하고픈 경쟁심으로 예수 그리스도를 전파하고, 또 어떤 이들은 정직한 마음으로 복음을 전합니다. 그러나 바울은 외모로 하나 참으로 하나 예수님의 복음이 전파되는 것으로 기뻐하고 있다고 말합니다. 자신이 감옥에 갇혀 있음에도 불구하고 기뻐하고 있는 것입니다(빌 1:15~18).

에바브로디도가 건강을 회복하여 기쁘고, 빌립보 교인들이 정성을 다해서 연보를 보내준 것이 기쁘고, 빌립보 교회가 하나님과 이웃을 생각하고 있는 것이 참 기쁘다고 말합니다. 이 기쁨을 이야기하면서 바울은 그리스도께서 낮아지신 것처럼 유오디아와 순두게가 서로 낮아지면 어떻겠느냐, 서로 겸손하고, 서로 낮아지면서 그리스도의 충만한 믿음의 분량에 이르러 가면 어떻겠느냐고 권면합니다. 바울은 빌립보 교인들에게 예수 그리스도의 마음을 본받으라고 말합니다(빌 2:1~11).

또한 일부이긴 하나 빌립보 교회를 어지럽게 하며 바울을 비방하는 무리들 가운데 할례를 받았다고 자랑하며 스스로를 높이는 이들이 있었습니다(빌 3:2~3). 자랑거리로 보면 바울만

공동체를 배려하는 마음

로마에 온 에바브로디도가 병
들어 교회로 돌아가는 일이 늦
어지게 되자, 바울은 이 일이
교회에서 문제 거리가 될까봐
염려한다. 바울이 디모데를 급
하게 교회로 보낸 이유가 이것
이었다. 교회에 발생할 수 있는
문제를 미연에 방지하려는 바
울의 깊은 배려인 것이다.

큰 자랑할 것이 많은 사람도 없습니다. 그러나 바울을 반대하
며 스스로 할례당이라고 우쭐해하는 그들에게 바울은 자신의
외적 조건을 자랑하지 않습니다. 오히려 예수 그리스도 안에
서 모든 것을 배설물로 여기는 자신의 신앙고백으로 저들에
게 대응합니다(빌 3:7~9). 그의 혈통적 자랑이나 열심도 그리스
도 안에서는 배설물이라는 것입니다. 바울은 철저한 그리스도
중심의 사람이었습니다. 또한 그는 예수를 위해서라면 모든
것을 잃어버릴 각오가 되어 있었습니다. 이유는 오직 한 가지
예수 안에서 발견되려 하는 것이었습니다. 자신의 인생 목적
과 삶의 가치를 그리스도 안에서 발견할 수 있는 사람은 참으
로 행복한 사람입니다.

예수님을 온전히 따르는 바울에게는 닥쳐오는 고난도 기
쁨이 됩니다. "그리스도를 위하여 너희에게 은혜를 주신 것은
다만 그를 믿을 뿐 아니라 또한 그를 위하여 고난도 받게 하
려 하심이라"(빌 1:29). 바울은 예수님을 믿고 그로 인해 받는
고난까지, 복음 안에 있는 복으로 여겼던 것입니다. 이것이 그
가 고난 가운데도 기뻐할 수 있었던 믿음의 능력이었습니다.

바울은 "주 안에서 항상 기뻐하라 내가 다시 말하노니 기
뻐하라."라고 말합니다. 그리고 모든 근심을 기도로 하나님께
아뢰면 하나님께서 주시는 평강이 임할 것이라고 권면합니다
(빌 4:4~7).

Message

어느 때에 기뻐합니까?

바울은 비록 자신은 감옥에 갇
히고 사람들에게 조롱을 당하
더라도 그의 사명, 곧 예수 그
리스도의 복음을 전파하는 일
이 진전되기에 기뻐하고 있다.
그가 감옥에 있는 이유는 단
하나이다. 복음의 진리를 더욱
편만하게 전하기 위한 것이고,
그것을 위해서라면, 바울은 얼
마든지 이 고난을 기쁨으로 감
내할 수 있다.

우주의 주권자 예수 그리스도 골 1~4장

골로새 교회에서는 에바브라가 목회 중입니다. 골로새는

소아시아의 한 작은 도시로서 주변에 라오디게아, 히에라볼리 등의 소도시들이 있는 곳입니다. 당시 골로새에는 영지주의라는 철학을 비롯하여 공리주의, 신비주의, 금욕주의 등 온갖 철학과 이단들이 횡행하고 있었습니다.

그래서 이 골로새서는 편지 자체가 갖는 따뜻함과 더불어, 독특하고 명확한 주제를 가지고 예수님을 소개하는 편지라고 할 수 있습니다. 그리스도의 고난에 동참하는 가운데 한평생을 보낸 바울이 골로새서를 통해 예수님이 어떤 분이신지 설명하고 있습니다.

바울은 모든 것들 중에서 가장 뛰어나신 예수 그리스도, 그분의 완전성과 충만성을 이야기합니다. "그는 보이지 아니하는 하나님의 형상이시요 모든 피조물보다 먼저 나신 이시니… 그는 몸인 교회의 머리시라 그가 근본이시요 죽은 자들 가운데서 먼저 나신 이시니 이는 친히 만물의 으뜸이 되려 하심이요"(골 1:15~18). 예수 그리스도 한 분만으로도 부족함이 없으므로 다른 헛된 규례나 철학들은 필요하지 않다는 것입니다.

또한 바울은 죄인들을 위해 생명을 던지신 예수님을 소개하며 자신의 남은 생을 교회를 세워가는 데 더욱 헌신하겠다고 고백합니다. 기꺼이 그리스도의 남은 고난을 그의 몸 된 교회를 위해 자신의 육체에 채우겠다는 바울(골 1:24), 그는 그 누구보다도 예수 그리스도에 대한 감격에 휩싸여 있습니다.

또한 바울은 골로새 교인들이 "믿음에 거하고 터 위에 굳게"(골 1:23) 서도록 권면하며, 또한 "모든 선한 일에 열매를 맺게 하시며 하나님을 아는 것에 자라게"(골 1:10) 되기를 격려합니다.

그는 예수 그리스도를 가리켜 '하나님의 비밀' 이라고 말합

골로새 교회

골로새 교회는 에바브라가 세웠다는 것이 분명하다(골 1:4~8; 2:1). 3차 전도여행 때 바울은 거의 3년을 에베소를 중심으로 아시아에서 보냈다. 그리고 에바브라는 아마 이 시기에 그리스도 앞에 나온 것 같다. 그는 수년 후에 바울이 로마에 감금되어 있을 때 바울을 방문했다(골 4:12~13; 몬 1:23).

Message

십자가

십자가는 하나님의 최고의 사랑이다. 우리의 죄 때문에 예수님께서 십자가 형벌을 받으셔야 했다. 십자가는 우리의 죄가 처벌되는 장소이고, 동시에 우리를 향한 하나님의 사랑의 증거이다.

골로새교회에 닥친 위험

골로새교회에서는 헬라의 공리
주의(골 2:4, 8~10), 유대인의
율법주의(골 2:11~17), 그리고
동양의 신비주의(골 2:18~23)
등이 교회를 위협하고 있었다.
그들은 육체, 즉 물질을 경시했
던 것으로 보인다.

니다(골 1:25~27). 하나님의 비밀인 예수 그리스도, 그분 안에 지혜와 지식의 모든 보화가 감춰져 있다고 말합니다. 다시 말해 하나님의 놀라운 생각이 바로 그리스도입니다. 우리의 생각은 제한되어 있고, 지극히 작습니다. 그러나 하나님의 생각은 크고 놀랍습니다. 사도 바울은 이 크고 놀라운 하나님의 생각을 예수 그리스도를 통해 발견했습니다.

왜 우리가 성경을 붙들고, 우리 존재를 걸고 읽어야 합니까? 왜 성경을 통독해서 하나님의 마음과 생각을 알고, 하나님의 눈물과 하나님의 기쁨을 알아야 합니까? 성경이 하나님의 생각이기 때문입니다. 이 하나님의 생각이 나의 생각이 된다면, 우리는 정말 놀라운 행복에 이끌리는 삶을 살 수 있기 때문입니다.

예수님을 깊이 만나면 만날수록 그분을 사랑하지 않을 수 없습니다. 또한 예수님을 알면 알수록 그분을 의지하지 않을 수 없습니다. 바울은 예수님을 소개하면서 그 안에 뿌리를 박고 그 안에서 교훈을 받으라고 말합니다(골 2:7). 세속적인 것과 육체적인 것들을 버리고, 위의 것을 찾아야 합니다. 그리스도인들이 마땅히 찾아야 할 것은 세상의 것들이 아니라 긍휼과 자비와 겸손과 온유와 오래 참음입니다. 그리고 이 모든 것 위에 사랑이 더하여집니다(골 3:12~14).

그밖에도 이 편지를 통해 바울의 여러 면을 살펴볼 수 있습니다. 먼저 바울은 골로새서 마지막 부분에서 주변 사람들의 문안을 골로새 교회에 전해주고 있습니다. 지금 바울은 감옥에 갇혀 있습니다. 그런 그에게 함께하는 사람들이 있었고, 그들은 골로새 교회에 안부를 물을 만큼 바울과 가까이 있던 동역자들이었습니다.

또한 "두기고가 내 사정을 다 너희에게 알려 주리니"(골 4:7)

라고 쓰고 있습니다. 두기고라는 분은 어느 교회를 맡아 목회를 하지는 않았지만, 바울의 사정을 교회들에게 전달하고, 교회들의 사정을 바울에게 전달하는 우체부 역할을 했습니다. 두기고가 바울의 편지들을 잘 전달했기에 이 편지가 지금까지 잘 남아 있다는 것을 생각한다면, 그도 참 고마운 분입니다.

Power

두기고

두기고는 바울의 특사였다. 바울의 형편과 사정을 동역자들에게 알리고 전하는 일을 했던 것이다. 덕분에 바울은 이 많은 내용을 주고받을 수 있었고, 우리 역시 이 귀한 바울의 서신서들을 읽을 수 있게 되었다.

한편 바울은 "신실하고 사랑을 받는 형제 오네시모를 함께"(골 4:9) 보낸다고 합니다. 두기고가 골로새 교회에 갈 때 오네시모를 데리고 갑니다. 바울이 이 구절을 쓸 때, 그리고 또 골로새 교인들이 이 대목을 읽을 때, 긴장이 흐르고 있습니다. 그 이유는 다음 빌레몬서에서 알 수 있습니다.

※

기적의 편지 몬 1장

두기고와 함께 골로새로 떠난 오네시모, 그는 누구입니까? 그는 지금 골로새 교회의 빌레몬이라는 사람을 찾아가고 있습니다.

당시는 주인과 종이 존재했습니다. 사람 위에 사람 있고, 사람 아래 사람 있는 것이 엄연한 현실이었습니다. 이 현실을 바울이 어떻게 이야기하느냐에 따라서 기독교 공동체 자체가 그 사회로부터 완전히 배제되어 버릴 수도 있었습니다. 신분제도는 상당히 예민한 문제이기 때문입니다. 그렇다고 이 불평등한 구조 자체를 그대로 인정할 수도 없는 것이 그리스도인들입니다.

바울이 로마 감옥에 있을 때 만난 사람 중 오네시모라는

빌레몬은 누구?

빌레몬은 골로새에 거주했으며(몬 1~2절) 바울을 통해 개종했는데, 아마 바울의 3차 전도여행 때 에베소에 있는 동안 바울을 만나게 되어 개종한 것 같다(행 19:9).

청년이 있습니다. 바울이 가르쳐 보니 상당히 탁월한 젊은이였습니다. 그런데 어느 날, 오네시모가 바울을 찾아와 지난 과거를 고백하는데, 들어보니 자신의 신분이 도망 나온 종이라는 것입니다. 그것도 바울의 제자인 빌레몬의 종이었다는 것입니다. 빌레몬은 바울이 에베소에 있을 때 두란노 서원에서 가르쳤던 제자인데, 그 제자의 종이 도망 나와 로마까지 온 것입니다. 그리고 우연히 바울을 만나 복음을 받아들이고 그리스도인이 된 것입니다.

바울은 고민하다가 그 오네시모를 빌레몬에게 돌려보내기로 합니다. 오네시모는 바울의 설득을 듣고 주인에게 돌아가기로 합니다. 죽을 각오를 했다는 뜻입니다. 도망간 종을 처벌하는 것은 그 당시의 신분제도를 엄격히 유지하기 위해 행해진 일이었습니다. 오네시모가 빌레몬에게 돌아갔을 때 빌레몬이 그를 사형에 처한다 해도 당시로서는 아무런 법적 문제가 되지 않았습니다. 바울이 그런 오네시모를 돌려보내면서, 비록 짧지만 기도하며 심혈을 기울여 쓴 편지 한 장을 함께 들려 보냅니다. 그것이 바로 기적의 편지 빌레몬서입니다.

빌레몬서를 읽어 내려가다 보면, 바울이 얼마나 정성을 다해서 한 자 한 자 썼는지를 느낄 수 있습니다. 바울의 입장에서 두고 편에 오네시모를 돌려보냈는데 빌레몬이 오네시모를 용서하지 않는다고 하면 큰 일인 것입니다. 그래서 바울은 빌레몬에게 간절히 부탁하고 있습니다. 그러나 한편으로 바울은 빌레몬의 인격을 신뢰했기 때문에 심사숙고 끝에 오네시모를 돌려보냈을 것입니다.

"도리어 사랑으로써 간구하노라 나이가 많은 나 바울은 지금 또 예수 그리스도를 위하여 갇힌 자 되어 갇힌 중에서 낳은 아들 오네시모를 위하여 네게 간구하노라"(9~10절). 최대한

도망친 노예에 대한 법
로마법에 의하면, 오네시모처럼 도망친 노예는 사형에 처해지기도 했다. 오네시모가 만일 그리스도를 믿는 신자가 되지 않았더라면, 사실 이 서신을 가지고 빌레몬에게 돌아갔을 리는 만무하다.

자신의 처지를 설명하고, 오네시모 이름 앞에 '아들'이라는 단어를 붙입니다. 아무에게나 '아들'이라고 하지는 않습니다. "전에는 도망 나온 종이니 네게 무익했다는 거 안다. 그러나 이제 그가 복음 안에서 변화되었고, 너와 나에게 유익하다. 내 옆에 두고 싶은데 네 허락이 필요하다. 이제 종이 아닌 형제로 여기면 어떻겠느냐?" 이것은 당시엔 혁명적인 제안이었습니다. 당시 기독교가 사회제도도 뛰어넘는 강력한 조직이었음을 알 수 있는 대목입니다.

"네가 내가 말한 것보다 더 행할 줄을 아노라"(21절). "내가 너에게 명령할 수도 있지만 오히려 간절히 부탁한다"(8~9절). "내가 오네시모를 네 친구인 나를 대하는 것처럼 대해주길 바란다"(17절). 이렇게 빠져나갈 구멍이 없도록 촘촘히 망을 친 것처럼 바울이 부탁을 하니, 빌레몬 입장에선 도저히 거절할 수 없었을 것입니다.

바울은 한 사람을 위하여 이렇게 정성을 다한 편지를 씁니다. 사회적으로 별 쓸모없다고 여기는 한 종을 위해 자기 인격을 걸고 변호하는 바울. 그를 살리는 것은 물론이요, 예수님 안에서 한 형제로 삼자고 제안합니다. 예수 그리스도 안에서 종과 주인이라는 경계를 넘어서 형제가 되자는 것입니다.

사도 바울이 정성스럽게 써내려간 편지를 전해 받은 빌레몬은 이 편지를 읽고 오네시모를 용서했습니다. 예수 그리스도 안에서 한 형제로 삼았습니다. 구전(口傳)에 의하면 오네시모는 초기교회의 훌륭한 지도자가 되었다고 합니다.

바울은 하나님과 인간의 화해를 만드신 예수 그리스도를 진하게 만난 사람입니다. 그런 그는 빌레몬과 오네시모의 중간 다리가 되어주었습니다. 오늘 나는 누구와 누구의 중간 다리가 되고 있습니까?

LEADERSHIP

편지

바울은 오네시모를 그리스도에게 인도했다. 그러나 바울은 비록 오네시모가 이젠 그에게 필요한 사람이 되었다 할지라도 그리스도인으로서 오네시모를 빌레몬에게 되돌려 보내야 할 책임이 있음을 알았다. 바울이 골로새 교인들을 위해 편지를 썼을 때 그 '때'가 온 것이다. 두기고가 그 편지를 전달하게 되는데, 바울은 두기고 편에 오네시모를 함께 보내기로 결정한다(골 4:7~9; 몬 12절). 이는 종이었던 오네시모를 두기고와 같이 보내는 것이 훨씬 안전하다고 생각했기 때문일 것이다.

오네시모

히브리어로 '오네시모'는 '유익한 자'라는 뜻. 바울은 "그가 전에는 네게 무익하였으나 이제는 유익하다."라는 말을 하는데, 이 말은 원어로 보면 오네시모의 이름을 이용한 언어 풀이였다. 도망친 종이 되돌아온 긴장 상황에서 이 편지를 읽을 것을 생각한 바울은 분위기를 배려하며 편지를 쓰고 있다. 오네시모를 위해 애쓰는 그의 마음이 느껴진다.

최후 승리를 꿈꾸는 동역자들에게

디모데전서 1~6장 디도서 1~3장 디모데후서 1~4장

예수의 선한 일꾼 딤전 1~6장

　로마에서 2년간 가택연금에 처해 있던 바울이 잠시 풀려나게 됩니다. 이때 잠시 자유의 몸이 된 바울이 이 시기를 전후로 하여 디모데전서와 디도서를 기록한 것으로 보입니다.

　바울이 그의 생애를 마감해야 할 때가 다가왔습니다. 그는 이제 사랑하는 믿음의 아들 디모데에게 자신의 사역을 물려주어야 합니다. 그래서 바울은 에베소 교회의 젊은 목회자 디모데에게 편지를 씁니다. 특별히 디모데전서는 교회란 무엇인가에 대해 알게 하며, 목회 사역을 돕기 위한 여러 가지 조언들로 이루어져 있어, 디도서와 함께 '목회서신'이라고 알려지게 되었습니다.

　원래는 디모데 개인에게 보낸 편지이지만, 이 편지 안에는 주의 일을 하는 사람들, 혹은 교회와 연관성이 있는 여러 원칙들이 담겨 있습니다. 특히 교회 안에서의 리더십과 조직에 관해 세심하게 서술하고 있습니다.

디모데전서 안에는 교회가 무엇인가에 대한 두 가지 내용이 담겨 있습니다. 그 중 하나는 예수님을 믿는 한 사람 한 사람으로서의 교회이며, 또 한 가지는 직제(職制)로서의 교회입니다. 교회가 무엇인가라는 질문은 사도행전에서부터 꾸준히 있어왔을 뿐 아니라, 성전(聖殿)과 대비해서 교회(敎會)가 무엇인가라는 질문 또한 역사적으로 계속되어 왔습니다. 첫 번째 질문에 대한 대답은 하나님의 사랑을 받은 자, 그리스도인의 몸이 바로 교회라는 것입니다. 바울은 이에 대해 에베소서에서 더욱 자세히 쓴바 있습니다. 그런가 하면 직제로서의 교회, 즉 장로나 집사를 세우는 일 등은 바로 이 디모데전서에서 다루고 있습니다.

한 공동체의 수준은 그 공동체를 이끌어가는 리더 그룹의 수준에 달려 있다고 해도 과언이 아닙니다. 그러므로 교회를 대표하여 섬겨야 하는 감독이나 집사의 자질은 매우 중요할 수 있다 하겠습니다. 먼저는 자기 집안을 잘 다스리며 도덕적으로도 존경받는 인물이어야 합니다. 또한 지도자는 교회 안에서뿐만 아니라 교회 밖에서도 좋은 평판을 들어야 합니다. 그래야만 세상 사람들의 온갖 험담에서 자유로울 수 있으며, 복음이 순조롭게 증거될 수 있기 때문입니다. 여러 가지 지도자의 자격을 논하는 항목이 많겠지만 중요한 것은 하나님과 사람들 앞에서 부끄러움이 없는 모범된 삶을 사는 것이라 하겠습니다(딤전 3장).

그 외에도 바울은 사역자의 자세와 관련하여, 첫째, 거짓 교훈을 경계하고(딤전 1:3~11), 둘째, 복음과 교회의 일꾼으로서 선한 교훈으로 양육받고 경건을 연습하라고 충고합니다(딤전 4:6~16). 또한 거짓 선생들을 잘 구분하는 일, 나이 많은 성도들, 과부들, 장로들을 대하는 법 등을 소상히 알려줍니다.

디도서와 디모데전서

디도서와 디모데전서는 연도, 상황, 목적에 있어서 유사한 점이 많다. 지도자의 자격, 거짓 가르침을 다루는 법, 올바른 교리와 행위의 필요성에 대해 이 두 서신서 모두 교훈을 담고 있다. 또한 두 서신서는 모두 격려와 권고를 포함하고 있으나, 디도서는 성도들의 행위에 더 초점을 두고 있고, 디모데전서보다 더 간결하며, 보다 공적이다.

예수님께서 3년 사역 기간 동
안 제자들을 세우시고 사역을
마치듯이, 바울도 30년간의 사
역 끝에 교회와 사람들을 남긴
다. 예수님께서 하신 일을 자
기들도 이어서 실천하고 체험
한 전통을 함께 묶어 계승하고
있다.

마지막으로, 자족과 경건의 생활을 하라고 당부하며 믿음
의 선한 싸움을 싸우라고 독려합니다(딤전 6장). 죄인 중의 죄인
이었던 자신을 부르시고 귀한 사역을 맡겨주신 하나님께서,
디모데 또한 부르셨고 사명을 맡겨주셨으니, 열심을 내어 헌
신하며 최선을 다하라고 당부합니다.

❈

희망의 상속자 딛 1~3장

복음을 전하기 위해 앞만 보고 전진하는 바울 입장에서 아
시아 각국에 세워진 교회들은 땅 끝까지 복음을 전하기 위한
전진기지였습니다. 그 교회들의 안정은 바울이 복음을 전하는
데 적잖은 힘이 되었습니다. 하지만 교회가 불안정할 때도 있
었고 다른 복음을 받아들여 흔들리고 있다는 소식이 들려올
때도 있었습니다. 바울은 이렇게 흔들리고 있는 교회들을 위
해서 정성껏 편지를 써 보내었습니다.

디도에게 쓴 편지 디도서는 흔들리고 있는 그레데 지역의
교회공동체를 안정시키라는 특명을 전하고 있습니다. 흔들리
는 교회에 보내는 바울의 애끓는 마음이었습니다.

먼저 그레데인들 사이에 팽배했던 도덕적 타락을 아는 바
울은 이 편지에서 그리스도인들의 생활 속에서 드러나야 할
의의 필요성을 강조합니다. 거짓 선생들, 특히 '할례파'(딛
1:10)들이 헛된 말을 하며 사람들을 속이고 있기 때문입니다(딛
1:10~16).

기독교 초기에 생겨난 많은 이단 중 하나가 할례파입니다.
이들은 일종의 율법주의자들로서 예수 그리스도를 믿는 믿음

베드로가 오순절날 예루살렘에
서 설교를 했을 때, 거기에는
그레데 섬에서 온 유대인들이
몇 명 있었다(행 2:11). 이들 중
일부가 예수님을 믿었을 수 있
고, 그들이 이 복음을 그 섬 사
람들에게 전했을 가능성이 높
다. 분명한 것은 바울이 로마로
가는 도중 그레데 섬에 잠시
들렀을 때는(행 27:7~13), 아마
복음을 전할 기회를 갖지 못했
을 것이라는 점이다.
그레데 섬은 '크레타 섬'으로
B.C.2000년대에 석조 건물이
있었던 문명의 도시로 본토 그
리스보다 앞선 문화의 도시였
다. B.C.1350년경 대지진과 본
토 그리스의 공격으로 쇠퇴하
였으며 심각한 할례파 때문에
교회 내의 갈등이 고조되어 있
을 때 디도가 목회자로 이곳에
파송되어 교회의 문제들을 해
결하였다.

으로 말미암는 구원에 '율법 준수' 라는 조건을 추가했습니다. 이런 주장은 예수 그리스도의 십자가의 은혜가 구원을 이루기에 부족하다는 주장입니다. 복음의 진리를 왜곡하는 것이요, 하나님의 은혜를 거역하는 자들입니다. 사도 바울은 이런 자들을 일컬어 "허탄한 이야기를 하는 자들이요 진리를 배반하는 자들이며, 입으로는 하나님을 시인하나 행위로는 부인하는 가증한 자들"이라고 말합니다. 그들의 거짓 가르침을 폐하고 교회를 바로 세우기 위해 바울은 목회자인 디도가 "범사에 네 자신이 선한 일의 본을 보이며 교훈에 부패하지 아니함과 단정함과 책망할 것이 없는 바른 말을 하게 하라 이는 대적하는 자로 하여금 부끄러워 우리를 악하다 할 것이 없게 하려" (딛 2:7~8) 하기 위함이라고 충고합니다.

그리고 바울은 흔들리는 교회공동체를 굳건히 세우기 위해서 교회 안에 있는 여러 계층의 사람들에게 각각 어떻게 교훈해야 할지를 충고해줍니다. 하나님의 교회가 흔들리고 있는 근본적인 원인은 세상의 가치와 삶의 방식을 교회의 성도들이 뒤좇고 있기 때문입니다. 바울은 교회 안에 만연하고 있는 이 세태를 바로잡아야 할 책무를 디도에게 맡깁니다.

그레데에서 목회하는 디도에게 사도 바울이 권고한 내용의 핵심은 "오직 너는 바른 교훈에 합당한 것을 말하라."(딛 2:1)는 것입니다. 진리에 합당한 말로 교훈하라는 뜻입니다. 또 그 교훈의 내용은 무엇보다 행실이 거룩하고 복음에 합당해야 합니다. 그 이유는 하나님의 말씀이 훼방받지 않기 위해서입니다(딛 2:5).

바울이 전하는 가르침의 핵심은 관용과 온유였습니다. 그가 보기에 고린도 교회가 그러했듯이 그레데 교회 역시 서로를 존중받아야 할 인격체로 받아들이는 관용이 필요했습니다.

이는 지도자에게도 중요한 덕목이지만 공동체를 이루는 개개인에게도 더없이 필요한 화목의 도구입니다(딛 3:1~2).

바울은 세나와 아볼로로 하여금 고린도에서 출발하여 그레데를 지나는 여행길에 이 편지를 전하도록 한 것 같습니다. 바울은 그해 겨울을 니고볼리(그리스 서부 지방)에서 보낼 계획이었고 이듬해 봄에 니고볼리를 떠나 스페인으로 떠날 계획이어서 유력한 동역자인 디도와 동행하길 원했기 때문입니다(딛 3:12).

복음과 함께 고난 받으라 딤후 1~4장

로마 감옥의 연금 상태에서 잠시 풀려난 바울은 동역자들과 함께 니고볼리 전도집회를 준비하고 있었습니다. 그런데 전도집회가 한창 준비 중일 때, 로마 당국으로부터 모든 죄수들, 특히 예수를 믿는다는 이유로 죄인이 된 모든 죄수들을 다시 감금하라는 명령이 내려옵니다. 바울은 다시 감금됩니다. 그런데 시대 전체 흐름을 보니 분위기가 심상치 않습니다. 네로 황제가 기독교를 희생양 삼아 자신의 정치적 실정을 기독교인들에게 뒤집어씌우려는 계획을 진행하고 있는 것입니다.

이제 육신의 장막을 벗을 때가 되었다는 것을 깨달은 바울이 유언에 가까운 편지를 하나 쓰는데, 그것이 바로 디모데후서입니다. 다메섹 도상에서 예수님을 만난 뒤 평생을 고난 가운데 주의 명령을 좇아 살았던 바울이 로마에서 순교를 직감하고 디모데에게 쓴 글입니다.

바울의 마지막 당부는 한마디로 '복음과 함께 고난을 받으라'는 것입니다. 예수님의 복된 소식과 함께 고난을 피하지 말고 받으라고 합니다. 복음과 함께 복 받아라, 복음과 함께 영광 받아라, 복음과 함께 출세해라, 얼마든지 외칠 수 있습니다. 그러나 복음과 함께 고난을 받으라는 말은 아무한테나 할 수 있는 말이 아닙니다. 그 말을 받아들일 만한 사람에게만 할 수 있는 말입니다.

복음과 고난, 이 두 가지는 뗄 수 없는 관계입니다. 그런데 보통 사람들은 복음과 함께 고난을 받으라고 하면, 고난이 싫어서 복음까지 던져버립니다. 그러나 그 고난이 복이기에 바울은 복음과 함께 고난을 받으라 하는 것이요, 복음으로 말미암은 고난을 부끄러워 말고 오히려 그리스도인의 아름다운 일로서 감당하라고 부탁하는 것입니다.

그러면서 바울은 병사로 복무하는 자는 자기 생활에 얽매이지 않는다는 것(딤후 2:4), 경기하는 자는 법대로 경기해야 면류관을 얻는다는 것(딤후 2:5), 농부의 수고가 있어야 열매를 얻을 수 있다는 것(딤후 2:6) 등을 예로 들며, 디모데에게 자신처럼 복음과 함께 고난을 받으라고 말합니다(딤후 1:8; 2:3).

바울과 디모데, 이 두 분을 보면서 우리는 한없이 깊은 관계를 봅니다. 바울에게 디모데와 디도는 아들이나 다름없었습니다. 그래서 그들을 "내 아들아."라고 부릅니다(딤후 2:1; 딛 1:4). 아들에게 고생시키고 싶은 아버지는 없을 것입니다. 그러나 바울은 말합니다. "나의 교훈과 행실과 의향과 믿음과 오래 참음과 사랑과 인내와 박해를 받음과 고난과 또한 안디옥과 이고니온과 루스드라에서 당한 일과 어떠한 박해를 받은 것을 네가 과연 보고 알았거니와 주께서 이 모든 것 가운데서 나를 건지셨느니라"(딤후 3:10~11). 고난의 길이 진정한 영광이

Power

디모데

디모데는 바울이 1차 전도여행 때, 루스드라에 머물고 있는 동안(행 14:8~20) 바울로부터 전도를 받아 개종했다.

2차 전도여행 중 바울이 루스드라를 방문했을 때, 디모데를 데리고 다니기로 결정하고, 할례를 행해 주었다(행 16:1~3). 디모데는 사역을 위해 안수를 받았고, 드로아, 베뢰아, 데살로니가, 고린도에서 바울의 충성된 동역자이자 조력자의 역할을 감당했다. 3차 전도여행 동안 디모데는 바울과 같이 일했고, 에베소, 마게도냐, 고린도에서는 바울을 대신해 사역했다. 바울이 로마에 1차 감금되었을 때, 디모데는 바울과 같이 있다가 바울이 석방되자 빌립보로 갔다.

디모데는 몸이 약하고(딤전 5:23), 두려움도 있었고(딤후 1:7), 나이도 어렸지만(딤전 4:12), 재능 있는 선생으로서 신뢰할 만했으며 부지런했다.

묶는 능력

요셉 : 7년의 풍년과 7년의 흉년을 묶어 조절함으로써 백성들과 국가를 살렸다.

다윗 : 갈등의 골이 깊어진 유다 지파와 베냐민 지파를 묶어 화해시킴으로써 공과 의의 정치를 실현했다.

바울 : 현재의 고난과 장차의 영광을 묶어서 이해하고 가르침으로써 균형 있는 신앙의 본을 보였다(롬 8:18).

하나로 묶는 복음의 능력

우리가 가진 이 복음에는 하나님의 능력이 있다. 우리는 놀라운 힘을 가진 사람들이다. 지식, 재물, 권력은 사람을 계속해서 차등화시켜가지만, 복음은 예수 안에서 사람들을 하나로 묶어간다.

Message

소중한 것 남기기

소중히 이루어온 것을 누군가에게 남겨야 한다. 사도 바울은 마치 자기의 심장을 남기듯 디모데에게 복음의 사명을 남긴다. 그렇게 해서 남겨지고 남겨진 교회가 오늘 우리의 교회인 것이다. 교회와 사람은 충성스러운 사람에게 자기의 남은 사역들을 물려줄 수 있어야 한다.

니, 준비된 면류관을 바라보며 자기의 뒤를 따르라는 것입니다. 십자가를 피하면 진정한 최후 승리를 얻을 수 없습니다. 바울이 육신의 부모가 아니라서 디모데에게 고난을 권하는 것이 아닙니다. 그는 영적 아들이 진정한 기쁨의 길을 걸어갈 수 있도록 조언하는 진정한 아버지였습니다.

바울은 가까워진 말세의 현상들에 대해 말하며, 오직 성경에 붙들려 배우고, 확신한 일에 거하라는 충고를 더해주고 있습니다. 말세의 현상이라는 것은 다름이 아니라 사람과 사람 사이의 거룩하지 못한 부분들입니다(딤후 3:1~5). 양심을 버리면 거리낄 것이 없어 편하듯이, 거룩하지 못한 어리석음을 따르면 고난을 받을 필요도 없습니다. 그러나 주님께서 명하신 길은 그 편한 길이 아니라, 고난이 따르더라도 성경의 가르침을 좇는 길입니다. 이것이 유익한 일이요 온전케 되는 길임을 가르쳐줍니다. 바울은 그동안 수많은 고난과 함께한 날들을 통해 연단받았고, 이제 디모데에게 그 삶의 방식을 가르치고 있는 것입니다.

"너는 말씀을 전파하라 때를 얻든지 못 얻든지 항상 힘쓰라 범사에 오래 참음과 가르침으로 경책하며 경계하며 권하라"(딤후 4:2). 때를 얻든지 못 얻든지 복음을 전파하라는 이 유언과 같은 강한 부탁은 그의 삶의 보상 차원이나 자신을 기리는 것이 목적이 아니라, 오직 자신이 전도인으로 한 길을 걸어왔듯이 디모데에게도 전도인으로서의 삶의 자세를 가르치며 부탁하고 있는 것입니다.

바울, 그는 주 앞에서 믿음을 지켰기에 그에게 의의 면류관이 예비되었음은 물론이요, 누군가에게 믿음의 선한 일을 강하게 요구할 수 있는 자격이 되는 것 같습니다. 감옥에서 그의 인생을 정리하는 모습은 고난을 뛰어넘은 경륜자의 위대함입니다. 이렇게 복음 전파의 사명이 바울에게서 디모데에게로 이어지고 있습니다.

우리는 바울 한 사람의 인생을 더듬어가는 가운데, 하나님께 붙들리어 자신의 인생을 예수의 이름에 건 사람이 얼마나 귀한 삶을 살 수 있는지를 보았습니다. 바울은 이렇게 넓은 영역을 넘나들며 그의 인생을 최선을 다해 산 후에, 그의 사랑하는 영적 아들 디모데에게 예수 그리스도의 복음을 남기고 떠납니다. 그는 복음과 함께 고난을 받고, 또 복음 안에서 주시는 은혜와 위로를 받으라고 권면했습니다. 바울이 떠나고, 교회는 바울이 정성으로 닦아 올린 기반 위에 든든히 발전해갑니다.

우리의 삶은 유한합니다. 이 세계를 경영하시는 하나님의 관점에서 보면 한 경점에 불과합니다(시 90:3~4). 그러나 하나님의 말씀과 그분의 뜻은 영원하여 이렇게 이어지고 계승되어갑니다.

LEADERSHIP

복음과 고난

"우리가 그와 함께 영광을 받기 위하여 고난도 함께 받아야" 한다고 로마서 8장 17~18절은 말한다. 훈련을 강하게 받으면 훌륭한 군사가 되는 것은 당연한 것이다. 현재의 고난은 장차 다가올 영광과 족히 비교할 수 없다.

"복음과 함께 고난을 받으라" (딤후 1:8). 말씀의 숲을 보면 복음 안에 십자가와 부활이 있고, 복음과 고난이 잘 어울려 있다. 고린도후서 11장 22~28절을 읽어보면 이 많은 고난을 바울이 넉넉히 이겨냈음을 알 수 있다.

Letters for the Righteous Fight

교회공동체가 큰 시련을 맞습니다. 내부에서는 기독교의 진리를 혼란케 하는 거짓 교사들이 출연하고, 외부에서는 교회를 향해 모진 박해를 가합니다. 그런 상황에서 교회들은 복음의 진리를 사수하며, 심한 박해 속에서도 끝까지 인내하는 믿음을 지키고, 배교의 유혹을 이기기 위해 온 힘을 다합니다. 공동서신으로 불리는 이 편지들은 복음을 위해 고난 받고, 때로는 순교까지 당하는 일에 대해 믿음으로 바라볼 수 있는 관점을 열어줍니다.

19
마당

선한 싸움을 위한 편지

고인 전통, 움직이는 교회   히 약

인내를 통한 소망의 성숙   벧전 벧후 유

하나님 사랑 이웃 사랑   요일 요이 요삼

고인 전통, 움직이는 교회

히브리서 1~13장 야고보서 1~5장

움직이는 기독교 히 1~10장

초기교회가 안팎으로 큰 어려움을 당하고 있습니다. 시간이 흐를수록 믿음을 지켜나가는 것이 힘겹게 느껴질 만큼 시대는 악해져 갑니다. 그만큼 교회에서 말씀을 전해야 하는 이들의 역할은 커져갔습니다. 흔들리고 있는 신앙공동체를 다시 세우며 견고하게 이끌어가야 할 책무가 그들에게 지워졌기 때문입니다. 히브리서 역시 그 책무를 감당하기 위해 땀 흘렸던 이들의 열매입니다.

당시 예수님을 믿는 사람들 가운데 시대적 핍박과 고난으로 마음이 조금씩 흔들리는 사람들이 있었습니다. 그런 사람들이 예수님을 믿다가 유대교로 되돌아갔습니다. 로마 제국의 박해를 피해서 안정적으로 가려는 경향 때문이었습니다. 그렇다면 왜 유대교는 핍박받지 않는데, 기독교는 핍박을 받는가에 대해 생각해보아야 합니다.

유대교는 전통을 이야기하고, 기독교는 변혁을 이야기합니다. 유대교는 선민의식에 빠져 어느 누구에게도 전도하지 않습니다. 그러나 기독교는 목숨을 걸고 전도합니다. 유대교의 정체성은 모세, 율법, 성전, 제사장 등이고, 기독교의 정체성은 오직 예수 그리스도입니다. 유대교는 세상을 변화시킬 이유가 없기 때문에 세상 밖으로 나가지 않고, 자기들끼리 회당 중심 공동체를 이루고 삽니다. 그래서 유대교는 외부에 위협이 되지 않고, 그래서 박해 받지 않았습니다. 그러나 기독교는 세상을 변화시킬 의무가 있고, 세상 밖으로 나가기 위해 도전합니다. 그래서 기독교는 기존 틀에 위협이 되고 따라서 박해를 받을 수밖에 없었습니다.

유대교가 개혁되어야 하는 이유는 바로 세상을 향해 문을 닫았기 때문입니다. 유대교는 고인 물입니다. 그런데 기독교에는 로마뿐 아니라 온 세상을 바꾸겠다는 꿈이 있습니다. 그러니 썩고 부패한 자들의 입장에서 볼 때 기독교는 두려운 존재입니다. 그래서 기독교는 위기에 처할 수밖에 없는 것입니다.

히브리서 기자는 진정한 것을 찾았다가 외적인 위험 때문에 다시 옛날로 돌아가는 어리석음을 경계하라고 이야기합니다. 유대인들 가운데 예수님을 믿기는 했는데 신앙이 깊어지지 못한 채 흔들리는 사람들을 위해서 기독교와 유대교를 비교해주고 있습니다. "과연 기독교가 뿌리가 없다고 생각하느냐? 과연 기독교가 유대교와 비교해서 오랜 역사와 전통도 없고, 진정한 생명력이 없다는 것이냐?"라는 질문을 던져 놓고 그 둘을 비교하는 것입니다.

유대교의 유산들을 열거해 가면서 기독교와 비교합니다. 그리고 그 모든 유대교의 전통과 대비되는 기독교의 자랑은 '오직 예수' 뿐이라고 강조합니다.

Power

그리스도인

우리가 복음을 전파하는 것은 그것이 그리스도인의 의무이기 때문만은 아니다. 예수님을 제대로 선물받은 사람은 이 큰 선물을 또 다른 누군가에게 전하지 않을 수 없다. 유대인들은 선민의식에 붙들려 자신들만의 종교 의식을 유지해나가는 것에 목적을 두었다. 그들은 결코 전도하지 않았다. 혹시 나는 '예수 믿는 유대인'은 아닌가? 그리스도인임을 하나의 특권으로 붙들고 진리의 복음을 나에게만 머물러두고 있지는 않은가? 예수님이라는 선물은 땅끝까지 나누어야 할 가장 크고 소중한 선물이다.

오직 예수님

- 선지자와 예수님 (히 1:1~2)
- 천사와 예수님 (히 1:4~14)
- 모세와 예수님 (히 3:1~6)
- 여호수아와 예수님 (히 4:8~11)
- 제사장과 예수님 (히 4:14~8장)
- 성전과 예수님 (히 9장)
- 제사와 예수님 (히 10:1~18)

히브리서가 묘사하는 그리스도

히브리서는 그리스도를 신인(神人), 예언자, 제사장, 왕으로 묘사하고 있다. 그분의 신성과 인성을 동등하게 강조하고 있으며, 사도와 대제사장, 중보자 등 20개가 넘는 직위를 사용하여 그분의 속성과 성취를 설명하고 있다.

아브라함과 믿음

믿음 있는 사람의 대표적인 인물은 아브라함이다. 믿음의 기준은 아브라함으로부터 시작되었다고 해도 지나친 말이 아니다. 하나님은 아브라함을 의롭다고 하셨다(창 15:6). 그것은 다름 아니라 아브라함이 하나님을 믿었기 때문이었다. 이스라엘 백성들은 애굽을 탈출하여 광야에서 고난을 받으며 지냈지만 결국 가나안에 들어가지 못했다. 바로 이 믿음이 없었기 때문이라고 히브리서 3장은 말하고 있다(히 3:19).

언약의 보증

멜기세덱은 아브라함을 축복함으로 역사의 한 페이지를 장식했다(창 14장). 그가 한 일은 전쟁을 치르고 돌아오는 아브라함을 위해 복을 빈 것이었다. 그리고 그 축복은 아브라함에게 그대로 실현되었다. 그런데 그 멜기세덱보다 더 좋은 언약의 보증이 있다. 그분은 바로 예수님이시다(히 7장).

구약의 선지자들이 이스라엘 백성들에게 영향력을 주면서 때를 따라 말씀을 전했지만 그러나 그 선지자들의 말씀은 완결된 말씀이 아니었습니다. 그런데 하나님의 아들 예수님께서 말씀의 완성자로 이 땅에 오셨습니다. 예수님을 통해 하나님의 말씀과 그분의 사랑은 완성되었습니다(히 1:1~2).

또한 천사는 유대인들이 익숙히 알고 있는 존재입니다. 바로 그 천사보다도 훨씬 뛰어나신 분이 예수님이라고 선언합니다(히 1:4~14).

모세는 유대인들에게 위대한 지도자이자 스승으로 존경받고 있습니다. 그러나 모세는 하나님의 집의 사환이었고, 더 위대한 분은 그 집을 지으신 분입니다. 예수 그리스도는 바로 그 집의 건축가이자 그 집의 주인입니다(히 3:1~6).

하나님께서는 430여 년의 타향살이로 고통당하고 있던 이스라엘 백성들에게 안식을 약속하셨지만, 여호수아가 이스라엘을 가나안 땅으로 인도하였다고 해서 그들이 진정한 안식을 누린 것은 아니었습니다. 그러나 예수님 안에서는 우리의 수고로운 짐들을 내려놓고 참된 쉼을 누릴 수 있습니다(히 4:8~11).

하나님께서는 유대인들이 절대시하는 레위 서열의 제사장보다 아브라함을 축복한 멜기세덱을 더 높이셨습니다. 그러므로 그 멜기세덱의 서열을 따른 예수님은 율법을 초월하고, 그 권위보다 높으신 분이라고 설명합니다. 이제 옛 언약인 율법으로 온전케 되지 못하는 것이 새 언약인 예수 그리스도를 통해서 온전한 구원으로 완성됩니다(히 4:14~8장).

참 성소는 이 땅에 있지 않고 영원한 하나님의 세계에 있는 것입니다. 예수님은 손으로 짓지 아니한 더 크고 온전한 장막, 즉 하늘의 성소에서 죄인들을 위하여 당신의 피를 속죄 제물로 단번에 드린 분이십니다(히 9장).

예수님은 하나님께서 세우신 최후의 대제사장이십니다. 이전의 대제사장들은 절기 때마다, 백성들의 요구가 있을 때마다 제사를 드렸으나, 예수님은 단 한 번에 온 인류의 죄를 속하는 제사를 드리셨습니다. 이는 모든 인간을 완전하게 구원하시려는 하나님의 절대적 사랑의 표현 방식이었습니다(히 10:1~18).

이처럼 조목조목 비교해보니 예수님 한 분만으로도 모든 것을 다 포괄할 수 있는 것입니다. 선지자들은 예수 그리스도를 지향하며 천사들은 예수님의 종입니다. 모세와 여호수아도 예수님의 종입니다. 또 이들은 가나안으로의 여정과 정복을 담당하였는데, 예수님은 영원한 천국을 건설하셨습니다. 제사장이 하는 제사 행위는 죄를 생각나게 하는 것인 반면, 예수님은 죄를 용서하는 길을 여신 분입니다. 이렇게 비교하면서 기독교가 유대교에 비해 오히려 우월하며, 유대교는 모형에 불과하고 기독교가 참 실상이며 근본이라는 이야기를 하고 있습니다.

삶으로 증거되어야 할 이름, 예수 히 11~13장

히브리서 11장에서는 '믿음'이라는 주제로 이스라엘의 역사를 정리하고 있습니다. 다시 말해, 기쁨과 슬픔, 고난과 영광이 교차하는 삶의 여정 가운데서도 하나님을 향해 흔들림 없는 신뢰와 아름다운 믿음을 지켰던 증인들의 역사를 정리한 것입니다.

이처럼 소중한 믿음의 증인들의 신앙은 오늘 우리에게도

완전한 제사장 그리스도

히브리서는 예수님을 구약의 제사 전통과 비교하며 설명하고 있다. 구약성서에 나타난 제사 제도는 신약 시대 예수 그리스도를 통해 이루어질 구원 사역의 '모형'이다. 구약의 제사와 제사장 제도, 그 외에 눈에 보이는 수많은 내용들은 영원한 구원을 이루어주지 못한다. 그러나 완전한 구원을 베푸시는 예수 그리스도께서 오셔서 고난을 겪는 우리와 함께 고난을 당하시고, 시험을 받는 우리 곁에서 함께 시험을 받아주시는 가운데 영원한 승리를 안겨 주셨다.

믿음과 순종, 이 두 단어는 불
가분의 관계에 있다. 성경 역사
의 긴 숲에서 볼 때 하나님의
말씀을 믿고 고난의 자리에 선
사람들에게 하나님께서 주실
안식을 기억하며 악한 시대에
굴하지 말 것을 당부하는 내용
이 히브리서에서도 다시 반복
되고 있다.
순종은 그저 주어지거나 대가
없이 얻을 수 있는 성질의 것
이 아니다. 순종은 고된 고난의
과정을 거치며 얻게 되는 정련
(精練)의 결과물이다. 비록 예
수님도 하나님의 아들이라는
신분이었지만 이 땅에 사시는
가운데 고난의 길을 걸으며 십
자가를 지는 순종의 결단을 하
셨다. 그리고 그 주님이 바로
믿음의 사람들의 구원자가 되
셨다.

귀한 모범으로 남아 있습니다. 그럼에도 불구하고 이 모든 믿
음의 증인들을 모두 모아놓은 것보다 더 뛰어나신 분은 예수
님이십니다. 그분은 믿음의 최고 모범이요, 언약의 최종 완성
자이기 때문입니다.

히브리서 저자는 그러므로 유대교가 아닌 기독교가 진리
이며 고난과 박해를 받는 것이 당연하다고 이야기합니다. 그
러나 감사한 것은, 이 선한 싸움은 혼자 싸우는 것이 아니고
우리의 연약한 무릎을 일으켜 세우시는(히 12:12~13) 예수 그리
스도와 함께 싸우는 것이며 수많은 믿음의 증인들이 함께한
다는 것입니다(히 12:1~2).

가끔씩 우리는 홀로 믿음의 길을 걸어가고 있다고 생각하
며 외로움에 젖을 때가 있습니다. 그러나 고개를 들어보면, 우
리 곁에는 수많은 믿음의 경주자들이 동일한 싸움을 하고 있
는 것을 발견하게 됩니다.

또한 주님은 우리가 달리고 있는 경주가 얼마나 쉽지 않은
지 잘 아십니다. 왜냐하면 주님께서 먼저 그 길을 가셨기 때문
입니다. 예수 그리스도는 장래의 영광을 바라보며 자기 앞에
놓인 부끄러움과 십자가를 참아내셨습니다. 가는 길이 힘들고
외롭다고 느껴질 때, 먼저 그 길을 걸어가신 그리스도를 묵상
하면 그분께서 친히 우리가 당하는 고난의 순간에 힘이 되어
주실 것입니다.

"우리의 믿는 도리의 사도이시며 대제사장이신 예수를 깊
이 생각하라"(히 3:1). 예수님을 깊이 생각한다는 것은 무엇을
의미합니까? 그것은 믿음의 삶을 의미합니다. 믿음이란 눈에
보이는 것만이 전부가 아니고, 그 뒤에 하나님의 계획과 섭리
가 있다는 사실을 인정하는 것입니다. 히브리서는 이 믿음을

강조합니다.

"믿음은 바라는 것들의 실상이요 보이지 않는 것들의 증거니 선진들이 이로써 증거를 얻었느니라"(히 11:1~2). "믿음이 없이는 하나님을 기쁘시게 못하나니 하나님께 나아가는 자는 반드시 그가 계신 것과 또한 그가 자기를 찾는 자들에게 상 주시는 이심을 믿어야 할지니라"(히 11:6).

믿음은 성경의 인물들이 그의 삶을 경영해가는 용기의 원천이었습니다(히 11장). 그들은 믿음이 있었기에 눈에 보이는 것을 두려워하기보다는 하나님의 말씀을 두려워했고, 말씀에 대한 그들의 순종은 하나님의 놀라운 역사로 열매 맺게 된 것입니다.

배교의 유혹과 협박을 이겨내려 애쓰는 신앙인들에게 권면과 격려를 주는 이 긴 서신은 예수님을 따르는 자들에게 견디기 어려운 고난 끝에는 부활의 승리가 있을 것이라는 소망의 말씀과 당부로 끝을 맺고 있습니다.

✳

행함, 믿는 자의 움직임 약 1~5장

신약성경에 등장하는 야고보 중에는 예수님의 열두 제자 중 한 사람이었던 요한의 형 야고보와 예수님의 동생 야고보가 있습니다. 이 두 사람 중 예수님의 제자 야고보는 일찍이 헤롯 아그립바 1세에 의해 순교의 제물이 되었습니다. 그리고 예수님의 동생 야고보는 초기 교회공동체에서 중요한 사역을 감당하고 있습니다.

처음에 예수님의 동생 야고보는 예수님이 살아계시던 당시에는 그분이 구세주이심을 믿지 않았습니다. 그는 반신반의 했습니다. 많은 사람들이 예수님 앞에 엎드려 그분을 살아계신 하나님의 아들로 고백했지만, 자신은 혈연의 고리라는 것을 놓지 못한 채 시간들을 보냈습니다. 그러다가 십자가의 대속사역을 마치시고 죽으셨던 예수님이 부활하신 것을 보았습니다. 다시 사신 주님을 만난 것입니다. 그때부터 야고보는 믿음으로 인생을 새 출발했습니다.

우리 주님이 이루신 아름다운 복음을 땅끝까지 증거하는 일에 자신도 역할을 감당해야 되겠다는 소망을 품은 야고보는, 비록 열두 사도들 가운데 한 사람은 아니었지만 사도 이상 되는 심정으로 초기 교회공동체의 책임자 자리를 자임했습니다. 그 당시는 예수님을 십자가에 못 박고, 스데반을 공개처형한 사실에서 볼 수 있듯, 대제사장과 서기관들, 즉 예수님을 대항하는 사람들의 폭력성이나 사회적 위험성이 매우 높았습니다. 따라서 교회공동체를 책임지는 자리를 스스로 자청한다는 것은 생명의 위험을 감수하는 것이나 다를 바가 없습니다. 그럼에도 불구하고, 야고보는 바로 그 자리를 받아들인 것입니다. 그리고 예수님이 이루셨던 그 아름다운 복음을 자신의 삶의 기쁨으로, 그리고 수많은 사람들이 받아들여야 될 확실한 사실로 증거하는 시간들을 보내고 있었습니다.

그러던 중, 그리스도인들을 향한 로마 제국의 핍박이 점점 거세져 갑니다. 이런 역사적 배경 속에서 야고보는 이 편지를 기록합니다. 그런 시대 상황 가운데서는 신앙을 잃지 않고 끝까지 인내하는 믿음, 곧 실천하는 믿음이 필요했기 때문에 이를 강조하는 서신을 쓰게 된 것입니다.

야고보는 여러 곳에 흩어져 박해를 받고 시험을 당하고 있는 성도들에게 그 고난을 기쁘게 여기라고 말합니다. 야고보도 사도 바울처럼 믿음의 시련이 인내를 만들고 고난도 복임을 아는 사람인 것입니다(약 1:2~4). 야고보는 많은 박해와 시련을 겪는 이들에게 하나님께서 생명의 면류관을 주시리라는 희망의 약속을 확인시켜주고 있습니다. "시험을 참는 자는 복이 있나니 이는 시련을 견디어 낸 자가 주께서 자기를 사랑하는 자들에게 약속하신 생명의 면류관을 얻을 것이기 때문이라"(약 1:12).

야고보서는 '행함이 없는 믿음은 죽은 믿음'이라고까지 말하면서 행함을 강조합니다. 이러한 내용은 자세히 살피지 않으면 로마서나 갈라디아서에서 말했던 "오직 믿음으로 구원을 받는다."는 말씀과 상반되는 것 같습니다. 그러나 신약성경, 나아가 성경 전체의 숲에서 보면 결코 그렇지 않습니다.

바울은 예수 그리스도의 복음을 안으로 받아들이라고 가르칩니다. 반면에 야고보는 복음을 밖으로 나타내라고 가르칩니다. 바울은 신앙의 근원을 말합니다. 야고보는 신앙의 결실에 대해 말합니다. 이미 구원받은 성도들에게 신앙의 열매로써 행함을 보이라고 말하는 것입니다. 지식에 그친 믿음을 경고하는 것입니다. 믿음이 있다고 하면서 믿음에 따른 행위가 없는 사람들을 대상으로 이 글을 쓴 것입니다.

물론, 행함이 우리를 구원하지는 않습니다. 그러나 행함으로 그의 믿음을 알 수 있습니다. 왜냐하면 믿음이 행함과 함께 일하고, 행함으로 믿음이 온전하게 되기 때문입니다. "네가 보거니와 믿음이 그의 행함과 함께 일하고 행함으로 믿음이 온전하게 되었으니

여러 명의 야고보	
첫 번째 야고보	가룟이 아닌 유다의 아버지 야고보는 성경에 2번 언급되어 있는데(눅 6:16; 행 1:13), 열두 제자 중 한 명의 아버지로서 그 이상은 알려진 게 없다.
두 번째 야고보	알패오의 아들 야고보(마 10:3; 막 3:18; 눅 6:15; 행 1:13)는 작은 야고보(막 15:40)라고도 불렸는데, 예수님의 열두 제자 중의 한 명이다. 다른 제자들과 같이 나올 때를 제외하고는 이 야고보에 대해 알려진 것이 없다.
세 번째 야고보	세베대의 아들로 요한의 형제 야고보(마 4:21; 10:2; 17:1; 막 3:17 등)는 예수님과 친했던 제자 중 한 명인데, 그는 주후 44년에 순교했다(행 12:2).
네 번째 야고보	예수님의 형제 야고보(마 13:55; 막 6:3; 갈 1:19)는 예루살렘 교회의 '기둥' 중 한 사람이었다(행 12:17; 15:13~21; 21:18; 갈 2:9, 12). 전승에 따르면 이 야고보가 야고보서를 썼다.

Message

말조심

야고보서의 숲에서 보면 경건
은 입술에서부터 시작된다. 말
은 마음을 담는 그릇이다. 마음
에 있는 악한 생각은 다른 사
람을 비방하는 말로 나타나고,
악한 말은 형제와 다투는 이유
가 된다.

라"(약 2:22). 우리는 예수님의 삶과 사역을 머리로만 알아서는
안 될 것입니다. 예수님께서 눈물과 피땀을 쏟으며 걸어가신
십자가의 길이 있듯, 그를 따르는 자들도 역시 삶의 구체적인
자취가 있어야 합니다.

아무리 뜨겁고 순수한 믿음으로 출발했다고 해도 불완전
한 사람들이 모인 곳이기에 교회는 문제를 안고 있을 수밖에
없습니다. 또한 교회의 성도 간에 같은 믿음을 가지고 있다 하
더라도 서로 크고 작은 갈등이 있을 수 있습니다. 우리 그리스
도인들은 믿음으로 구원받고 은혜 안에서 살아가는 것일 뿐,
모든 것을 완벽하고 성숙하게 해 나갈 수 있는 것은 아니기
때문입니다.

야고보서는 이 모든 갈등과 문제를 잘 이겨내고 서로 이해
와 사랑으로 승리할 것을 권면하고 있습니다. 급변하는 사회
속에서 당면하는 시대적 문제에 성도들이 어떻게 대처해야
하는지를 가르쳐 줍니다. 지식으로만 아는 믿음이 아니라 말
씀에 기초한 생활의 열매를 맺어 가는 성숙한 성도가 되어야
함을 일러주고 있습니다.

야고보는 믿음과 더불어 행함의 중요성을 계속 강조하였
습니다. 말뿐인 섬김과 사랑은 이웃에게 아무런 도움도 줄 수
없으며, 행함 없는 그리스도인은 이 세상에서 아무런 빛도 향
기도 낼 수 없기 때문입니다. 공동서신의 말씀은 오늘을 사는
그리스도인들에게도 동일한 믿음을 요구합니다. 이 세상의 풍
파에 떠밀려 다니는 인생이 아닌, 굳건한 믿음과 구체적 실천
을 겸비한 그리스도인들, 이들로 말미암아 오늘 이 땅에 하나
님의 나라가 임하게 됩니다.

인내를 통한 소망의 성숙

베드로전서 1~5장 베드로후서 1~3장 유다서 1장

소망의 반석 벧전 1~5장

A.D.64년, 네로 황제가 로마 화재 사건의 책임을 그리스도
인들에게 전가하면서 기독교 박해가 급속히 가중되었습니다.
박해는 형언할 수 없으리만큼 잔인하고 가혹하게 진행됩니다.
이런 상황 속에서 베드로는 교회의 장래를 염려하지 않을 수
없었습니다.

그래서 베드로의 편지는 고난과 핍박을 견디고 있는 성도
들에게 힘과 격려를 주는 글로 시작하고 있습니다(벧전 1:3~12).
고난은 성도들에게 분명 감당하기 어려운 일이지만, 동시에
믿음을 더욱 강하게 만들기도 합니다. 소망에는 인내가 필요
합니다. 내일이 있는 사람에게는 인내가 필요한 것입니다. 미
래에 대한 강한 소망과 비전이 있는 사람에게는 현재의 시련
과 고난을 오히려 기쁨으로 바꿔낼 수 있는 힘이 있습니다.

베드로는 이 사실을 강조하며 소아시아 교회를 향해 예수
님 안에서의 소망을 이야기합니다. 시험과 근심은 잠깐이지만
예수님께서 다시 오시는 날, 그들에게 주어질 칭찬과 영광과

베드로는 예수님의 수제자였
다. 예수님이 계실 당시에는 제
자들 중 반장이었다. "주는 그
리스도시요, 살아계신 하나님
의 아들이시니이다"라는 신앙
고백을 했다. 이름의 뜻은 '반
석'이다.
예수님을 부인해 본 적이 있다.
그리고 재신임을 받는다. 나중
에 그는 "사랑은 허다한 죄를
덮느니라."라고 고백한다. 예수
님께서 그의 모든 죄를 덮어주
신 경험이 있었기 때문이다. 고
넬료와의 관계에서 벽을 넘었
던 베드로, 그는 이방인과 선민
의 벽을 넘게 하는 데 일조하
였고, 초기교회의 지도자가 되
었다.

베드로의 권면
1. 사랑하라 (벧전 1:22; 4:8)
2. 선한 모범을 보이라
   (벧전 2:9; 2:12)
3. 말을 조심하라 (벧전 3:10~11)
4. 양 무리의 본이 되라
   (벧전 5:3)

존귀는 그 모든 괴로움을 상쇄할 것이라고 말입니다. 그는 소
아시아 교회 성도들에게 우리가 소망 중에 살자, 박해에 대해
서 인내하자, 이것들은 잠깐의 시련과 시험일 뿐이라고 말합
니다.

"그러므로 너희가 이제 여러 가지 시험으로 말미암아 잠깐
근심하게 되지 않을 수 없으나 오히려 크게 기뻐하는도다 너
희 믿음의 확실함은 불로 연단하여도 없어질 금보다 더 귀하
여 예수 그리스도께서 나타나실 때에 칭찬과 영광과 존귀를
얻게 할 것이니라"(벧전 1:6~7).

엄청난 핍박과 고난 속에서도, 베드로는 성도들에게 오히
려 진심으로 기뻐하라고 말합니다. 시련의 기간은 그때가 지
난 후에 있을 영원한 즐거움에 비교되지 않습니다. 또한 이 시
련의 시간은 믿음을 평가하는 시험이자, 훈련의 과정입니다.
이 과정으로 인해 우리는 좀 더 단련되어지고 성숙해지기에
기뻐할 수 있는 것입니다.

이와 더불어 베드로 사도는 주님 오시는 그날까지, 마음의
허리를 동이고 근신하며 거룩하게 살아야 한다고 당부합니다
(벧전 1:13~16). 베드로는 예수 안에서의 소망을 근거로 그리스
도인의 바른 삶의 자세에 대해 이야기합니다.

베드로는 성도들이 한 식구처럼 서로 융화하고, 겸손한 마
음으로 서로 사랑하고 축복하라고 가르칩니다. 원수까지도 사
랑하라는 그분의 말씀, 그것은 오직 하나님의 사랑으로만 설
명됩니다. 죽을 수밖에 없는 우리들을 위해 대신 죽으신 예수
님의 그 크신 사랑을 이미 받았기에 우리는 그분의 사랑에 빚
진 자들입니다(벧전 1:22; 4:8).

먼저 은혜 입은 자들이 빚진 마음과 책임을 가지고 제사장
의 역할을 감당해야 합니다. 먼저 구원을 얻었다고 세상과 완
전히 분리되어 자기들만의 울타리 안에 갇혀 살 것이 아니라,

하나님의 통치 가운데 있는 이 세상의 제도와 사회법 가운데서도 주의 계명을 지키며 '자유한 종'(벧전 2:16)으로 살아가야 할 책임이 그리스도인들에게 있습니다(벧전 2:9; 2:12).

한 마디 말로 천 냥 빚도 갚을 수 있고 사람의 목숨을 앗아갈 수도 있습니다. 인생을 살아가면서 복을 받는 비결 중 하나가 입술의 말을 잘 다스리는 것입니다. 베드로는 다른 사람의 허물을 들추어내는 말보다는 축복하고 칭찬하는 말을 하고, 시기와 다툼보다는 화평과 긍휼로 의의 열매를 맺는 삶을 살라고 권합니다(벧전 3:10~11).

교회에서 봉사하는 모든 이들이 갖추어야 할 자세는 첫째, 부득이함으로 하지 말고, 자원하는 마음으로 하며, 둘째, 더러운 이(利)를 위해서 하지 말고, 오직 즐거운 뜻으로 하는 것입니다. 마지막으로 베드로는 함께 교회의 일을 맡은 자들이 서로 자신의 주장만 내세우는 자세를 취하지 말고 오직 양 무리의 본이 되라고 말합니다. 서로를 위해 겸손한 자세를 취하는 것은 온 공동체를 하나 되게 하는 가장 좋은 방법입니다(벧전 5:3).

그리스도인은 상황에 따라 흔들리지 않고 믿음을 지켜가는 사람입니다. 편안할 때나 고난이 있을 때나 언제든지 믿음으로 사는 사람입니다. 하나님께서 그의 능력으로 언제나 지켜주십니다. 그래서 산 소망을 가지고 살아갑니다. 그래서 시련 중에서도 기뻐할 수 있습니다.

그리스도의 편지

바울 사도는 말한바 있다. "너희는 그리스도의 편지라"(고후 3:3). 베드로, 요한, 야고보 등이 바로 예수님의 편지였다. 또 오늘 우리가 바로 그리스도의 편지이다.

Message

고난과 소망

베드로는 베드로전 · 후서에서 '고난'과 '소망'을 묶어서 이야기한다. 고난 가운데 내일의 영광을 생각할 때 지혜가 나온다. 고난 속에서 성숙해지고, 영광 중에서 교만하지 않고, 축복 속에서 발전될 가능성을 갖자. 고난 가운데서 행동을 절제하고 참고 인내할 수 있어야겠다. 그리고 영광 가운데서도 사명, 눈물, 땀, 고통, 고난을 생각할 수 있어야겠다.

거짓 교훈을 물리쳐라 벧후 1~3장

외부적으로는 그리스도인들이 당하는 환난과 핍박이 가중

베드로는 박해는 잠깐 있는 고통이라고 보았다. 베드로는 성도들에게 박해를 참고 인내하며 견디라고 권면한다. 무엇보다도 강조하는 것은 맹렬한 시련 앞에서 두려움과 염려에 빠지기보다는, 오직 기도와 간구로 하나님을 의지해야 한다는 것이다. 박해를 이길 수 있는 힘은 오직 하나님으로부터 주어지는 것이기 때문이다.

되는 현실 속에서 내부로부터 거짓 선지자들이 극성을 부리게 됩니다. 베드로후서는 이 부분을 경계할 것을 당부하는 내용입니다. 거슬러 올라가 보면 예레미야가 그의 사역 중에 그토록 힘들었던 것은 거짓 선지자들이 하나님의 이름으로 거짓말을 했기 때문입니다. 예레미야뿐이 아니었습니다. 초기교회도 거짓 선지자들로 인해 많은 어려움을 겪습니다. 출발은 기독교와 비슷한 것 같은데 끝이 다른 것, 즉 이단(異端)들입니다.

그들은 하나님의 말씀을 알려준다고 하면서 진리를 거짓으로 바꾸어 그럴듯하게 꾸미고, 그것이 마치 옳은 것처럼 가르치는 자들입니다. 성도들을 거짓으로 인도하는 그들의 가르침은 결국 진리 되신 주님께마저도 대항하는 데까지 나아갑니다. 베드로는 그런 거짓 교사들의 가르침에 대해서 경고하고 있습니다(벧후 2:1~3).

또한 예수님께서 승천하신 후 얼마간의 시간이 지난 후, 교회에는 예수님의 사역을 의심하는 이들이 생겨나게 되었습니다. 그러나 베드로는 예수님의 사역과 십자가 죽음, 그리고 부활이 누군가가 거짓말로 만들어낸 이야기가 결코 아니라고 확실히 잘라 말합니다. "우리 주 예수 그리스도의 능력과 강림하심을 너희에게 알게 한 것이 교묘히 만든 이야기를 따른 것이 아니요 우리는 그의 크신 위엄을 친히 본 자라"(벧후 1:16). 또한 베드로는 "성경을 억지로 풀다가 잘못되기 쉬우니 억지로 성경의 예언을 사사로이 풀지 말라."라고 충고합니다(벧후 1:20~21; 3:16).

세상은 물론이요, 교회에서도 거짓 교사들의 유혹이 쉽지 않은 가운데 성도들은 어떻게 예수

베드로서의 테마	
베드로전서	베드로후서
고난	지식 (경험적인 인식)
생명의 말씀을 통해 새로운 탄생을 설명	그리스도의 은혜와 지식 속에서 성장하는 것의 필요성 강조
소망	이단 퇴치

그리스도에 대한 믿음을 지켜갈 수 있을까요? 베드로는 예수 그리스도의 구원 능력은 그분의 사역을 통해 확실하게 드러나기에, 그 누구도 부인할 수 없음을 계속 강조하고 있습니다. 베드로는 이제 그 유혹을 이길 수 있는 비결에 관해 말합니다. 그것은 하나님의 약속을 기억하는 것입니다(벧후 3:1~2).

성경 전체의 숲에서 볼 때 하나님께 대한 믿음을 가진 모든 사람에게 사탄은 유혹과 훼방의 손길을 뻗쳤습니다. 아담을 유혹했고, 노아 시대 백성들을 넘어뜨렸으며, 발람을 불법으로 인도했습니다. 그러나 하나님은 노아를 구원하셨고, 이스라엘을 애굽에서 건져내셨습니다. 오늘날에도 역시 수많은 유혹에도 불구하고, 끝까지 믿음과 의를 지키는 사람들, 성경을 기준으로 든든하게 서서 거짓을 분별하는 지혜를 갖춘 이들을 하나님은 영원한 구원과 안식으로 인도하실 것입니다.

하나님의 약속을 바라보며 하루하루를 인내하는 사람들에게 거짓 교사들은 "재림은 오지 않는다."라고 속입니다. 그 말을 듣는 사람들 중에는 삶이 힘들고 지치기에 약속이 더디 오는 것처럼 느껴지는 경우도 있었을 것입니다. 그러나 베드로는 하나님께서 약속하신 구원의 날이 반드시 임할 것이라고 다시 일깨워줍니다. '주의 약속은 어떤 이들이 더디다고 생각하는 것 같이 더딘 것이 아니라' '주께는 하루가 천 년 같고, 천 년이 하루 같은' 것이라고 말합니다. 약속은 더디더라도 반드시 이루어집니다. 하나님께서 약속하셨고 그분께서 이루실 것이기 때문입니다(벧후 3:8~13).

하나님의 본심은 당신을 따르는 이들을 힘들게 하시려는 것이 아닙니다. 단 한 사람이라도 더 멸망하지 않게 하시려고 참고 기다리시는 것입니다. 믿는 자들뿐만 아니라 믿지 않는 이들까지도 사랑하고 아끼시며 하루하루를 참아 기다리시는 그분의 사랑의 깊이는 한이 없습니다.

❈

믿음을 위한 투쟁 유 1장

유다서는, 교회가 박해를 받고 성도들 가운데 배교하는 이들이 생기는 영적 싸움의 현장 가운데에서 어떻게 믿음을 굳게 지킬 수 있는지를 교훈하는 귀한 말씀입니다. 이 시기 교회 공동체는 큰 시련을 맞습니다. 바로 이때 복음을 위해 고난 받고, 때로는 순교까지 당하는 일을 믿음의 관점으로 바라볼 수 있도록 돕는 내용이 유다서에 들어 있습니다.

그리스도인들에게 '고난'이라는 주제는 예수님께서 다시 오시는 날까지 떨쳐버릴 수 없는 것 같습니다. 교회가 어려움에 처하게 되었고, 그들이 쉽지만은 않은 싸움을 싸우고 있다는 소식이 유다에게 들려 왔습니다. 이에 유다는 믿음의 도를 지키기 위해 악한 세력과 힘써 싸우라고 권면합니다.

유다는 거짓 교사들에게 화가 있을 것을 선포하며, 그들의 죄가 이전에 시기와 질투로 동생 아벨을 죽인 가인(창 4장), 불의의 삯을 탐하였던 발람(민 22장), 모세에게 대항하였던 고라(민 16장)의 패역함과 같다고 이야기합니다(유 11절). 또한 그들을 애찬에 암초, 자기 몸만 기르는 목자, 바람에 불려가는 물 없는 구름, 죽고 또 죽어 열매 없는 가을 나무, 수치의 거품을 뿜는 바다의 거친 물결, 캄캄한 흑암에 돌아갈 유리하는 별들에 비유합니다(유 12~13절). 이들은 원망하는 자들이며 불만을 토하는 자들이며 그 정욕대로 행하는 자들이며 아첨하고 자랑하는 말이 가득한 자들입니다(유 16절). 유다는 이미 예수 그리스도의 사도들이 했던 말들을 기억함으로써 이러한 거짓 교사들을 따라 잘못된 길로 들어서지 말라고 이야기합니다 (유 17절).

성경 전체의 숲에서 볼 때 예수 그리스도의 부활 사건은 그를 믿는 모든 이들이 이미 승리하였다는 중요한 의미를 가지고 있습니다. 그러나 싸움이 완결된 것은 아닙니다. 그래서 서로의 격려와 기도가 필요하고 자신의 의지와 노력이 필요합니다. 그렇지만 아무리 싸움이 치열해도 변할 수 없는 사실은 모든 그리스도인들이 결국에는 예수 그리스도의 승리에 동참할 것이라는 사실입니다.

하나님 사랑 이웃 사랑

요한일서 1~5장 요한이서 1장 요한삼서 1장

하나님은 사랑이시다 요일 1~5장

요한복음과 요한일·이·삼서, 요한계시록을 쓰신 분은 사도 요한입니다. 요한의 편지에서 만날 수 있는 예수님은 세상의 생명이요, 빛이요, 사랑이십니다. 그리고 요한복음이 예수님께서 어떻게 세상의 빛으로 사셨는지를 보여준다면, 요한일서는 세상의 빛 되시는 예수님을 따르는 그리스도인들이 세상의 빛으로서의 삶을 어떻게 살아가야 하는가를 말해주고 있습니다.

예수 그리스도, 그분은 생명이십니다(요일 1:1~2). 하나님 아버지와 함께 계시다가 우리에게 생명을 불어넣어 주기 위해 오신 분입니다. 요한은 이 진리를 들었고, 보았고, 손으로 만진 것처럼 체험했다고 말합니다. 그리고 그것을 증거하여 너희에게 전한다고 반복하고 있습니다. 무엇을 위함입니까? 사귐을 위함입니다. 예수 그리스도와의 사귐이 얼마나 풍요로운지를 체험한 요한이 그 사귐을 나누기 위해 증거하고 있는 것입니다.

예수 그리스도, 그분은 빛이십니다(요일 1:5~7). 하나님이 빛이시라는 말씀은 모든 신앙의 출발점입니다. 오직 예수님만이 세상의 빛입니다. 그 누구도 그분 안에 거하지 않고 자기 스스로 빛을 발할 수는 없습니다. 하나님과 사귐이 있는 자는 빛 가운데 살아간다는 것입니다. 이러한 하나님과의 사귐은 우리의 삶을 진실하고 풍요롭게 만듭니다. 중요한 사실은 이러한 사귐의 능력이 하나님을 떠나서는 무효하다는 사실입니다.

예수 그리스도, 그분은 사랑이십니다. 요한일서에는 "하나님은 사랑이심이라"(요일 4:8)라고 선언하는 놀라운 내용이 담겨 있습니다. 요한일서의 주제는 하나님과의 사귐, 이웃과의 사귐입니다. 요한은 신앙을 하나님과 사람과의 교제, 사람과 사람과의 교제라고 봅니다. 이것은 '하나님 사랑 이웃 사랑'입니다. 교제의 완성은 사랑이라는 것입니다. 그리고 진정한 하나님과의 사귐은 우리 죄를 대신 구속하신 예수 그리스도를 통해서만 가능한 것입니다.

그런데 이 사랑에는 수고가 따릅니다. 사랑은 단순한 말이 아니라 행동으로 나타나야 합니다. 그리스도를 믿는 것은 형제들에 대한 사랑과 의를 실천할 때 드러나게 됩니다. 예수님의 사람 사랑에도 수고가 있으셨습니다. 우리들의 사랑에도 수고가 있어야 할 것입니다.

하나님의 자녀들은 무엇이든 사랑 가운데 행해야 합니다. 요한은 사랑하지 않으면 하나님을 알지 못한 것이라고 말하고 있습니다. "사랑하지 아니하는 자는 하나님을 알지 못하나니 이는 하나님은 사랑이심이라"(요일 4:8).

사랑은 주는 것이지 받는 것이 아닙니다. 성경적인 사랑이

요한이 사용한 개념들간의 대조법	
빛	어두움
진리	거짓
사랑	미움
아버지를 사랑함	세상을 사랑함
그리스도	적그리스도
하나님의 자녀들	마귀의 자녀들
의	죄
하나님의 영	적그리스도의 영
생명	죽음

란 본질적으로 무조건적인 사랑을 말합니다. 다른 말로 옮기면, '그럼에도 불구하고' 베푸는 사랑입니다. 그리스도께서 모든 면에서 사랑의 본을 보이셨습니다. 우리도 그런 주님의 본을 따라야 합니다. 그분을 따라가는 과정 속에는 많은 수고와 훈련이 필요합니다.

사도 요한은 이 편지 말미에서 하나님께로서 난 자마다 세상을 이긴다고 선언합니다(요일 5:4). 요한서신이 기록될 당시의 교회들은 많은 잘못된 가르침으로 인해 거듭된 혼란 가운데 있었습니다. 이방 사회의 세계관, 인생관, 사고방식으로 기독교를 해석하면서 기독교의 진리를 파괴하는 경우도 있었고, 또 복음을 가감하여 기독교의 순수성을 흐리는 경우도 있었습니다. 요한 사도는 이런 거짓 교사들의 가르침을 철저히 배격하고, 하나님의 사랑을 받은 성도로서 사랑의 능력으로 모든 것을 이겨내라고 역설합니다. 하나님의 사랑의 힘이면 어떤 유혹도 이겨낼 수 있기 때문입니다(요일 4:1~4). 우리의 싸움은 결과를 확신해도 좋은 싸움입니다. 신약의 숲에서 본다면, 예수 그리스도를 통한 이 승리의 확신을 가졌기에, 초기교회 성도들은 그 수많은 고난과 유혹을 인내하며 다시 오실 예수 그리스도를 기다릴 수 있었습니다.

요한은 요한일서를 기록한 목적을 분명히 언급하고 있습니다. 그것은 성도들에게 영생이 있음을 알게 하려는 것입니다. 요한일서에서 분명히 보여주는 성경의 주제는 예수님을 믿는 자는 구원을 얻는다는 것, 즉 영생이 주님께 있다는 것입니다(요일 5:13). 하나님의 아들을 믿는 자는 영생이 있고, 믿지 않는 자에게는 영생이 없습니다. 세상에는 많은 사상과 신념이 넘쳐나지만 정작 우리에게 구원과 영생을 주는 길은 오직 예수 그리스도뿐입니다.

❀

사랑과 진리의 조화 요이 1장

요한이서는 어떤 부녀에게 보내는 개인적 서신으로 보입니다. 진리 가운데 행하며 하나님의 계명을 충실히 지키며 사는 사람일지라도 흔들릴 수 있습니다. 그 당시 초기교회에는 영지주의자들의 가르침이 유행하여 그리스도인들을 넘어지게 하고 있었습니다(요이 1:7). 그들은 예수님의 신성에 대해서 너무 강조한 나머지, 육체로 오신 예수님에 대해 중요하게 여기지 않는 자들이었습니다. 예수님께서 그 귀하신 몸으로 사람들을 만지고 끌어안으신 것을 귀히 여기지 않고, 예수님의 신성만 강조하는 사람들입니다. 이미 택함을 받아 주의 자녀가 된 성도들이 바로 이런 거짓 가르침으로부터 자신을 지켜야 한다고 당부하는 내용이 바로 요한이서의 내용입니다.

거짓 가르침을 믿는 사람들은 '하나님 없는' 공허한 생활을 합니다. 이들은 하나님께 속한 자들이 아닙니다. 요한은 그들이 이미 배운 바 있는 그리스도의 가르침을 배척하는 어느 누구도 집으로 받아들이지 말도록 경고하고 있습니다. "누구든지 이 교훈을 가지지 않고 너희에게 나아가거든 그를 집에 들이지도 말고 인사도 하지 말라"(요이 1:10). 우리는 다른 그리스도인들과 사귐을 가지긴 해야 하나, 거짓 교사들과는 어떠한 사귐도 가져서는 안 되는 것입니다.

따라서 요한은 그리스도인이 마땅히 형제를 사랑해야 한

영지주의

영지주의는 물질은 원래 악한 것이므로 거룩한 것을 인간의 육체에 가질 수 없다고 가르쳤다. 또 다른 이단의 가르침은 가현설(假現說)로서, 그리스도께서 인간의 모습으로 가현(假現)했다고 주장한다.
이상의 두 이단의 입장은 결과적으로 같은 것이며, 예수님의 성육신하심을 부인하고 있다. 영지주의자들은 그들이 '숨겨진 지식'을 이해하게 되면 자신들은 영적 특권층이 되기 때문에 일반적으로 옳고 그른 것 사이의 구분을 뛰어넘는다고 믿었다.

다는 말씀과 함께, 바른 진리를 따르지 않고 예수 그리스도를 부인하는 이들에게는 단호하게 대처하라고 합니다. 그래야 진리의 능력이 교회 안에 지속될 수 있기 때문입니다.

사랑과 공의, 이 양자는 상반된 주제가 아닙니다. 사랑이 있어야 공의가 바로 설 수 있고, 공의가 있어야 사랑이 아름다울 수 있습니다. 사랑에도 분별력이 있어야 합니다. 사랑이란 아무 생각 없이 '무엇이든 누구든' 받아들이는 것이 아닙니다. 성경적인 사랑이란 바로 선택의 문제입니다. 분별력이 없는 사랑을 가지고 인생을 살아가는 것은 어리석을 뿐만 아니라 위험한 것입니다.

칭찬받을 만한 사람 요삼 1장

"사랑하는 자여 네 영혼이 잘됨 같이 네가 범사에 잘되고 강건하기를 내가 간구하노라"(요삼 2절).
가이오가 누구이기에 이렇게 풍족한 축복의 말씀을 받고 있습니까? 가이오는 진리 안에서 행하는 사람이라고 초기교회에 널리 소문이 났습니다.
"사랑하는 자여 네가 무엇이든지 형제 곧 나그네 된 자들에게 행하는 것은 신실한 일이니 그들이 교회 앞에서 너의 사랑을 증언하였느니라 네가 하나님께 합당하게 그들을 전송하면 좋으리로다"(요삼 1:5~6).

당시 전도인들은 복음 전파를 위해 이곳저곳을 다니면서 많은 어려움을 겪어야 했습니다. 오늘날처럼 숙박 시설이 발

가이오
가이오란 이름은 로마 제국 당시 흔한 이름이었다.
1. 바울의 여행 동역자 중 한 사람으로 마게도냐 출신인 가이오 (행 19:29)
2. 더베 사람 가이오 (행 20:4)
3. 사울이 세례를 베푼 고린도인들 중 한 사람으로 고린도에서 바울을 접대했던 가이오 (롬 16:23; 고전 1:14)
4. 요한삼서에 나오는 가이오는 소아시아에 살고 있었고, 앞의 세 사람과는 다른 인물

달되지 않았을 때이니 그 중에서도 여행 중 먹고 자는 문제가 보통 어려운 일이 아니었습니다. 그런데 가이오라는 분은 자신의 집을 개방해서 전도인들이 오갈 때 초대하여 숙식을 책임져주고, 여비도 도와주고 그렇게 했던 것입니다. 주님의 복음을 위해서 나그네 된 전도자들을 힘껏 섬기고 환대한 것입니다. 이 모든 일이 교회에 큰 덕을 세우고, 더군다나 복음을 전하는 일에 아름다운 영향을 끼쳤습니다. 가이오 집에 머문 경험이 있는 사람들이 사도 요한에게 가서 가이오를 높이 칭찬했습니다. 그 이야기를 들은 사도 요한이 매우 기쁜 마음으로 가이오에게 편지를 쓴 것입니다.

손님 치르는 일은 쉽지 않은 일입니다. 그런데 나그네 대접하는 일을 즐겁게 하는 사람이라면, 영혼이 잘되고 범사가 잘되고 강건하기를 축복 받을 자격이 있을 만합니다.

또한 가이오를 향한 진정한 기대는 그가 진리 안에서 살아간다는 것입니다(요삼 1:4). 그리스도인들에게 진리 안에서 행하는 것 이상으로 강한 목표는 없습니다.

요한삼서의 목적

1. 진리를 수호하며 요한이 보낸 전도자들을 대접했던 가이오를 칭찬하기 위하여
2. 전도자 형제들을 계속해서 가이오가 후원하도록 격려하기 위하여
3. 디오드레베의 교만과 나쁜 행실을 책망하기 위하여
4. 데메드리오를 추천하기 위하여
5. 요한이 직접 방문하여 이러한 문제들을 직접 처리할 것을 가이오에게 통보하기 위하여

Power
가이오

가이오는 성도들을 섬기는 일에 열심이었던 사람이다. '그들을 전송한다.'(요삼 6절)란 표현은 바로 선교사들의 수고를 돕는다는 의미다. 이 같은 도움이란 음식, 동역자 알선, 여행 수단 등을 포함한다. 복음을 위해 일하는 자들을 후원함으로써, 가이오는 진리를 위해 일하는 동역자가 된 것이다.

Song of Victory Pre-received

네로와 도미티아누스, 트라야누스 등 로마 황제들의 기독교 박해는 극심하였고 지속적이었습니다. 요한계시록에 이해하기 어려운 환상이 많은 것은 이러한 시대적 상황과 연관이 있습니다. 요한계시록은 그리스도인의 최종 승리를 선언합니다. 로마 제국의 서슬 퍼런 칼날 앞에서 순교의 피를 흘리며 죽어가더라도, 하나님을 사랑하는 마음으로 끝까지 신앙의 절개를 지킨 이들에게는 새 하늘과 새 땅이 선물로 주어질 것입니다.

20
마당

미리 건네받은
승리의 노래

온몸으로 읽는 책

요한계시록 1~3장

미래로 통하는 문 계 1장

혹독한 고난의 시기를 지나고 있는 이들에게 미래의 소망은 큰 위로가 되어줄 수 있습니다. 이 모든 고난의 폭풍이 지나간 후 찾아올 영광에 대한 메시지가 현실을 이겨내는 힘이 되어 주기 때문입니다. 이것은 죽음의 그림자가 드리워져 있는 매서운 겨울을 이겨낼 인내의 근거가 되기에 충분합니다.

예수님의 승천 이후, 초기 기독교는 벼랑 끝으로 몰리게 되었습니다. 예수님을 믿는 자들은 자신들의 생존을 염려해야 할 만큼 당시의 기득권 세력들과 로마 제국으로부터 핍박을 받게 됩니다. 그러는 가운데 예수님을 끝까지 붙잡았던 많은 이들이 핍박의 제물이 되어 순교의 피를 흘렸고, 어떤 이들은 도망자로서의 삶을 살거나, 붙잡혀 유배되기도 했습니다.

예수님의 제자 요한도 밧모 섬에 유배되어 있습니다. 어느덧 나이 지긋한 노인이 되었지만 예수 그리스도의 복음을 향한 그의 열정은 여느 젊은이 못지않습니다. 그는 그리스도의 고귀한 희생으로 열매 맺은 교회들을 격려하고 힘을 북돋는 데 최선의 땀을 흘리고 있습니다.

하나님께서 이 요한의 열심을 통해 아시아의 일곱 교회 그리고 더 나아가 수많은 교회들에게 예언의 말씀을 주십니다. 이 말씀의 글자 하나하나, 어휘 하나하나를 곧장 이해하기에는 어려움이 따를 수 있습니다. 그러나 하나님께서는 이것을 읽는 자와 듣는 자와 그 가운데 기록한 것을 지키는 자는 복이 있다고 말씀하십니다(계 1:3). 이 말씀은 그리스도인과 교회의 승리를 위해 주신 말씀이요, 그것이야말로 이 말씀의 전체 주제이기 때문입니다. 한마디로 요한계시록은 '그리스도인의 승리의 찬가'라고 말할 수 있습니다.

하나님의 승리는 십자가에서 이미 성취되었습니다. 이제 그리스도인 스스로의 승리만이 남아 있습니다. 하나님께서 친히 교회들을 지키고 보호하시지만, 이 말씀을 주신 이유는 교회들이 복을 받게 하기 위해서입니다. 다시 말해 이 책을 온몸으로 읽어 내고, 받을 복을 쌓으라는 것입니다. 이 말씀은 그리스도인 각자와 교회가 성실하게 그 마음을 지킴으로써 마지막 때에 승리하기를 바라시는 하나님의 사랑입니다.

하나님께서는 스스로를 '알파'와 '오메가', 곧 처음과 마지막이라고 말씀하십니다. 이 세상의 시작에도 하나님이 계셨고, 그 마지막의 주인도 하나님이십니다. 세상 권세를 잡은 사탄의 손에서 역사가 좌우되는 것처럼 보이지만, 실상은 이 모든 것을 하나님께서 주관하십니다. 이 세상을 태초부터 종말까지 이끄시는 분이 누구인지를 잊지 않고 기억할 수 있다면, 환난과 박해의 시간 속에서 겪는 많은 어려움을 최후 승리를 위한 과정으로 여길 수 있을 것입니다.

밧모 섬

요한계시록을 기록한 장소로 보이는 밧모 섬은 로마 시대에 정치범들이 유배되었던 곳으로 주변의 둘레가 약 27km 정도 되는 섬이다. 로마 시대에는 이곳에 채석장이 있어서 정치범들이 그곳에서 강제 노동에 혹사당했던 것으로 보인다.

이제 하나님께서는 이 승리의 노래를 미리 건네받을 요한에게 "네가 본 것", "지금 있는 일", "장차 될 일"을 기록하라고 명하십니다(계 1:19). 이것은 이미 준비된 승리의 소식을 건네받아 성도들에게 전하고 글로 남기라는 것입니다. 이 승리의 메시지로 가득한 예언의 말씀을 온몸으로 지켜내는 것이 승리의 미래로 통하는 문입니다.

교회의 승리를 위한 성령의 권면 계 2~3장

요한은 환상을 통해 본 성령의 계시를 아시아 일곱 교회에 써 보내게 됩니다. 아시아에 있는 일곱 교회, 곧 에베소, 서머나, 버가모, 두아디라, 사데, 빌라델비아, 라오디게아 교회는 그 시대에 퍼져 있던 신앙 양상의 대표적인 모습들이라고 볼 수 있을 것입니다. 이 일곱 개의 교회에 주시는 하나님의 말씀을 통독하다 보면 하나님께서 그들의 처지와 형편을 정확하게 살피고 계시다는 사실을 알게 됩니다. 하나님께서는 일곱 교회들이 각각 어떠한 점에서 충성스러운지, 어떠한 점에서 책망을 받아야 하는지 지적하여 주십니다. 그리고 또 한 가지 중요한 점은 하나님의 이러한 지적은 단지 그들을 판단하거나 비판하려는 것이 아니라, 예수님께서 다시 오시는 그 순간까지 교회들이 하나님을 향한 믿음과 사랑을 굳게 붙잡고 나아가기를 바라시는 마음에서 출발한다는 것입니다.

첫 번째는 처음 사랑이 식어버린 에베소 교회입니다(계 2:1~7). 에베소 교회는 모범적인 교회였습니다. 그들의 행위와 수고와 인내는 하나님께서 기억하실 만한 것이었습니다. 에베소 교회는 그들에게 거짓을 가르치는 악한 이들을 가려내고 믿음의 바른 진리를 지켰던 교회입니다. 그러나 하나님은 그들에게 책망할 것이 있다고 말씀하십니다. 그들이 처음 사랑을 버렸다는 것입니다.

두 번째는 생명의 면류관을 약속받은 서머나 교회입니다 (계 2:8~11). 그들에게도 환난과 궁핍이 있었습니다. 여기서 말하는 환난이란 우리가 일상 속에서 당하는 어려움 정도가 아닙니다. 예수 그리스도를 믿는다는 이유로 생명의 위협이 느껴지는 환난입니다. 바로 그들에게 하나님께서는 "죽도록 충성하라."라고 요구하십니다. 이미 그들이 충성하고 있지만, 더욱 충성하라고 명하시는 것입니다.

신앙생활에 있어서 완성이란 없습니다. "이 정도면 됐지." 라는 수준은 있을 수 없습니다. 그리스도인의 삶은 마지막 날까지 예수 그리스도의 온전하심을 더욱 닮아가는 삶입니다. 성도들과 교회를 사랑하시는 하나님께서는 그들에게 충성을 요구하시며, 더불어 생명의 면류관을 약속하십니다.

세 번째는 니골라 당의 교훈에 빠져버린 버가모 교회입니다(계 2:12~17). 버가모에서는 이방 종교의 제의들이 번창했습니다. 니골라 당의 주장에 관해서는 알려진 바가 그리 많지 않지만, 이들은 자기들이 그리스도인으로서 이 땅의 일들에는 구애받지 않는다고 생각했습니다. 음행을 행하고 우상의 제물을 먹어도 그것이 신앙에는 아무런 해가 되지 않는다고 주장했던 것입니다. 그러한 흐름에 휩쓸리지 않기 위해 버가모 교회에는 더욱 신실한 믿음이 요구되었습니다.

네 번째는 우상숭배와 부도덕을 허용한 두아디라 교회입

니다(계 2:18-29). 두아디라에는 오래전 바알 숭배를 이스라엘에 들여왔던 이세벨처럼 자칭 선지자라 하는 여자, 이세벨이 성도들을 꾀어 행음하게 하고 우상의 제물을 먹게 했습니다. 이런 내적인 위험을 안고 있는 두아디라 교회를 향해서는 깊은 회개와 죄악에서의 단절이 강조되고 있습니다. 하지만 하나님께서는 또한 이미 받은 복음을 굳게 잡고 끝까지 지키는 자에게는 만국을 다스리는 새벽 별 같은 권세가 주어질 것이라고 약속하십니다.

다섯 번째는 사데 교회입니다(계 3:1~6). 사데 교회를 향한 하나님의 말씀은 무섭기까지 합니다. 그들을 향한 하나님의 평가는 '살았다 하는 이름은 가졌지만 실제로는 죽은 자'입니다. 사데 교회에서 믿음의 행위를 찾지 못하신 하나님께서는 그들에게 회개를 요구하십니다. 우리의 모습 속에는 사데 교회의 모습이 없는지 돌아보아야겠습니다. 하나님께 내드릴 만한 믿음의 행위가 내게 있습니까? 믿음의 합당한 열매로 하나님과 이웃을 기쁘시게 하는 삶을 살아야 할 것입니다.

여섯 번째는 말씀을 지키며 배반치 않았던 빌라델비아 교회입니다(계 3:7~13). 빌라델비아 교회는 칭찬을 받고 있습니다. 그들은 적은 능력을 가졌지만, 주의 말씀을 잘 지키며 어떠한 환난과 핍박 속에서도 예수 그리스도의 이름을 배반하지 않았기 때문입니다. 그들에게는 시험의 때가 면해지는 복이 주어졌습니다. 빌라델비아 교회는 그 복을 굳게 잡아 마지막 날 면류관을 받을 때까지 흔들리지 않는 믿음을 지켜내야 할 과제를 받았습니다.

일곱 번째는 미지근한 상태에서 벗어나야 할 라오디게아

교회입니다(계 3:14~22). 부요한 도시 라오디게아에 있는 교회는 미지근하다는 책망을 받습니다. 그들은 자신들이 부자라서 부족한 것이 없다고 생각하지만, 하나님께서는 그들이 '곤고하고 가련하고 가난하고 눈 멀고 벌거벗은' 자라고 말씀하십니다. 사람을 진정으로 부요하게 하는 것은 눈에 보이는 물질이 아니라, 오직 예수님과의 신실한 관계 맺음에 있기 때문입니다. 미지근한 신앙에 머무른 채 확실한 믿음의 선택을 주저하는 라오디게아 성도들에게 성령께서는 예수님이 곧 다시 오시리라는 사실을 기억하라고 촉구하십니다. 그분이 우리에게 찾아오실 그 순간을 기대하며 오늘의 한 순간 한 순간을 믿음으로 채워가야 할 것입니다.

이러한 일곱 교회의 모습은 어찌 보면 인류가 신앙생활을 시작하던 때부터 지금까지 늘 존재하는 양상들이라고 할 수 있습니다. 이 일곱 가지 모습에 들지 않는 인생을 과연 어디에서 찾아볼 수 있을까요. 그러나 이렇게 여러 가지 신앙의 모습을 들추어내시는 것은 단순히 책망하고 질책하여 징계를 내리시기 위한 것이 아닙니다. 도리어 지금의 책망받을 만한 모습에서 돌이켜, 고난을 극복하게 하는 데에 그 목적이 있으셨습니다.

하나님께서 이 모든 권면 끝에 말씀하십니다. "무릇 내가 사랑하는 자를 책망하여 징계하노니 그러므로 네가 열심을 내라 회개하라"(계 3:19). "귀 있는 자는 성령이 교회들에게 하시는 말씀을 들을지어다"(계 3:22). 결국, 성령께서는 우리가 승리할 수 있도록 칭찬과 책망으로 함께하고 계시는 것입니다. 우리를 승리케 하시기 위해 역사하시는 성령의 권면을 들으십시오. 책망조차도 사랑의 산물임을 알 수 있는 것, 이것이 바로 하나님의 마음의 숲을 보는 데서 오는 행복입니다.

우리 안에 있는 승리의 환상

2 숲이야기

요한계시록 4~20장

오직 한 분을 위한 노래 계 4~5장

하늘에서 요한에게 올라오라고 명하시는 음성이 들립니다. 요한은 성령에 감동되어 놀라운 장면을 보게 됩니다. 이 장면은 예수님께서 다시 오셨을 때를 묘사한 것이 아닙니다. 요한이 하나님의 환상을 받았을 당시, 요한이 본 하나님 보좌의 모습을 기록하고 있습니다.

요한이 본 하늘에는 십자가에 죽으시고 부활하셔서 하늘로 올라가신 이가 보좌에 앉으셨고, 그 주변에는 네 생물과 이십사 장로들이 있습니다. 그들은 밤낮 쉬지 않고 하나님께 찬양을 드리고 있습니다. 네 생물만이 아니라 이십사 장로들도 하나님께 찬양을 드리고 있습니다. "거룩하다 거룩하다 거룩하다 주 하나님 곧 전능하신 이여 전에도 계셨고 이제도 계시고 장차 오실 이시라"(계 4:8).

보좌에 앉으신 하나님의 오른손에는 일곱 인으로 봉한 두루마리가 있습니다. 천사가 누가 그 두루마리를 펴고 인을 떼기에 합당하냐고 물으나, 이 세상의 그 누구도 그 두루마리를 펴거나 볼 수 있는 사람이 없습니다. 그 누가 하나님의 섭리와 계획을 완전히 이해할 수 있겠습니까? 책을 펴기에 합당한 자가 없자, 사도 요한이 웁니다. 그러나 장로 중에 하나가 "다윗의 뿌리가 이기었으니 두루마리와 그 일곱 인을 떼시리라."라고 말합니다. 그 다윗의 뿌리는 바로 하나님의 어린 양 예수 그리스도이십니다. 그분만이 일곱 인을 떼시기에 합당하신 분입니다.

"두루마리를 가지시고 그 인봉을 떼기에 합당하시도다 일찍이 죽임을 당하사 각 족속과 방언과 백성과 나라 가운데에서 사람들을 피로 사서 하나님께 드리시고 그들로 우리 하나님 앞에서 나라와 제사장들을 삼으셨으니 그들이 땅에서 왕 노릇 하리로다"(계 5:9~10).

네 생물과 이십사 장로들이 찬양합니다. 모든 사람의 생명의 비밀을 풀 수 있는 유일한 분, 봉인을 떼시기에 합당한 거룩하신 분, 오직 그 한 분만이 세세토록 영광과 찬송을 받으시기에 합당하십니다.

어린 양 찬양
하나님 보좌에 앉으신 어린 양과 하나님께 주어지는 찬미의 노래 소리가 아름답다. 세상의 보좌를 향한 찬미가 아니라 오직 역사의 주관자이신 하나님과 어린 양 예수에게 보내는 찬양은 웅장하다. 역사의 주관자요, 교회의 주인이신 어린 양 예수님을 보여주는 것이다.

※

생각보다 가까이 있는 미래 계 6~15, 19~20장

요한계시록 6장부터는 요한이 본 미래에 관한 환상들이 길게 이어지고 있습니다. 이 일들은 우리의 생각보다 가까운 곳에 있습니다. 단지 물리적인 시공(時空)에 있어 가깝다는 것이 아니라, 하나님의 역사 경영이 우리의 생각보다 훨씬 더 구체적이고 현실적이라는 것입니다.

요한계시록 전반에 걸쳐 7(일곱)이라는 숫자가 자주 등장합니다. 마침내 어린 양이 심판을 부르는 일곱 봉인을 떼기 시작합니다(계 6:1). 봉인이 하나씩 떼어질 때마다 거대한 규모의 환란이 몰아칩니다. 대체로 첫째 인은 전쟁을, 둘째 인은 내란을, 셋째 인은 기근을, 넷째 인은 역병을, 다섯째 인은 종교적 박해를, 여섯째 인은 천지 이변을 상징하는 것으로 봅니다. 봉인이 떼어져 온 세계가 환난 가운데 놓이나 그 권세를 막을 자가 없습니다.

심판 날의 사건들이 연속해서 기록되다가 여섯째 봉인과 일곱째 봉인 사이에서는 하나님의 백성들의 모습이 그려지고 있습니다. 하나님의 천사들이 하나님의 백성들을 찾아 그들의 이마에 인을 찍기 위한 준비 작업이 한창입니다(계 7:2~3). 세상을 해롭게 할 권세를 얻은 악의 세력과 그들로부터 임하게 될 모든 환난 중에서, 하나님을 따르는 사람들을 구별하기 위한 표식입니다. 이것은 마지막 날에 하나님께서 그의 백성들을 돌보시는 사랑의 증표요, 그리스도인의 믿음에 대한 응답입니다. 구절마다, 행간마다 배어 있는 하나님의 깊은 사랑이 느껴집니다.

이스라엘 온 지파에서 인 맞은 자의 수가 십사만 사천 명입니다(계 7:4). 각 나라와 족속과 백성과 방언에서 수를 헤아릴 수 없을 정도로 큰 무리가 흰 옷을 입고 종려나무 가지를 들고 나아와 큰 소리로 찬양합니다. "구원하심이 보좌에 앉으신 우리 하나님과 어린 양에게 있도다"(계 7:10). 인침을 받은 하나님의 백성들의 외침에 모든 천사가 화답합니다. 그들의 외치는 소리를 상상만 해도 장대함이 느껴집니다.

이어 일곱째 인이 떼어질 때의 상황이 기록됩니다(계 8:1~2). 일곱째 인이 떼어지고 처음 반 시간은 폭풍 전야처럼 고요하기만 합니다. 그러나 그 고요함은 뒤이어 올 큰 재앙의 전조

일곱째 인

일곱째 인이 떼어지자 이제까지의 모든 재앙을 능가하는 죽음의 재앙이 펼쳐지고 있다. 땅, 하늘, 새, 짐승, 사람을 비롯한 그 무엇도 이 죽음의 회오리를 피해갈 수 없다. 준비된 일곱 천사가 각각 가진 나팔을 꺼내 길게 불 때마다 재앙이 닥쳐오고 세상에는 비명 소리가 가득하다. 하나님께서 인간들을 향해 아낌없는 사랑을 베풀기도 하시지만, 그 사랑의 크기만큼, 하나님을 외면하고 어리석게 살아가는 이들에게 내리시는 심판도 크다. 거룩하시고 공의로우신 하나님이기 때문이다. 지혜로운 이는 하나님을 인정하며 경외하는 자요(잠 1:7), 미련하고 어리석은 자는 하나님이 없다고 제멋대로 사는 자이다(시 14:1). 지혜로운 삶과 어리석은 삶의 결과는 마지막 날 확연히 드러날 것이다.

입니다.

일곱째 인은 일곱 나팔로 이어지고 준비된 일곱 천사가 일곱 개의 나팔을 붑니다. 일곱 천사가 각각 나팔을 불 때마다 세상에는 재앙이 닥쳐옵니다(계 8~9장). 첫 번째 나팔을 부니 피가 섞인 우박과 불이 땅의 1/3을 태웁니다. 두 번째 나팔을 부니 바다의 1/3이 피가 됩니다. 세 번째 나팔을 부니 쓴 쑥이라는 이름의 별이 하늘에서 떨어져 물의 1/3이 쓰게 됩니다. 네 번째 나팔을 부니 해와 달 그리고 별의 1/3이 어두워져서 낮과 밤의 1/3이 빛이 없어집니다. 다섯 번째 나팔을 부니 하늘에서 떨어진 별 하나가 무저갱을 엽니다. 무저갱에서 올라온 황충은 사람을 해하는 권세를 받아, 인을 맞지 않은 사람들을 괴롭게 합니다. 여섯 번째 나팔을 부니 불, 연기, 유황의 재앙으로 사람의 1/3이 죽임을 당합니다.

요한계시록 10장은 마지막 일곱 번째 나팔이 울리기 직전에 있었던 일을 보여줍니다. 한 천사가 바다와 땅을 밟고 서 있는데, 그 손에는 펴 놓인 작은 두루마리를 들고 있습니다. 그리고 일곱 번째 나팔이 울릴 때 하나님의 비밀이 이루어질 것이라고 하늘에서 소리가 들려옵니다(계 10:7). 일곱 나팔의 재앙 가운데 가장 큰 고통을 가져다 줄 일곱 번째 나팔이 울려 퍼질 바로 그때가 하나님의 비밀이 이루어지는 순간이 됩니다. 즉 성도들이 가장 큰 박해를 받게 되는 그 순간, 하나님께서는 당신의 놀라운 역사를 성도들 앞에 펼쳐 보이시리라는 약속을 주시는 것입니다.

이 어두운 세상 역사 속에도 하나님의 오래 참으심과 긍휼이 차고 넘칩니다. 교회가 세상 환난 가운데에서 괴로움을 당하나, 그 안에는 믿음의 역사, 순교의 역사가 함께 있습니다. 택하신 성도들에 대한 하나님의 은혜는 마지막 때까지 변함

일곱 나팔

일곱째 인에 담겨진 비밀, 그것은 죽음이었다. 천사들의 나팔이 울릴 때마다 세상에는 고통의 그림자가 짙게 드리워졌고, 죽음조차 자신이 원하는 대로 이루어지지 않는다. 살인과 복술과 음행과 도적질을 제 마음대로 행하던 자들이 심판으로 인한 고통을 피하기 위해 죽음을 선택하려 해도 마음대로 죽을 수도 없는 심판의 날이다. 인생의 숲에서 볼 때 삶의 시작도, 끝도 마음대로 할 수 없는 것임을 깨닫고 생명의 창조자이시며 인생의 주관자이신 하나님 앞에서 겸손하게 사는 것이 복 중의 복이요, 은혜 중의 은혜이다.

없이 이어져 갑니다. 성전을 측량하는 장면(계 11장)은 비록 일곱 나팔의 재앙이 이 세상을 다스리는 것처럼 보일지라도 역사의 주관자는 오직 하나님이시며, 성도들은 성전을 새롭게 하시는 하나님의 손길을 기대하는 가운데, 오늘의 고통을 인내해야 한다는 의미를 담고 있습니다.

요한계시록 12장에는 하나님의 대적자들이 등장합니다. 용으로 대변되는 대적자들은 하나님의 계획에 따라 만국을 다스릴 아기를 훼방하기도 하고, 해산한 여인을 핍박하기도 합니다. 하나님께서는 천사들을 보내셔서 훼방자들을 하늘에서 땅으로 내쫓아내십니다. 용으로부터 세상의 권세를 건네받은 짐승이 온 세상을 미혹시킵니다. 그 짐승은 사람들을 유혹하고, 때로는 힘으로 억압하며 땅에 남은 하나님의 사람들을 핍박할 것입니다.

그러나 세상의 모든 사람들이 짐승의 권세 아래 놓여 그를 경배하고 따를 때에라도 하나님께서 택하신 사람들만은 믿음을 지켜야 할 것입니다. 마지막 때에 성도들에게 요구되는 가장 큰 덕목은 인내입니다. 이는 단순히 자신의 견해와 지식을 고집하는 자세를 가리키는 것이 아니라, 세상의 유혹의 손길에 대해서 단호하게 물리치며 믿음의 순결을 지키는 자세를 말합니다. 눈에 보이는 가시적인 정욕과 물질적인 탐욕의 유혹이 두드러지는 악한 시대 속에서 거룩하게 구별된 생활을 한다는 것이 결코 쉬운 일은 아니지만, 우리들은 성경을 통해 믿음을 지키며 끝까지 인내하는 성도들에게 주어질 참된 복을 기대할 수 있습니다.

위로와 격려의 메시지 계 16~18장

　일곱 봉인, 일곱 나팔을 지나 일곱 대접에 이를수록 심판에 따른 재앙은 점점 확대되고 있습니다. 마지막 나팔 소리와 함께 주께서 강림하시면 공중에서 주를 영접하게 될 성도들에게 왜 그 이후에 일어날 엄청난 재앙을 알려주시는 것일까요? 하나님께서는 자신의 독생자를 내어주시기까지 인간을 향해 아낌없는 사랑을 베풀기도 하시지만, 동시에 하나님을 외면하고 죄 가운데 빠져 어리석게 살아가는 이들을 심판하시는 분임을 말씀하시기 위함입니다.

　당시 그리스도인들에게 로마 제국의 박해는 견디기 어려운 것이었습니다. 믿음을 지켜나간다는 것이 때론 죽음을 각오해야 할 만큼 힘든 일이었습니다. 그런 그들에게 하나님께서 반드시 악의 세력을 심판하시리라는 환상은 믿음을 지키는 성도들에게 위로와 격려가 될 수 있었습니다. 세상이 칼과 무력으로 교회를 박해할 때, 끝까지 믿음을 지켰던 성도들의 아름다운 신앙이 우리의 신앙을 되돌아보게 합니다.

　이제 드디어 일곱 천사들이 하나님의 진노가 가득히 담긴 일곱 대접을 준비하여 차례로 땅에 쏟아놓습니다(계 16장). 첫째 대접을 쏟으니 짐승의 표를 받은 사람들과 그 우상에게 경배한 자들에게 독한 종기가 생깁니다. 둘째 대접을 쏟으니 바다가 죽은 자의 피같이 되어 바다의 모든 생물이 죽습니다. 셋째 대접을 쏟으니 강과 물 근원이 피가 되었습니다. 넷째 대접을 쏟으니 해가 사람들을 태웁니다. 다섯째 대접을 쏟으니 사람들이 병과 종기로 신음하며 회개하지 않습니다. 여섯째 대접을 쏟으니 강물이 말라 동방에서 오는 왕들의 길이 예비됩니다. 그리고 일곱째 대접이 쏟아지기 전, 하나님을 대적하는 임금들이 모입니다. 일곱째 대접이 쏟아지니 큰 지진이 나고 큰 성 바벨론이 무너집니다.

큰 음녀로 표현되는 바벨론 왕국은 역사 속에서 하나님의 백성 남유다를 멸망시켰던 나라입니다. 그러나 그들은 하나님의 공의의 저울에 달렸고, 결국 역사의 무대에서 사라졌습니다. 여기에서 등장하는 바벨론은 하나님을 정면으로 대적하는 모든 왕국을 의미한다고 볼 수 있습니다. 그리스도인들에게는 기독교를 핍박하는 로마도 결국은 망할 것이라는 메시지로 다가왔을 것입니다. 땅의 임금이 온 세상의 권세를 다 가진 것처럼 보이지만 그 역시 최후에는 하나님의 심판의 대상입니다. 세계를 뒤흔드는 것 같은 악한 세력과 싸워서 마침내 승리하실 분이 계십니다. 바로 어린 양이신 예수 그리스도입니다.

당시 성도들은 기독교를 박해하며 멸절시키려 하는 세력 아래에서 힘겨운 신앙생활을 하고 있었습니다. 그러나 하나님을 훼방하는 사탄은 무저갱에 던져져 천 년 동안 인봉될 것이요, 악의 근원이 사로잡힌 그때에 하나님의 백성들은 예수 그리스도와 더불어서 천 년 동안 왕 노릇 할 것입니다. 또한 천 년이 흐르고 난 후 사탄은 불과 유황 못에 던져져 세세토록 괴로움을 받을 것입니다. 사탄의 권세는 결국 하나님의 심판 앞에 무력해질 것이며 결국에는 하나님의 통치하심이 이루어질 것입니다.

사탄만이 하나님의 심판을 받는 것이 아닙니다. 모든 인간 역시 심판을 피할 수 없습니다(계 20:12~13). 사탄의 권세를 따르는 자이든, 세대가 험악해도 신실한 믿음을 지키는 자이든, 모든 인간은 죽음을 피할 수 없습니다. 또한 죽음 후에는 정하신 이치대로 심판이 기다리고 있습니다. 심판의 근거는 사람들의 모든 행위가 빠짐없이 기록된 '책들'입니다. 자기 행위가 기록되는 책으로 심판받을 것을 기억한다면, 비록 힘겨운 상황 속에서도 성도들은 인내하며 신앙을 지켜나갈 수 있을 것입니다.

믿음을 포기하지 않고 인내한다면, 하나님의 통치가 임하는 시대가 곧 올 것입니다. 악이 비록 성하여도 진리는 살아 영원하다는 믿음은 말씀을 강하게 붙들게 하는 힘입니다.

3
숲이야기

만물에 깃든 하나님의 기쁨
요한계시록 21~22장

만물에 깃든 하나님의 기쁨 계 21~22장

　"만물을 새롭게 하리라." 과연 세상의 어느 누가 이런 말을 할 수 있겠습니까? 오직 하나님 한 분만이 만물을 새롭게 하실 수 있습니다. 하나님께서 아름답게 지으신 작품인 새 예루살렘의 광경이 펼쳐집니다. 요한이 보기에 새 예루살렘은 마치 신부가 신랑을 위하여 단장한 것 같은 정도였습니다. 이 광경은 허상이 아니라 장차 일어날 실재입니다. 태초에 천지를 창조하시고 기뻐하셨던 하나님의 그 마음이 온전히 성취되고 회복되는 순간입니다. 이 온갖 우주 만물에 깃든 하나님의 기쁨을 상상할 수 있으십니까?

　소망은 우리 안에서 만들어지는 것이 아닙니다. 하나님께서 주시는 언약, 즉 어린 양 예수 그리스도께서 이 땅에 오셔서 모든 것을 새롭게 하신다는 약속에서 시작되는 것입니다. 하나님께서 요한계시록의 마지막 부분에 보여주시는 새 하늘과 새 땅에 대한 모습은 이미 구약의 예언자들을 통해 주셨던 환상입니다(사 65:17~25). 하나님께서는 이 오랜 약속을 반드시 지키실 것입니다. 하나님께서는 이렇게 정성들여 준비하신 선물을 들고 당신의 백성 된 자들과 함께하고 싶으신 것입니다. 더 나아가 그들의 깊은 시름과 한숨까지도 감싸 안아 주고 싶어 하십니다. 하나님의 그 크신 사랑에 감동하지 않을 수 없습니다.

새 하늘과 새 땅, 그 곳 새 예루살렘에는 더 이상 볼 수 없는 것들이 있습니다. 성전이 그러하고, 해와 달도 그러합니다. 바로 하나님과 어린 양 되신 예수님께서 성전이 되실 뿐만 아니라, 영광으로 비취는 등불이 되시기 때문입니다. 이제 더 이상 하나님에 대한 비유나 상징은 필요 없습니다. 하나님께서 우리가 거하는 곳에 함께하시기 때문입니다. 하나님과 영원히 함께하는 삶, 그것이 천국의 기쁨입니다.

이제 새 하늘과 새 땅의 아름다움이 눈부시게 빛납니다. 아름다운 도성이 보이고 있습니다. 하나님과 어린 양의 보좌와 그 보좌에서 흘러나오는 생명수가 주는 풍요로움이 넘칩니다. 창세 후 인간의 죄악으로 인해 금지되었던 생명나무가 다시금 인간에게 허락됩니다. 모든 것이 하나님의 창조 질서를 온전히 회복합니다. 고난을 이기고 승리한 성도들은 이곳에서 하나님의 영광을 보며 하나님의 권세를 가지고 존귀한 삶을 살게 될 것입니다. 하나님을 사랑하는 마음 하나로 신앙의 절개를 지킨 사람들에게, 하나님께서는 새 하늘과 새 땅의 새 나라를 선물로 주실 것입니다.

마지막으로 이 모든 것을 증거하신 이가 말씀하십니다.
"내가 진실로 속히 오리라!"
우리는 기쁨으로 이렇게 화답합니다.
"아멘, 주 예수여 오시옵소서!"

Message

**새 하늘과 새 땅을
바라보는 삶**

하나님을 사랑하는 사람들은 그 삶의 순간순간 자체가 행복이다. 새 하늘과 새 땅을 바라보는 삶, 그것은 바로 예수님에 대한 믿음, 소망, 사랑을 근거로 하나님과 이웃을 사랑하는 삶이다.

에필로그

서울올림픽이 개최되던 1988년, 당시 장로회신학대학교 대학원생이었던 필자는, 한 영혼 사랑함이 무엇인지 깨닫게 해 달라는 기도 끝에, 한반도 남쪽 지리산 근처에 위치한 '외고'라는 마을을 주말마다 찾아가기로 결심하였습니다. 필자의 사역지 '외고'는 서울에서 차를 4번 갈아타고 9시간 정도 가야 하는 작은 산골 마을이었고, 당시 예수 믿는 사람은 겨우 한 가정뿐이었습니다. 1988년 1년 동안 매 주말을 이용하여 그곳에 내려간 필자는, 그 마을이 생긴 이래 처음으로 그곳 분들에게 복음을 전하는 사람이 되었습니다. 그러나 혼자서 그 마을 모든 분들에게 복음을 전하기는 어려웠기에, 주변 사람들에게 그 해 여름 1주간 정도 시간을 내어 복음 전하는 일을 함께 하자고 설득하였고, 그 제안을 받아들인 40여 명이 그 해 8월 둘째 주에 외고 마을의 모든 분들을 일대일로 만나며 복음을 전했습니다. 이것이 '뿌리기사역'의 첫 출발이었습니다.

성경통독의 시작은 바로 이 이웃사랑 실천운동 '뿌리기사역'과 연관되어 있습니다. '우리가 시골 어르신들과 아이들을 섬기러 가는데, 무엇보다 하나님의 마음을 품고 내려가야겠다.'라는 생각이 들었습니다. 그렇다면 우리가 하나님의 마음을 알고 그 마음을 품을 수 있는 방법은 무엇일까를 고민하다가 함께 성경을 읽기로 한 것입니다. 성경 한두 구절만 가지고 깨달음을 얻는 경우도 있지만, 성경 전체를 읽으면 하나님의 마음에 좀더 가까이 갈 수 있다고 생각하였습니다. 그래서 사역자들이 함께 모여 성경을 통독하기로 한 것입니다. 다시 말해 좀더 '사역다운 사역'을 하기 위해 시작한 것이 바로 '숲과나무 성경통독'이었습니다.

이 세상에 쉬운 일이 어디 있겠습니까마는, 성경통독을 인도하는 일 또한 결코 만만치 않은 일이었습니다. '우리 아들 교회 가세.'라는 어머니의 유언에 따라 나이 스물 즈음에야 예수님을 믿기 시작한 저는 하나님을 깊이 만나고 성경을 알기 위해 몸부림 쳐야 했습니다. 산기도로 밤을 지새운 무수한 날들, 전국에서 모인 참석자들과 함께 새벽부터 밤까지 성경만 붙들고 씨름했던 수십여 차례의 사경회들…. 그런 과정들을 밟아가며 성경이 이 세상 모든 책을 합친 것보다도 더 귀한 책이라는 사실과 인생들을 사랑하시는 우리 하나님이야말로 이 세상 그 누구보다 더 귀하고 좋으신 분임을 깊이 체험하게 되었습니다.

성경통독의 목적은 성경을 아는 것 자체나 하나님을 체험하는 것 자체에서 끝나면 안 됩니다. 성경통독은 하나님의 마음을 헤아리는 입구이자, 실천의 땀을 흘리는 장(場)으로 나아가는 출구여야 하기 때문입니다. 말씀을 통해 깨달은 하나님의 마음을 가슴에 품고 받음직한 섬김을 이루어내는 실천, 그 실천의 현장 속에서 성경의 구절구절들이 살아 역사하며, 우리의 능력이 되심을 경험할 수 있어야 합니다.

이 땅의 모든 그리스도인들이 성경을 통해 변화되고, 성경을 통해 새로운 인생을 시작하고, 성경을 통해 시대를 변화시킬 수 있는 사람으로 성숙하길 꿈꿉니다. 말씀을 통해 깨어있는 그리스도인들이 더욱 많아지고, 또 그런 그리스도인들이 이 세상 속에서 리더십을 발휘하며 섬김의 삶을 실천해가길 소망합니다. 한 번뿐인 인생을 하나님께서 기뻐하실 만한 삶으로 드리기 원하는 모든 그리스도인들과 이 성경통독의 꿈을 평생의 꿈으로 함께 꿔가길 소망합니다.